Heinrich Obergottsberger

Kondensstreifen und Chewing-GUM

Umsturzzeit in Steyr – Ein Familienroman

Wagnerverlag

Bibliografische Information der Deutschen Bibliothek
Die Deutsche Bibliothek verzeichnet diese Publikation in der Deutschen Nationalbibliografie; detaillierte bibliografische Daten sind im Internet über http://dnb.ddb.de abrufbar.

Umschlaggestaltung: Heureka!, Stockhofstraße 25, 4020 Linz
heureka@werbung-mit-idee.at

Layout und Textsatz: Mag. Bernhard Kagerer, Ritzing 3, 4845 Rutzenmoos
bernhard.kagerer@utanet.at

Herstellung: Druckerei Denkmayr, Reslweg 3, 4020 Linz
ISBN-13: 978-3-902330-18-5

Linz 2007

Prolog

Das Vorspiel für kommende Ereignisse beginnt bei manchen Menschen unauffällig, schleichend, sie merken nicht, dass sich etwas Grundlegendes in ihrem Leben tut und finden daher die logischen Entwicklungen unverständlich, absurd und mitunter auch ungerecht. Den betroffenen Personen werden die Zusammenhänge nicht bewusst, sie glauben, dass spätere Vorkommnisse aus unerklärlichen Motiven entstanden sind und sich rein zufällig ergeben haben.

Bei Franz Dirisamer aber begann es mit einem Knalleffekt, mit einigen schrecklichen Tagen im späten Juli des Jahres 1934, mit einer Maßnahme, die er als Führer der Vaterländischen Front im Ort Obernberg am Inn getroffen hatte.

Fünf Jahre später wurde ihm dafür die Rechnung präsentiert, er musste sich vor den Herrschaften des Dritten Reiches verantworten, musste Rede und Antwort stehen, wurde gemaßregelt und verlor seinen Posten.

Nach dem Anschluss an das Großdeutsche Reich hatten die Nationalsozialisten in Österreich hart durchgegriffen, die Heimat hatte sich nicht nur im Wort „Oberdonau“ verändert. Alle Lehrer, die vor dem Jahr 1938 die langen Sommerferien noch als Urlaub genießen konnten, wurden jetzt für den „freiwilligen“ Erntedienst verwendet, sie mussten hinaus aufs Land, um den Bauern bei den Feldarbeiten, insbesonders beim Einbringen von Heu und Getreide, zu helfen. Franz Dirisamer bekam das auch zu spüren, er wurde dem „Pieringergut“, einem stattlichen Bauernhof oberhalb der Ortschaft Kleinabermein, zugeteilt, wo er sofort hart hergenommen und manchmal bis an die Grenzen seiner körperlichen Kräfte gefordert wurde. Denn der Bauer Stanzl war zu sehr Landwirt, um mit dem ihm zugeteilten Lehrer zu viel Federlesens zu machen oder ihn gar im

Schongang zu behandeln, und Franz Dirisamer war auch zu stolz, um einen solchen zu erbitten. Er konnte sich mit Recht etwas einbilden, weil er keinem der Knechte und auch dem Bauern nicht nachstand, er langte überall zu und war innerhalb der Sommermonate zu einem verlässlichen und vollwertigen Arbeiter geworden.

Es war im Jahr 1939, es war August, und es war wieder einmal Mittag. Das Voralpenland zeigte sich in seiner ganzen sommerlichen Pracht, und in der Ferne sah man die Berge blass und verschwommen, ein Zeichen, dass eine längere Schönwetterperiode bevorstand. Franz Dirisamer hatte sich am plätschernden Brunnen im Hof den Oberkörper gewaschen, sich abgetrocknet und dann sein Hemd wieder übergezogen. Er wollte gerade in die Stube zum Mahlzeiten eintreten, als ihm sein Sohn Hugo entgegengelaufen kam. Das war ungewöhnlich, denn für den Weg von Steyr, wo Franz Dirisamer seine Wohnung hatte, bis herauf zum Bauern Stanzl, brauchte man eine gute Stunde, und auch da musste man flink auf den Beinen sein.

„Was gibt's denn?" fragte er noch unbekümmert.

„Die Mama schickt dir die Zeitung, und du sollst sie gut anschauen!"

„Ist denn das so wichtig? Es wäre am Abend doch sicher auch noch bald genug gewesen!"

„Aber es steht etwas über dich drinnen, und die Mama hat geweint, wie sie es gelesen hat!"

Jetzt hatte ihn der Bub neugierig gemacht.

„Von mir? Wie käme denn ich in dieses Schmierblatt?"

„Die Obernberger haben dich hinein gebracht!" erklärte ihm Hugo.

„Die Obernberger?" staunte Franz Dirisamer. „Dann kann es nichts Gutes sein!"

Er hatte die Zeitung, ohne hinein zu sehen, bereits in die Tasche gesteckt, jetzt nahm er sie wieder heraus. Es war der „ Österreichische Beobachter", zweite Julifolge 1939. Er begann zu blättern, richtig, da, auf Seite 12, fand er den besagten Artikel.

„Zur Erinnerung an den Revolutionssonntag in Obernberg am Inn".

Schnell überflog er ihn. Sein Magen krampfte sich zusammen, sein Herz begann heftig zu klopfen. Der zweite Abschnitt beschäftigte sich nämlich in gemeinster Weise mit seiner Person, hier wurden ihm Absichten unterschoben, die er nie gehabt hatte, und Ereignisse geschildert, die verfälscht und erlogen waren. Sofort begriff er die Tragweite dieses Artikels, und er fragte sich, was er auslösen und wie er sich auf ihn und seine Familie auswirken würde. Da stand nämlich zu lesen:

„Am 29. Juli jährt sich zum fünften Mal jener trübe Tag, der so richtig aufzeigt, wie in den letzten Jahren Volksgenossen, verhetzt von den bezahlten Schergen des Systems, gegen Volksgenossen standen und das Zusammenleben in kleinen Orten fast zur Unmöglichkeit machten.

In jenen schwülen Tagen nach dem denkwürdigen 25. Juli 1934 hatte der ehrgeizige Bezirksführer der Vaterländischen Front, Fachlehrer Franz Dirisamer, für die Obernberger Nationalsozialisten eine ganz besondere Bestrafung ausgedacht, nachdem er auch sie für die Vorkommnisse in Wien, besonders für die Ermordung von Engelbert Dollfuß verantwortlich machte. Am Vormittag des 29. Juli erschien er äußerst aufgeregt auf dem Gendarmeriekommando und erstattete die Anzeige, dass die Obernberger Nationalsozialisten zusammen mit denen aus dem benachbarten Markt Altheim nachmittags in Obernberg am Inn Revolution machen und die Macht im Ort an sich reißen würden. Das vertrug sich natürlich nicht mit der betonten Überzeugung eines echten, neuen österreichischen Menschen, der noch dazu Revolution schon genug in Sibirien, abwechselnd als Rot- und Weißgardist, Kerensky-Mann, Seelsorger und überzeugter Bolschewik mitgemacht hatte. Dem musste Einhalt geboten werden. Mit Unterstützung des Gauführers der Heimwehr, Robert Steiner, der hiesigen HW-Ortsführung und besonders des gerne Uniform tragenden, vom Korporal plötzlich zum Kompanie-Kommandanten vorgerückten Draufgängers Karl Zankl wurden die umliegenden

Heimwehrabteilungen nach Obernberg am Inn mobilisiert und gegen die nichtsahnenden ‚bösen Nazi' eingesetzt. Die Heimwehrführer brachten aus St. Martin auch ein schweres Maschinengewehr heran. Dieses wurde bei der Apotheke schussbereit postiert, und nun begann die ‚Niederkämpfung der Revolte'.

Der tatendurstige Fachlehrer Dirisamer ließ HW-Patrouillen ausschwärmen. Sie hatten die Aufgabe, bei den bekannten Obernberger Nationalsozialisten Hausdurchsuchungen abzuhalten, die Leute in Gewahrsam zu nehmen und in die Turnhalle einzusperren. Die verhafteten Nationalsozialisten wurden von den HW-Leuten, die außer mit Seitengewehren auch mit Gummiknütteln bewaffnet waren, blindlings geschlagen. Die sich auf der Straße zeigende Bevölkerung wurde bedroht, zum Teil ebenfalls geschlagen, und es begann überhaupt ein wüstes Hausen, bei dem der am Marktplatz diensttuende Gendarm Max Reiter zusehen musste, da er im Falle eines Einschreitens als ‚naziverdächtig' entwaffnet und ebenfalls misshandelt worden wäre. Als besonderer Draufgänger und Rohling hat sich der Heimwehrmann Josef Murauer aus St. Martin hervor getan, der sich in sichtlich betrunkenem Zustand wie ein wildes Tier benahm, alles zu Boden schlug, mit den Füßen trat und mit dem Gewehr Anstalten zum Schießen traf. Der Schuhmacher Ferdinand Schwarzgruber, ein unscheinbarer, aber heimtückischer Helfer des Systems, unterstützte die Aktion durch das ‚Angeben von Nationalsozialisten'.

Während dieser Vorgänge auf dem Marktplatz mussten die in der Turnhalle verhafteten Nationalsozialisten Unglaubliches über sich ergehen lassen. Worte wie ‚Aufhängen, Erschießen' und Schläge mit der Gummiwurst über Kopf und Körper, Angespucktwerden und anderes mehr, können 17 Kronzeugen jederzeit, wenn es nötig erscheinen sollte, beeiden. Dies alles mussten sie nur deswegen erdulden, weil sie als Nationalsozialisten bekannt waren und von einigen Hetzern, die ihre ‚Vaterlandsliebe' gepachtet zu haben glaubten, verfolgt wurden.

Diese Vorfälle dauerten bis zum Abend, als endlich der vom Gendarmeriekommandanten Felix Hofmüller gerufene Bezirkshauptmann Erich Kolbe aus Ried eintraf. Er ließ alle kriegerischen Führer der HW und Vaterländischen Front rufen, um von ihnen zu erfahren, was eigentlich gegen die verbrecherischen Nazi vorliege, wer die Verantwortung für dieses Unternehmen trage und so weiter. Und nun erfahren wir aus dem offiziellen Gendarmeriebericht, dass keiner dieser großen Führer, weder Franz Dirisamer, noch Robert Steiner, für seine Taten und Befehle eingestanden ist, beziehungsweise die Verantwortung hierfür übernommen hat. Auf die nun erfolgte Entscheidung des Bezirkshauptmannes, sofort alle Angehaltenen freizulassen, ersuchten die Heimwehrführer – wie es wörtlich in dem Gendarmeriebericht heißt – um ihr ‚Prestige' zu wahren, wenigstens sechs der Verhafteten in das Bezirksgericht einzuliefern. Dem kam der Bezirkshauptmann nur ungern und unter der Bedingung nach, dass bis zum nächsten Tag ein authentischer Nachweis über das geplante Vorhaben der NS erbracht würde. Dies konnte aber trotz angestrengter Bemühungen und frechster Verleumdung nicht geschehen. Alle Inhaftierten mussten nach vier Tagen wieder auf freien Fuß gesetzt werden.

So verlief der traurigste Tag, den die lebende Generation von Obernberg am Inn und seiner Umgebung kennt. Wir wollen aber nicht schließen, ohne festzustellen, dass nur dank der Besonnenheit der angeschuldeten Nationalsozialisten, die alles mit zusammengebissenen Zähnen und äußerster Zurückhaltung über sich ergehen ließen, dieser Tag doch noch verhältnismäßig unblutig verlaufen ist, denn hätte auch nur ein einziger aufbegehrt, so wäre sicherlich ein großes Unheil über unseren schönen, sonst so friedliebenden Markt und seine Bevölkerung herein gebrochen."

Franz Dirisamer ließ das Blatt sinken. „Hast du alles gelesen?" fragte Hugo. „Ja, ich denke schon! Aber verdauen muss ich den Artikel erst!" Dann verabschiedete er sich von seinem Sohn. „Geh wieder heim!" sagte er noch gelassen. „Grüß mir die Mama, und sie soll nicht weinen und sich keine zu großen Sorgen machen. Es wird wieder alles gut!"

Noch konnte er seinen trockenen Mund und die Angst, die ihn bedrückte, verbergen, aber er war mehr als erregt, und von Zuversicht konnte keine Rede mehr sein. Er hatte es ja erlebt, dass Freunde von ihm wegen Kleinigkeiten verhaftet und fortgebracht wurden. Gar nicht viel war dazu notwendig, ein unrichtiges Wort am falschen Ort, und schon war es geschehen. Gleichgesinnte verschwanden für immer aus seinem Gesichtskreis, dabei hatten sie, nach seinem Dafürhalten, nichts Besonderes angestellt. Wie wog da erst dieser Zeitungsartikel, diese Schmähschrift, und wie bedrohlich waren die Anschuldigungen, die hier gegen ihn vorgebracht wurden.

Mit Schaudern erinnerte er sich an den 14. März 1938, als er die Kanzlei der Knabenhauptschule Ennsleite in Steyr betrat und dort alle seine Lehrer mit eingefrorener Miene um den Konferenztisch sitzen sah, im Knopfloch ihrer Anzüge hatten sie das Hakenkreuz stecken, jenes Parteiabzeichen, dessen Besitz und damit die Zugehörigkeit zur Partei sie noch Tage zuvor so heftig geleugnet hatten. Wie kam er sich damals vor, wie schämte er sich für jeden einzelnen und wie sehr musste er sich in diesem Augenblick beherrschen! Aber ehe er etwas sagen konnte, überreichte ihm ausgerechnet sein Lieblingslehrer einen eingeschriebenen Brief. Er las:

„Sie werden mit 14. März Ihres Amtes als Lehrer und Direktor der Knabenhauptschule II, Steyr-Ennsleite, enthoben und bleiben bis auf weiteres ohne Posten."

Dieses Schreiben des Bezirksschulrates stürzte ihn aus einem arbeitsreichen Leben als Lehrer und Politiker in völlige Abgeschiedenheit und Untätigkeit. In seiner Not machte er Bittgänge, demütigende Bittgänge, und jedes Hintreten vor die neuen Herren war eine Qual für ihn. Diese geschäftigen, braunen Uniformträger, die jedes Büro und Amt füllten, starrten höhnisch und in stolzer, abweisender Haltung auf den „schwarzen" Bittsteller, den christlich-sozialen und klerusfreundlichen Menschen Franz Dirisamer. Die Verantwortlichen wiesen ihn kaltschnäuzig ab.

„Sie erhalten ja ohnehin zwei Drittel Ihres Gehaltes, einmal werden wir auch für Sie wieder Arbeit haben, wir sind ja nicht so, wie Ihre Leute es waren!" sagten sie höhnisch und unter Hinweis auf seine politische Vergangenheit und seine Zugehörigkeit zur Vaterländischen Front.

Es dauerte bis März 1939, also ein ganzes Jahr, bis er wieder unterrichten durfte und vom Bezirksschulrat in provisorische Verwendung genommen wurde. Man schickte ihn nach Großraming ins Ennstal, das er mit dem Zug erreichte, doch musste er dafür jedes Mal eine Stunde hin und dieselbe Zeit für den Rückweg einkalkulieren. Jeden Tag holte ihn um fünf Uhr morgens der Wecker aus dem Bett, aber das machte ihm nicht viel aus, er war seit Kindheit Frühaufsteher, und außerdem überstrahlte jede Widrigkeit seiner Zugfahrt die Tatsache, dass er wieder in einer Klasse und bei Schülern sein konnte.

Das ständige Kleintreten, das untätige Warten, das ewige Vor-sich-hin-Grübeln und der Unfriede in seinem Geist und Gemüt, der ganze Schmutz von gestern schienen bereinigt, fast schon überwunden, und nun wurde ihm völlig unerwartet diese Hetzschrift, dieser gemeine Artikel, dieser hinterhältige Vorwurf präsentiert. Plötzlich waren wieder alle Schatten da. Die Vergangenheit hatte ihn erneut eingeholt, und Franz Dirisamer begriff, dass sein Leidensweg von vorne anfing und dass alles, was er schon für erledigt geglaubt hatte, in bösartiger Frische aufstand und sein Leben zu verdunkeln begann.

Nach dem Mittagessen hatte er seinen Kummer über den Zeitungsartikel abgeschüttelt und seine Erntetätigkeit wieder aufgenommen. Verbissen arbeitete er vor sich hin, er glaubte, auf diese Weise besser vergessen zu können. Aber er wurde nur oberflächlich abgelenkt, immer wieder hämmerten und bohrten die Fragen in seinem Kopf, wie es mit ihm weitergehen würde und was auf ihn zukam.

Bei der Jause auf dem Feld nahm er den „Österreichischen Beobachter" abermals aus seiner Tasche und las den Artikel dem Bauern und dessen beiden mithelfenden Tanten vor. Dann erklärte er ihnen den wahren Sachverhalt. Alle, sowohl Stanzl als auch die beiden alten Frauen, waren ganz still geworden. Auch als er schon geendet hatte, sagten sie lange kein Wort, niemand wagte ihm in die Augen zu sehen, so betroffen waren sie. Schließlich meinte Stanzl: „Dagegen können Sie gar nichts unternehmen. Sie müssen abwarten, vielleicht verläuft alles wieder im Sand!"

Von dieser Stunde an wartete Franz Dirisamer tatsächlich mit bangen Gefühlen auf jede Post. Erst nach dem Passionssonntag des folgenden Jahres kam vom Unterrichtsministerium in Wien die Entscheidung: Er wurde mit halber Pension in den Ruhestand versetzt. Eine Katastrophe für ihn, weil er kaum 25 Dienstjahre zusammenbrachte. Zehn davon waren angerechnete Kriegsdienstzeit. Von dem Geld, das für ihn herausschaute, konnten er und seine Familie nicht leben.

Im Sommer 1940 wurde er nach Linz zum Landesschulinspektor Dr. Helmuth Fischer bestellt, um sich zu rechtfertigen, aber ohne Angabe, worüber er Rede und Antwort stehen musste.

Es war die Nacht vorher und später das endlose Warten vor verschlossenen Türen, was ihn so hernahm und so verunsicherte. Nachdem eine Schreibkraft seinen Namen aufgenommen und seine Vorladung registriert und nummeriert hatte, war er für das Dienstpersonal nicht mehr vorhanden, niemand hieß ihn irgendwo Platz nehmen oder richtete sonst ein freundliches Wort an ihn. Zweieinhalb Stunden musste er sich gedulden, andere, die viel später gekommen waren, wurden vor ihm aufgerufen, die Leute gingen und kamen, für sie verlief alles reibungslos. Nur er stand in einem Eck oder ging auf und ab, niemanden kümmerte es, was er tat. Er glaubte zu wissen, woran er war, für ihn hieß das nichts anderes, als dass man ihn bereits abgeschrieben und seine Akte schon ausgemistet hatte.

Krampfhaft versuchte er sich zu konzentrieren, jedes Wort und jeder Satz von dem, was er vorbringen wollte, musste überlegt sein. Womit sollte er bei seiner Rechtfertigung beginnen?

Das ständige Kommen und Gehen auf dem engen Gang irritierte ihn und ließ ihn verzweifeln. Würde er alles recht machen? Die Vorfälle um den fürchterlichen 25. Juli, jenen Tag, an dem Bundeskanzler Dollfuß ermordet worden war, lagen doch schon sechs Jahre zurück.

Im Gasthaus Öttl, am Marktplatz von Obernberg, war er damals mit seinen Freunden beisammen gesessen. Wie ein Blitz aus heiterem Himmel war zu Mittag über die RAVAG die Meldung gekommen, dass Dollfuß zurückgetreten sei. Es musste in Wien etwas Schreckliches geschehen sein. Da er selber kein eigenes Radio besaß, wollte er sich beim Öttl die nötigen Informationen holen. Alle waren sie in gedrückter Stimmung, es kam keine richtige Unterhaltung in Schwung, angetrunkene Bierkrüge standen auf den Tischen, und Zigarettenqualm hing in der Luft. Es roch förmlich nach Unheil! Das Radio war eingeschaltet, aber der Nachrichtensprecher schob seine Meldung immer wieder hinaus. Erst um zehn Uhr verkündete er, dass Major Fey eine Erklärung abgeben würde. Und dieser berichtete dann über das Geschehen, das sich von elf Uhr mittags bis gegen sieben Uhr abends in Wien abgespielt hatte. Nationalsozialisten in der Uniform von Polizei und Militär hatten das Bundeskanzleramt überrumpelt und alle Minister und Beamte gefangen gesetzt. Fey wurde gegen drei Uhr in ein Zimmer geführt, wo er Bundeskanzler Dollfuß schwer verwundet auf einem Diwan liegen sah.

„Werd's sehen, der Kanzler ist tot!" unterbrach der Wirt die Ansprache.

„Ruhe, wir wollen hören, was los ist!" brüllten die Männer im Gastzimmer durcheinander. Aber der Wirt beharrte darauf: „Werd's sehen, der Kanzler ist tot! Der ist tot! Ganz sicher!"

Der Empfang war schlecht gewesen, und von der Stimme des Ministers, der weiter gesprochen hatte, hörte Dirisamer beim Wirrwarr der Meinungen kaum noch ein Wort. Erst als Schuschnigg angekündigt wurde, trat wieder Ruhe ein. Seine Rede machte alle stumm. Ernst, bewegt und voller Anklage gegen deutsche Hintermänner sprach er mit umflorter Stimme vom tiefen Schmerz und von aufrichtiger Empörung, und er verkündete, dass der Bundeskanzler und Führer feiger Mörderhand zum Opfer gefallen war.

„Der Bundeskanzler ist tot! Aber sein Werk lebt!“ sagte Schuschnigg.

Das Gastzimmer und die Leute verschwammen in den Tränen, die Franz Dirisamer in die Augen traten. Wieder hörte er Schuschnigg, und diese Worte waren etwas, was sich tief in sein Herz grub und was er nie vergessen würde.

„Wir werden dem Kanzler unsere Treue halten über das Grab hinaus! Ich fordere Sie, denen das Wort Treue, das deutsche Wort Treue, noch etwas bedeutet, auf, zusammen zu stehen in Ordnung und Eintracht und der gesetzlichen Regierung, getreu der Verfassung, zu folgen, auf dass dieser Schmerz des Tages hinüberleite in eine wahrhaft bessere Zukunft!“

Franz Dirisamer schaute um sich. Rundum erblickte er erschütterte, empörte Gesichter, auch er konnte sich kaum beruhigen. Und als sie den Rest der Meldung hörten und erfuhren, dass man alle Putschisten gefangen und sie in die Polizeikaserne gebracht hatte, da entlud sich gewaltiger Hass.

„Diese Halunken! Diese Verbrecher und feigen Mörder! Ausgerottet gehören sie, aufgehängt!“

Für einen Moment hatte Franz Dirisamer vergessen, wo er sich befand, so stark war die Erinnerung. Als er aufgerufen wurde, erschrak er. Zögernd drückte er die Messingschnalle einer weißlackierten Tür, trat in ein geschmackvoll ausgestattetes Büro und stand dem Landesschulinspektor gegenüber. Die Begrüßung war freundlich, fast herzlich. Sie setzten sich und musterten sich kurz.

„Ich glaube, Sie wissen, weshalb man Sie hierher beordert hat! Oder nicht?“ begann Dr. Fischer das Gespräch.

Franz Dirisamer hatte den „Österreichischen Beobachter“ mitgebracht, er öffnete seine Aktentasche, nahm ihn heraus und deutete darauf.

„Ich nehme an, Sie sprechen von dem Artikel in diesem Blatt!“

Sein Gegenüber nickte wortlos.

„Darf ich dazu Stellung nehmen?“

„Ich bitte darum!"

„Ich möchte vorausschicken, Herr Doktor, dass ich Ihre Zeit nicht ungebührlich beanspruchen will und werde mich daher kurz fassen!"

„Das halte ich für wenig sinnvoll, denn ich glaube kaum, dass sich Ihr Problem mit zwei, drei Sätzen aus der Welt schaffen lässt. Beanspruchen Sie also ruhig meine Zeit, ich habe nichts dagegen."

Franz Dirisamer spürte plötzlich ein Wohlwollen, das ihm vom Landesschulinspektor entgegenschlug. Das Gespräch entwickelte sich anders als bei früheren Vorladungen, bei denen ihn die Genossen hatten kaum zu Wort kommen lassen und bei denen seine Argumente schon im Ansatz abgewürgt wurden.

„Ich danke Ihnen!"

Wieder nickte der Landesschulinspektor und lächelte freundlich.

„Wissen Sie, aus heutiger Sicht und jetzt, da unser Führer Adolf Hitler die Heimat fest an das Großdeutsche Reich angeschlossen hat, hört sich das, was sich in Obernberg ereignet hat, banal und widersprüchlich an, aber damals war alles durcheinander, verwirrt, man möchte fast sagen, in Gärung. Als mich nach der Ermordung von Dollfuß die Männer von der Vaterländischen Front fragten: ‚Was wird jetzt aus uns werden?', da habe ich ihnen geantwortet: ‚Das, was wir wollen, und was wir jetzt tun, das wird aus uns werden!'

Schon am nächsten Morgen stellten wir einen Ortsschutz zusammen, weil in Lamprechtshausen, also gar nicht weit von Obernberg, Schüsse knallten und Tote zu beklagen waren. Deshalb wollten wir bei uns sicher gehen und jedes Blutvergießen verhindern. Ich schloss mich von den Patrouillengängen nicht aus und machte sogar mehr Nachtdienste, weil ich ja Ferien hatte. Am 28. Juli hörte ich im Radio die Übertragung von den Leichenfeierlichkeiten für Dollfuß, und ich gestehe Ihnen ehrlich, ich weinte wie ein Kind, das um den Vater weint. In dieser Nacht machte ich mehrmals die Runde durch Obernberg, überall in den Fenstern brannten Kerzen, die Leute sprachen mich an und bekundeten mir ihren Schmerz. Müde kam ich gegen Morgen heim und fiel sogleich in tiefen Schlaf, wurde aber bald darauf geweckt, denn Bürgermeister Matthias Launa war gekommen und verlangte ganz aufgeregt, dass man etwas gegen den jungen Feichtelbauer tun müsse. Denn dieser habe im Ort herum geschrien, dass man sich mit den Altheimer Nationalsozialisten zusammentun würde und den Ortsschutz ‚wegputzen' werde. Der gute Bürgermeister war nicht nur nervös, sondern auch ehrlich besorgt. Und so kam die Sache ins Rollen. Ich besprach mich mit Oberlehrer Steiner in St. Georgen, der Bezirksführer des Heimatschutzes war und die Sache ebenfalls für ernst hielt. Die Ermordung des Kanzlers und der Putschversuch in Wien spukte ja noch in allen Köpfen. Als nächstes mobilisierten wir das Schukokommando in St. Martin, wo man ein schweres MG besaß.

Und dann begann unsere Aktion. Die Autos fuhren überraschend auf dem Marktplatz in Obernberg vor, die Schukoleute sprangen aus den Wägen, Absperrposten wurden verteilt, und das MG vor der Apotheke aufgestellt. Es beherrschte den ganzen Platz. Patrouillen schwärmten aus und holten die führenden Männer der NSDAP aus ihren Wohnungen und Häusern und sperrten sie in die Turnhalle. Alle Neugierigen, die zusammenstanden, wurden aufgefordert weiterzugehen, Ansammlungen wurden nicht geduldet. Bis Mittag war alles so weit geregelt, dass ich heimgehen konnte, für mich war die Sache erledigt.

Ich war gerade dabei, ein verspätetes Mittagessen einzunehmen, da holte man mich erneut.

‚Der Bruckbauer Rudl ist geschlagen worden und blutet ziemlich stark!' erfuhr ich auf dem Weg. Als wir in die Turnhalle kamen, saß er tatsächlich auf einem Sessel und drückte sein Taschentuch auf eine tiefe Kopfwunde.

‚Wie kommst denn du hierher, du warst doch nicht auf der Liste der Nationalsozialisten?' fuhr ich ihn an.

Ein Heimwehrler erklärte mir: ‚Er hat sich zu viel Kraut herausgenommen und über den toten Hund, wie er Dollfuß nannte, gespottet. Da hat ihm einer von uns den Gewehrkolben über den Schädel tuscht!'

‚Das hätte dir das Leben kosten können!' sagte ich besorgt zu Bruckbauer.

‚Ich hab' einen harten Schädel und keinen Eierkopf!' antwortete er spöttisch.

Ich lief zur Apotheke und ersuchte um Verbandstoff und um ein Desinfektionsmittel. Der Magister brachte mir, was ich verlangte, er fragte nicht viel und ließ sich auch nichts bezahlen.

Und so übte ich Samariterdienst an meinem ehemaligen Schüler, ich wusch seine Wunde aus, desinfizierte sie und verband ihn. Einige Inhaftierte fanden das lustig und bezeichneten mich als ‚Krankenschwester Franziska'. Da riss mir die Geduld und ich schrie die Kerle an: ‚Zu lachen und zu witzeln ist da gar nichts. Die Situation ist sehr ernst!' Das machte sie schnell ruhig."

Der Landesschulinspektor hatte interessiert zugehört. Jetzt aber unterbrach er Franz Dirisamer.

„Und sonst ist niemandem etwas geschehen?"

„Nein! Das kann ich ehrlichen Gewissens sagen, nein!"

„Und wie ist das mit der Revolution in Sibirien gewesen?"

„Ich war weder Rotgardist noch Weißgardist und schon gar nicht Kerensky-Anhänger. Das Schicksal wollte es, dass ich Leo Trotzky kennen lernte und durch ihn auf die Russische Kommunistische Partei stieß. Aber auch da bin ich meinen österreichischen und deutschen Kriegskameraden hilfsbereit beigestanden. Während einer schrecklichen Typhusepidemie habe ich ihnen viele gute Plätze in den Spitälern verschafft und ihnen so das Leben gerettet. Ich habe sie unter Missachtung der Gefahr in den Krankenhäusern besucht, sie gepflegt und ihnen Mut und Trost gegeben. Ich kann Zeugen für die Wahrheit meiner Behauptung anführen."

Der Landesschulinspektor winkte ab.

„Das wird nicht nötig sein! Hören Sie, Herr Kollege, ich werde jetzt alles so zusammenfassen, dass für Sie ein gutes

Ende heraus schaut. Sie werden in einer Woche von mir einen Brief mit Durchschlag erhalten, er wird das beinhalten, was wir heute gesprochen haben. Sie unterschreiben und schicken mir den unterschriebenen Brief zurück. Damit ist alles erledigt, ich verspreche Ihnen, dass Sie keine weiteren Schwierigkeiten bekommen werden!"

Franz Dirisamer atmete auf. Was für ein Glück! Und am Vormittag war er noch so verzweifelt gewesen, so ganz ohne Hoffnungen.

„Eines möchte ich aber schon noch gerne wissen!" Der Landesschulinspektor musterte ihn erneut mit seinen klaren, aufmerksamen Augen.

„Wenn es darauf angekommen wäre, hätten Sie dann vom MG Gebrauch gemacht?"

Das war also die Klippe, über die er noch springen musste. Wie leicht wäre es jetzt gewesen, darauf ein „Nein!" als Antwort zu geben. Aber dagegen wehrte sich seine Ehrlichkeit, sein Anstand.

„Ich will Sie nicht belügen, Herr Landesschulinspektor. Ich habe in Obernberg, wie überhaupt in meinem ganzen bisherigen Leben, nur einen Ehrgeiz gehabt, ich wollte den anderen dienen. Dabei habe ich meine Kräfte allen zur Verfügung gestellt, besonders den Kriegsgeschädigten, den Arbeitern und den Armen, deren Fürsprecher ich im Armenrat von Obernberg war, aber auch für den Deutschvölkischen Turnverein habe ich gearbeitet, und vor allem für die Jugend, für meine Schüler. Und wenn Sie mir jetzt diese kritische Frage vorlegen, von der ich genau weiß, dass sie mein Schicksal entscheiden kann, so will ich dennoch bei der Wahrheit bleiben. Ja, wir hätten vom MG Gebrauch gemacht, denn wir wollten in Obernberg keine unschuldigen Opfer wie in Lamprechtshausen, wir wollten unsere Mitbürger schützen."

Der Landesschulinspektor schüttelte den Kopf. „Aha, so schaut es aus!" Dann lachte er zweideutig. „Ich sehe schon, Sie sind unverbesserlich!"

Franz Dirisamer fühlte, wie ihm der Boden unter seinen Füßen entzogen wurde. Schweiß trat ihm auf die Stirn.

„Wissen Sie eigentlich, dass ich Sie schon lange kenne?“ fragte Dr. Fischer in seinem nächsten Satz.

„Nein, das weiß ich nicht, ich wüsste auch nicht, woher!“

„Denken Sie an den Mai 1933, an den Kolpingsaal in Linz, damals feierte der Katholische Landeslehrerverein für Oberösterreich seinen 35jährigen Bestand, und Sie hielten vor …, ich glaube, es müssen über zweitausend Menschen gewesen sein, einen vielbeklatschten Vortrag über das ‚Wirken des katholischen Lehrers in Schule und Gemeinschaft‘. Ich war damals dabei, ich habe Sie bewundert und beneidet, und ich war mir ganz sicher, dass Sie der zukünftige Mann sind, dass Sie, zu Höherem berufen, auf Grund Ihrer Fähigkeiten nach Linz oder gar nach Wien geholt werden würden. Aber man hat Sie übergangen, mit allen Ihren Kenntnissen, Ihrer Begabung und Ihrem Wissen hat man Sie in die Ecke gestellt. Sie sind wohl Hauptschuldirektor geworden, aber nur an einer kleinen, unbedeutenden Schule in Steyr. Und das war schon alles! Welche Karriere hätten Sie bei uns, in der Nationalsozialistischen Partei, starten und verwirklichen können. Sie aber haben auf die falschen Freunde vertraut. Tut Ihnen das gar nicht leid, sind Sie wirklich nicht böse auf diese Neider, Intriganten und Eifersüchtler, die Ihnen den Weg nach oben verbarrikadiert haben?“

Franz Dirisamer zögerte mit der Antwort. Schließlich sagte er knapp, aber wie es schien, wirkungsvoll:

„Nein! Ich bin ein gläubiger Mensch, und ich weiß, dass der Herrgott meinen Weg bestimmt hat, von Anfang an.“

Der Landesschulinspektor erhob sich, ein Zeichen, dass er das Gespräch beenden wollte.

„Herr Fachlehrer, heute bin ich für Sie froh, dass man Sie an höherer Stelle übersehen hat, und dass Sie nicht Karriere gemacht haben, denn andernfalls hätte Ihnen der Vorfall in Obernberg das Genick gebrochen! Aber, und verstehen Sie mich jetzt nicht falsch, als kleinem und unbedeutendem Lehrer kann ich Ihnen helfen und Sie retten!“ Er reichte Dirisamer die Hand.

„Und meine Anstellung, kann ich wieder unterrichten?"

„Sie waren in Großraming, möchten Sie wieder dorthin?"

„Wenn es näher bei Steyr wäre, wegen meiner Familie, da wäre mir schon gedient."

Der Landesschulinspektor telephonierte. Kurze Zeit später brachte eine Kanzleikraft den Stellenplan für Oberdonau. Dr. Fischer überlegte.

„Christkindl? Nein, da ist schon wer. Gleink wäre für nächstes Jahr frei. Aber in Sierning, da könnte ich Sie sofort unterbringen. Wäre Ihnen das recht?"

Das Herz von Franz Dirisamer jubelte. „Dafür möchte ich Sie am liebsten umarmen!"

„Aber, aber! Und nun ‚Heil Hitler!' und ‚Auf Wiedersehen!' oder, wie es früher in Österreich so schön hieß:" – der Landesschulinspektor schmunzelte – „Grüß Gott!"

I.

Schon lange, bevor er einen Raum betrat, hörte man Rektor Markus Wilke auf dem Gang schnauben. Er hatte eine angeborene Verengung und Abweichung der Nasenscheidewand, was ihm das normale Atmen fast unmöglich machte. Wenn er es eilig hatte, öffnete er daher den Mund, vergrößerte aber dadurch den Resonanzboden des Rachens und verstärkte sein Schnaufen und Stöhnen nur noch mehr. Die Lehrer nannten ihn respektlos „Röhrer" und horchten auf, wenn er sich durch sein schweres Atmen ankündigte. „Der Röhrer kommt!" hieß es, und bei diesem Satz verwandelte sich das Konferenzzimmer in einen Raum, in dem man nicht mehr ungezwungen beisammen saß und persönliche Gespräche führte, sondern wo sich das Lehrerpersonal plötzlich nur mehr dienstlich über den Unterricht, über trockene Vorschriften und Verpflichtungen unterhielt.

Rektor Wilke war nicht beliebt. Er hatte an der Stirnseite des langgestreckten Tisches einen eigenen Platz, stand aber, weil sich selten jemand mit ihm unterhalten wollte, meist am Fenster, von wo aus er einen Blick in den Schulhof, in den Schulgarten und auf die Turnplätze der Schüler hatte. Eine Zeile von Maulbeerbäumen fädelte sich dort auf, man hatte sie gepflanzt, weil die Schüler angeregt wurden, Seidenraupen zu züchten. Die Kokons, die man einsammelte, wurden zur Verwertung nach Wien eingeschickt.

Für Fachlehrer Franz Dirisamer war Sierning der zweite Strafposten, und nach seinen Erfahrungen in Großraming hatte er es, von den äußeren Umständen her gesehen, hier gut getroffen, denn es gab von Steyr aus eine günstige Omnibusverbindung mit einer bedeutend kürzeren Fahrzeit, als dies ins Ennstal hinein der Fall war.

Die im Oktober 1930 fertig gestellte Hauptschule Sierning befand sich in einem ausgezeichneten Zustand und war in Oberdonau ein Vorzeigeobjekt für zweckmäßige Architektur, sie galt als eine der schönsten Schulen des Landes, besaß einen erstklassigen Physik- und Zeichensaal, und der Turnsaal war nicht nur für den Leibeserziehungsunterricht hervorragend geeignet, man konnte in ihm auch problemlos schulische und festliche Veranstaltungen abwickeln.

Es hätte für Franz Dirisamer also alles klappen und sich zufriedenstellend entwickeln können, wenn nicht der Schulleiter vom ersten Augenblick an in ihm einen strafversetzten Direktor und persönlichen Gegner gesehen hätte. Die beiden verstanden und mochten sich nicht, schon beim Vorstellungsgespräch herrschte ein feindseliger Ton zwischen ihnen, sie musterten sich von oben bis unten, sahen sich kurz in die Augen, und jeder dachte vom anderen: „Was für unsympathischer Kerl!"

So charmant und freundlich Franz Dirisamer in persönlichen Gesprächen sein konnte, so abweisend und scharf war er, wenn er sich angegriffen und schikaniert fühlte. Deshalb kam er auch mit Rektor Wilke nie auf gleich. Als gewesener Hauptschuldirektor war er mehr das Anschaffen als das Gehorchen und Ausführen gewohnt, und darum reagierte er auf kleinliche Zurechtweisungen und boshaftes Herumkommandieren stets mit Verzögerung, manchmal sogar mit Ungehorsam. Der um einiges ältere Rektor Wilke erkannte diese Schwäche und sah in ihr die berechtigte Chance, den ungewollten Fachlehrer wieder loszuwerden. Und er hatte dafür sogar eine geeignete, rechtliche Handhabe parat, denn im Anstellungsdekret für Franz Dirisamer stand ein Passus, den er sonst bei keinem anderen Lehrer vorgefunden hatte. Er hieß: „Die Zeit verlangt, dass Sie sich in Ihren dienstfreien Stunden der Partei, ihren Gliederungen und dem öffentlichen Dienst zur Verfügung stellen."

Nach Telephonaten mit Bürgermeister Alfons Eder und Parteiobmann Ludwig Steinkellner wurde Franz Dirisamer außerhalb der Schule in diesem sogenannten „öffentlichen Interesse" zu Arbeiten abkommandiert, die er in den umliegenden kleinen Ortschaften und Siedlungen durchführen musste. Um diese zu erreichen, stellte man ihm ein Fahrrad zur Verfügung. Er musste zu Viehzählungen und zu Ernteertragsaufnahmen, beides zeitaufwendige Tätigkeiten, durch die er oft den letzten Omnibus nach Steyr versäumte. Dann war er gezwungen, im

Notquartier der Gemeinde zu übernachten, in einer ebenerdigen Baracke, die von Straßen- und Bauarbeitern belegt war, auf einer primitiven Schlafstätte, welche er dort für sich reserviert hatte. Er fand sich aber auch hier zurecht, denn er verstand die einfache Art und Sprache der Arbeiter, die Sorgen dieser ausgemergelten, meist armen Menschen, deren Haut von der täglichen Sonne und der Arbeit im Freien runzelig geworden war. Er hörte sich geduldig ihre Nöte und Probleme an, sie alle, die sonst nirgendwo etwas zu reden hatten, wurden bei ihm gesprächig. Das einzige Glück dieser Arbeiter war, dass sie nicht mehr in den Krieg mussten, denn sie waren schon alle über fünfzig.

Sehr zum Ärger von Rektor Wilke wurden mit der Zeit diese Aufträge immer weniger, Franz Dirisamer konnte nach Unterrichtsschluss heim nach Steyr fahren und seine Freizeit in der Familie verbringen. So blieb Wilke nichts anderes übrig, als ihn im Rahmen der Schule auszunützen. Er bedachte ihn mit der Höchstzahl an Unterrichtsstunden, schob ihm das Knabenturnen zu, betraute ihn mit der Wartung des Erdkunde- und Geschichtskabinettes und übertrug ihm als größten Brocken die Altstoffsammlung; zunächst jene für Bekleidung und für Metalle, zuletzt aber auch die für alles andere, besonders für Papier und Knochen. Alle diese Sammlungen, das Einbringen und Aufarbeiten, waren eine ständige Belastung, nur die Heilkräutersammlung wich davon ab, sie hatte nämlich den Vorteil, dass er in den warmen Jahreszeiten mit den Schülern die Naturgeschichtsstunden im Freien und im Wald abhalten konnte. Das Sortieren und Abfüllen der Knochen in Säcke war aber eine Tortur, sie war wegen des Gestankes und wegen der schwirrenden Fliegen bei Hitze eine ekelerregende Angelegenheit, die er seinen Schülern nicht zumuten wollte und die er deshalb immer allein erledigte. Alles an gesammelten Altstoffen wurde in einer Holzhütte zusammengetragen, auf der im Sommer unbarmherzig die Sonne niederbrannte und in der man im Winter schrecklich fror, weil sie nicht beheizbar war.

Die Beschäftigung mit dem Altpapier offenbarte Franz Dirisamer die Respektlosigkeit der Menschen vor alten und religiösen Büchern. Er fand eine in Leder gebundene Bibel aus dem neunzehnten Jahrhundert und musste sie unbarmherzig in die Verwertungssäcke stopfen, dasselbe geschah mit Gebetbüchern, wertvollen Erstausgaben, jüdischer und moderner Literatur, familiären Aufzeichnungen und Briefen von Eltern und Großeltern, die manche Leute bedenkenlos ihren Kindern mitgaben. Er entdeckte fast neuwertige Exemplare aus den Bibliotheken Sierninger Bürger, Andenken an ihre Vorfahren, alles gnadenlos geopfert für die Wiederverwertung. Er sah es mit blutendem Herzen und konnte es nicht begreifen.

Diese Altstoffsammlung benützte Wilke als Vorwand, um immer wieder und, wie er meinte, unverhofft die Klasse von Franz Dirisamer zu betreten. Er täuschte eine Kontrolle vor, ließ sich das Sammelheft vorlegen, setzte sich in die letzte Bank der Klasse und verfolgte von dort aus den Unterricht. Durch unnütze Fragen versuchte er, den Vortrag zu stören, was aber nie gelang, da die Schüler in seiner Anwesenheit einen beeindruckenden Eifer an den Tag legten, der schon im Augenblick, in dem sie sein Stöhnen am Gang vernahmen, von allen einheitlich demonstriert wurde. Sehr zu seinem Missvergnügen registrierte Wilke bei jeder dieser Visitationen, dass es an der Unterrichtsstunde von Franz Dirisamer nicht das Geringste auszusetzen gab. Aber mehr noch ärgerte ihn, wenn er sah, wie die Schüler diesen Lehrer liebten. Die 4A-Klasse war ja als schwierig verschrien, und deshalb hatte er Franz Dirisamer als Klassenvorstand eingesetzt. Aber auch diese Maßnahme trug nichts dazu bei, dessen Position in der Schule zu untergraben.

Wilke war ein grantiger Mann, der selten ein Lächeln zeigte, dem ein Lachen aber fast nie über die Lippen kam. Wenn er keine Virginierzigarre hatte, war er besonders schlecht gelaunt. Wie ein Schulwart stand er dann an der Stiege beim Gebäudeeingang und schrie die Kinder an, besonders wenn diese drängten oder sich nicht sorgfältig die Schuhe abgestreift hatten. Auch bei der Garderobe passte er auf wie ein Luchs, und wenn er jemand ertappte, der die Hausschuhe vergessen hatte, dann zog er ihn am Ohr in die Klasse und kanzelte ihn dort vor den Mitschülern ab. Oft fragten sich seine Lehrer, warum jemand mit einem solchen Gemüt überhaupt einen pädagogischen Beruf ergreifen konnte, und dann erklärte ihnen Fachlehrer Zimmermann, dass Wilke früher einmal anders gewesen wäre. Wann und warum er sich so ins Negative gewandelt hatte, das konnte auch er nicht sagen.

Heinrich Zimmermann war Fachlehrer für Zeichnen und Handwerkliches Arbeiten. Er vollbrachte in diesem Unterrichtsfach wahre Wunder, bastelte mit seinen Schülern alle möglichen Typen von Schiffen, besonders aber von Kriegsflugzeugen, die er im Zeichensaal so aufhängte, dass sie einen Luftkampf simulierten, mit deutschen Me 110, kleinen Wolkenformationen und viermotorigen B-17 Flying Fortress, die Rauch hinter sich her zogen und aus deren Motoren als Zeichen des bevorstehenden Absturzes kleine Flämmchen schlugen. Diese Inszenierungen waren so perfekt gemacht, dass sie allen gefielen, besonders aber dem Rektor, dessen Lob und Anerkennung er täglich empfing. Zimmermann war eigentlich der einzige Lehrer, der mit Wilke Umgang pflegte, immer wieder verschwand er in dessen Kanzlei und blieb dort über längere Zeit.

Als der Zweite Weltkrieg ausbrach, montierte er im Konferenzzimmer auf einer Korkwand eine übersichtliche Europakarte, an der er mit kleinen Fähnchen den Verlauf der Front markierte. Der Blitzkrieg in Skandinavien, der Einfall in Holland und Belgien, die englische Katastrophe in Dünkirchen, alles spielte sich auch mit den kleinen Hakenkreuzfähnchen ab. Und dann wurde Frankreich erledigt, in Afrika, Kreta und Jugoslawien standen deutsche Truppen, die Fähnchen wurden an der Landkarte aufgepflanzt und zeigten, wie mächtig sich die militärische Brust von Adolf Hitler gebläht hatte.

Franz Dirisamer, der sich mit Ausbruch des Krieges ein schnelles Ende der nationalsozialistischen Herrschaft erhofft hatte, war vom Verlauf des Feldzuges im Westen erschüttert. „Wie konnte das nur geschehen?“ fragte er sich immer wieder. Was Deutschland im Ersten Weltkrieg in vier Jahren nicht fertig gebracht hatte, gelang jetzt in wenigen Wochen. Am 14. Juni 1940 wurde Paris besetzt. Er musste damals an einer Versammlung des Nationalsozialistischen Lehrerbundes im Casino Steyr teilnehmen, als Ernst Grohmann, der Führer der Lehrerschaft, mit einem Telegramm in der Hand vor die Kollegen trat, und dann, wie er es ausdrückte, eine phantastische Nachricht aus Frankreich verkündete.

„Unsere heldenhaften Truppen haben Paris eingenommen!" schrie er in den Saal. Einer Sekunde sprachlosen Erstaunens folgte ein Freudentaumel und dann tosende Begeisterung. Neben Franz Dirisamer saß der ebenfalls strafversetzte Direktor Franz Trauner, ein überzeugter Österreicher und Christlich-Sozialer. Genau so wie er klatschte auch dieser enthusiastisch in die Hände, aber als sie sich anblickten, stand in den Augen von Trauner pures Entsetzen.

Jedesmal, wenn Fachlehrer Zimmermann seine Fähnchen neu steckte, wurde Franz Dirisamer bewusst, dass an jeder Stelle dieses Territoriums deutsche Truppen als Besatzung gebunden und daher der kämpfenden Truppe abgezogen wurden. Und bald erkannte er, dass das nicht endlos so weiter gehen konnte, dazu brauchte man nicht die Kenntnisse eines Feldherrn, dazu genügte der normale Hausverstand.

Im Februar 1943 wendete sich das Blatt, über Stalingrad fiel der Vorhang des Grauens, der Vormarsch der deutschen Truppen kam zum Stillstand, und auf der Europakarte von Zimmermann mussten die Hakenkreuzfähnchen Punkt für Punkt zurückgenommen werden. Für Franz Dirisamer, der als Soldat des Ersten Weltkrieges die Weiten Russlands kennen gelernt hatte, war der Krieg faktisch entschieden. Immer mehr wurde die deutsche Wehrmacht in die Defensive gezwungen und die Fähnchen wanderten erschreckend schnell zurück in Richtung Deutschland. Eine Zeitlang führte Zimmermann diese Manöver auf der Landkarte noch durch, aber plötzlich waren über Nacht alle Fähnchen fort, und wenn sich jemand über den

Fortgang des Krieges informieren wollte, musste er sich selber die Positionen erkunden.

Aber nicht nur an der Front, auch im Hinterland entwickelte sich die Situation dramatisch. Nachdem britische und amerikanische Bomberverbände begonnen hatten, deutsche Städte anzugreifen, sie nicht mehr zur Ruhe kommen ließen und diesen Terror systematisch ausbauten, wurde auch daheim in Steyr die Luft immer dicker, die Bombardierungsgefahr immer größer und die Verdunkelung der Häuser immer sorgfältiger. Franz Dirisamer begann, Pakete mit Kleidern, Stoffen und wertvollen Büchern zu packen und an seine auf dem Land lebende Schwester zu versenden. Die wichtigsten Dokumente kamen in einen Koffer, der immer griffbereit stand und der jedesmal, wenn die Sirenen anschlugen, mit in den Luftschutzkeller wanderte. Schmuck, Geld oder andere Wertsachen besaß er nicht, deshalb war in dieser Zeit seine ganze Sorge auf das Leben und Heil der Familie gerichtet. Sie war sein größter Schatz, ihn galt es aus dem Inferno in eine sicherere und beständigere Zukunft hinüber zu retten.

Am 13. August 1943 erschienen erstmals viermotorige Flottenverbände über Wiener Neustadt und bombardierten sowohl die Stadt als auch die Flugzeugwerke. Und von diesem Augenblick an gab es keine Ruhe mehr. Immer wieder heulten die Sirenen auf. Besonders nachts fuhr man mit verschlafenen Augen, taumelnd und erregt, aus den Betten. Manchmal musste die Familie aus der Wohnung in den Luftschutzkeller laufen, oft gab es aber auch frühzeitig Entwarnung, weil die Flieger in eine andere Richtung abdrehten. Dann krochen sie dankbar zurück in die warmen Federn, aber die Nachtruhe war dahin, Ängste, Sorgen und düstere Gedanken traten an Franz Dirisamer heran.

Sein Sohn Hugo war bei einer Flakstellung in Linz stationiert, auch er machte sich Sorgen und schrieb: „In den letzten Tagen war es mit dem Fliegeralarm schlimm genug. Es ist daraus zu schließen, dass in allerkürzester Zeit das Schicksal nach dem lieblichen Steyr greift. Man ist hier äußerst verunsichert!

Man hat sogar auf eigene Flugzeuge geschossen. Diese Nervosität unsererseits müsst Ihr Euch unbedingt als Lehre dienen lassen. Es riecht nach Bomben, geht weg von Steyr!"

Und die älteste Tochter Auguste, die in Wien Botanik studierte, drückte ihre Angst so aus: „Es läßt mir keine Ruhe mehr, ich habe gehört, dass am Mittwoch die Linzer Flak eine halbe Stunde geschossen hat, weil Aufklärer da gewesen sein sollen. Ich weiß ja nicht, ob es wahr ist, aber bitte, bitte überlegt einmal, müssen die armen Kleinen unbedingt dabei sein, wenn es in Steyr kracht und die Bomben niedersausen? Liebe Eltern, ich weiß, ich bin hysterisch, ich habe den Fliegerwahn, ich bin der Pessimismus in Person und weiß Gott was alles, aber, bitte, belächelt bloß das eine Mal nicht meine Blödheit und hört auf mich. Bringt die Kinder zu Tante Poldi nach Hofkirchen!"

Die Meldungen über Luftangriffe wurden tatsächlich immer beunruhigender, die Alarme immer häufiger. Dazu kam jetzt auch die offizielle Meinung der Partei, dass besonders kinderreiche Familien evakuiert werden sollten. Gauleiter August Eigruber drohte auf einer Versammlung im Volkskino Steyr. Wörtlich sagte er: „Leuten, die trotz unserer Aufforderung nicht verschwinden, werden wir im Schadensfall nichts vergüten. Und wenn Kinder infolge Nachlässigkeit der Eltern verunfallen, dann wird es zur Anzeige kommen. Und unsere Strafe wird nicht klein ausfallen!"

Das gab den Ausschlag. Franz Dirisamer wollte zu seiner Schwester Poldi nach Hofkirchen an der Trattnach fahren und mit ihr die Übersiedlung mündlich regeln. Rektor Wilke gewährte ihm dazu ein paar Tage Urlaub. Das war der Grund, weshalb die Schülerinnen der vierten Mädchenklasse mehr Hausaufgaben als sonst bekamen, und als sie murrten, erklärte er ihnen, warum das so war, und er begründete es mit der Evakuierung nach Hofkirchen.

Am Nachmittag dieses Tages klopfte es schüchtern an der Konferenztür. Sophie Schraberger kam herein, ein Bauernkind aus Pichlern. Sie grüßte leise, und auf die Frage, was sie denn wolle, antwortete sie Franz Dirisamer:

„Meine Mutter hat gesagt, Sie könnten auch zu uns übersiedeln. Wir haben im ersten Stock unseres Bauernhauses genug Platz für Sie, es ist dort eine große Stube mit einem ausreichenden Vorraum, da könnten Sie ebenfalls Möbel hinstellen."

Franz Dirisamer schaute sie erstaunt an.

„Ja, wie ist denn deine Mutter auf diesen Gedanken gekommen?"

„Ich habe ihr gesagt, dass Sie so weit fort müssten, und da wäre es möglich, dass wir Sie als Lehrer verlieren, was uns sehr leid täte. Und zu uns wäre es doch viel näher!"

Franz Dirisamer lächelte. „Da muss ich dir schon recht geben. An Pichlern habe ich eigentlich nie gedacht, weil wir dort keine Bekannten haben!"

„Aber ich gehe doch bei Ihnen in die Schule!" strahlte sie ihn an. Und nach einer Weile meinte sie noch: „Da hätten wir auch den gleichen Schulweg!"

Da musste er wieder lächeln.

Es war ein kurzweiliger Weg, den er mit Sophie Schraberger am selben Tag zurücklegte, denn das Mädchen wusste viel zu erzählen und zu erklären. Als sie in Pichlern ankamen, trat ihnen die Mutter bereits an der Haustüre entgegen. Eine stattliche Erscheinung, beleibt, energisch, mit einem glänzenden, breit lachenden Gesicht, die schwarzen, angegrauten Haare hatte sie zu einem Knoten am Hinterkopf gebunden. Im Gegensatz dazu war der Vater ein stiller Mann, von der Gestalt her eher schmächtig, aber an seinen schweren Händen konnte man sehen, dass er harte Arbeit gewohnt war.

Den beiden gehörte ein stolzer, wahrhaft imponierender Vierkanthof, der vorne mit Ziegeln, im Scheunenteil aber noch mit Stroh gedeckt war. Ein schönes Anwesen, auch innen war alles weiträumig und sauber. Schon beim Eintreten kam man in einen mit Bauernmöbeln versehenen Vorraum, der vom Personal benützt wurde, besonders in den Sommermonaten, in denen man an einem quadratischen, schweren Holztisch das Essen einnehmen konnte.

Die Bäuerin führte Franz Dirisamer eine Treppe hinauf in den ersten Stock, zuerst in einen Vorraum mit einem Fenster, in dem Getreide aufgeschüttet war.

„Die Weizenhaufen räumen wir gleich morgen in den Troadkasten, dann haben Sie mehr Platz. Und da geht's in die Stube, die für Sie in Frage käme!"

Sie schloss die vordere, rechte Türe auf. Es war wirklich eine große Stube, einige wenige Möbel standen ungeordnet darin herum.

„Wenn wir wissen, dass Sie kommen, räumen wir dieses Zeug auch weg, gleich in das nächste Zimmer hinein. Dann sperren wir die Tür nach rückwärts ab, und Sie sind ganz ungestört."

Franz Dirisamer überschätzte, was man in den beiden Räumen unterbringen konnte, und machte im Geist bereits eine Einteilung für sein zukünftiges Wohnen.

„Und was würden Sie für die beiden Räume verlangen?"

„Das besprechen wir bei einer Jause! Also, wenn Sie einverstanden sind, kommen wir mit der Miete bald ins Reine!"

Franz Dirisamer bekam ein mageres Geselchtes, schmackhaftes Bauernbrot und einen herben Apfelmost vorgesetzt, alles bereits eine Seltenheit in diesen Jahren. Der Zins, den die Schraberger von ihm verlangten, war bescheiden. Allerdings wurden ihm auch die Nachteile der Räume bewusst. Es gab kein Wasser im ersten Stock, das musste man sich aus der Küche der Bäuerin holen, und ein Klosett war nur im Hof vorhanden, ein primitives Plumpsklo, das so gar nicht zum Wohlstand in diesem Haus passte. Aber es war Krieg, und man war in allen Lebensbereichen anspruchslos und bescheiden geworden.

Nachdem das Wichtigste besprochen war, musste sich Franz Dirisamer das Vieh der Bauersleute ansehen. Der Kuhstall war das Reich der Bäuerin. Als sie eintraten, drehte ihnen eine Reihe schöner Montafoner Kühe die Schädel zu, mindestens zwanzig Stück, alle mit riesigen Eutern. Abgesondert entdeckte er einen Stier und einige Kälber. „Schön sind die Rinder ja, aber das Melken ist stark!" klagte die Bäuerin.

Als nächstes ging es zu den Schweinen, auch hier die Ställe geordnet und sauber, auf jeden Fall nicht das, was man landläufig unter „Saustall“ verstand. Alles deutsche Landschweine, schlank und fleischig. Rückwärts rieb ein rassiger Saubär seine Zähne an den Gitterstäben und grunzte aggressiv.

„Wenn Sie noch mitkommen wollen? Mein Stolz sind die Rösser!“ bemerkte der Bauer nicht ganz ohne bescheidene Selbstgefälligkeit. „Die sind auf der anderen Hofseite!“

Sechs glänzende Braune standen da im Stall, herrliche Pferde, gut genährt und sorgfältig gepflegt. Alle sechs blickten sie neugierig an.

„So schöne Tiere!“ lobte er den Bauern. „Aber brauchen Sie denn drei Paare?“

„Na ja, bei fast hundert Joch Grund hat man schon allerhand zu fahren.“

„So viel Grund gehört zum Haus?“ staunte Dirisamer.

„Ja, wir haben noch einen zweiten Vierkanthof, gleich nebenan, aber da haben wir nur Kühe stehen, und im Hausstock sind Parteien von auswärts!“

Während des Gespräches wurden sie von den Pferden verwundert bestaunt. Sie spitzten die Ohren, und das vorderste Ross versuchte, den Ärmel von Franz Dirisamer anzuknabbern.

„Da schau her!“ lachte Schraberger. „Das tun s’ net oft! Die kennen’s schon, wenn sie jemand gern hat!“

Damit wandten sie den Pferden den Rücken zu und kehrten in die Stube zurück. Franz Dirisamer verblieb mit den Bauersleuten so, dass er sich mit seiner Frau besprechen und dann der Sophie Bescheid sagen würde.

Seine Frau Theresia, die er Resi oder Mama nannte, war über die Wendung der Dinge erstaunt und froh. Sie hatte mit dem Fortgehen aus Steyr immer gezögert, nun aber, da es eine Möglichkeit gab, fast in Reichweite der Stadt zu bleiben, willigte sie ein. Zusammen fuhren sie noch einmal hinaus nach Pichlern, damit auch Resi die Räume zu Gesicht bekam. Nach dieser gemeinsamen Inspektion war auch sie einverstanden, vor allem, weil die älteste Tochter Auguste über das Wochenende von Wien heimgekommen war und die Mutter beschwörend bat, so schnell als nur möglich Steyr zu verlassen. Alle Bahnhöfe, Gleisanlagen und Fabriken wurden immer mehr zum Ziel amerikanischer Bomber, und Steyr war mit seiner Industrie, den Wälzlager- und Motorenwerken, geradezu auserkoren für einen Angriff. Gustl war wie erlöst, als sie von der Mutter erfuhr, dass man im Jänner 1944 übersiedeln werde.

Zunächst war eine Auswahl der Sachen zu treffen, die sie mitnehmen mussten. Einig waren sie sich, dass sie so viel an Möbeln und Haushaltsgeräten in Steyr zurücklassen würden, dass sie dort jederzeit übernachten, kochen und leben konnten. Als das geregelt war, verständigte Franz Dirisamer den Frächter Ecker in Sierning. Am 15. Jänner kam dieser mit einem geschlossenen Lastwagen samt Anhänger, auf die mit Leichtigkeit das Mahagoni-Schlafzimmer, zwei weitere Schlafzimmer, die Möbel des Wohnzimmers, eine Menge Geschirr, Haushaltsgeräte und Bücher aufgeladen werden konnten.

Es war ein trüber Nachmittag, als sie vor dem Bauernhof in Pichlern, dem Distelgut, mit ihren Möbeln und verschnürten Schachteln ankamen. Zwei Polen halfen ihnen und trugen die Sachen die Stiege hinauf in die große Stube, in der fast alles Platz hatte und sich gut stellen ließ. Der Raum war zwar angefüllt, aber es war doch nicht unbequem, man konnte sich rühren. Wichtig war, dass alle Kinder eine eigene Schlafstätte hatten.

In der ersten Evakuierungsnacht fand Franz Dirisamer trotz großer Müdigkeit erst spät den wohlverdienten Schlaf. Im Bett merkte er, wie viel er an diesem Tag geleistet hatte. Jeder Muskel schmerzte ihn. Er hatte Schachteln geschleppt und eine Unzahl schwerer Bücher getragen und daneben die Aufsicht gehabt, dass alles klappte. Lange wälzte er sich hin und her. Es war ein eigenartiges Gefühl, das ihn da beschlich, als er in der Stille der Nacht das Stampfen und Kettenklirren aus dem Pferdestall vernahm. Er dachte an seinen Großvater, der in jüngeren Jahren als Rossknecht in einer Kammer neben dem Stall geschlafen hatte. Er dachte auch an alle Menschen aus dem

Bauernhof Dirisamer, die solche nächtlichen Geräusche als besondere „Musik“ ihres Lebens gehört hatten. Nun vernahm er diese Musik, das Schnauben und Scharren der Pferde, und er fühlte sich trotz seiner körperlichen Schwäche wohl. Er war heimgekehrt zu der Melodie seiner Ahnen.

Der Morgen des nächsten Tages riss die Nebel auf und machte einem strahlend schönen Himmel Platz. Franz Dirisamer war mit seiner Frau um sechs Uhr früh aufgestanden und bereits um halb sieben Uhr auf dem Weg nach Sierning. Er besuchte jeden Tag die heilige Messe, in Steyr tat er dies in der Marienkirche, jetzt wollte er diese religiöse Vertrautheit auch in Sierning praktizieren.

Als er gegen acht Uhr in die Schule kam, liefen ihm bereits seine beiden Kinder, der ältere Robert und der um zwei Jahre jüngere Heinz über den Weg. Ein ungewohnter Anblick, der ihn zunächst mehr irritierte als freute. Beide wurden seine Schüler, Robert in der dritten, Heinz in der ersten Klasse. Dass er sie unterrichten musste, war kein Zuvorkommen, sondern eine Bösartigkeit von Rektor Wilke, da er seinen Vorgesetzten bereits vor der Evakuierung gebeten hatte, seine beiden Kinder in eine Klasse zu geben, in der er nicht vortrug. Dies war eigentlich so üblich, entsprach pädagogischen Vorschriften, aber nun war es doch so gekommen, wie er es nicht gewollt hatte. Er wurde mit dem Problem konfrontiert, dass er die beiden objektiv beurteilen und ohne Bevorzugung behandeln musste. Das war bei Robert nicht schwer, denn er lernte gut und lag in der Beurteilung bald an der Spitze der Klasse. Aber bei Heinz begannen die Sorgen schon am Anfang. Manchmal war er so verstockt, dass die Lehrer kein Wort aus ihm heraus brachten, dann aber wieder redete er so viel und alles so durcheinander, dass sie an ihm verzweifelten. Er war nicht vorlaut oder frech, er plapperte einfach unaufgefordert darauf los, erzählte nur unsinnige Dinge und sah dabei zum Fenster hinaus, so, als gäbe es seine Umgebung nicht. Wenn ihn da jemand in seinem Redeschwall unterbrach, zuckte er zusammen und blickte verstört um sich. Die allergrößten Schandtaten beging er aber in seinen

Deutsch-Schularbeiten, also ausgerechnet dort, wo Franz Dirisamer in der Beurteilung besonders objektiv sein musste. Die Orthographie von Heinz war unglaublich, er verdrehte Wörter, schrieb sie verkehrt oder fügte Buchstaben ein, die schon beim bloßen Hinsehen dem Auge weh taten. Und von seiner stilistischen Intelligenz durfte man gar nicht sprechen. Franz Dirisamer, der sich als Gelegenheitsschriftsteller und Lyriker manchmal öffentlich hervortat, empfand diesen Sohn und seine Auswüchse in der deutschen Sprache dann und wann als Strafe des Schicksals für seine eigene poetische Eitelkeit. Er selbst war immer anders gewesen. Schon in seiner Volksschulzeit staunten die Lehrer über die Intelligenz und Phantasie des unehelichen Kindes einer Bauernmagd. Schnell fand man einen Mäzen, der ihm das Studium am Linzer Priestergymnasium Petrinum bezahlte, und es war selbstverständlich, dass er dort mit Auszeichnung maturierte. Auch war vorprogrammiert, dass er Priester werden sollte, nicht vorprogrammiert aber war der Erste Weltkrieg, in den er mit seinen Klassenkameraden als Freiwilliger zog und aus dem er nach sibirischer Gefangenschaft als Kommunist und Revolutionär heimkehrte. Kommunist war er nicht mehr, aus dieser Ideologie hatten ihn christlich-soziale Freunde und das Studium der päpstlichen Enzyklika „Rerum novarum“ weggeholt, aber Priester war er auch nicht geworden, seine Frau Theresia lief ihm über den Weg und hatte sein Schicksal bestimmt.

Durch sie war er Vater geworden, Vater von neun Kindern. Fast alle, vier Mädchen und fünf Buben, waren intelligent und begabt. Die älteste Tochter Auguste hatte in Wien Botanik inskribiert und war im Endabschnitt ihres philosophischen Studiums angelangt. Der zweitgeborene Wladimir hatte im deutschen Mittweida die Ingenieurschule absolviert und war vor einem halben Jahr als Pionier zum Militär eingerückt. Nadja war in die Handelsschule gegangen und arbeitete jetzt als Bürokraft in den Steyrer-Werken. Hugo stand vor der Matura, war aber momentan als Flakhelfer abkommandiert. Elisabeth und Othmar besuchten in der Realschule zu Steyr die siebente und fünfte Klasse. Auch Robert lernte gut, und sein jüngstes Kind Brigitte machte ihm in der Volksschule nichts als Freude.

Nur Heinz war ein ausgesprochener Versager. Wenn Franz Dirisamer von den Kollegen gehänselt wurde, dass für diesen bei der Zeugung nicht mehr genug übrig geblieben war, dann ärgerten ihn solche Worte, aber insgeheim dachte er, dass sie damit eigentlich Recht hatten.

Dabei liebte er den kleinen Kerl fast mehr als die anderen, denn in ihm sah er sich als Knaben durch die Welt gehen. Der „Kuhlecker" im dunkelblonden Haar, die verträumten, braunen Augen, das Kindergesicht mit dem Schmollmündchen, das war doch er, so hatte ihn seine Umwelt im Alter von zehn Jahren erblickt und kennen gelernt. Nur war es aber bei Heinz damit getan, sein äußeres Bild trügte und spiegelte ihm sein jüngeres Ich lediglich in der körperlichen Erscheinung vor. Denn was er in intellektueller Hinsicht bot, das schmerzte Dirisamer, besonders das Versagen in der Schule, da war Heinz unkonzentriert, begriffsstutzig und „vernagelt". Und so sehr ihm diese Einsicht auch weh tat, er musste es zugeben, Heinz war dumm. Die Lehrerkollegen an der Hauptschule Sierning hatten ihn darüber hinweg getröstet, sie spielten das Problem herunter und gaben allen möglichen Umständen die Schuld. Aber das beruhigte Franz Dirisamer nicht, denn er hatte schon mehrfach versucht, Heinz daheim mit Nachhilfestunden auf Vordermann zu bringen, nur es nützte nichts. Es bewirkte lediglich, dass er immer wieder die Nerven verlor, Heinz anbrüllte und ihm in seinem Zorn das Hausübungsheft über den Kopf schlug.

Heinz wäre also in der Familie und für ihn persönlich eine Katastrophe gewesen, wenn ihm nicht der liebe Gott in einem Anflug von Großmut eine Gabe in das Leben mitgegeben hätte, die alle seine anderen negativen Eigenschaften vergessen ließ und ihn gleichzeitig über alle seine Mitschüler stellte. Heinz konnte wunderbar singen.

Als ihn Fachlehrerin Honsak in den Schulchor stellte und ihn das erste Mal singen hörte, brach sie ihr Klavierspiel ab, ließ Heinz vortreten und schlug einige Tonleitern an. Heinz musste sie nachsingen. Dann spielte sie das erstbeste Lied, das ihr gerade in den Sinn kam. Es war der Kanon C A – F F – E E – trink nicht so viel Kaffee.

Sie fragte Heinz, ob er diese Melodie schon einmal gehört habe. Er verneinte.

„Na, dann probier' es halt einmal!"

Heinz stimmte treffsicher an, hob den Ton fehlerfrei in die Höhe und meisterte die Passagen mit einer für die Gesangspädagogin erstaunlichen Leichtigkeit. Sie gab ihm den Text, las ihm diesen vorerst noch einmal vor und ließ ihn dann das ganze Lied singen. Sie sah ihn verzückt an.

„Wie machst du das?"

Unschuldig und treuherzig antwortete er: „Ich öffne den Mund ganz weit, und dann atme ich stark aus!"

Alle Schüler lachten, aber dieser Ausspruch wurde später zu einem geflügelten Wort, denn jedesmal, wenn Fachlehrerin Honsak ihren Chor vorführte, sagte sie vorher:

„Wenn wir auf der Bühne sind, öffnet den Mund ganz weit, und dann atmet ihr stark aus!"

Als sie im Anschluss an diese Stunde mit Fachlehrer Dirisamer zusammentraf, zog sie ihn beiseite.

„Herr Kollege, Ihr Sohn Heinz, ich bin begeistert! So eine Stimme habe ich noch nie vorher gehört. Das Mindeste, was Sie für ihn tun können, ist, dass Sie ihn zu den Wiener Sängerknaben geben!"

Die Musikerzieherin Cornelia Honsak war eine von vier tiefgläubigen Schwestern, die in der Preuenhueberstraße in Steyr in einem gemeinsamen Haushalt lebten. Wegen ihrer religiös-vaterländischen Einstellung war sie sofort nach dem Einmarsch der deutschen Truppen in die „Verbannung" nach Sierning geschickt worden. Sie war eine begnadete Orgelspielerin, die bei einem Wettbewerb der NS-Landesregierung mit den Brüdern Josef und Hermann Kronsteiner einen der ersten Preise gewann. Bei der Preisverteilung bemerkte Gauleiter Eigruber, dass in der Siegerliste nur katholische Lehrkräfte standen, das verbitterte ihn derart, dass er fortan keine weiteren Wettbewerbe dieser Art abhalten ließ. Den Organisator dieses musikalischen Festes schrie er an: „Wir züchten keine Laus in unserem Pelz und schon gar nicht diese katholischen Parasiten!“

Als sie jetzt Franz Dirisamer mit ihrem Urteil über Heinz konfrontierte, sah sie dieser verwundert an.

„Frau Kollegin, ich schätze Sie, und ich danke Ihnen für Ihre lieben Worte. Aber womit sollte ich mir denn das leisten können, bei den vielen Kindern, und überhaupt jetzt, wo in Wien die Bomben krachen? Unmöglich!“

Damit war das Thema für Dirisamer erledigt. Auch er hatte schon die Stimme seines Kindes bewundert, besonders wenn sie im Winter beisammen saßen und Weihnachtslieder sangen. Aber nicht nur Heinz, sondern auch seine übrigen Kinder hatten liebe Gesangsstimmen, eine Begabung, die wahrscheinlich von seiner Seite kam, denn seine Schwester Poldi war mit ihren fünfundvierzig Jahren auch jetzt noch nicht aus dem Kirchenchor in Hofkirchen an der Trattnach wegzudenken. Natürlich freute es ihn, wenn Heinz gelobt wurde, denn in anderen Schulfächern kam das nie vor. Aber am allermeisten freute es ihn, wenn er merkte, wie sich die Mitschüler an Heinz anschlossen und sich bewundernd um ihn drängten. Und wenn sie nach Unterrichtsende von Sierning nach Pichlern zurück wanderten, war Heinz immer von Kindern umgeben, er plauderte mit ihnen, als ob er nicht der Dümmste, sondern der Gescheiteste in der Klasse wäre.

II.

Fachlehrer Franz Dirisamer war noch nicht einmal eine ganze Woche mit seiner Familie in Pichlern, als der Winter mit frostigem Wind und tiefen Temperaturen über das Land hereinbrach. Der Jänner des Jahres 1944 zeigte eine grausige Fratze. Stürme fegten über die ebenen Felder und warfen Schneeverwehungen auf, in welche die Kinder auf ihrem Weg zur Schule einbrachen. Dadurch verloren sie Zeit bis zum Unterrichtsbeginn, kamen oft zu spät und schlüpften schlotternd und nass ins Klassenzimmer. An ihren Schals und Hauben saßen kleine Eisklümpchen, und oft waren ihre Nasen und Ohren weiß, weil sie sich diese gefroren hatten.

Jetzt erst zeigte es sich, wie viel besser sie es in Steyr gehabt hatten, und wie hart sie in Pichlern gefordert wurden. Robert, Heinz und Gitti klagten am meisten, sie hatten auch den längsten Schulweg und die schlechteste Kleidung, weil ja alles, was sie zum Anziehen bekamen, schon abgetragen war. Ihr Gewand hatten sie von den älteren Geschwistern übernommen, die Jacken und Mäntel waren gestopft und geflickt und nur deshalb noch zu verwerten, weil Resi in einige von ihnen Kaninchenfelle hinein genäht hatte. Die Bekleidung war eine große Sorge von Resi, sie fuhr mehrmals nach Steyr und suchte dort in den Kästen alles zusammen, was noch brauchbar war und was man umändern konnte. Die Stricknadeln werkten den ganzen Tag in ihren Händen, und sie war froh und erleichtert, als Nadja und Lisl mithalfen, die alten Wollsachen aufzutrennen, das Garn zu waschen, auf Knäuel zu wickeln und dann für neue Handarbeiten zu verwenden. Die Buben wuchsen und brauchten ständig etwas Neues zum Unterziehen, vorwiegend Pullover mit beliebten Norwegermustern auf der Brustseite. Dass die Kleidungsstücke so lange getragen wurden, war in dieser Zeit fast selbstverständlich. Die Jüngeren kümmerte das kaum, nur dort, wo sich im Erwachsenwerden ein wenig die Eitelkeit zeigte, dort gab es Probleme und Proteste. Aber was nützten sie! Schließlich mussten auch Lisl und Othmar zur

Kenntnis nehmen, dass Gewand nicht auf dem Feld wuchs und dass man für die Kriegsmode nicht die Eltern verantwortlich machen durfte, sondern alle, die den Krieg und die Instabilität gewollt, gesucht und bekommen hatten.

Was für die Kleidung galt, das hatte auch für die Schuhe Gültigkeit. Die Kleinen bekamen fast nie etwas Neues. Was die Brüder Robert und Heinz auf den Füßen trugen, das war von den Älteren auf sie übergegangen und daher meist schon mehrfach gedoppelt und geflickt. Kälte drang durch die Sohlen, die Socken wurden schnell nass, und wenn die beiden den Dreiviertelstundenweg bis zur Hauptschule geschafft hatten, dann waren ihre Zehen nur noch Eiszapfen, die schmerzhaft kribbelten und brannten und sich lange nicht beruhigen wollten.

Den meisten anderen Kindern ging es so wie ihnen. Die Kriegsjahre machten sich jetzt brutal bemerkbar, denn die Versorgung des Landes war zusammengebrochen. Überall herrschte Notstand, nicht nur bei den Lebensmitteln und der Kleidung, sondern genau so bei Gebrauchsartikeln. Zündhölzer waren kaum zu bekommen, auch für Glühbirnen, Zwirn oder Stopfgarn musste man heimliche „Quellen" oder einen gut gesinnten Kaufmann kennen. Viele notwendige Dinge musste man sich förmlich erbetteln und auf Umwegen erschleichen. Deshalb wurde auch nichts weggegeben, alles wurde aufgehoben, man konnte ja nie wissen, ob man diesen oder jenen Gegenstand, den man sonst weggeworfen hätte, nicht doch noch brauchen konnte.

Entscheidend für die Situation der Bevölkerung war, dass die Zulieferungen nirgendwo mehr klappten. Die Fabriken produzierten zwar noch, aber der Abtransport und die Verteilung der Güter auf dem Schienenweg funktionierte deshalb nicht mehr, weil die Bahnhöfe und Gleisanlagen durch ständige Bombardements zerstört und großstreckig unterbrochen waren.

Pichlern wurde also in diesen ersten Tagen für Franz Dirisamer und seine Familie zu einer harten Bewährungsprobe. Jetzt erst merkten sie, dass in der Stadt alles anders und viel besser funktioniert hatte. Auch die Realschüler litten unter der Evakuierung, sie mussten nämlich mit der schmalspurigen Steyrtalbahn zur Schule fahren und spürten nun am eigenen Leib, was es hieß, wenn man früher aufstehen, früher aufbrechen und immer wieder an den Stationen länger warten musste. Nie kamen die dampfenden Lokomotiven mit ihren Waggons fahrplangerecht an.

Alle Kinder jammerten auch über die widrigen Bedingungen im Bauernhof, über die enge Wohnung, die schlechten Waschmöglichkeiten und das primitive Klosett. Die Kleinen brachten es auf den Punkt, wenn sie ihre Eltern immer wieder baten: „Bitte, bitte, kehren wir nach Steyr zurück. Dort brauchen wir nicht zu frieren!"

Wenigstens wurde die Hauptschule in Sierning gut geheizt. Schon beim Eintreten spürten die Kinder die angenehme Wärme, die nach der windigen Kälte und dem Stapfen im Schnee eine Wohltat war. Sie schlüpften schnell aus dem Gewand, legten ihre Hausschuhe an, hängten ihr nasses und steifes Zeug in der Garderobe auf und eilten mit roten Wangen in ihre Klassenzimmer. Dort warteten schon ihre Lehrer, die sich von Unterrichtsstunde zu Unterrichtsstunde abwechselten und streng darauf achteten, dass der Stunden- und Lehrplan genauestens eingehalten wurde.

Als Rektor Wilke an einem frühen Nachmittag die 4.A-Klasse betrat, waren die Schüler bereits wieder ausgeflogen und nach Hause gegangen. Ein Fenster war geöffnet, um die verbrauchte Luft aus dem Klassenzimmer zu lassen. Fachlehrer Franz Dirisamer saß beim Katheder, er hatte zwei dicke Stöße Schreibhefte vor sich, die er nach dem Unterricht zu verbessern begonnen hatte und die er am nächsten Tag den Schülern zurückgeben wollte. Hausarbeiten und Schularbeiten in Deutsch. Entscheidend für die Noten waren die Rechtschreibung, der Stil, aber auch die Schrift, die zu den patriotischen Themen passen musste. Themen wie etwa „Altstoffsammlung und Erntedienst – eine vaterländische Pflicht!" oder „Großdeutschland, unsere Heimat".

Die Notenskala war im Deutschen Reich auf sechs gestiegen, das machte die Beurteilung einerseits leichter, andererseits schleppte man aber auch wirklich unbegabte Schüler mit, und diese wurden oft zu einer Belastung für die ganze Klasse. Das kam zwar Heinz zugute, nicht aber fleißigen und talentierten Schülern, die viel mehr zu leisten imstande gewesen wären. Für Kinder von Nationalsozialisten gab es grundsätzlich keine schlechten Noten, da bestand eine Order des Rektors, und ob die Lehrer wollten oder nicht, sie mussten oft und oft beide Augen zudrücken.

Beim Anblick seines Fachlehrers tat Wilke überrascht.

„Ah, Sie sind noch hier? Ich will nicht stören!" Er trat einen Schritt zurück, und es schien so, als wolle er den Raum wieder verlassen. Dann aber besann er sich, öffnete die Tür zur Gänze und trat in das Klassenzimmer.

„Eine Sache wollte ich doch mit Ihnen besprechen!"

„Ja?" Dirisamer blickte seinen Vorgesetzten erwartungsvoll an. Dieser rieb sich mit Daumen und Zeigefinger das Kinn, starrte einige Sekunden auf den Boden, so, als wolle er sich an ein Vorhaben erinnern, wurde aber sogleich dienstlich und konkret.

„Ich möchte Ihnen nur mitteilen, dass Sie den Englischunterricht in der vierten Klasse übernehmen müssen. Wie Sie wissen, ist Kollege Piringer an die Front abberufen worden. Und so mir nichts dir nichts bekomme ich keinen neuen Englischlehrer."

Das hatte Dirisamer nicht erwartet, er stand von seinem Stuhl auf und sagte aufgebracht:

„Aber Herr Rektor, ich habe noch nie einen Fremdsprachenunterricht geführt, ich bin kein Englischlehrer!"

Wilke lief vor Ärger über diese Auflehnung rot an. Seine Antwort kam scharf und zynisch.

„Wenn Sie keiner sind, dann werden Sie halt einer. Jeder muss sein Bestes geben, auch ich schone mich nicht. Ich müsste nicht vor den Schülern stehen und unterrichten, und doch habe ich in zwei Mädchenklassen die Heimatkunde übernommen!"

„Aber Englisch ist etwas ganz anderes!“

„Englisch oder Heimatunterricht, das ist gleich. Oder wollen Sie behaupten, ich hätte mir den leichteren Teil ausgesucht?“

„Natürlich behaupte ich das nicht! Das wäre absurd!“

„Na also!“ Wilke genoss den Augenblick, er sah ganz deutlich, dass seine Attacke gesessen hatte und dass Dirisamer fassungslos war. Dieser suchte verzweifelt nach einem Gegenargument und empörte sich:

„Sie bürden mir eine Arbeit nach der anderen auf, ich komme kaum noch nach Hause. Meine Kinder sehen mich nur noch abends, und da bin ich zu müde, um mit ihnen noch etwas anzufangen. Neben der Altstoffsammlung haben Sie mir in den ersten Klassen die Leibeserziehung übertragen, auch ein Fach, das nicht in meine Kompetenz fällt. Und jetzt wollen Sie mir den Englischunterricht aufhalsen. Das geht über meine Kräfte!“

Für Wilke war das ein Geständnis, auf das er mit Genugtuung reagierte.

„Aha! Sie erwarten also, dass wir Sie hier schonen, dass Sie sich bei uns das Gelbe vom Ei holen können und dass wir Sie zu Ihrer Kinderschar heimschicken, während sich Ihre Kollegen abrackern und eine hervorragende Arbeit leisten. Ich glaube, lieber Herr Fachlehrer Dirisamer, in Ihrer Angelegenheit muss ich einige Telefonate mit dem Landesschulinspektor führen. Wissen Sie eigentlich, dass Sie von allen Lehrern in diesem Haus das höchste monatliche Einkommen beziehen? Verdienen Sie sich nun dieses Geld oder verschwinden Sie von meiner Schule!“

„Mein höheres Einkommen habe ich nur infolge meiner Kinderbeihilfe!“

Rektor Wilke hatte diesen Einwand nicht mehr abgewartet. Er hatte kehrtgemacht und war schnaubend durch die noch offene Tür „abgerauscht“. Hinter ihm fiel sie schwer zu.

Franz Dirisamer hatte nicht übertrieben. Die Evakuierung, die nicht mit dem Möbeltransport begonnen und mit diesem auch nicht abgeschlossen worden war, der Unterricht in Deutsch und Geographie, wobei er in Deutsch mit der Auslegung des Stoffes und dem politischen Hintergrund besonders vorsichtig sein musste, die ekelerregende Altstoffsammlung, das Einatmen von Aasgeruch, Moder und Staub, die ständig anwachsenden Sonderleistungen, zu denen durch dieses Gespräch eine neue gekommen war, das alles hatte nicht nur seine körperlichen, sondern auch seine moralischen Kräfte verbraucht. Er fühlte sich wie durchlöchert, entleert, ausgebrannt, er hatte keine neuen Ideen, keine Energie mehr, er empfand sich wie tot, er konnte einfach nicht mehr weiter. Zu Mittag hatte er zwei Äpfel und ein Marmeladebrot gegessen. Die Lebensmittelmarken, die er durch sein Fasten sparte, konnte Resi für die Kinder verwenden, sie musste ja so viele Mäuler stopfen. Von seiner Figur her war er früher etwas beleibt gewesen, aber nun hatte er abgespeckt, er war schlank geworden. Einerseits war es gut, andererseits schmerzte auch ihn der Hunger. Was gab es denn auf dieser Welt überhaupt noch, was ihm Freude bereiten konnte? Resi war da, seine Kinder waren da, und noch hatte er seinen Glauben und seine religiöse Überzeugung. Mit aller Kraft klammerte er sich an sein Gottvertrauen, an ein Gebet. Und immer, wenn er nicht mehr aus noch ein wusste, hörte er die tröstende Stimme seiner verstorbenen Großmutter. Jetzt war sie auch wieder da. Ganz deutlich vernahm er:

„Es wird alles wieder gut, vertrau darauf!"

Und so, als wollte er ihre Worte nachsprechen, stammelte er verzweifelt: „Es wird wieder gut, alles wird wieder recht!" Dann faltete er die Hände und versuchte ein Gebet.

„Guter Vater im Himmel!" begann er.

Nach einer Viertelstunde fühlte er sich besser und konzentrierte sich wieder auf seine Korrekturen. Als er diese Arbeit beendet und die Noten eingetragen hatte, holte er sich aus dem Konferenzzimmer das Englischbuch, das für die vierte Klasse vorgesehen war. Zu seiner Überraschung fand er an diesem Platz auch die Arbeitsunterlage, die Englischlehrer Karl Piringer vor seiner Abreise an die Front in seinem Fach zurückgelassen hatte, er überblätterte sie und sah, dass dieser den Stoff schon bis zum Ende des Schuljahres durchgenommen hatte. Das konnte

Wilke natürlich nicht wissen! Dirisamers Herz jubelte, er musste also nur mehr eine wiederholende Vertiefung des Stoffes in Angriff nehmen, und das machte ihm keine Sorgen, denn so viel Englisch hatte er von seiner Matura und vom Unterricht im Petrinum noch behalten. Nur mit der Aussprache haperte es. Aber da verließ er sich auf seine besten Schüler und mit diesen war er auch gut bedient. Schon in den nächsten Wochen war sein Englisch so weit gediehen, dass er ohne Beklemmung in die vierte Klasse gehen und dort in diesem Fach unterrichten konnte.

Von Rektor Wilke war kein Kommentar mehr gekommen. Und schon glaubte sich Franz Dirisamer in Ruhe gelassen, als es in der zweiten Vormittagsstunde des 23. Februars während seines Englischunterrichtes an die Klassentür klopfte. Er kam nicht mehr zu ihr hin, um aufzumachen, da öffnete sie sich, und herein strömten Landesrat Dr. Rudolf Lenk, Landesschulinspektor Dr. Fischer, Hofrat Meiß-Teuffen, Inspektor Weinbauer, Oberbaurath Krah, Bürgermeister Eder und Rektor Wilke. Die Kinder sprangen mit einem „Heil Hitler!" auf, vergaßen aber in ihrer Aufregung auf den gestreckten Arm.

Dr. Lenk begrüßte Dirisamer und ersuchte: „Fahren Sie fort!" Er musterte die Hefte, hörte auf die Antworten der Kinder und mischte sich selbst einige Male in das Unterrichtsgespräch ein. Währenddessen besserte Landesschulinspektor Dr. Fischer, unbemerkt von den anderen, einen Fehler an der Tafel aus. Er lächelte Dirisamer zu und nickte freundlich mit seinem Kopf. Neugierig standen die übrigen Herren in der Nähe der Tür. Wilke war blass im Gesicht, sichtlich aufgeregt, sein Hitlerbart zuckte und sein Pfauchen war ärger als je.

Dirisamer wusste, was die große Kommission bedeutete, er kannte diese Praxis von den Berichten aus anderen Schulen, und ihm war vom ersten Augenblick an klar, dass jetzt und in dieser einen Stunde sein Schicksal entschieden und ein Urteil über ihn gesprochen wurde. Wenn er jetzt versagte, flog er von der Schule, unweigerlich. Die Infamie bestand darin, dass er nicht in seinen Fächern, nicht in Deutsch und Geographie, sondern in einem für ihn unbekannten Unterrichtsgegenstand inspiziert wurde. Wilke hatte genau gewusst, warum er ihm Englisch aufzwang, er hatte geplant und geschossen, aber er hatte falsch gezielt. Denn Dirisamer stand höher im Ansehen, als sich das der Rektor gedacht hatte. Er kannte die einzelnen Herren, und er wusste, dass sie ihm nicht böse gesinnt waren. Außerdem waren ihm Inspektionen aus der Zeit, da er selber Direktor an der Hauptschule Ennsleiten gewesen war, nichts Neues, er hatte diese Zeremonie oft genug erlebt, und er wusste über den Ablauf Bescheid. Deshalb setzte er seine Stunde ruhig, gelassen und ohne Übertreibung fort, er überließ seinen Schülern die Initiative und freute sich im Stillen, wie diszipliniert und mit welcher Begeisterung sie die Gelegenheit ergriffen, um ihre Englischkenntnisse vorführen zu können.

Der Landesrat war zufrieden und beendete mit einem gnädigen Lächeln die Inspektion. Beim Weggehen reichte er ihm freundschaftlich die Hand.

„Ich bin begeistert von Ihrem Unterricht! Habe einen guten Eindruck von Ihrer Klasse. Was halten Sie selber von der englischen Sprache?"

„Wenn man es richtig anpackt, macht es den Kindern Freude!"

„Ja, das habe ich gemerkt!" Nochmals schüttelte er Dirisamer die Hand. Die Kinder standen stramm. An der Türe wandte sich Dr. Lenk noch einmal um, hob seine Rechte und grüßte: „Heil Hitler!"

Wie aus einem Mund antwortete ihm die Klasse: „Heil Hitler!" Jedes Kind hielt nun die Rechte gereckt und gestreckt.

Als die Männer aus dem Klassenzimmer verschwunden waren und er seine Schüler wieder allein für sich hatte, atmete er tief durch. Dann blickte er in die Klasse. Ein verschmitztes Bubengesicht neben dem anderen, einige hielten den Kopf aufgestützt, die meisten aber hatten die Arme vor der Brust verschränkt. Von Anfang an hatte er diese Klasse gern gehabt, nun aber hätte er alle diese Kinder am liebsten umarmt.

„Ihr seid alle großartig gewesen. Ich bin richtig stolz auf euch!"

Erich Hutter war Klassensprecher, er hob die Hand und stand auf.

„Wissen Sie, Herr Fachlehrer, gestern hat der Herr Rektor so über Sie geschimpft, und deshalb wollten wir ihm heute zeigen, dass Sie uns der liebste Lehrer in der ganzen Schule sind. Der soll auch einmal wissen, was Sie uns alles beigebracht haben!"

„Der Herr Rektor hat über mich geschimpft? Hier in der Klasse?"

„Das tut er fast jeden Tag. Immer wieder kommt er zu uns herein und redet abfällig. Dabei sind Sie unser Klassenvorstand!"

Franz Dirisamer wusste, dass Erich Hutter der Sohn eines SS-Führers von Sierning war, deshalb überraschte ihn dessen Offenheit ein wenig.

„Ich glaube, das habt ihr missverstanden. Und was eure Englischkenntnisse angeht, da wisst ihr doch genau, dass ihr das alles bei Fachlehrer Piringer gelernt habt!"

„Ja, auch er hat uns viel beigebracht, aber das mit ‚should' und ‚would' haben wir erst bei Ihnen begriffen!"

Diese Sätze wirkten wie Balsam auf das Gemüt von Franz Dirisamer, und sie begleiteten ihn wie Musik in den Ohren, als er im Anschluss an diese Stunde den Konferenzsaal betrat. Dort herrschte dicke Luft. Die Lehrer saßen wortlos an ihrem Platz, ein jeder mit irgendeiner Arbeit beschäftigt, und Rektor Wilke stand wie immer mit finsterer Miene beim Fenster. Kaum war Dirisamer eingetreten, drehte er sich ruckartig um und fuhr ihn an.

„Was bilden Sie sich eigentlich ein, Sie Regimegegner? So ein Benehmen! Der Landesschulinspektor kommt einmal im Jahr zur Kontrolle, und da wissen Ihre Schüler nicht, wie man ordentlich grüßt!"

Alle Lehrer hoben den Kopf und starrten gespannt auf die Kontrahenten.

Dirisamer blieb gelassen, heute konnte ihm Rektor Wilke nicht mehr gefährlich werden, nach dieser Visitation war er felsenfest überzeugt, dass er sich seine Stelle gesichert hatte. Jetzt konnte Wilke nicht gleich wieder in Linz anrufen und dem Landesschulinspektor seinen Jammer wegen des ungeliebten Lehrers vorheulen. Auch die Leute vom Landesschulrat hatten nur begrenzt Nerven, es gab da Grundsätze, und einer davon lautete, dass ein Rektor ohne Fremdhilfe mit seinem Lehrerpersonal zurechtkommen musste. Es gab Ausnahmen, wo sie einschritten, gewiss, aber ihr Rahmen war in seinem Fall bereits überschritten. Das wusste Franz Dirisamer, aus Erfahrung war er davon überzeugt, und mit dieser Überzeugung stieg auch sein Mut.

Während der Inspektion hatte er oft gegen seine Beklemmung angekämpft, da hatte er mit letzter Überwindung das Ende der Unterrichtsstunde abgewartet. Nun aber war der Zeitpunkt gekommen, an dem er sich rühren und Dampf und Erregung ablassen konnte. Er fürchtete sich nicht, nicht vor diesem Hampelmann von einem Rektor, der ihn nun so unbeherrscht angeiferte. Gelassen trat er einen Schritt zurück und betrachtete ihn verächtlich.

„Ich bin kein Regimegegner, das zu sagen verbiete ich mir, und mit meinem Benehmen waren schon andere und wichtigere Personen als Sie zufrieden, Leute, mit denen Sie sich nicht messen können. Und außerdem, was wissen Sie von gutem Benehmen? Sie gehen in meine Klasse und verblöden sich nicht, dort über mich zu schimpfen. Ein schöner Pädagoge sind Sie, ein feines Vorbild für unsere Jugend!"

Wilke röchelte. „Kommen Sie sofort mit mir in mein Zimmer!"

Dieser Raum war etwas kleiner als das Konferenzzimmer und mit diesem durch eine Tür verbunden. Eingerichtet war er mit einem Schreibtisch, einem ledergepolsterten Drehsessel, einem Besucherstuhl, Bücherschränken, und auf dem Parkettboden lagen einige Teppiche. An der Wand hing ein Ölbild von Sierning, abgebildet waren das Schloss und die Ortskirche. Sonst aber sah man überall nur die Symbole der Nationalsozialisten, eine Hakenkreuzfahne, ein Hitlerbild und eine vergrößerte Fotografie mit Wilke und Gauleiter Eigruber darauf. Beide drückten sich die Hand, und Eigruber legte gönnerisch seine Linke auf die Schultern des Rektors. Alles war hier in peinlichster Ordnung, nicht einmal auf dem Schreibtisch gab es etwas auszusetzen, Bleistift reihte sich an Bleistift, und zwei Radiergummi lagen brüderlich nebeneinander.

Wilke nahm auf dem Polstersessel Platz und ließ Franz Dirisamer vor sich stehen. Er ließ eine Minute verstreichen, noch eine.

Dirisamer rührte sich. „Wollen Sie mit mir sprechen oder soll ich wieder gehen?"

„Sie reden, wenn Sie gefragt sind!" schnappte Wilke. „Ihr freches Mundwerk von vorhin, das wird Sie teuer zu stehen kommen. Alle Lehrer haben es gehört, alle, da habe ich Zeugen für den Vorfall, Zeugen und wieder Zeugen. Sie sind erledigt, ein Wort von mir, und Sie sind abserviert!"

Dirisamer wartete noch einige Sekunden auf weitere Hasstiraden, hielt dann aber nicht mehr zurück.

„Erledigen wollten Sie mich doch immer, und abservieren, wie Sie das jetzt so höhnisch ausgedrückt haben, auch. Spätestens vorhin, als Sie mit den hohen Herrschaften in meine Klasse kamen und mich hineinlegen wollten. Sie möchten mich loswerden, aber Sie können es nicht. Sie intrigieren gegen mich und bringen nichts weiter, Ihre schikanösen Manöver sind wirkungslos. Nach der heutigen Visitation hat wahrscheinlich auch der Landesschulrat Ihren schäbigen Charakter erkannt und Sie durchschaut. Ich kann nur hoffen, dass Ihre Zeit bald um ist und dass wir Sie dann endgültig los sein werden. Wie sich der Krieg entwickelt und wie die Front verläuft, ist ein Ende abzusehen, so oder so! Ich möchte nicht in Ihrer Haut stecken. Wenn alles vorbei ist, können Sie froh sein, wenn Sie noch einmal Ihren Fuß auf den Boden dieser Schule setzen dürfen und wenn jemand da ist, der ein gutes Wort für Sie einlegt. Ich werde es nicht tun!"

Wenn man ein Gesicht drohend nennen kann, dann war es das von Wilke.

„Das täte Ihnen gefallen! Nicht wahr?"

„Nein, mein Verehrtester, ich trage Ihnen nichts nach, von meiner Seite aus sind Sie exkulpiert. Mein bisheriges Leben war oft überschattet von schikanösen Vorgesetzten, die immer aufräumen und abservieren wollten. Aber von allen, die mir bisher begegnet sind, waren Sie der schlimmste, vor allem der feigste, einer, der stets hinter dem Rücken seiner Untergebenen agierte und der seine Jämmerlichkeit dadurch bewiesen hat, dass er auf die Schwachen trat. Sie wären ein guter KZ-Aufseher geworden, Sie möchten quälen, ausrotten und liquidieren. In die Reihe dieser Leute passen Sie!"

Bei dem Wort „KZ" war es plötzlich eisig im Rektorzimmer geworden. Wilke war jetzt mehr als blass, er war aschgrau in seinem Gesicht, wirkte kränklich, und seine Lippen waren etwas bläulich. Er atmete tief.

„Ich wollte Ihnen vorhin noch eine Chance geben. Als Sie hier eintraten, wollte ich Sie ganz höflich bitten, dass wir beide umkehren und dass Sie sich dann vor den Lehrern öffentlich für Ihr unfassbares und freches Benehmen und Reden bei mir entschuldigen. Aber damit ist es vorbei! Jetzt sind Sie tot und erledigt! In meinen Augen sind Sie nicht mehr vorhanden, völlig unbedeutend, man möchte sagen, Sie sind nur mehr ein lebendiger Leichnam!"

Fachlehrer Franz Dirisamer sah in die Augen seines Gegenübers und wusste im selben Moment, dass es diesem mit dem, was er gesagt hatte, ernst war. Dass er sich hatte gehen lassen und dass er seinem Vorgesetzten einmal ordentlich die Meinung gesagt hatte, das bereute er keine Sekunde. Es war unklug, zugegeben, aber er war mit dem Rektor allein in diesem Zimmer gewesen, niemand hatte mitgehört, und nur das war entscheidend.

Auch was sich im Konferenzzimmer abgespielt hatte, konnte man hinnehmen, wie es war. Es war nicht sonderlich tragisch, es war seine Antwort auf eine ungerechtfertigte Zurechtweisung. Den Vorwurf „Regimegegner" durfte er sich nicht gefallen lassen, Regimegegner und Wehrkraftzersetzer, das waren

Anschuldigungen, die eine strafrechtliche Verfolgung nach sich zogen und bei Verurteilung den Tod bedeuteten. Auch den Vorwurf des schlechten Benehmens wollte er nicht auf sich sitzen lassen. Dagegen hatte er sich gewehrt. Dass Wilke in der Klasse öffentlich über ihn schimpfte, das konnten die Schüler bezeugen, und deshalb war er ganz sicher, dass es nicht zur Sprache kommen würde. Aber hier im Rektorzimmer war etwas anderes, und zwar Grundsätzliches, geschehen. Er hatte ausgesprochen, was in dieser Zeit ein außerordentlich gefährliches Thema war, nämlich das, was er über den gegenwärtigen Stand des Nationalsozialismus dachte. Mit anderen Worten, er hatte angedeutet, dass er das Ende dieser Epoche für gekommen hielt, und darüber hinaus war er mit seinem Wissen über Konzentrationslager heraus gerückt. Dass es KZs gab, das war den Eingeweihten bekannt, dass man aber dort folterte und mordete, darüber durfte niemand sprechen, darüber musste man schweigen.

Und deshalb trat bei Fachlehrer Dirisamer nach einer Phase des Aufbrausens und der Genugtuung jetzt eine solche der Ernüchterung ein. Nach diesem Streit, dieser heftigen und plötzlichen Auseinandersetzung und diesem endgültigen Zerwürfnis, konnte es zwischen ihm und dem Rektor keinen Frieden, sondern nur mehr offene Feindschaft geben.

Franz Dirisamer verneigte sich vor Wilke, um anzudeuten, dass er gehen wollte.

„Wenn Sie mich bereits tot sehen oder meinen Tod wollen, ich kann es nicht verhindern. Es sind in diesem Krieg schon so viele brave Menschen gestorben, da spielt mein Leben keine Rolle mehr. Auch meine beiden Söhne sind bereit, ihr Leben für das Vaterland zu opfern, der eine ist bei der Luftabwehr, der andere steht in Russland an der Front."

Ob er noch weiter sprechen wollte oder nicht, das konnte Fachlehrer Franz Dirisamer später nicht mehr sagen, denn in diesem Augenblick zerriss das Brüllen der Sirenen die Mittagszeit und schwoll zu einem bedrohlichen Auf und Ab an. Ohne anzuklopfen stürzte Fachlehrer Zimmermann vom Konferenzzimmer in das Rektorzimmer.

„Feindliche Kampfverbände aus Kroatien im Anflug auf Kärnten!“

Rektor Wilke reagierte sofort. „Sorgen Sie dafür, dass sich die Kinder anziehen und in Zweierreihen aufstellen!“

Jetzt ging alles sehr schnell. Auch Fachlehrer Dirisamer stürzte hinaus, und als er mit seiner Klasse im Eilschritt zur Kirche und von dort hinauf zum Gastwirt Stöger marschierte, war die vor kurzer Zeit mit Wilke gehabte Auseinandersetzung so weit weg, als habe sie nie stattgefunden.

III.

Bis Mittag hatte die Sonne das Thermometer etwas klettern lassen, aber es war noch immer kalt. Die Kinder hatten ihre Wollmützen und Ohrenschützer über den Kopf gezogen und die Hände mit Fäustlingen geschützt. Einige kleine Wolken trieben vorüber, Reste der Nacht, sie verzogen sich allmählich und gaben das harte und kalte Blau dieses Wintertages frei.

Es lag nicht am Wetter und am eisigen Frost, dass die Schüler auf ihrem Weg zum Luftschutzkeller froren und zitterten und dass einige in sich hinein weinten. Sie hatten einfach Angst vor den Sirenen, vor dem Getöse in der Luft, das auch die Vögel aufschreckte, die Spatzen und Tauben, die nach dem Warnton noch minutenlang aufgeregt im Ort kreisten. Die Kinder spürten die Bedrohung, die sich am wolkenlosen Himmel ankündigte, das große Fragezeichen, das plötzlich in ihrem jungen Leben auftauchte und ihnen eine Gefahr und eine Veränderung ansagte.

Die Schutzräume beim Gasthof Stöger waren ihnen nicht neu, sie hatten im Schulunterricht schon mehrmals das Verhalten bei Fliegeralarm und die Sitzordnung im Keller geprobt, aber das änderte nichts daran, dass sie sich fürchteten, wenn sie in die Dunkelheit hinunter steigen und dort ausharren mussten. Diese Keller waren keine richtigen Schutzräume, es waren in die Erde gegrabene Most- und Speicherkeller des Bauern und Gastwirtes Stöger, die mit Ziegeln ausgelegt und teilweise betoniert worden waren. Ihre Wände waren immer nass, von irgendwo tropfte es ständig, und wenn die Kinder nach der Entwarnung wieder heraus und nach oben durften, war ihre Kleidung feucht und unleidlich geworden.

Fachlehrer Franz Dirisamer hatte bei Wanderungen, aber auch beim Kräutersammeln und bei Gängen in den Wald mit seinen Schülern das schnelle Vorwärtskommen geübt, das waren vierzig Schritte Lauf und vierzig Schritte Gehen, immer abwechselnd, so, wie er es schon vor Jahren als Feldmeister mit seinen Pfadfindern praktiziert hatte. Er kam daher auch mit seiner Klasse zuerst beim Gasthaus Stöger an, er brachte die Kinder in den Keller hinunter und hatte noch Zeit, um zurückzukehren und sich auch um die anderen Klassen, vor allem aber um Robert und Heinz zu kümmern. Auch gestern hatte es Fliegeralarm gegeben, aber diesem war schnell eine Entwarnung gefolgt, so dass die Kinder nicht in den Keller mussten. Man schickte sie heim und strich den restlichen Unterricht. Es hatte sich nur um einzelne amerikanische Flieger gehandelt, die über dem Raum von Steyr kreisten. Die Flak hatte kurz geschossen, aber sonst war nichts geschehen.

Auch heute hoffte man auf eine baldige Entwarnung, niemand dachte an ein langes Verbleiben unter der Erde, und es waren noch keine zehn Minuten vergangen, da hörte Dirisamer bereits die ersten Kinder fragen:

„Herr Fachlehrer, wie lange dauert es denn noch?"

Aus der Stille klangen plötzlich wieder Gekicher und Lachen. Die Schüler, die kurz vorher diszipliniert, wenn auch aufgeregt, in den beiden Kellern auf Holzpfosten oder auf ihren Schultaschen Platz genommen hatten, standen wieder auf, begannen hin und her zu gehen und versuchten, sich gegenseitig zu necken. Franz Dirisamer wusste genau, wie er die Disziplin der unruhigen Schar wieder herstellen konnte, er richtete sich auf:

„Hört einmal her! Jeder setzt sich wieder auf seinen Platz, dann gebt ihr Ruhe und ich erzähle euch eine Geschichte!"

Sofort beruhigten und ordneten sich die kleinen Geister wieder. Doch bevor Franz Dirisamer mit seiner Geschichte beginnen konnte, fingen die schwachen Lichter auf dem Gewölbe des Kellers an zu zittern. Jemand rief:

„Seid still!"

Nichts! Aber kurz darauf war ein kontinuierliches Brummen wahrzunehmen, zuerst leise und sanft grollend wie ein fernes Gewitter, dann aber deutlich lauter. Schon nach kurzer Zeit wärmte sich dieses Brummen auf und wurde, als es näher kam, mehr und mehr zu einem Lärm, der die Mauern des Kellers in Schwingung brachte. Von der Decke löste sich der Verputz und bröselte auf die geduckte Schar.

Jetzt tanzten die blassen Lichter unruhig auf den gespannten Haltedrähten. Das Gedröhne schwoll an, es mussten fünfzig, hundert, zweihundert oder noch mehr Flugzeuge sein, die sich auf Sierning zu bewegten, anders konnte man sich dieses Vibrieren nicht erklären, dieses Motorengetöse, das sich steigerte, so dass Franz Dirisamer, der alle seine Sinne nach außen richtete, das Gefühl hatte, als stünden der Weltuntergang und das Jüngste Gericht bevor. Er zog seine zwei Kinder zu sich heran und drückte sie mit beiden Armen fest an seinen Körper.

„Müssen wir jetzt sterben?“ schrie der kleine Heinz und steckte seinen Kopf in den Mantel des Vaters. Dirisamer leuchtete mit seiner starken Taschenlampe um sich. Von überall drehten sich ihm die Köpfe zu, die kleinen Gesichter in seiner Nähe starrten ihn an, die Augen weit aufgerissen, Todesangst glänzte ihm entgegen.

„Es kann doch nicht Sierning sein“, dachte Franz Dirisamer bei sich, und so, als habe jemand seine unausgesprochene Frage zu beantworten versucht, bog der Flugzeuglärm nach links ab und wurde leiser.

„Mein Gott, es gilt Steyr!“

Noch ganz benommen von dem soeben Erlebten schob er seine beiden Kinder zur Seite, eilte zum Ausgang und stieg die erdigen Stufen hinauf. Der oben postierte Wachmann half ihm, den Riegel von der Eisentür zu nehmen, er öffnete sie und trat ins Freie.

Das Licht blendete ihn, er schloss die Augen und lehnte sich an die Kellerwand. Nach einer Weile blickte er um sich und sah dorthin, wo der Motorenlärm noch immer wie das Surren von Hornissen am Himmel hing. Sein Sohn Wladimir, der schon Angriffe auf Leipzig und andere deutsche Städte als Soldat miterleben musste, hatte in seinen Heimatbriefen oft die Situation und seine Eindrücke bei den Bombardierungen geschildert, aber das hatte Dirisamer nur oberflächlich berührt, es war ferne Szenerie, graue Kulisse in einem unwirklichen Theater. Was er aber jetzt mit seinen Sinnen erfasste, das war ein furchteinflößender Panoramablick mit den Bildern und Abläufen von

Tragödien, mit unglaublichen Details und einer schrecklichen Folge von Getöse und Knallerei. Der Stögerkeller war etwas erhöht in einen Wiesenhang hinein gebaut, von einer Plattform aus sah man über die wenigen Häuser des Ortsendes hinüber zur Saaß und zum Damberg, und zwischen diesen beiden Erhebungen lag in der Senke des Enns- und Steyrflusses die Stadt, die an diesem Tag das Anflugsziel von feindlichen Bombereinheiten war.

Die Flugzeuge waren jetzt bereits so weit entfernt, dass sie schon über Steyr sein mussten, man sah jetzt nur mehr ihre kleinen, silbrig glänzenden Leiber, die wie metallene Orden an der Brust des blaugespannten Tages hingen. Hunderte Maschinen waren das, viermotorige Bomber, die langsam eine Schleife bezogen und wie ein gewaltiges, eisernes Heer ihre Attacke begannen. Der Himmel war voll mit Kondensstreifen, mit diesen weißen, quirlenden Fahnen, die sich hinter dem Stöhnen der todbringenden Himmelsarmada herzogen, vom Höhenwind erfasst wurden und sich nach und nach auflösten. Auch die kleinen, schwarzen Explosionswolken der Flakgeschoße sah man, sie blitzten auf und schrumpften schnell wieder zusammen, wie Feuerwerkskörper bei hellem Tageslicht.

Die Schüler rissen ihn aus dieser Betrachtung, sie kamen nach und nach aus dem Keller hervor und stellten sich um ihn. Es war nicht notwendig, sie wieder hinunter zu schicken, sie waren ja nicht mehr bedroht, die Gefahr war wo anders zu Hause, nicht hier, sondern über dem fernen Hügel in Steyr.

Es war der Augenblick gekommen, in dem die Flak zu schießen aufhörte, weil schwarze Punkte zwischen den Bomberflugzeugen erschienen, deutsche Jäger waren das, wendige Flugzeuge, die sich tollkühn in das breite Geschwader der amerikanischen Flotte stürzten und wie eine Meute von Hunden hinter den schwerfälligen Bombern her waren. Man hörte nicht, wie sie ihre Maschinengewehre abschossen, aber man sah, wie sie einzelne, feindliche Maschinen isolierten und dann unbarmherzig attackierten. Und wie in Zimmermanns Bastelkabinett mit seinen Modellflugzeugen gingen die Bomber rauchend nieder und stürzten aufheulend in die Umgebung. Gar nicht weit von Sierning und vom Aussichtspunkt gondelten Fallschirme zur Erde, andere folgten und landeten verstreut auf den verschneiten Feldern. Urplötzlich begann während dieses Geschehens die Erde zu beben, Rauch stieg auf, eine Explosion folgte der anderen.

Fachlehrer Franz Dirisamer spürte, wie sich Panik in ihm breit machte, die Knie wurden ihm weich, alles an ihm zitterte. Er drückte sich an die Kellermauer, stand aber doch nicht fest genug, denn er hatte das Gefühl, als müsse er jeden Moment stürzen und hinfallen. Sein Mund war trocken geworden, und doch spürte er ein schreckliches Sodbrennen, das ihm zusätzlich zu den furchtbaren Vorkommnissen neben den seelischen nun auch noch körperliche Schmerzen bereitete.

Armes Steyr! Herrgott, welches Ungeheuer war in diesem Krieg geboren worden, Städte wurden in Schutt gelegt, Zivilisten ermordet, Kriegsverbrecher diktierten das Geschehen. Ja, er hatte in seinen Gedanken und seiner Beurteilung bereits klare Grenzen gezogen. Da war Hitler, und da waren die Nationalsozialisten, sie waren die Mörder, Verbrecher und menschlichen Teufel dieses Jahrhunderts, aber es gab auch Schurken in England, Frankreich und Amerika, die weniger aus idealistischen, sondern eher aus geschäftlichen Überlegungen zu Untaten unbegreiflichen Ausmaßes bereit waren. In diesem Krieg vermischte sich die menschgewordene Pestilenz mit dem Blutrausch von Killerhunden und ausgespuckten Kreaturen, die aus der Drachensaat aufgegangen waren und nun als apokalyptische Wesen die Welt beherrschten.

„Dies irae, dies illa, solvet saeclum in favilla!" Unbewusst waren ihm diese prophetischen Worte auf die Lippen gekommen. „Der Tag des Zornes, jener Tag, wird die Welt in Staub auflösen!"

Andere Lehrer traten an Franz Dirisamer heran, sie stellten sich zu ihm, auch sie schwer hergenommen. Alle blickten sie in jene östliche Richtung, wo jetzt eine Feuersäule nach der anderen emporstieg und wo Ruß den Himmel schwarz färbte. Wie lange die Angriffe dauerten und wie viele Runden die Flugzeuge drehten, das registrierte niemand mehr, jeder dachte nur noch an seine Lieben und an alle jene Menschen, die jetzt ihr Schicksal erleiden und die Hölle des Bombenangriffes überstehen mussten. Die Rauchwolken über der nahen Stadt wurden immer dichter, von der Sonne beschienen waren sie einmal orange, dann braun, sie nahmen einen schwefeligen Farbton an, schillerten grün und violett und standen bald als breite, rote Mauer über dem fernen Wald. Unendlich dehnten sich die Bombardierung und der Zustand des Abwartens, aber langsam wurde es stiller. Niemand merkte, wohin die Flugzeuge verschwanden, aber wie weggezaubert waren sie plötzlich nicht mehr da. Und kurze Zeit später verkündete ein langgezogener Heulton Entwarnung.

Jetzt konnte man wieder tief durchatmen. Die Kinder wurden lebhaft und bedrängten ihre Lehrer mit Fragen, aber keiner von ihnen wollte diese beantworten, der Schock saß zu tief. Als man ihnen frei gab und sagte, sie dürften heimgehen, schulterten sie ihre Schultaschen, verabschiedeten sich artig und stürmten fort. Für kurze Zeit hörte man sie noch lärmen, bis sich ihr Geschrei in den Gassen verlief und sich der Alltag im Ort breit machte.

Franz Dirisamer, der die Welt um sich vergessen hatte, spürte plötzlich, wie sich rechts und links kleine Hände in die seinen legten, jene von Robert und Heinz. Heinz war rotzig und verheult, Robert etwas energischer als sonst.

„Komm, Papa! Gehen wir nach Hause!"

Dirisamer zog ein Taschentuch aus seiner Hose.

„Da, wisch dir die Augen aus und putz dir die Nase!"

Heinz tat es. Aber aus unerklärlichen Gründen kam sofort wieder ein neuer Schub von Tränen.

„Es ist alles vorbei, du brauchst nicht mehr weinen! Ich sag' euch was, ihr geht jetzt zu euren Freunden, die dort noch auf euch warten, ihr bleibt alle beisammen und geht geschlossen heim!"

Dann wandte er sich an Robert. „Sag' der Mama, dass ich nach Steyr fahre, ich muss unbedingt versuchen, Nadja zu finden!"

Heinz schluchzte. „Glaubst du denn, Papa, sie ist tot?"

„Nein, das glaube ich nicht! Und jetzt geht und schaut, dass ihr schnell nach Hause kommt!“

Wie gerne hätte er die beiden bei der Hand genommen und nach Pichlern begleitet. Aber er musste unbedingt in die Stadt, er wollte wissen, was mit seiner Tochter Nadja geschehen war und ob sie den Angriff auf Steyr und das Wälzlagerwerk überlebt hatte. Auch wollte er auf die Ennsleite und dort nach der Wohnung sehen. Um dreiviertel zwei Uhr hatte er einen Omnibus, den wollte er unbedingt erreichen. Die Haltestelle war beim Schreibwarengeschäft Hinteregger, er musste sich also beeilen. Hinter sich hörte er eine Frauenstimme.

„Herr Kollege, lassen Sie mich mitgehen!“

Fräulein Emma Tiller lief ihm nach, er blieb stehen und grüßte die junge Kollegin.

„Schrecklich, schrecklich, warum müssen wir das erleben?“ keuchte sie.

Sie kamen an einer Stelle vorbei, wo Personen mehrere Gruppen bildeten und stehen geblieben waren. Beim Schloss hörten sie Geschrei. Soeben brachte man einen amerikanischen Piloten, Luftwaffenhelfer hatten ihn gefangen genommen. Es war ein großer, schlanker Mann mit einer gepolsterten Lederhaube auf dem Kopf, mit wachen, braunen Augen, einem schmalen Oberlippenbart, warm gekleidet und mit dicken, gefütterten Stiefelschuhen versehen. Voller Hass starrten die Leute auf ihn, sie riefen den Soldaten zu, man solle kurzen Prozess mit ihm machen und diesen Mörder aufhängen.

Der Pilot schwieg zu dem Geschrei, blickte aber trotzig um sich, er verstand aus der Situation heraus, was die Leute wollten und was sie vor hatten. Ein junger Bursch drängte sich heran, von seinem Fahrrad aus versuchte er, auf den Amerikaner einzuschlagen, kam aber nicht dazu, denn ein Soldat stieß ihn zur Seite. Gleich darauf kam ein Militärauto, der Gefangene wurde grob hinein gezwängt und schon fuhr man ab.

Fräulein Tiller kämpfte mit ihrem Mitleid. „Er hat ja auch in den Krieg müssen, wie unsere Männer, und wahrscheinlich hat ihn niemand gefragt, ob er will!“

Noch bevor der Omnibus ankam, brachte man auch einen deutschen Jagdflieger auf einem Pferdeschlitten vorbei. Man hatte ihm eine Decke umgeworfen. Über einem Kopfverband leuchtete sein blondes Haar. Leute drängten sich an ihn heran und griffen nach seiner Hand, andere applaudierten. Für sie war er ein Held! Gerade vorhin hatte er sich mit seiner kleinen Maschine tollkühn auf die übermächtigen Feinde gestürzt. Wie ein Stein war er dann vom Himmel gefallen. Er hatte sich mit dem Fallschirm retten können, aber der Schock stand ihm noch deutlich im Gesicht.

Im Omnibus saßen sie nebeneinander, Fräulein Tiller beim Fenster, Dirisamer zum Mittelgang hin. Das Fahrzeug war nicht geheizt, eine Verordnung, um Benzin zu sparen. Die Menschen rückten daher enger zusammen, auch Fräulein Tiller kam ihm entgegen, langsam spürte er die Wärme ihres Körpers durch seinen Wintermantel, föhnige Jugend wehte ihn an. Er fand es absurd, dass er mit seinen 48 Jahren noch immer Antennen für Frauen hatte, aber es tat ihm gut, neben diesem jungen Wesen zu sitzen und ihre Ausstrahlung zu fühlen.

Bis nach Steyr waren es knappe zwölf Kilometer, eine Fahrt von zwanzig Minuten. Die Fahrgäste redeten nicht viel, alle waren sie mit sich beschäftigt und mit der Frage, was sie in Steyr antreffen würden. Was war zerstört? Wie viele Tote gab es? Beim Krankenhaus verabschiedete sich Fräulein Tiller und stieg aus, in der Gründbergsiedlung hatten ihre Eltern ein kleines Einfamilienhaus.

„Herr Fachlehrer, passen Sie gut auf sich auf. Ich habe gehört, die Amerikaner werfen auf deutsche Städte auch Bomben mit Zeitzünder ab. Man kann nicht wissen, ob nicht auch bei uns!“ Herzlich reichte sie ihm die Hand. Und bevor sie in der Ausgangstür verschwand, hörte er noch einmal ihr charakteristisches „Schrecklich! Schrecklich!“

Vor dem Krankenhaus gab es ein Gedränge von zu- und abfahrenden Autos, die den Omnibus einkeilten und ihn nicht wegfahren ließen. Rettungsautos stauten sich. Das mit einer Tarnfarbe versehene Gebäude wirkte wie ein Schloss aus der Unterwelt, das nun den Rachen aufriss und die Leiber von Verwundeten und schwerst verletzten Personen aufnahm. Bei Anschlagen der Sirenen hatte man bettlägerige Patienten in den Krankenhausstollen gebracht, jetzt holte man sie wieder zurück. Hilfspersonal schob die Transportwägelchen bis zum Eingang, wo die Kranken dann von Schwestern in Empfang genommen wurden. Wer gehen konnte, versorgte sich selber, viele humpelten auf Stöcken, manche sogar auf Krücken. Helfer eilten hin und her, und Neugierige standen auch herum. In den Wiesen stolzierten Krähen oder vollführten auf dem gefrorenen Schnee groteske Sprünge.

Nach der Weiterfahrt bog der Omnibus nach rechts über den Berg bei der Klosterschule St. Anna ab. Der Lenker hatte erfahren, dass in der Sierningerstraße einiges passiert war. Franz Dirisamer wischte mit dem Ärmel des Mantels über die Fensterscheibe und starrte hinaus. Die ersten Trümmer lagen herum. Gleich darauf entdeckte er abgedeckte Dächer und zersplitterte Fensterstöcke, Schutt und Glassplitter vor rauchenden halben Fassaden.

Vor der Einfahrt zum Stadtplatz versperrten Soldaten dem Omnibus den Weg durch die Enge. Franz Dirisamer stieg aus. Er hatte mit diesem Chaos gerechnet, und es kümmerte ihn daher auch nicht, als er auf dem Weg zur Stadt bereits nach wenigen Metern über Trümmer und Ziegelhaufen klettern musste. Im Bus war es kalt gewesen, aber hier im Freien war es noch unerträglicher, es war windig, und ihn begann sofort zu frieren. Er zog den Schal fester um den Hals und schlüpfte in die Handschuhe. Sonst brauchte er sie fast nie, denn er hatte immer warme Hände, aber heute war er froh, dass er sie mitgenommen hatte.

Schon beim Aussteigen hatte er die ersten Verwüstungen gesehen. Teile der Enge bis hinunter zum Ennskai waren ein Trümmerhaufen, ein Schlachtfeld, auf dem noch Flammen züngelten und angebrannte Holzteile rauchten. Leute vom Militär und der Rettung, Zivilstreifen und Volkssturmmänner stiegen in den Hausruinen herum und suchten nach Lebenden. Man sah zerfetzte Dachstrukturen, eingestürzte Gewölbe und halbe Wohnzimmer, aus denen die Möbel auf die Straße hingen. In diesen demolierten Wohnungen und zwischen Ziegelhaufen und Gebälk irrten verstörte und apathische Menschen herum, wenn man sie ansprach oder ihnen etwas zurief, reagierten sie kaum. Nur ungenau registrierte Franz Dirisamer Schäden an den bekanntesten Gebäuden. Vom Kaufgeschäft Ecke fehlte der oberste Stock, das Cafe Stark war eingestürzt. Abgedeckte Dächer, entzwei gebrochene Wände, in sich zusammengesunkene Kamine, überall in der Innenstadt blickte einem Elend und Zerstörung entgegen. Feinste Glassplitter, aber auch halbe Fenster lagen auf dem Katzenkopfpflaster. Ein älterer Feuerwehrmann versuchte, einige gebrochene Bretter hochzuheben.

„Komm her und fass an!" rief er Dirisamer zu, doch dieser ließ sich nicht aufhalten.

„Ich muss auf die Ennsleite, dort braucht man mich!"

Er hastete weiter und stieg über Gerümpel, Mauerwerk und Ziegelsteine, alles lag klar und deutlich vor ihm, aber er empfand es wie durch Nebel. Er eilte am Rathaus vorbei bis zum Grünmarkt und von dort über die Neutorbrücke zur Ennsleitenstiege. Das alte Mauthaus in der Dukartstraße war getroffen, die Bewohner standen davor. Die Eltern des Schriftstellers Carl Hans Watzinger hielten sich umarmt und weinten bitterlich. Hinter der Ennsleite stiegen schwarze, drohende Schwaden auf, dort musste es noch heftig brennen. Voll Sorge keuchte er die lange Stiege hinauf, die Silberpappeln entlang, dann hatte er noch einige hohe Tujen vor sich, und endlich war er oben angelangt. Er sah die Volksschule und erblickte als nächstes die Hauptschule, wo er im ersten Stock seine Wohnung hatte. Alles war unbeschädigt und heil, er konnte es kaum glauben, der Qualm und die Flammen kamen von weiter rückwärts, nicht von der Ennsleite, sondern von den Steyrer-Werken.

Auf dem Parkweg, von wo man frei auf die Stadt hinunter sehen konnte, herrschte noch immer Aufregung. Diskutierende Menschen standen in Gruppen herum, Dirisamer erkannte ehemalige Schüler und ihre Eltern, auch die Hausbewohner Hans Freiberger und Adolf Stremnitzer standen unter ihnen. Man konnte von hier das Ausmaß der Zerstörung erst deutlich erkennen, die Lücken dort unten waren einmal die Häuser Meidl und Fischer gewesen.

Rauchfangkehrermeister Stremnitzer kam auf ihn zu.

„Da haben wir auf der Ennsleite wieder einmal Glück gehabt, nicht wahr?“ begann er das Gespräch. „Nur im NSV-Heim hat eine Bombe einen riesigen Krater gerissen. Die Fenster der Umgebung sind alle hin. Ich habe diese Leute gewarnt und ihnen gesagt, dass bei Bombenangriff die Fenster zu öffnen sind. Aber man redet ja gegen die Wand. Und nun haben sie die Bescherung. Sollen sie halt frieren! Übrigens, geben Sie mir den Schlüssel zu Ihrer Wohnung, und dann werde ich Ihre Fenster öffnen, das nächste Mal, wenn es notwendig sein sollte!“

Als Dirisamer auf dieses Angebot nicht reagierte, fuhr er fort: „Stellen Sie sich vor, über hundert Bomberflugzeuge waren heute über unserer Stadt und viele Begleitjäger. Über Christkindl sind sie herübergekommen, in einer Höhe von siebentausend Metern, da war unsere Flak natürlich chancenlos. Ich wollte zuerst in der Wohnung bleiben, aber wie ich die vielen Maschinen gesehen habe, hat mich doch die Angst gepackt. Ich bin wie vom Teufel gehetzt in den Märzenkeller gerannt. Atemlos bin ich angekommen, man ist ja nicht mehr der Jüngste!“

„Wissen Sie, was in den Steyrer-Werken passiert ist, dort, wo unsere Nadja arbeitet?“

„Am Morgen habe ich sie zur Arbeit gehen sehen, das Bürogebäude hat es nicht getroffen, nur die Autoabteilung und im Wälzlagerwerk die Halle drei. Jetzt brennt noch das Öllager einer Maschinenhalle. Von Toten habe ich nichts gehört!“

Franz Dirisamer verabschiedete sich etwas erleichtert. Er ging am Holzzaun vorbei und betrat das Haus Ennsleitenstraße 5. Das Namensschild an seiner Wohnungstür hatte ihm der jüdische Malermeister Uprimny geschenkt, weil er sich einmal für dessen Kinder eingesetzt hatte. Jetzt war er ausgewandert, zumindest hieß es so, andere sprachen davon, dass er in einem KZ verschwunden war.

In der Wohnung war es kalt und wenig einladend, trotzdem zeigte das Thermometer elf Grade an, wohl deshalb, weil die Schulräume darunter gut geheizt waren, die Wärme aufstieg und das Gebäude dadurch nicht ganz ausfror. Dirisamer prüfte, ob die Gasheizung funktionierte, und als die blauen Flammen am Rechaud ansprangen, stellte er Wasser für einen Tee zu. Am Vormittag hatte er sich nur ein Stück Schwarzbrot gegönnt, nun meldete sich der Hunger. Er stöberte in der Küchenkredenz und freute sich kindisch über einen Sack Erdäpfel, den er in einer unteren Lade vorfand. Er wusch und rieb fünf Stück, presste sie aus und formte Leibchen, die er in einer emaillierten Pfanne herausbriet.

Als er sich gesättigt und mit russischem Tee gewärmt hatte, setzte er sich auf den Lehnstuhl und schlief ein. Wie lange er geschlafen hatte? Er konnte es nicht sagen, auf jeden Fall war es schon dunkel, als ihn das Drehen am Türschloss wieder munter machte. Noch bevor er sich erheben konnte, stand Nadja bei ihm. Überglücklich umarmten sie sich.

Sie war beim Alarm in den Werkkeller gelaufen, in einen Stollen, den man im Felsen des Konglomeratgesteines angelegt hatte. Dort hatten sie vollkommene Sicherheit, so tief konnte keine Bombe und kein Sprengkörper vordringen. Trotzdem hatten viele im Keller an einem Entkommen gezweifelt, denn eine Frau aus Hamburg hatte erzählt, dass die Amerikaner zu den Sprengbomben auch Giftgas verwendeten, und dagegen half auch kein noch so dicker Fels.

Während sich draußen die Hölle über Steyr auftat, hatte Nadja ihrem Bruder Wladimir einen Brief nach Leipzig geschrieben. Der gute Kerl machte sich dort die allergrößten Sorgen um seine Familie. Sie schrieb und schrieb und achtete sonst auf nichts. Ihr Schicksal überließ sie dem lieben Gott, an dessen Liebe und Barmherzigkeit sie fest glaubte. Als der Luftangriff vorüber war und die Sirenen Entwarnung gaben, war sie mit ihrem Brief fertig, aber auch mit ihren Nerven. Schwankend verließ sie den Schutzstollen. Nach den ersten, zögernden Schritten ins Freie begann sie bitterlich zu weinen, verzweifelt nahm sie die Zerstörungen im nahen Werksgelände wahr, das Prasseln der Flammen und den gewaltigen Rauch.

„In der Enge schaut es furchtbar aus, nicht wahr, Papa? Es soll dort kein einziges Hausdach ganz geblieben sein!"

Da erzählte Franz Dirisamer seiner zweitältesten Tochter, was er gesehen hatte. Dann richteten sie die Betten. Es war erst acht Uhr, aber die vielen Aufregungen hatten sie müde gemacht. Sie sprachen ein gemeinsames Abendgebet und hatten trotz der Schrecken und Ängste des Tages eine ruhige, wenn auch traumlose Nacht.

IV.

Es war der erste Schimmer des Morgens, der Franz Dirisamer geweckt hatte. Maria Lichtmess war vorbei und die Tage wurden merklich länger. Im Mädchenzimmer, wo sie die Betten gerichtet hatten, war nur mehr das Nötigste vorhanden. Nicht nur die Bilder waren abgehängt, auch die Vorhänge hatte Resi abmontiert, verpackt und zu ihrer Taufpatin nach St. Valentin aufs Land gebracht. Lediglich die Verdunkelung war zurückgeblieben. In der Nacht hatte er einmal auf das Klosett müssen, dabei hatte er das Fenster kurz geöffnet und anschließend die schwarzen Rollos nicht mehr herab gezogen. So konnte das Licht herein und den neuen Tag verkünden.

Als er die Tuchent zurückschlug, sich auf die Bettkante setzte und seine Hose anzog, war es halb sieben Uhr früh, gerade zeitgerecht, um sich zu waschen, zu rasieren und für die Schule fertig zu machen. Für Nadja war es noch zu bald, sie musste erst um acht Uhr im Werk sein. Deshalb verabschiedete er sich von ihr am Bett, er streichelte ihren Kopf, drückte ihre Hände und küsste sie zärtlich auf die Wange. „Leb wohl!" sagte er zu der noch halb Schlafenden. „Wir haben dich lieb, pass auf dich auf!" Gerührt vom Abschied nahm er sein Taschentuch und wischte sich einige Tränen ab. Dann schnäuzte er sich.

„Und versprich mir, dass du bei Gefahr und wenn sich die Sirenen melden, sofort in den nächsten Bunker gehst."

„Ja, mach' ich, auf Wiedersehen Papa, pfiat di!"

Er versperrte die Wohnung und eilte in die Stadt zur sieben Uhr Messe. Der Morgen war ähnlich wie der gestrige, leichter Nebel und etwas Raureif, der die kleinen Äste wunderbar ziselierte und den Eindruck des Winters verstärkte. Alles war weiß verschneit, nur am Abhang der Ennsleite breiteten sich unterhalb der Vernebelungsfässer runde, gelbe und giftige Areale aus, die fast bis zur Gänze des steilen Hanges hinunterreichten.

So oft er konnte, besuchte er die Frühmesse bei den Jesuiten in der Marienkirche, sie war für ihn jene Kraftquelle, die er für sein tägliches Leben und seinen Beruf brauchte, und auf die heilige Kommunion wollte er auf gar keinen Fall verzichten, nicht auf den Leib des Herrn. „Wer an mich glaubt, der wird noch leben, auch wenn er schon gestorben ist!“ lautet eine Evangeliumstelle. Gestern hatte er wieder einmal erfahren, wie schnell es mit dem Sterben gehen konnte. In den Abendnachrichten hatte man von vierzehn Toten gesprochen, die man in Steyr aus den Trümmern gezogen hatte, aber wahrscheinlich vergrößerte sich diese Zahl. Die Parteipropaganda verschleierte immer noch Fakten und Daten, sie beschönigte, wo es eigentlich nichts mehr zu beschönigen gab. Ob an der Front oder daheim, es wurde im Radio nur mehr gelogen. Immerhin warnte man vor weiteren Angriffen, und man beschwor die Leute, in die Luftschutzkeller zu gehen.

„So, wie auf ein Erdbeben immer ein Nachbeben folgt, so geschieht es auch bei den Luftangriffen!“ hieß es in einem Kommentar. Wladimir hatte es im letzten Brief auf seine Weise formuliert.

„Die Feinde“, hatte er geschrieben, „bombardieren so lange, bis die ganze Industrie zerstört ist, und wenn sie diese Aufgabe erledigt haben, dann vernichten sie auch noch die Städte und töten die darin lebenden Menschen. Passt ja auf, wenn es einmal geblitzt hat, dann ist es mit der Bombardiererei noch lange nicht vorbei, denn am nächsten Tag blitzt es gleich wieder.“

Diese Briefstelle ging Franz Dirisamer durch den Kopf, und sie war der Grund, weshalb er heute so schwer aus der Wohnung ging und weshalb ihm der Abschied von Nadja so weh tat.

In der Schule herrschte nach dem gestrigen Angriff helle Aufregung. Die Kinder erzählten von Trichtern und Bomben und von einer toten Bäuerin in Schiedlberg, die einem Notabwurf zum Opfer gefallen war. Dort lagen im Stall die toten Schweine wie angebrannte Strohsäcke herum. Ein Bub meldete sich:

„Ich war dabei, wie man unter einem Balken einen Stier hervor gezogen hat! Der war so verletzt, dass man ihn notschlachten musste. Ohne Schussapparat! Der Knecht hat ihn einfach mit einer verkehrten Hacke erschlagen.“

Diese und ähnliche Schilderungen erzeugten in der Klasse von Fachlehrer Dirisamer ein schlechtes Unterrichtsklima, die Schüler konnten sich nicht konzentrieren und schweiften mit ihren Gedanken und Worten immer wieder vom Gegenstand ab.

Auch im Konferenzzimmer dominierten ähnliche Gespräche, Fachlehrer Kubizek berichtete von Bombenabwürfen auf Bad Hall und von Luftschlachten, die sich die deutschen Me 110 mit den Lightning Begleitjägern geliefert hatten, wahre Heldengeschichten wurden da aufgetischt, und so wie Fachlehrer Zimmermann waren auch die meisten anderen Lehrer davon überzeugt, dass die amerikanischen Flieger Prügel abbekommen hatten und sich nicht mehr so schnell wieder blicken lassen würden.

Franz Dirisamer war nach der gestrigen Auseinandersetzung mit unguten Gefühlen in die Schule und in das Konferenzzimmer gegangen, er hatte schon zu Beginn des Unterrichtes mit dem Erscheinen von Rektor Wilke gerechnet, aber interessanterweise blieb dieser aus und ließ sich nicht blicken. Es hieß, er wäre krank geworden und müsse das Bett hüten, aber gegen zehn Uhr stürzte er plötzlich in das Lehrerzimmer und verkündete schnaubend und mit sich überschlagender Stimme: „Bomberverbände im Anflug auf Kärnten! Sie greifen wieder an!"

Alle wussten, was das bedeutete und was auf sie zukam. Franz Dirisamer erschrak mehr als tags zuvor, denn heute befand sich nicht nur Nadja in der Stadt, sondern auch Elisabeth und Othmar waren in der Realschule. Wenn Flieger aus Kärnten kamen, boten sich als Angriffsziele außer Steyr noch Linz, Attnang Puchheim und Wels an. Drehten die Flugzeuge in diese Richtung ab, dann blieb Steyr verschont, aber dafür mussten andere büßen und leiden. Hugo war bei einer Flakeinheit in Ebelsberg bei Linz, ganz in der Nähe der Hermann-Göring-Werke, er war einer von den vielen, die mit den Flugzeugabwehrkanonen diesen Luftraum verteidigen mussten. War heute dieser Sohn bedroht? Franz Dirisamer saß auf Nadeln, er stand von seinem

Sessel auf und schritt nervös im Konferenzzimmer auf und ab. Die Minuten dehnten sich. Schon wollte er sich ein Lächeln abringen und zu den ebenfalls unruhigen Kollegen das beinahe schon übliche „Wieder einmal Schwein gehabt!“ sagen, als die Sirenen aufheulten. Also ging der Kelch doch nicht an ihnen vorüber, er war für sie bestimmt!

Schneller als sonst waren alle fertig, die Schüler standen in Zweierreihen, die Lehrer kontrollierten die Gasmasken, zählten noch einmal ab, und dann hasteten alle im Gleichschritt zum Keller. Die Kinder hatten vom Vortag gelernt, sie nahmen auch dieselben Plätze ein und duckten sich, als das erste Brummen ertönte, nicht mehr so erschrocken wie gestern. Ja, die Flieger waren da, früher als erwartet. Wie eine riesige Wolke dröhnten und stöhnten die Maschinen in großer Höhe. Franz Dirisamer stand heute von Anfang an unter dem Torvorsprung des Gasthauses und starrte gebannt hinauf, wo sich im Sonnenstrahl auf dem makellosen Himmel die Flugzeuge heran schoben, als ob sie von einer Riesenhand gehalten und gelenkt würden. Es waren mehr als gestern, kleine Jäger umschwirrten die protzigen Bomber, silbern leuchteten die Wegspuren der Geschwader. Die Flak begann von Steyr her zu schießen und setzte die Sprengwolken mitten hinein in den dröhnenden Bomberverband. Das Bild war furchterregend, gleichzeitig aber so faszinierend, dass sich Dirisamer der eigenen Gefahr nicht bewusst wurde. Er sah Flugzeuge, die plötzlich, wie von Zauberkräften erfasst, die Schnauze nach unten senkten und rauchend und aufheulend in die Tiefe stürzten. Im gewaltigen Sog purzelten und kollerten Gestalten aus den fallenden Metalleibern, winzige Pünktchen, Fallschirme entfalteten sich und trugen die feindlichen Piloten schaukelnd zur Erde. Dumpf hörte man den Aufschlag der Maschinen, man sah Feuer und Rauch und konnte doch nicht genau sagen, wo das Flugzeug niedergegangen war. Dafür aber blitzten über Steyr die Einschläge der Bomben, wie bei einem Gewitter trug es den Donner zu ihm, Rauch stieg empor.

Dirisamer glaubte, sterben zu müssen, sein Herz schlug so heftig und schnell, dass er überall auf seinem Körper den Puls zu fühlen vermeinte, der Andrang des Blutes zu seinem Kopf versetzte ihn in einen Taumel von vorher nie gehabter Angst. Drei Gedanken durchfluteten ihn: Nadja, Elisabeth und Othmar! Er schlug die Hände vor sein Gesicht und schluchzte. „Gott, mein Gott, steh ihnen bei, halte deine Hand über sie, jetzt, in der Stunde des Unheils und in der Nähe des Todes!"

In diesem Augenblick größter Verzweiflung legte sich ein Arm um seine Schultern. Die Stögerwirtin hatte ihn erblickt und war zu ihm herangekommen. „Ihre Kinder?" fragte sie mitfühlend. Er nickte, nahm die Hand von seinen Augen und sah für Sekunden in das runde, mütterliche Gesicht dieser Frau. Über ihren Köpfen spielte sich noch immer die gespenstische Wirklichkeit ab, der Kampf war noch nicht vorüber, der Schrecken noch nicht vorbei. Er aber wollte das alles nicht mehr ertragen, nicht mehr wahr haben. Nach der übermäßigen Aufregung überfiel ihn nun unendliche Müdigkeit, er erkannte die Bedeutung der Worte, wenn man sagte, dass jemand „innerlich zerbrochen" sei. Er drehte sich um und stieg die Stufen des Kellers hinunter. Die Schüler wollten ihn mit Fragen überfallen, er winkte ab und sagte nur: „Steyr!"

Alle begriffen und schwiegen. Viele hatten Väter, Brüder und Verwandte, die in den Steyrer-Werken arbeiteten. Was geschah dort, wo sie gerade waren? Grollen und Detonieren erschütterten nach wie vor die Erde, es war bis nach Sierning, bis tief in den Boden hinein zu spüren. Dirisamer setzte sich zu seinen Söhnen in die Ecke des Stollens und betete. Das elektrische Licht erlosch, eine Taschenlampe flammte auf, dann Zünder. Eine Kerze wurde auf die Stufen, eine weitere auf ein Mostfass gestellt. Keines der Schulkinder weinte, keines fragte mehr. Dirisamer sah um sich und dachte: „Sind sie jetzt alle versteinert, erhärtet?" Er hatte das Gefühl, als ob die Luft weniger würde, und unerklärlicherweise hörte er trotz des Tosens von außen einen Wassertropfen auf den Boden klatschen. Nicht Dunkelheit, sondern Licht wurde ihm signalisiert. War das sein Hineinfühlen in den Tod? Er spürte, was in den Köpfen seiner Schüler vor sich ging, wie die Kreise ihrer Gedanken zusammen fielen, sich wieder dehnten, wieder zusammen fielen in einem Punkt, einer Unendlichkeit.

Nach und nach wurden die Einschläge weniger, schließlich hörten sie auf. Der langgezogene Ton der Entwarnung erlöste sie. Wie am Vortag standen auch jetzt rostfarbene Schwaden über Steyr, Rettungsfahrzeuge, Feuerwehr und motorisierte Soldaten rasten in Richtung auf die Stadt. Die Kinder kamen vom Keller herauf und standen nun um ihn, verängstigt, eingeschüchtert, wie geknickte Blumen im Vorgarten dieses Grauens, unschlüssig, wohin sie sich wenden sollten. Einerseits gab es ein aufregendes Spektakel mit Bildern, wie sie noch niemand von ihnen vorher gesehen hatte, andererseits waren sie gewohnt, nicht stehen zu bleiben, wenn irgendwo ein Unglück geschah, zu folgen, wenn sie Anweisungen bekamen, und auf die Gefahren, die der Krieg mit sich brachte, zu achten. Die Jüngeren, denen die Ereignisse mehr zusetzten als denen, die bereits in der vierten Klasse waren, gingen gemeinsam fort, einige Ältere nahmen sie bei der Hand. Sie verstanden noch nicht richtig, was um sie herum geschah, sie kannten ja nur jene blassen Feindbilder, die man ihnen in der Schule zeigte und die für sie bisher unwirklich und fremd waren.

Fachlehrer Franz Dirisamer war noch eine Weile bei den Schülern seiner Klasse stehen geblieben, dann aber rief er Robert und Heinz heran und machte sich mit ihnen auf den Weg nach Pichlern. Die Straße war eisig, die Wechtenzäune hatten die Verwehungen abgehalten, aber an vielen Stellen waren sie durch die Kraft des Windes umgefallen und ließen den Schneezungen freien Raum. Man sah die Spuren von Pferdeschlitten und die Profilabdrücke von Automobilreifen. Franz Dirisamer schwenkte von der Straße ab und ging mit den Kindern geradeaus und querfeldein, der Schnee war hier so gefroren, dass man nicht mehr einbrach, wie eine harte, weiße Haut lag er über den Äckern.

Nach den beiden Bombenangriffen auf Steyr hatte Franz Dirisamer dankbar geglaubt, dass er noch rechtzeitig der Gefahr entflohen war, als er aber jetzt heimzu wanderte, erkannte er voll

Entsetzen, dass seine Kinder keineswegs in Sicherheit waren. Überall im Schnee sah man Löcher, die von den herabfallenden Flaksplittern entstanden waren. Robert begann an einigen Stellen zu graben und fand tatsächlich die gezackten Reste dieser mörderischen Geschoße. Wenn man also während eines Angriffes hier unterwegs war, dann konnte man jederzeit von einem solchen herabstürzenden Splitter getroffen, verwundet oder gar getötet werden. Auf der ganzen Wegstrecke von Sierning nach Pichlern gab es keinen einzigen Platz, wo man sich unterstellen und sicher sein konnte, keinen Baum, kein Haus und keinen Stall. Alles war Ebene. Man sah von Pichlern bis zur Kirche in Sierning und von der Kirche in Sierning bis zum dunklen Gestrüpp der Birnbäume, die in großer Anzahl um die Bauernhöfe in Pichlern wuchsen. Und dazwischen lag der weite, gefährliche Schulweg der Kinder. Was für eine schreckliche Erkenntnis!

Vor dem Distelgut hatten sich Leute angesammelt, die nächsten Nachbarn, der Bauer, die beiden Polen, Kinder, und mitten unter ihnen Resi. Allen merkte man den Schock und die Verzagtheit an, Nachwirkungen des Angriffes. Resi hatte verweinte Augen.

„Was ist wohl mit den Kindern geschehen?" fragte sie, als Franz Dirisamer näher kam. „Othmar müsste eigentlich schon da sein!"

Robert und Heinz drängten sich an die Mutter: „Und euch beiden geht es gut? Ja?" Sie streichelte über ihre Köpfe.

Wie unendlich dankbar war sie jetzt, dass sie Steyr zum richtigen Zeitpunkt verlassen und heraus aufs Land gezogen waren. Nach diesen beiden Angriffen gab es keinen Zweifel mehr wegen der Dringlichkeit, und hätte man ihr jetzt die Möglichkeit gegeben, noch weiter fortzuziehen, sie hätte es getan.

Dass es sie nach Pichlern verschlagen hatte, das empfand sie nach den bisher hier verbrachten Tagen nicht mehr als eine glückliche Fügung. Die Kinder hatten die Einquartierung beim Bauern Schraberger bald verkraftet, aber sie musste die Sicherheit vor Luftangriffen mit vielen Unannehmlichkeiten erkaufen. Für sie, die sie als gelernte Köchin in der Wohnung in Steyr ihr eigenes Reich gehabt hatte, war das gemeinsame Kochen auf dem Herd der Bäuerin zu einem Problem geworden, weil sich diese ihren Platz nicht einengen ließ und Resis Geschirr dort, wo es dem ihrigen im Weg stand, einfach wegschob. Davon wollte und mochte Resi ihrem Mann nichts erzählen, dieser hatte in seinem Beruf genug Sorgen, und nach allem, was sie von ihm erfahren hatte, wackelte in Sierning sein Posten. So schwieg sie, aber sie hatte es hier in Pichlern wahrlich nicht leicht. Der selbstherrliche Charakter der Bauersfrau war ihr von allem Anfang an nicht sympathisch gewesen, und darum gab es keinen rechten Anschluss, sondern nur ein Nebeneinander ohne gute Beziehungen.

Diese seelischen Belastungen überforderten sie, ihre Herzbeschwerden machten sich wieder bemerkbar, mehr aber noch ihre Schilddrüse, deretwegen sie vor dem Krieg schon einmal auf Kur gewesen war. Zu Beginn der Übersiedlung war alles noch anders, da hatte die Bäuerin oft eine Schüssel mit Suppe auf den Holztisch des Wohnzimmers gestellt, und dort durften die Kinder zusammen mit den beiden kriegsgefangenen Polen, dem Kleinen und dem Großen Jan, mit dem Serben Schicho und mit der Russin Jaschka zu Mittag essen. Diese Großzügigkeit hatte die Bäuerin bald eingestellt, jetzt erhielt Resi von ihr zwei Liter Vollmilch pro Tag, aber sonst wechselte wenig vom Besitz der Bäuerin zur Frau des Fachlehrers. Es war so, als stünden die sieben mageren neben den sieben fetten Jahren auf einem Herd. Das fraß an Resis Herz, weil sie doch sah und mitbekam, dass regelmäßig Schwarzschlachtungen auf dem Bauernhof gemacht wurden. Davon erhielt sie nie ein Stück Fleisch oder etwas Schmalz, wenn es hoch her ging, dann fand zu ihren Töpfen höchstens ein bisschen Bratensaft oder Suppe den Weg. Dabei hatten die Kinder, deren Schulweg jetzt viel länger war, einen größeren Hunger als früher. Wie oft war Resi verzweifelt, aber sie brachte es einfach nicht über sich, die unfreundliche Hausfrau um etwas zu bitten.

Die Bäuerin nahm aber auch in vielen anderen Belangen weder auf sie noch auf ihre Familie Rücksicht. Wenn die Kinder mit durchnässten Mänteln und Schuhen nach Hause kamen, brachte sie das Zeug zum Trocknen in die Bauernstube, wo um einen hohen, grünen Kachelofen, der von der Küche aus geheizt wurde, eigene Trocknerstangen vorhanden waren. Wenn sie abends noch einmal nachsah, war das Gewand auf die Seite geschoben worden. Resi hängte es dann hinauf in den ungeheizten Getreidespeicher, wo sie die Schuhe mit Zeitungspapier und Stoffresten ausstopfte, und es tat ihrer Mutterseele weh, wenn die Kleinen am nächsten Tag mit halbtrockenen Sachen und feuchten Schuhen ihren Schulweg antreten mussten.

Schon aus dieser kleinen, familiären Sicht betrachtet, war der ganze Krieg ein schreckliches Unglück. Und dazu kamen jetzt die Angriffe auf Steyr, heute schon der zweite.

Eltern, die zur Bahnstation Aschach hinunter gegangen waren, brachten die Nachricht, dass der letzte Zug ausgefallen und nicht angekommen war. Das beunruhigte noch mehr, Resi war verzweifelt. Franz Dirisamer nahm sie in die Arme und versuchte, sie zu trösten, aber die Frage „Was ist mit den Kindern geschehen?“ konnte auch er nicht beantworten.

Elisabeth und Othmar hatten, wie sie sich später ausdrückten, indes in Steyr ein gefährliches Abenteuer erlebt. Sie befanden sich auf dem Weg zum Bahnhof, schlenderten aber, weil sie bis zur Abfahrt des Zuges Zeit hatten, gemütlich dahin. Die Erregung der Passanten kümmerte sie nicht, sie hörten zwar, dass im Rundfunk als Vorwarnung der „Kuckucksruf“ gesendet worden war, nahmen das aber nicht sonderlich ernst. Da heulten die Sirenen von den Dächern, von den verschiedensten Standpunkten, von der Ennsleite, vom Kreisgericht, vom Tabor, von Garsten und St.Ulrich, und dieses abscheuliche Gejammer machte ihnen klar, dass es wieder einmal ernst war. Sie dachten an die Ermahnungen, die sie von ihrem Vater mitbekommen hatten. Wenn er sie beim Abschied mit Weihwasser besprengte, hörten sie jedesmal denselben Satz: „Bei Alarm sofort in den nächsten Keller!“

Es wäre gescheit gewesen, wenn sie umgekehrt und im Luftschutzstollen der Realschule Schutz gesucht hätten, sie aber glaubten, in die andere Richtung gehen zu müssen, keuchten den Schlossberg hinauf und liefen durch den Stadtpark hinüber zum Leithnerberg. Elisabeth feuerte Othmar an: „Schneller, beeil' dich!" Dieser aber jammerte: „Ich hab' Seitenstechen!" Er musste stehen bleiben und humpelte nach einer kurzen Pause hinter der Schwester her. Kurz vor dem Bahnhof hörten sie den Lärm der Flugzeuge. Sie zuckten zusammen und liefen jetzt in Todesangst. Das Getöse nahm zu. Plötzlich packte sie ein Wachmann und zerrte sie zum Schloss Engelseck, er stieß sie durch die offene Tür der Schutzräume. „Schnell hinunter, so weit ihr könnt und versteckt euch irgendwo!" Was weiter gesprochen wurde, ging im Krachen des Bombenregens unter. Einer der ersten Treffer galt dem Schloss. Der Boden des Schutzraumes erzitterte, an den Wänden taten sich breite Sprünge auf, eine dicke Wolke von Staub und Dreck stürzte die Stiege herunter und drohte alles zu ersticken. Die Leute schrien, die elektrischen Lichter hüpften gespenstisch auf und ab und fielen schließlich zu Boden, Funken sprühten, ein Kurzschluss hüllte alles in absolute Dunkelheit. Elisabeth krallte sich an den Bruder, als sie keinen Atem mehr bekam, nahm sie ihr Halstuch und drückte es an den Mund, Othmar hustete. Irgendwann musste sie ohnmächtig geworden sein, denn als sie wieder denken konnte, war der Angriff vorbei. Die Kellertür war bereits offen, sie hörte die Entwarnung, von oben kam frische Luft. Sie griff nach Othmar, der sich langsam zu rühren begann, fast gleichzeitig erhoben sie sich und zusammen wankten sie hinauf und zum Keller hinaus. Zaghaft blinzelten sie ins Tageslicht, die Gefahr war vorüber, und sie waren gerettet. Aber wie sah Steyr aus! Heftiges Prasseln und dicker Qualm schlugen aus dem Wehrgraben herauf. Auch hinter dem Stadtpfarrturm, in Richtung auf das Werk, brannte es steil in die Wolken, der Ruß biss in die Nase, Rauch von Holz, glosender Wolle, Fetzen und Teerpappe. Ein Schutzmann schrie verzweifelt über die Straße: „Überall brennt es, die Werke sind schwer getroffen!" Dann kam er zu ihnen und fuhr Elisabeth aufgeregt an: „Schaut, dass ihr schnell nach Hause kommt!"

Ja, das wollten sie, mehr als je zuvor. Sie klopften sich den Staub von ihren Kleidern, liefen zur Steyrtalbahn und erreichten einen bereit stehenden Zug. Hier gab es ein unglaubliches Gedränge, Erwachsene und Schulkinder versuchten, einen Platz zu ergattern, viele fuhren auf den Trittbrettern mit und einige wollten sogar auf das Waggondach, wurden aber vom Schaffner herunter geholt. Man nützte den kleinsten Platz, Elisabeth und Othmar zwängten sich in die Kabine der Toilette, und in diesem kleinen Raum fuhren sie unbeschadet nach Hause.

Bei der Bahnstation Aschach warteten bereits viele Menschen auf ihre Angehörigen. Auch Franz Dirisamer war gekommen, er, Resi und die anderen Kinder. Als der Zug dampfend eingefahren war und Elisabeth und Othmar von den Waggons herunter stiegen, wurden sie stürmisch umarmt und jubelnd begrüßt, wie Helden wurden sie zum Bauernhof hinauf nach Pichlern begleitet, und überall hörte man die Leute sagen: „Sie haben einen Bombentreffer überlebt!"

Sie hatten viel zu erzählen, aber es sollte nicht öffentlich geschehen. Resi machte es wie immer: „Ihr werdet Hunger haben, ich habe eine gute Suppe für euch!" Mit diesen Worten drängte sie die beiden zur Stiege und hinauf in die Wohnung. In den vier Wänden konnten die zwei dann nach Herzenslust plaudern.

„Ich habe nur mehr gebetet, immer nur gebetet!" berichtete Elisabeth, und Othmar erklärte: „Ich wollte auch beten, aber ich konnte es nicht, ich habe alles vergessen, sogar das Vaterunser!" Diesem Geständnis folgte ein befreiendes, allgemeines Lachen.

Für Franz Dirisamer sollte der angebrochene Nachmittag noch nicht das Ende der Aufregungen und der ausgestandenen Ängste sein. Die Kinder machten ihre Hausaufgaben und beschäftigten sich dann mit Spielen oder mit Büchern. Othmar hatte einen neuen Karl May-Band aus der Stadtbibliothek ausgeliehen. Kaum hatte er die erste Seite aufgeschlagen, versank er auch schon auf seinem Bett in diese Lektüre und war nicht mehr anzusprechen. Resi stopfte Socken. In Franz Dirisamer aber nagte die Unruhe wegen Nadja. Hatte sie auch dieses Mal Glück gehabt? Schließlich hielt er es nicht länger aus, er zog seine Schuhe an, nahm den Mantel und verabschiedete sich.

„Ich muss den Sechs-Uhr-Zug erreichen, ich will wissen, was mit Nadja ist!"

Resi hatte die ganze Zeit Nadja mit keinem Wort erwähnt, jetzt aber nickte sie dankbar und sagte: „Ja, schau nach ihr!" Sie umarmte ihn heftig, und auch er drückte sie an sich.

„Pass auf dich auf, Papa!" sagte sie unter Tränen, „Wir brauchen dich!"

In Steyr brannte es noch immer. Der Rauch war ekelhaft, schwerer, beißender Gestank bohrte sich in seine Nase. „Es riecht nach verbranntem Fleisch", dachte er, verwarf aber diesen Gedanken und richtete seine Aufmerksamkeit auf den Weg, der vor ihm lag. Den ganzen Tag hatte ihn das rechte Hüftgelenk geschmerzt, besonders beim Gehen durch den Schnee, jetzt aber vergaß er diese Schmerzen, und er eilte mit schnellen Schritten der Ennsleite zu und die Stiege hinauf in seine Wohnung. Er achtete kaum auf die furchtbaren Folgen des zweiten Angriffes, er kannte nur eine Sorge: Nadja!

Als er den Schlüssel in die Wohnungstür steckte, entdeckte er im Briefkasten eine rotgerandete Karte aus Leipzig. Er zog sie heraus: „21.II.44. Traudl, Hans und Wladi gesund, auch mir geht es gut! Gustl." In der Aufregung der letzten Tage hatte er den Angriff auf Leipzig total vergessen und nicht daran gedacht, dass sich dort Auguste mit ihrem Verlobten und Wladimir mit seiner Freundin aufhielten. Gottseidank! Den Kindern war nichts geschehen!

Während er noch die Karte studierte, tat sich die Tür auf und Nadja stand vor ihm. Er breitete die Arme aus und laut schluchzend fiel sie ihm um den Hals.

„Papa!" Er strich über ihr tränennasses Gesicht und drückte sie an sein Herz. „Ist ja gut, alles ist vorbei, und wir alle sind gesund und wohlbehalten. Brauchst nicht mehr weinen!"

Dann zeigte er ihr die Karte aus Leipzig: „Schau, eine Karte von Gustl, Gott hat sie beschützt, der Himmel ist ihnen beigestanden!"

Langsam beruhigte sich Nadja. In der Küche machten sie Tee, Nadja hatte schwarzes Brot mitgebracht, und auf der Kredenz standen noch einige Gläser Ribiselmarmelade. Franz Dirisamer konnte sich an seiner Tochter nicht satt sehen, sie war ihm jetzt das zweite Mal wiedergegeben worden, eigentlich das dritte Mal, denn damals, als sie als kleines Mädchen nach einer Pockenimpfung an einer Encephalitis erkrankte, war es auch nur dem Können und den Bemühungen von Wiener Ärzten zu danken, dass sie im letzten Augenblick mit dem Leben davon kam. Wie ein verliebtes Paar saßen sie sich gegenüber. Plötzlich wurde sie ernst.

„Weißt du, Papa, dass ich heute beinahe mein Leben verloren hätte?" Wieder stiegen ein paar Tränen in ihre blauen Augen. Als sie sich gefasst hatte, erzählte sie.

„Ich habe dir nicht gefolgt und bin heute nicht in den Märzenkeller gegangen. Als die Sirenen ertönten, meinte der Chef: ‚Es ist noch Zeit!' Meine Arbeitskollegin Erna Söhnle hat vor mir das Büro verlassen, sie wollte mich mitnehmen, weil sie bei sich Zuhause einen bombensicheren Keller haben, aber da meinte der Chef, dass der Keller im Verwaltungsgebäude mindestens so sicher sei. ‚Auf dem Dach im Objekt VII stehen Geschütze, und rundherum ist Flak', sagte er. ‚Wie soll uns da etwas geschehen?'

Und dann kam der Angriff. Wir sind schnell in den Keller hinunter, der Chef hat gesagt: ‚Setzen wir uns zur Mauer, im rechten Winkel unter dem Fenster, dort ist es am sichersten!' Was dann gekommen ist, kann ich nicht mehr schildern. Die Erde hat gezittert unter dem Gebell der Geschütze, sie wankte unter den Einschlägen und Explosionen, und wir waren mittendrin in dieser Hölle. Nie, nie überleben wir das, habe ich gedacht, ich habe nichts mehr empfunden, nur mehr Angst, riesige Angst.

Und plötzlich war es grauenhaft still. Ich dachte: ‚Das ist der Tod!' Da stand auf einmal ein Kanonier vom Dach vor uns und schrie: ‚Alles raus, das Gebäude brennt!' Sofort stoppte er aber das Drängen zur Tür und wies auf die Kellerfenster, denn das Stiegenhaus war eingestürzt und nicht mehr zu begehen. Die Öffnungen der Fenster befanden sich hoch oben, nur ein großer Mann konnte sie erreichen, mein Chef schaffte es gerade. Der eindringende Rauch biss und stank. Kaum waren die Fenster offen, wollten sich auch schon die Männer hinaus schwingen und sich in Sicherheit bringen. Doch der Kanonier zog die Pistole:

‚Zuerst Frauen und Mädchen!' schrie er.

Das brachte sie zur Besinnung. Starke Hände packten mich und beförderten mich mit einem Schwung hinauf und ins Freie. Ich fiel auf Schotter, auf mein rechtes Knie. Schau her, meine Strümpfe sind kaputt, mein Rock hat einen Riss, und auch jetzt noch tut das Knie fürchterlich weh!

Wie verrückt bin ich weg gerannt, hinter mir die Hitze und der Lärm des mächtigen Brandes. Aus allen Fenstern schlugen Flammen, das Holz und die vielen Tonnen von Papier, alles hat gebrannt. Ich hab' dann einige Kollegen getroffen, ein zitterndes Häuflein von geretteten Menschen sind wir gewesen. In allen Sektionen haben die Brände gewütet, Dächer sind stöhnend in sich zusammengebrochen, Ziegel sind geflogen, Funken sprühten gegen den Himmel, Fässer explodierten, Schreie, Chaos. Papa, das kannst du dir nicht vorstellen! Und dann sah ich, dass einer von den zwei hohen Schornsteinen der Heizanlage von einer Bombe durchbohrt worden war und ein riesiges Loch bekommen hatte. ‚Warum steht er noch? Warum fällt er nicht um?' dachte ich.

Ich hab' nicht gewusst, wohin ich mich wenden soll. Ich wollte nicht allein bleiben. Da ist mir die Erna Söhnle eingefallen, und ich machte mich auf den Weg. In der Damberggasse hat man die Leichen der Familie Dorn aus der Bäckerei ausgegraben, sie auf die Straße gelegt und mit Packpapier zugedeckt. Es war grauenhaft! Dann bin ich in die Altgasse. Im Bierdepot hat die Erna mit ihren Verwandten Schutz gesucht. Es sind das zwei Keller untereinander, in den ersten ist eine Bombe hinein und explodiert, sie hat das Gewölbe des darunter liegenden Luftschutzraumes gesprengt, und durch diese Last und die vielen Bierfässer sind alle Menschen im zweiten Keller erdrückt worden. Wie ich dort angekommen bin, hat man über die eingestürzten Treppen die Erna mit einem Seil herauf gezogen. Papa, wenn ich mit ihr gegangen wäre, dann wäre ich jetzt auch tot!"

Franz Dirisamer konnte seine Tochter lange nicht beruhigen. Schüttelkrämpfe, Weinen, Aufschreien. Auch als sie schon im Bett lag, stöhnte sie immer wieder auf. Er hielt ihre Hand und redete ihr gut zu. Irgendwann vor Mitternacht nickte dann auch er ein.

Er konnte nicht sagen, wann genau er eingeschlafen war und wie lange er geschlafen hatte, aber plötzlich zerriss ein greller Blitz seinen Traum, und als er aus dem Bett torkelte, merkte er, dass ihn keine Bombe, sondern das schreckliche Alarmgeheule der Sirenen aufgeschreckt hatte. Er schüttelte Nadja munter. „Komm, wir müssen in den Märzenkeller, schon wieder Alarm!"

„Papa, ich kann nicht mehr, lass uns zusammen hier sterben!"

„Das können wir nicht! Nadja, denk an Mama und an deine Geschwister!"

„Papa, dann geh du allein, ich kann nicht, unmöglich!"

Als er sie aus dem Bett zog, hing sie schlaff in seinen Armen. Sie war tatsächlich am Ende ihrer Kräfte. Er warf ihr einen Mantel über und zog ihr die Strümpfe und Schuhe an. In der Kälte der Nacht stöhnte sie auf und kam zu sich. Die Ennsleitenstiege hinab bis zum Märzenkeller waren es höchstens fünf Minuten Wegzeit. Die Stadt funkelte in einem grünlichen Licht, dutzende von abgeworfenen „Christbäumen" strahlten sie von oben an und zeigten den Feinden, wo ihr Ziel war. Scheinwerfer tasteten den Himmel ab. Es war ein faszinierendes Bild, gar nicht Krieg und gar nicht Tod, eher phosphorisch blass, unwirklich und gespenstisch. Als sie im Keller Platz genommen hatten, begann die Flak zu schießen. Man hörte einige Bombenabwürfe, nicht viele, sie klangen fern und beunruhigten niemand. Bis zur Entwarnung mussten sie aber lange warten.

Die Nacht war kurz geworden und Franz Dirisamer verschlief in der Früh. Nadja weckte ihn und stand bereits angezogen im Zimmer.

„Papa, ich fahre mit dir nach Sierning und gehe dann nach Pichlern hinüber!"

„Und das Büro? Du musst doch zur Arbeit!"

„Papa, ich muss nicht ins Büro, alles ist abgebrannt! Verstehst du denn nicht, ich bin arbeitslos, ich habe keine Arbeit mehr!"

V.

An seinem neunten Geburtstag hatte Heinz von seinem Bruder Wladimir einen kleinen Spielzeugpanzer bekommen, Marke Tiger, mit hellen Gummiketten, einer drehbaren Kanone und einem Soldaten, der aus einer Luke heraus schaute. Dieser Panzer war mit einem Spielzeugschlüssel aufzuziehen, er kletterte über alle Unebenheiten des Bodens und schoss dabei sprühende Funken. Er war mit einem Frontpaket aus Dresden gekommen und Wladimir hatte geschrieben, dass er bei einem Stadtbummel in der Auslage eines Spielzeuggeschäftes diesen Panzer entdeckt habe.

„Und das Eigenartige war", schrieb er, „dass daneben ein Zettel lag, und auf diesem Zettel stand der Satz: Dieser Panzer gehört dem Heinzi Dirisamer in Pichlern bei Steyr, Oberdonau."

So schrieb Wladimir. Heinz zweifelte keine Sekunde an der Richtigkeit der Worte seines ältesten Bruders. Sofort antwortete er ihm, er bedankte sich, versuchte keine Rechtschreibfehler zu machen und fragte höchst interessiert, ob da nicht noch andere Spielsachen in der Auslage für ihn angeschrieben wären und ob er nicht noch einmal nachsehen könne. Die Feldpostkarte ging fort, und die Antwort von Wladimir kam zwei Wochen später.

„Ich bin jetzt nicht mehr in Dresden", schrieb er, „sondern in Polen, aber wenn ich wieder einmal nach Dresden komme, dann schaue ich gewiss nach, darauf kannst Du Dich verlassen! Das verspreche ich Dir sogar, Ehrenwort!"

Dieser Panzer war der größte Schatz, den Heinz besaß, er trug ihn immer mit sich herum, in der Schultasche, in seinem Rock, und auch ins Bett kam er mit, dort drückte er ihn an seine kleine Brust, und bevor er einschlief, dachte er sich viele Abenteuer aus, die er mit diesem Panzer erleben würde. Er wollte ein deutscher Held werden wie Wladimir, der in einen russischen Schützengraben vorgedrungen war und dort neben einem Stahlhelm auch ein Maschinengewehr und einen Sack mit Munition erbeutet hatte. Dafür bekam er eine Auszeichnung, das EK II. Wladimir war Pionier, und wenn er auf Urlaub nach Hause kam, dann gab es immer Spaß, denn Wladimir hatte meist Pulver und Zündschnur bei sich, und damit vollführte er die tollsten Sprengversuche. „Deckung!" schrie er seinen Geschwistern zu, dann warfen sie sich in den Schnee, es krachte und Erdbrocken flogen herum.

Es war fast immer derselbe Traum, der Heinz aus dem Schlaf riss. Er musste auf die „kleine Seite", war hinter einen Strauch oder Baum getreten und wollte es dort „rinnen lassen". Aber so sehr er sich auch anstrengte, es ging nicht. Wenn er an dieser Stelle des Traumes rechtzeitig erwachte, dann erreichte er noch den Nachttopf, aber es konnte auch passieren, dass er ins Bett machte. Das war dann peinlich, wirklich unangenehm, denn sein Vater lag ja neben ihm. Sie teilten sich in Pichlern das Bett, und wenn ihm ein „Malheur" passierte, dann war auch meistens dessen Bettzeug betroffen und Heinz wurde gescholten.

Dieses Leiden war im Krieg gewachsen, besonders aber, seit seine Eltern die Wohnung in Steyr verlassen hatten und nach Pichlern gezogen waren. Hier war er nicht zu Hause, hier roch es anders, und zwar vom Pferdestall gut, aber vom Schweinestall schlecht, die Laute und Geräusche waren ebenfalls anders, er hörte nicht mehr das Pfeifen und das Dampfen der Lokomotiven vom Bahnhof unterhalb der Ennsleite, sondern das Brüllen der Kühe, das Scharren der Pferde und das Grunzen der Schweine. Das ganze Bauernhaus war ihm manchmal unheimlich, die vielen modrigen Räume mit den Mauerlöchern, durch welche die Ratten wanderten und sich quietschend in der Dunkelheit auflösten. Es gab viele Dinge, vor denen er sich fürchtete. Und der lange Schulweg gefiel ihm auch nicht.

Als Heinz diesmal erwachte, war es noch nicht zu spät, sein Pyjama war trocken und das Leintuch auch. Das Zimmer lag stockfinster vor ihm, denn die Verdunkelung war bei allen drei Fenstern herunter gezogen. Neben sich hörte er das leise Schnarchen seines Vaters, die regelmäßigen Atemzüge seiner Mutter, und auch sonst verrieten ihm verschiedenste Geräusche, dass alle seine Geschwister in tiefem Schlaf lagen. Er kroch zum Fußende des Bettes und suchte den Nachttopf, aber bereits der erste Griff danach verriet ihm, dass dieser schon angefüllt war. Es nützte nichts, er musste aus dem Wohnzimmer, über die Stiege hinunter gehen, aus dem Bauernhof treten, und erst beim Misthaufen konnte er dann seine Notdurft verrichten. Bevor er aber losmarschierte, kroch er noch einmal zurück in sein Bett und holte sich seinen Panzer, der ihn bei jedem Gang begleitete, den er krampfhaft an sich drückte und von dem er überzeugt war, dass er ihn auf allen seinen Wegen beschützen würde. Er schlüpfte in die Hausschuhe und tastete sich nach vor, zunächst bis zum Fenster, wo er das Rollo hoch zog. Jetzt fiel etwas Licht von draußen in das Wohnzimmer, was ihm die Orientierung leichter machte. Aber dann trat er in die Dunkelheit der Kornkammer, in einen Raum mit Konturen, die er mehr erahnen als wahrnehmen konnte. Es roch nach einem Gemisch aus Getreide, Heu und Selchfleisch. Sein Herz klopfte heftig, er begann zu frieren. Auf der Stiege war er so leise, dass er selbst erschrak, als er an einen eisernen Seilring stieß und dieser klirrend an die Wand schlug. Er tastete sich vorsichtig weiter. Die letzte Stufe endete in einem großen Vorzimmer, von dem aus man den Bauernhof zur Straße verlassen konnte und von wo aus es nach hinten in den Hof und zum Misthaufen ging. In diesem Vorraum gab es einen quadratischen Holztisch mit einer Wandbank und einigen massiven Stühlen rundherum.

Noch bevor Heinz die letzte Stufe verlassen hatte, wusste er bereits, dass er nicht allein in diesem Raum war, er hörte ein solches Ächzen und Stöhnen, dass ihn sofort der Mut verließ und er vor Schreck auf die Knie sank. Als es aber einige Minuten still blieb und ihm nichts geschah, kroch er weiter bis zur Hoftür, aber da kamen sie wieder, diese unnatürlichen Geräusche, dieses Geschiebe und Geknurre, dieses Pfauchen und Reiben. Heinz hatte sich hingesetzt, die Blase schmerzte ihn heftig, aber noch viel größer als dieser Schmerz war die Angst vor einem Ungetüm, das er knapp vor sich in der Ecke des Holztisches vermutete. Am liebsten hätte er geschrien, aber sein Hals war wie eingerostet, nichts, nicht einen einzigen Laut brachte er hervor. Jetzt, in seiner allergrößten Not und Hilflosigkeit, konnte ihn nur mehr sein Panzer retten. Er trug ihn immer aufgezogen bei sich, musste nur einen kleinen Hebel drücken und dann rollte sein größter Freund und Helfer bereits feuerspeiend davon. Heinz zitterte so stark, dass er den Hebel nicht sofort fand, aber gleich, als er ihn löste, schoss sein Panzer auch schon davon in Richtung auf das in der Dunkelheit verborgene Ungeheuer.

Zisch, zisch, zisch! Die Funken spritzten, und in diesem spärlichen Licht der Panzerkanone konnte er es ausmachen, zwar undeutlich, aber trotzdem erkennbar. Vor ihm stand ein halbnackter Riese, und auf dem Tisch lag ein schrecklicher Drache mit gespreizten Beinen und roten Pantoffeln, wie die Russin Jaschka sie trug, alles sehr schrecklich und so Furcht einflößend, dass Heinz zu keiner Bewegung fähig war. Er zitterte am ganzen Leib und brachte kein Wort hervor. Plötzlich schloss sich eine Hand um seinen Hals und hob ihn hoch. Sofort begann er sich mit Händen und Füßen zu wehren, die Pyjamahose war ihm vom Bauch gerutscht, und im selben Moment begann sich seine Blase zu entleeren.

„Der Lausbub mich angebrunzt!" hörte er eine tiefe Stimme. Eine Taschenlampe wurde eingeschaltet und blendete die Augen von Heinz, er spürte, dass er frei gegeben, am Gewand aber doch noch gehalten wurde. Dann sah er das Gesicht des Großen Jan, dahinter das der Russin Jaschka. Beide waren so furchtbar anzuschauen, dass er kaum glauben konnte, dass er menschliche Wesen vor sich hatte. Die Schatten an der Wand sprangen hin und her und zeigten geisterhafte Umrisse.

„Jetzt wird er mich fressen", dachte Heinz, denn das Gesicht vor ihm sperrte das Maul auf und rollte mit den Augen.

„Wenn du sagen nur einen Satz von dem da, ich dir schneiden Gurgel durch!"

Nach diesen Worten verlosch die Taschenlampe. Heinz zog hastig seine Hose hinauf, griff nach seinem Panzer, der jetzt wie verrückt im Kreis herum fuhr, nahm ihn, rannte wie von Sinnen in das Wohnzimmer zurück, kroch keuchend ins Bett und drückte sich an seinen Papa, der wie ein großer, warmer Bär neben ihm lag. Wie war er jetzt froh, dass es diesen starken Vater gab. Er liebte seinen Geruch, das Atmen seines Körpers und das Gefühl der Sicherheit neben ihm. Sein Vater war aufgewacht.

„Was hast du denn?"

„Ich habe so schrecklich geträumt, von einem Riesen und einem Drachen!"

„Das sind Märchengeschichten, Heinz, mach jetzt die Augen zu und schlaf weiter. Ich bin ja bei dir!"

„Der Riese hatte ein grünes und ein rotes Auge, aus seinem Rachen tanzten blaue Flammen!" Heinz flüsterte es, so leise er konnte und ganz schnell.

Sein Vater verstand nicht, was er sagte. Er machte nur „Pscht!" und drehte sich auf die andere Seite. Für kurze Zeit spürte Heinz noch sein Herz hämmern, dann aber beruhigte er sich, und ehe er noch zehn Atemzüge tat, wanderte er in einen anderen Traum hinein, von dem er in der Früh zwar nicht wusste, wovon er gehandelt hatte, der aber schön gewesen sein musste, denn er war beim Aufstehen gut aufgelegt und froh, als er seine Mutter und seine Geschwister wiedersah.

Wie jeden Tag bekam er zum Frühstück ein Häferl voll Malzkaffee und dazu ein Stück Brot, das etwas hart war, das er aber einbrockte, so dass er es leicht schlucken konnte. Sein Vater war schon aus dem Haus, und auch Othmar und Elisabeth richteten sich für die Abfahrt nach Steyr.

Schon beim Frühstück war sein erster Gedanke der Große Jan, dieser lange Pole, der ihm in der Nacht sein wahres Gesicht gezeigt hatte, das Gesicht eines Riesen, der sich nicht davor scheute, kleine Buben in der Finsternis zu erschrecken und auffressen zu wollen. Schon aus der Heldensage wusste er von Riesen, von allen möglichen Arten von Drachen, deren Blut unverwundbar machte, wie bei Siegfried, der aber vergessen hatte, das Lindenblatt auf seinem Rücken abzuwaschen. Drachen und Riesen gehörten unbedingt zusammen, und vor beiden fürchtete sich Heinz. Da er nun wusste, dass sich der Große Jan in einen kinderfressenden Riesen verwandeln konnte, aber untertags wieder zu einem normalen Menschen wurde, zu einem Stallknecht, der um diese Zeit bei den Pferden arbeitete, wollte er vor ihm auf der Hut sein. Deshalb schlich Heinz, als er zum Hofklosett musste, auf Zehenspitzen bei den Rössern vorbei, und für den Rückweg wählte er die andere Seite des Hofes. Aber gerade da trat ihm der Große Jan entgegen und drohte ihm mit der Faust.

„Du mich angebrunzt, Lausbub, wehe, wenn noch einmal!"

Heinz schlüpfte gewandt unter seinen Armen durch und verschwand im Haus. Bisher hatte er den Großen Jan gemocht, bis heute, nun aber nicht mehr, lieber hatte er schon immer den Kleinen Jan gehabt, der wirklich klein, aber dafür gemütlich und freundlich war.

Im Vorzimmer, dort, wo es in die Ställe ging, hatten die Knechte und Mägde auf einem Holzbrett ihre Hausschuhe stehen. Wenn sie mit den schmutzigen Holzpantoffeln kamen und in die Bauernstube mussten, dann wechselten sie diese und brachten dadurch keinen Stallmist in die Wohnräume. Heinz wollte dem Großen Jan und der Russin einige Reißnägel in die Hausschuhe streuen. Er holte welche aus seinem Versteck hinter der Mehltruhe, wusste dann aber nicht genau, welche von den Pantoffeln ihnen gehörten und gab deshalb vorsichtshalber Reißnägel in alle hinein. Da ihm einige übrig blieben, ging er zum Kücheneingang, wo auch der Bauer seine Wechselschuhe stehen hatte und streute in sie den Rest, also alles, was er noch in seiner Hand hatte.

„Was machst denn da, Lausbub?"

Ein Donnerschlag in nächster Nähe hätte ihn nicht mehr erschrecken können.

Der Schraberger war leise herangekommen und stand neugierig hinter ihm. Stotternd versuchte Heinz, sich zu entschuldigen.

„Ich tu's gleich wieder weg!"

„Ja, das mach schleunigst! Aha, spitze Reißnägel in meine Schuhe, sieh mal an! Was hab' ich denn getan, dass du so bös' auf mich bist?"

Heinz gab keine Antwort. Er hatte schnell die Pantoffeln ausgeleert und tastete mit den Fingern hinein, damit er ja keinen Reißnagel übersah. Als er sich anschickte, dasselbe bei den anderen Hausschuhen zu tun, hielt ihn der Bauer zurück.

„Wart' einmal, Spitzbub! Was glaubst du, sollen wir den Großen Jan ein wenig ärgern? Machen wir uns diesen Spaß? Also, lass die Reißnägel! Wenn du von der Schule heimkommst, werd ich's dir erzählen."

Heinz fand es sehr anständig, dass er keine Ohrfeige bekam und freute sich, dass der Bauer Verständnis für seinen Lausbubenstreich hatte und dabei übers ganze Gesicht schmunzelte.

„Musst dich aber vor dem Großen Jan in Acht nehmen, der ist jähzornig, aber ein paar Reißnägel können ihm nicht schaden!"

„Ich werd' aufpassen, Bauer, aber jetzt muss ich in die Schul', pfiat di!"

„Flink sind s', die Kinder, und ungestüm", dachte der Bauer, als er sah, wie Heinz zur Haustür lief, sie öffnete und hinter sich zuschlug.

Es war Mitte März geworden, die Kälte war nicht mehr so grimmig wie in den Februartagen, und manchmal verirrte sich ein laues Lüftchen nach Pichlern, das schon sehr an den Frühling und an die warme Jahreszeit erinnerte. In den Wäldern blühten an den sonnigen Abhängen zum Steyrfluss vereinzelt erste Schneerosen zusammen mit dem roten Seidelbast. Die Würstchen der Haselnusssträucher flatterten im Wind, die Stämme der hohen Buchen und Fichten stöhnten unter dem Andrang des Saftes, den ihre Wurzeln in die Höhe und bis in die kleinsten Zweige hinein pumpten. Der Schnee begann wegzurinnen, und dadurch war für die Kinder aus Pichlern auch der Gang über die Felder nicht mehr möglich. Jeden Morgen riefen sie sich zusammen, ihre Zahl war jetzt auf siebzehn angewachsen und gemeinsam wanderten sie lärmend und gut aufgelegt zur Schule. Die Schar teilte sich bald auf, vorne gingen die Älteren, die auch schneller waren, und hinten die langsamen Volksschüler. Heinz wollte zwar immer vorne mit dabei sein, befand sich aber meist in der Mitte bei seinem Freund Maxi Nöbauer, der schon vor einem Jahr mit seiner Mutter ebenfalls aus Steyr gekommen war, aber keine Geschwister hatte. Sein Vater befand sich im Krieg, an vorderster Front, wie ihm Maxi erzählte. Er hatte ihn schon lange nicht mehr gesehen, er war auch noch nie nach Pichlern auf Besuch gekommen.

„Weißt du eigentlich, was Russland ist?" fragte Maxi, nachdem ihm Heinz während des Gehens von seinem nächtlichen Abenteuer und von der Russin Jaschka erzählt hatte, von der er mit den heiligsten Eiden beschwören konnte, dass sie sich in der vergangenen Nacht in einen Drachen verwandelt hatte.

„Russland, das ist ein riesiges Land voller Eis und Schnee mit Wölfen, Eisbären und Drachen, die ganze Dörfer verschlingen. Unsere deutschen Soldaten kämpfen dort, besonders gegen die Wölfe und Drachen. Du musst wissen, mein Papa war auch schon im Krieg in Russland, aber im Krieg vor diesem Krieg, da hat er sogar in der Hauptstadt Sibirien gekämpft. Dann ist er Lehrer geworden und seither ist er nur mehr in der Schule. Wenn du in Russland ein Bauer bist, dann hast du einen Acker, der ist so lang, dass du ganz in der Früh, bevor noch die Sonne aufgeht, dein Ross vor den Pflug spannen musst, und dann ackerst du den ganzen Tag nur eine einzige Furche, und am nächsten Tag ackerst du zurück, wieder nur eine Furche, und so geht das einen Monat dahin."

„Das sind dann wohl ganz kleine und müde Pferde?"

„Nein, keine Spur, da kannst du meinen Papa fragen! Die Rösser sind gleich doppelt so groß wie die vom Bauern Schraberger, unheimlich stark und schnell wie die Windhunde, die es auch nur in Russland gibt!"

Den Vater von Heinz wollte Maxi auf keinen Fall fragen, er hatte Angst vor der Schule und vor den Lehrern. In der Volksschule hatte ihn Direktor Sailer zweimal über eine Bank gelegt und ihm dann mit einem Haselnußstecken den Hintern versohlt, nur weil er geschwätzt hatte.

„Nie mehr wieder habe ich solche Schmerzen gehabt. Wenn du dich mit einem Messer schneidest, das tut nicht einmal halb so weh!

Ich sage dir nur eins, wenn der Krieg aus ist, werd' ich nie mehr wieder in die Schule gehen, aber das sage ich nur dir, weil du mein bester Freund bist! Meine Mutter will nämlich, dass ich Forstingenieur werde wie mein Vater. Da muss man aber auf die Universität!"

„Ich will auch nicht mehr in die Schule gehen, um keinen Preis, am liebsten möchte ich schon jetzt damit aufhören!"

„Ich auch, aber das bleibt unser alleinigstes Geheimnis, versprochen?"

Sie blieben kurz stehen und gaben sich die Hand.

„Versprochen!"

Ein weiteres „alleinigstes" Geheimnis für die beiden war, dass sie in die Schraberger Magda verliebt waren. Heimlich hatte ihr Maxi mit der Schere eine Haarsträhne vom Zopf geschnitten, und am Nachmittag bastelten sie mit einem roten, glänzenden Papier dafür winzige Briefchen, die sie sich mit gekreuzten Leukoplaststreifen auf die Brust klebten.

Die Idee mit den Haaren stammte von Maxi. Und ihr Verliebtsein sollte, wie bereits gesagt, ihr „alleinigstes" Geheimnis bleiben. Blieb es aber leider nur bis zum zweiten Tag, an dem sie in der Schule Leibeserziehung hatten, ausgerechnet bei Fachlehrer Dirisamer, den Heinz dort nicht Papa, sondern Herr Fachlehrer nennen musste. Es gab ein schallendes Gelächter, als sie sich zum Völkerballspiel bis auf die Clothhose auszogen und man auf ihrer nackten Brust das Leukoplastkreuz entdeckte. Beide mussten aus der Reihe treten. Unsicher und mit schlechtem Gewissen stellten sie sich vor den Lehrer.

„Und was bedeutet das Pflaster auf eurer Brust?"

„Es ist ein Briefchen mit einem Geheimnis darin!" gestand Maxi nach einigem Zögern. Sonst sagte er nichts. Franz Dirisamer wartete nur kurz, dann fragte er Heinz:

„Und weiter?"

Karl Überwimmer, der mit ihnen zur Schule ging, zeigte auf.

„Was gibt's, Überwimmer?"

„Sie tragen Haare darunter, weil sie verliebt sind!"

Jetzt bestand die größte Gefahr, dass alles aufflog und dass die ganze Klasse erfuhr, dass sie in die Schwester der Schraberger Sophie, in die Magda, verliebt waren und sie heiraten wollten. Heinz bekam einen hochroten Kopf, rang nach Worten und stotterte. Immer wieder setzte er zum Sprechen an.

„Stottere nicht lange, sondern erzähl uns die Wahrheit!" sagte der Vater.

Heinz drückte herum. Endlich kam ihm eine Idee, ein rettender Einfall.

„Es sind Haare von meinem Bruder Wladimir darin, denn der ist ein deutscher Held, ein Anführer der Pioniere in ganz Russland und der tapferste Soldat, den es überhaupt gibt. Wir tragen diese Haare als Talisman, denn wir wollen auch so tapfer und so ein Soldat werden wie er. Die Haare sind ein Zeichen, dass wir zusammengehören, ich, der Maxi und mein Bruder. Und sie geben uns Kraft!"

Für einen Augenblick waren alle von seinen Worten überrascht. Auch Fachlehrer Dirisamer starrte verblüfft auf seinen Sohn, dann blickte er belustigt auf Maxi Nöbauer und schließlich rang er sich ein Schmunzeln ab.

„Ja, wenn das so ist, habe ich nichts dagegen!" Er ging theatralisch auf die beiden zu, gab ihnen die Hand und sagte in feierlichem Ton: „Ein jeder kann sich ein Beispiel nehmen, die Haarlocke eines Soldaten muss man achten, wir ehren unsere Helden, wo wir können, und sind stolz, dass es deutsche Soldaten gibt. Aber wir wollen damit nicht prahlen, es soll für jeden ein persönliches Geheimnis sein."

Es geschah bereits nach dieser verhängnisvollen Turnstunde, da drängten sich die Mitschüler herbei und wollten die Haarlocke des Bruders anschauen. Heinz und Maxi waren sich einig, dass sie das nicht zulassen durften, denn beim ersten Blick darauf musste jeder erkennen, dass die seidigen Haare nicht von einem Mann, sondern nur von einem Mädchen sein konnten.

Also blieben die Briefchen verschlossen, doch die Mitschüler bettelten und Heinz prahlte.

„Was glaubt ihr, seit ich die Locken trage, bin ich um fünf Zentimeter größer geworden, und Maxi hat bereits Muskeln wie ein Erwachsener!"

Heinz wartete die Wirkung seiner Worte ab. Da sich kein Zweifler rührte, schwadronierte er weiter darauf los.

„Und meine Zeugnisnoten sind viel besser geworden, jetzt habe ich nur mehr eine Fünf. Und alles wegen der Haare! Ich schätze, wenn ich die Locken noch ein Jahr auf meiner Brust habe, werde ich Klassenbester!"

Das wollte ihm nun niemand glauben. Trotzdem verlangte einer von den Mitschülern: „Lass mich einmal die Hand auf die Locken legen! Vielleicht werde ich größer und stärker!"

„Und was bekomme ich dafür?"

„Du kannst von meinem Jausenbrot abbeißen!"

Heinz ließ sich das nicht zweimal sagen. Es war ein vollkommener Triumph, den er da errungen hatte. Vorher ausgelacht und jetzt bewundert! In seiner Euphorie fragte er: „Maxi, wollen wir ihnen das größte Geheimnis dieser Haare anvertrauen?"

Maxi sah ihn dumm an. „Willst du wirklich alles ausplaudern?" Und er fürchtete, Heinz würde nun gestehen, dass die Locken von Magda waren.

„Ich glaube, wir müssen es!" meinte Heinz. Er zog die Augenbrauen hoch und sagte geheimnisvoll:

„Ihr könnt es alle wissen, ich habe meine schöne Stimme nur deshalb, weil ich die Locken schon ein halbes Jahr mit mir trage. Zuerst im Hosensack und jetzt auf der Brust!"

Nichts hätte bei den Buben mehr Erstaunen auslösen können als diese Worte und nichts die allgemeine Wirkung besser verständlich gemacht als die nächste Frage.

„Glaubst du, dass ich mit der Locke auch so eine schöne Stimme bekomme wie du?"

„Ich kann nichts versprechen, aber eigentlich bin ich mir ganz sicher. Wer die Hand einmal auf die Locken legt, der spürt augenblicklich, dass er ein berühmter Sänger werden kann!"

„Aber Maxi singt nicht so schön wie du!"

„Natürlich nicht, der trägt das Pflaster erst ganz kurz. Seine Stimme muss noch wachsen. Aber ich erinnere mich, wie ich in die Klasse gekommen bin, da konnte er nicht einmal ordentlich sprechen. Und jetzt! Maxi sing' einmal etwas!"

Maxi bemühte sich, und es gelang ihm ganz gut.

„Hört ihr das, und pfeifen kann er auch schon!"

Nach dieser Demonstration hatte Heinz sofort vier Interessierte fürs Handauflegen und Maxi ebenso viele. Gegen ein kleines Entgelt erlaubten sie es, auch die Zeit wurde ausgemacht, eine Minute auf der Klassenuhr.

Unter einem kleinen Entgelt verstand Heinz meist das Abbeißen von einem Jausenbrot oder Apfel, und wenn einer länger als eine Minute seine Finger auf das Kuvertchen legte, dann konnte es schon vorkommen, dass er diesem das ganze Brot wegfraß. Heinz bekam deswegen kein schlechtes Gewissen, denn meist waren davon die Bauernbuben betroffen, die in der Früh ohnehin mit zwei oder mehr Wurstbroten zum Unterricht kamen.

Der hartnäckigste von allen Handauflegern war der Verräter Karl Überwimmer, der sie zuerst nur verspottet hatte, der dann aber in seiner Überzeugung schwankend wurde und jetzt von Heinz unbedingt das Briefchen mit den Locken haben wollte.

Seine Begierde wurde so groß, dass er ihm die verschiedensten wertvollen Dinge, schließlich sogar sein Taschenmesser zum Tausch anbot, einen Feitl mit zwei Klingen und einem Korkenzieher.

Eine halbe Woche blieb Heinz standhaft, als er sich dann aber endlich für den Handel bereit zeigte, war ihm einer zuvor gekommen, nämlich Maxi Nöbauer.

Das war der Tag, an dem ihre Freundschaft zu zerbrechen drohte. Nach Schulschluss waren sie immer unzertrennlich gewesen, jetzt aber rannte ihm Heinz davon und ließ sich auch nicht mehr einholen. Dasselbe geschah am nächsten Tag, er würdigte ihn keines Blickes und gab ihm auch nicht die Hand.

Und auf dem Heimweg wieder dasselbe, er vorne und Maxi hinten oder Maxi vorne und er hinten.

Das dauerte bis zu jenem Tag, als am Abend die Tür der Wohnung aufging und Wladimir in seiner Uniform vor ihnen stand. Neben ihm erschien ein schlanker Oberleutnant, der vergnügt lächelnd die Szene beobachtete, die sich ihm darbot, als Resi und alle Geschwister den Bruder jubelnd umarmten.

Hans Krieger hieß der sportliche Begleiter, er war der Vorgesetzte von Wladimir und war mit ihm auf einen Kurzurlaub in die Heimat gekommen. Vor dem Distelgut stand sein schwarzes Personenauto aus Frankfurt, denn Oberleutnant Krieger war der wohlhabende Sohn eines bekannten deutschen Richters. Die anfängliche Scheu, die alle vor dem hohen Offizier hatten, verschwand sofort, als sich dieser als charmanter Mensch und ungezwungener Plauderer entpuppte.

Nach der kurzen Begrüßung fuhren die beiden Soldaten gleich weiter zu einer Wintertour ins Gebirge. Als sie wiederkamen, horchten alle erstaunt auf, denn die beiden duzten sich. Das gab es in diesem Krieg äußerst selten. Wohl sagte ein Offizier zu einem Einjährigen „du", aber keiner von diesen getraute sich, das zu einem Offizier zu sagen.

Oberleutnant Hans Krieger löste das Rätsel. Er war mit Wladimir auf den Großen Priel gestiegen, auf dem Schneefeld ausgerutscht, gestürzt und mit dem Kopf voran auf einen kantigen Felsbrocken zugesaust. Im letzten Augenblick hatte ihn Wladimir in einer tollkühnen Aktion am Fuß erwischt, festgehalten und gerettet. Durch ein Ausrutschen waren schon einige Bergkameraden tödlich verunglückt, denn die Geschwindigkeit, mit der man das Schneefeld hinunter schoss, war enorm, und ein harter Anprall an einem Felsen hatte schon manches Genick gebrochen.

Die beiden hatten über den Vorfall nur gelacht und in der Schutzhütte Bruderschaft getrunken. Müde waren sie vom Gebirge nach Pichlern zurückgekommen und noch über Nacht geblieben. Als die Familie vor dem Zubettgehen in einer gemütlichen Runde beisammen saß, ließ es sich Oberleutnant

Krieger nicht nehmen: „Es wäre mir eine Ehre", sprach er in einem zackigen Deutsch, „wenn ich mit den Eltern meines Dufreundes Wladimir ebenfalls auf Bruderschaft anstoßen dürfte!"

Franz Dirisamer blickte ihn erstaunt an.

„Wladimir, sei so lieb und hol aus meinem Auto, was ich im Kofferraum hingelegt habe!"

Es waren zwei Flaschen Rotwein, die Wladimir in die Wohnung brachte. Franz Dirisamer war strenger Antialkoholiker, aber die Ehre, die ihm der junge Offizier antun wollte, konnte er nicht zurückweisen. Deshalb ließ er sich ein volles Glas reichen und stieß mit Oberleutnant Krieger mit überkreuzten Armen an. Dasselbe tat Resi. Und der Rest der Familie stand um den Tisch, wo sich alles abspielte und staunte über den Vater, dem das Zeug zu schmecken schien und der sich in der fröhlichen Runde sogar nachschenken ließ. Als Abschluss der Zeremonie brachte Resi aus ihren Vorräten einen selbstgemachten Nusslikör, an dem sich aber nur mehr die beiden Soldaten beteiligten, denn Franz Dirisamer, dem jede Art von Alkohol völlig fremd war, hatte einen leichten Zungenschlag bekommen und war hinter den Kästen im Ehebett verschwunden.

Schließlich wurde es Zeit, dass alle zu Bett gingen. Resi legte zwei Strohmatratzen auf und ordnete es so an, dass jeder eine Schlafstelle bekam. Dieses Mal schlief Robert beim Vater und Heinz fand seinen Platz zwischen den beiden Soldaten, die, vom Alkohol betäubt und körperlich erschöpft, neben ihm niedersanken. Als es rundum still wurde, lag Heinz noch immer mit offenen Augen da, begehrliche Gedanken ließen ihn nicht einschlafen. Er holte sich heimlich seine jüngst erworbene Taschenlampe, an der man ein grünes und ein rotes Licht einstellen konnte. Dann nahm er seine Bastelschere und kroch ins Bett zurück.

Wladimir hatte ihm das Gesicht zugedreht, als er ihn mit Rotlicht anleuchtete, reagierte er nicht mehr, und so konnte sich Heinz an sein Vorhaben wagen. Zögernd und äußerst vorsichtig schnitt er ab, was er am leichtesten erreichen konnte, es war der Haarschopf direkt über der Stirn von Wladimir. Beim Oberleutnant war es schon schwieriger, denn dieser drehte ihm den Rücken zu. Er musste ihn mehrmals anstoßen, bis dieser endlich reagierte und seine Position verlagerte. Und jetzt schlug Heinz ein zweites Mal zu.

Noch einmal schlich er aus dem Bett und legte seine Beute ins Versteck hinter der Mehltruhe.

Der nächste Tag dämmerte herauf und alle mussten aus den Betten. Niemand war so richtig ausgeschlafen, und so dauerte es, bis Nadja als erste den Defekt in Wladimirs Lockenpracht entdeckte.

„Du hast vorne keine Haare mehr!" sagte sie verstört.

Wladimir nahm den Handspiegel, den sie ihm reichte. Dann musterte er seine Brüder.

„Wer von euch Schurken hat das getan?"

„Der Herr Oberleutnant ist auch beschädigt!" kicherte Lisl.

Es war peinlich. Alle blickten entsetzt auf die beiden Soldaten, die in ihrer Wehrmachtswürde so schwer beleidigt worden waren. Wer hatte es gewagt und getan, wer war so frech gewesen?

Es wäre niemandem in den Sinn gekommen, in Heinz den Übeltäter zu sehen, wenn sich nicht Franz Dirisamer an den Vorfall in der Turnstunde erinnert hätte.

„Heinz, zeig uns einmal deine Brust!"

Langsam und verlegen öffnete dieser sein Hemd. Jetzt war alles verloren, sein Vater hatte ihn durchschaut.

„Er trägt nämlich die Haare von Wladimir auf seiner Brust. Denn er will so ein berühmter Held wie sein Bruder werden!" erklärte Franz Dirisamer, dem als erstem das Spaßhafte an dieser Übeltat von Heinz bewusst wurde.

Heinz begann zu schluchzen. „Aber es sind ja nur die Haare von Magda Schraberger, und ich wollte doch so gerne die Haare von zwei wirklichen deutschen Helden für meinen Talisman haben!"

Er weinte so heftig und reumütig, dass niemand in der Runde ungerührt blieb, auch nicht die beiden Soldaten, die bereits seit dem Aufstehen mit einer Art von Wehmut und Abschiedsstimmung zu kämpfen hatten. Sie blickten sich an.

„Wollen wir ihm verzeihen?"

Nadja, die ihren Brüdern schon öfter die Haare geschnitten hatte, meldete sich.

„Ich glaube, ich bringe das mit euren Haaren wieder so halbwegs hin! Man wird nicht viel merken!"

Wladimir wandte sich an den noch immer schluchzenden Heinz.

„Und du wirst die Haare vom Oberleutnant und von mir über deinem Herzen tragen?"

„Ja! Und der Maxi Nöbauer auch. Deshalb habe ich's ja getan!"

„Dann vergebe ich dir!"

Jubelnd flog ihm Heinz an den Hals. „Danke!"

Wladimir zog ihn hoch, blickte in die lieben, braunen Augen und das erhitzte Gesicht seines kleinen Bruders, küsste ihn auf die Wange und warf ihn dann über das Bett hinüber zu Oberleutnant Krieger, der ihn auffing und ebenfalls umarmte.

An diesem Tag konnte Heinz mit den erbeuteten Haaren in die Schule ziehen. In der Mittagspause näherte sich ihm Maxi Nöbauer.

„Sind wir wieder gut?" fragte er versöhnlich.

Heinz nickte. Und gleich erzählte er ihm die allergrößte Sensation, nämlich dass er seinen Bruder Wladimir und einen Oberleutnant skalpiert hatte.

„Du musst dir das einmal vorstellen! Die beiden laufen jetzt ohne Haare herum. Und ich habe echte Locken von meinem Bruder und von einem Oberleutnant, der noch ein größerer Kriegsheld ist. Der hat sogar das EK I und das Verwundetenabzeichen in Silber!"

Und dann erzählte er Maxi auch von der Lebensrettung auf dem Großen Priel und schilderte ihm dieses Abenteuer in so verschiedenen Variationen, dass Maxi zum Schluss nicht mehr wusste, ob der Oberleutnant auf dem Schneefeld ausgerutscht, in eine Gletscherspalte gefallen oder vom Prielgipfel gestürzt war. Das klärte sich später nie auf, weil es eigentlich nebensächlich war.

„Wichtig ist", sagte Heinz, „dass mein Bruder Wladimir zum heldenhaften Lebensretter geworden ist und dass ich jetzt auch seine echten Haare und nicht nur von ihm, sondern auch vom Oberleutnant besitze!"

Maxi wollte natürlich diese Haare ebenfalls besitzen. Die beiden feilschten einige Zeit miteinander, dann aber wechselte das Messer mit den Doppelklingen und dem Korkenzieher den Besitzer.

„Du musst mir aber versprechen, dass du es mir manchmal leihst!" forderte Maxi. Darauf gab er ihm den Feitel und Heinz reichte ihm die Haarlocke.

Schon am Nachmittag machten sie neue Briefchen. Und in der nächsten Turnstunde ließen sie sich ausgiebig bewundern. Jeder hatte jetzt zwei Leukoplastkreuze auf der Brust, das mit den Locken von Wladimir links über dem Herzen und jenes mit den Haaren vom Oberleutnant auf der anderen Seite. Das Briefchen mit den Haaren von Schraberger Magda warf Maxi Nöbauer in den Hühnerstall, wo es eine Henne aufpickte, Heinz aber zog es vorsichtig von seiner Haut und legte es in sein Versteck bei der Mehltruhe.

VI.

Nach einigen Tagen Regen pendelte sich die Jahreszeit ein, und es begann, Frühling zu werden. Vom Dach tropfte es unentwegt, die Vögel wurden laut und eifrig, und in den Wiesen bildeten sich Rinnen, in denen das Tauwasser floss und schließlich die Hänge hinab rann. Bei den größeren dieser Rinnen hielten sich die Buben gerne auf. Sie hatten sich kleine Schiffchen aus Föhrenrinde geschnitzt, und diese Schiffchen ließen sie schwimmen. Nach solchen Spielen waren ihre Hosen und Schuhe vom Spritzen und Plantschen bis auf die Unterhosen und Socken total eingeweicht. Aber alle Buben waren zufrieden. Robert und Heinz trabten heim, sie hängten das nasse Zeug zum Ofen und stellten die Schuhe auf. Für heute hatten sie sich ausgetobt.

Während der kalten Zeit waren die Kinder nicht viel aus der Wohnung gekommen, sie hatten seit der Evakuierung die Umgebung kaum kennen gelernt, in den angrenzenden Bauernhöfen fast nichts erkundet und ihre Neugier nicht befriedigen können. Jetzt aber liefen sie überall herum, sie wurden mit den Räumlichkeiten der Nachbarhäuser, mit den zugezogenen Menschen, den Bauern, dem Hofgesinde, den Tieren und besonders mit den Katzen und Hunden vertraut.

Schließlich fanden sich alle gleichgesinnten Buben zusammen, und weil Robert sie alle ein wenig an Größe überragte und mächtige Sprüche von sich gab, unter anderem den, dass er bereits Zigarren und Pfeife geraucht hatte und jetzt sogar jeden Tag drei Lianen verpuffe, dauerte es nicht lange, bis er eine Bande gründete und sich sofort zum Häuptling derselben machte.

Heinz durfte zuerst nicht mittun, den Robert hasste es, wenn der kleine Bruder überall dabei sein wollte und er ihn wie eine Amme beaufsichtigen und mitschleppen musste. Zusammenkünfte und Treffen machte er sich deshalb grundsätzlich nur im Geheimen aus.

Sein bevorzugtes Terrain war der Bauernhof Lehner, ebenfalls ein Vierkanter, der vom Distelgut keine zweihundert Meter entfernt stand. Heinz verpasste durch die Geheimnistuerei seines um zwei Jahre älteren Bruders nicht nur den Anschluss an andere Kinder, sondern auch viele Abenteuer, die sich aus dem Herumschleichen, Ausspionieren und Erkunden der Umgebung ergaben. Dass er schließlich doch aufgenommen wurde, verdankte er seiner Sturheit, denn er folgte Robert überall hinterher und ließ sich nicht so leicht abschütteln. Und als er endlich geduldet wurde, nahm er auch seine Freunde Maxi Nöbauer und Bertl Steinmaßl mit.

Das Hauptquartier seiner Bande hatte Robert in die Scheune verlegt, wo sich die Buben im meterhohen Heu und Stroh Gänge gruben und sich bei den Ziegelfenstern Höhlen schafften, in denen sie ihre geheimen Zusammenkünfte und Besprechungen abhalten konnten. Durch die Ziegelfenster kam frische Luft herein, sie waren ja nichts anderes als eine mit Mustern und Girlanden durchlöcherte Wand vom Stadlinneren nach außen. Ihr Sinn war wohl der, dass die Hitze des frisch gemachten und gestapelten Heus abdampfen konnte und man daher Selbstentzündungen und Brände verhinderte. Die Höhlen waren gemütliche Nester, in sie wurde die Beute von den verschiedensten Raubzügen zusammen getragen, schön geformte Flussteine, alte Masken von Dachböden, ausgestopfte Vögel aus Rumpelkammern, manchmal aber auch Essbares, Brot, Eier, ab und zu eine geselchte Wurst, wenn die Bäuerin sie zu lange in der Speisekammer liegen ließ, Kletzen und einmal sogar eine Flasche Most, die von Mund zu Mund wanderte und den Buben den ersten, wenn auch harmlosen Rausch bescherte.

Alle diese Beutestücke waren gestohlen, nichts durfte geschenkt sein, das forderten die Gesetze der Räuberbande. Immer häufiger kam es vor, dass die Bauernkinder bei den eigenen Eltern einbrechen gingen und dabei den Häuptling mitnahmen. Und so lernte Robert die Vorratskammern in den Bauernhöfen kennen, er erinnerte sich genau an Einzelheiten und wusste somit immer, wen von seinen Bandenmitgliedern er ansprechen musste, wenn er Hunger hatte oder ihn nach etwas gelüstete.

Die Höhlen hatten immer drei oder vier Ausgänge, man konnte also auch flüchten, wenn von irgendwoher ein Feind drohte, sie waren ähnlich einem Fuchsbau, und diesen Namen bekamen sie auch. Fuchsbau 1 war beim Lehner, der Fuchsbau 2 wurde im Distelgut angelegt, und später kam noch ein Fuchsbau 3 im sogenannten Wettihaus dazu. Die Lehnerbäuerin liebte die vielen Kinder im Hof, sie lachte mit ihnen und freute sich, wenn es lustig und lebhaft zuging, alle waren ihr willkommen, auch, wenn sie im Heu herumsprangen. Dieses wurde zwar nicht besser, da nach und nach die trockenen Halme brachen, wenn sich aber die Knechte darüber ärgerten, zur Bäuerin gingen und auf sie einredeten, sagte sie nur: „Lasst sie doch! Es sind ja auch unsere Kinder dabei, und die sollen ihren Spaß haben. Außerdem bin ich froh, wenn ich weiß, wo sie sich aufhalten und dass sie in der Gemeinschaft mit den anderen gut aufgehoben sind."

Der Bauer Lehner war an der Front, und die Bäuerin war von Natur aus eine gutherzige und gemütliche Frau. Das Lachen der Kinder war für sie ein ständiger Trost, es gab ihr Mut und machte ihr Hoffnung, wenn sie an den Krieg dachte und an ihren Mann, weil sie ja immer damit rechnen musste, dass er nicht mehr heim kam. Durch das Küchenfenster sah sie zu, wenn Roberts Bande im Hof „Räuber und Gendarm" oder „Versteck" spielte, da dachte sie, dass es in ihrer Kindheit auch so gewesen war, vielleicht ein bisschen strenger, aber im Großen und Ganzen hatte sie dasselbe Paradies gehabt.

Ähnlich empfand sie, wenn die Kinder bei der Hausaufgabe in der Wohnstube saßen und sich gegenseitig im Rechnen oder einem anderen Schulstoff prüften. Zusammen lernten sie auch manches Gedicht auswendig, und wer es sich am schnellsten merkte, der durfte es vor den anderen der Bäuerin aufsagen und bekam eine kleine Belohnung. Auch Lieder wurden miteinander gelernt und miteinander gesungen.

Wenn Robert seinen Bruder Heinz in der Bande auch hasste und verachtete, beim Singen vergaß er auf alle Vorbehalte, da war er richtig stolz auf den Kleinen, auf dessen Stimme, die aus einem Lied erst Gesang und aus diesem Gesang Sangeskunst machte. Rundum hörten sie ihm begeistert zu, auch die Bäuerin, die bei solchen Gelegenheiten ihre Arbeit beiseite legte und durch die Küchentür voll Bewunderung auf den kleinen Sänger mit der einmaligen Begabung sah.

Die Kunde von dieser Knabenstimme war auch Rektor Wilke zu Ohren gekommen, und sobald er Zeit hatte, ließ er Heinz Dirisamer zu sich in das Rektorzimmer rufen.

„Sing' mir etwas vor!" befahl er.

Heinz zitterte vor Ehrfurcht und Aufregung.

„Was denn?" fragte er.

„Du brauchst dich nicht zu fürchten! Ich habe gehört, dass du sehr gut singen kannst, und da wollte ich auch etwas von dir vernehmen!"

„Guten Abend, gute Nacht?"

„Nein, nein, sing' mir etwas Vaterländisches vor, oder kannst du etwas Soldatisches?"

Heinz erinnerte sich, wie er am 1. März seinen Vater nach Steyr hatte begleiten dürfen, wo auf dem Stadtplatz die Verabschiedung für die bei den Bombenangriffen ums Leben gekommenen Stadtbewohner gefeiert wurde. So viele mit Hakenkreuzfahnen bedeckte Särge sah er auf dem Podium vor dem Rathaus, Ehrenwachen, eine Ehrenkompanie, eine Musikkapelle und die vielen Menschen, wahrscheinlich über hunderttausend, wie er vermutete. Es war ergreifend schön, und alle riefen dem Herrlichsten aller Helden „Heil Hitler!" zu. Große, viereckige Säulen mit Hoheitszeichen hatte man aufgerichtet, auf ihnen brannten in Metallschalen Feuer. Musik erklang und gesungen wurden „Deutschland, Deutschland über alles!" und das „Horst-Wessel-Lied". Gauleiter Eigruber hatte verkündet, dass er dem Führer die bedingungslose Treue der Heimatfront nach Berlin gemeldet habe.

„Wir werden nicht mürbe", rief er ganz laut über den Stadtplatz. „Unsere Parole in der Zukunft heißt erst recht: Heil Hitler!" Und dann hatten sie alle gesungen: „Ich hatt' einen Kameraden!"

Als er den Kopf hob, dieses Lied anstimmte und dann voll erklingen ließ, ging ein Ruck durch Rektor Wilke, die Melodie schwebte so klar und melodiös im Raum, dass sie wie ein großartiger Eid, wie ein kameradschaftliches Geschenk auf ihn zukam, ihn umfloss und seine Sinne zu einem einzigen Schwur vereinte. So etwas hatte er nicht erwartet, ausgerechnet das Lied vom „guten Kameraden" hatte der Bub für seinen Vortrag gewählt, eine Melodie, die ihn immer ergriff und bei der ihm manchmal sogar Tränen kamen. „Großdeutschland", hauchte er, „wir sind und bleiben deine Helden!"

Er merkte nicht, dass das Lied ein Ende hatte, dass Heinz erstaunt auf ihn sah und von der Ergriffenheit des Rektors betroffen war. In seiner Verlegenheit stand er stramm und rief, so laut er konnte:

„Unsere Parole in der Zukunft heißt erst recht: Heil Hitler!"

Wilke wurde brutal aus seinen sentimentalen Gefühlen gerissen, er erschrak und zuckte zusammen. „Was?"

Heinz war durch dieses schroffe „Was?" sofort gedämpfter Stimmung und erklärte nun wieder leise und zerbrechlich:

„Ich war mit meinem Papa in Steyr, weil wir dort von der gefallenen Erna Söhnle Abschied genommen haben, und da hat uns Gauleiter Eigruber gesagt, dass unsere Parole in der Zukunft erst recht ‚Heil Hitler!' heißt."

„Hat das Gauleiter Eigruber zu dir und deinem Vater persönlich gesagt?"

„Nein, er hat es zu allen gesagt auf dem Stadtplatz, da waren nämlich hunderttausend, wenn nicht gar eine Million Menschen versammelt!"

Wilke vergaß in diesem Augenblick die schöne Stimme des Knaben. Er sah nur mehr das rotwangige, vor Erregung etwas dämlich wirkende Gesicht des Buben vor sich. Erlaubte sich diese Rotznase einen Scherz? Er wollte es wissen und den Bengel ein wenig ausquetschen. Zuerst aber fragte er:

„Kannst du mir noch etwas anderes vorsingen?"

Dieses Mal brauchte Heinz nicht lange zu überlegen. „Es steht ein Soldat am Wolgastrand!"

Kaum war der erste Ton erklungen, da verwandelte sich die Gefühlswelt von Rektor Wilke erneut. Was hatte diese Knabenstimme an sich, dass er wie Schnee in der Sonne zerfloss, dass sein Herz plötzlich überschwappte und die Starre seines Gemütes löste? Er konnte nichts gegen seine Erregung tun, wollte es auch nicht, denn die Wärme dieser Stimme und dieses Liedes tat ihm gut, unendlich gut. Er fühlte seine patriotischen Gefühle erneut aufleuchten, spürte, wie die Kraft, die er zu Beginn der Bewegung empfangen hatte, wie ein neuer Trieb durch die harte Kruste der gegenwärtigen Situation wuchs. In der letzten Zeit hatte es Tiefschläge über Tiefschläge gegeben. Dass die feindlichen Flugzeuge nun sogar bis Steyr gekommen waren, das verletzte seine nationalsozialistische Eitelkeit und hatte seinem Gemüt einen argen Dämpfer aufgesetzt. Die letzte Zeit war er nur mehr deprimiert gewesen, nur mehr angefüllt von den niedrigen Gefühlen eines Menschen, der weiß, dass er dabei war, seinen Lebenssinn und -inhalt zu verlieren.

Als Heinz die Einleitung beendet hatte und den Text des Liedes mit dem „Hast du dort oben vergessen auf mich, es sehnt doch mein Herz nach Liebe sich!“ warmherzig erklingen ließ, da konnte sich Rektor Wilke nicht mehr halten. Auch sein Herz sehnte sich nach Liebe, nach Erlösung, Sieg und Frieden. Welche Opfer mussten die tapferen Soldaten an der Front noch bringen, wieviele deutsche Leben noch zugrunde gehen?

Erst gestern war er zu Besuch bei Oberlehrer Sailer gewesen. Dessen Sohn, sein Patenkind Kurt, war in Italien gefallen, ein herrlicher Kerl, die Frauen hatten viel geweint, und er hatte den gebrochenen Kollegen und Kameraden trösten und aufrichten müssen. Schwer war es gewesen, unglaublich schwer und leidvoll. Bei dieser Erinnerung schluchzte er einige Male tief auf, sein Blick verschleierte sich, und plötzlich rannen ihm die Tränen über die Wangen. Er konnte nichts dagegen tun, war absolut wehrlos gegen die Übermacht seiner Gefühle.

Heinz hatte geendet und stand bekümmert da, er wartete darauf, dass der weinende Rektor Wilke etwas zu ihm sagen würde. Aber plötzlich erbarmte ihn der strenge Mann, er ging zu ihm, nahm sein schmutziges Taschentuch aus dem Hosensack und wischte ihm damit die Tränen von den Wangen. Wilke konnte nicht begreifen, dass er plötzlich so viel Herzeleid empfand.

„Bist ein lieber Bub, ich danke dir“, sagte er leise und ohne jenes Schniefen in der Stimme, das ihn sonst so unsympathisch machte.

„Kannst jetzt wieder in die Klasse gehen!“

Kurze Zeit später hatte Wilke ein Gespräch mit Fachlehrer Franz Dirisamer.

„Ich möchte wegen Ihres Sohnes Heinz mit Ihnen sprechen!“

Franz Dirisamer erschrak. Weil er ihm nichts hatte anhaben können, wollte Wilke nun seinen Sohn als Vorwand nehmen, um seine Position in der Schule zu untergraben. Es war ja geradezu typisch für diesen Schulleiter, dass er dort seine Hebel ansetzte, wo man faktisch wehrlos war. Heinz war seine Schwachstelle, er wusste es. Aber so schnell wollte er sich nicht unterkriegen lassen.

„Was hat er denn wieder angestellt, dieser Lausbub?“

Wilke bewegte verneinend seinen Kopf.

„Er ist noch nicht reif für die Hauptschule, noch so verträumt“, setzte Fachlehrer Dirisamer seinen Satz fort.

Wilke schüttelte abermals den Kopf. „Nein, Sie verkennen die Situation. Ihr Sohn Heinz ist etwas ganz Besonderes, ich meine damit, wirklich etwas ganz Besonderes!“

Dann machte er eine Pause. Man sah ihm an, dass ihm das Reden nicht leicht fiel.

„Wir beide haben vor einigen Tagen einen Streit gehabt, eine schreckliche Auseinandersetzung, und ich möchte Ihnen dazu nun Folgendes sagen. Wir haben verschiedene politische Ansichten, das steht uns in dieser Zeit aber nicht zu. Ich bin überzeugter Nationalsozialist, und Sie sind, ... ich weiß nicht, wie ich es ausdrücken soll, aber auf jeden Fall sind Sie, politisch gesehen, das absolute Gegenteil von mir.

Eigentlich müssten wir Feinde sein! Und das sind wir natürlich auch! Nach unserem Streit ist mir das absolut klar geworden. Aber sagen wir einmal so: Ich hatte jetzt ein paar Tage Zeit, um über Sie ins Reine zu kommen, und nach reiflicher Überlegung habe ich mich dazu durchgerungen, dass ich den Streit und alles, was dabei gesprochen wurde und vorgekommen ist, vergessen will. Sie haben einen stolzen Charakter, man muss Ihnen das zugestehen, und deshalb will ich auch nachsichtig mit Ihnen sein. Ich bitte Sie aber inständig, provozieren Sie mich nicht mehr, und ich kann Ihnen dafür versprechen, dass ich Sie in Ruhe lassen werde. Konzentrieren Sie sich nur auf den Schulbetrieb, achten Sie auf Ihre Familie, auf Ihre Kinder und besonders auf den kleinen Heinz!"

Nach diesen Worten reichte er Dirisamer etwas verlegen, aber freundlich die Hand.

„Und die Sache mit dem Landesschulinspektor vergessen wir am besten!"

Für Fachlehrer Franz Dirisamer kam das so unerwartet, war ihm so fremd an diesem geifernden Nationalsozialisten und Parteimann, dass er nur kurz nickte und wortlos das Rektorzimmer verließ. Er verstand die Welt nicht mehr. Auf dem Gang und auf dem Weg ins Klassenzimmer wollte kurz ein Jubel, ein Befreiungsschrei, aus seiner Brust in ihm durchbrechen, aber gleich unterdrückte er ihn, denn sein Argwohn war größer als jeder Glaube an eine Kehrtwende und an einen Gesinnungswechsel seines Vorgesetzten. Niemand konnte ihm das übel nehmen, keiner dachte in dieser Zeit an solche Wunder oder wäre fähig gewesen, etwas zu begreifen, was innerhalb des Kreises einer mörderischen Ideologie entstanden war und sich dort als blühender Zweig einer gerade vorher noch unterdrückten Menschlichkeit zu erkennen gab.

Auf der anderen Seite erging es auch Wilke nicht anders, er war nicht fähig, sein eigenes Handeln zu begreifen und daraus Rückschlüsse auf seinen Charakter und seinen Geisteszustand zu ziehen. Tatsächlich war er sich nicht im Klaren, ob er an der Schwelle des normalen Wahnes oder des Irrsinns stand, er hatte im letzten Gespräch mit Fachlehrer Dirisamer ohne Überlegung und ohne Kritik gehandelt, und das war, mit seinen früheren Augen gesehen, ein Verbrechen. Während des Gesangsvortrages des kleinen Buben hatte er sich gehen lassen, er wollte darüber nicht nachdenken, aber als der liebe Kerl auf ihn zukam und ihm mit dem Taschentuch die Wangen abtrocknete, da war so ein Lichtstrahl an Liebe durch sein Innerstes gefahren, dass er nach dem Abgang des Buben wie geläutert und wie auf rosigen Wolken durch seinen Alltag geschritten war. Ihm war etwas widerfahren, was ihn glücklich machte, was er aber nicht verstand. Er war zwar langjähriger Pädagoge, aber ein Schüler wie Heinz Dirisamer war ihm, emotionell betrachtet, noch nicht untergekommen.

An diesem Abend war Franz Dirisamer etwas früher zu Hause. Die Kinder spielten eines von jenen Kartenspielen, die sie in der Schule als Propagandamaterial geschenkt erhalten hatten. Das eine hieß „Kohlenklau" und war eine Art „Schwarzer Peter"-Spiel, das andere „Kohlenveredelung" und klärte darüber auf, dass Kohle nicht nur Brennstoff war, sondern dass man aus ihr viele edle und wertvolle Produkte schaffen konnte. Heinz war ein schlechter Verlierer. Wenn er den Kohlenklau als letzte Karte in der Hand hielt und dafür einen schwarzen Strich auf die Stirn bekam, dann heulte er gleich los. Für Robert ein Grund, um ihn zu verachten. Solche Weichlinge konnte er in seiner Bande nicht ewig dulden. Angewidert sagte er: „Du bist einer von den feigen Komantschen!" Die Komantschen waren die schlechten, die Apatschen aber immer die guten Indianer. Weshalb? Sein Bruder Othmar hatte, wenn er jemanden nicht mochte, ein Urteil zur Hand, das hieß: „Schäbiger Komantsche!" Und wenn sie ihn fragten, warum die Komantschen schäbig wären, dann meinte er nur: „Da musst du bei Winnetou nachlesen!"

Franz Dirisamer schrieb gerade an den Vorbereitungen für den Klassenunterricht, als ihm das Gespräch mit Rektor Wilke in den Sinn kam.

„Was hat Herr Wilke von dir wollen?"

„Eigentlich gar nichts, ich musste ihm nur vorsingen!"

„Und das war alles?"

„Ja, Papa! Der Rektor ist ein sehr lieber und freundlicher Mann!“

Bei diesem Lob aus dem Mund des Sohnes spreizten sich in ihm alle seine Gefühle, alles, was Ausdruck für Ablehnung und Verachtung war. Natürlich, ein Kind wie Heinz konnte einen Menschen wie Wilke nicht durchschauen, nicht diesen bösen Nazi, diesen Sadisten und Unterdrücker. In vier schweren Jahren, in den vielen Monaten, in denen er niedergehalten, schikaniert und gequält worden war, hatte er sich dieses Urteil über seinen Vorgesetzten gebildet. Nicht, dass er jetzt Heinz damit belasten wollte, aber Recht geben mochte er seinem Sohn auch nicht. Er dachte an den Satz eines seiner Lieblingsschriftsteller und sagte:

„Du musst wissen, dass man eine Menschenseele nicht mit den Augen beurteilen kann. Musst also immer aufpassen, sonst kannst du leicht enttäuscht werden.“

Heinz gab keine Antwort, er hatte nicht einmal genau zugehört. Er saß noch immer bei den Spielkarten und hatte es endlich erreicht, dass auch Robert einen schwarzen Strich auf die Stirne bekam.

„Jetzt bist du ein schäbiger Komantsche!“ spottete er, aber Robert lachte nur:

„Du hast keine Ahnung! Der schwarze Strich ist meine Kriegsbemalung für morgen, da ziehe ich mit meinen Soldaten in die Schlacht, aber da darfst du nicht mit, du Feigling. Eine Schlacht ist etwas für erwachsene Krieger!“

Zufälligerweise geschah am nächsten Morgen etwas, was das Ansehen von Heinz wesentlich hob und was niemandem mehr erlaubte, ihn Angsthase oder Feigling zu nennen.

Wenn Heinz früher als seine Geschwister für den Schulweg nach Sierning fertig war, dann ging er meist noch in den Kuhstall, um die gefleckten Rinder an der Stirne zu kraulen und sich von ihnen mit ihren rauhen Zungen an der Hand abschlecken zu lassen. Dazu rieb er seine Finger vorher an einem Salzstein, dann leckten die Kühe besonders gierig und intensiv, das kitzelte schrecklich, und die Sache war auch deshalb lustig, weil sie dabei ihre Zunge lang und weit aus dem Maul streckten, die Ohren nach vorne spitzten und die gutmütigen, braunen Augen genusssüchtig verdrehten.

Die Bäuerin war gerade beim Melken, als ihr beim Niedersetzen der dreibeinige Hocker umfiel und sie selber mit dem Eimer zu Boden stürzte. Die Kuh erschrak, hieb mit den Beinen aus und drängte dann die Bäuerin so brutal an die Betonwand, dass diese nach Luft schnappte und zu keiner Bewegung mehr fähig war. Später erzählte sie, dass sie um ihr Leben gefürchtet hatte. In diesem gefährlichen Moment griff Heinz der Kuh an den Hals, zog die Kette straff nach vorne, nahm mit der anderen Hand einen Buschen Heu und hielt ihn dem Tier vor das Maul. Die Kuh schnupperte, löste sich von der Wand, ging zum Futtertrog, nahm mit der Zunge das Heu an und begann, es gemütlich und nun auch wieder beruhigt zu kauen.

Die Bäuerin atmete tief und erregt: „Bub, wie ist dir das nur eingefallen? Wart', dafür bekommst du von mir ein dickes Butterbrot!"

Frau Schraberger richtete ihr verrutschtes Gewand zurecht, lobte Heinz noch einmal überschwänglich, verschwand dann im Haus und brachte ihm kurz darauf das versprochene Butterbrot. Und zu Mittag stand dort, wo die Bäuerin für die Frau des Fachlehrers immer die Milch zur Stiege stellte, eine doppelte Portion. Die Bäuerin hielt auch mit dem „Weshalb" und „Warum" nicht hinterm Berg, sie erzählte allen, wie geschickt und mutig Heinz sich verhalten und dass er sie aus einer schrecklichen Gefahr errettet hatte.

„Eine erschrockene Kuh und noch häufiger ein rabiater Stier haben schon öfter jemandem vom bäuerlichen Personal den Rücken gebrochen und die Lunge oder das Herz gequetscht", behauptete sie.

Als sich Resi wegen der doppelten Milchration bei ihr bedanken wollte, sagte sie aber schroff und abweisend:

„Bedanken Sie sich nicht bei mir, sondern bei dem Kleinen, Sie selber haben nämlich daran keinen Anteil!"

An diesem Tag kamen die Kinder um ein Uhr von der Schule heim, natürlich wieder nass und schmutzig. Besonders die Schuhe verrieten, dass sie nicht nur auf der Straße gegangen waren, sondern einige Umwege genommen und in irgendeinem Gebüsch und im Wald gelandet waren. Jetzt, da die Äste in Saft standen, konnte man aus ihnen, besonders von denen der Weiden, Pfeiferl schnitzen. Ein paar Schnitte, die Rinde etwas geklopft, bis sie sich ablöste, und schon war das kleine Musikinstrument fertig. Mit dem eingetauschten Messer ließ sich das wunderbar machen, Heinz war überaus zufrieden, die Klingen waren gut und brauchbar.

Zu seinem Ärger wollte Maxi Nöbauer das Messer plötzlich wieder zurück haben.

Sein Interesse an den Haarlocken war aus dem einfachen Grund abgeklungen, weil seine Haut das Pflaster nicht mehr vertrug. Nach vorangegangener Rötung bekam er nach einigen Tagen kleine Blasen, und er musste die Briefchen mit den Haaren entfernen. Es ging so weit, dass er sogar fieberte und ins Bett gesteckt wurde. Erst als ihm seine Mutter eine Arztsalbe auflegte, ging der Ausschlag zurück und heilte schließlich ab. Die Briefchen durfte er nicht mehr tragen, und somit war der Verlust seines Messers ein doppelter und für Maxi ein Riesenunglück.

Heinz dachte nicht im Traum an eine Rückgabe. Seine Antwort lautete:

„Schenken, schenken, nimmer nehmen, d' Füaß und d' Händ in d' Höll!"

Zu Maxi sagte er: „Du kennst doch diesen Spruch. Wenn du mir das Messer wegnimmst, dann heißt das nichts anderes, als dass du mit den Füßen und Händen in der Hölle verbrennen musst!"

Maxi blickte ihn vorwurfsvoll an. „Ich wollte es dir eigentlich gar nicht geben, aber du hast mich mit den Haaren überredet!"

„Es war ein anständiger Tausch. Wenn ich überlege, wie schön du jetzt schon singen kannst. Vor einem Monat war noch nichts da!"

„Findest du wirklich, dass ich schön singe?“

„Schon fast so schön wie ich! Aber du musst die Haare wieder in der Hosentasche tragen, dann geht es viel schneller!“

„Meine Mutter hat sie weggeworfen!“

„Da hat sie einen entsetzlichen Fehler gemacht! Hör zu, weil du mein bester Freund bist, gebe ich eines von meinen Briefchen her, das kannst du dann im Hosensack verstecken. Aber wegen des Taschenmessers kein weiteres Wort!“

Heinz öffnete sein Hemd und zog das Pflaster von Oberleutnant Krieger von seiner Haut.

„Da, in Zukunft pass besser auf! Natürlich wäre die Brust die wirksamere Stelle, aber dort haben dich die Läuse gestochen und deshalb bist du krank geworden.“

„Es waren nicht die Läuse, es war das Pflaster!“

Es gab nämlich noch eine andere Plage, die Maxi momentan quälte, an der er aber nicht allein litt, sondern die auch Heinz und fast allen übrigen Kindern zu schaffen machte. Es waren die Kopfläuse, die sie aus der Schule heimbrachten und die einer auf den anderen übertrug. Wenn sie bei den Hausaufgaben die Köpfe zusammensteckten, krabbelten die blassbraunen Sauger von einem Haarschopf zum anderen, legten ihre Nissen ab und stachen heftig und ausgiebig zu. Die Kinder hörten mit dem Kopfkratzen gar nicht mehr auf, sie saßen in der Schulbank und wurden vom Unterricht abgelenkt. Immerzu kratzten sie, bis es dem Lehrer auffiel und er den Kopf inspizieren kam.

„Sag deiner Mutter, dass du Läuse hast, sie soll dich mit Petroleum einreiben!“ wurden sie belehrt.

Heinz hasste den Geruch von Petroleum, wenn es aber nötig war, ließ er die Waschung ohne Murren über sich ergehen, auch wenn nachher die Kopfhaut wie Feuer brannte. Für die Mädchen aber bedeuteten Läuse eine Katastrophe, sie hatten fast alle Zöpfe, mehr oder weniger lange. In solchen Zöpfen waren die Läuse einfach nicht auszurotten, deshalb griffen die Mütter nicht nur zu unverdünntem Petroleum, sondern als Notlösung oft zur Schere und schnitten den Töchtern die Haare kurz. Das ging nie ohne Tränen ab, denn kurze Haare bedeuteten eine Schande.

Kopfläuse hatte es in der Stadt nie gegeben, das war eine Angelegenheit der Landbevölkerung. Als Heinz mit seinen Eltern von Steyr herausgezogen war, da hatte er das Wort Laus noch nicht gekannt, aber hier hatte er sofort zwei Sprichwörter gelernt. Das eine hieß: „Schimmel, Schimmel, mir g'hörts Glück!" und bedeutete, wenn man es beim Anblick eines Schimmels aussprach, dass man dann den ganzen Tag über Glück hatte. Das andere Sprichwort bedeutete das Gegenteil, nämlich Unglück, und hieß: „Au weh, au weh! Läus und Flöh!" Es wurde angewandt, wenn man auf jemanden böse war und ihm nichts Gutes wünschte. Dann genügte es, wenn man die betreffende Person mit der Hand berührte und gleichzeitig den Spruch aufsagte. Heinz hatte es das letzte Mal beim Großen Jan getan und ihm gewünscht, dass er hinfallen und sich ein Bein brechen solle. Das war nach der Geschichte mit den Reißnägeln gewesen, als der Große Jan in die Pantoffeln schlüpfte und sich zum Gaudium des Bauern in die Zehen stach. Heinz war sofort entlarvt gewesen und hatte vom Großen Jan eine Ohrfeige abbekommen. Deshalb hatte er ihn mit dem Sprichwort verwünscht, und fast wäre dieser Fluch in Erfüllung gegangen, denn der Große Jan hatte beim Umschichten des Misthaufens mit seiner Gabel unvermutet und versehentlich eine Ratte aufgespießt und war durch deren Gequietsche so erschrocken, dass er am Holzbrett ausglitt und in den Mist fiel. Leider brach er sich nichts, sein einziges Unglück war, dass er fürchterlich stank, aber darunter litt mehr seine Umgebung als er.

Maxi Nöbauer kränkte sich wegen der Läuse und war deshalb einige Tage recht unleidlich. Auch wegen des Messers jammerte er noch immer, und deshalb schenkte ihm Heinz sein Pfeiferl und lieh ihm das Messer für einen ganzen Tag.

Am Nachmittag saßen die beiden in der Bauernstube, von wo aus sich ihnen der Blick hinaus in den Garten darbot. Sie hatten alles mitgebracht, um ihre Zeichenaufgabe zu machen. Das Thema lautete: Unser Vogelhaus. Fachlehrer Zimmermann hatte ihnen geraten, wie sie die Zeichnung herstellen sollten, nämlich durch direkte und genaue Beobachtung der Natur. Da traf es sich gut, dass vor dem Distelgut ein kunstvoll geschnitztes Vogelhaus mit grünbemalten, kleinen Fenstern, Fluglöchern, Sitzstangen, Holzschindeln und sogar einem Rauchfang stand. Von allen Seiten schwirrten die Vögel heran und holten sich ihre Sonnenblumenkerne und Senfkörner. Meist waren es Spatzen, Buchfinken, Grünlinge, Kohl- und Blaumeisen, aber immer wieder kamen auch Kernbeißer, Amseln und Gimpel angeflogen, die sich breit machten und die kleineren Arten vertrieben. „Dü“ klagte der Dompfaff, der mit seiner schwarzen Kappe und seiner kardinalroten Brust sehr schön anzusehen war, der vom Bauern aber als einfältig geschildert wurde, da man ihn durch Nachahmung seines Rufes anlocken und sogar fangen konnte.

Heinz begann seine Zeichnung mit dem Vogelhaus, merkte aber gleich, dass er es zu klein gemacht hatte, während er andererseits die Vögel vergrößerte und ihnen das Aussehen von Krähen gab. Nur malte er sie nicht schwarz, sondern durchwegs braun, auch den Gimpel, dessen Kopf er rot und dessen Brust er schwarz färbte, also ganz verkehrt zur Natur. Maxi Nöbauer tat sich beim Zeichnen ebenfalls schwer, einer malte vom anderen ab, und anstelle aus dem Fenster und zum Vogelhaus zu blicken, sah ein jeder in das Blatt des anderen und machte an Fehlern das nach, was sein Sitznachbar falsch gezeichnet hatte. Nach einer Stunde waren sie mit ihrem Kunstwerk fertig. Maxi Nöbauer packte seine Sachen zusammen und verließ ihn. Heinz aber stieg in das Wohnzimmer hinauf.

Othmar war gerade von der Schule aus Steyr heimgekommen. Heinz näherte sich ihm vorsichtig.

„Liest du jetzt wieder in deinem Buch?“

Othmar antwortete nicht, sah aber den Zeichenblock und sagte: „Lass sehen!“

Heinz kam diese Aufforderung recht ungelegen. Othmar war ein guter, aber heimtückischer Zeichner, dem man nicht trauen durfte. Ohne zu fragen, machte er sofort Verbesserungen und tat so, als wäre er der Zeichenlehrer. Erst unlängst hatte er ihm sein Stammbuch verdorben. Wo sich seine Freunde, seine Eltern, seine Bekannten und Lehrer mit einem schönen Spruch und mit lieben Zeichnungen und Bildern eingetragen hatten, dort schrieb Othmar: „Wenn man mit dem Kopf durch die Wand will, muss man einen harten Schädel haben.“ Und dazu hatte er ein Männchen gemalt, das mit dem Kopf in einer roten Ziegelmauer steckte. Wegen dieser Zeichnung wurde Heinz von allen seinen Freunden gehänselt: „Bist das du, Heinzi?“ fragten sie scheinheilig und deuteten mit den Fingern auf Othmars Zeichnung. Wenn er bisher mächtig stolz auf sein Stammbuch gewesen war, so zeigte er es jetzt nicht mehr her. Und um jedem weiteren Spott zu entgehen, riss er die Seite mit der Eintragung von Othmar aus dem Buch, und dann versteckte er es an seinem geheimen Platz bei der Mehltruhe.

Diesmal schien es Othmar mit ihm gut zu meinen, er täuschte Interesse vor und drängte: „Na, zeig's mir schon!“ Aber Heinz hielt den Block hinter seinen Rücken und drehte sich verschämt und ablehnend hin und her.

„Wirst wieder eine Fünf bekommen! Wenn aber ich dir eine Zeichnung mache, bekommst du sicher eine Eins!“

Dieser Verlockung konnte Heinz nicht widerstehen. Langsam reichte er seine Zeichnung dem Bruder.

„Na, dachte ich's mir doch, Krähen mit einer Hexennase!“ Und schon zeichnete Othmar mit ein paar Tintenstrichen einen wunderschönen Vogel auf das Papier.

„Jetzt hast du mir die Zeichnung verdorben!“ schrie Heinz und schluchzte auf. Sein Schmerz war echt und herzerweichend. Resi mischte sich ein.

„Was hast du jetzt wieder angestellt?“ fragte sie Othmar. Dieser ließ sich nicht aus der Ruhe bringen.

„Soll ich dir eine neue Zeichnung machen?“ Die Tränen von Heinz versickerten augenblicklich.

„Was gibst du mir dafür? Hast du eine Briefmarke?“

Wenn Heinz seinem Vater bei der Altstoffsammlung half und dabei in einem Papierhaufen wühlte, fand er immer Kuverts mit Briefmarken. Diese riss er ab, gab sie daheim ins Wasser und löste sie anschließend vom Papier. In einem dicken Buch wurden sie gepresst. Beim letzten Mal hatte er einen besonderen Schatz gefunden, eine alte Briefmarke aus dem „Nibelungensatz". Er holte sie aus seinem Nachtkästchen und zeigte sie Othmar.

„Die ist viel wert! Vielleicht kannst du dir ein Haus dafür kaufen!"

„Nicht einmal eine Semmel!" sagte Othmar geringschätzig, steckte sie aber sofort in seine Brieftasche.

„Also, gib her!" Er nahm den Malblock und die Buntstifte, Heinz setzte sich neben ihn und schaute ihm bewundernd zu. Alles ging Othmar leicht von der Hand, das Vogelhaus wurde wirklich ein Vogelhaus, und die Vögel konnte er alle erkennen. Dann nahm Othmar die Buntstifte und schenkte damit den gefiederten Freunden wunderbare Federn und ein farbiges Kleid. Heinz war entzückt.

„Da bekomme ich wirklich einen Einser. Aber stimmen denn deine Vögel?"

„Natürlich! Hast du noch nie etwas von künstlerischer Freiheit gehört?"

Am nächsten Tag kam Fachlehrer Zimmermann gut gelaunt ins Konferenzzimmer. Mit einem Zeichenblatt in der Hand näherte er sich Kollegen Dirisamer. Lachend sagte er: „Das ist Ihr Sohn Heinz, wie er leibt und lebt! Wenn es eine Deutscharbeit wäre, würden Sie darunter schreiben: Thema verfehlt!" Und dann reichte er ihm die Zeichnung. Fein säuberlich gemalt und dargestellt war ein Vogelhaus, und von links nach rechts saßen darauf folgende Vögel: ein Hahn mit mächtigem Kamm und schön gebogenen Schwanzfedern, eine Gans mit langem Hals, ein Papagei gelb, grün und rot, und ein prächtiger Adler. Franz Dirisamer konnte sich denken, wer Heinz bei dieser Arbeit geholfen hatte, von der Form her gab es an ihr nichts auszusetzen, aber, wie Fachlehrer Zimmermann schon gesagt hatte: Das Thema war verfehlt, und zwar gründlich! Für ihn war klar, dass er mit Othmar ein ernstes Wort sprechen musste.

VII.

Am 1. April war Heinz genauso wie Robert von seinen älteren Geschwistern mehrmals in den „April" geschickt worden. „Aprilnarr, Aprilnarr!" Diesen Schrei hörte man im ganzen Haus, und er machte natürlich auch vor der Wohnungstür der Dirisamer nicht Halt. Für Heinz war es ein schmerzlicher und blamabler Reinfall, als sich auch sein Vater an diesem Scherz beteiligte, ihm ein Fünfmarkstück in die Hand drückte und ihn hinunter in den Ort zum Lebensmittelgeschäft schickte.

„Sei so lieb, ich brauche zehn Deka Oxdradiumzuckerl, und du kannst dir fünf Deka kaufen!"

Für Heinz war der Gang zum Krämer Ulzer kein Vergnügen, denn vor dessen Geschäft lag ein braunschwarzer Dackel namens Lumpi, der bei jedem Kind angerannt kam, es verbellte und in die Waden zwickte. Dabei pirschte sich der Köter von hinten an und biss blitzschnell, aber immer nur ganz wenig zu. Es entstand nie eine Wunde, schmerzte aber trotzdem. Wenn man sich im Geschäft beschwerte, hieß es nur: „Wirst doch nicht so wehleidig sein!", wobei man sich aber wegen der Ängstlichkeit der Kinder keine Gedanken machte, sondern sich eher darüber amüsierte.

Als Heinz zum Geschäft kam, war der Hund im Garten eingesperrt und konnte nur durch den Gitterzaun kläffen. Heinz kratzte eine Handvoll Straßensplitt zusammen und warf ihm diesen ins Gesicht. Dann schritt er triumphierend in den Krämerladen.

„Ich möchte zehn Deka Oxdradiumzuckerl für meinen Papa, und für mich bekomme ich fünf Deka!"

Frau Ulzer besah sich den Buben, wandte sich an ihren drei Schritte entfernt stehenden Mann, deutete auf Heinz und sagte mit verzogener Miene und affektiert:

„Er will Oxdradiumzuckerl!"

Herr Ulzer blieb ernst. „Na, dann drah di halt um, du Ochs!"

Heinz begriff es nicht sofort, erst bei der zweiten Aufforderung dämmerte es ihm.

„Ochs, dreh dich um! So heißt das auf gut Deutsch!" wiederholte Herr Ulzer jetzt langsam. Die Leute im Geschäft lachten über das Gesicht, das Heinz schnitt. Natürlich genierte und kränkte er sich, er senkte den Kopf und war nahe daran, in Tränen auszubrechen, aber er tröstete sich, als ihm Frau Ulzer auf der flachen Hand ein Himbeerzuckerl hinhielt. Sie hatte Mitleid mit dem gefoppten Buben.

„Musst halt besser aufpassen am 1. April!"

„Ja, aber warum immer ich?" jammerte Heinz. Er wollte damit sagen, dass meist er das Ziel des Spottes war. Und überhaupt, dass ihm sein Papa das antun konnte!

Als er beim Lehnerbauern auf Maxi Nöbauer stieß, erkannte Heinz augenblicklich die Chance, seinen besten Freund ebenfalls in den April zu schicken.

„Maxi, gehst mit mir, ich muss für meinen Papa Oxdradiumzuckerl kaufen, wenn du mitgehst, bekommst du auch eines!"

Beim ehemaligen „Modegeschäft" Reslmann blieben sie stehen, durch die Fensterscheibe konnte man dem Schneidermeister bei seiner Arbeit zusehen, er winkte heraus und sie grüßten artig zurück. Jetzt war die Zeit gekommen, um Maxi loszuschicken. Heinz stellte sich ängstlich und sagte: „Mich hat gestern der Lumpi zweimal gezwickt, ich trau mich nicht weiter!"

Maxi hatte selber einmal einen Terrier gehabt und fürchtete daher keinen Hund, auch nicht den Dackel Lumpi.

„Gehst du für mich einkaufen?"

„Gib das Geld her! Aber ich bekomm' dann doppelte Portion!"

Heinz war einverstanden, erinnerte aber Maxi noch einmal: „Oxdradiumzuckerl! Für meinen Papa zehn, für mich fünf Deka! Hast du dir's gemerkt?"

Am liebsten wäre er dabei gewesen, um zu sehen, wie Maxi Nöbauer die Oxdradiumzuckerl verlangte und wie er dann verspottet wurde und sich umdrehen musste. Doch klappte die Sache ja nur, wenn er nicht mitging und wenn Maxi allein mit der Verkäuferin war.

Überraschenderweise kam Maxi relativ schnell zurück und reichte ihm zwei Säckchen. Er hatte sich seine Zuckerl schon genommen und lutschte voll zufrieden.

„Das sind keine Oxdradiumzuckerl!" empörte sich Heinz.

„Die Oxdradiumzuckerl waren ausverkauft, da habe ich Hustenzuckerl genommen!"

Heinz war sprachlos. Hätte er diese Idee gehabt, dann wäre er sicherlich nicht so blamiert worden. Anerkennend klopfte er Maxi auf die Schultern, öffnete das Säckchen und bediente sich ebenfalls mit einem Hustenzuckerl.

Als er daheim ankam, gab er seinem Vater das größere Säckchen und sagte verschmitzt:

„Die Oxdradiumzuckerl waren ausverkauft, da habe ich Hustenzuckerl genommen! Frau Ulzer hat gesagt, sie schmecken genau so und sind billiger."

Franz Dirisamer sah ihn verblüfft an. Dann wandte er sich an Resi.

„Unser Sohn ist gar nicht so blöd! Jetzt hab' nicht ich ihn, sondern er hat mich hinein gelegt und in den 1. April geschickt."

An diesem Tag fühlte sich Heinz rehabilitiert, und er ließ sich trotz mehrmaliger Versuche nicht mehr in den ersten April schicken.

Nach dem Mittagessen lief er mit seinen Freunden hinunter zur Steyr, wo sie im Gestrüpp der Salweiden nach Kätzchen suchten. Die meisten waren durch die kräftige Sonneneinstrahlung bereits so weit erblüht, dass sie für Palmbuschen nicht mehr in Frage kamen, die Bienen summten zwischen den Zweigen und nahmen den gelben Blütenstaub an ihren Beinen und Bäuchen mit.

Das Gelände fiel hier von einem flachen Plateau zu einer Niederterrasse ab, die sich weiter bis zur Steyr senkte. Der glasklare, hellgrüne Fluss war hier bereits relativ breit. Etwas unterhalb von ihrem jetzigen Platz führte eine Holzbrücke mit mehreren Pfeilern zum jenseitigen Ufer, und von drüben ging es hinauf zur Anhöhe der anderen Seite, die durch die Ortschaft Aschach gekennzeichnet war, ein Bauerndorf mit einigen Gasthäusern und einer Kirche mit einem schlanken, spitzgiebeligen Turm.

An einer schattigen Stelle fanden sie endlich eine Weide, an der die Kätzchen noch nicht gelb, sondern silbrig hell waren und seidig glänzten. Sie schnitten Zweige ab und banden sie mit einer Schnur zusammen. Dann pflückten sie Schneerosen, die jetzt in Unmengen mit ihren fingerförmigen Blättern wie weiße Sterne im hellbraunen Laub der Buchen standen. Genauso wie die himmelblauen Leberblümchen bildeten sie große Polster. Hier war es gefährlich, denn man konnte am nassen Schottergrund leicht ausrutschen, und dann fiel man die wenigen Meter bis zum Flussufer hinunter. Dort aber lagen spitze Felsen, an denen man sich anschlagen und verletzen konnte. Das Gestrüpp war sehr dicht, weil Lianen, die sich hochgerankt hatten, nun von oben bis zum Boden herabhingen. In den geschützten Buchten tummelten sich Wildenten, die sich beim Nähern mit lautem Geschnatter erhoben und wegflogen. Überall im Wasser sah man die schlanken Umrisse der Forellen, sie waren zum Greifen nahe und doch so unerreichbar für die Buben. Sie warfen Steine danach und beobachteten, wie die Fische blitzschnell reagierten und zwischen Wurzeln oder überhängenden Zweigen verschwanden.

Da nun das Steinewerfen einmal eröffnet war, wurde es auch fortgeführt und steigerte sich bei jedem Wurf dahingehend, dass immer größere Steine ins Wasser geschleudert wurden. Und je mehr es spritzte, um so lustiger war es und um so mehr jauchzte die Bande. Wenn ein anderer nass geworden war, dann bedeutete das höchsten Triumph, aber die Rache folgte meist auf den Fuß, jeder bekam seinen Teil ab.

Als sich Bertl Steinmaßl wieder einmal nach einem Stein bückte, entdeckte er ein rötliches Fell. Er griff danach und zog den Kadaver eines verschütteten Fuchses aus dem Erdreich. Was für eine Sensation! Sofort liefen alle zusammen, um den Fund zu betrachten. Das Tier konnte nicht lange tot sein, denn es roch nicht und das Blut aus seiner Schnauze sah noch frisch aus. Wahrscheinlich war es von einem Steinschlag überrascht, getötet und von der nachkommenden Erde verschüttet worden.

Sofort kam die Fuchsleiche ins Wasser, wo sie gewaschen und wo das Fell vom Schmutz und Sand gesäubert wurde. Da vernahm Heinz ein zartes Kläffen und Winseln. Er sagte es Robert, und als sie den Busch, hinter dem die Laute hervor kamen, beiseite schoben, saß dort mit gesträubtem Fell und zitternd ein winziges Füchslein und blickte sie mit ängstlichen Augen an. Robert wollte es fassen, doch der kleine Kerl biss nach ihm. Kurz entschlossen zog Robert seinen Rock aus und warf ihn über das Fuchsjunge, das im nächsten Augenblick schon sein Gefangener war.

Der Winzling war bald der Liebling von allen Kindern, ein jedes versuchte, ihn anzufassen oder zu streicheln. Was sie vorher noch so beschäftigt hatte, das Herumklettern, Bäumebesteigen und Blumenpflücken, war mit einem Mal uninteressant und vergessen.

Auch Robert dachte nur mehr an seinen Fang. Er steckte den jungen Fuchs in seinen Rock. „Ich trage ihn nach Hause. Wer mitgehen will, soll kommen!"

Dass Bertl Steinmaßl seinen Fuchs heimbringen würde, war klar. Dort konnte sein Vater das Fell abziehen und zum Gerben richten. Was mit dem Jungen geschehen sollte, war aber ungewiss. Schraberger Magda hatte noch den vernünftigsten Vorschlag. „Bringen wir es meinem Vater, der kennt alle Jäger und Förster, der weiß schon, was wir tun müssen. Vielleicht können wir es im Hasenstall füttern, bis es groß wird!"

Der Tag war kühl geworden, die Kinder kletterten und kraxelten zurück bis zur Straße und liefen gleich weiter zum Dishtelgut. Robert mit dem kleinen Fuchs voran, alle anderen hinterdrein. Bertl schleppte den Kadaver, den er an einen Stock gebunden hatte. Das Geschrei und Lachen hallte zwischen den Bäumen und Häusern und zeigte die Aufregung an, welche die Kinder befallen hatte.

Der Kleinhäusler Steinmaßl, der in diesem Krieg schwerst invalide geworden war, ließ die Bande erst gar nicht in das Wohnzimmer herein.

„Lasst den Fuchs draußen, mit dem können wir nichts mehr anfangen. Ihr Dummköpfe, habt ihr nicht gesehen, dass er bereits den Winterpelz verliert?"

Bertl Steinmaßl war bitter enttäuscht. „Könnten wir den Fuchs nicht wenigstens ausstopfen lassen?" – Auch das ging nicht.

„Ich kann dir höchstens den Schwanz des Fuchses abschneiden und ihn zum Trocknen auf den Dachboden hängen!"

Der Gedanke, dass er dann eine Trophäe als Andenken behalten konnte, tröstete Bertl ein wenig.

Im Distelgut, wohin Robert seine Beute gebracht hatte, wurde der kleine Fuchs anders aufgenommen. Allseits war man entzückt, man bestaunte und bewunderte ihn, und das allgemeine Urteil lautete: „So ein süßer Kerl!"

Man stellte ihm eine Schale mit Milch hin, und als er nicht trank, tunkte man seine Schnauze ein. Doch der Fuchs wollte nicht. Es war ganz offensichtlich, dass er sich fürchtete und in Ruhe gelassen werden wollte.

„Richten wir ihm ein Nest!" meinte Magda.

Der Vorschlag wurde angenommen. Eine größere Kiste war bald gefunden, Stroh kam hinein, das Füchslein wurde weich gebettet und vorsorglich kam auch eine Schale Milch dazu, man konnte ja nicht wissen, ob der Kleine nicht doch noch Hunger bekam. Solcherart versorgt wurde das Füchslein in den Kuhstall verfrachtet und in Ruhe gelassen.

Langsam legte sich die Aufregung um den Fund des toten und den Fang des jungen Fuchses. Heinz war durchfroren, und er war deshalb dankbar, als er von seiner Mutter einen heißen Lindenblütentee bekam. Nachdem er ausgetrunken hatte, nahm er ein Zeichenblatt und versuchte, noch ganz benommen und inspiriert vom erlebten Abenteuer, einen Fuchs zu malen. Er sah das Tier förmlich vor sich, die spitze Schnauze und den langen, rötlichen Schweif. Wenn er damit fertig war, wollte er auch den jungen Fuchs dazu malen, natürlich kleiner und mit einem dünneren Schweif.

Othmar beobachtete ihn dabei und hatte wieder etwas auszusetzen, aber Heinz malte geduldig und ohne aufzusehen weiter.

„Bald wird aus deinem Fuchs ein Pferd, und wenn du so weitermachst, ein roter Elefant mit buschigem Schweif!"

„Ein Elefant hat Stoßzähne, das müsstest du eigentlich wissen!"

„Aber er hat auch so dicke Beine wie dein Fuchs, und deinem Fuchs seine Schnauze ist bald so lang wie ein Elefantenrüssel!"

„Mir gefällt mein Bild!" sagte Heinz, dann wechselte er das Thema.

„Fachlehrer Zimmermann hat übrigens gesagt, auf einem Vogelhaus gibt es keinen Hahn, keine Gans und keinen Papagei. Und wer auf ein Vogelhaus einen Adler zeichnet, der ist überhaupt beschränkt und dumm!"

„Hast du denn Zimmermann erzählt, wer das Bild gemacht hat?"

„Ich habe ihm gesagt, dass du mir geholfen hast und dass ich dir sogar eine Nibelungenmarke dafür gegeben habe. Da hat er mitleidig den Kopf geschüttelt und gemeint, dass die Zeichnung nicht einmal einen Pfennig wert ist und dass du mir die Marke zurückgeben sollst. Wenn du das aber nicht tust, soll ich zu Papa gehen und ihm alles erzählen."

Heinz fühlte plötzlich die Schande, die ihm die Zeichnung von Othmar gebracht hatte.

„Weißt du auch", schrie jetzt Heinz in schmerzhafter Erregung, „dass ich keine Eins, sondern eine Fünf bekommen habe? Gib mir die Marke zurück, oder ich verrate dich!"

Othmar wurde ärgerlich. „Ich habe die Marke verloren, mein Ehrenwort!"

Heinz heulte auf: „Du musst sie mir zurückgeben!"

„Schrei nicht so!" versuchte Othmar seinen kleinen Bruder zu beruhigen. „Vielleicht finde ich sie noch. Aber das sage ich dir, wenn ich sie zurückgeben muss, dann helfe ich dir bei keiner einzigen Zeichnung mehr!"

Robert, der den beiden zugehört hatte, schaltete sich ein. „Wenn dir Othmar für eine Marke eine Zeichnung macht, dann mache ich dir für dieselbe Marke zwei Zeichnungen!"

Heinz sagte: „Abgemacht!“ Und noch ehe Othmar einen Einwand vorbringen konnte, hatten sich Heinz und Robert verbündet und sich ein großes Ehrenwort gegeben. Sie kicherten leise und zogen sich in ihre Spielecke zurück. Dort bastelten sie Palmbuschen, die sie mit Buchsbaumzweigen verstärkten und dann mit roter Wolle zusammenbanden. Sie waren nicht so üppig und prachtvoll wie jene, die Nadja schon vorher hergestellt hatte, aber ihnen gefielen die ihren auch sehr gut, und sie legten sie voll Stolz auf ihre Nachtkästchen.

Anderntags, es war Palmsonntag, also der 2. April, war die ganze Familie bereits um neun Uhr von Pichlern zur Palmweihe nach Sierning unterwegs. Ein wunderschöner Morgen spannte sich blau und strahlend über die Landschaft. Das Trillern und Jubilieren der Vögel wollte kein Ende nehmen und begleitete sie bis zur Kirche. Am Straßenrand sah man bereits die ersten Himmelschlüssel. Heinz trug zwei Palmbuschen, einen, den er selbst gemacht, und einen, den er Nadja abgebettelt hatte. Dieser gefiel ihm besonders gut, sie hatte von der Bäuerin einen roten Apfel bekommen, diesen aufgespießt und rundum mit Palmkätzchen dekoriert.

An diesem Sonntagmorgen war nicht nur Heinz mit seiner Familie zum Messgang aufgebrochen, sondern es begleiteten sie auch Schraberger Sophie und Magda und andere Bewohner der Ortschaft. Der Weg dauerte auch diesmal eine dreiviertel Stunde, da die Erwachsenen wegen der kleinen Kinder keinen schärferen Schritt einlegen wollten.

Der Blick in die Berge war überwältigend. Wenn sie sich seitwärts wandten, dann schauten sie über die Hügel des Voralpenlandes zum verschneiten Großen und Kleinen Priel, zur Spitzmauer und sogar bis zum Traunstein. In der Landschaftslücke nach Osten aber lag der Damberg, der mit seiner charakteristischen Silhouette eine Orientierung zuließ, denn an seinem Fuß breitete sich die Stadt Steyr aus, wo die Familie Dirisamer ihr Zuhause und ihr Daheim hatte.

Heinz dachte an das kleine Füchslein, das auch heute nichts von der Milch genommen hatte und zusammengerollt in der Nestecke der Kiste gelegen hatte.

„Lange wird er das nicht aushalten", sagte der Bauer Schraberger, „ich glaube, er ist schon zu schwach, um etwas fressen zu können. Entweder er nimmt etwas auf, oder er geht zugrunde!"

In der Brust von Heinz krallte sich sein Herz zusammen.

„Nur das nicht!" sagte er zu Magda, die sich ihm auf der Straße angeschlossen hatte.

Langsam näherten sie sich Sierning. Vor ihnen stand die Kirche, deren doppeltgezwiebelter Barockturm ein markantes Wahrzeichen des Ortes war. Sie hatten Glück, dass sie in einem Seitenschiff Platz fanden, denn an diesem Tag strömte alles zur heiligen Messe. Palmzweige über Palmzweige sah man, manche waren so schön aufgeputzt, dass Heinz neidisch wurde. Bauernburschen trugen welche von Übermannshöhe, an den Seitenzweigen dieser Stecken flatterten bunte Bänder in Rot, Gelb und Grün.

Auf dem Kirchweg hatte ihnen der Vater bereits aus dem Evangelium erzählt, wie Jesus Christus auf einem weißen Esel in Jerusalem eingeritten war und ihm das ganze Volk mit Palmzweigen in den Händen zugejubelt hatte.

„Hosanna, Hosanna, Hosanna in der Höhe!" schrien sie.

Ob Hosanna ein Mädchenname sei wie Susanna, wollte Heinz wissen.

Solche Fragen beeindruckten Franz Dirisamer besonders negativ, aber er übte sich in Geduld und beantwortete auch diese mit der ihm eigenen, pädagogischen Gründlichkeit.

„Nein, Hosanna ist kein Name, es ist ein jüdisches Wort und bedeutet so viel wie ‚Gott hilft'! Auch die Palmkatzerl sind nur ein Ersatz für die Palmzweige, weil bei uns wegen der Kälte keine Palmen wachsen. In Ägypten und Palästina gibt es diese Bäume, dort kann man daher auch Palmwedel abschneiden und in den Händen schwingen, wenn man einem König huldigen will!" erklärte der Vater.

Nach der Palmprozession und der heiligen Messe war Heinz froh, als er wieder ins Freie kam. Das Gotteshaus war anders als in Steyr, es war ihm fremd und nicht so heimelig wie die Marienkirche am Stadtplatz, wo die goldenen Figuren am Altar im Kerzenlicht wohltuend aufleuchteten und glänzten. Hunger begann ihn zu quälen, sein Magen und seine Gedärme knurrten ununterbrochen, und der Bauch gab ihm keine Ruhe mehr. Er hatte heute noch nichts gegessen, denn vor der Kommunion musste man eine Stunde nüchtern sein. Das war notwendig, damit die Hostie nicht ins Dornengebüsch fiel.

Damit verhielt es sich nämlich so. Pfarrer Alois Treml hatte ihnen eine Geschichte erzählt. Ein Bauer hatte vor der Kommunion immer gegessen. Als er sterben musste, ließ er den Priester rufen, und als dieser kam, konnte er zwar die Sterbesakramente, aber keine Hostie geben, denn diese war auf unerklärliche Weise verschwunden. Beim Rückweg entdeckte sie dann der Priester, sie lag in einem Dornengestrüpp. Niemand konnte sagen, wie sie dorthin gekommen war, aber es war ein Zeichen und ein Hinweis darauf, dass der Mann vor der Kommunion gegessen hatte. Das Essen war das Gestrüpp im Magen, und dort war beim reichen Bauern während seines Lebens die Hostie immer gelandet.

Diese Geschichte hatte Heinz sehr beeindruckt. Aber jetzt war die Messe vorbei, und er hatte brav durchgehalten. So schnell es ging, rannte er daher mit Robert zum Gasthaus Stöger, wo ein Tisch reserviert war und er sich noch den schönsten Platz aussuchen konnte. Nach und nach kamen andere Leute von der Kirche, Männer, die sich eine Halbe Bier bestellten und Frauen, die sich zu einem Frühstück niedersetzten.

Als Franz Dirisamer mit dem Rest der Familie eintraf, wurde er aufmerksam begrüßt. Ein schwarzer Schäferhund kam heran, Heinz streichelte ihn zaghaft, bis ihm dann die Bedienung eine Schale Malzkaffee und ein Butterbrot auftischte. Freudig nahm er das Brot in die Hand und verspeiste es bis auf das letzte Brösel. Als alles verschlungen und in seinem Magen gelandet war, hatte Heinz zwar noch immer Hunger, aber mehr gab es nicht. Deshalb stand er auf, lief mit Erlaubnis der Eltern vor das Haus und sprach dort einige andere Kinder an. Er zeigte sein Taschenmesser mit den zwei Klingen und dem Korkenzieher her. Niemand hatte ein ähnliches, jeder wollte es daher anfassen.

„Probier einmal, wie es schneidet!“ sagte er zu einem Jungen, der auf seinem Palmbuschen einige Äpfel stecken hatte. „Ich glaube, du kannst mit einem Schnitt den Apfel auf deinem Buschen halbieren.

Der Bub probierte es und es ging. Die eine Apfelhälfte fiel auf den Boden. Heinz griff schnell danach und aß sie auf.

„Das war ein geweihter Apfel!“ sagte der Bub entrüstet.

„Ja, deshalb hat er auch so geschmeckt!“

Der Bub versuchte die andere Hälfte, und sie schmeckte auch ihm.

„Bekomm' ich jetzt ein Stück von deinem Apfel?“ fragte er Heinz.

„Es geht nicht, der gehört meiner Schwester!“

In diesem Augenblick, so, als wollte ihn der Himmel für seine Lüge bestrafen, sprang die Sirene an. Ihr Schrei gellte schaurig durch das Dorf, die Kinder erschraken und liefen zu ihren Eltern in die Gaststube. Dort herrschte die größte Aufregung. Die Väter drängten sich zur Wirtin und versuchten, so schnell wie möglich das Genossene zu bezahlen, die Kinder und Frauen aber schickten sie bereits voraus in den Luftschutzkeller.

Auch Resi war mit den Geschwistern von Heinz dort verschwunden, er aber drückte sich vor dem Keller an seinen Vater und bat: „Darf ich bei dir bleiben?“

Franz Dirisamer sah in die verängstigten Augen seines Kindes und nickte. Gemeinsam suchten sie den Himmel ab, nördlich, südlich, nach Westen und Osten, aber die Flieger ließen sich lange nicht blicken.

„Es muss ein Fehlalarm gewesen sein!“ sagte ein älterer Herr. Doch dann hörten sie leises Brummen. Franz Dirisamer nahm sein Taschentuch und putzte sich die Augengläser.

Jetzt erschienen sie, Flugzeug um Flugzeug, ein ganzer Bomberverband. Langsam, aber deutlich sichtbar, kroch er heran, die Luft begann zu vibrieren und zu kochen. Er kam aus derselben Richtung wie bei den Angriffen im Februar, aber viel mehr Flugzeuge waren das, so unendlich viele. Franz Dirisamer begann zu zählen. In breiter Front überquerten sie stöhnend und dröhnend den Himmel von Sierning und bogen in Richtung auf Steyr ab.

„Es müssen zwischen zweihundert und dreihundert Flugzeuge sein. Bei zweihundertfünfundzwanzig habe ich zu zählen aufgehört!" schrie er zu seinem Nachbarn hinüber.

Dieser deutete mit dem Finger zum Damberg. „Sehen Sie nur, man hat mit der Vernebelung begonnen!"

Tatsächlich quoll eine graue Masse über die Hügel hoch. Dieser Nebel kam aus Fässern, die auf allen Anhöhen rund um die Stadt aufgestellt worden waren. Heinz hatte auf der Ennsleite beobachtet, wie ein Probealarm durchgeführt wurde. Volkssturmmänner drehten die Hähne an den Vernebelungsfässern auf, und die ausströmende Flüssigkeit verwandelte sich augenblicklich in eine ätzende, graue Schwade, die sich über die darunter befindlichen Häuser legte. Dadurch konnte man die Sicht auf die Stadt verdecken. Der Nebel war grauenhaft und schmerzte in den Augen, er färbte die Wiesen gelb und schwarz und brannte die Büsche und Bäume zusammen. Man musste sich hüten, zu nahe an die Fässer zu kommen. Auch die Männer vom Volkssturm trugen Gasmasken und feste Handschuhe, aber überall auf der Haut und an der Kleidung hinterließen die Tröpfchen Spuren, kleine, weiße Pünktchen.

Ob die Vernebelung in diesen Minuten etwas bewirkte, konnten die Leute vor dem Luftschutzkeller beim Gasthaus Stöger natürlich noch nicht wissen. Für sie wahrnehmbar war lediglich das Flakfeuer, der Luftkampf zwischen den deutschen Jägern und den viermotorigen Maschinen, vor allem aber das Bombardement, das schwere Erschütterungen und Erdstöße bis zu ihnen trug. Wieder stieg Rauch über der fernen Stadt hoch und die Rotfärbung der dunklen Explosionswolken zeigte heftige Brände an.

An einigen Stellen sahen sie Flugzeuge niedergehen, immer von Fallschirmspringern umgeben, die ihr Leben zu retten versuchten. Unglaubliche Szenen spielten sich vor ihren Augen ab. Plötzlich stockte ihnen der Atem, direkt über Aschach und aus der Anflugrichtung kommend, heulte eine viermotorige Maschine auf, sank immer tiefer und prallte mit lautem Krachen im Wald der Saaß in den Abhang hinein. Ein Feuerblitz zuckte auf, schwarzer Rauch qualmte hoch.

Instinktiv zog Fachlehrer Dirisamer Heinz in den Luftschutzkeller.

„Ein Flugzeug ist gerade vor unseren Augen abgestürzt, da hat keiner überlebt!" berichtete er voll Schaudern seiner Frau Resi, die Heinz an der Hand nahm.

„Du bleibst jetzt bei mir, wehe, wenn du fortgehst!"

Heinz sah immer wieder das Bild vor seinen Augen, ein Flugzeug, groß und silbrig, qualmend wie eine Lokomotive, dann die Explosion.

„Waren da wirklich noch Menschen in diesem Flugzeug?" fragte er seinen Vater.

„Ich fürchte, ja!"

„Sind alle tot?" Wieder sah er das Bild vor seinen Augen, ein Flugzeug, groß und silbrig, qualmend wie eine Lokomotive, dann die Explosion.

„Es waren Soldaten, sie mussten in den Krieg ziehen, aber sie waren auch Menschen, deshalb müssen wir für sie beten!"

Einige der Umstehenden hatten den Worten von Vater und Sohn gelauscht, ihre Gestalten wirkten grau, blutleer und wie Gespenster. Kaum fünf Meter entfernt erhob sich eine Frau vom Holzbalken.

„Was erzählen Sie da dem Kind für einen Unsinn wegen Soldaten und so, dass man für sie beten muss! Fällt Ihnen nichts Besseres ein, das sind doch Verbrecher, Banditen und Mörder!" Sie trat näher an Franz Dirisamer heran.

„Ihr Gesicht werde ich mir merken, Sie gehören angezeigt!"

Resi wollte etwas erwidern, aber Franz Dirisamer winkte ihr mit der Hand, so dass sie schwieg. Heinz aber meldete sich.

„Ich habe das Flugzeug abstürzen gesehen, groß und silbrig und qualmend wie eine Lokomotive, dann die Explosion!"

„Da haben Sie es", sagte Resi besorgt und wandte sich heftig an die Frau, die jetzt ihr Kopftuch abgenommen hatte.

„Haben Sie nicht gemerkt, dass mein Mann dem Kind das schreckliche Erlebnis schonend erklären wollte!"

„Der Bengel ist doch sicher schon zehn Jahre alt, da darf man ihm schon einiges zumuten. Eine schöne Mutter sind Sie, und Ihr Mann, na, da will ich kein weiteres Wort mehr verlieren!"

Jetzt trat Resi auf sie zu. Sie war größer als die andere und ihr schönes Gesicht drückte Überlegenheit und Stolz aus.

„Noch ein Satz von Ihnen, und nicht Sie zeigen uns, sondern ich zeige Sie an. Ich möchte Gift darauf nehmen, dass Sie selber keine Kinder haben, denn sonst würden Sie nicht so dumm daher reden. Ich aber habe vom Führer das Goldene Mutterkreuz verliehen bekommen, und zwei von meinen Söhnen stehen an der Front. Also, noch ein Wort von Ihnen und ich bin auf dem Gendarmerieposten!"

Das wirkte! Die Frau erwiderte nichts und verdrückte sich auf ihren Platz. Auch dort kein lautes Wort mehr, nur noch leises Flüstern, bis endlich die Entwarnung ertönte. Da strömten alle ins Freie und verliefen sich. Niemand achtete mehr auf den anderen.

Auf dem Heimweg nach Pichlern waren sie nicht so bedrückt wie bei den anderen Angriffen, weil ja Nadja und die Realschüler Othmar und Elisabeth an diesem Tag bei ihnen waren. Trotzdem litten sie, denn sie wussten, dass wieder ein Teil der Stadt zerstört worden war und unschuldige Menschen ums Leben gekommen waren. Vor dem Kirchgang gab es rundum nur goldenes Licht, Frühling und Sonnenschein, jetzt war das anders, der Himmel war mit kleinen Wolken bedeckt und der Ostwind trug deutlichen Brandgeruch zu ihnen her. Heinz ging still an der Hand von Nadja. Immer wieder sah er es, ein

Flugzeug, groß, silbrig und qualmend wie eine Lokomotive, dann die Explosion. Seine Augen blinzelten zur Saaß hinüber, nichts war erkennbar, und trotzdem glaubte er die Umrisse eines Flugzeuges zu sehen.

Kaum war er in Pichlern angekommen, als er auf die Suche nach Maxi Nöbauer ging. Er fand ihn vor einem Kaninchenstall mit einem schwarzen Hasen auf dem Schoß. Lehner Riedi war bei ihm, sie war das jüngste Kind des Nachbarbauern, etwa im Alter von seiner Schwester Brigitte, aber klein und außerordentlich zierlich.

Auch Maxi hatte ein Abenteuer erlebt, aber natürlich kein so schreckliches und aufregendes wie Heinz. Als sie beim Lehner im Keller saßen, war auf einem schräg postierten Abstellbalken ein Fass ins Rollen gekommen und an der Wand zerbrochen, jetzt war dort ein fürchterlicher Saustall, der ganze Most schwamm am Boden, und es stank nach vergorenen Äpfeln und Birnen. Die Schwester der Bäuerin war mit der Hand ins rollende Fass gekommen und musste mit blutenden Fingern zum Arzt gebracht werden.

„Sie hat geschrien wie eine Sau!" sagte Maxi Nöbauer verächtlich. Heinz kannte die Frau, und als sie später vorbeikam, bewunderten sie den dicken Verband, durch den Blut gesickert war. Man hatte sie mit einigen Stichen nähen müssen.

„Wollen wir uns das Flugzeug anschauen?" fragte Heinz.

„Ja, nach dem Mittagessen!"

Von diesem Augenblick an wartete Heinz voller Ungeduld, bis seine Mutter das Essen auf den Tisch gebracht hatte. Normalerweise wanderten die Eltern an Sonntagen mit ihnen zum Gasthaus Kuba, doch am heutigen Palmsonntag war Feiertag, da war geschlossen, es war Ruhetag. Resi hatte deshalb ein Erdäpfelgulasch vorbereitet und es aufgewärmt. Vorher servierte sie eine Maggisuppe mit Nudeleinlagen, damit füllte sie den Kindern die hungrigen Mägen. Nie griff man zum Löffel, bevor nicht das Tischgebet gesprochen wurde, Franz Dirisamer hatte es aus seiner Heimat, dem Hausruckviertel, mitgebracht. Es lautete:

„Was aufgesetzt wird auf den Tisch, das segne uns der liebe Herr Jesus Christ, er speise uns jetzt und allezeit, nach seinem Wort zur ewigen Freud und Seligkeit. Amen."

Nach dem Essen halfen die Kinder zusammen, die Mädchen wuschen das Geschirr, und die Buben trockneten es ab. Spätestens nach einer halben Stunde waren sie mit dieser Arbeit fertig. Was sie in ihrer Freizeit machten, das blieb ihnen überlassen, die Eltern ließen ihnen freie Hand. Niemand schimpfte, wenn sie vorzeitig wegliefen und keines wurde bestraft, wenn es spät nach Hause kam. Eigentlich wussten alle, was sich gehörte und dass sie keine Schande machen durften.

Heinz zog das Sonntagsgewand aus, schlüpfte in die Wochentagshose und den dicken Pullover und war Minuten später aus der Wohnung und bei Maxi.

Der Weg zog sich länger, als sie das gedacht hatten. Zunächst liefen sie bis zum Wartehäuschen der Steyrtalbahn, von dort auf den Schienen weiter zur Bahnstation Letten und dann in den Wald hinein. Je näher sie an die Absturzstelle kamen, um so deutlicher wurde der Geruch nach verbranntem Öl und rauchendem Holz. Sie begegneten Leuten, Männern in Feuerwehruniformen, Soldaten, aber auch Kindern. Vorsichtig gingen sie von Baumstamm zu Baumstamm, immer in Deckung, sie fürchteten, es könnte ein Amerikaner hinter einem Felsen hervorspringen und sie mit einem Gewehr niedermachen. Maxi war immer dicht bei ihm, flüsternd verständigten sie sich, obwohl es sonst laut zuging. Man hörte aufgeregte Männerrufe und krächzende Schreie schwarzer Vögel in den Lüften.

Der Anblick des Flugzeuges überraschte sie, sie hatten noch nicht geglaubt, so nahe zu sein und standen unerwartet vor dem langen und mächtigen Rumpf, der in drei Teile gebrochen und teilweise ausgeglüht war. Nur das Heck hing abseits und unverkohlt zwischen einigen hohen Fichten, wo es festsaß und im Wind hin und her schwankte. Die Tragflächen waren abgebrochen, die Motoren hatten sich tief in den schwarzen Waldboden gewühlt. Misstrauisch umkreisten sie die Maschine, blickten durch das eine oder andere Loch und getrauten sich erst nach längeren Beobachtungen in das Innere des Flugzeuges. Der Gestank war fürchterlich. In der Pilotenkanzel war alles verbrannt, Messgeräte waren aus den Buchsen gesprungen und hingen an angeschmorten Drähten in die Kabine. Dunkle, höckrige Massen lagen herum, in sitzähnlichen Gestellen entdeckten sie so etwas wie verbrannte Erdäpfelsäcke. Ölflecke und nasser Ruß machten das Gehen schwierig, und als Maxi ausrutschte, krochen sie wieder ins Freie.

Leute der Arbeitersiedlung in Letten versuchten, unversehrte Teile des Flugzeuges auseinander zu brechen und daraus Drähte, kleine Elemente und winzige Kugellager abzumontieren. Heinz fand einige Scherben Plexiglas, er steckte sie ein, denn man konnte sie anzünden oder mit einer Laubsäge durchsichtige Figuren daraus machen. Plexiglas war ein geschätztes Tauschobjekt und wurde von den Buben heiß begehrt.

Je mehr Menschen zur Absturzstelle kamen, desto turbulenter ging es zu. Das Flugzeug wurde immer mehr zu einem Beutestück, das man ausrauben und plündern konnte. Besonders arg trieb es ein hagerer Mann, den sie Holzinger riefen, ein Ortsgruppenführer, er drang bis in die Kanzel vor und warf einen leeren Benzintank ins Freie. Der Bomber war im vorderen Teil seitlich geborsten und auseinander gebrochen, man konnte also sehen, was sich dort abspielte. Holzinger, den Heinz schon vorher respektvoll beobachtet hatte, näherte sich den verbrannten Erdäpfelsäcken, sah sich um und stutzte.

„He, da sind sie ja, die tapferen amerikanischen Helden! Wollt ihr sie sehen?“ Und ehe es Heinz begreifen konnte, holte der Arbeiter zu einem kräftigen Fußtritt aus und traf einen der Erdäpfelsäcke mit voller Wucht. Ein ballgroßer Klumpen löste sich von dem Sack und fiel den beiden Buben direkt vor die Füße. Maxi Nöbauer schrie laut auf, denn plötzlich hatte dieser Klumpen die Form eines verkohlten Kopfes mit abgebrannter Nase und verschmorten Ohren, mit gesprungener Haut und aufgequollenen Lippen um einen Mund, aus dem man Zähne gelblich herausleuchten sah.

„Hallo, ihr beide, wollt ihr noch einen, noch einen von diesen amerikanischen Banditen haben?" Und wieder holte der Ortsgruppenführer mit dem Fuß aus. Heinz wartete das Ergebnis dieses Trittes nicht ab. Hysterisch vor Angst und Ekel stürzte er in allergrößter Panik zurück in den Wald, orientierungslos und ohne Ziel. Maxi Nöbauer folgte ihm. Sie liefen einen schmalen Weg entlang und blieben erst stehen, als ihre Lungen fast zersprangen und sie keine Luft mehr bekamen. Sie konnten unmöglich mehr weiter.

„Wart, Heinz, mir ist so schlecht!" stöhnte Maxi Nöbauer. „Ich glaube, ich muss brechen!" Er spreizte die Beine und würgte aus seinem Mund wässrigen Speichel, der ihm über das Gewand rann.

Der körperliche und seelische Zustand der beiden Buben war erschreckend. Was ihnen sonst nie passiert wäre, dieses Mal geschah es, sie achteten auf keinen Weg und rannten gedankenlos herum, einmal im Wald und dann wieder auf der Straße. Eine Stunde oder länger, sie merkten erst, dass sie sich verlaufen hatten, als sie an den Waldrand kamen und in der Senke vor sich das brennende Steyr erblickten.

Christkindl, St. Ulrich, Garsten, alle diese Vororte mit den dazwischen verstreuten Bauernhöfen konnten sie sehen, braunes und grünes Ackerland, Wege, Straßen. Aber alles kümmerte sie nicht, nur die flammende und rauchende Stadt zog ihren Blick magisch an und ließ sie erzittern. Sie mussten auch jetzt wieder rasten. Sie waren schon so müde, dass sie ihre Füße kaum noch heben konnten und sie sich vor Erschöpfung auf den Schotterweg legten. Dann liefen sie weiter. Endlich erreichten sie ein Bauernhaus. Eine Frau mit einem Kind auf dem Arm stand in der Haustür. Auf einer Wäscheleine flatterten Windeln. Mühsam schleppten sie sich näher.

„Könnten wir ein Glas Wasser haben?" bat Heinz.

Die Frau sah in die blassen Gesichter der Knirpse.

„Wollt ihr Milch?" Heinz konnte nicht einmal ja sagen vor Müdigkeit, er nickte nur. Auch Maxi war so erschöpft, dass er sich sofort auf die Hausbank niedersetzte und die Augen schloss.

„Woher seid ihr denn?"

„Aus Pichlern. In der Saaß ist ein Flugzeug abgestürzt, das haben wir uns angeschaut. Es war grauslich! Verbrannte Tote! Wir sind davon gerannt und haben rechte Angst." Heinz trank seine Milch aus.

„Kommt in die Stube und setzt euch ein bisserl hin."

Die Wärme im Bauernhaus tat ihnen gut. Sie nahmen auf einem Diwan Platz und schliefen augenblicklich ein. Als Heinz wieder die Augen aufschlug, stand der Bauer vor ihm.

„Ihr seid also die Ausreißer?"

Heinz rieb sich die Augen, Maxi gähnte. Durch das Fenster sahen sie ein Fuhrwerk mit vorgespannten Pferden.

„Könntest du sie nicht nach Hause bringen?" fragte die junge Frau.

„Das geht nicht. Ich muss in die Stadt, man hat mich für Aufräumarbeiten angefordert. Steyr ist heute an einer Katastrophe vorbeigegangen und hat wie durch ein Wunder überlebt. Stellt euch vor", erzählte er der Frau und den Buben, „als die Sirenen heulten, hat man mit der Vernebelung begonnen. Ganz Steyr war eingedeckt.

Aber plötzlich ist ein Wind aufgekommen und hat die ganze Nebelwand fortgetragen und in Richtung auf die Siedlung Kleinabermein und das Bauernland geblasen.

Die Ami haben geglaubt, dass unter dem Nebel die Werke verborgen sind und haben alle Bomben in den Nebel geworfen. Wäre der Nebel auf Steyr liegen geblieben, es gäbe dort keine Häuser mehr. Erst in einer zweiten Angriffswelle haben die Verbände Teile der Stadt und die Steyrer-Werke getroffen und Brände ausgelöst. Trotzdem, die meisten Bomben sind auf Kleinabermein und in die Äcker gefallen, dort, wo der Bauer Sergl seinen Hof hat. Ich hoffe, er hat überlebt. Werd' ihn aufsuchen!"

Die Buben hatten mitgehört. Sie rappelten sich auf und wollten sich verabschieden, bekamen aber vorerst ein zweites Glas Milch und ein Schmalzbrot.

„Es war ein Wunder!" hörten sie den Bauern immer wieder sagen. „Der Herrgott hat auf die Stadt aufgepasst!"

Dann hieß es aufbrechen. Der Bauer nahm Heinz und Maxi auf seinem Fahrzeug bis zur Steyrtalbahn mit. Dort mussten sie aussteigen. Er wies ihnen die Richtung und sagte:

„Immer auf dem Geleise entlang. Es wird aber schon zwei Stunden dauern, bis ihr heimkommt! Pfiat euch!"

Diesen Fußmarsch zurück nach Pichlern, diese zwei oder drei Stunden, er konnte es später nie genau sagen, wie lange es wirklich gedauert hatte, dieses Schritt-für-Schritt-nach-vorne-Setzen, dieses Keuchen und Stöhnen, Sich-gegenseitig-Vorjammern, diese einmalige Energieleistung ihres jungen Körpers würde Heinz sein Leben lang nicht mehr vergessen. Besonders das letzte Stück, als es den Berg hinauf zu den Bauernhöfen ging und alles nur mehr weh tat, war kaum noch zu schaffen. Schon lange war es Nacht und dadurch auch wieder kalt geworden. Oben trennten sie sich, Maxi taumelte nach rechts zum Lehnerbauer und Heinz nach links zum Schraberger. Als er sich die Stiege hinaufschleppte und schüchtern die Wohnungstür öffnete, saßen alle beisammen.

„Da bist du ja endlich!" rief sein Vater in allergrößter Sorge. Der Mutter aber fiel er fast in die Arme. Ohne viel Worte entkleidete sie ihn, zog ihm den Pyjama an und brachte ihn gleich zu Bett.

„Ist denn der Othmar nicht bei dir gewesen?" hörte er seine Mama noch fragen, doch bevor er eine Antwort geben konnte, war er bereits eingeschlafen.

VIII.

Bis knapp vor Mitternacht blieben sie auf und warteten, doch Othmar kam nicht nach Hause. Er war zuletzt bei einem Bauern in Letten gesehen worden und seither verschwunden, wie vom Erdboden verschluckt.

Als Franz Dirisamer am nächsten Tag von der Schule heimging, hoffte er, dass sich die Sache erledigt hatte, doch kam ihm Resi bereits auf der Stiege entgegen. „Er ist noch immer nicht da!“ sagte sie verstört.

Fürchterliche Vorstellungen und Gedanken ergriffen die Eltern und Geschwister. Wenn ein Vierzehnjähriger nicht zur Schule ging und auch nicht nach Hause kam, dann musste etwas geschehen sein. Entweder man fand ihn ertrunken im Fluss oder abgestürzt bei einem Felsen liegen. Auch einer von den gefangenen Landarbeitern konnte ihn ermordet haben. Alles war schon vorgekommen. Mädchen waren vergewaltigt und Burschen erschlagen worden.

Franz Dirisamer fuhr nach Steyr. Auch bei diesem Angriff war die Ennsleitenwohnung unbeschädigt geblieben, nur ein paar Baracken waren beim Arbeiterberg in die Luft geflogen. Die Zerstörungen in der Stadt waren durch den neuerlichen Bombenangriff relativ gering ausgefallen, trotzdem bemerkte Dirisamer Lücken und Treffer. Im östlichen Teil, bei der Motoren- und Wälzlagerfabrik, gab es noch immer Glimmerbrände, Rauch und Gestank lagen in der Luft.

Voller Erwartung hatte er die Wohnungstür aufgesperrt und gehofft, hier eine Spur von Othmar zu finden, aber nichts. Kein Hinweis auf Kleidung oder darauf, dass sich in der vergangenen Nacht jemand hier aufgehalten und eines der Betten benützt hatte. Auch der Rauchfangkehrermeister Stremnitzer konnte keine Auskunft geben, außer der, dass ihm Othmar nicht untergekommen war. Unverrichteter Dinge kehrte Dirisamer nach Pichlern zurück. Dort hatte sich nichts geändert, die Verzweiflung von Resi hatte bereits ihren Höhepunkt erreicht.

Am dritten Tag suchte er in Sierning den Dorfgendarmen Waldenberger auf. Dieser zeigte sich äußerst betroffen und meinte, dass da wirklich etwas geschehen sein müsse. Er versprach, sich zu erkundigen und sich umzusehen. Der vierte und der fünfte Tag vergingen. Jetzt konnte nur mehr Gott helfen.

Die Stimmung im Haus war so gedrückt, dass man kaum noch jemanden lachen hörte. Der Lärm in der Wohnung von Franz Dirisamer war wie fortgewischt, weg das freundliche Geschnatter der Kinder, ihr Kichern, ihre Zänkereien. Und auch der Gesang, der sonst immer so freigiebig aus dem oberen Stockwerk sprudelte, alles war dahin und einer Stimmung wie in einer Totenkammer gewichen. Seufzen, versteckte Tränen. Immer wischte sich jemand über die Wangen. Viel zu diesem Missstand trug auch bei, dass drei Tage nach seiner Gefangennahme der kleine Prinz gestorben war.

Den Namen Prinz hatte der junge Fuchs deshalb bekommen, weil die Bäuerin einmal zu den Kindern gesagt hatte: „Mit eurem Getue verwöhnt ihr den Balg wie einen kleinen Prinz!“ Bei dieser Nörgelei hatte sie nicht bemerkt, dass es dem Füchslein ganz schlecht ging, dass es bereits so abgemagert war, dass man das Herz unter dem dünnen Fell schlagen sah, es fraß und trank nicht, hielt aber die Augen offen und schien dankbar für die sanfte Berührung durch die zarten Kinderfinger zu sein. Während Robert, Heinz und Magda bei ihm waren, starb Prinz. Niemand vermochte seinen letzten Atemzug zu erkennen, so still und lautlos entfernte sich das Leben. Wenn jemand eine Kerze ausbläst, so mochte das wie ein Sturm im Vergleich zu dem wirken, was das Sterben des von den Kindern so geliebten, kleinen Fuchses war. Er lag plötzlich nur mehr so da und schließlich wurde sein Körper kalt und steif.

Wem Kinder ihr Herz schenken, den wollen sie bei sich behalten und mit ihm bis zum letzten Augenblick zusammen sein. Den Großen Jan kümmerte das nicht, er griff nach Prinz und nahm einen Spaten. Wenn er ihn wirklich im Misthaufen verscharrt hätte, die Kinder hätten ihm das nie verziehen. Nie und nimmer! Schraberger Magda stellte sich ihm in den Weg und schrie in ihrem Schmerz und ihrer Wut: „Jan, wenn du das tust, begraben wir dich auch im Misthaufen. Niemand wird dann etwas dagegen haben, und alle werden auf die Stelle hinspucken, wo du liegen wirst!“

Der Große Jan lachte und zeigte seine breiten, aber kurzen Zähne. Bei diesem Anblick erinnerte sich Heinz wieder an den Riesen, an den Drachen und an die schreckliche, pechschwarze Nacht, in der er bald gefressen worden wäre. Er wollte Magda nicht verlieren, nicht, so lange er und Maxi Nöbauer sie noch heiraten wollten. Deshalb trat er zu Magda und flüsterte: „Komm, gehen wir, sonst frisst er dich noch!“

„Nein, wir gehen nicht, wir werden Prinz selber begraben!“ Und zum Großen Jan sagte sie energisch: „Gib ihn uns, wir wollen ihn beerdigen!“

Wenn ein Begräbnis, und wenn es auch nur ein solches wie vom kleinen Prinz ist, mit dem Verschwinden und mit den Sorgen um einen lieben Angehörigen zusammenfällt, dann färbt eins auf das andere ab, und es war kein Wunder, dass alle, die zur Bestattung gekommen waren, weinen mussten. Uneingeschränkt muss berichtet werden, dass mancher Pfarrer in diesen Tagen froh gewesen wäre, wenn so viele Teilnehmer sich am Grab eines Verstorbenen eingefunden hätten. Es gab „Ministranten“ und sogar einen „Priester“, nämlich Robert, dem ein weißes Hemd übergezogen und eine Stola aus Papier umgehängt wurde. Mehrmals besprengte er Prinz mit einem Wedel, der aus einem Stecken mit Stroh gebastelt worden war. Das Weihwasser in einer Blechbüchse war tatsächlich echt, Heinz hatte es aus den Vorräten der Mutter geholt. Mit einer Spielzeugschaufel durfte jeder etwas Erde auf Prinz werfen, und als das Grab endlich zugeschüttet war, sagte Robert ein lautes „Deo gratias!“, und sofort begannen die Mädchen, den Grabhügel mit Gänseblümchen zu schmücken. Ein Kreuz wurde eingeschlagen. Es hatte ein Pappendeckelschild mit der Aufschrift folgenden Inhaltes:

„Reinecke Prinz
gestorben und begraben
von uns.“

Als eine Woche vorüber gegangen war, glaubte man mit Sicherheit, dass Othmar nicht mehr am Leben war, auch am Mittwoch noch, doch am Donnerstagnachmittag war er plötzlich da. So unvermittelt, wie er verschwunden war, so unverhofft stand er in der Tür, abgerissen und schmutzig, blass, die Augen tief im Gesicht, einige Schrammen auf der Haut. Sein unerwartetes Auftauchen kam so überraschend, dass zunächst niemand ein Wort fand und ihn alle wie ein Gespenst anstarrten.

„Mein Gott!" stöhnte Resi. „Du bist wieder da!"

Franz Dirisamer aber sprang von seinem Sessel auf. In seinem Gesicht stritten Überraschung und Freude mit Gereiztheit und ehrlicher Empörung. Er atmete tief durch und sagte zornig: „Wo bist du gewesen, du Lausbub?"

Othmar ahnte, was auf ihn zukam, doch er war zu müde für Ausreden und Lügen, deshalb beantwortete er die Frage kurz und etwas trotzig.

„Ich kann es nicht sagen!"

Dirisamer wurde schärfer: „Wo du gewesen bist, möchte ich wissen!"

„Ich kann es dir wirklich nicht sagen, und es geht dich auch nichts an!"

In diesem Augenblick konnte Franz Dirisamer nicht mehr an sich halten, er holte aus und verabreichte seinem Sohn links und rechts eine Ohrfeige. Wie immer, wenn er seiner Gefühle nicht mehr mächtig war, stürmte er wutentbrannt aus der Wohnung, er sah gerade noch, wie sich Resi um Othmar annahm, lief die Treppe hinunter und verließ das Haus. Es dauerte lange, bis er sich beruhigt hatte, aber der Grimm lag wie Bodensatz auf seinem Gemüt und ließ keine echte Freude über die Wiederkehr des verloren geglaubten Sohnes zu. Und trotzdem war er unendlich erleichtert, er stritt zwar noch mit sich und zählte sich alle Argumente auf, die ihn dazu berechtigt hatten, Othmar die Ohrfeigen zu geben, schließlich aber wurden seine Dankgefühle immer stärker, er überwand sich mehr und mehr und fasste zuletzt alles Denken und Fühlen in einem Kurzgebet zusammen:

„Guter Vater im Himmel“, sagte er, „ich danke dir von ganzem Herzen!“

Als er wieder ins Haus trat, bemerkte er Sophie, die ihn abgepasst hatte.

„Herr Fachlehrer, wollen Sie nicht zu uns in die Stube kommen?“

Franz Dirisamer nahm dankend an. Er trat ein, die Bäuerin kam aus der Küche und setzte sich zu ihm. Sophie stellte einen Krug Most und Gläser auf den Tisch.

„Der Othmar ist wieder da! Irgendwo hat er sich herumgetrieben und nun glaubt er, dass mich das nichts angeht!“

„Ja, so ist die Jugend heutzutage, frech und vorlaut! Man hat nur Sorgen! Und der Othmar ist sowieso ein besonderer Fall. Sie müssen den Buben ordentlich hernehmen und es ihm zeigen!“

Obwohl er selber noch vor ganz kurzer Zeit richtig böse und ungehalten über Othmar gewesen war, dieses Heruntermachen seines Kindes war etwas, das er nicht dulden wollte, es störte ihn und war ihm höchst unangenehm. Doch bevor er etwas erwidern konnte, begann die Bäuerin erneut zu schimpfen.

„Wissen Sie, dass er hinter der Sophie her ist? Unlängst hab' ich die beiden im Heustadl überrascht, da hat er die Sophie umarmt und, obwohl sie sich wehrte, wollte er sie küssen, ihr Gewalt antun!“

Sophie errötete bis in die Haarwurzeln hinein.

„Es ist nicht wahr, Mutter, das hat er nie und nimmer getan. Herr Fachlehrer, glauben Sie das meiner Mutter nicht. Ja, wir haben uns gern, ganz oberflächlich, aber der Othmar ist sauber und anständig!“

Franz Dirisamer blickte ihr freundlich in die Augen. „Ja, das glaube ich auch! Ich danke dir für deine gute Meinung!“ sagte er im Aufstehen. Dann fragte er noch:

„Hast du mich deshalb in die Stube hereingeholt?“

„Ja, ich wollte nicht, dass das, was meine Mutter überall herumerzählt, Ihnen von anderen zukommt!“

„Es war richtig von dir! Nochmals vielen Dank, und nun gute Nacht!“

Mehr als eine Woche lang bewahrte Othmar sein Geheimnis. Dann versöhnte er sich wieder mit seinem Vater und beichtete ihm alles, was er in den Tagen seiner Abwesenheit erlebt hatte. Er erzählte eine Geschichte, die zunächst völlig unglaubwürdig schien, die ihm der Sohn aber in so vielen Details schilderte, dass er sie einfach nicht erfunden haben konnte.

Othmar war, so wie Heinz und Maxi Nöbauer, ebenfalls in die Saaß geeilt, um sich dort das abgestürzte Flugzeug anzuschauen. Etwas außerhalb von Letten begegnete er einem fremdartigen Mann, der ihn auf Englisch um Hilfe bat. Es war das erste Mal, dass Othmar diese in der Schule erlernte Sprache anwenden konnte, das faszinierte ihn, und deshalb ließ er sich auf ein Gespräch ein. Auf ein Gespräch und auf eine gefährliche Begegnung, denn der Fremde war der Einzige von den amerikanischen Fliegersoldaten, der den Absturz der Maschine wie durch ein Wunder überlebt hatte. Er war im Heck beschäftigt, und als er merkte, dass die Maschine niederging und er sich mit dem Fallschirm nicht mehr retten konnte, befestigte er sich mit dem Gurt am Sitz, warf sich eine Decke über und wurde dadurch nicht nach vorne geschleudert. Die Bäume bremsten den Aufprall brutal ab, der hintere Teil des Flugzeuges brach weg und blieb in den Zweigen hängen, dann nahm ihm die Explosion für kurze Zeit die Besinnung. Als er wieder zu sich kam, stieg er benommen aus dem Wrack und kletterte über eine niedrige Fichte zur Erde. Er war mit einem Schock und mit Abschürfungen, aber ohne wesentliche Verletzungen davongekommen. Vorne lagen seine toten Kameraden in der brennenden Maschine, er konnte ihnen nicht mehr helfen. Noch hatte er Zeit, denn die Flugzeuge kreisten über Steyr und warfen ihre Bomben ab. Deshalb kletterte er zurück und holte sich aus einem Umkleidefach Gewand, das für den schlimmsten Fall bereit lag. Seine Uniform tauschte er gegen einen einfachen Mantel, und alles, was ihn verraten konnte, warf er in die Flammen. Erst als er Leute im Wald hörte, schlich er davon, zuerst durch Dickicht und Gebüsch, dann auf einem Waldweg und zuletzt auf offener Straße. Othmar war der erste Deutsche, dem er begegnete. Mit ihm versteckte er sich in einem Holzschuppen, später in einem Heustadel. Hier erklärte er ihm alles und hier weihte er ihn auch in seine Pläne ein.

Der Amerikaner besaß eine genaue Geländekarte, auf der er sich den Weg über den Pyhrnpass suchte. In der Steiermark gab es einen Ort und eine Familie, wo er unterschlüpfen und die ihm helfen konnte. Den Namen wollte er Othmar nicht verraten.

„Joseph benützte auch einen Kompass, er hatte eine Menge deutsches Geld und sogar Lebensmittelmarken."

„Joseph?" fragte ihn der Vater.

„Ja, der Flieger hieß Joseph. Einen Nachnamen erfuhr ich nicht!" klärte ihn Othmar auf.

„Am Gürtel trug er eine Pistole. ‚Wenn uns deutsche Soldaten stellen und gefangen nehmen', sagte er während der Wanderung zu mir, ‚dann erkläre ich ihnen, dass ich dich als Geißel genommen habe, und dann wird man dir nichts machen.' Ich habe nicht viel überlegt, ich habe dem Amerikaner einfach helfen wollen, und ein richtiges Abenteuer war es auch!"

„Hast du denn nie an uns gedacht, dass wir uns Sorgen machten, dass wir nächtelang nicht schlafen konnten?"

„Papa, ich war so sicher, dass ich wieder zu euch komme, ich habe mir das einfach und unkompliziert vorgestellt. Du darfst mir nicht böse sein!"

„Ich bin dir nicht mehr böse, aber mach dir in Zukunft immer auch darüber Gedanken, dass du einer Familie angehörst, für die auch du verantwortlich bist. Und jetzt erzähl' weiter!"

„Also, wir marschierten los. Wir bewegten uns nur in den Wäldern und fast nur während der Dämmerung und Nacht. Deshalb kamen wir sehr langsam voran. Immer, wenn der Himmel grau zu werden begann und wenn der helle Morgen über die Berge stieg, waren wir auf der Suche nach einem Schuppen oder einem Stadel, wo wir uns ausrasten und etwas schlafen konnten. Der Amerikaner hatte ja warme Kleider an, aber mich fror in der ersten Nacht erbärmlich. Deshalb besorgte ich mir in Grünburg eine Decke. Wir hatten nie Hunger. Fast jeden

Tag musste ich einkaufen gehen und Lebensmittel besorgen, da hätte ich jederzeit abhauen können, aber Joseph hat mir vertraut, ein ganz feiner Kerl, ein richtiger Kamerad. Wenn ich mir vorstelle, dass er ebenfalls in der Maschine verbrannt wäre, wie entsetzlich wäre das gewesen.

Am Sonntag mussten wir die meiste Zeit in einem Versteck bleiben, denn da waren viele Leute unterwegs, überall auf den Straßen und im Wald. Joseph hat mir da aus seinem Leben erzählt, von seiner Heimat an der pazifischen Küste, seinen Eltern und seiner Schwester. Mir ist mit ihm nie fad geworden, so viel Interessantes erfuhr ich, wie man in Amerika lebt und wie es dort aussieht. Wir wanderten bis Windischgarsten, stiegen über den Pyhrnpass und verabschiedeten uns in Liezen. Bevor wir uns trennten, hat er mir die Hälfte seines Geldes gegeben. Wir haben uns wie Brüder umarmt und uns wie Freunde verabschiedet. Mit dem Omnibus und der Bahn bin ich zurückgefahren."

Dieser ersten Erzählung folgten weitere, ebenso unwahrscheinliche Geschichten. Wenn es Franz Dirisamer recht überdachte, so hatte Othmar viel riskiert und riesiges Glück gehabt. „Was hätte ich an seiner Stelle getan?" fragte er sich. Die Art, wie Othmar den sympathischen Amerikaner schilderte, da konnte er sich vorstellen, dass er gern dabei gewesen wäre. Wenn er aber an seine Familie dachte, dann musste er ohne Vorbehalt bekennen, dass ein solches Abenteuer schlichtweg Wahnsinn gewesen wäre. Nein, er hätte sich nicht eingelassen. Er hätte geschwiegen und den Amerikaner nicht verraten, aber mitgegangen wäre er auf keinen Fall.

„Othmar, du musst unbedingt den Mund halten! Darfst zu niemandem ein Sterbenswörtchen sagen! Welches Versprechen ist für dich das heiligste?"

„Wer unter Eid etwas schwört oder verspricht und diesen Eid nicht hält, der begeht eine schwere Sünde. Das wird ihm nicht einmal in der Beichte vergeben!"

„Dann schwöre mir unter Eid, dass du zu keinem Menschen etwas von deinem Abenteuer sagst, nichts weiter erzählst, absolut nichts! Denk' immer daran, wenn etwas davon aufkommt, dann wirst zuerst du erschossen, dann ich, und deinen amerikanischen Freund wird man auch finden, ihn vor ein Kriegsgericht stellen und erledigen!"

Othmar schwor seinen heiligsten Eid.

„Papa, ich halte diesen Schwur, hundertprozentig. Du kannst dich auf mich verlassen, ich bin ja ein Hitlerjunge!"

„Ein Hitlerjunge!" dachte Franz Dirisamer. Welche Schizophrenie doch die Seelen der Menschheit spaltete. Man wollte gut sein und helfen, durfte es aber nicht. Man versuchte es mit der Liebe und wurde zum Töten abkommandiert. Man schwor einen heiligen Eid auf den größten Verbrecher dieser Zeit. Franz Dirisamer war Christ, aber er war überzeugt, dass der Teufel die Welt beherrschte.

„Ich bin stolz auf dich, unglaublich stolz!" Er drückte Othmar an sich und küsste ihn auf die Wange. Mit dieser Geste der Versöhnung war das Gespräch zwischen den beiden beendet.

IX.

Die ersten Zitronenfalter verkündeten mit ihrem Zick-Zack-Flug, dass der Winter endgültig vorüber und der Frühling nicht mehr aufzuhalten war. Othmar erinnerte sich, dass in der Wohnung auf der Ennsleite noch einige freie Schmetterlingskästen herum lagen. An einem der nächsten Tage holte er sie und brachte sie nach Pichlern. Er nahm auch ein Giftglas in Besitz, und zwar das Zyankaliglas, das sich Hugo von seinem Freund Heinrich Malina eingetauscht hatte und das mit einem abschreckenden, schwarzen Totenkopf markiert war, weiters zwei Spannbretter und einige Döschen Insektennadeln mit Messingknopf. Mit diesen Utensilien startete er seine diesjährige Schmetterlingsjagd, die bis zum Herbst andauern sollte.

Von den Tagfaltern hatte er schöne Exemplare in seiner Sammlung. In die Kästen mit den Nachtschmetterlingen war aber der Kabinettkäfer eingedrungen und die Verwüstungen, die dieser kleine Schädling verursacht hatte, waren so groß, dass Othmar alles Befallene ausmisten und anschließend mit Naphthalin desinfizieren musste.

Othmar ging mit dem Zyankaliglas vorsichtig um, Hugo aber, der seine entomologischen Interessen in alle Richtungen auslebte, war da nicht so zimperlich gewesen. Als er noch nicht rekrutiert war, hatte er sich den Spaß erlaubt und seine jüngeren Geschwister am Giftglas riechen lassen. Einmal hatte er es Heinz unter die Nase gehalten, dieser hatte einen kräftigen Atemzug getan und war auch prompt umgefallen.

Solche makabren Späße waren bei Hugo keine Seltenheit. Er stellte mit seinem Chemiekasten daheim in seinem Zimmer Schwefelwasserstoff her, ließ Phosphor brennen, hantierte mit Karbid und mischte sich Schwarzpulver zusammen. Irgendwo wurde dann geschossen, gesprengt oder nur geknallt. Wann immer das geschah, Hugo war dabei.

Ein Opfer von ihm war Robert, den er eine Zigarre rauchen ließ. Das war in der Zeit vor der Evakuierung, also auf der Ennsleite und in Steyr gewesen. Wer Hugo solche Zigarren gegeben und wo er sie aufgetrieben hatte, verriet er nie, aber es bestand mit Sicherheit ein Zusammenhang zwischen seiner regen Tauschtätigkeit und der Tabaktrafik der Mutter eines seiner Mitschüler.

Er fragte: „Robert, willst du eine Mutprobe machen? Eine Indianermutprobe? Dann musst du den Rauch der Friedenspfeife mit mir trinken!“

Der ahnungslose Robert hatte keine Vorstellung von dem Unheil, das über ihn hereinbrechen sollte und was der Ausdruck „den Rauch trinken“ für ihn bedeuten würde.

Im Garten von Resi, gleich neben den Stachelbeerstauden, gab es eine Holzbank, auf dieser nahmen sie Platz und setzten sich im Reitersitz feierlich gegenüber.

Robert fragte: „Und wo ist die Pfeife?“

Hugo wusste darauf folgende Antwort:

„Der heilige Manitu, der Gott der Indianer, hat die Pfeife in eine Zigarre umgewandelt, und Christoph Kolumbus, der Amerika entdeckte, hat die Zigarre nach Spanien gebracht. In Madrid hat er damit mit dem König die Friedenspfeife getrunken, und seither trinken berühmte Männer den Frieden nur mehr mit Zigarren.“

Hugo machte Robert vor, wie man eine Friedenspfeife trinkt, er sagte: „Du musst tief einatmen, dabei den Rauch inhalieren und ihn dann in alle Himmelsrichtungen ausblasen, in Nord, Süd, Ost und West.“

Elisabeth, Heinz und Brigitte waren Zuschauer bei diesem Treiben. Hugo setzte die Himmelsrichtungen fest, indem er mit dem Arm nach Ost und West deutete, auf die markanten Punkte von Sonnenaufgang und Sonnenuntergang.

„Norden“, sagte er, „habe ich während der Nacht durch den Polarstern festgestellt, und Süden ist klarerweise gegenüber von Norden“.

„Man kann Norden auch mit dem Kompass bestimmen. Weißt du das?“ gab Robert nun seine Schulwissen preis.

„Du kannst auch bis zum Nordpol gehen und dort die Friedenspfeife trinken. Aber wir machen es uns einfacher. Da, schau her!“

Er tat einen weiteren, kräftigen Zug und blies den blauen Qualm von sich. Robert wollte schon nach der Zigarre greifen, doch bevor sie ihm Hugo gab, hielt er noch eine feierliche Ansprache. Er bezeichnete Robert als Indianer mit der starken Lunge und dem kräftigen Herzen und er schlug vor, dass man ihn fortan wegen dieser Eigenschaften nur mehr den „kräftigen Büffel" nennen solle. Robert meinte, ihm wäre der Name „Adlerauge" lieber, doch Hugo redete ihm das aus und sagte: „‚Kräftiger Büffel' oder gar kein Name!"

Nach den ersten zwei Inhalationszügen fragte Heinz: „Robert, wie schmeckt es denn?" und Robert erwiderte: „Ganz gut, es brennt nur ein wenig auf der Zunge!"

Einmal verkutzte er sich, schließlich hustete er öfter, wischte sich die Augen, ließ ein wenig Speichel aus seinem Mundwinkel rinnen und stotterte: „Mir wird schlecht!"

Man musste es ihm zur Ehre anrechnen, dass er mit Hugo die Zigarre fast bis zur Mitte rauchte, was er aber dann aufführte, war in den Augen von Heinz absolut unverständlich, machte ihm Angst und ließ ihn um Robert fürchten. Dieser wechselte nämlich so jäh die Farbe und wurde derart gelb im Gesicht, dass selbst Hugo erschrak. Und anschließend erbrach er.

Da er sich in seiner Not zuerst an Hugo, dann an Elisabeth und schließlich auch noch an Heinz anklammern wollte, bekamen sie alle etwas vom Erbrochenen ab, sie stießen ihn aber weg und flüchteten vor ihm, weil ihnen grauste.

Robert aber wankte auf unsicheren, schwachen Beinen ins Haus, dann die Stiegen hinauf bis zur Wohnungstür, und dort hörte man ihn kläglich „Mama!" rufen.

Resi stand gerade am Herd. Sie hatte von ihrer Patin in St. Valentin einen Rucksack voll Marillen bekommen und war dabei, diese zu verarbeiten. Als sie den Ruf von Robert vernahm, dieses jammervolle „Mama!", da erschrak sie außerordentlich, denn Robert war nicht wehleidig, sondern ein ausgesprochen tapferes, furchtloses und eher stilles Kind, eigentlich neben Wladimir ihr zweiter Lieblingssohn. Sie eilte zur Wohnungstür, und da stand er, kreidebleich und von oben bis unten angekotzt, aber nicht nur das, sie sah auch, dass es unten losgegangen war, und dass ihm Kot und Harn am Rand der Lederhose die dünnen Beine herab liefen. Als es neben diesem Duftgemisch auch den Qualm von schwerem Tabak in die Küche blies, da ahnte Resi bereits, was geschehen war.

Robert sagte nur: „Hugo!"

Ja, dieser Teufelskerl hatte wieder einmal Unfug mit seinen Geschwistern getrieben und deren Unschuld für seine bösartigen Spielchen ausgenützt.

Es dauerte, bis Resi Robert so weit gesäubert hatte, dass sie ihn zu Bett bringen und ihn zudecken konnte. Sie gab ihm Kamillentee, den er aber sofort wieder erbrach. Da entschied sie, nichts mehr zu tun und ihn der heilenden Kraft seiner Jugend zu überlassen. Sie ließ aber vorsichtshalber die Türen bis zum Schlafzimmer von Robert offen, und so konnte sie auch immer wieder sein Stöhnen hören, da er keine Ruhe fand und sich jammernd im Bett wälzte.

Als dieser Samariterdienst erledigt war, reinigte sie sich selber gründlich und nahm ihre Küchenarbeit wieder auf. Sie hatte die Marillenmarmelade noch nicht in die Gläser gefüllt, als Bösewicht Hugo mit seinen Zusehern in der Küche erschien und mit der unschuldigsten Miene seine Finger in den Marmeladetopf steckte. Nie zuvor hatte Resi eines ihrer neun Kinder geschlagen, keinem auch nur den allerkleinsten körperlichen Schaden zugefügt, aber in diesem Augenblick überkam sie heiliger Zorn. Sie griff nach dem hölzernen Kochlöffel, den sie zu nichts anderem als nur für den emailenen Marmeladetopf verwendete, und begann damit so heftig auf den Rücken von Hugo einzuschlagen, dass dieser schreiend um Verzeihung winselte. Aber auch da hätte sie wahrscheinlich noch nicht aufgehört, ihn zu verprügeln, wenn ihr nicht zu Hugos Glück der Kochlöffel gebrochen und aus der Hand geflogen wäre.

Nach dieser Züchtigung, die Hugo wie eine Strafe Gottes und nicht wie eine von der Hand seiner Mutter empfand, hielt er zu seinen jüngeren Geschwistern Distanz und benahm sich anständig, fast wie ein normaler Bruder. Den Indianernamen

„Starker Büffel“ bekam Robert natürlich nicht, dafür aber den Spitznamen „Nodati“, der ihn immer daran erinnern sollte, dass er auf die Zigarre mit Dünnpfiff reagiert hatte.

Interessanterweise begann Robert nach diesem Vorfall zu rauchen, nicht mit einer Zigarette, einer Zigarre oder Pfeife, sondern mit Lianen, die üppig und wild in der Fuchslucke wuchsen. Er verwendete dazu die dürren Äste dieser Schlingpflanze, schnitt sie in Zigarettenlänge, brannte sie an und zog so lange daran, bis sich Glut bildete, die sich weiter fraß und bei jedem Einatmen scharfen, beißenden Rauch auf die Zunge und in die Lunge brachte. Dieses Rauchen war eigentlich kein Vergnügen, es war nur interessant, weil es im Geheimen stattfand, und gehörte zu jedem Indianerspiel.

Von Roberts Missgeschick erfuhr Franz Dirisamer nichts, und dass jemand Resi so in Rage brachte, dass sie mit dem Kochlöffel zuschlug, das hätte er ohnehin nicht geglaubt.

Hugo war ein ausgeprägter Individualist und fühlte sich als ein von Gottes Gnaden geborener König und Herrscher über seine jüngeren Geschwister, von denen er unbedingten Gehorsam verlangte. Fast immer wurde ihm dieser auch zuteil, und weil er in der Familie viel Erfolg mit seinen Tricks und seinen Kommandos hatte, versuchte er dasselbe auch in der Realschule. Was ihm aber nur teilweise gelang, denn die Revierkämpfe und Territorialansprüche in seiner Klasse wurden schon männlicher ausgetragen und endeten meist mit einem blauen Auge oder einem verstauchten Rücken. Trotzdem brachte er es so weit, dass ihm seine Mitschüler in einem Mittelding zwischen Furcht und Bewunderung eine gewisse Rolle als Klassensprecher zugestanden. Auch die Professoren tolerierten sein Treiben, nur der allseits geachtete und würdige Mundartdichter und Mathematiklehrer Gregor Goldbacher war sein erkorener Feind, er hatte es auf den frechen Burschen abgesehen und schrieb an Franz Dirisamer sogar einen Brief, in dem er ihn dringend bat, seinen Sohn aus der Oberrealschule zu nehmen, da er diesen wegen seiner mäßigen Begabung, seiner Aufmüpfigkeit und seines schlechten Einflusses auf die

Klasse für ungeeignet hielt, die altehrwürdige Anstalt weiterhin zu besuchen.

„Ich habe", so schrieb er, „im Lauf meiner vierzigjährigen Dienstzeit noch nie einen so renitenten und unbelehrbaren Schüler gehabt."

Für Franz Dirisamer kam dieses Ansinnen nicht in Frage, er schrieb zurück und belehrte Goldbacher, dass es nicht die Aufgabe eines Vaters, sondern die des Lehrers und der Konferenz sei, einen Schüler aus der Oberrealschule zu entfernen. Im selben Brief bat er: „Bedenken Sie, verehrter Herr Kollege, dass mein Sohn bis zur Matura nur noch eine Klasse zu absolvieren hat und dass er dann zu den Soldaten und wahrscheinlich an die Front muss. Ersparen Sie ihm, bitte, eine zu strenge Beurteilung. Erwägen Sie das Danach! Niemand von uns kann das Schicksal vorausahnen und heute schon sagen, was es von den jungen Menschen fordern wird."

Hugo bekam von seinem Vater den Brief mit der Aufforderung, diesen an Professor Goldbacher zu überreichen. Kaum war er aus dem Haus und auf dem Weg zur Schule, als er ihn auch schon öffnete, las und dann einfach in Stücke zerriss und fortwarf. Das verursachte ihm keine Gewissensbisse, denn Goldbacher ließ ihn kalt, und was sich die beiden Herren in einem Briefwechsel mitteilen wollten, das spielte für ihn keine Rolle. Sie konnten ihn alle beide gern haben und ihm den Buckel hinunter rutschen. Ihn beschäftigten nämlich ganz andere Gedanken und nahmen seine ganze Aufmerksamkeit in Anspruch.

Er hatte auf dem Kasberg eine Eroberung gemacht, und das „Biest", wie er sich ausdrückte, ließ ihn nicht mehr los. Besser gesagt war er es, der sie nicht mehr los ließ. Und der bisher in erotischen Dingen unerfahrene und unschuldige Hugo wurde auf der Fährte des edlen Wildes zu einem vorsichtigen und geheimnisvollen Minnegänger. Um den strengen Vater und die Geschwister zu täuschen, missbrauchte er den HJ-Dienst zum Stelldichein, und die Briefe von seiner Angebeteten ließ er sich mit dem Absender seines Freundes Heinrich Malina zuschicken. In ihm wurden alle Liebesschwüre und Rendezvous deponiert. Franz Dirisamer hatte die üble Angewohnheit, Mädchenbriefe an seine Söhne zu zensurieren, aber Briefe des braven Heinrich Malina interessierten ihn wirklich nicht. Und deshalb blieb auch die Beziehung von Hugo lange Zeit unentdeckt, bis er dann unvermutet mit seinem Mädchen den Weg des Vaters kreuzte. Von da an brauchte er nicht mehr heimlich zu tun, denn diesem gefiel das junge Wesen mit den runden Kirschenaugen im rotwangigen Gesicht.

„Mein Name ist Inge Huber!" stellte sie sich schüchtern vor.

Franz Dirisamer drückte ihr freundlich die Hand.

„Und ich bin Hugos Vater!"

Nach den Ferien wurde Hugo am 10. September 1943 mit allen seinen Mitschülern zur Flak im Gelände der Hermann-Göring -Werke in Linz als Luftwaffenhelfer eingezogen. In einer kleinen Schulfeier verabschiedeten sie sich von ihrem Klassenvorstand Goldbacher, der mit Rührung in die frischen und unverdorbenen Gesichter seiner Schüler sah, und den bei dem Gedanken, dass der Krieg auch aus ihren Reihen Opfer fordern würde, tiefes Leid erfasste. Als er Hugo die Hand gab, sagte er mit bebender Stimme: „Passen Sie auf sich auf, Dirisamer, ich möchte Sie nämlich bei der Matura wiedersehen!"

Der Krieg änderte viele Dinge, und in der einfachen Baracke in Linz-Hörsching wurde dem siebzehnjährigen Hugo brutal vor Augen geführt, was es mit dem Mannsein und mit dem Soldatenleben auf sich hatte. Zum ersten Mal lebte er jetzt für längere Zeit außerhalb der häuslichen Gemeinschaft und fern von seiner Familie. Wenn er früher gedankenlos und egoistisch gegen seine Geschwister gewesen war, jetzt verlangte und sehnte er sich nach ihnen, und in allen seinen Briefen rüttelte er die Gemeinschaft in Pichlern wach. „Bitte, vergesst mich nicht und besucht mich!" schrieb er.

Sogar die Schule ging ihm ab. Er ließ sich Arbeitsblätter und Fernkurse schicken und arbeitete mit Feuereifer daran. Als ob er schon , weiß Gott wo, an der Front wäre, schrieb er fast täglich Briefe in die „Heimat“ und entwickelte dabei einen Eifer, dass die Familie mit den Antwortbriefen kaum nachkam. Alle wurden bedacht, sogar Robert, Heinz und Gitti, die plötzlich zu den Lieblingen seiner Jugend avancierten. Seine Schreiben waren flüssig im Ausdruck und manchmal so meisterlich, dass Franz Dirisamer da eine besondere Begabung seines Sohnes zu entdecken glaubte.

Seine sehnsuchtsvollen Briefe waren ein Preislied auf die Berge, auf die in Schnee versunkenen Hütten, auf das einsame Dahinpirschen im Böhmerwald, das Zelten auf einem mondbeschienenen Platz, auf das Betrachten des Sternenhimmels und auf die „ewige Ruhe“, wie er sie in den Schriften von Adalbert Stifter gefunden hatte, dessen Bücher jetzt wie ein heiliges Testament in seinem Spind lagen.

Heinz war ihn zweimal besuchen gekommen. Einmal mit seiner Mutter, wo es mit dem Zug nach Steyr, dann mit dem Omnibus bis Enns und nach einem Umsteigen bis Ebelsberg ging. Von der dortigen Haltestation hatten sie auf schlechtem Gelände, zwischen Aufschüttungen, Gräben und Ruinen vorbei, noch eine gute halbe Stunde bis zu den Baracken der Flakstationen zu marschieren. Während Resi die mitgebrachten Sachen, eine Marillenroulade, Wäsche, etwas Obst und Marmelade, auspackte und in Hugos Spind legte, hatte sich dieser bereits um den durstigen Heinz angenommen und ihn einen kräftigen Zug aus einer Flasche Bier machen lassen. Heimlich natürlich, und diese Schlucke wiederholten sich immer, wenn Resi abgelenkt war und nicht sonderlich auf den Kleinen achtete. Die Barackenbewohner waren eine verschworene Bande, die schon aus Langeweile alle Vorgänge in ihrem Aufenthaltsraum verfolgte und die nun amüsiert beobachtete, wie Heinz herum kurvte, Gesichter schnitt und dabei, Schluck für Schluck, das für ihn verbotene Getränk konsumierte. Durch versteckte Zeichen machten sie ihn aufmerksam, wo auch sie in verborgenen Winkeln für ihn etwas hingestellt hatten. Er nahm alle diese milden Gaben dankbar an und merkte nicht, wie er sich in einen bedenklichen Zustand hinein manövrierte.

Die grinsenden Gesichter der jungen Soldaten wusste er noch nicht richtig zu deuten, und ihre heimlichen Aufforderungen, sich zu bedienen, waren für ihn so etwas wie Lob, das er ihnen mit Ausgelassenheit und kindlichen Späßen zurückgeben wollte. Die Stimmung wurde immer fröhlicher, Heinz war in Hochform, und die nichtsahnende Resi war glücklich, weil sie das Lachen und die Fröhlichkeit rundum als Zeichen dafür hielt, dass die jungen Leute zusammenpassten und sich gut verstanden. Ihr mütterliches Herz war beruhigt und hatte eine Sorge weniger, sie war überzeugt, dass Hugo gut aufgehoben war.

Als sie nach zwei Stunden aufbrach, war Heinz bereits derart besoffen, dass er die Barackentür verpasste und in eine freistehende Kohlenkiste fiel. Hugo reinigte ihn oberflächlich und zischte ihm dabei ins Ohr: „Reiß dich zusammen, Kamerad!" Heinz nickte dazu mit einem seligen Lächeln: „Jawohl, Herr Cheneral!"

Auf dem Rückweg hing er so schwer am Arm seiner Mutter, dass diese nur mit Mühe den Omnibus erreichte.

Als er ein zweites Mal mit seiner ältesten Schwester Auguste erschien, wollte man in der Baracke den Bierzauber mit Heinz natürlich wiederholen. Aber Gustl war bereits informiert. Während der Fahrt hatte sie mit Heinz über seinen letzten Besuch geplaudert, und sie hatte aufgehorcht, als Heinz von den lieben Soldaten schwärmte.

„Ich wette mit dir", sagte er in einem seiner Sätze, „dass sie mir wieder Bier zu trinken geben!"

„Bier?" fragte sie. „Du hast ein Bier getrunken?"

„Eins? Soll ich dir etwas sagen: Es waren hundert!" Dann fragte er die Schwester: „Weißt du, was ein Geheimnis ist?"

„Natürlich weiß ich das! Glaubst du, ich habe keine Geheimnisse?"

„Hugo hat mir ein Geheimnis anvertraut, das erzähle ich niemandem!"

„Mir auch nicht?"

„Niemandem!"

„Na, sag's schon, wir sind doch Verbündete!"

Heinz war eine Plaudertasche. Nichts war ihm lieber, als sich mitzuteilen. Und wenn er in ein Geheimnis eingeweiht wurde, dann brannte es ihm förmlich auf der Zunge, es musste aus ihm heraus, da hatte er keine Hemmungen. Vielleicht hatte er solche vor seinem Papa, vor Othmar oder auch Robert, aber auf keinen Fall vor seinen Schwestern, die verstanden es auch prächtig, ihn auszufragen und alles aus ihm herauszuholen. Und wenn Gustl, so wie jetzt, in seinem unschuldigen Gemüt zu bohren begann, dann sprudelte es nur so aus ihm heraus.

„Also sag's mir schon!" forderte sie ihn noch einmal auf.

„Versprichst du mir, dass du mich nicht verrätst?"

„Ja, das versprech' ich dir! Aber mach nicht solche Faxen und solches Getue!"

„Hugo hat mir erzählt, dass jeder richtige Mann ein Biertrinker ist. Zu mir hat er gesagt, dass auch ich bereits ein Mann bin und dass ich Bier trinken darf, nur muss es bei mir noch ein Geheimnis sein, ich darf niemandem davon erzählen. Bier ist ein tolles Getränk, besonders wenn es viel Schaum hat. Ich könnte ein ganzes Fass voll austrinken!"

Kein Brauhaus hätte eine bessere Werbung für den Gerstensaft machen können als Heinz, der seiner Schwester lang und breit von seinen Erfahrungen und seinem vergnüglichen Bierkonsum berichtete.

Gustl aber war mit ihren Gedanken nicht mehr bei diesem Gespräch. „Hugo, dieser gemeine Kerl", dachte sie voll Abscheu, „immer diese blöden Scherze auf Kosten seiner jüngeren Geschwister." Andererseits, warum passte Mama so wenig auf und wie konnte sie nur so naiv sein und auf Hugos samtenen Augenaufschlag hereinfallen. Sie hätte doch merken müssen, dass da etwas hinter ihrem Rücken vor sich ging und dass Hugo Heinz mit Bier fütterte. Ihr wäre das sicher nicht passiert! Mit ihr konnte man sich keine solchen Späße erlauben, dafür war sie schon viel zu alt, und in Wien hatte sie mit Studenten diesbezüglich genug Erfahrungen gemacht.

Als sie in der Baracke Platz genommen hatten und sie merkte, wie Hugo für Heinz ein Glas mit Bier hinstellte, fuhr sie auf ihn los.

„Schämst du dich nicht, Heinz Bier zu geben? Hast du noch nie gehört, wie ungesund Alkohol für ein Kind ist und dass er die Hirnzellen schädigt?"

„Ich? Für Heinz ein Bier? Niemals!"

„Du hast ihm doch soeben eins hingestellt!"

„Das ist doch nicht für Heinz, das ist für dich! Und für Erwachsene ist Bier doch nicht schädlich. Oder bist du noch nicht erwachsen?"

Das traf Gustl auf dem falschen Fuß. „So ein unverschämter Kerl", dachte sie. „Was bildete er sich eigentlich ein. Glaubte er vielleicht, dass er etwas Besonderes war, nur weil man ihn zur Flak eingezogen hatte?" Sie war verärgert und Hugo sah es, tat aber weiterhin unbefangen.

„Natürlich bin ich erwachsen, das brauche ich dir am allerwenigsten beweisen. Und du kannst mir ruhig ein Glas Bier geben, das gehört sich sowieso!"

Hugo kam dieser Aufforderung nach, er zog das Glas, das für Heinz gedacht war, zu sich und schenkte ihr aus der Flasche voll ein. Dann erhob er sich und hielt eine kurze Ansprache.

„Kameraden, Leidensgenossen! Darf ich euch meine Lieblingsschwester Auguste vorstellen, Doktor der Philosophie in spe und bereits wissenschaftlich tätig. Im Kreis ihrer Kollegen wird sie hoch gehandelt und schon jetzt als zukünftige Nobelpreisträgerin angesehen. Trinken wir auf ihr Wohl!"

Er umarmte sie, und obwohl sie sich heftig sträubte, gelang es ihm, sie auf die Wange zu küssen.

„Das ist doch alles Quatsch!" empörte sich Gustl, konnte aber nicht vermeiden, dass jetzt alle Barackeninsassen an sie herantraten und auf ihr Wohl anstießen. Ein jeder grüßte zackig, stieß mit ihr an und trank ihr zu. Im Nu war ihr Glas geleert. Hugo hatte bereits ein neues für sie hingestellt. Dieses Mal war es ein Krügel, randvoll.

„Macht doch keine solchen Sachen!" hörte sie sich sagen. „Und lasst euch von Hugo nicht solchen Schwefel unter die Nase halten!"

Sie war halb verärgert, halb fühlte sie sich geschmeichelt. Zumindest war sie ziemlich verwirrt. Und als ihr Hugo das Krügel neuerlich anfüllte, sagte sie ablehnend: „Soviel kann ich nicht, tu das weg! Und überhaupt, wo habt ihr das viele Bier her? Im Waschraum allein habe ich zwei volle Kisten gesehen!"

Vor ihr stand ein hübscher Kerl, schlank, lang gewachsen, blond, ein Typ wie ihr Bruder Wladimir, der reinste Verführer. Er lächelte sie unverschämt an.

„Gnädiges Fräulein, Ihr Bruder hat uns einen Brief vorgelesen, den Sie ihm aus Wien geschrieben haben. Sie sind nicht nur eine Wissenschaftlerin, sondern auch eine Zierde der Literatur. Wir fühlen uns durch Ihren Besuch sehr geehrt. Wenn Sie mir gestatten! Darf ich auf Ihr Wohl und auf Bruderschaft trinken?"

Jetzt war Gustl bereits mehr als verwirrt. Der Jungsoldat blickte sie mit seinen blauen Augen herausfordernd an, sein Hemd stand offen und auf der Brust kräuselten sich blonde Haare.

Hugo stieß sie an: „Ist doch nichts dabei!"

Sie atmete tief ein, tat dann einen kräftigen Schluck und fühlte plötzlich fremde Lippen auf ihrem Mund.

Noch bevor sie diesen Eindruck richtig verarbeitet hatte, stand schon der nächste Soldat vor ihr. „Auf Ihr Wohl, gnädiges Fräulein und auf Bruderschaft!"

Sie wusste nicht, ob es dem Ehrenkodex in dieser Baracke entsprach, dass sich nun alle in eine Reihe stellten und mit ihr Bruderschaft trinken wollten. Sie spürte die Wirkung des Alkohols und registrierte daher die Peinlichkeit ihrer Situation nicht mehr, wurde aber mißtrauisch, als sie merkte, dass immer mehr junge Burschen in die Stube kamen.

„Meine Herren", sagte sie nach dem zwanzigsten Bruderschaftskuss, „jetzt muss aber Schluss sein."

„Ach, seien Sie nicht zimperlich!" hörte sie es rundum.

„Nein, Schluss!" sagte sie energisch. Und als ihr Hugo das fünfte Krügel nachfüllen wollte, schob sie dieses beiseite.

Schneller als erwartet verstrich die Zeit. Heinz saß still herum, er fühlte sich übergangen, weil er nicht einen Tropfen Bier zu trinken bekam. Als sie aufbrechen mussten, schwankte Gustl beträchtlich. So lange ihnen die Jungsoldaten nachwinkten, riss sie sich zusammen, als sie aber außer Sichtweite waren, fühlte Heinz, wie die Schwester immer mehr torkelte und sich immer schwerer auf ihn abstützte und irgendein Zeug daher lallte.

Die Fahrt verlief für beide nicht sonderlich angenehm, Heinz hatte Hunger und Gustl schlief ein und schnarchte. Mit Müh und Not erreichten sie Pichlern, vor allem das Umsteigen hatte ihnen Schwierigkeiten gemacht.

X.

Die Monate, in denen die Buben barfuß laufen durften, waren jene, in denen der Buchstabe „R“ im Namen nicht vorkam. Der erste in dieser Reihe war der Wonnemonat Mai, der auch in den Kriegsjahren nichts von seiner Schönheit einbüßte. Das Blühen wollte kein Ende nehmen, die Mostbirnbäume schäumten über, der violette und weiße Flieder reckte sich in den Gärten, und die gelben Rapsfelder blendeten derart, dass einem beim Hinsehen die Augen schmerzten. Die Buben brachten jetzt auch seltenere Blumen nach Hause, Kuhschellen, Akelei, Wiesenenziane, und irgendwo hatten sie Narzissen und Trollblumen entdeckt.

Heinz hatte den Nachmittag an seinem Lieblingsspielplatz verbracht, nämlich am Löschteich des Bauernhauses, der rundum verwachsen und von Kopfweiden begrenzt war. Ein kleiner Holzsteg führte fast bis zur Teichmitte. Hier lag er mit seinem Freund Maxi Nöbauer bäuchlings auf den ausgedörrten, grau gewordenen und warmen Holzbrettern mit seinem Fangnetz auf Lauer und forschte, was sich in den dunklen, aber durchsichtigen Wassern tat.

Nach und nach hatte er eine Menge Kaulquappen und einige Molche erbeutet, er tat sie in ein großes Gurkenglas, das an der Wölbung wie ein Vergrößerungsglas wirkte. Zu ihnen ins Wasser kamen auch einige Teichpflanzen, an die sich die Tiere anklammern und dort ausrasten konnten. So sah man auch deren orange Bauchzeichnung und ihre Hautmuster besser. Überall in diesem Teich und um ihn herum gab es Leben und Wunder. An einem Kalmusblatt entdeckte er einen grasgrünen Laubfrosch, winzig und äußerst herzig, aber zu weit von seinem Standpunkt entfernt, um ihn fangen zu können. Es gab so viel zu beobachten, Wasserläufer, die eilig herum huschten, und Libellen in Lauerposition. Sie hatten es auf die Schwebefliegen abgesehen.

Als er Robert rufen hörte, brach er seine Tümpeljagd ab, nahm das Gurkenglas und verabschiedete sich von Maxi. Er wollte gerade in das Haus, als ein schlanker Soldat von innen die Türe öffnete. Sie starrten sich gegenseitig an. Der Soldat hatte eine wunderschöne Uniform, mehrere Auszeichnungen auf seiner Brust, und in sein blondes Haar hatte er keck eine Schiffchenmütze gedrückt. Heinz blieb vor Bewunderung der Mund offen.

„Wohnst du auch in diesem Haus?"

Der Soldat nickte.

„Und du gehörst wohl zur Familie Dirisamer?"

„Ja, ich bin der Heinz!"

„Dann bist du vielleicht der Bub mit der schönen Stimme, man hat mir schon viel von dir erzählt!"

Ein verlegenes Erröten von Heinz war die Antwort.

„Willst du meine Molche sehen?" fragte er den schönen Soldaten. Und es war noch keine Minute vergangen, da saßen sie gemeinsam auf der Hausbank, und Heinz erklärte dem schönen Soldaten, was er erbeutet hatte.

„Das ist ein Teichmolch, und der größere ist ein Kammmolch. Die dickeren, schwarzen Kaulquappen sind von Erdkröten, und die mit den goldenen Punkten von einem Frosch. Und dann habe ich noch Wasserlinsen, Libellenlarven, Rückenschwimmer und einen Gelbrandkäfer. Und der Gelbrandkäfer wird alle anderen auffressen, das kann ich dir schon jetzt sagen!"

Heinz war von dem schönen Soldaten begeistert. Alles, was er vom Leben im Teich wusste, erzählte er ihm. Er wollte ihm gerade sagen, dass er ihn gerne als Freund haben würde, als sich die Haustür öffnete und Wetti Hager heraus trat.

„Ah, da bist du ja, Ernstl!"

„Schau, Mama, ich bin noch keinen Tag hier und schon habe ich einen kleinen Forscher kennen gelernt!"

Wetti Hager war die Schwester der Bäuerin, sie trug eine dicke Brille und konnte infolge ihrer schweren, angeborenen Kurzsichtigkeit keiner anstrengenden Arbeit nachgehen. Ihre einzige Dienstleistung, mit der sie ein karges Lohngeld und Kost und Wohnung bei ihrem Schwager erwarb, war die Betreuung der Kühe im zweiten Bauernhaus. Heinz mochte sie, denn ihr Verhalten zu seiner Mutter war viel freundlicher als das der Bäuerin.

„Ich muss dich zu einigen Leuten bringen, die wollen dich sehen!" sagte sie voll Stolz, hakte sich bei ihrem Sohn ein, und bevor Heinz noch ein ordentliches „Pfiat di!" hervorbrachte, waren sie schon auf dem Weg zum Nachbarbauern Lehner.

Es sprach sich schnell herum, dass der Wachtmeister Ernst Hager zum Muttertag Kurzurlaub bekommen hatte. Diese Woche war ein Freudenfest für alle, besonders aber für Wetti Hager, die über das ganze Gesicht strahlte und ihren Ernstl von Haus zu Haus schleppte und herumzeigte. Der ausnehmend sympathische, angenehme und feinsinnige Mann war auch durch seine Kriegsauszeichnungen nicht überheblich geworden, er nahm die Einladung von Franz Dirisamer zu einem Besuch an, saß abends ungezwungen in der Schar seiner Familie und erzählte Geschichten und Abenteuer von der Front.

Heinz himmelte ihn an und durfte neben ihm auf dem Sofa sitzen. Was ihn aber am meisten stolz machte, das war, dass er dem Wachtmeister das Lied von der Lili Marleen vorsingen durfte, nicht in der dumpfen und rauchigen Interpretation der bekannten Sängerin, sondern sehr hoch, hell und lyrisch dahinfließend. Alle waren begeistert. Das Lied musste er mehrmals wiederholen, und zuletzt sang die ganze Schar und auch der Soldat in einem einzigen Chor: „Wie einst Lili Marleen!"

In der anschließenden Nacht kam es zu einem schweren Vorfall, denn Ernst Hager stellte mit der Pistole den Großen Jan und die Russin Jaschka, als sich die beiden im ebenerdigen Vorzimmer wieder einmal ihrer Leidenschaft hingaben. Ein Schuss peitschte durch die Stille, man hörte heftigen Stimmwechsel, Poltern, Lärmen und Schreien. Das ganze Haus erwachte im Nu aus dem Schlaf, Lichter flammten auf, die Erwachsenen rannten zusammen, und Franz Dirisamer, der nach unten geeilt war, sah die groteske Szene, wie der Soldat Ernst Hager mit vorgehaltener Pistole die Russin zwang, ihrem Liebhaber Fesseln anzulegen.

„Er hat mich mit dem Messer bedroht", erklärte Ernst Hager gelassen und wies auf ein Bajonett, das in der Fensternische lag.

Ja, ein Verhältnis zwischen Gefangenen war strengstens verboten, und wehe dem, den es gar nach der Liebe eines deutschen Mädchens gelüstete. Für ihn war der Galgen bestimmt. Mit Zwangsarbeitern verfuhr man unbarmherzig. Dabei hatte man im Distelgut über viele Bestimmungen aus dem Großdeutschen Reich hinweggesehen. Jeder Pole musste ein großes P auf seinem Ärmel tragen, ein Schandzeichen, das ihn als Angehörigen einer minderwertigen Rasse erkenntlich machte. Darauf verzichteten die Schrabergerleute. Auch sollten Gefangene nicht an einem Tisch mit den Hausgenossen essen und ganz abgesondert schlafen. Man sah auch darüber hinweg.

Aber mit dem Soldaten Ernst Hager war ein Offizier ins Haus gekommen, der strengere Maßstäbe anlegte als die Bauersleute, und der gegen Gefangene kein Pardon kannte. Die Bäuerin sagte unwirsch: „Ernstl, mach doch keinen Unsinn! Wegen so einer nebensächlichen Sache!" Aber ihr Neffe blieb unbeirrt, andere Meinungen zählten für ihn nicht, er gebärdete sich hart, ganz Soldat.

Heinz war hinter dem Vater nach unten geschlichen. Vor sich sah er den tapferen Helden Ernstl, der für ihn so etwas wie der Drachentöter Siegfried war, und der soeben den Kinder erschreckenden und Menschen fressenden Riesen, den Großen Jan, besiegt hatte und fesseln ließ. Seine Bewunderung war grenzenlos, aber nur von kurzer Dauer, weil ihn sein Vater am Stiegengeländer erblickte und ihn scharf zurück ins Bett verwies.

Franz Dirisamer hatte eine Justifizierung an einem Polen indirekt erlebt. Als im schneereichen Winter 1940/41 infolge der Verwehungen die Omnibusse nicht verkehren konnten, musste er mit der Bahn bis Neuzeug fahren und von dort nach Sierning zu Fuß wandern. Er machte den Weg zusammen mit einem Parteimann aus Münichholz, der im Sierninger Lagerhaus beschäftigt war. Sie fuhren fast jeden Tag miteinander zur Arbeit und verstanden sich trotz der politischen Gegensätze ganz gut. Als sie an diesem besagten Tag über einen kleinen Hügel in Sierninghofen empor wanderten, trafen sie auf einen langen Zug polnischer Männer, die von mehreren Gendarmen geführt wurden.

Franz Dirisamer wandte sich an seinen Begleiter: „Was ist denn da wieder los?“

Dieser gab ihm eine mysteriöse Antwort: „Herr Fachlehrer, das versteht keiner von uns beiden, Sie nicht und auch ich nicht! Am besten, Sie fragen mich nicht weiter, ich müsste Ihnen nämlich sonst die Antwort verweigern!“

Die Sache war so: Ein Pole hatte mit einer Bauernmagd in Sierninghofen ein Verhältnis angefangen. Als es aufflog, wurde er von einem Linzer Gericht zum Tode verurteilt. Alle Polen von Sierning bis Schiedlberg sollten nun Zeuge dieser Hinrichtung werden und wanderten gemeinsam zu einem Personentransporter. Der Große Jan, der nun so armselig und gefesselt vor ihm stand, war unter diesen Leuten gewesen, und er musste, weil er der jüngste Pole war, die Leiter halten, auf der sein Landsmann zur Galgenschlinge empor stieg. Vor seinen Augen verzuckte dieser sein Leben.

Wie es dennoch dazu kam, dass sich Wachtmeister Ernst Hager überreden ließ, den Polen nicht anzuzeigen und wieder frei zu lassen, und welchen Anteil daran Franz Dirisamer hatte, wurde später nie erwähnt. Ein Teil für das gute Ende der Geschichte hing aber damit zusammen, dass ihm Franz Dirisamer die schrecklichen Augenblicke des Großen Jan unter dem Galgen schilderte und dass der Wachtmeister neben seiner Strenge nicht nur eine unverdorbene, christliche Moral, sondern, im Gegensatz zu seiner äußeren, soldatischen Härte, auch ein gutes Herz besaß.

Die Russin Jaschka musste aus dem Haus, sie bekam eine neue Unterkunft im zweiten Bauernhaus, und beide, sie und der Große Jan, versprachen mit vielen Beteuerungen, dass nie mehr wieder etwas vorkommen würde. Aber der Pole trug seit dieser Demütigung einen ungeheuren Groll in sich. Zu Franz Dirisamer sagte er:

„Wenn Krieg vorbei, ich bringe Bauer und seine ganze Familie um, ich sie persönlich und mit eigener Hand erschießen oder schlagen nieder und schneide ihnen Gurgel durch!“

Ernst Hager verabschiedete sich kurz darauf. An einem frühen Morgen fuhr ein Militärfahrzeug vor und brachte ihn und sein Gepäck zum Bahnhof.

Als man wieder von ihm hörte, war ganz Pichlern entsetzt und erschüttert. Bei der Familie Schraberger war die Hiobsbotschaft eingetroffen, dass Wachtmeister Ernst Hager kurz nach dem Eintreffen bei seiner Einheit in Sborow in Galizien von den Bordkanonen feindlicher Tiefflieger getötet worden war. Eines dieser waffenstarrenden Monster hatte dem von allen geliebten Ernstl den Tod gebracht und das Lebensglück der armen, halbblinden Wetti zerstört.

Heinz, der seit Tagen daran gearbeitet hatte, seinen blonden Ernstl im Kampf mit dem Riesen Jan zu zeichnen und zu malen, nahm die Nachricht vom Tod seines vergötterten Freundes überhaupt nicht an. Für ihn konnten Verbündete nicht sterben, es gab nur die Vernichtung der Riesen und der Drachen, nicht aber die von Helden, für ihn lebten sie alle, Siegfried genau so wie Beowulf oder Dietrich von Bern.

Trotzdem ging er mit seiner Mutter hinunter in Wettis Wohnzimmer, um der armen Frau das Beileid auszudrücken, also zu kondolieren, wie es die Erwachsenen nannten.

Der folgende Vorfall war übrigens bezeichnend für das gestörte Zusammenwohnen im Distelgut. Als Resi bei Wetti Hager eintrat, war gerade die Bäuerin im Zimmer und drückte die verzweifelte Schwester an sich. Resi sprach ihr das Beileid aus, doch da fuhr sie die Bäuerin aus den verweinten Augen hasserfüllt an.

„Ja!“ schrie sie. „Die braven Leute bleiben an der Front und müssen sterben, das einzige Kind kommt nicht zu seiner Mutter zurück! Aber dort, wo sowieso zu viele da sind, da bleibt keiner aus, da kommen alle wieder heim und fressen den Anständigen das Brot weg!“

Resi war bei diesen Worten wie vor den Kopf geschlagen, denn sie wusste, wer und was gemeint war. Auch Wetti stieß hervor:

„Warum nur muss ausgerechnet mein Ernstl sterben und eurem Wladimir ist nichts geschehen? Ist das die Liebe Gottes und seine Gerechtigkeit?"

Heinz sah, wie seine Mutter blass wurde, sie entschuldigte ihr Kommen, drehte sich um und verließ grußlos den Raum. Heinz aber trat an Wetti Hager heran und stammelte:

„Mein herzlichstes Mitfühlen!" Die Bäuerin zischte ihn böse an: „Hau ab, du Fratz!", worauf Heinz erschrocken zur Tür rannte und nach der Hand seiner Mutter griff. Verweint kamen sie in die Wohnung zurück, wo Resi ihren älteren Kindern den Vorfall erzählte. Von diesem Tag an litt es sie nicht mehr im Bauernhaus, ihr ganzes Trachten und Sehnen war die Rückkehr nach Steyr. Aber bis dahin dauerte es, bis dahin musste sie noch viel erdulden und über sich ergehen lassen.

Ein großes Weinen ging durch die Welt, der Tod lauerte überall. Unersättlich war der Krieg, er fraß die Menschenopfer an den Fronten, aber auch im Hinterland. Wenn Franz Dirisamer eine Zeitung öffnete, dann suchten seine Augen nicht die Kampfberichte und die Nachrichten aus dem Feindesland, sondern zuerst die Spalten mit den Todesanzeigen. Ganze Seiten waren bedeckt von Gefallenenmeldungen mit der starren Formel: „Für Führer, Volk und Vaterland fiel …", doch mehrten sich die Anzeigen, die nur mehr von „Volk und Vaterland" sprachen. Und manche Inserate meldeten nur mehr den „Heldentod". Oft hielt er eine von diesen Seiten Resi hin und sagte: „Stell dir vor, schon wieder jemand aus unserer Bekanntschaft!" Und Resi, die als Mutter die unsagbare Not und alles Elend anderer Mütter bitter mitempfand, saß oft bei ihrer Arbeit und weinte still vor sich hin, oder sie trocknete sich mit einem Hemd, das sie gerade nähte oder flickte, die Augen. Konnte man in dieser Zeit, in der so viele Schreckensmeldungen über die Welt hereinbrachen, überhaupt noch mit anderen fühlen und mit anderen leiden? Franz Dirisamer erlebte täglich, wie die Menschen an der untersten Schwelle des Dahinlebens zu einer tiefen Verständigung fähig waren. Da brauchte es nicht mehr vieler Worte, es genügte ein inniger Händedruck, man sah in das Gesicht des Gegenübers, entdeckte ein schmerzhaftes Zucken um dessen Mund, ein feuchtes Schimmern seiner Augen und wusste, dass dies alles Zeichen eines wohlwollenden und verstehenden Menschen waren. Wenn Franz Dirisamer etwas tief bewegte, schämte er sich nie seiner Tränen, und gerade in den Tagen des Jahres 1944 gingen seine Augen oft über.

Am Samstag, dem 3. Juni 1944, fuhr er mit den Kindern Auguste, Elisabeth und Othmar nach Hinterstoder, von wo sie am Dreifaltigkeitssonntag in aller Früh den Großen Priel bestiegen. Es war immer der Lieblingswunsch von Wladimir gewesen, seinen Vater auf diesen Berg mitzunehmen und mit ihm vor dem Gipfelkreuz zu stehen. Aber Franz Dirisamer war sich über seine körperliche Verfassung nicht im Klaren. Würde er es schaffen oder war er dem Großen Priel doch nicht mehr gewachsen? Seine Hüftschmerzen waren in den letzten Jahren etwas ärger geworden, manchmal peinigten sie ihn, manchmal gar nicht, aber immer wieder wurde er durch sie ermahnt, dass seine körperlich besten und männlichsten Jahre doch schon hinter ihm lagen.

Zur Ausrüstung fehlten ihm bisher passende, genagelte Schuhe, aber dann waren ihm in der Altstoffsammlung welche untergekommen, die ihm nicht nur passten, sondern die auch ein ordentliches Profil hatten. Er nahm sie heimlich an sich und war unendlich froh über diesen unerwarteten Segen. Dass jemand so tadellose Schuhe in den Sammelsack gesteckt hatte, das war ihm bei der Schuhnot, an der er selbst, aber auch seine Familie ständig litt, eigentlich unverständlich. Aber es gab scheinbar auch in diesen schweren Zeiten Menschen, die mit solchem Überfluss gesegnet waren.

Der Aufstieg war dann leichter, als er gedacht hatte. Allerdings trugen die Kinder den Rucksack abwechselnd für ihn, sie schwitzten und plagten sich, waren aber fröhlich dabei und spornten den Vater zum Durchhalten an. Hinter dem Prielschutzhaus gab es die erste Jause. Auf den Wiesen blühten dort die schönsten Bergblumen, die Spitzmauer baute sich hellgrau und gefährlich vor ihren Augen auf, Dohlen kamen von oben und bettelten keck um einige Bissen.

Sie hatten nun das Schneefeld vor sich, das Franz Dirisamer wegen der Erzählungen von Oberleutnant Krieger etwas fürchtete, aber er meisterte es problemlos. Ebenso wenig Schwierigkeiten machten ihm die Scharte und der Grat. Vor dem Prielkreuz wurde er stumm und andächtig, seine Augen strahlten, und er war voller Glück. Die Fernsicht, die Wunderwelt des Toten Gebirges, da versagte die Sprache vor der Tiefe der Gefühle. Er umarmte seine Kinder. Gustl sagte: „Wenn das Wladimir sehen könnte, der wäre unendlich froh!"

Als sie nach Pichlern zurückkamen, wollte Resi am Glück der Bergsteiger über den schönen Aufstieg und den Gipfelsieg gar nicht teilnehmen: Sie schlich gedrückt in der Wohnung umher, die Arbeit fiel ihr schwer und unheilvoll jammerte sie: „Wladimir hat noch immer nicht geschrieben!" Bei der kleinsten Verspätung seiner Briefe oder Postkarten ahnte sie bereits Unglück oder vermutete das Schlimmste. In solchen Augenblicken war Robert immer an ihrer Seite, oft ergriff er ihre Hand und streichelte diese.

Heinz hatte den Sonntag dazu benützt, um mit seinem Freund Maxi Nöbauer hinter dem Bauernhaus den Großen Priel mit Steinen nachzubauen. Gerne wäre er mit dem Vater und den Geschwistern mitgegangen, aber da selbst Robert für eine Tour auf den Berg noch zu klein und zu schwächlich war, wie hätte er da seinen Willen und sein Betteln wegen eines Mitnehmens durchsetzen können? Deshalb war er mit Maxi auf die Idee mit den Steinen gekommen. Ihre Ausführung befriedigte sie auch außerordentlich, da sie die Stellen zwischen den Felsen mit nasser Erde verschmierten und auf ihr mit Gras und Moos Bäume nachahmten. Ihre Arbeit war perfekt und hätte eigentlich Lob verdient, doch unerwartet erschien der Bauer und begann sie zu schimpfen: „Was räumt ihr mir da die Einfahrt mit Steinen voll! Schnell, tragt sie wieder weg!" So platzte ihr Traum vom Berg, und der „Große Priel" kam wieder dort hin, wo er schon einmal gewesen war, nämlich zum Straßenrand, wo Wegarbeiter die Steine für Ausbesserungsarbeiten zusammengetragen hatten.

An diesem Tag, der nun langsam zu Ende ging und der mit düsterem Abendrot einen Wetterwechsel ankündigte, war Wladimir mit seiner Einheit in schwere Kämpfe verwickelt gewesen. Die Russen hatten die Front eingedrückt und warfen gewaltige Menschenmengen in die Schlacht, die sich jetzt nach allen Seiten ausbreitete und die Deutschen zwang, sich in Nester zu gruppieren, von denen jedes für sich abgeschnitten und nur mehr durch Rufe mit dem anderen in Kontakt war.

Wladimir bewegte sich geschickt zwischen den anstürmenden und durchbrechenden Russen. Die Handgranaten flogen nach allen Seiten, nach vorne zu lagen Dunst und Brandschwaden, aus denen sich dunkle Gestalten lösten, um gleich darauf im Blitz heller Fontänen oder in einem aufgeworfenen Graben zu verschwinden. Das Krachen der Detonationen riss ihnen die Verständigung vom Mund, jeder war auf sich allein gestellt und niemand wusste, wie es dem anderen ging, ob er noch lebte und wo die Kameraden waren. Die Toten und Verwundeten häuften sich, sie lagen wie aufgeschichtet neben den Gräben oder füllten Granattrichter aus, über die sich die Erde weiterer Einschläge legte.

In einer Feuerpause sammelte sich die Abteilung. Von Wladimirs Leuten waren noch sechs heil. Kein Offizier weit und breit. Einer von den Pionieren hatte ein MG mitgeschleppt und mit schweren Salven in die anstürmenden Russen hineingeschossen. Drei Ketten mit Munition waren noch vorhanden, weiters einige Kanister mit Patronen für Gewehre und Pistolen. Jeder versorgte sich mit Waffen, so gut es ging, aber mit Nachschub konnte man in diesem Moment nicht rechnen.

Da wagte Wladimir das Äußerste. Er besprach sich mit den Männern, und unter Feuerschutz jagte er in kurzen Sprüngen durch das Sperrfeuer in Richtung auf die deutsche Stellung zu. Er musste Nachschub holen, sonst war auch der Rest seiner Leute verloren.

Als er das erste Mal durch das Sperrfeuer kam und sich in den nächsten Graben fallen ließ, staunten die Leute mit den grauen Stahlhelmen und den verdreckten Uniformen nicht schlecht.

„Du traust dich was!" lobten sie. Aber Wladimir hatte keine Zeit, um nachzudenken. Er lud sich auf, was er tragen konnte, Patronengürtel, Handgranaten, und in jeder Hand schleppte er Koffer aus Blech, jeder vollgestopft mit scharfer Munition. Das Sperrfeuer, das sich in einem Streifen von gut einem Kilometer Breite eingenistet hatte, war schwächer geworden. Also sprang Wladimir wieder aus dem Graben und suchte mit keuchenden Lungen den Weg zurück zu den Widerstandsnestern, von denen er gekommen war. Seine Leute hatten sich gehalten, unglaublich, dass bei dem Druck von allen Seiten überhaupt noch jemand lebte.

Soldaten von anderen Regimentern tauchten auf und blieben in dem kleinen Verteidigungsring hängen. Jeder griff nach dem Nachschub.

Neuerlich stürmten die Russen, und das Artilleriefeuer brach in gewaltiger Stärke los. Es war dies der Augenblick, in dem sich Wladimir ein zweites Mal auf den Weg machte. Bei den Einschlägen sprang die Erde vor ihm aus dem Boden und nahm ihm jede Sicht. Instinktiv suchte er in den Löchern Schutz, schmiegte sich an Gesteinsbrocken und nahm Gefallene als Deckung. Ein winselnder Kamerad mit Einschüssen im Oberarm torkelte ihm entgegen. Wladimir drückte ihn auf den Boden, riss Verbandpäckchen auf und stopfte ihm die tiefen Fleischwunden zu. Bis diese zu bluten aufhörten, verbrauchte er sein ganzes Verbandszeug. Als der Mann notdürftig versorgt war, verließ er ihn und machte sich wieder auf seinen gefährlichen Weg. Er belud sich erneut mit aller nur erreichbaren Munition.

Der Rückweg war diesmal gefährlicher, weil das Trommelfeuer um nichts nachgelassen hatte. Immer wieder stolperte er über tote Russen und Deutsche. Es gab kein Vorwärtskommen mehr. Deshalb riss er den Rucksack von seinen Schultern und schleuderte ihn, weil die darin enthaltenen Handgranaten seine Bewegungen behinderten, weit von sich. In diesem Augenblick versengte ihn ein Feuerstrahl, und die Druckwelle einer Explosion warf ihn beiseite. Ein schwerer Schlag auf den Rücken nahm ihm für Sekunden die Besinnung. Dann wollte er weiter, konnte aber nicht, da ihm eine plötzliche Schwäche die Sinne schwinden ließ. Schmerzen brachten ihn wieder zu sich. Benommen tastete er nach der wehen Stelle und verbrannte sich an einem noch immer glühend heißen Sprengstück, das aus seiner rechten Rückenseite hervorstand, die Finger. Er wollte es aus dem Körper ziehen, hatte aber keinen Erfolg. Jede Bewegung und jeder Atemzug schmerzte höllisch. Dazu kam die körperliche Schwäche, die immer deutlicher wurde und ihm die Schwere seiner Verwundung klar machte.

Er blickte sich nach Hilfe um und gewahrte in diesem Augenblick den Soldaten, dem er knapp zuvor unter Lebensgefahr erste Hilfe geleistet hatte. Er rief ihm zu und zeigte auf seine Verwundung. Der aber betrachtete sich nur das blutverschmierte, zerfetzte Hemd und die verkrustete Hose, er lachte kurz auf und schrie: „Blöder Hund, bleib liegen, krepierst ja sowieso!“ Dann schüttelte er den Kopf und machte sich aus dem Staub. Wladimir griff nach seiner Pistole, diesen Kerl musste er umlegen, dieses verfluchte Schwein! Ein Glück, dass er seine Waffe verloren hatte, er hätte auf ihn abgedrückt.

Als er verwundet und hoffnungslos geschwächt im Dreck lag, griff er nach einem Taschentuch, weil er gar so blutete. Das erste, was er in die Finger bekam, war der Rosenkranz, den ihm sein Vater mitgegeben hatte.

„Herrgott, verlass mich nicht!“ stöhnte er laut. Er kroch in eine Mulde, die halb von Baumwurzeln verdeckt war. Wieder verlor er die Besinnung, wurde aber wach, als ihn jemand an der Schulter rüttelte. Rauch zog sich wie ein Gespinst vor seine Augen. Dann sah er seinen Vater, lächelnd, ganz nah.

„Komm, du musst weiter, du musst zum Verbandsplatz und ins Lazarett!“ Er winkte ihm mitzukommen!

Wladimir riss weit seine Augen auf. Wie war es möglich, dass sein Vater da war und zu ihm gefunden hatte?

„Komm, folg' mir!“ forderte ihn dieser nochmals auf.

Als ein neuer Schwächeanfall vorüber war, nahm er sich zusammen und kroch auf allen vieren durch das Kanonen- und Gewehrfeuer zurück in die deutschen Linien.

Für den halben Kilometer brauchte er lange. Zwei Stunden? Oder waren es drei? Immer wieder stöhnte er: „Herrgott, verlass mich nicht!"

Mit schier übermenschlichen Kräften schleppte er sich bis zum Hauptverbandsplatz. Alle seine Habseligkeiten schmiss er weg, nur den Rosenkranz hängte er sich um den Hals und nahm ihn mit.

Auf dem Verbandsplatz fiel er wieder in Ohnmacht, man legte ihn auf ein Tragbett und brachte ihn ins Zelt. Ein Rot-Kreuz-Mann untersuchte ihn oberflächlich, wandte sich an seine Umgebung und sagte: „Da hat sich wieder einmal einer umsonst geplagt!" Das war wie eine Verurteilung zum Tod. Wladimir aber dachte nur ans Leben.

Notdürftig versorgte man ihn. Er begann zu fiebern und zu phantasieren. Ortsnamen beschäftigten ihn, Gorok, Tarrasowo, Rübschewo, Borok und Smolensk. Kam er von dort oder ging es dort hin? Als wäre er in ein heftiges Gewitter gekommen, peitschte ihn der stürmische Regen des Todes, prasselte auf ihn nieder und ließ ihn erst nach zwei Wochen wieder los. Irgendwo traf er auf zwei Engel, auf die bayrische Rotkreuzschwester Paula Höllersberger aus Berchtesgaden und auf eine russische Ärztin. Die eine fühlte sich mit ihm durch die Mundart und die Heimat, die andere durch den Taufnamen Wladimir verbunden.

„Wieso du Wladimir?" fragte sie erstaunt und ward ins Herz getroffen, als es schwach zurück klang: „Vater liebt Russland!"

Diese zwei Frauen kämpften um sein Leben, und sie siegten. Von denen, die im Operationssaal und im Sterbezimmer des Spitals lagen, war Wladimir einer von den wenigen, die überlebten.

Fast einen Monat später erhielten die verzweifelten Eltern in Pichlern einen kurzen Brief: „Nun ist es bei uns ein bisserl zugegangen. Ich liege im Kriegslazarett Frankfurt, weil ich am 4. Juni um vier Uhr nachmittag einen kleinen Splitter abgekriegt habe. Ich glaube, es wird nicht lange dauern, dann kann ich Euch mehr mitteilen. Wir kommen ja weg von hier!"

Überglücklich nahmen die Eltern diese Nachricht entgegen. Den Bekannten sagten sie: „Wladimir hat einen kleinen Splitter abbekommen! Nichts Ernstes!“ Erst viel später erfuhren sie, dass Wladimir nur knapp dem Tod entronnen war.

XI.

Die Steyr ist ein Fluss aus dem Toten Gebirge, der sich nach seinem Ursprung durch tiefe Schluchten zwängt, Steyrdurchbruch hinter sich läßt, dann über vielfache Wehren rinnt und zu einem langsamen Gewässer wird, das an Breite zunimmt, Ortschaften passiert und sich bei der Stadt Steyr mit der größeren und viel längeren Enns vereinigt. Vom Ursprung bis zur Mündung ist die Steyr glasklar, man sieht an niedrigen Stellen bis zum Grund, also bis zum kleinsten Stein, und man erspäht natürlich auch jeden Fisch, der sich in diesem Wasser bewegt.

Oberhalb der Holzbrücke, die von Pichlern hinüber nach Aschach führte, hatten sich im Fluss zwei Inseln gebildet, die eine aus Schotter und weichem Sand, die größere aber aus Felsbrocken und gröberem Ufergestein, zwischen dem sich bei jedem Hochwasser soviel Schlamm ansammeln konnte, dass Weidensamen anflogen und ein dichtes, drei bis vier Meter hohes Gestrüpp gebildet hatten.

Schon an den ersten heißen Tagen tummelten sich auf der Schotterinsel alle jungen Leute von Pichlern, die auf der Abdeckung der schräg gebauten Brückenpfeiler nach unten kletterten, sich Liegedecken ausbreiteten und in der Sonne braten ließen. Das Wasser war kalt, erreichte auch im Hochsommer nicht mehr als siebzehn, achtzehn Grad und brannte daher beim Schwimmen wie Feuer. Nach jedem Badegang kamen sie zitternd aus den Fluten, die Zähne klapperten, und Gänsehaut bedeckte den ganzen Körper. Jedes Eintauchen war mit Geschrei verbunden, besonders, wenn jemand ins Wasser geworfen wurde. Die Buben waren hinter den Mädchen her, und die Mädchen versuchten, sich hinter den älteren zu verstecken, es gab öfter ein Gerangel, nichts Ernstliches natürlich, trotzdem flossen Tränen, meist dann, wenn die Buben zu heftig an den Zöpfen der Mädchen rissen.

Die Kinder, die sich hier zum Baden trafen, kannten sich alle, sie legten sich aber je nach Bande oder Wohnbereich zusammen, blödelten miteinander und versuchten, sich gegenseitig auszufragen. Jetzt am Schulende war das Zeugnisproblem aktuell, ein Thema, das Heinz ganz und gar nicht passte und dem er gerne entronnen wäre. Trotzdem blieb er bei solchen Gesprächen wie angenagelt auf seinem Platz sitzen und hörte mit Unbehagen jenen zu, die nur gute Noten zu erwarten hatten. Vor allem waren das die Mädchen, immer Vorbilder in der Schule und stets brav und fleißig. Diese ärgerten ihn fortwährend mit ihren blöden Fragen: „Wird es bei dir eine Fünf oder gar eine Sechs?"

Heinz gab darauf keine Antwort, er schüttelte höchstens den gesenkten Kopf und war so demoralisiert, dass er bei der Fragerei nicht einmal aufsehen wollte, sondern höchst verlegen mit einem Stein oder dem nassen Sand spielte. Er wusste ganz genau, mit den Schulnoten brach heuer das Unglück über ihn herein, sie waren Ausdruck für sein Versagen und seine Faulheit. Er schämte sich schon jetzt.

Er hatte den ersten Sonnenbrand hinter sich, häutete an der Nase und an den Wangen etwas ab, und sein Rücken war voll mit winzigen Wasserbläschen, die, sobald die anderen sie entdeckten, ihm mit der flachen Hand abgewischt wurden, ein allgemeiner Spaß, weil es dabei so herrlich wegspritzte und weil man anschließend seine Hautfetzen vom Rücken abziehen konnte. Es war eine von den Dummheiten, die er nur deshalb litt, weil sie zu den Mutproben der Bande gehörte.

Es gab so viele Mutproben in Roberts Bande, dass man sie alle gar nicht mehr aufzählen konnte. Aber jede war unsinnig und bedenklich. Einige vergaßen die Buben zwar wieder, aber andere kamen dazu, und eines konnte man mit Sicherheit behaupten, dass die neue den vergessenen an Gedankenlosigkeit nie nachstand. Ganz abgesehen von den Möglichkeiten des Rauchens forderte Robert, dass man beim Baden Bremsen nicht abklatschte, sondern so lange saugen ließ, bis sie wieder abflogen. Oder er zeigte seinen Leuten vor, wie man mit einer Rasierklinge die harte Haut der Fußsohle wegschnitt, und verlangte dann, dass es ihm die Mitglieder seiner Bande nachmachten. Die Folge war, dass alle beim Heimgehen auf den Kieswegen wie gedroschene Hunde daher humpelten.

Grob geschätzt war aber das Durchtauchen des Gerinnes zwischen dem Ufer und der Schotterinsel die gefährlichste dieser Dummheiten, denn sie wurde auch jenen abverlangt, die noch nicht schwimmen konnten und die einfach am Grunde des Flusses zur anderen Seite krochen. Auch Heinz konnte noch nicht schwimmen und wäre bei dieser Mutprobe, hätte ihn Robert nicht rechtzeitig beim Haarschopf erwischt und daran aus dem Wasser gezogen, sicher ertrunken.

Die Szenen an der Steyr waren vielfältig. Einige Burschen zeigten ihren Mut, indem sie vom Rand der Holzbrücke ins tiefe Wasser köpfelten, andere paddelten mit ihren kleinen Aluminiumbooten zwischen den Schwimmenden umher. Diese Boote hatten sie sich aus den leeren, ovalen Benzintanks gebastelt, die von amerikanischen Fliegern abgeworfen worden waren. Es genügte, wenn man diese in zwei Hälften teilte und die scharfen Ränder umbörtelte. Man kippte mit diesen Booten zwar leicht um, aber einige Buben hatten eine wahre Meisterschaft im Manövrieren entwickelt und trauten sich sogar unterhalb der Insel in die Strömung des Flusses. Robert wiederum bewährte sich als Häuptling und wagte sich darüber hinaus sogar bis zur Wehre der Wochenaltmühle, wo es oberhalb zwar seicht war, bei der es aber unterhalb einige tiefe Tümpel und anschließend schnelle Furten gab. Hier war im Vorjahr ein Zwölfjähriger ertrunken, ein guter Schwimmer, der mit seinem Fuß an einer Wurzel hängen geblieben war und durch die Strömung mit dem Kopf unter Wasser gedrückt wurde. Ein schrecklicher Unfall! Als man ihn endlich herausziehen und bergen konnte, gab er kein Lebenszeichen mehr von sich. An dieser Stelle des Ufers wurde eine Badeverbotstafel aufgestellt, alle, die dort vorbeikamen, blickten mit Scheu auf die sichtbaren Wirbel, in denen neben Schwemmholz häufig auch tote Hunde und Katzen kreisten.

Das schönste Boot auf dem Badeplatz war aber jenes von Bertl Steinmaßl. Sein Vater war gleich zu Beginn des Krieges als Invalider heimgekommen, ihm fehlte der linke Arm und das rechte Bein. Er war also schwerst behindert. Sobald er sich mit seinem Zustand abgefunden hatte, versuchte er durch Handwerken und leichte Arbeit wieder einen Sinn in seinem Leben zu finden. Seine Leidenschaft war die Imkerei, die er in einem Bienenhaus, das er auf einem kleinen eigenen Grundstück hinter dem Distelgut aufgestellt hatte, mit Können und Ausdauer betrieb. Er war aber auch ein guter Heimarbeiter und Bastler. Deshalb fiel es ihm trotz seiner Behinderung nicht schwer, für seinen Sohn ein einfaches Holzboot zu fabrizieren. Es bestand im Wesentlichen nur aus einem Boden, zwei Seitenteilen und einer vorderen und hinteren Abdeckung, und es war abgedichtet. Was es aber so begehrenswert machte, das war die Tatsache, dass es mit kirschroter Lackfarbe gestrichen worden war und dass es dadurch aus dem Wasser leuchtete. Dieses Boot war faktisch unsinkbar, natürlich konnte es kentern, aber mit dem flachen und breiten Boden geschah das nur dann, wenn die Piratenspiele und die Wasserschlachten zu wild ausfielen.

Solange gebadet wurde und die Buben eines von ihren Seeräuber- oder Kriegsspielen betrieben, war dieses Boot immer besetzt, denn kaum stieg einer aus, hatte auch schon der nächste bei Bertl Steinmaßl eine Fahrt erbettelt. Als es einmal nicht benützt wurde, kam Robert auf die fatale Idee, Heinz mit einer Mutprobe zu belegen und ihn zwischen Ufer und Insel auf- und abfahren zu lassen. Und ob Heinz wollte oder nicht, er wurde in das Boot gesetzt und vom Ufer abgestoßen. Da nützte es auch nichts, wenn er sich heftig wehrte und gellend schrie. Er klammerte sich an Robert und flehte, er möge ihn in Ruhe lassen und er wolle diese Mutprobe nicht machen. „Robert, ich habe Angst, ich kann nicht schwimmen. Lass mich, ich will heimgehen!"

Es half nichts. Robert lachte verächtlich und schrie: „Feigling!"

Dieses eine Wort ging Heinz durch Mark und Bein. Zitternd saß er mit nassem Hintern im Boot, das vom vielen Planschen bereits bodenvoll mit Wasser angefüllt war. Mehrmals versuchte er, wieder ans Ufer zu kommen, aber jedes Mal wurde er von den Buben zurückgestoßen und gezwungen, wieder ins tiefere

Wasser zu paddeln. Aber je weiter er sich vom Ufer entfernte, um so größer wurde seine Panik, und er begann wie wild zu rudern. Er merkte dabei nicht, dass er an dem unteren Pol der Schotterinsel angelangt war. So gut er konnte, umklammerten seine kleinen Hände das Paddel, und seine Kindermuskulatur arbeitete fieberhaft. Tatsch, tatsch, tauchten die Ruderblätter ins Wasser und trieben das Boot voran. Robert glaubte, ihn noch kommandieren zu können, und schrie: „Kehr um, dort ist es zu gefährlich!" Aber Heinz hörte diese Stimme nicht mehr, sondern nur noch das Rauschen und Plätschern der Wellen. Nun hatte er die Insel umrundet, war in die Flussmitte geraten und schrie vor Entsetzen, aber er ruderte weiter.

Alle Kinder liefen nun auf der Flussseite der Badeinsel zusammen, keines mehr als zwanzig Meter von Heinz entfernt, aber niemand wagte sich ins Wasser, denn die Fahrtenrinne war tief und voller Wellen. Und so war keiner da, der hineingesprungen wäre, um Heinz ans Ufer zu bringen.

Heinz schlug das Paddel mit allen seinen Kräften, wie wild geworden strapazierte er seinen kleinen Körper, er stöhnte und schwitzte und schaffte Meter für Meter gegen die Strömung. Sogar von der Insel her konnte man sehen, dass sein Gesicht nicht rot und erhitzt, sondern blass wie eine Kalkmauer war. Schließlich hatte er den oberen Teil der Schotterinsel erreicht, und im nächsten Moment war er auch schon hinter dem Weidengestrüpp und den tiefhängenden Ästen der Felseninsel verschwunden. Jetzt herrschte die allergrößte Aufregung bei den Badenden. Robert schrie in seiner Angst um den Bruder wie am Spieß, er brüllte: „Heinz! Heinz!" Doch dieser war so in Bedrängnis, dass er nichts mehr um sich vernahm und seine Rettung allein in einer maßlosen Anstrengung und einem fortgesetzten Rudern sah. Aber unerwartet packte ihn ein größerer Wirbel, drehte das Boot und klatschte es ans Ufer, ausgerechnet an einer Stelle, wo das Wasser besonders tief war.

„Hilfe!" schrie er und spürte zugleich, wie ihm ein größerer Weidenzweig ins Gesicht schlug, er fasste danach und wurde plötzlich aus dem Boot geschleudert. Da er aber den Ast nicht losließ und sich mit letzter Kraft daran krallte, wurde er wie von selbst ans Ufer gespült, er griff nach einem Felsen, schleppte sich empor und blieb keuchend am festen Boden liegen. Er blickte zum Fluss und sah das Boot und das Paddel davontreiben.

Langsam erhob er sich. Beim Gedanken an die soeben beendete schreckliche Fahrt waren ihm gleich wieder Tränen in die Augen gestiegen. Er weinte sehr leicht, alles, was sein Gemüt belastete, heulte er sich von der Seele, und er konnte sich in diesen Zustand so hineinsteigern, dass er nur mehr schwer zurückfand und oft minutenlang schluchzte. Im Unterricht hatte deshalb Frau Lehrer Honsak einmal: „Bist ein sensibles Bürschchen!" zu ihm gesagt, die Mitschüler aber nannten ihn „Weichling" und „Muttersöhnchen."

Gerade wollte er zurück zur Schotterinsel, als sein Blick zufällig auf den unteren Teil seines Körpers fiel. Entsetzt starrte er sich an. Er stand vollkommen nackt zwischen den herzförmigen Lattichblättern. Tatsächlich, er hatte seine Badehose verloren. Seine Beine, sein Bauch und seine Brust hatten eine Farbtönung zwischen Rot und Braun, dort aber, wo er seine Badehose getragen hatte, verlief ein heller Streifen, gerade so, als wäre er dort entzweigeschnitten worden. Schnell lief er zur Stelle, wo er ans Ufer gekommen war, sah unter die Zweige, Blätter und Büsche, aber nirgendwo war auch nur ein Fleck seiner Hose zu sehen. Jetzt war er sicher, dass ihm die Strömung die ohnehin zu weite Badehose vom Körper gezogen und fortgetragen hatte. Schon wollte er wieder zu heulen anfangen, als er instinktiv begriff, dass er etwas gegen seine Nacktheit unternehmen musste, denn sonst stand ihm die schrecklichste Blamage und Schande seines Lebens bevor. Wenn er nicht schnell irgend etwas fand, mit dem er sich bedecken konnte, dann war er dem gnadenlosen Spott seiner Freunde ausgesetzt. Er riss eine junge Liane ab, band sie um den Bauch und steckte Lattichblätter hinein. Aber schon nach wenigen Schritten verlor er sie wieder. Zu seinem Glück war er gestern hier gewesen, und nun erinnerte er sich, dass er an einer seichten Stelle der Furt zum Festland hinüber einen Fetzen gesehen hatte, der im Wasser an einem Ast hängen geblieben war und dort schlängelnd die Wellenbewegungen nachvollzog. Es war ein ausgebleichter Stoffrest, der an einigen Stellen Löcher hatte, der aber gerade noch so groß war, um die wichtigsten Teile an ihm zu verdecken. Aber wie sah er damit aus! Zu seinem Schreck näherte sich jetzt lautstarkes Kindergeschrei und verriet ihm, dass man nach ihm Ausschau hielt und ihn suchen wollte. Schnell watete er ans Ufer, machte sich klein und versank in einer Kolonie von Lattichblättern, die hier besonders dicht und hoch wuchsen.

Als Robert den kleinen Bruder hinter den Stauden der Felseninsel verschwinden sah, ahnte er bereits das Allerschlimmste, und diese Ahnung wurde durch einen Hilfeschrei bestätigt, der kurz darauf zu hören war. Ihm gerann das Blut vor Angst und Schrecken. Wenn Heinz ertrank, dann war er der gemeinste und niederträchtigste Mensch der Welt, ein Mörder und Ausgestoßener, von allen verachtet und schief angesehen, und von niemandem mehr geliebt, auch nicht von seiner Mama, seinem Papa und seinen Geschwistern. Wie konnte er es überhaupt ertragen, Heinz tot vor sich liegen zu sehen, triefend, blass und leblos? Nie würde er seine schöne Stimme wieder hören, und nie würde er ihn jemals wieder umarmen und um Verzeihung bitten können.

Er hatte diesen Gedanken noch nicht zu Ende gedacht, da kam schon das Boot angetrieben, gekentert und leer, und gleich daneben das Paddel, an dem ein Stofffetzen hing, der sich, als man ihn herausfischte, als die Badehose von Heinz entpuppte. In diesem Augenblick stürzte für Robert die Welt zusammen. Ein Stöhnen entrang sich seiner schmalen Brust, er begann heftig zu jammern, und als sich dadurch sein Schmerz nicht linderte, warf er sich mit einem Aufschrei ins Wasser, denn er wollte ertrinken, so wie Heinz auch ertrunken war. Aber es wurde nichts mit dem Ertrinken, denn ihm wurde schnell so kalt, dass er sein Sterbenwollen aufgab und er die rettenden Schwimmzüge zum Land machte, wo er niedersank, das Gesicht in die Hände vergrub und herzerweichend schluchzte.

Durch das Schreien angelockt kamen jetzt zwei Erwachsene von der Brücke herab, sie gaben Anweisungen, worauf sich die Buben verteilten und systematisch zu suchen begannen. Einige liefen zur Wochenaltwehre, wo das Boot hängen geblieben war. „Das Boot zeigt den Ertrunkenen an!" hieß es. Vorsichtig tastete sich ein Beherzter an den glitschigen Brettern der Wehre entlang, stocherte mit einem Stecken darunter und barg, da er Heinz nicht fand, zumindest das Boot.

Schließlich kam einer auf die Idee, die Felseninsel abzusuchen. Alle klammerten sich mit Begeisterung an diesen Hoffnungsschimmer, sie wateten zu dieser hinüber und suchten sie Schritt für Schritt ab.

„Heinz, Heinz!" Noch nie war der Name von Heinz so in aller Munde gewesen. Allen voran Robert. Er hatte einen dicken Stock gefunden und peitschte in seinem Schmerz damit die Lattichblätter nieder, die an den hohen Stielen brachen und geköpft niedersanken. Aber nirgendwo war eine Spur von Heinz. Die Verzweiflung wurde immer größer, in allen Gesichtern spiegelte sich das Entsetzen. Wie sollte es weitergehen? Einige wollten schon nach Hause, um dort den Eltern die schreckliche Kunde vom Badeunfall zu verkünden, aber dann trieben sie doch Neugierde und ein kameradschaftliches Mitfühlen dazu an, noch zu bleiben und das zu tun, was die mitsuchenden Erwachsenen ihnen anschafften. Noch einmal ging man die Insel durch, von oben bis unten, von links nach rechts, man besah sich die Uferränder und spähte unter die überhängenden Zweige und war dabei so laut, dass auf der anderen Seite des Flusses Leute stehen blieben und herüber fragten, was denn los sei.

Da rief einer der Buben: „Der Dirisamer Heinz ist ertrunken!" Wie ein Echo kam es zurück: „Dirisamer Heinz?"

„Ja, Dirisamer Heinz ist ertrunken!"

Dieser Ruf, der die Meinung aller ausdrückte, zermalmte förmlich den hoffnungslos gewordenen Robert. Wie von einer Keule getroffen fiel er zu Boden und röchelte. Einer schrie: „Jetzt ist der Robert vor Schmerz gestorben!" Aber ein Erwachsener nahm ihn und warf ihn kurzerhand in das kalte Wasser. Und da geschah nun ein Zweifaches: Robert kam augenblicklich zu sich und schrie wie auf dem Spieß so laut, dass alle erstarrten, und im selben Moment lösten sich auf dem Festland einige Steine, kollerten herab und nahmen in ihrem Fall Heinz mit, der unter den Lattichblättern zu rutschen begonnen hatte, sich nicht mehr halten konnte und bis zum Ufer glitt. Dort erhob er sich und stand nun, weil er im Rutschen den Stoffrest verloren hatte, splitterfasernackt vor dem Suchtrupp, der nach einer Sekunde des Erstaunens in höllischen Jubel ausbrach.

„Heinz ist gerettet!“ schrien Maxi und Bertl im Chor mit den anderen. Robert jauchzte: „Er ist nicht tot!“, und gleich stürzten alle zu ihm hinüber, und ehe er sich noch versah, hob ihn ein stärkerer Bub im Reitersitz auf die Schultern und trug ihn, umgeben von der jubelnden Schar, zur Schotterinsel, wo er, noch immer nackt und schmutzig, jetzt von allen bespritzt und sauber gemacht wurde. Vergnügt und langsam zog Heinz die gefundene, nasse und für ihn viel zu weite Badehose wieder an. Jetzt war er nicht mehr der Feigling, sondern der tapfere und von allen bestaunte Held. Voll Stolz erzählte er, wie er sich hatte retten können.

„Zuerst habe ich gerudert und gekämpft, die Wellen waren so hoch wie bei einem Sturm im Meer, aber wie das Boot gekentert ist, bin ich ins Wasser gesprungen und an Land geschwommen!“

Robert starrte ihn verdutzt an. „Was, du kannst schwimmen?“ fragte er. „Zeig' es uns!“

Augenblicklich erkannte Heinz den Riesenfehler, den er gemacht hatte.

Schnell wollte er sich korrigieren: „Ich bin natürlich schon ganz nahe beim Ufer gewesen!“ Aber dieser Satz ging im indianischen Geheul von Roberts Bande unter. Es gab kein Zurück mehr, die Buben packten ihn an Händen und Füßen, schaukelten ihn einige Male hin und her und warfen ihn nach „eins“ und „zwei“ bei „drei“ ins Wasser. Als er aufklatschte, verschwand er für einige Sekunden unter der Oberfläche, kam dann aber pustend und schnaubend hoch und schwamm zum grenzenlosen Erstaunen von Robert im Hunderlschwumm an Land. Heinz konnte es selber nicht glauben, aber er hatte von einer Minute auf die andere schwimmen gelernt.

Obwohl der schöne und heiße Sommertag noch nicht zu Ende war, packten die Brüder kurz darauf ihre Sachen zusammen und gingen hinauf zum Distelgut und zur Wohnung der Eltern. Für Heinz war das Abenteuer so aufregend gewesen, dass er sich jetzt müde fühlte, fröstelte und manchmal in einem Anflug von Schwäche mit den Zähnen klapperte.

Robert sagte: „Wenn du den Mund hältst und mich nicht verrätst, gebe ich dir einen Briefmarkensatz und die Zeichnung mit dem Flieger, die dir gestern so gefallen hat!"

Heinz klapperte noch immer mit den Zähnen.

„Und wenn du willst, nehmen wir dich morgen zum Schmetterlingfang mit, zum Nachtfang! Nur Othmar, du und ich!"

Jetzt war Heinz einverstanden. Robert ließ ihn den heiligsten Eid sprechen. Die Formel lautete: „Ich schwöre beim Leben unseres geliebten Führers und aller deutschen Helden!"

„Jetzt bist du verpflichtet, auf ewig zu schweigen!" Heinz nickte, er war zu erschöpft, um darüber nachzudenken. Dieser Schwur war letztendlich auch gleichgültig, denn die Nachricht vom Zwischenfall an der Steyr war ihnen bereits vorausgeeilt und hatte vor ihnen das Bauernhaus erreicht.

Die Bäuerin trat ihnen entgegen. „Da seid ihr ja, ihr zwei Haderlumpen!"

Zu Robert sagte sie: „Die Magda wird nie mehr mit euch baden gehen nach dem, was heute vorgefallen ist!"

Auch Heinz kam nicht ohne Strafpredigt davon. „Du ausgschamter, nackerter Bub! Und angewischerlt hast du dich auch, deine Hose ist ja ganz nass!"

Jetzt war das Maß voll, und Heinz versagten die Nerven. Heulend lief er in die Wohnung. Der Vater war, gottseidank, noch nicht daheim, und die Mutter zeigte, so wie immer, ihr gutes Herz. Sie brachte ihnen zunächst ein Glas mit Himbeersaft, dann bekam Heinz eine trockene Hose und musste die ganze Geschichte erzählen, ausführlich und in allen Details. Resi schimpfte nicht, sie saß auf dem Sofa und betrachtete ihre beiden Kinder. Zu Robert sagte sie: „Du hast mir versprochen, immer auf Heinz aufzupassen, und daher musst du auch Wort halten. So eine Sache wie heute will ich nie und nimmer mehr hören!"

Robert wollte ein „Aber" einbringen, doch Resi legte ihm die Finger auf die Lippen. „Nie und nimmer! Hast du verstanden?"

An diesem Tag durften beide nicht mehr aus der Wohnung. Nach und nach trafen alle Heimkehrer ein, Othmar und Lisl zuerst, dann Franz Dirisamer mit Gitti, die am Nachmittag Religionsunterricht gehabt hatte. Und bevor es dunkel wurde, erschienen auch noch Auguste und Nadja.

„Steyr sieht fürchterlich aus!" entrüstete sich Auguste, die auf dem Weg von Wien zu ihrer Familie die Fahrt in Steyr unterbrochen und dort übernachtet hatte.

„Das wird nie mehr so aussehen wie früher. Ich fürchte, die Ami werden noch einmal bombardieren und alles dem Erdboden gleichmachen. Dann werden wir die Letzten sein, die sich noch an Steyr erinnern können, so wie es einmal war, romantisch und schön."

Franz Dirisamer war optimistischer als seine Tochter: „Der Herrgott hält seine Hand über diese Stadt, es wird ihr nichts mehr geschehen!"

Gustl trotzte: „Der Herrgott hat die jetzige Zerstörung aber auch zugelassen!"

„Vielleicht haben wir diese Strafe verdient!"

„Der Führer hat es mit uns und dem deutschen Volk nur gut gemeint!"

Franz Dirisamer blickte in das aufgebrachte und entflammte Gesicht seiner dreiundzwanzigjährigen Tochter. Es war nun schon wieder einige Jahre her, und trotzdem lag es in seiner Erinnerung wie ein schwerer Stein, den er nicht loswerden konnte. Es war zur Zeit, als das Protektorat „Böhmen und Mähren" entstanden war. Noch ein Jahr zuvor hatte Hitler erklärt: „Wir wollen keine Tschechen!", und nun hatte er den ganzen Staat geschluckt. Die Freiheit der Slowakei war so wenig wert wie die Besprechungen mit Chamberlain am Obersalzberg und in München. Das Abkommen war nur mehr ein „Fetzen Papier". Er war damals voll Verbitterung und Verzweiflung gewesen. „Das ist Verrat, wenn jetzt nur kein Krieg kommt!" sagte er zu Resi.

Seine Kinder aber dachten anders als er. Auguste streifte damals länger durch die Stadt, als es der Unterricht verlangte, und sie kam oft spät nach Hause. Er überraschte sie einmal auf der Ennsbrücke, als sie mit einem SS-Mann spazieren ging. Das machte ihn traurig und zornig zugleich. Sie begann das Spiel mit dem Lippenstift. Er konnte das nicht ansehen und fuhr sie angewidert an. „Wenn du dich noch einmal anstreichst, spucke ich dich an!"

Nachher empörte sich Auguste bei ihrer Mutter und drohte: „Wenn mir Papa das nur einmal antut, melde ich es der Dienststelle des BDM, dann kriegt er überhaupt keinen Posten mehr!"

Es war tatsächlich so weit gekommen, dass Resi ihren Mann vor den eigenen Kindern warnen musste.

Einige Tage später entschlüpfte ihm die Bemerkung: „Jetzt wird's bald krachen! Was der Hitler treibt, kann nicht gut gehen!"

„Brauchst keine Angst haben, da ist die SS da!" entgegnete ihm Wladimir auf eine Art, die er an ihm nicht kannte. Resi schnitt ihm weitere Bemerkungen ab.

„Diese gottlosen Burschen werden den Kohl nicht fett machen. Menschen, die nicht in die Kirche gehen, haben keinen Segen von oben!"

Gleich half Auguste ihrem Bruder und mischte sich ein. „Kirchengehen allein macht den Menschen nicht aus. In der Tschechei haben die SSler die Deutschen befreit. Das war schon eine Leistung!"

Das ermunterte Wladimir zu der Erklärung: „Wenn ich einmal zum Militär muss, dann melde ich mich zur SS!"

Alle blickten ihn entsetzt an. Franz Dirisamer fasste sich als erster: „Wenn du das tust, tust du es gegen meinen Willen, gegen den Willen deines Vaters. Willst du so ein Atheist werden wie diese Burschen?“

„Das werden wir schon sehen!“ war die Antwort seines ältesten Sohnes.

Das traf Franz Dirisamer. Mit bebender Stimme antwortete er: „Ich kann mir nichts vorwerfen! Ich habe dich immer geliebt und gut erzogen, und ich verdiene deinen Ungehorsam nicht. Wenn du zur SS gehst, übst du an mir Verrat. Ich wünsche dir nur, dass du deine Worte und das, was du mir damit antust, nicht einmal bereuen musst!“

Seither hatte sich viel geändert. Wladimir war einsichtig geworden und war den Klauen der SS entwischt. Die Briefe, die nach seiner Verwundung aus den verschiedensten Spitälern nach Hause kamen, sprachen jetzt eine andere Sprache, eine ganz andere, und waren so entgegengesetzt, dass der Vater ihm in seinen Antwortschreiben oft raten musste, diplomatischer zu werden und keine Ansichten zu Papier zu bringen, die ihm schaden konnten.

Auch Auguste hatte sich gewandelt, sie sah viele Dinge mit reiferen Augen, und trotzdem flammte ihr Fanatismus bisweilen durch. Als sich Brigitte an ihren Vater wandte und ihn bat, nicht mehr zum Religionsunterricht gehen zu müssen, stellte sich Auguste sofort auf ihre Seite.

„Muss denn die arme Gitti wirklich am Konfessionsunterricht teilnehmen? Alle anderen Kinder haben frei, nur sie muss umsonst in der Schule sitzen.“

Sie gebrauchte das Wort „Konfessionsunterricht“ genauso wie Rektor Wilke, der sich in seiner nationalsozialistischen Einstellung strikte an den ministeriellen Erlass von 1939 hielt und den Religionsunterricht in die Nachmittagsstunden verbannte. Auswärtige Kinder, die daran teilnahmen, mussten dadurch über Mittag in der Schule bleiben, kein geringes Opfer in einer Zeit, in welcher der Sommer zum Fenster herein lachte.

Gitti jammerte: „Es sind ja sowieso nur mehr ganz wenige Kinder beim Katecheten!"

Franz Dirisamer verstand seine kleine Tochter, wollte aber trotzdem keinen Zweifel an seiner Einstellung aufkommen lassen.

„Du warst doch heuer bei der ersten heiligen Kommunion!"

„Ja!" hauchte Gitti und erinnerte sich voll Stolz an das schöne weiße Kleidchen, das sie getragen hatte, an ihr Blumenkrönchen und die Erstkommunionkerze.

„Hast du da dem lieben Heiland nicht versprochen, dass du ihm treu bleiben willst?"

„Ja, Papa, das habe ich!"

„Nun, jetzt hast du eine Gelegenheit dazu. Es ist kein leichtes Opfer, ich weiß, aber dafür steht Jesus an deiner Seite und alle deine guten Werke werden verzeichnet. Einmal wird es dir dann vergolten werden, das darfst du mir glauben!"

Am nächsten Morgen zogen die Kinder von Pichlern wieder geschlossen zur Schule. Ein neuer, heißer Tag stand ins Haus. Gustl hatte von ihrer Mutter über den Badeunfall von Heinz und von der kritischen Situation an der Steyr erzählt bekommen, sie betrachtete die schäbige und ausgeweitete Badehose ihres kleinen Bruders und beschloss, ihm eine neue aus blauer Wolle zu stricken. Bis Mittag war sie damit fertig. Sie fädelte noch ein weißes Garn in die Nadel und stickte damit ein großes „H" in die rechte Vorderseite ihres Produktes.

Als Heinz von der Schule heimkam und sie ihm ihr Geschenk überreichte, fiel er ihr jubelnd um den Hals.

„Das ist die schönste Badehose der Welt!" jauchzte er und umarmte sie stürmisch.

„Probier sie erst einmal!"

Sie passte vollkommen, sie war wie aus einem Modegeschäft und Heinz war überglücklich. Er überlegte, womit er seiner Schwester eine Freude machen konnte.

„Ich habe ein Röhrchen gefunden, da sind viele Käfer drinnen, willst du es haben?"

Gustl war neugierig und sah Heinz zu, wie er ein Glasröhrchen aus seiner Lederhose zog und es ihr in die Hand drückte.

„Interessiert dich das? Ich habe es auf dem Schulweg gefunden!"

Gustl hatte solche Käfer noch nie zuvor gesehen, sie wusste aber sofort, um welche Spezies es sich handelte. Aufgrund der schwarz-gelb gestreiften Flügeldecken war sie unverwechselbar, es handelte sich um den Kartoffel- oder Koloradokäfer, um den bekanntesten Blattkäfer, den es ursprünglich nur in Nordamerika gegeben hatte, der aber, wie sie aus ihrem Studium wusste, um 1870 erstmals in Europa eingeschleppt worden war. Bisher konnten die Tiere mit Erfolg lokal bekämpft werden. Und nun sah sie diese Phiole, vollgestopft mit diesen Insekten, die, als sie das Glas öffnete und die Käfer auf die Hand nahm, sich sofort rührten und wegzulaufen begannen. Das war für sie der sichtbare Beweis dafür, dass die amerikanischen Flugzeuge den Schädling über das ganze Großdeutsche Reich abwarfen. Durch Heinz war ihr dieser Beweis in die Hände geraten, und sie ahnte, welche ökologische Katastrophe auf die Bevölkerung zukam. Sie wusste, dass sich die Käfer sehr schnell vermehrten, pro Jahr waren drei und mehr Generationen möglich. Bei einem massenhaften Auftreten war also das wichtigste Volksnahrungsmittel der Heimat bedroht. Denn sowohl die Käfer als auch die blaßroten Larven fraßen die Blätter der Erdäpfelstauden, so dass bei massivem Auftreten ganze Felder zugrunde gingen. Und dabei gab es keine natürlichen Feinde, denn die Vögel mieden sowohl die Käfer als auch die Larven.

Gustl reagierte sehr emotionell. „So ein Verbrechen! Und so etwas duldeten die zivilisierte Welt und der Völkerbund! Nach den Bombenangriffen will man uns nun aushungern und die Erdäpfelernte zerstören. Denen geht es ja nur darum, dass alle Deutschen krepieren!"

Als sie in ihrer Empörung hinunter in die Bauernstube ging und den Schrabergerleuten das Röhrchen zeigte, schüttelten diese den Kopf. „Dieser kleine Käfer soll unsere Erdäpfel umbringen. Das gibt's doch nicht!"

Gustl ließ sich nicht beirren, sie holte ihr Fahrrad aus dem Schuppen und fuhr damit auf das Gemeindeamt in Sierning. Zwei Tage später wurde von der Hauptschule mit den Schülern sämtlicher Klassen eine Sammelaktion gestartet.

„Pro Käfer bekommt jeder Schüler einen Pfennig!" hieß es. Den ganzen Vormittag über liefen die Kinder bei sengender Sonne auf den Äckern der verschiedensten Bauern umher und suchten eifrig nach diesem Erdäpfelkäfer, denn ein jedes wollte sich ein paar Pfennige verdienen. Es wurden auch tatsächlich weitere Phiolen und Käfer gefunden, aber bei weitem nicht so viele, wie man befürchtet hatte. Immerhin, die Schüler waren aufmerksam gemacht worden, und für sie hieß es von nun an, alles zu vernichten und zu zertreten, was ihnen von diesem Insekt in die Hände fiel.

Heinz trug seinen Ärger wegen des von Robert noch immer nicht eingelösten Versprechens einige Zeit mit sich herum. Aber eines Abends erinnerte er ihn daran.

„Wann gibst du mir endlich den Briefmarkensatz?"

„Welchen Briefmarkensatz?"

„Du schuldest mir einen Briefmarkensatz, die Zeichnung mit dem Flieger, und dann hast du mir auch versprochen, mich zum Schmetterlingfang in der Nacht mitzunehmen!"

Robert sah ihn verächtlich an. „Einem Wortbrecher schulde ich nichts! Du hast der Mama alles erzählt und den heiligsten Eid gebrochen, du bist ein Verräter!"

Heinz wollte es nicht wahrhaben und blickte erstaunt auf seinen Bruder. „Mama hat doch schon alles gewusst!"

„Ein Indianer muss schweigen, über alles, was er geschworen hat. Kein Wort darf seinen Mund verlassen! Auch wenn er gequält und gefoltert wird, seine Lippen bleiben versiegelt, bis er stirbt und bis seine Zunge verfault ist. Das ist die erste Bandenregel und die wichtigste. Und wer gegen sie verstößt, der wird verachtet und sein Name wird ausgelöscht. Du hast in meiner Bande nichts mehr zu suchen, du bist ausgestoßen!"

Heinz wollte es nicht glauben, und er begann wie üblich zu schluchzen.

Schon am nächsten Tag zog Roberts Bande ohne ihn zum Wald hinüber. Keiner drehte sich nach Heinz um, so sehr er auch schrie und flehte.

XII.

Heinz hatte bemerkt, dass die Russin Jaschka abends zur Scheune schlich und durch ein Schlupfloch darin verschwand. Er hatte zwar nur ihre vollschlanke und frauliche Gestalt erblickt, aber diese war so charakteristisch, dass von allen Gleichaltrigen im oberen Pichlern nur sie in Frage kam.

Von dieser Beobachtung erzählte er niemandem etwas, denn er wollte auf keinen Fall das Schlupfloch preisgeben, eine Stelle, wo eine Latte locker war und wo man, wenn man dieses Holzbrett verschob und drehte, bequem in den Stadel hinein und wieder heraus schlüpfen konnte. Die Russin tat es fast jeden Abend und auch der Große Jan. Heinz vermutete, dass sie die ganze Nacht im Heu blieben, beweisen konnte er es aber nicht, denn er sah sie nur hineinkriechen, aber nie herauskommen.

Das Schlupfloch war deshalb für Heinz wichtig, weil man von dort aus ungesehen und leicht in den rechten Teil des Heustadels gelangte, wo im oberen Geschoß eine Verbindung mit den Stallungen bestand, die dazu diente, dass die Bäuerin das Heu durch ein viereckiges Loch bequem von oben nach unten in den Kuhstall werfen konnte. Gleichzeitig war dort aber auch eine Hühnerleiter angebracht, auf der das Geflügel hinauf spazieren und dort die Nacht verbringen konnte. Das war klug ausgedacht, denn oft drang ebenerdig ein Marder oder Iltis ein, um sich Beute zu holen. Oben waren die Hühner besser geschützt, es gab dort nämlich Sitzstangen, die wohl ein Vogel, nicht aber ein Hühnerdieb erreichen konnte.

In diesem Trakt legten die Hennen auch Eier ab, sie brauchten dazu keine Nester, sondern sie duckten sich einfach am Boden nieder und wenn sie sich laut gackernd wieder erhoben, war schon alles erledigt. Es waren immer so viele Eier vorhanden, dass sich Heinz eines davon stehlen konnte, das er dann an den Polen mit seinem Messer anstach und anschließend roh austrank. Für seinen stets hungrigen Magen eine Wohltat. Die Schalen zerbrach er und steckte sie darauf ins Stroh.

Auch beim Bauern Lehner gab es Plätze, wo man Hühnereier klauen konnte. Sie gehörten zum Revier von Roberts Bande und wurden täglich geplündert. Alles, was dort erbeutet wurde, kam in die Haupthöhle des Heulagers, wo eine regelrechte Vorratskammer angelegt wurde, in der noch andere Lebensmittel dazu kamen, nämlich Brot, Selchfleisch, gesottene Erdäpfel und jetzt im Frühsommer auch die ersten Radieschen. Verpflichtend war, dass alles gestohlen sein musste, denn als Räuber durfte sich keiner mit ehrlich erworbener Kost abgeben. Karl, der Sohn des Bauern, brachte das meiste daher, manchmal sogar eine Blutwurst. Und aus diesem Grund war er auch der engste Freund von Robert. Wenn dann die Bande zusammen kam, gab es für Hungernde immer etwas zu essen, manchmal auch zu trinken.

Seit Heinz von Roberts Bande ausgeschlossen war, bekam er von den gehorteten Vorräten nichts mehr ab. Er tröstete sich, weil es im Sommer mit dem Hunger ohnedies nicht mehr so arg war und weil die Natur ihre ersten Kostbarkeiten anbot. Da genügte es, wenn er Rapsstengel kaute oder die Blätter des Sauerampfers. Man konnte auch mit kleinen Dingen den Magen beruhigen und füllen, mit den ersten süßen Erdbeeren an den Waldrändern, mit den reifenden Himbeeren, die an sonnigen Plätzen bei den Wurzelstöcken umgeschnittener Fichten wuchsen, und vielem mehr. In den Kirschbäumen sah man bereits die Stare sitzen, ein Zeichen, dass man auch hier bald naschen konnte.

Seine Ächtung bedeutete nicht, dass Heinz keine Freunde mehr hatte. Maxi Nöbauer und Bertl Steinmaßl hielten ihm eisern die Treue, schon deshalb, weil sie dieselbe Schulklasse besuchten. Was sich in den letzten Wochen dort abspielte, war nur mehr ein langweiliges Verrinnenlassen der Zeit bis zu den Ferien. Der Rektor bestand darauf, dass Luftschutzübungen abgehalten wurden. Sie lernten das Verhalten bei Alarm, bei Angriff und bei Entwarnung.

„Hinlegen, Ohren zuhalten, Mund dabei aufreißen!“, das waren Befehle, die ihnen in Fleisch und Blut übergingen und die sie selbst im Schlaf auswendig hersagen konnten. Einmal gab es eine Löschübung, die mit einem theoretischen Vortrag über Brandbomben verbunden war. Sie wurde von einem Feuerwehrmann durchgeführt, dessen verkrüppelte Hand Zeugnis von der Gefährlichkeit dieser Bomben ablegte. Er hatte nämlich Phosphor angefasst, dieser hatte sich von selbst entzündet, blieb an seiner Haut kleben und fraß sich dann in sein Fleisch. Der Feuerwehrmann ging von Kind zu Kind, zeigte jedem seine grässlich entstellte Hand und warnte mit eindringlichen Worten.

„Vorsicht vor dem Feind!" war das Motto, das er dabei jedem Kind eintrichterte. Er informierte sie auch über sogenannte „Christbäume", über Staniolstreifen, die vom Himmel fielen, und über Blindgänger, Tiefflieger und Splitterbomben. In diesem Vortrag kam die Rede auch auf die Bombenangriffe, die Steyr so schwer getroffen hatten. Die meisten Kinder erinnerten sich noch allzu gut daran und saßen deshalb geängstigt und verschreckt in den Bänken.

Im Turnunterricht lernten die älteren Schüler Kriegsübungen wie Boxen, Meldelaufen und das Werfen von Handgranaten. Natürlich waren die Handgranaten nur Attrappen, die nicht explodierten, doch wurden sie angespornt, den Zünder zu ziehen, bis drei zu zählen und dann die Handgranate möglichst weit zu werfen.

Es war für die meisten Schüler wie eine Erlösung, als der Tag der Zeugnisverteilung anbrach, nur Heinz schlich schon am Abend davor bedrückt herum, denn er rechnete mit den allerschlimmsten Noten, eigentlich nur mit Fünf und Sechs. Wie riesig war dann sein Jubel, als er bei der Verteilung der Zeugnisse in den meisten Fächern Vier und Fünf stehen hatte. Und der allergrößte Triumph bestand darin, dass er mit vier Einsern aufwarten konnte, nämlich in Betragen, Religion, im Turn- und Gesangsunterricht. Das hieß, dass auch Maxi Nöbauer und Bertl Steinmaßl kein viel besseres Zeugnis hatten als er, denn ihre Durchschnittsnoten waren ungefähr so wie seine.

Die Erleichterung und die Freude von Heinz waren entsprechend, und beide hätten wohl den ganzen Tag über angedauert, wenn ihn nicht ein Vorfall gründlich ernüchtert hätte.

Es war üblich, dass nach der ersten Schulstunde und vor Entlassung in die Ferien im Schulhof eine feierliche Zeremonie und die Verabschiedung der vierten Klasse mit Fahnenparade, Gesang und einer Ansprache von Rektor Wilke vorgenommen wurden. Die Schüler standen in rechteckiger Formation um den Fahnenmast, die Lehrer aber in der Mitte, so dass sie von allen gut gesehen werden konnten. Die Feier zog sich für Heinz qualvoll in die Länge, von den Liedern wurden alle Strophen gesungen, der Schulleiter sprach langsam und mit ständigen Atempausen, und zuletzt trat auch noch Fachlehrer Franz Dirisamer vor, um als Klassenvorstand der 4.A seinen Schülern ein Lebewohl zu sagen. Heinz war es langweilig geworden, mit seinen Gedanken war er längst daheim, er malte sich die Freude seiner Mama aus, wenn sie den ersten Blick in sein Zeugnis tat. Auch Othmar musste seine Zusage einhalten, noch gestern hatte er mehrmals versprochen: „Wenn du keine Sechs bekommst, nehme ich dich auf den Schoberstein mit!"

Unerwartet stieß ihn Maxi Nöbauer an. „Dem Fachlehrer Zimmermann schaut die Gattihose unten bei der Lederhose heraus!" flüsterte er ihm zu.

Heinz sah den weißen Zipfel, der dem Lehrer bei den Hosenrändern hervor stand und begann mit Maxi Nöbauer heftig zu kichern. Die beiden merkten erst, dass sie aufgefallen waren, als Fachlehrer Dirisamer seine Rede unterbrach. Nun war es aber bereits zu spät, um das Lachen zu vertuschen, denn der Vater von Heinz schritt auf die beiden zu und gab jedem von ihnen eine schallende Ohrfeige.

Klatsch, klatsch! Das hatte gesessen. Das Gelächter um sie war der Beifall, den Franz Dirisamer für seine Aktion erhielt. Ohne auf die Buben zu achten, ging er auf seinen Platz zurück. Heinz brannte die Wange, mehr aber noch brannte die Schande in seinem Herzen. Er war vor der ganzen Schule geohrfeigt worden, noch dazu von seinem Vater, und das schmerzte ihn am meisten, denn bisher hatten einige Buben nur deshalb Respekt vor ihm gehabt, weil er der Sohn des Fachlehrers war.

„Ist es wahr, dass dein Vater der Fachlehrer Dirisamer ist?" hatte man ihn gefragt, als er nach Sierning gekommen war. Und er hatte genickt und stolz geantwortet: „Ja, das ist wirklich wahr!"

Dieser Satz gab ihm oft das Gefühl einer großen Überlegenheit, und nun war diese Schande über ihn hereingebrochen, wie ein schwarzer Regen war sie auf ihn gefallen und hatte ihn ganz dreckig gemacht. Nach der Ächtung durch die Bande von Robert war sein Selbstvertrauen faktisch auf Null gesunken, nun sank es noch tiefer und wollte gar nicht aufhören zu sinken. Was hatte nur sein Vater da angestellt! Als Heinz aus seinem seelischen Schmerz erwachte, hörte er gerade noch den letzten Satz der Rede.

„Wenn ihr nun in die Welt hinausgeht, dann bemüht euch, das Beste für euer Vaterland zu leisten, seid stolz auf eure Heimat, seid stolz auf Sierning und seid stolz auf diese Schule, die ihr durch vier Jahre besucht habt, denn auch wir sind stolz auf euch. Lebt wohl!"

„Deutschland, Deutschland über alles!" erklang. Heinz, noch immer von seinem Schmerz befangen, war unfähig, auch nur einen Ton zu singen, es würgte und kratzte und schmerzte ihn in der Kehle, er krächzte und hustete, brachte aber nichts heraus. Er hatte keine Stimme mehr. Anfangs glaubte er, einen Knödel im Hals zu haben, und dieser Knödel stopfte ihm gewissermaßen seine Atemwege zu. Das Blut schoss ihm in den Kopf, das Herz begann wild zu schlagen, und seine Brust senkte und hob sich vergeblich. Er versuchte, den Ton zu finden, der Melodie zu folgen, zwei-, dreimal, er krächzte immer mehr, und ganz unvermittelt wurde ihm klar, dass er kein Lied mehr würde mitsingen können und dass er die größte Liebe seines jungen Lebens verloren hatte, denn der Gesang war ihm ja alles.

Kaum war die Feier vorbei, da lief er schon in die Klasse, holte sich seine Schultasche, verabschiedete sich von keinem seiner Freunde und rannte Hals über Kopf davon und allen voraus. Maxi Nöbauer konnte nicht glauben, dass Heinz allein nach Pichlern wollte, und weil er ein guter Läufer war, hetzte er ihm nach und holte ihn bald ein. „Heinz, was ist denn?"

Heinz blieb stehen, unglücklich und kleinlaut sagte er: „Stell dir vor, Maxi, ich kann nicht mehr singen!"

„Warum denn nicht? Versuch es doch einmal!"

Heinz wusste genau, dass seine Stimme fort war, aber er wollte es, Maxi zuliebe, noch einmal probieren. „Das Wandern ist des Müllers Lust!" krächzte er.

Maxi fragte: „Machst du Scherze?"

„Nein, ehrlich, ich kann nicht mehr singen! Nun weißt du es!"

Er versuchte zu weinen, konnte aber auch nicht mehr weinen. Jetzt war er überzeugt, dass er sterben musste. Wenn ich bei den Linden ankomme, werde ich tot niederfallen, ging es ihm durch den Kopf.

Zu Maxi sagte er: „Maxi, ich glaube, wenn ich bei den Linden bin, falle ich mausetot um."

„Dann gehen wir am besten in der Wiese!" überlegte Maxi. „Wenn du in der Wiese tot umfällst, dann tut es nicht so weh, als wenn es dich auf der Straße in den Schotter haut!"

Sie schwenkten von der Straße ab und liefen in die Wiese hinein. An einem Flurgerinne entdeckten sie dunkelblaue Vergissmeinnicht.

„Ich möchte Mama einen Strauß pflücken!"

Auch Maxi wollte das, und so pflückte jeder von ihnen einen Strauß. Gedankenlos und glücklich mit ihren Sträußen Vergissmeinnicht marschierten sie weiter. Sie waren schon lange bei den Linden vorbei, als sich Maxi Nöbauer erinnerte.

„Ich dachte, du willst bei den Linden sterben?"

„Sollen wir noch einmal umkehren?"

„Auf keinen Fall! Beim zweiten Mal klappt es noch weniger. Probier's, vielleicht ist jetzt der Zauber vorbei und du kannst wieder singen!"

Das Reden machte ihm kein Problem, Heinz sagte das Alphabet von vorne nach rückwärts und von rückwärts nach vorne auf, es gab dabei nicht den kleinsten Versprecher. Aber mit dem Singen klappte es wieder nicht, auch nicht mit dem Weinen.

„Du musst den Mund weit aufmachen und dann ganz fest ausatmen!" munterte ihn Maxi auf. „Das hast du der Frau Fachlehrer Honsak doch selber gesagt!"

Heinz tat es. „Chrrrk!", dann verkutzte er sich.

Beim Distelgut blieben sie noch eine Weile beim Hausteich stehen und warfen Steine auf die Unken, die jetzt fest aneinander geklammert an der Wasseroberfläche trieben. Dann trennten sie sich. Heinz betrat mit hängendem Kopf das Haus. Die Kühle tat ihm gut. Er nahm die Schultasche vom Rücken und zog seinen Pullover aus. Langsam schleppte er sich die Stufen zur Wohnung hinauf, ihm war übel, gar nicht gut. Seine Mutter hatte die Flickwäsche beiseite geschoben und bereitete auf dem Nudelbrett das Mittagessen vor. Als er im Türrahmen stehen blieb, sah sie von ihrer Arbeit auf und forschte einige Sekunden in seiner traurigen Miene.

„Aha!" sagte sie. „Ist das Zeugnis so schlecht ausgefallen?"

Heinz schüttelte misslaunig den Kopf. „Es geht!" antwortete er und reichte es ihr zusammen mit dem Vergissmeinnichtstrauß. Liebevoll blickte sie ihn an und gab ihm einen Kuss. Zwei- oder dreimal fragte sie noch etwas, aber Heinz blieb still, er war völlig apathisch und setzte sich auf das Bett von Robert.

„Du bist der erste, der heute heimgekommen ist!"

„Ich will die anderen nicht sehen! Wann kommen sie denn?"

Seine Mutter sagte: „Ich weiß es nicht genau!" Sie legte auf das Nudelbrett einen Teig, walkte ihn und schnitt ihn in kleine Blättchen. Heinz sah ihr eine Weile zu, holte dann alle Federn, die er bisher im Wald gefunden hatte, aus einem Mottensack und begann sie zu ordnen. Aber sie machten ihm keine Freude. Nicht einmal die kleinen des Eichelhähers mit der blauschwarzen Bänderung konnten ihn ermuntern.

Es war unglaublich, wie schnell sich im oberen Pichlern Neuigkeiten herum sprachen. Es war noch keine halbe Stunde vergangen, da klopfte es an die Tür. Schraberger Magda kam um nachzufragen. Sie sah Heinz trübsinnig auf dem Bett sitzen und sagte zu seiner Mutter: „Er kann nicht mehr singen!"

Maxi Nöbauer hatte es daheim ausgeplaudert, und von dort ging die Nachricht weiter, die Lehnerin kam postwendend zum Distelgut herüber und erzählte es der Bäuerin.

„Es kann doch noch nicht der Stimmbruch sein. Jammerschade wäre es, wenn der Bub nicht mehr singen könnte!" meinte sie.

Magda stand daneben. „Soll ich mal hinaufgehen und nachfragen?"

Der Schrabergerin tat es auch leid um die Stimme des Buben. „Es geht mich ja nichts an, aber wenn ich seine Mutter wäre, ich ließe ihn nicht so viel kaltes Wasser vom Brunnen saufen!"

„Soll ich nun hinaufgehen oder nicht?" fragte Magda noch einmal.

„Meinetwegen, aber bleib nicht lange!"

Die beiden Kinder der Bäuerin waren sonnige Geschöpfe, die man lieben musste, deshalb freute sich Resi über den Besuch. Sie deutete auf Heinz:

„Er hat heute einen schlechten Tag wegen der Zeugnisverteilung!"

„Nein, er kann nicht mehr singen! Ob es mit dem Zeugnis zu tun hat, weiß ich nicht." Dann prahlte sie: „Die Sophie ist jetzt aus der Schule und beginnt in der Landwirtschaft. Und ich habe fast nur Einser in meinem Zeugnis!"

„Da gratuliere ich dir!" Resi blickte in ihr liebes Gesicht, sie sah ihre vielen kleinen blonden Locken über der Stirn, einige Sommersprossen, die langen Zöpfe, Magda war ein hübsches Mädchen.

„Könnte Heinz nicht ein Lied für uns singen?" fragte Magda vorsichtig.

Heinz drehte sich zur Seite. „Es wird nicht gehen!" erklärte er, „Gott hat zu mir gesagt, dass ich nicht mehr singen kann. Es könnte auch ein Engel gewesen sein!"

Dieser Gedanke war Heinz gekommen, weil er in der letzten Religionsstunde von der Bekehrung des Apostels Paulus gehört hatte. Jesus war ihm erschienen, ein Blitz vor den Augen, Paulus fiel vom Pferd, und Jesus sagte: „Saulus, warum verfolgst du mich?"

Diese Schilderung hatte Heinz sehr beeindruckt, heute verstand er sie viel besser als gestern. Als ihm der Vater eine Ohrfeige gegeben hatte, da hatte es auf dem linken Auge auch aufgeblitzt, ganz deutlich sogar. Und dann hatte er eine Stimme vernommen: „Rotzbub!"

„Was?" staunte Magda. „Du hast einen Engel gehört?"

„Ja, ich glaube! Der Engel hat mir gesagt, dass ich sterben muss, und dann hat er mir die Stimme genommen. Und ich kann auch nicht mehr weinen!" Heinz schluchzte, aber es kamen ihm keine Tränen.

Resi holte aus einer Dose ein Stück Kandiszucker. „Da, nimm und erzähl' nicht so dumme Geschichten!"

Heinz nahm nichts an, er versuchte, den Kopf unter dem Polster zu verstecken, denn er wollte nichts mehr sehen und hören.

Magda ging zur Tür. „Ich muss das alles der Mutter erzählen, sie ist schon neugierig."

Nach einigen Minuten kam sie mit einem Butterbrot zurück.

„Das schickt dir die Mutter, sie wünscht, dass du schnell wieder gesund wirst, und möchte dich bald wieder singen hören!"

Niemand in der Familie Dirisamer nahm das Leiden von Heinz ernst. Bis zum Abend hänselte man ihn nur. Lisl stimmte ein Lied nach dem anderen an: „Heinz, sing mit, du kleines Lercherl von Steyr erheb' deine Stimme!" Und er, der sonst bei jeder Gelegenheit trällerte und auf jede Aufforderung mit einem Lied antwortete, brachte nur ein „Chrrrk!" aus dem Mund.

Die erste Woche der Ferien verging. An einem Mittwoch fuhr Franz Dirisamer mit seinem Sohn Heinz nach Steyr und suchte die Ordination des Kinderarztes Dr. Gernot Hein auf. Dieser Mann hatte seit Jahren seine Familie betreut und kannte faktisch jedes seiner Kinder. Er hatte die Diphtherie von

Heinz behandelt und ihm seine sämtlichen Impfungen gegeben. Auch dieses Mal untersuchte er ihn gründlich, auf eine Kehlkopfspiegelung verzichtete er aber, weil Heinz schon beim ersten Versuch schrecklich zu würgen begann.

„Quälen wir ihn nicht, Herr Fachlehrer. Organisch bedingt sind die Symptome sicher nicht, dafür sind sie zu akut gekommen. Wissen Sie, wir Erwachsenen glauben immer nur an unsere Probleme und denken nicht daran, dass auch Kinder welche haben. Dabei übersehen wir, dass sich gerade bei ihnen die Psyche besonders schnell entwickelt. Vielleicht ist dem Buben etwas untergekommen, was er nicht verkraften kann. Als Student wurde uns auf der Hals-, Nasen-, Ohrenstation während des Praktikums ein Sänger vorgestellt, dem in der Oper während einer Arie die Stimme versagte. Niemand fand eine Ursache. Und dann war es eine banale Liebesgeschichte!"

„Können wir für Heinz etwas tun?" fragte Franz Dirisamer besorgt.

Der Arzt winkte ab. „Wahrscheinlich wird es sich von selber regeln!" Nach einer kurzen Überlegung fügte er hinzu: „Vielleicht helfen ihm Inhalationen. Oder noch besser, machen Sie einen Ortswechsel, vielleicht tut es ihm gut!"

Nach dem Arztbesuch marschierten sie durch die Stadt. Die Schuttkegel und das Gerümpel hatte man fortgeräumt, alles Zeug, das nach den Bombardements auf dem Stadtplatz und in den Straßen herumlag, Ziegel, Dachrinnen, Pfosten, Glasscherben und Mauertrümmer, Dinge, die so erschreckend gewirkt hatten, alles war jetzt beseitigt. Was Franz Dirisamer nach den Angriffen besonders aufgefallen war, Hausratsgegenstände, Essgeschirr, Töpfe und Pfannen, die durch den Explosionsdruck aus den Wohnungen geschleudert worden waren und auf dem Pflaster herumlagen, auch davon gab es keine Spur mehr. Überhaupt machte die Stadt einen relativ sauberen Eindruck, nur die Häuserlücken und die Ruinen wirkten schrecklich deprimierend.

Über die Neutorbrücke gingen sie zur Ennsleitenstiege, dort sah alles so aus wie früher, und Heinz erspähte sogar einige seiner Schulfreunde, die sich im Gebüsch der hinteren Ennsleite herumtrieben. Im Park und bei den Sandkisten waren Kinder und Mütter, sie genossen die Sonne, die Frauen plauderten und strickten, und es schien wie in Friedenszeiten zu sein.

„Bitte, Papa, bleiben wir in Steyr, ich möchte nicht mehr fortfahren. Hier ist es viel schöner, und so viele Kinder sind da. Warum dürfen wir nicht bleiben?"

Franz Dirisamer konnte Heinz recht gut verstehen. Auch ihm wäre Steyr als Wohnort lieber gewesen als Pichlern mit seinen ewigen Problemen. Die geräumige Wohnung, der schöne Blick auf die Altstadt, alles tat den Augen und dem Gemüt gut, aber so lange der Krieg andauerte, gab es für ihn und seine Familie kein Zurück.

„Du hast doch die vielen zerbombten Häuser in der Stadt gesehen? Das alles könnte auch auf der Ennsleite passieren!"

„Aber die Luftangriffe sind doch vorbei!" beharrte Heinz auf seinem Wunsch.

„Und warum glaubst du, stehen da noch die vielen Vernebelungsfässer auf dem Parkweg? Und warum sind die schweren Geschütze auf der Christkindlleite noch nicht fortgebracht worden?"

Heinz blickte den Vater treuherzig an: „Ich weiß es nicht!"

„Die Flieger können jederzeit wiederkommen. Du hast ja gesehen, wie viele es waren. Möchtest du dann in Steyr sein und hier vielleicht sterben?"

Das „Nein" wartete Franz Dirisamer nicht ab. Statt dessen munterte er Heinz auf.

„Du wirst nächste Woche zu Tante Poldi nach Hofkirchen fahren. Da kannst du dann mit Robert zwei Monate bleiben."

„Ist es weit bis Hofkirchen?"

„Nicht sehr! Ihr fahrt zuerst mit dem Omnibus bis Wels und von dort mit dem Zug nach Obertrattnach. Ihr habt dann noch einen kleinen Fußweg, und schon seid ihr in Hofkirchen!"

„Ich trau mich nicht allein nach Hofkirchen fahren!"

„Nadja wird euch begleiten, ich habe das mit Mama schon besprochen!"

„Und warum fährst du nicht mit uns? Papa, bitte, bitte, ich möchte, dass du mit uns fährst!"

„Ich würde gerne mit dir fahren, aber ich muss zum Erntedienst. Du weißt ja, die Lehrer müssen in den Ferien bei den Bauern arbeiten, das ist ein Befehl vom Führer."

Franz Dirisamer streichelte den Kopf des Buben. Seine Zuneigung tat ihm gut, denn durch sie hatte er Gewissheit, dass ihm der Junge nichts nachtrug. Natürlich hatte er seine heftige Reaktion bei der Schulschlussfeier in Sierning nicht vergessen, die Ohrfeige reute ihn nachträglich unendlich, und im Grunde genommen war sie nur deshalb zustande gekommen, weil er Rektor Wilke zeigen wollte, dass er sein Kind nicht bevorzugte, sondern genau so behandelte, wie es jeder von den Kollegen mit einem ungezogenen Schüler getan hätte. Aber richtig war es von ihm nicht gewesen, denn er wusste es ja anders und besser. Grundsätzlich war er als Pädagoge zu keiner Gewalt bereit, sie war ein untaugliches Mittel. Und jetzt die Geschichte, dass Heinz nicht mehr singen konnte, genau vom Augenblick an, in dem er zugeschlagen hatte.

Heinz hatte die Ohrfeige daheim nicht erwähnt, auch Robert nicht, und er selber wollte seine Finger in keine offene Wunde legen. Aber es hatte sich ein schlechtes Gewissen bei ihm eingeschlichen, und instinktiv wusste er, wo die Ursache für den Stimmverlust von Heinz lag.

„Und dann war's eine banale Liebesgeschichte!" hatte Dr. Hein gemeint. Banal? Nein! Liebesgeschichten waren nie banal, überlegte sich Franz Dirisamer, nicht die Liebesgeschichten von Erwachsenen und schon gar nicht solche, in die Kinder verwickelt waren. Konflikte zwischen Eltern und Kindern, das musste man ernst nehmen, damit war nicht zu spaßen. Jetzt litt Franz Dirisamer wegen Heinz, und je weniger dieser über seinen Stimmverlust klagte, umso mehr wuchs das Mitleid mit dem Buben. Vergessen waren die schlechten Zeugnisnoten und die peinlichen Vorfälle in der Schule. Nach dem Weg zum Arzt und der für ihn entscheidenden Erkenntnis seiner Schuld fühlte er mehr für seinen Sohn als je zuvor. Und so erlaubte er ihm eine Gebirgswanderung mit Othmar auf den Schoberstein und gab auch bei anderen kleinen Wünschen nach.

Es war überhaupt interessant, wie die Leute im oberen Pichlern auf das Ergebnis der ärztlichen Untersuchung warteten, nicht nur Resi, sondern auch die Bauersleute, die Töchter Sophie und Magda und auch die Knechte. Plötzlich vermisste man den Gesang von Heinz, der besonders vor dem Schlafengehen aus der Wohnung der Dirisamer kam. Man wartete auf sein Lied, das samten, leicht und romantisch war wie das Flöten der Amsel und das so wunderbar zur Abendstimmung passte. Manchmal hatten die Zuhörer das Gefühl, als zeige sich die Schönheit des Nachthimmels nicht nur in den Sternen, sondern auch in der Stimme von Heinz.

Heinz war irgendwie anders geworden, schon deshalb anders, weil ihn seine Umgebung anders sah und anders behandelte. Als wäre er nicht ganz bei Gesundheit, nannten sie ihn oft „Heinzerl“ oder „Heinzi“, und mehr als sonst fragten sie ihn, wie es ihm gehe. Er konnte nur antworten, dass es ihm gut gehe, dass die Ferien schön seien und dass er froh wäre, nicht jeden Tag zur Schule laufen zu müssen.

Der schwere Regen, der Anfang Juli fast eine ganze Woche anhielt, war wieder einer schöneren Wetterperiode gewichen. Der Badebetrieb auf der Schotterinsel nahm seinen Fortgang, und Heinz, der nach dem Hunderlschwumm auch das Seitenschwimmen erlernt hatte, übte jetzt fleißig das Brustschwimmen und das Tauchen. Nebenbei war er auch oft mit seinem langen Haselnussstecken unterwegs, an dessen Spitze er eine alte Gabel befestigt hatte, mit der man Standforellen stechen konnte. Wenn sie in Ufernähe waren und man sich langsam und schattenlos anpirschte, wenn man die Gabel langsam ins Wasser senkte und mit einem plötzlichen Ruck zustach, dann gelang es manchmal, die Fische zu überlisten und aufzuspießen. Er hatte jetzt immer Zündhölzer und Salz bei sich. Es gab auf der Felseninsel einige seichte Gruben, in denen man mit trockenem Holz in kurzer Zeit ein rauchloses

Feuer beisammen hatte und wo er sich mit Maxi Nöbauer die eingesalzenen Forellen auf einem Steckerl braten konnte. Von der Wochenaltmühle streiften zwar immer wieder Aufseher in den Auen herum, aber für sie waren die Buben viel zu flink. Wenn Heinz durch das Knacken von Zweigen auf das Näherkommen eines Menschen aufmerksam gemacht wurde, warf er sich schnell auf den Boden, kroch einige Schritte und versank in den Lattichblättern. Männer, die sich am Ufer umsahen, Förster, die Bäume markierten, oder Frauen, die aus dem Unterholz dürre Zweige und Fichtenzapfen zusammentrugen, gingen achtlos vorüber. Schwammerlsucher waren selten, es gab in den Auen zwar Stockschwämme, die auf Laubholzstümpfen in Büscheln wuchsen, etwa den braunschuppigen Hallimasch, aber die Leute auf dem Land ließen alle Pilze stehen, sie kannten sich zu wenig aus, und wenn Heinz oder Robert einen Korb mit Schopftintlingen heimtrug, schüttelten sie den Kopf und hielten sie für verrückt, zumindest für lebensüberdrüssig.

Es war Franz Dirisamer gewesen, der alle seine Kinder in die Natur hinaus geführt und sie ganz bewusst mit den Vorgängen und Lebensformen im Wald vertraut gemacht hatte. Kaum hatten sich die Blätter an den Büschen entfaltet, begannen seine Kinder bereits Tee zu sammeln, Himbeer-, Brombeer-, und Erdbeerblätter wurden gepflückt und auf Packpapier getrocknet. Sobald die weißen Scheiben der Hollerblüten am Waldrand sichtbar wurden, ging's erst richtig los mit der Pflückerei, denn Resi brauchte Vorräte für den Herbst, in dem die Kinder mit Schnupfen und Verkühlungen heimkamen und manchmal einige Tage lang im Bett lagen. Dann war es gut, wenn sie etwas parat hatte, Tannenwipferl- oder Rettichsirup gegen den Husten oder irgend eine andere Medizin, die sie ihren Patienten geben konnte. In den schweren Kriegstagen gab es nur solche Heilmittel, und es war gut, wenn man sich selber helfen konnte. Die Apotheken hatten wenig Vorräte, selbst Resi musste froh sein, wenn sie gegen ihre Nervosität und gegen ihr Herzleiden Baldriantropfen verordnet bekam.

Was die Pflanzenheilkunde anlangte, hatte sie mit ihrem Mann in einem Heft Anwendungen zusammengeschrieben, „Schätze der Natur" hatte sie es benannt, und sie verwahrte es bei ihrem Kochbuch, das sie ebenfalls handschriftlich angelegt hatte. Wenn ihr die Bäuerin etwas Schweineschmalz überließ, revanchierte sie sich mit Ringelblumensalbe gegen offene Füße, und aus den Blüten und den unterirdischen Teilen der Arnika stellte sie eine Tinktur her, die bei allen Wundleiden vorzüglich half. Manchmal bekam sie von Herrn Steinmaßl Honig, sie gab ihm als Gegenleistung Kräutersirup. Bei Durchfall kamen getrocknete Heidelbeeren zur Anwendung, und dem immer etwas schwermütigen Bauern half sie mit Johanneskräutertee. Wenn aber jemand mit einer Brandwunde daherkam, linderte sie die Schmerzen mit Lilienöl. Die Kinder hatten immer die eine oder andere Wunde. Wenn sie barfuß herumliefen, traten sie sich häufig einen Glasscherben ein, oder sie hatten einen Schiefer oder einen Dorn in der Hand, da genügte es, wenn sie Baumharz auflegte. Unvorstellbar, dass man sich mit solchen Bagatellfällen zu einem Arzt wagte. Überhaupt hatte Resi als gelernte Köchin eine gesunde Beziehung zum Gemüse- und Heilkräutertopf der Natur, immer hatte sie einen ertragreichen Garten gehabt, und sie war von Herzen froh, als ihr in einem hausnahen Acker der Bauer einen Fleck richtete, auf dem sie sich einige Beete anlegen konnte.

Ausgerechnet am Tag, an dem Heinz mit Robert und Othmar auf den Schoberstein gehen wollte, regnete es. Schon am Morgen zog ein Gewitter über Sierning auf und lag nun wie eine dunkelblaue Mauer über dem Ort. Vor Gewittern hatten alle Angst, besonders aber Resi, die schon bei den ersten Donnerschlägen eine schwarze Kerze ins Fenster stellte und den Rosenkranz zu beten anfing. Wenn bei einem solchen Wetter alle daheim blieben, wurde es eng in der Wohnstube. Resi stöhnte: „Müsst ihr denn alle hier herumstehen?", und als Antwort kam prompt die Frage zurück: „Wo sollen wir denn sonst hingehen?"

Als erster verließ meist Robert das Haus, er verschwand mit ein paar Freunden im Heustadel vom Lehner, verkroch sich im

„Fuchsbau" und las dort im schwachen Licht der Höhle seiner Bande die Geschichte von Robinson Crusoe vor.

Das Wetter hatte sich bis zum Nachmittag nicht gebessert, es war in einen Landregen übergegangen. Heinz spielte gerade mit den Rössern, er gab ihnen Grünfutter zu fressen und kraulte sie an der Stirn. Bei der Einfahrt stand der Serbe Schicho mit dem Großen Jan an der Häckselmaschine, wo sie Stroh klein schnitten und zum Verfüttern richteten. Sie führten einen heftigen Wortwechsel, an dem sich auch die Russin Jaschka beteiligte und der bald in Streit überging. Je mehr die Frau zu beschwichtigen versuchte, umso heftiger gerieten die Männer aneinander, und schon hatte man den Eindruck, sie würden sich die Köpfe einschlagen, als die Russin Jaschka plötzlich aufstöhnte, sich krümmte, dann an der Hauswand aufrichtete und zuletzt in den Kuhstall stürzte. Jetzt erst beruhigten sich die beiden Männer, und weil Jaschka nicht mehr erschien, folgte ihr der Serbe in den Stall, kam aber bereits nach wenigen Minuten wieder heraus. Er lief zur Küche und schrie der Bäuerin.

„Frau, Frau, schnell du kommen!"

Es gab nichts, was den Kindern entging, und noch ehe die behäbige Bäuerin zum Vorschein kam, war Heinz schon im Kuhstall und sah dort die Russin in einer Ecke hocken, erschöpft und schweißgebadet, und gleich neben ihr lag im Stroh und Dreck ein blutiger Klumpen, ein sich bewegendes Kind. Als die Bäuerin erschien, richtete sich die Russin auf, griff nach dem Kind und legte ihre Finger um den Hals der Frischgeburt.

„Um Gottes willen, sie will es erwürgen!" schrie die Bäuerin und riss ihr im selben Moment das Kind aus der Hand. Schicho kam zu Heinz.

„Verschwinden, du verschwinden!"

Damit schloss sich für Heinz der Vorhang vor der Tragödie, die sich im Kuhstall des Distelgutes abspielte. Irgendwann erschien der Arzt Dr. Oskar Dirnberger, der auch gleich die Hebamme in seinem Auto mitgebracht hatte. Mehrere Male hörte Heinz das Kind krächzen, und als sich die Tür des Kuhstalles wieder öffnete, hatte es die Hebamme im Arm. Es war in ein Tuch eingeschlagen, sah aber sonst genau so aus wie nach der Geburt, dreckig, blutig und voll Stroh.

Dr. Dirnberger trat ins Freie. „Die hat sich mit dem Distelmesser die Nabelschnur abgeschnitten. So etwas habe ich auch noch nie erlebt!" Er lachte: „Das Kind bringen wir zu den geistlichen Schwestern ins Spital, die werden schauen, wenn sie das sehen!"

Nach ihm erschien die Bäuerin, stützte die Russin Jaschka mit ihren Armen und tröstete sie, indem sie ihr gut zusprach. Der Große Jan und der Serbe standen kleinlaut bei der Häckselmaschine, keiner von den beiden rührte sich.

„Also, wer ist der Vater?" fragte sie Dr. Dirnberger. Die beiden wichen erschrocken zurück.

„Na, wir werden es schon noch herausbekommen!"

Die Russin war zum Erbarmen blass und zitterte am ganzen Körper. Kurze Zeit später war der Spuk vorbei. Der Arzt, die Hebamme mit dem Kind und die Russin waren im Auto abgefahren.

„Ihr macht da drinnen sauber!" wandte sich die Bäuerin an die beiden Gefangenen. „Das Blut könnt ihr einfach wegspritzen, und die Nachgeburt gebt in den Sautrog, die Schweine fressen das!"

Die ganze Zeit über hatte niemand bemerkt, dass die Russin Jaschka schwanger gewesen war. Mit ihrem langen Kittel hatte die vollschlanke Frau alles vertuschen können. Sie kam nie mehr wieder auf den Bauernhof zurück, niemand erfuhr jemals, was mit ihr und dem Kind geschehen war. Noch im selben Monat stellte die Bäuerin bei der Gemeinde ein Ansuchen um Zuweisung einer neuen Arbeitskraft. Auch diesmal war es wieder eine Russin, sie war etwas älter und gedrungener als Jaschka und hieß Bella.

XIII.

Nach dem Vorfall mit der Russin Jaschka drängte Resi darauf, dass die Kinder Robert und Heinz in die Ferien nach Hofkirchen kamen. Diesmal musste sie die letzte Entscheidung selber treffen, denn ihr Mann Franz Dirisamer war zum Erntedienst eingezogen worden und bisher noch nicht nach Hause gekommen.

Die Wanderung auf den Schoberstein stand noch aus. Sie wurde auch durchgeführt, war aber insofern für Heinz eine riesige Enttäuschung, als er am nächsten Tag so erledigt war, dass er sich kaum noch rühren konnte. Othmar und Robert hatten auf ihn überhaupt keine Rücksicht genommen und beim Aufstieg ein derartiges Höllentempo vorgelegt, dass Heinz nur jammernd hinterherlief und schließlich erschöpft in der Wiese sitzen blieb. Die beiden älteren Brüder wanderten unbeeindruckt weiter, Heinz dachte zuerst, sie würden zurückkommen und ihm seinen Rucksack abnehmen, aber da hatte er sich gewaltig geirrt. Enttäuscht blieb er einige Zeit auf einem sonnigen Felsen hocken, fing eine Eidechse und stocherte dann so lange mit einem Halm im Loch einer Grille herum, bis diese herauskam und ebenfalls seine Beute wurde. Später setzte er mit einigen fremden Leuten die Wanderung fort und erreichte auch tatsächlich die Hütte und den Gipfel.

Robert hatte eine Decke ausgebreitet und es sich bequem gemacht, er nippte an seiner Feldflasche und spülte mit dem russischen Tee auch ein wenig den Hunger hinunter, denn Resi hatte einem jeden nur zwei kleine Jausenbrote mitgeben können. Er hatte seinen Proviant schon aufgegessen, hätte aber gerne noch mehr vertragen, und deshalb schielte er, als Heinz seinen Rucksack öffnete und sein Brot auswickelte, begehrlich zu ihm hinüber.

„Weißt du, dass du in der letzten Zeit ganz schön fett geworden bist!“ meckerte er. „Du solltest nicht so viel fressen!“

Heinz sah auf sein schmächtiges Bäuchlein und die dünnen Beine, er hatte ganz und gar nicht das Gefühl, dick zu sein.

„Lass mich wenigstens von deinem Brot abbeißen! Mama hat dir sowieso wieder das größte mitgegeben!"

Heinz ließ Robert nicht abbeißen. „Selber essen macht fett, wer was hergibt, ist ein Depp!" sagte er.

„Gut, ich werde mir das merken!" antwortete ihm Robert mit finsterer Miene.

Othmar war hinter der Hütte in einer fast senkrecht abfallenden Wand verschwunden und stieg dort herum, er hatte nichts bei sich, keinen Kletterhaken und kein Seil, und trotzdem bewegte er sich im etwa sechzig Meter hohen, steilen Felsen so sicher und problemlos, als wäre es die selbstverständlichste und leichteste Sache der Welt. Als er wieder zu seinen Brüdern kam, war er verschwitzt und durstig, er entledigte sich der Schuhe, die er beim Klettern angehabt hatte, trank seinen Tee aus und legte sich in den Schatten einer niedrigen Föhre. Dort fanden sie in den kleinen Felsenstücken massenhaft Versteinerungen, kleine Muscheln und Einschlüsse, von denen sie die schönsten in den Rucksack einpackten und mit nach Hause nahmen. Rechtzeitig kehrten sie zur Bahnstation Trattenbach zurück, kauften dort einige Zaukerl, also kleine Messer mit bunt gefärbten Holzgriffen, fuhren nach Steyr und erreichten den Anschlusszug nach Pichlern.

So abwechslungsreich der Tag auch gewesen war, Heinz schwor sich, nie mehr wieder mit Othmar in die Berge zu gehen oder mit ihm eine Wanderung zu machen. Überhaupt war es unerträglich, wie Othmar daheim mit seinen Kletterkünsten prahlte und ihn eine Schleichechse nannte, also eine langsam dahin kriechende Eidechse, so etwas, wie ein Salamander es war.

Robert war in Othmars Kritik besser davongekommen. „Musst noch viel trainieren!" sagte er teils anerkennend, teils verächtlich. „Aber ein richtiger Bergsteiger wirst auch du nicht!"

Für Hofkirchen brauchte Heinz nicht viel mitzunehmen, seine Lederhose, zwei Clothhosen, zwei Leiberl, einen Pullover,

Weste, Socken, Taschentücher und Klapperl. Er durfte in den Rucksack auch seinen Panzer einpacken. Sein Messer transportierte er im Hosensack, ebenso ein Knäuel Spagat, das er sich knapp vor seiner Abreise von Maxi Nöbauer gegen sein rotes Trattenbacher Zaukerl eingehandelt hatte.

In der Nacht hatte es nur wenig abgekühlt, und als sie um sieben Uhr früh nach Sierning hinübergingen, war es bereits so warm, dass sich Heinz und Robert das Leiberl auszogen und mit nacktem Oberkörper neben der Schwester Nadja herliefen. Von Steyr weg gab es eine Autobusverbindung nach Wels, es war derselbe Omnibus, den Franz Dirisamer während der Schulzeit für seine Dienstfahrt benützte und der exakt um halb acht Uhr in Sierning ankam. Heinz war schon einmal während einer Autofahrt schlecht geworden, und deshalb hatte ihnen Resi vorsichtshalber einige Pappsackerl für den Fall des Falles eingepackt. Dass es aber so dramatisch werden würde, das konnte Nadja noch nicht wissen. Kaum hatte der Omnibus die ersten fünf Kilometer hinter sich gebracht, als es auch schon wie eine Sturzflut aus dem Magen von Heinz hochkam, und noch ehe sie Kremsmünster erreicht hatten, waren alle Sackerl vollgekotzt und angefüllt. Es blieb Nadja nichts anderes übrig, sie musste mit den Geschwistern aussteigen und zusehen, dass Heinz wieder in Ordnung kam.

Auf den nächsten Omnibus mussten sie bis Mittag warten. Es war zum Verrücktwerden, denn kaum war Heinz im Freien, war er auch schon wieder pumperlgesund und bestens aufgelegt. Er erzählte Nadja von seiner Fahrt zu Hugo, da hatte er sogar Bier getrunken, aber es war ihm trotzdem nicht schlecht geworden.

„Es sind halt die Straßen nach Linz viel besser!" meinte Nadja.

„Nein! Es ist, weil ich mit der Mama und der Gustl viel lieber fortfahre!"

Nadja fühlte sich gekränkt, und als Heinz zu essen und zu trinken verlangte, rächte sie sich, indem sie nichts herausrückte und hart blieb. Heinz bekam keinen Bissen und auch keinen Schluck Wasser.

„Sonst speibst du uns wieder den Omnibus voll!“ sagte Nadja humorlos. Und Robert nickte zustimmend und schadenfreudig. Er hatte den Mund voll und kaute mit Genuss an einem Stück trockener Wurst.

Als sie dann mit ängstlichen Erwartungen in den Zwölf-Uhr- Bus zustiegen, würgte Heinz zwar einige Male, aber die große Vorstellung des „Speibers“ ließ auf sich warten, und die neuen Sackerl, die Nadja in einem Papiergeschäft gekauft hatte, fanden keinen Gebrauch, sie blieben unbenützt im Handgepäck liegen.

Wels, Bad Schallerbach, Grieskirchen, Obertrattnach, das waren die nächsten Stationen auf ihrem Reiseweg. Nadja hatte gehofft, dass mit der Eisenbahn ihre Schwierigkeiten als Begleitperson zu Ende sein würden, hatte sich aber verschätzt und geirrt, denn ihre beiden Brüder besetzten nun die Waggonfenster und steckten einmal den Kopf, dann wieder die Arme so weit aus dem fahrenden Zug, dass sie um deren Leben fürchten musste. Heinz verlor ein Taschentuch, das er im Fahrtwind flattern ließ, und Robert bekam vom Rauch der Lokomotive ein Rußstück ins Auge, das sich unter dem oberen Lid versteckte, weshalb sie es ihm lange nicht entfernen konnte.

Wo immer der Zug stehen blieb, stiegen die beiden aus, Heinz sagte, er müsse auf das Klosett gehen, und Robert meinte, er würde ihn begleiten. In Wirklichkeit aber standen und liefen sie auf dem Perron herum und machten sich einen Spaß daraus, im allerletzten Augenblick, wenn der Stationsvorstand bereits gepfiffen hatte, nach dem Einlassgestänge des Waggons zu greifen und auf den Zug zu springen. Unerwartet kam Nadja ein Umstand zu Hilfe, nämlich der, dass ein Mann mit grauem Haar und Hitlerbärtchen einstieg und sich zwei Bankreihen von ihnen entfernt hinsetzte. Robert zuckte zusammen.

„Heinz, schau, Rektor Wilke sitzt dort!“

Im selben Augenblick, als Robert dies sagte, war Heinz auch schon ein frommes Lämmchen. Und auch Robert wagte nicht mehr, seinen Platz zu verlassen. Der Respekt vor dem Schulleiter der Sierninger Hauptschule war derart nachwirkend, dass sie sich nicht einmal vergewisserten, ob ihre Beobachtung auch stimmte. Erst als der Mann in Tollet ausstieg und ihn eine Frau als „Herr Graf" ansprach, schauten sie genauer hin und merkten, dass sie einem Irrtum erlegen waren. Der Mann war größer und stattlicher als Wilke hatte einen hellen Trachtenanzug an und verließ mit einem Grüßen nach allen Seiten sehr höflich den Zug. Immerhin, Nadja war dankbar, denn die nächste Station war Obertrattnach, und da mussten sie aussteigen.

Es schien, als wären die Brüder Robert und Heinz von den vielen Eindrücken und Erlebnissen der Fahrt müde geworden, denn als sie in Obertrattnach erwartungsvoll vom Waggon heruntersprangen und sie vom Bahnhof die vier Kilometer nach Hofkirchen zu Fuß gehen mussten, ließ ihre Ausgelassenheit merklich nach. Jeder musste sein Gepäck selber tragen, die Buben hatten kleine Rucksäcke und Nadja einen mittleren Koffer. Sie war am ärmsten daran, denn sie hatte nicht nur für sich, sondern auch für die Geschwister Sachen mitnehmen müssen, die sich jetzt im Gewicht bemerkbar machten. Bevor sie in Hofkirchen einmarschierten, musste sie beim Tragen oft und oft die Hand wechseln, und als sie endlich das Haus von Tante Poldi erreichten, war sie wirklich erschöpft und müde.

Aber die Mühe hatte sich gelohnt, denn der Empfang durch Tante Poldi, durch die Großmutter Anna und die Großtante Miaz war so herzlich und so überaus wohltuend, dass die lange Fahrt und die Plagerei schnell vergessen waren. Sofort bekamen sie gewässerten und gezuckerten Most zu trinken, der allen gut schmeckte und der sie in eine leicht alkoholheitere Stimmung versetzte. Als nächstes stellte Tante Poldi eine Schüssel mit grünem Salat auf den Tisch und dazu bekamen sie ein saftiges Schweinsbratl mit Mehlknödeln vorgesetzt. Heinz glaubte, im Schlaraffenland zu sein, und verteilte nach allen Seiten Küsse, besonders Tante Poldi wurde reichlich damit eingedeckt, und so kam es, dass die unverheiratete, kinderlose und doch liebesbedürftige Frau an dem kleinen Mann bald ihren Narren gefressen hatte.

„Ihr müsst uns viel erzählen", sagte Tante Poldi, „von Pichlern, von den Bombenabwürfen, und wie es in Steyr ausschaut!"

Na, da hatte sie das richtige Thema angeschnitten, und alle drei legten ordentlich los. Nadja mit den Bränden im Werk und wie es gekracht hatte, Robert erzählte von einem Fallschirmspringer, der in einem hohen Baum gelandet war und von den Leuten mit Steinen beschmissen wurde, und Heinz berichtete von dem abgeschossenen Flugzeug in der Saaß, in dem lauter Neger gesessen hatten.

„Das waren keine Neger", verbesserte ihn Robert, „das waren verbrannte Flugzeugpiloten!"

„Doch, es waren Neger, sie waren ganz schwarz und hatten weiße Augen!"

Die Frauen wechselten Blicke miteinander und deuteten Robert, dass er Heinz seinen Glauben lassen solle. Nach ihrem Dafürhalten musste man mit solchen Erzählungen vorsichtig umgehen, denn wer konnte wissen, welchen Schaden diese Bilder in den Köpfen der Buben angerichtet hatten.

In den Augen von Heinz war Tante Poldi eine schöne Frau. Sie hatte eine runde Nase, im Oberkiefer zwei goldene Frontzähne, und ihre dunkelblonden Haare hatte sie zu einem Kranz um den Kopf geflochten. Sie hatte eine helle Stimme und sie lachte viel. Großmutter und Miaz sahen anders aus, er konnte nicht sagen, wie anders, aber eben anders. Beide waren viel älter als Poldi, sie trugen ein weißgemustertes Kopftuch, Miaz hatte eine Hakennase und sprach einen Dialekt, den er nicht sofort verstand. Aber auch diese beiden gefielen Heinz, und er fühlte sich vom ersten Augenblick an wohl im Haus.

Die Unterhaltung hielt an, bis von der Kirche das Abendläuten zu hören war, da unterbrach Tante Poldi das Gespräch und begann den „Engel des Herrn" zu beten. Anschließend ging sie in den Stall, um Muli zu melken, das einzige Tier der Tante, eine braun-weiß gefleckte Kuh mit treuherzigen Augen und einem Rieseneuter, aus dem die Milch nur so heraus spritzte und den ganzen Melkeimer in kürzester Zeit füllte. Heinz begleitete Poldi überall hin, er lernte dabei das große Haus, aber auch das Nebengebäude mit dem Stall und dem Holz- und Heustadel kennen. Beide Bauten waren durch eine hohe Holzwand miteinander verbunden, so dass der teilbetonierte Innenhof zur Gänze nach außen geschützt und abgesichert war. Ein Brunnen befand sich in diesem Hof, zwei Radlböcke, Liegestühle, und an der Wand des Hauptgebäudes wuchsen zwei Spalierbäume, durch deren Laub die Rundungen der reifenden Birnen hervor blitzten.

Anderntags erwachte Heinz vom ständigen Krähen eines Hahnes. Obwohl das offene Fenster nicht übermäßig groß war, hatte das makellose Gold der Morgensonne den Schlafraum in ein unbeschreiblich helles Licht getaucht. Er hatte wunderbar geschlafen, blinzelte mit den Augen und wusste zunächst nicht, wo er war. Dann sah er den noch schlafenden Robert, dessen Bett an der anderen Seite des Zimmers seinem gegenüber stand. Die eine Hand hing ihm zu Boden, die Füße waren zu sehen, nur das Gesicht war von der rotkarierten Tuchent verdeckt. Er atmete tief und rührte sich auch nicht, als Heinz aus seinem Bett stieg und in die Lederhose schlüpfte.

Als nächstes kam Nadja, um nachzuschauen, ob die Brüder noch schliefen. Jetzt wurde auch Robert lebendig und öffnete die Augen. Er war total zerzaust, gähnte einige Male ziemlich laut, setzte sich auf die Bettkante und knurrte: „Guten Morgen!"

Die weiteren Schritte ins Hofkirchner Leben wiederholten sich von nun an jeden Morgen. Die Buben bekamen von der Großmutter ein Handtuch, gingen in den Hof, pumpten sich am Brunnen Wasser und wuschen sich mit einer nach Zitrone riechenden Seife die Hände, den Hals und das Gesicht. Inzwischen hatte die Großmutter in der Küche mit trockenem Reisig ein schnelles Feuer gemacht, Milchkaffee zugesetzt und ihnen in einer kleinen Schüssel das Frühstück serviert. Zum Einbrocken bekamen sie Anisbrot, alles schmeckte und duftete herrlich. Und als sie ihren Bauch voll hatten, wurden sie entlassen und konnten machen, was sie wollten. Der ganze Tag gehörte ihnen, nur beim Zwölf-Uhr-Läuten der Kirchenuhr mussten sie pünktlich zum Mittagessen daheim sein.

Hofkirchen war eine kleine Marktgemeinde des Hausruckviertels, in der die Zeit still zu stehen schien und wo man vom Krieg kaum etwas merkte. Es gab dort noch alles, Bauern, Knechte, einen Pfarrer, einen Kooperator, einen Lehrer, freundliche Weiber und hübsche Mädchen, Pferdekutschen, Fahr- und Motorräder, Autos, Katzen und Hühner in den Wiesen, Hunde, die an der Straße entlang schwänzelten, und vor allem gab es eine unglaubliche Menge von Kindern, deren helle Rufe und fröhliches Geschrei auf Robert wie magnetisch wirkten.

Nach dem Frühstück ging er auf die Straße und sah in etwa hundert Meter Entfernung vor der Eingangslaube zum Nachbarhaus einige Buben stehen, alle sahen ihn neugierig an, aber keiner sprach ein Wort. Alle diese aschblonden Buben hatten struppige Frisuren, nur einer, der etwas älter, frecher und gefährlicher wirkte, war dunkel und hatte sich das schwarzglänzende Haar glatt zurückgekämmt.

Robert näherte sich langsam. Als sie sich eine Zeit lang gemustert hatten, zog der Schwarzhaarige bedächtig eine Steinschleuder aus der Tasche, entwirrte die Gummibänder und suchte im Schotter einen runden Stein. Dann überquerte er die Straße und stellte knapp neben Robert eine kleine Dose auf eine Holzlatte. Als er wieder bei seinen Freunden war, nahm er die Schleuder hoch. Päng, machte es, und die Dose flog vom Zaun. Ohne etwas zu sagen, reichte er die Steinschleuder Robert, wieder stand die Blechdose auf dem Holzzaun und wieder erwarteten alle ein Päng, aber im selben Augenblick, in dem Robert die gespannten Gummibänder losschnellen ließ, erfolgte auch schon sein lauter Wehschrei, er hatte nicht durch die Holzgabel, sondern auf seinen Daumen geschossen. Das Gelächter war unbarmherzig. In Pichlern war er noch Bandenführer gewesen, und jetzt, welche Schande. Er ging grimmig auf den Schwarzhaarigen zu, dieser aber drehte sich um und nahm die Bubenschar mit ins Haus hinein. Ohne aufgefordert zu sein, folgte Robert. Gleich links, im Anschluss an das Haustor, betraten alle eine ebenerdige Wohnung, die nur aus einem einzigen, größeren Raum bestand. Langsam ordnete Robert den Inhalt dieser Wohnung. Neben dem Fenster sah er eine kleine Werkstätte, gegenüber einen Ofen mit Kredenz und Geschirr, darauf folgten zwei einfache Betten, und an der Stirnseite befand sich wiederum ein Bett, dieses aber etwas größer und reichhaltiger. Dann sah er noch einen Kasten und in der Mitte des Zimmers stand ein grober Tisch mit einigen Sesseln. Dies alles war die Wohnstätte des Schusters Johann Thaler, seiner Frau Aloisia und seines Sohnes Hans, des Schwarzhaarigen, der kurz vorher mit der Steinschleuder den Meisterschuss getan hatte.

Beide Elternteile waren anwesend, die Mutter Aloisia machte sich am Herd zu schaffen, und den Vater konnte man im vorderen Bett im Türkensitz sehen. Er hatte neben sich einige aufgeschlagene Bücher liegen, mit denen er sich gerade noch beschäftigt hatte, betrachtete aber jetzt die eintretenden Buben. Jeder von ihnen grüßte.

„Guten Morgen, Admiral!“ „Guten Morgen!“ „Guten Morgen, Admiral!“

Der als Admiral Angesprochene knurrte nur ein undeutliches „n’Morgen!“ in seinen Bart, beziehungsweise in seinen Stoppelbart, denn er war unrasiert und noch höchst ungnädig. Die Thalerin war klein, drahtig und so unbedeutend, dass sie keiner grüßte und sie niemand zu bemerken schien.

Hans fasste den Arm von Robert und schob ihn zu seinem Vater.

„Das ist der Bub von der Poldi, vom Enzinger Haus!“

Der Admiral sah neugierig auf Robert, er betrachtete ihn wie eine Beute, die er zu verschlingen gedachte.

„Wie heißt die Parole?“

Robert blickte verlegen zu Hans.

„Ohne Parole – Hausverbot!“

Dieser knappe Satz steigerte die Nervosität von Robert. Hans kam ihm zu Hilfe.

„Na, sag’ schon was!“

In seiner Verlegenheit sagte er: „Ferienkind!“, fügte dann aber gleich seinen Indianernamen „Adlerauge“ hinzu.

„Ferienkind Adlerauge? Falsch! Parole heißt Schusterkitt!"

Keiner lachte über die neue Parole, denn sie alle hatten ein Kennwort aus der Schusterwerkstatt. Die angesehenste dieser Parolen, die gleichzeitig Bandennamen waren, hieß „Schusterkneip", es war der Name des Häuptlings und wurde von Hans Thaler getragen.

„Wirst du uns etwas vorlesen?" fragte Hans den Vater. Die einzige Antwort war: „Setzen!"

Alle folgten und hockten sich auf die Sessel oder auf den Rand des Tisches. Robert betrachtete voll Staunen den Alten, auf dessen knappe Kommandos alle Buben wie ausgebildete Soldaten reagierten. Er hatte ein ausgewaschenes, gestreiftes Hemd an, das lose über den Bund einer langen Unterhose fiel, die an den Knöcheln zu einem Abschluss zusammen gebunden war. Auf dem Kopf trug er eine viereckige schwarze Kappe, die er oft mit der Hand hin und her schob, so dass man sehen konnte, dass er zumindest vorne keine Haare mehr hatte. Rückwärts standen ihm welche über den Kragen, auch vor den Ohren kamen sie zutage und vermischten sich dort mit den Bartstummeln der runzeligen Gesichtshaut. Robert hatte noch nie ein derart verschmitztes Gesicht wie dieses gesehen, eine scharfe, gerade Nase verlief fast bis zum Mund herunter, und die Augen waren von einem intensiven Blau, das deshalb so elektrisierend wirkte, weil die kleinen, schwarzen Pupillen wie die eines Raubvogels auf die Kinder starrten. Das Auffälligste aber war der Mund, da der Admiral exakt von der Mitte bis zum rechten Lippenwinkel keinen einzigen Zahn mehr hatte. Diese Seite wirkte dadurch eingefallen und hohlwangig, hing auch ein wenig schlaff herunter, wodurch fast automatisch ein schiefes Lächeln zustande kam, das den Gesamteindruck der Mimik überwog.

Der Admiral drehte sich nun seitwärts, nahm eines der aufgeschlagenen Bücher in die Hand und begann den Buben vorzulesen. Es war die Geschichte eines Seeräubers, des Piraten der sieben Meere, des Seehelden, der von der englischen Königin zum Ritter geschlagen wurde und mit seiner Flotte die Spanier vernichtete. Die Lesung dauerte nicht länger als fünfzehn

Minuten, der Admiral wurde schläfrig, er gähnte ununterbrochen, und dann fielen ihm die Augendeckel zu. Bevor er aber einschlief und zu schnarchen begann, sagte er noch: „Francis Drake war ein mutiger Bursche, er war mein Hilfsadmiral, ich aber war der Admiral mit zweihundert Schiffen!"

Robert hatte interessiert zugehört und versuchte, etwas zu fragen. „Und wann wird Francis Drake die amerikanischen Feinde vernichten?"

Der Admiral klappte noch einmal die Lider hoch, sah Robert mit glanzlosen Augen an und sagte nur ein Wort: „Staatsgeheimnis!"

Mit dieser vorläufig letzten Antwort des Admirals war die Audienz für die Buben beendet. Sie versammelten sich jetzt beim Tisch und zeigten Robert, was sie in den Hosensäcken mitgebracht hatten. Fast alle besaßen Angelzeug, selbstgemachte Haken, die sie an einen gewachsten, dünnen Spagat gebunden und mit dieser Schnur auf einem handlangen Stäbchen aufgewickelt hatten. Robert bewegte sich jetzt wie selbstverständlich in ihrer Mitte, er war in die Bande von Hans Thaler aufgenommen worden. Neugierig betrachtete er die vielen Schätze, die hier zum Vorschein kamen, er war sprachlos vor Bewunderung, und er war überglücklich.

Tante Poldi war bereits seit dem frühen Morgen mit dem Fahrrad unterwegs zu den Bauern, um sie mit einigen Spezialitäten zu beliefern. Tante Poldi hatte nämlich von ihrer Tante Theresia ein Geschäft, eine kleine Krämerei, übernommen, die im vorderen Teil ihres Hauses untergebracht war. Wenn die Leute zu ihr kamen und etwas kaufen wollten, zogen sie an einer Hausglocke, worauf Tante Poldi oder die Großmutter mit dem Geschäftsschlüssel erschien, aufsperrte und die Kunden bediente. In ihrem Geschäft konnte man Dinge kaufen, die es in der Stadt schon lange nicht mehr gab. Fasziniert waren die Kinder vor allem von den hohen Gläsern, aus denen mindestens noch fünf verschiedene Zuckerlsorten zu haben waren, Köstlichkeiten wie Seidenzuckerl, Krachmandeln oder die in Papier eingewickelte Heller-Mischung.

Gleichzeitig hatte sie ein größeres Magazin im ersten Stock, von dem aus sie ihre auswärtigen Kunden versorgte. Der Umsatz war nicht übermäßig, aber doch so, dass Tante Poldi sich, die Mutter und die Tante Miaz recht gut durchbringen konnte. Grob gesprochen konnte man sagen, dass sie wohlhabend war, dabei aber nicht ein einziges Mal nach außen durchdringen ließ, wie es um ihre Geldmittel und um ihr Vermögen stand.

Als sie gegen Mittag nach Hause kam, traf sie Nadja in der Küche bei der Großmutter an. Nadja war schon mehrmals in Hofkirchen gewesen, und deshalb war ihr hier nichts fremd. Sie liebte die Großmutter abgöttisch, und auch die alte Frau war in das Enkelkind vernarrt. Jetzt saßen sie eng beisammen, sie blätterten in einem Bauernkalender, in dem Lostage, Stichtage, Wetterregel und Anregungen für den Garten vermerkt waren. Das Mittagessen dampfte bereits auf dem Herd. Heinz fand Poldi in der Vorratskammer, wo in einigen alten Laden Othmar seine Schätze zurückgelassen hatte. Dieser hatte nämlich die vierte Klasse Volksschule zur Gänze in Hofkirchen besucht, war also über ein Jahr hier gewesen, und in dieser Zeit füllte er seine Schubladen mit allen Beutestücken, die er hier gesammelt, eingetauscht und gefunden hatte. Heinz war froh, dass Robert fortgegangen war und von diesem Schatz nichts wusste, denn bis dieser wieder nach Hause kam, hatte er bereits alles beschlagnahmt und sich selbst einverleibt. Großartig war eine Indianerhaube aus Fasanenfedern, ein dazu passendes Rundschild mit aufgemalten Zeichen, ein holzgeschnitztes Messer, ein Tomahawk und ein Pfeilköcher mit Pfeilen. Jede Menge Federn lag herum, einige Skelettteile von kleinen Tieren, der Totenschädel eines Rehes, eines Hasen und eines Marders. Sogar ein kleines Markenalbum fand er hier verborgen, einige leicht lädierte Exemplare und der Hitlersatz waren eingesteckt.

Nach dem Mittagessen wollte Heinz dem Bruder diese Schätze zeigen, doch Robert war nicht interessiert. Im Gegenteil, sobald er konnte, war er auch schon wieder fort und auf der Gasse. Was war nur los, dass er an all diesen herrlichen Dingen keinen Anteil nahm? Heinz lief in den Hof, er lehnte eine Leiter an die hohe Bretterwand, stieg hinauf und sah gerade noch, wie Robert mit einer Schar von sieben, acht Buben den Weg zur Trattnach einschlug und dort verschwand. Am Ufer des Baches wuchs Erlengebüsch, das die Sicht zum Wasser verdeckte, und das so typisch für die Landschaft war, in der sich saftige Wiesen, Getreidefelder, Rübenäcker, Viehweiden und kleine Laubbaumareale abwechselten. Heinz verging vor Neid, weil Robert bereits so viele Freunde hatte, und gleich entdeckte er auch seine Einsamkeit, die – in seiner musikalischen Bildersprache ausgedrückt – wie ein hoher, gleichmäßiger Flötenton über dem sommerheißen Dorf lag.

Die folgenden Tage brachten für Heinz kaum eine Änderung, das Wetter war sagenhaft schön, aber er war und blieb allein im Haus, während Robert mit seinen Freunden von der Früh bis zum Abend herumlief. Schlimmer hätte er Heinz gar nicht kränken und bestrafen können, so wie in Pichlern fühlte er sich auch hier ausgestoßen und geächtet.

Nach einer Woche verließ Nadja Hofkirchen, sie hatte die Mitteilung bekommen, dass die Steyrer-Werke ihr Büro nach Wien verlegt hatten und dass man sie dort brauchte. Der Abschied von ihr war schmerzlich und tränenreich, denn nun hatte Heinz den letzten Menschen verloren, der noch mit ihm spielen wollte und der seine Phantasie beschäftigte. Mit ihr und Tante Poldi war er im Wald gewesen, sie hatten eine Menge Himbeeren gepflückt, sie eingekocht und in Gläser abgefüllt. Das war schön gewesen, denn zum ersten Mal hatte er den prächtigen Pfarrwald gesehen, der sich hinter dem Dorf wie eine grüne Oase auftat und alles beinhaltete, was man sich von einem Gehölz erwarten durfte, hohe und niedrige Stämme, Pilze, Beeren, weiche Moospölster, hohes, seidiges Gras und die schattige Kühle eines ruhigen, friedlichen Ortes, in dem man außer Vogelgesang und Mückengesumme keine anderen Geräusche vernahm. Mit Nadja hatte er auch einen sensationellen Nachmittag an der Trattnach verbracht, an einem Badeplatz, wo Kinder und Jugendliche um einen Tümpel lagen, in dem man herrlich schwimmen und tauchen konnte. Robert war mit seinen Freunden kurz erschienen, hatte aber, als er Heinz erblickte, sofort kehrtgemacht und das Weite gesucht. Es war augenscheinlich, Robert wollte allein in der Bande sein und Heinz nicht als lästiges Anhängsel bei allen seinen Abenteuern mit sich schleppen. Und sein wehleidiges Jammern wollte er schon gar nicht hören.

Und trotzdem, es war nur eine Frage der Zeit, bis auch Heinz in die Thalerbande aufgenommen wurde, denn immer häufiger kam es vor, dass die Buben, wenn sie auf Robert warteten, auf einer Böschung des gegenüberliegenden Straßenrandes saßen und mit ihrem Bandenpfiff lockten.

„Pfiff, pfiff, pfiff, pfaff, pfaff, pfaff, pfiff!“

Dieser Pfiff, in die Menschensprache übersetzt, lautete präzise und fordernd:

„Robert, kum raus do zu uns!“, und er galt für jeden in der Bande, gleichgültig, ob dieser Hansl, Peperl oder Hubert hieß, er war eine Aufforderung, der jeder in der Bande nachkam, und ein Lockruf, dem keiner von den Buben widerstehen konnte.

Eines Tages war es so weit. Heinz war vor Robert auf der Straße zur Thalerbande gestoßen und hatte den entscheidenden Satz gewagt.

„Nehmt's mich mit?“ hatte er gebettelt, und da niemand etwas dagegen hatte, war er toleriert und aufgenommen gewesen. Nur Robert haderte und grollte, er drückte Heinz an den nächsten Baum und zischte ihn an.

„Wehe, du verrätst jemand unsere Geheimnisse!“ Diese Warnung war ihm zur Genüge bekannt, er hatte nicht vergessen, dass er nach der Bootsfahrt auf der Steyr den heiligen Eid gebrochen und die Geschichte seiner Rettung Mama erzählt hatte. Nie mehr wieder sollte so etwas vorkommen. Er leistete Robert neuerlich einen heiligen Schwur, und fürs erste vergaß und verzieh dieser.

Was für ein unbeschreibliches Glück Heinz widerfuhr und wie viele Abenteuer über ihn ausgeschüttet wurden, das kann nur jemand ermessen und verstehen, der so wie er eine derartige Fülle von abwechslungsreichen und sorgenfreien Ferientagen auf dem Land erleben durfte.

Es gab folgende Gebiete, wo die Thalerbande unentwegt umherstreifte: den Wald, die Trattnach, die Schottergrube, den Pfarrhof und den Ortskern. An jenem Tag, an dem Heinz in die Thalerbande aufgenommen wurde, kam er abends mit Robert selig, wenn auch müde, nach Hause. Am liebsten wäre er gleich aufs Zimmer und ins Bett gegangen, aber Tante Poldi achtete auf das Abendbrot und auf Sauberkeit. Die Brüder bekamen also ihren Teller mit Grießkoch und mussten dann zum Brunnen, wo sie sich in eine Blechschüssel Wasser pumpten, mit dem die Hände, vor allem aber die Füße gründlich gereinigt wurden. Tante Poldi hatte neben der Großmutter in einem Korbsessel Platz genommen, genoss den lauen Abend, summte zuerst eine Melodie und sang dann die Strophen des Liedes „Stürmisch die Nacht und die See geht hoch, dort zeigt sich ein Schiff!" Eine aufwühlende Geschichte, die mit den Worten „dem Tode nah, dem Tode nah, furchtlos und mutig steh'n alle da!" ins Finale überleitete. Heinz konnte nicht anders, er himmelte seine Tante an, und als sie zu Ende gesungen hatte, sagte er nur:

„Tante Poldi, du singst wunderschön!"

„Na kommt!" sagte sie. „Und jetzt singen wir zusammen ‚Am Brunnen vor dem Tore'! Einverstanden?"

Robert sah Tante Poldi entgeistert an. „Ja, weißt du denn nicht, Heinz kann nicht mehr singen, er hat seine Stimme verloren und niemals wird sie wiederkehren!"

Tante Poldi schüttelte dazu nur den Kopf. „Niemand kann seine Stimme verlieren, du Dummerchen!" Und Heinz, den sie nur „Burli" nannte, fragte sie: „Seit wann hast du die Stimme verloren?"

„Ich habe es vergessen, aber es ist nichts mehr davon da!"

„Dein Vater hat mir berichtet, dass du sogar eine wunderschöne Stimme hast! Burli, du wirst sie uns doch nicht verweigern, mir und deiner Großmama, wo wir dich so lieben, aber noch nie singen gehört haben!"

Heinz schüttelte den Kopf. „Es ist sinnlos!"

Eine Weile betrachtete ihn Tante Poldi. Dann begann sie ganz leise:

„Am Brunnen vor dem Tore, da steht ein Lindenbaum!" Mit der Handbewegung eines Dirigenten forderte sie Heinz und Robert auf, mitzusingen. Bei Robert ahnte man bereits den Stimmbruch. Heinz aber öffnete weit den Mund und atmete dann stark aus: „Chrrrk!"

Tante Poldi blickte entsetzt auf den kleinen Kerl, der sich um einen Ton bemühte, aber immer nur „Chrrrk! Chrrrk! Chrrrk!" hervorbrachte.

„Ihr Lausbuben, ihr wollt mich doch nur auf den Arm nehmen! Na gut, dann ins Bett mit euch!" In ihrem Ärger griff sie nach dem Stallbesen und drohte ihnen damit. Heinz war nichts lieber, als ins Bett zu kommen, er lief zu den Betonstufen, die ins Haus führten, blieb aber stehen und blickte über das Stallgebäude zum Sternenhimmel empor.

„Heute haben wir aber einen roten Mond", sagte er und deutete mit den Fingern nach oben.

„Heute haben wir abnehmenden Mond, und dort, wo du hinzeigst, geht auch nie der Mond auf."

„Dann muss es brennen! Es knistert auch ganz laut!"

Sofort erhob sich Tante Poldi aus ihrem Rohrstuhl. Es war in die hohe Bretterwand ein Zufahrtstor eingebaut, das sie nun mit Roberts Hilfe aufmachte. Als es offen stand, sah man auch bereits hinüber zur Gerberei Thuswald, wo ein Stadel bis hinauf zum Dach in Flammen stand. Die Kirchenglocken begannen zu läuten, und kurz darauf bogen zwei Löschautos zum Brandherd ein. Ein aufregender, schauriger Anblick war das, und so nahe dazu. Besonders beängstigend für die kränkliche Großmutter, die am Stock ging und sich mit einigen Seufzern dem Haus zuwandte.

„Poldi, ich will das gar nicht sehen, ich leg' mich nieder!"

„Wart, ich bring' dich ins Bett! Und ihr zwei kommt auch herein!" Heinz und Robert waren aber plötzlich überhaupt nicht müde, wie von einem Funken aus den mächtigen Flammen entzündet, hatte sich in ihnen neue Energie gebildet und drängte sie zur Verwirklichung eines echten Abenteuers. Hingehen, zusehen und beobachten, was es außer dem Brand noch alles gab. So viele Menschen liefen ja bereits herum, und sie beide sollten ins Bett?

„Tante Poldi, können wir noch zusehen?"

Poldi schloss das Tor und verriegelte es. „Ihr seht ja, wie schrecklich es zugeht, seid vernünftig, wir gehen alle gemeinsam ins Bett!"

Verdrossen gingen sie hinter der Tante und der Großmutter hinauf in den ersten Stock des Hauses. Ob sie wollten oder nicht, sie mussten auf ihr Zimmer, dabei sahen sie über dem Dach des Stallgebäudes den aufregenden Funkenflug des Brandes. Tante Poldi empfand es aber ganz anders.

„Ja, so ist die Hölle!" schauderte sie zusammen. „In solchen Flammen müssen alle Sünder verbrennen!" Sie waren jetzt im oberen Stockwerk angelangt. „Vergesst nicht euer Nachtgebet. Betet, betet, betet! Niemand wird dann zu Schaden kommen!" Sie zog die Fensterläden und die Vorhänge zu. Jetzt war der Feuerschein weg, weg das höllische Licht, und auch die Explosionsgeräusche der davonfliegenden Dachschindeln waren nur mehr leise vernehmbar.

„Tante Poldi, es ist so heiß im Zimmer! Mach das Fenster wieder auf!"

„Na gut, aber ihr gebt Ruhe! Und nun: Gute Nacht!"

Zweimal „Gute Nacht!" war die Antwort.

An diesem Abend zeigte sich eine der positiven Eigenschaften, die Robert in seinem späteren Leben oft zu Gute kamen: Er konnte den richtigen Zeitpunkt abwarten. Zuerst öffnete er langsam die Zimmertür und schlich zum Schlafzimmer von Tante Poldi. Er hörte die beiden Frauen noch einige Zeit miteinander reden, doch dann verstummten die Gespräche und wurden von einem leichteren Schnarchen abgelöst. Er ging zurück.

„Komm!" sagte er zu Heinz.

„Wo willst du denn hin?"

„Na, wohin schon, zum Feuer natürlich!"

Zusammen schlichen sie in die Küche. Dort war das Fenster offen, aber es war mit einem Gitter aus Metallstäben abgesichert.

„Ich hab's schon gestern versucht. Man kommt hinaus, aber du musst zuerst mit dem Kopf durch!" flüsterte Robert.

„Und kommen wir auch wieder herein?"

„Ja, es geht!"

Als sie in die Wiese sprangen, rutschten sie im nassen Gras aus. Heinz griff mit seiner Hand in einen Maulwurfshügel, wischte sich an der Hose den Dreck von den Fingern und rannte Robert nach. Sie waren noch nicht an der Grundgrenze von Tante Poldis Besitz angelangt, als sie den Bandenpfiff hörten.

„Pfiff, pfiff, pfiff, pfaff, pfaff, pfaff, pfiff!"

Robert blieb stehen und lauschte. Lautlos wie ein Moorgetier aus dem Schlamm tauchte Hans Thaler ganz dicht neben ihm auf. Gleich darauf auch Alois Fürtauer und Leo Sattelberger. Das Licht des Feuers beschien sie gespenstisch, und ihre Augen leuchteten wie im Fieber. Heinz war dieses Schauspiel unheimlich, er wollte umdrehen und zum Haus zurückkehren, doch Robert fasste ihn am Hemd.

„Du bleibst hier, wenn wir gehen, dann gehen wir zusammen!"

Hans hatte das Feuer schon länger beobachtet. „Sie suchen bereits nach einem Feind. Der Stadel ist angezündet worden!"

„Wer sagt das?" fragte Robert. „Hast du's vielleicht gesehen?"

„Siehst du nicht den Babinger, den Hundsgendarm? Der ist nur da, wenn es ein Verbrechen gibt."

Der Babinger war ein hoch gewachsener, hagerer Typ, der ganz nahe bei den Flammen stand und im Krachen und Bersten des Holzes den Feuerwehrmännern Anweisungen zuschrie. Löschschläuche lagen gebündelt wie dicke Schlangen in der Wiese und holten das Wasser von der Trattnach. Die Pumpen liefen, die Funken flogen und das aufgespritzte Wasser verzischte in einer Dampfwolke, sobald es auf die Glut des

Brandes traf. Die Buben kamen aus dem Staunen nicht heraus, immer näher rückten sie heran und übersahen dabei, dass sie der Babinger bereits im Visier hatte. Plötzlich sprang er herbei und bekam Robert zu fassen.

„Na, Bürscherl, jetzt erzähl einmal, was du gesehen hast!"

Robert schnappte nach Luft, brachte aber keinen Ton hervor. Auch die anderen vier standen da, ganz verdattert und wie bei einem Diebstahl ertappt.

„Aha, der Thaler Hansl! Hast vielleicht du deine Hand im Spiel gehabt?" Dieser war ebenfalls erschrocken, fasste sich aber schnell.

„Wir wollten nur löschen helfen!"

„Löschen, womit denn, wo habt's denn eure Spritzen?" lachte Babinger höhnisch. Jetzt kam der Bandenführer in Thaler zum Vorschein. Ohne eine Minute zu zögern, öffnete er sein Hosentürl und pischte in die Wiese.

„Damit!" lachte er schallend.

„Rotzbub, verschwind'!" Bevor dieser aber dem Befehl nachkommen konnte, überlegte es sich der Babinger und packte ihn mit der anderen Hand.

„Noch eine Frage, und sag mir jetzt ja die Wahrheit. Wo war denn heute Abend dein Vater?"

„Wie ich weggegangen bin, hat er geschlafen. Er hat einen Rausch!"

„Ich werde das kontrollieren, wehe, du hast gelogen!" Er gab die Buben frei, und im nächsten Augenblick sausten sie alle davon, jeder in seine Richtung, Hans zum Schallböckhaus, wo er mit den Eltern wohnte, und Robert und Heinz zu Tante Poldi.

Als sie zum Küchenfenster kamen, merkten sie, dass es verschlossen war. Verzweifelt suchten sie nach einem anderen offenen Fenster. Vorsichtig schlichen sie um den Stall herum, über die Gartentür kamen sie in den Hof. Plötzlich blieb Robert stehen, denn in der Ferne, dort, wo der Stelzmüller sein Anwesen hatte, sahen sie einen zweiten Stadel in Flammen. Noch hatten es die Feuerwehrmänner beim Thuswald nicht bemerkt, doch dann flog der Ruf durch die Nacht: „Beim Stelzmüller brennt es auch!" und gleich darauf war der Teufel los. Wie aus Erdlöchern die Würmer so kamen jetzt unzählige Menschen zum Vorschein und bemühten sich um die beiden Brände. Weitere Löschfahrzeuge trafen ein, aber es half nichts, bis zum Morgen war alles bis auf die Grundmauern niedergebrannt.

Robert und Heinz hatten ihre liebe Not, um ins Haus zu kommen. Schließlich entdeckten sie, dass das Klosettfenster im Hof offen stand. Sie holten sich eine Leiter, um hinauf zu kommen, klammerten sich an den Eisenstäben fest und schlüpften und zwängten sich hindurch. Als sie bereits im Bett lagen, klopfte Heinz noch immer das Herz.

„Hast du dich gefürchtet?" fragte er im Flüsterton Robert.

„Ja, wie ich den alten Thaler gesehen hab!"

„Den Admiral?"

„Ja, er stand bei unserem Stadel und rauchte eine Zigarette. Jedesmal, wenn er inhalierte, hat man sein Gesicht leuchten gesehen. Und er hat eigenartig gelacht!" Robert machte das Meckern einer Ziege nach.

„So ungefähr hat es geklungen!"

XIV.

Tante Poldi hatte wohl bemerkt, dass die beiden Buben in der Nacht noch einmal fort gewesen waren. Sie schloss das Küchenfenster und wollte sie zum Läuten an der Haustür zwingen, hatte aber das offene Fenster im Klosett übersehen. Sie ging zurück in ihr Bett, nahm den Rosenkranz in die Hände und begann ihn zu beten. So wartete sie auf die beiden Ausreißer, um ihnen eine Strafpredigt zu halten, war aber eingeschlafen und nach Mitternacht erst wieder aufgewacht. Vorsorglich ging sie wieder auf Kontrolle und war erstaunt, als sie die Buben in ihren Betten schlafend vorfand. „Wie hatten sie es nur angestellt", fragte sie sich, „dass sie ohne Schlüssel und bei geschlossenen Fenstern ins Haus gekommen waren?"

Am nächsten Morgen verlor sie kein Wort über ihren nächtlichen Kontrollgang, versuchte aber, mit gezielten Fragen die Wahrheit herauszubekommen.

„Na, hat es noch lange gebrannt?"

Schweigen.

„Habt ihr schon aus dem Fenster gesehen? Beim Thuswald ist bis auf die Grundmauern alles vernichtet worden, der ganze Stadel ist in Schutt und Asche!"

„Der zweite auch!" verplapperte sich Heinz.

Robert stieß ihn unter dem Tisch mit dem Fuß an. Das war ärgerlich und so typisch für Heinz, nichts konnte er für sich behalten, seine Geschwätzigkeit ging ihm auch in Hofkirchen bereits auf die Nerven.

„Welcher zweite?" fragte Tante Poldi hellhörig.

„Ja, beim Stelzmüller hat es auch gebrannt!" Für diesen Satz bekam Heinz von Robert einen weiteren Fußtritt. Aber dieser begriff auch jetzt noch nichts, diese Plaudertasche, dieser Idiot. Tante Poldi aber hatte den Fußtritt bemerkt, sie sah Robert vorwurfsvoll an.

„Du brauchst deinen Bruder nicht zu stoßen. Ich ahne, dass da etwas vorgefallen ist und dass ihr schlimm gewesen seid!"

„Das vom Stelzmüller haben uns die Leute auf der Straße verraten, sie haben davon gesprochen!"

„Ach, nun musst du zu allem Überfluss auch noch lügen!" tadelte ihn Tante Poldi für diese Unwahrheit. Sie musterte sein sommersprossiges Gesicht, gleichzeitig bemerkte sie die schmutzigen Finger von Heinz.

„Hast du dich nicht gestern gründlich gewaschen? Und deine Lederhose, wie sieht die aus!"

Robert verzog sich aus der Küche. Er merkte, dass seine Partie verspielt war. Sollte Heinz das Ganze ausbaden, er hatte es sich auch eingebrockt.

Tante Poldi sah Heinz liebevoll in die Augen. „Burli, jetzt heraus mit der Wahrheit, seid ihr gestern noch einmal fort gewesen?"

Heinz war froh, dass er sich nun alles von der Seele reden konnte. „Das ist so gewesen, liebe Tante Poldi, ich passe mit meinem Kopf gerade noch durch die Gitterstäbe der Fenster, und Robert kommt auch durch, wir haben es nur zum Spaß ausprobiert und sind hinaus gekrochen, zufällig haben wir den Thaler Hans getroffen, und wir haben ihn zum Feuer begleitet. Gebrannt hat es, riesengroß, Funken und Krachen, ich habe geglaubt, das Feuer fliegt bis zu unserem Haus, aber die Feuerwehr hat fleißig gespritzt. Leute haben geholfen, fast ganz Hofkirchen! Aber es hat trotzdem nichts genützt, es hat gezischt und gestunken. Der Wind hat den Rauch genommen und ihn einmal dahin, einmal dorthin geweht, einmal hat er mich ganz eingehüllt. Tante Poldi, wir waren gar nicht lange dort, wir haben nur ein wenig geschaut, Robert hat gesagt, dass wir dir gehorchen müssen, deshalb sind wir gleich wieder zurückgekommen!"

Dieser naiven Aufrichtigkeit konnte Tante Poldi keinen Ärger oder Zorn entgegensetzen.

„Folgsam war das aber nicht, denn ich habe gesagt, ihr müsst daheim bleiben!" Heinz schmeichelte sich mit einer innigen Umarmung ein.

„Wir waren ja auch daheim, bis auf höchstens eine kleine Minute. Und es waren so viele Kinder beim Feuer. Uns hat der

Hundsgendarm vertrieben, das ist ein schrecklicher Mensch, beinahe zum Fürchten, sogar der Thaler hat Angst vor ihm.“

Tante Poldi kannte den Babinger, den die Leute Hundsgendarm nannten, weil er wie ein Hund überall seine Nase hatte und die Leute ausspionierte, einen fanatischen Nazi, vor dem man sich in Acht nehmen musste. Er war nicht in den Krieg eingezogen worden, weil er Tuberkulose gehabt hatte und weil er als Soldat nichts taugte. Manchmal kam er abends zu ihr ins Geschäft oder in die Küche, verlangte Rum und schenkte sich gleich zwei oder drei Stamperl ein, wobei er jedes in einem einzigen Zug austrank. Ein übler Bursche war der Babinger und bei den Leuten unbeliebt, ja sogar verhasst. Sie war besorgt, als sie Heinz von ihm reden hörte und war andererseits froh, dass er sich vor dem Babinger fürchtete, denn die Angst hielt die Kinder von ihm fern. Aber sie wollte nicht länger mit Heinz über den Hundsgendarmen reden, deshalb stoppte sie seinen Redefluss und wechselte das Thema.

„Jetzt etwas anderes, Burli, hast du wirklich deine Stimme verloren oder habt ihr zwei mich gestern angeschwindelt?“

Bei dieser Frage wurde sich Heinz der Wichtigkeit seiner Person bewusst. „Es ist leider Gottes so“, bekannte er treuherzig, „und ich habe auch noch etwas anderes verloren, ich kann auch nicht mehr weinen. Nicht eine einzige kleine Träne. Nicht, wenn ich traurig bin, und auch nicht, wenn mich jemand verhaut!“

Heinz hatte in der Beantwortung dieser Frage bereits Routine. Wenn ihn jemand nach seiner Stimme fragte, fühlte er sich mächtig interessant, und er beendete seine Beteuerungen, nicht mehr singen zu können, jedesmal mit einer kurzen Demonstration. Den Mund weit öffnen und stark ausatmen.

„Chrrrk!“

„Aber das ist ja entsetzlich, schrecklich! Kann denn so etwas wirklich passieren?“ Da sie selber eine leidenschaftliche Sängerin war, fühlte sie doppeltes Mitleid mit dem kleinen Neffen, und ihre Augen füllten sich augenblicklich mit Tränen. Schon ihre Großmutter und Mutter waren in der Kirche seit undenklichen Zeiten im Orgelraum tätig gewesen, sie hatten Messen gesungen und den Blasebalg getreten, und sie selber war schon als kleines Mädchen mitgegangen und hatte ihre Stimme für den lieben Gott erklingen lassen. Ohne sie gab es keine große Messe, keine Hochzeit und kein Begräbnis. Das war in Hofkirchen eine selbstverständliche Sache. Deshalb wollte sie die Stimme ihres Burli unbedingt retten und auch dafür sorgen, dass ihr kleiner Liebling wieder weinen konnte.

„Da müssen wir schleunigst etwas für dich tun!“ sagte sie, nachdem die Bestürzung von ihr gewichen war. Sie band die Schürze ab und kleidete sich für einen Ausgang an. Sie nahm Heinz an der Hand und wanderte mit ihm los. Zunächst bis zum Pfarrhof, wo sie kurz anhielt, weil sie mit der Pfarrerkathi zusammentraf, also mit der Wirtschafterin von Pfarrer Starlinger, der nicht nur Pfarrer, sondern gleichzeitig auch der größte Bauer in Hofkirchen war. Und mit der führte sie ein mehr oder weniger langes Gespräch, das für die beiden interessant sein mochte, Heinz aber auf eine harte Probe stellte.

„Also, geh' zur Roitherin! Die wird schon das richtige Mittel wissen!“ sagte die Pfarrerkathi zuletzt. Dann wandte sie sich an Heinz:

„Befolg' nur alles recht brav, was dir die Wendterin sagt, dann wird's schon wieder mit deiner Stimm!“

Das Ziel von Tante Poldi war die Ortschaft Viertelbach, die mit der Pfarre nach Hofkirchen, mit der Gemeinde aber nach Aistersheim gehörte, und dort wiederum war es das Steinerhäusl, das am Beginn des Ortes in Richtung Hofkirchen lag und die Nummer 1 trug. Dieses kleine und ebenerdige Häuschen war mit Stroh gedeckt und blickte mit winzigen, vergitterten Fenstern auf die Straße. Ein liebevoll angelegter Garten mit Ribiselsträuchern, Gemüse, Blumen und Rosenkugeln war alles, was an Grund zum Haus gehörte, das man von der Straße her betreten musste. Tante Poldi kannte die Verhältnisse, sie klopfte deshalb auch nicht an, sondern trat selbstbewusst durch die Holztür in die einfache Stube, die ärmlich möbliert war und neben Tisch, Kasten und Ofen eine an der Wand entlang laufende Bank hatte, auf der einige Frauen warteten, ärmliche Personen, fast alle mit einem Kind.

Poldi fand Platz und Heinz lehnte sich an sie. Nach einiger Zeit trat eine ältere Frau aus dem Nebenzimmer. Auffallend war ihr blasses Gesicht und ihre tief liegenden Augen. Sie kannte Tante Poldi, denn sie wandte sich sofort an sie.

„Warst in der Frühmesse und beim Sakrament?"

Tante Poldi gab eine kurze Antwort: „Das weißt du ja, Roitherin!" Dann schob sie ihr Heinz zu. „Der Bub hat seine Stimme verloren!" Wie ein schwarzer Schatten stand die alte Frau vor Heinz, wie eine Riesenkrähe mit einem häßlichen Schnabel. Noch bevor sie ihn mit ihren kalten Krallen angegriffen hatte, schauderte ihn bereits. Aber ganz im Gegensatz zu ihrer Erscheinung war ihre Stimme weich und angenehm.

„Fürchtest dich vielleicht vor mir?" forschte sie. „Na, kommt!" Sie ging zurück ins Nebenzimmer, und Tante Poldi und Heinz folgten ihr. In seiner Aufregung bemerkte Heinz nur den kleinen Tisch mit den beiden Sesseln und einer flackernden Kerze darauf.

Fast eine Minute lang betrachtete sie Heinz.

„Das konnte ja nicht gut gehen mit dem Kleinen, schau nur, auf beiden Händen ist er voll mit Warzen, einen Leberfleck am Hals und die Haare stumpf und grau. Das ist doch kein lieber, frischer Bub, das ist ...", sie wandte sich an Tante Poldi, „... ein sterbenskrankes Würmchen!"

Tante Poldi war von diesen deftigen Worten doch ein wenig betroffen. Sie entrüstete sich: „Na, na, Roitherin, was sagst denn so etwas?"

Die Alte setzte sich auf den Stuhl, nahm ihren Kopf zwischen beide Hände und begann zu beten: „Im Namen des Dreieinigen Gottes, des Vaters, des Sohnes und des Heiligen Geistes!" Das folgende Gemurmel dauerte für Heinz viel zu lange, es bestand vorwiegend aus einer Litanei, zu der Tante Poldi den dazugehörigen Teil sprach. Heinz fühlte, wie ihm langsam schlecht wurde, seine Beine waren ihm schwer und die Füße begannen zu zittern. In seinem Bauch fing es zu schneiden und zu rumoren an. Kein Fenster stand offen, die Luft war stickig. Jedesmal, wenn er etwas sagen wollte, hob die Roitherin ihren Kopf und fixierte ihn wie eine Schlange mit starren, lauernden Augen. Heinz röchelte wirres Zeug, er fühlte sich nicht ganz bei Sinnen und ließ benommen den Kopf nach vorne sinken. Darauf hatte die Roitherin anscheinend gewartet.

„Gut, gut!" hörte er die alte Frau sagen. Dann folgte ein jäher Schmerz. Die Wendterin hatte ihm ein Büschel Haare ausgerissen und hielt es in die Kerzenflamme, wo es zischend und stinkend verbrannte.

Nach dieser Prozedur ging die Roitherin schnell zur Behandlung über.

„Also", fragte sie, „hat er einen klaren Urin? Das ist wichtig! Poldi, da musst du zu allererst nachschauen! Wenn er klar und rein ist, nimmst du einen Teil davon und gibst sechs Teile Wasser dazu. Damit hast du die heilige Zahl sieben erreicht, und du kannst schon behandeln. Wenn das dem Buben aber noch zu sauer ist, dann nimmst du davon wieder einen Teil und gibst wieder sechs Teile Wasser dazu. Jetzt muss er's dir aber trinken, sonst ist das Zeug unwirksam. Sieben Tage lang behandeln, keinen Tag weniger!" Nach einer kurzen Pause fuhr sie fort.

„Du bist gerade zur rechten Zeit gekommen, der Mond ist im Abnehmen, und das benützen wir für die Warzen. Jeden Morgen und jeden Abend muss er auf seine Hände wischerln, keinen Tag auslassen. Wenn der Mond fort, auch Warzen fort.

Im Augenblick aber, wo der Mond wieder kräftig zunimmt, Enzingerin, muss er den Harn zu trinken beginnen. Sieben Mal auf jeden Fall. Und einmal noch, am letzten Tag, da wirkt am allerbesten der reine Harn. Wenn der Mond da, Stimme wieder ganz da! Hast dir alles gemerkt?"

Tante Poldi nickte. „Ich glaub' schon!"

Bevor sie die Roitherin verließen, wiederholte diese ihr Sprüchlein:

„Wenn der Mond fort,
Warzen fort!
Sieben mal

Auf jeden Fall!
Wenn der Mond da,
Stimme da!"

Poldi wollte ihr Geld zustecken. Doch die Roitherin wehrte ab: „Bringst mir halt ein Kilo Zucker!" Dann verabschiedeten sie sich.

Heuschrecken, Grillen, Frösche, sie alle zusammen gaben ein wunderbares Konzert an jenem Abend, an dem Tante Poldi mit der Warzenkur an Heinz begann. Er bekam ein Topferl, in das er sich entleerte und dabei auf seine Hände pinkelte. Das musste er nun jeden Tag zweimal machen, und dazu betupfte ihm Tante Poldi auch den Leberfleck am Hals, der, wie die Roitherin noch gesagt hatte, überhaupt das schlimmste Zeichen war, direkt vom Teufel eingebrannt, wie ein bösartiger Krebs, der nach und nach in den Körper eindringt und schön langsam die Eingeweide auffrisst. Als endlich der Neumond auf dem Kalender stand, waren die Warzen tatsächlich fort und der Leberfleck am Hals von Heinz war kaum noch zu sehen.

Dieses sichtbare Wunder und deutliche Zeichen, dass im Körper von Heinz etwas Heilendes und nicht Erklärbares vor sich ging, wurde weder von Tante Poldi noch von der Großmutter und schon gar nicht von der Miaz als etwas Besonderes gewertet. Sie hatten ein anderes Verständnis für die Naturheiler und Beineinrichter als der praktische Arzt, den es auch in Hofkirchen gab, der aber mehr bei der Jagd und beim Fischfang als in seiner Ordination anzutreffen war. Vor allem glaubten sie felsenfest an Geister, an die armen Seelen von Verstorbenen und besonders an Hexen.

Eine Woche vor dem nächsten Vollmond bereitete Tante Poldi den Urin für die Trinkkur. Sie brauchte nur eine einfache Verdünnung, und schon schluckte Heinz den Inhalt eines Seidelglases hinunter. Vorerst waren sie in den Krautgarten gegangen und hatten von dort aus auf die Sichel des zunehmenden Mondes gewartet. Als dieser über dem hohen Mostbirnbaum beim Haus des Schneidermeisters Lauber zu sehen war, reichte Poldi Heinz das Glas. Und als sie bei dieser Gelegenheit rundum blickten, entdeckten sie in der Richtung zur Schottergrube neuerlich einen Feuerschein, der fast gleichzeitig mit dem Glockenläuten höher stieg. In der Gasse wurde es lebhaft, Hunde begannen zu bellen, und die Leute hörte man schreien. Diesmal brannte ein Stadel knapp vor dem Wald, und als dort die Feuerwehr erschien, war es auch hier bereits viel zu spät, um mit dem Löschen noch etwas zu bewirken. Man konnte nur das Übergreifen der Flammen auf die nahen Fichten verhindern, und so entstand wenigstens im Wald kein Schaden. Aber mit diesem Brand war eindeutig geklärt, dass die bisherigen Feuer kein Zufall waren, sondern dass ein Feindseliger die Scheunen angezündet hatte. Deshalb gingen jetzt Gendarmen von Haus zu Haus und holten Erkundigungen ein, allen voran der Hundsgendarm, der mit seinen Drohungen die Leute einschüchterte und abends im Wirtshaus verkündete, dass bereits Verdacht bestünde und dass man bald mit einer Verhaftung rechnen könne. Aber es tat sich nichts, und deshalb ließ der Glaube an das Aufdecken der Brandtaten bei der Bevölkerung nach. Die Angst aber blieb!

Für Heinz und Robert hatte das Bandenleben wieder Vorrang. Auf seinem metallenen Dreifuß klopfte ihnen der alte Thaler Nägel zurecht, schliff Widerhaken ein, härtete die Angeln und wickelte ihnen eine längere, gewachste Schnur auf ein Stück Holz, das sie jederzeit der Lederhosentasche entnehmen und als Fischzeug verwenden konnten. Der alte Thaler war auch für Steinschleudern zuständig, man musste ihm nur eine geeignete Holzgabel bringen, den Rest besorgte dann er. Der Admiral wusste um die Wünsche der Buben Bescheid, und er half, wenn sie mit ihren Anliegen zu ihm kamen. Er redete nie sehr viel, knurrte höchstens in sich hinein und gab dadurch zu verstehen, ob man ihn belästigen durfte oder nicht. Aber immer gab es ein tägliches Kommando, das strikt befolgt werden musste. Wenn es „Forelle" hieß, dann lief die Bubenschar zur Trattnach, jeder fing sich ein paar Köderheuschrecken, spießte sie kunstgerecht auf die Angel und ließ dann die Schnur im trüben Wasser die kleinen Wirbel hinunter treiben. Ein kleines, trockenes Stäbchen war der Schwimmer, der, so primitiv das System im ersten Augenblick auch ausschauen mochte, den kleinsten Biss registrierte und genau anzeigte, wann man anschlagen und den Fisch herausholen musste. Robert und Heinz waren, als sie zur Bande stießen, die reinsten Anfänger, nicht nur im Schwarzfischen, sondern auch im Steinschleuderschießen. Aber im Schwammerlsuchen und im Schmetterlingssammeln waren sie ihren Freunden überlegen, da konnte Robert sogar für einige Falter den lateinischen Namen aufsagen: Acherontia atropos, der Totenkopf oder Catocala nupta, das Rote Ordensband. Doch allmählich entwickelten sie unter der Anleitung von Hans Thaler eine gewisse Meisterschaft, und eines Tages brachten sie ihre ersten, selbstgefangenen Fische, ins Taschentuch eingewickelt, zu Tante Poldi nach Hause, in den Lederhosentaschen natürlich, die eine beträchtliche Tiefe hatten und fast alle Fische der Länge nach fassten. Wenn aber oben noch der Schwanz einer Regenbogenforelle hervorschaute, dann bedeckten sie diesen mit dem Ruderleibchen, das sie dann nicht unter der Hose, sondern über der Hose trugen.

Man kann nicht behaupten, dass Tante Poldi ihren Schützlingen das Schwarzfischen verbot, aber auch nicht, dass sie die beiden dazu ermunterte. Sie sagte nur: „Wenn euer Papa da ist, dürft ihr mir keine Fische bringen!" Und das war auch schon ihr einziger, kritischer Kommentar. Die Fische schmeckten der Großmutter, der Miaz und auch Tante Poldi. Besonders aber der Miaz, die von sich erzählte, dass sie nur einen halben Magen besaß und dass sie die andere Hälfte ihres Magens im Krankenhaus Grieskirchen zurückgelassen hatte. Sie meinte, dass es sich mit einem halben Magen viel besser leben ließe als mit einem ganzen, nur müsse sie jeden Tag einen halben Krug Most trinken, als Medizin gewissermaßen, und es passe einfach nichts besser zusammen als Most und Fisch oder Most und Schweinsbratl.

Die Miaz war trotz ihres hohen Alters eine fleißige Frau, die sich im Haushalt an allen Ecken und Enden nützlich machte. Sie hatte eine eigene Wohnung, kam aber schon früh am

Morgen zu Poldi, holte die Sense und schnitt hinter dem Haus Frischfutter, das sie zu einem Grashaufen im Hof brachte, wo es für die Verfütterung an die Kuh gelagert wurde. Auch für grobe Arbeiten wie Holzsägen und Holzhacken war sie zuständig. Wenn die Tageshitze nachließ, nahm die Miaz den Radlbock und fuhr in den Pfarrwald hinaus, um sich von dort Unterholz und dürre Fichtenzapfen zu holen.

Als die Brüder Robert und Heinz vom Baden an der Trattnach heimkamen, fuhr zur gleichen Zeit die erhitzte und erschöpfte Miaz mit dem Radlbock durch das Hoftor ein. Sie war ziemlich aufgeregt, denn es hatte sie im Wald ein Mann verfolgt, den sie anfänglich für einen Rasselbinder gehalten hatte, den sie aber dann als den alten Thaler erkannte. Als sie aus dem Wald herauskam, sah sie, wie er zur Schottergrube lief und dort in einem Stadel verschwand, der nicht mehr nach Hofkirchen, sondern bereits zu einem Bauern nach St. Georgen gehörte und der wenig benützt wurde, weil er schon ziemlich verfallen war. Ausgerechnet dieser Stadel war es dann, der als Nummer vier in einer schwülen Samstagnacht in Flammen aufging.

Schon am Sonntag folgte die Nummer fünf auf der Stritzmannhöhe, und ab diesem Brand war auch Tante Poldi in heller Aufregung, denn ihr Stadel mit dem damit verbundenen Kuhstall war von der Trattnachseite leicht und unbemerkt zu erreichen. Sie eilte zur Gendarmerie, um ihre Sorge kundzutun, doch konnte man ihr nur raten, selber aufzupassen und jede Verdächtigung zu melden. Der Hundsgendarm mischte sich ein und versprach ihr, abends vorbeizukommen und nach dem Rechten zu sehen.

„Auf ein paar Stamperl wird es mir nicht ankommen!"

Der Hundsgendarm winkte ab. „Poldi, ich tu nur meine Pflicht, wir müssen den Verbrecher eruieren und jedem Hinweis nachgehen!"

Das brachte Tante Poldi auf die Idee, ihm den Vorfall mit der Miaz zu erzählen, sie erwähnte den alten Thaler, der ohnedies ein Sonderling war und den die Miaz ausgerechnet am Tag des Brandes beim Stadel herumschleichen gesehen hatte. Der Hundsgendarm horchte auf.

„Wenn du den Anzünder fangst, dann wirst befördert, Babinger!“ schmeichelte ihm Tante Poldi.

„Das kann schon sein!“ Der Babinger strich sich selbstgefällig übers Kinn. „Aus Grieskirchen haben s' schon angefragt, weil dort die Stelle eines Postenkommandanten frei ist und zur Besetzung kommt!“

„Ich wünsch dir viel Glück dazu, aber zuerst heißt's arbeiten und den Zündler finden!“

Noch bevor die Mittagsglocken läuteten, wurde der alte Thaler von den Gendarmen geholt und auf den Posten gebracht. Er hatte den ganzen Vormittag in seiner Wohnung gesessen und den Kindern zugesehen, wie sie Kreuzspinnen mit Stubenfliegen fütterten. Er dämmerte schläfrig dahin, war für keine Arbeit zu haben und nippte von Zeit zu Zeit an einer Mostflasche, die er neben seinem Kopfpolster im Bett stehen hatte. Als man ihn „hops“ nahm, zeigte er sich wenig überrascht, er fragte nicht warum oder weshalb, und protestierte mit keinem einzigen Wort gegen seine Verhaftung.

Thaler Hansl fragte ihn: „Vater, was ist?“, worauf er mit einem meckernden Lachen antwortete.

„Dir wird das Lachen schon vergehen!“ schnauzte ihn der Babinger an, aber der alte Thaler meckerte weiter, immer wieder, auch noch auf der Straße, weshalb alle glaubten, er wäre im Augenblick der Verhaftung übergeschnappt und verrückt geworden. Die Buben zogen im Geleit mit den Gendarmen und dem Verhafteten mit, durften aber nicht in den Posten hinein, weshalb sie von dort links abbogen und zum Thuswald und zur Trattnachwehre liefen.

Hinter der Brandstätte gab es einen hohlen Baum, in dem sich Hornissen ein Nest gemacht hatten. Alle Augenblicke flogen welche weg oder kehrten von ihrem Ausflug zurück. Die wenigen Momente, in denen sie mit schwirrenden Flügeln am Flugloch hingen, nützten die Buben, um mit ihren Steinschleudern von der Wehrmauer aus die honiggelben, brummenden

Insekten abzuschießen. Hier zeigte sich, dass der Hans Thaler ein wahrer Meisterschütze und der unbestrittene Bandenhäuptling war. Bei ihm saß jeder Schuss. Im Hosensack hatte er immer eine Handvoll kreisrunder Steine, und seine Schusstechnik war insofern eigenartig, als er im Augenblick, in dem er die Gummizüge losließ, mit seinem ganzen Körper nach vor schnellte. Er schoss auf alles, was sich in der Natur bewegte, auf Schmetterlinge, Vögel, auf Mäuse und Ratten, ja sogar auf Fasane und auf Hasen. An der Trattnach hatte er es auch auf Fische abgesehen, die er, wenn sie abends an der Oberfläche kreisten, mit einem Steinschuss oft so betäubte, dass er sie anschließend mit den Händen aus dem Wasser holen konnte.

Die Verhaftung seines Vaters störte Hans nicht im geringsten. „Bis zum Abend ist er wieder daheim, er hat's nicht gemacht, der Huemer Franz ist's! Der Vater aber hat mir heut schon das Kommando für euch gesagt: ‚Geheimnis!' lautet es, und daran muss sich jeder halten!"

Der Huemer Franz war ein ortsbekannter Alkoholiker, das Opfer einer schweren Krankheit, Hirntumor hatten sie gesagt und operiert. An heißen Tagen sah man ihn mit einem Sonnenschirm herumgehen. Zu einer Arbeit war er nicht mehr fähig, aber er war schon als Bub von einem reichen Onkel adoptiert worden und daher gut abgesichert.

Die Unschuld des alten Thalers bestätigte sich schon nach einigen Tagen durch einen neuerlichen Brand, der diesmal beim Stögmüller ausbrach und bei dem es deshalb zu einem größeren Schaden kam, weil sich in dem Schuppen Fahrzeuge und Erntegeräte befanden, die allesamt vernichtet wurden. Der Thaler konnte nach dieser neuerlichen Erfahrung auf keinen Fall der Brandstifter sein. Er wurde auch sofort aus dem Arrest entlassen, aber er sah furchtbar aus. Das Gesicht voller Beulen und Schrammen, beide Augen verschwollen, und die restlichen Schneidezähne, die sein Lachen so markant gemacht hatten, waren ihm ausgeschlagen worden.

Auch diesmal sprach er kein Wort, er blickte mit seinen blutunterlaufenen Augen stur vor sich hin und gab auch auf die Frage, wer ihn denn so fürchterlich verhauen und zugerichtet habe, keinen Kommentar ab. Zu den Kindern sagte er nur:

„Der Babinger gehört liquidiert!", und das war auch schon alles. Er nahm einen kräftigen Schluck aus seiner Mostflasche, verkroch sich im Bett und verblieb dort so lange, bis sein Gesicht wieder halbwegs hergestellt war und man ihn als den alten Thaler wieder erkannte.

Der Babinger lief weiterhin allen Verdachtsmomenten nach und erklärte überall, dass dem Thaler die Abreibung nur gut getan hätte. „Der hat ja genug Dreck am Stecken!" Zu Poldi sagte er, sie müsse selber dafür sorgen, dass jemand auf ihren Stadel aufpasse, denn die Gendarmerie habe Tag und Nacht gearbeitet und wäre nun am Ende. „Die Leute müssen sich einmal ausschlafen können. Schließlich sind wir auch nur Menschen und haben unsere Bedürfnisse!"

Das brachte die drei Frauen im Haus so richtig zur Verzweiflung, die Großmutter war untröstlich und versicherte immer wieder, so etwas habe es früher nie gegeben, da wären die Leute viel gläubiger und deshalb auch anständiger gewesen. Als sie einmal beim Mittagessen beisammen saßen, meinte sie mutlos: „Ich bin zu alt und zu krank, um eine solche Aufregung zu überleben. Wenn es bei uns brennen würde, ich glaube, mein Herz würde vor Schreck aufhören zu schlagen!"

Diese Worte machten alle traurig, Robert und Heinz ließen die Köpfe hängen und hatten Sorgen um die Großmutter, welche sie in der kurzen Zeit, die sie in Hofkirchen verbrachten, richtig lieben lernten. Sie war zu niemandem böse, und ein schlechtes Wort kam nie über ihre Lippen. Immer nur Güte, Verständnis und Hilfsbereitschaft.

In der Wohnung von Thaler machte sich Robert Luft. „Admiral, wir müssen dem Brandstifter das Handwerk legen, oder die Großmutter stirbt. Sie kann schon lange nicht mehr schlafen, weißt du, aus Angst, weil wir auch einen Stadel zum Anzünden haben."

Der alte Thaler reagierte nicht sofort.

„Wenn die arme Großmutter stirbt, dann wird das auch der Miaz und der Tante Poldi das Herz brechen!"

Diesmal brummte der Thaler einige Male, und das war ein gutes Zeichen. Aber erst am späten Nachmittag kam sein Kommando und es lautete: „Angriff!"

Der Admiral war trotz seiner Flausen und Eigentümlichkeiten ein Pfiffikus, ein raffinierter, alter Mann mit einem abschätzenden Menschenverstand. Und diese Eigenschaften hatte er dem eingebildeten, brutalen Babinger voraus. Der Admiral hatte schon längst kapiert, dass der Feuerteufel jedes Mal im Dämmrigwerden zuschlug, nie später, das hieß, dass dieser Feindselige bereits den ganzen Tag auf seine Stunde aus war, es sozusagen gar nicht mehr erwarten konnte, bis der Tag seine Augen schloss und die Stunde der Dämonen und der Ratzen anbrach, die ebenfalls beim Schwinden des Lichtes aus den Löchern kamen.

Zu den Buben sagte er mit seiner heiseren Fistelstimme: „Der Partisan arbeitet in der frühen Nacht. Wenn es dunkel wird, müssen wir ihn erledigen!" Er hatte aber auch seine Beobachtungen gemacht, klug bemerkt, wann sich die einzelnen Männer im Wirtshaus aus der Tarockrunde oder vom „Schnapsen" verabschiedeten. Die einen, weil beim Spätwerden ihre Weiber schimpften, die anderen, weil sie am nächsten Morgen eine frühe Arbeit hatten. Aber elf Uhr wurde es eigentlich immer. Nur der Huemer Franz, der nie etwas vorhatte und den auch niemand daheim erwartete, wetzte an manchen Tagen so auf seinem Wirtshaussessel herum, dass es nicht zum Anschauen war. Er ließ in letzter Zeit sogar sein Bierglas halbvoll stehen, was sonst nie vorkam, da er es normalerweise bis auf den letzten Tropfen aussoff.

Der Admiral war ein stiller, aber genauer Beobachter, er war im Wirtshaus nie aufdringlich, sondern hatte ein unauffälliges Beobachtungsplätzchen, einen Sessel im Winkel, von wo aus er die Gaststube gut überschauen konnte. Dort trank er sein Bier, dort rauchte er seine Zigaretten, und von dort aus machte er sich seine private Meinung von den Männern, die zum Kartenspiel zusammen saßen und die froh waren, wenn er nicht an ihren Tisch kam.

Der Huemer Franz war für ihn eindeutig der Partisan. Wenn es dunkel wurde und seine Ratzenseele erwachte, stand er vom Tisch auf und verließ das Gasthaus. Der Huemer war ein Getriebener, einer, der innerlich brannte und daher die Scheunen anzünden musste, er war ein Feindseliger, der die Leute in Angst und Schrecken versetzen wollte.

Von den Buben waren eigentlich alle Nachtgänger, auch Robert und Heinz schlüpften immer wieder durch die Gitterstäbe, um sich mit ihren Freunden zu einer nächtlichen Runde zu treffen. Seit sie zur Tante Poldi gesagt hatten, sie würden sich hinter dem Stadel verstecken und aufpassen, hatten sie nicht nur die Erlaubnis der Tante, sondern auch ihr Lob.

„Seid ihr wirklich so brav und wollt's aufbleiben?" Sie versprachen es und waren nun ganz sicher, dass sie heimkommen konnten, wann sie wollten. Bei den anderen Buben ging es genau so. Der Stammler Peperl und sein Bruder Hubert waren Streuner, der Sattelberger Leo schlief im Ziegenstall, der Fürtauer Alois hatte eine Zwillingsschwester, die ihm die Tür aufsperrte, der Grabner Ernst wohnte in einem ebenerdigen Kleinhaus, das immer offen stand, weil der Abort außerhalb war, die Mutter von Melik Fred war schwerhörig, die beiden Waldhauser konnten über einen Birnbaum ins Freie gelangen und dem Thaler Hans waren ohnehin keine Grenzen gesetzt.

War der Hans Thaler tagsüber der Häuptling seiner Bande, so war am Abend des Kommandos „Angriff!" der alte Thaler der Admiral über die Buben. Bei ihm liefen nun alle Nachrichten zusammen und von ihm gingen die Befehle aus, seine Wohnung wurde an diesem Tag zum Hauptquartier, und der Admiral saß in seinem Bett und hatte wie immer eine halbleere Mostflasche neben sich.

Sofort nach dem ersten Kommando begannen seine Aktivitäten, die darin bestanden, dass er mit einem Bleistift auf einem Bogen Packpapier strategische Skizzen anfertigte. Er ahnte, dass ein neuer Brand überfällig war. Und deshalb lautete sein nächstes Kommando: „Beobachtung!"

Drei Buben liefen fort, der Häuptling Hans, Stammler Peperl und Grabner Ernst. Sie waren die besten Schleicher der Bande, und sie sollten bei der Wohnung des Huemer warten und lauern, bis er das Haus verließ. Noch vor dem Dunkelwerden kam der Grabner Ernst keuchend zurück.

„Der Huemer ist unterwegs zum Pramendorfer Wirt!"

Jetzt setzte der Admiral seine Hilfssheriffs ein, der Melik Fred musste zur Kegelbahn und der Fürtauer Alois zu den Kartenspielern, bei denen sich an den Abenden die meisten Gasthofbesucher aufhielten. Doch schon kurze Zeit später kam die Nachricht, dass der Huemer am Wirtshaus vorbeigegangen und jetzt zur Schottergrube unterwegs war. Nun schwärmten die restlichen Buben aus, sie vereinigten sich mit dem Häuptling und seinem Anhang, umzingelten und umschlichen den Huemer von allen Seiten und begleiteten ihn auf seinem Weg. Das Kommando lautete: „Einkreisen und stellen!"

Die Verfolgung war leichter, als sich das die Buben gedacht hatten, denn der Huemer hatte es eilig. Er stampfte ohne Vorsicht durch den Wald, und ohne sich umzudrehen, bog er rechts von der Straße ab, lief bis zur Birkenallee und stand jetzt an einer Stelle, von wo aus man hinunter sah auf das Areal des Pfarrhofes, das neben dem Wohnblock noch aus vier großen Stallgebäuden bestand. Alle diese Gebäude überragte aber eine riesige, zweistöckige, hölzerne Scheune, die nach rückwärts das Pfarrhofareal abschloss und von der aus Getreidefelder bis hinauf zum Waldrand angelegt waren.

Das also war das heutige Ziel des Huemers, des Brandstifters, des Feindseligen, des Partisanen. Schnell und ohne Rücksicht auf Deckung ging er nun den Fahrweg bis zum Stadel hinunter, vielleicht dreihundert Meter, und links und rechts huschten die barfüßigen Buben im hohen Getreide dieselbe Strecke mit ihm, leise wie Katzen und doch höchstens einen Steinwurf von ihm entfernt. Ein großer Mond, der nur mehr wenige Tage bis zu seiner vollen Spanne hatte, machte sich über dem Wald bemerkbar und streute sein gespenstisches Licht auf die Landschaft, die dadurch zur Erweckung unseliger Leidenschaften wie bestellt schien.

Der Huemer stand jetzt vor der aufsteigenden Holzwand des Pfarrerstadels, klein wie ein Zwerg, und die Buben streckten ihre Köpfe aus dem Getreidefeld, um besser sehen zu können. Sie beobachteten, wie er sich an einem Brett zu schaffen machte, es absprengte und dann in das entstandene Loch griff und Stroh hervorzog. Er war so in seine Beschäftigung vertieft, dass er nichts um sich wahrnahm. Auch als ein Hund anschlug, hob er nur ganz kurz den Kopf, holte aber gleich darauf eine Zeitung aus seinem Rock, ein Feuerzeug flammte auf, das Papier brannte und war nun wie eine Fackel in seiner erhobenen Faust.

Im selben Augenblick aber schnellte ein Stein aus der Schleuder von Hans Thaler, traf die Hand des Brandlegers, und mit einem lauten Schrei des Schmerzes und Entsetzens warf dieser das brennende Papier von sich. Zehn weitere Schleudern explodierten, und ein Hagel von Steinen deckte den völlig überraschten Huemer ein.

„Huemer ergib dich, du bist umzingelt!“ schrie der Häuptling.

„Ich habe nichts getan, nichts getan, hört auf zu schießen! Au!“

„Ergib dich, Huemer, du bist entlarvt!“

Der Huemer gab keine Antwort mehr, er winselte, fiel auf die Knie und schützte seinen Kopf mit beiden Armen.

Ein neues Kommando des Häuptlings:

„Robert und Heinz, weckt die Knechte! Leo, hol’ die Gendarmen!“

Zehn Minuten später herrschte die größte Aufregung im Pfarrhof. In den Wohnungen wurde es hell und das Personal strömte ins Freie. Sogar Pfarrer Starlinger zog sich an, um zu sehen, was auf seinem Hof vor sich ging. Der Huemer war bereits gefangen, der Großknecht hatte ihn mit einem Kalbsstrick gefesselt und führte ihn zum Brunnen hinunter, wo er aufgestellt und nun von allen begafft wurde.

„Herr Pfarrer, die Buben haben ihn gefangen, den größten Übeltäter und Brandstifter, den Hofkirchen je hatte!"

„Dann haben sie mehr zustande gebracht als die Gendarmen in der ganzen Zeit seit dem ersten Brand!"

Fast dieselben Worte gebrauchte auch der Redakteur des „Grieskirchner Beobachters", der nicht nur die Schäden auflistete, die der Volksfeind Franz Huemer in so kurzer Zeit verursacht hatte, sondern der auch die Namen aller Buben brachte, die an der so erfolgreichen Aufdeckung des Verbrechens beteiligt waren. So wurden Robert und Heinz das erste Mal in einer Zeitung erwähnt. An den Gendarmen von Hofkirchen ließ der Schreiber kein gutes Haar, er kreidete ihnen an, dass sie erstens in der ganzen langen Zeit nichts zuwege gebracht und dass sie sogar eine unschuldige Person bei der Einvernahme geprügelt und misshandelt hatten. Besonders aber verurteilte er sie, weil sie den Brandleger noch vor der Einlieferung in das Kreisgericht entspringen hatten lassen und seiner nicht mehr habhaft werden konnten. Es war diesem gelungen, heimlich die Fesseln abzustreifen und ins Gebüsch zu springen. Die Fahndung nach ihm blieb bisher ohne Erfolg.

Auch Pfarrer Starlinger erwähnte die jungen Helden in seiner Sonntagspredigt, er vermerkte, dass man die scheinbar kleinen Kräfte auf dieser Welt nicht unterschätzen solle, denn sonst könne es einem so gehen wie dem Riesen Goliath, der vom schwachen David besiegt wurde. Wörtlich sagte er: „Die Hofkirchner können jetzt wieder ruhig schlafen, denn was der Gendarmerie und den vielen Erwachsenen nicht gelungen ist, das haben unerschrockene Buben zuwege gebracht, mit der Hilfe des barmherzigen Gottes haben sie einen armen und kranken Verbrecher ausgeforscht und unschädlich gemacht!"

In derselben Predigt bat er auch den Schuster Thaler um Verzeihung für die Schmach, den Schimpf und die Schmerzen, die er hatte erleiden müssen. Das war ein bewusster Seitenhieb auf viele Hofkirchner, die im Thaler bereits vor der Bestandsaufnahme den Zündler gesehen hatten.

Der alte Thaler, alias Admiral, war auch an diesem Sonntag, so wie die meisten Tage seines Lebens, nicht in der Kirche, und so erfuhr er auch nichts von der Entschuldigung, die der Herr Pfarrer im Namen seiner Gemeinde ausgesprochen hatte. Nach den Aufregungen und der Durchführung seines Planes war er mehrmals schwer betrunken aus dem Gasthaus heimgewankt und hatte dann eine längere Schlafphase eingelegt. Vom Geschwätz der Leute hielt er nicht viel und von ihrem Lob schon gar nichts.

Überraschend für die Bande von Hans Thaler war die Prämie, nämlich jene 500 Reichsmark, die der Bürgermeister von Hofkirchen für die Ergreifung des Brandstifters ausgesetzt hatte. Diese Summe wurde redlich aufgeteilt, und ein jeder der Buben mit 41 Mark und 60 Pfennig belohnt. Das Geld von Robert und Heinz blieb bei Tante Poldi, die dafür ein Paket mit Mehl und Zucker an ihren Bruder in Pichlern abschicken konnte. Ein Brief mit der Erklärung und der Schilderung der Vorfälle in Hofkirchen lag bei. Sie schrieb unter anderem: „Die Buben sind brav, wir haben sie unendlich lieb gewonnen, weil sie uns jeden Tag mit ihrem fröhlichen Lachen und mit den Erzählungen ihrer Abenteuer eine Welt vor Augen führen, an der wir wegen unseres Alters nicht mehr teilnehmen können. Jetzt ist der Mond bald voll. Heinz hat mit Hilfe der Wendterin alle Warzen verloren, und nun warten wir nur noch darauf, dass er mit Gottes Hilfe auch seine Stimme wiederbekommt!"

Heinz war unendlich froh, als ihm Tante Poldi mitteilte, dass er nur mehr einen einzigen Tag sein Glas trinken müsse.

„Ist es wahr, nur mehr einen Tag?"

„Ja, Burli, aber da musst du dich zusammennehmen, denn das letzte Glas darf nicht mehr verdünnt werden und wird dir nicht schmecken. Aber wir haben ja Zuckerl im Geschäft, da wird's dann schon gehen!"

Am nächsten Morgen fand diese Prozedur statt, Tante Poldi hielt Heinz die Nase zu und setzte ihm das Glas mit dem goldklaren Urin an den Mund. Etwas rann auf das weiße Leibchen, aber Heinz unterdrückte seinen Ekel und schluckte tapfer hinunter. Plötzlich rannen ihm einige Tränen aus den Augen.

„Burli, hast du die Tränen gespürt, du kannst wieder weinen! Komm, versuch, ob es mit dem Singen auch schon geht!"

Heinz zitterte vor Erwartung, er öffnete weit den Mund und atmete dann fest aus:

„Chrrrk!" Er versuchte es noch einmal, aber immer nur „Chrrrk! Chrrrk! Chrrrk!"

Tante Poldi war verzweifelt, die Großmutter und die Miaz ebenso. Auch Robert konnte seine Enttäuschung nicht unterdrücken. Er sah Heinz mitleidsvoll an und versuchte, ihn zu trösten.

„Es wird nichts mehr, Heinz! Mach dir nichts daraus!"

Gottseidank hatten sie gestern die ersten Parasolpilze gefunden, die heute zu Mittag Tante Poldi für sie richten wollte. Das munterte alle auf, und sie wollten gleich noch einmal hinaus in die Stritzmannhöh', wo die Schirmlinge am Waldrand bis in den Herbst hinein zu finden waren. Die Hüte dieser Pilze erreichten dort bis dreißig Zentimeter im Durchmesser und rochen wunderbar nach Nuss und Haferflocken. Die „Gugalemuck", wie sie von Miaz in ihrem Dialekt genannt wurden, tunkte Tante Poldi in Mehl und gesprudeltes Ei, und, mit diesem delikaten Mantel umhüllt, buk sie die Pilze in Schweinefett heraus. Es gab auf ihrem Speiseplan nichts Köstlicheres.

Wenn man zu viele Parasolpilze fand, dann ließen sie sich gut trocknen und für eine Schwammerlsuppe auch im Winter verarbeiten. Deshalb gab Tante Poldi jedem Buben beim nächsten Waldgang einen großen Korb mit.

Tatsächlich hatten Robert und Heinz Riesenglück. Mit einem freudigen Aufschrei liefen sie von Fundstelle zu Fundstelle und von einem Parasol zum anderen. Dort schnitten sie mit ihren Messern den Stiel über der Knolle ab und deckten die Schnittstelle mit Walderde zu. Es war ein Vergnügen für die beiden.

Heinz konnte gar nicht genug kriegen, immer wieder entdeckte er mit seinen scharfen Augen neue Exemplare. Unter einer jungen Eiche sah er eines, das sich mit einem langen

Stiel aus einem Dickicht von Brennesseln drängte und vom vollen Strahl der Sonne erfasst wurde. Er bückte sich danach und wich zurück, Aasgeruch reizte ihn zum Husten, und ein Schwarm von Fliegen umkreiste ihn plötzlich. Als er sich aufrichtete, stieß er mit dem Kopf an die Beine eines Mannes, der vor seinen Augen baumelte.

Noch nie hatte Robert jemand so schreien gehört, wie jetzt Heinz schrie, nicht einmal, sondern immer und immer wieder und in den höchsten Tönen. Der Körper des Franz Huemer war in der Hitze aufgequollen und über und über voll mit Würmern und Maden. Vögel hatten ihm die Augen ausgepickt, er sah aus wie ein Monstrum aus einer anderen Welt. Heinz ließ seinen Korb fallen und lief, wie von Furien gehetzt, Robert folgte ihm, ebenso erschrocken und entsetzt. Zusammen kamen sie in Hofkirchen an, rannten zum Thaler und berichteten atemlos, was sie erlebt und gesehen hatten.

Robert ging noch einmal mit einigen Männern zum Platz, wo sie den erhängten Franz Huemer gefunden hatten. Man nahm seinen Körper vom Baum, wickelte ihn in ein Leintuch und brachte ihn auf einem Leiterwagen in den Ort, wo er später von einem Rettungsauto in einem Sarg fortgebracht wurde.

Heinz konnte sich aber überhaupt nicht beruhigen, er schluchzte und weinte, und alle Tränen, die er so lange zurückgehalten hatte, schienen nun aus seinen Augen zu rinnen. Tante Poldi war verzweifelt über den Zustand ihres Burli, sie versuchte, ihm zu helfen und ihn zu trösten, so gut sie es nur konnte, sie brachte ihm sogar Ribisel mit Zucker, seine Lieblingsnascherei, er aber rührte nichts an. In der Nacht kam er manchmal zu ihrem Bett und weckte sie, dann ließ sie ihn zu sich unter die Tuchent schlüpfen, drückte ihn zärtlich an sich und spürte, wie sein kleiner Körper selbst im Schlaf noch vibrierte und zuckte.

Am Sonntag gingen sie zusammen zur Kirche. Tante Poldi, die sonst immer die Frühmesse besuchte, wartete diesmal bis halb zehn Uhr und begleitete ihre beiden Buben zum Gottesdienst. Die ländliche Barockkirche, die mit reichlichem Stuck und mit

Fresken über das Leben des Johannes des Täufers versehen war, strahlte ergreifend schön in der Morgensonne. Tante Poldi hatte vom Haupteingang nach vorne in der zweiten Reihe ihren Kirchensitz mit einem angebrachten Namensschild, dort ließ sie sich, mit Robert und Heinz an ihrer Seite, langsam nieder.

Die Kirche war bis auf den letzten Platz gefüllt, und als man Heinz sah, tuschelte man, denn es hatte sich ja überall herumgesprochen, dass dieser Bub den erhängten Franz Huemer im Wald gefunden hatte. Der Lehrer Kiniger saß an der Orgel. Als die Ministranten an der Sakristei zum Einzug läuteten, Pfarrer Starlinger in seinem goldgestickten Ornat zum Altar trat und die Orgel zu spielen begann, hob Heinz den Kopf:

„Wohin soll ich mich wenden,
wenn Gram und Schmerz mich drücken,
wem künd' ich mein Entzücken,
wenn freudig pocht mein Herz."

Noch nie hatte man in Hofkirchen dieses Schubertlied so schön singen gehört. Tante Poldi brach in Tränen aus, und einige Frauen in den umliegenden Bänken, die vom Stimmverlust des Buben gehört hatten, weinten mit ihr. Nach und nach erloschen die Stimmen aller anderen Sänger, und zuletzt war nur noch Heinz zu hören, der weit den Mund öffnete und fest ausatmete.

„Zu dir, zu dir, o Vater,
komm ich in Freud und Leiden,
du sendest ja die Freuden,
du heilest jeden Schmerz."

Er war wie in Trance und fühlte sich in einer anderen Welt. In allen Bänken hatten sich die Kirchenbesucher ihm zugedreht. Als das Messlied zu Ende ging und er den Blick senkte, sah er direkt in das liebliche Gesicht eines Mädchens, das ihn mit ihren dunklen Augen anhimmelte.

XV.

Ungefähr eine halbe Gehstunde außerhalb von Hofkirchen besaß Tante Poldi ein größeres Grundstück mit einer Wiese, einem „Gelert", also einem Wäldchen aus Schwarzerlen, und einen Bach. Von dort wurde zweimal im Jahr Heu eingefahren, gerade so viel, dass sie damit die Kuh über den Winter brachte.

Diese Heuernte war für die Buben in diesen, aber auch in späteren Ferien, immer ein Riesenspaß, denn der durch das Gelert ziehende Bach gab ihnen die Möglichkeit, Wasserräder aufzustellen, Teiche zu bauen, diese mit Steinen zu begrenzen und dann in ihnen alle kleinen Fische zu sammeln, die sie sich mit dem Schmetterlingsnetz aus den Tümpeln holten und die sie „Nagerl" nannten, weil sie mit den beiden großen Augen und dem schmalen Körper eine Ähnlichkeit mit Hufnägeln hatten.

Beim Aufladen des Heus durften sie die Pferde führen und ihnen mit einem Fliegenpracker die Rinderbremsen vom Bauch und vom Hals schlagen. Diese waren für die beiden von einem Nachbarbauern geborgten Haflinger eine schmerzhafte Plage, weil sie die Blutsauger mit ihrem Schwanz nicht wegpeitschen und auch mit ihren Muskelvibrierungen nicht vertreiben konnten. Heinz und Robert klatschten diese Quälgeister unbarmherzig fort, manchmal so gnadenlos heftig, dass ihr Blut am Bauch der Pferde nur so wegspritzte. Sie fingen auch von den ganz dicken Bremsen einige, sperrten sie in eine Zündholzschachtel und holten sie dann bei Bedarf hervor. Sie stachen ihnen nämlich dünne Halme durch den Bauch und ließen sie damit fliegen. Dann wetteten sie, welche von den Bremsen noch am weitesten fortkam. Oft wurden sie aber auch nur als Zielscheiben abgelassen, und wenn sie mit dem Grashalm im Bauch hoch stiegen, dann feuerten die Buben mit den Steinschleudern so lange auf sie, bis sie erledigt waren.

Das allergrößte Vergnügen war die Heimfahrt. Wenn das Heu mit dem Grummetbalken niedergebunden war, durften alle aufsteigen und von diesem Hochsitz aus auf die Landschaft und die Leute schauen, die ihnen unterwegs entgegenkamen und begegneten. Das war immer ein Hallo, ein Lachen, Schreien und Jubeln. Und das Heu roch phantastisch, sein Aroma hatte die heiße Sonne aus den vielen Wiesenblumen an die Oberfläche gekocht.

Für die Heuernte hatte Tante Poldi neben der Thalerin noch die Grabnerin und einen Knecht zur Verfügung, der mit einem mechanischen Mäher das Gras schnitt, das dann von den Frauen mehrmals gewendet und zusammengerecht wurde. Das Wetter musste passen, dann war die Ernte nach zwei Tagen unter Dach.

In diesem Jahr begann es aber nach dem ersten Ausbreiten des gemähten Grases zur Bestürzung der Tante zu regnen, und mit den ersten Tropfen vom Himmel war schon ihr Jammern überall im Haus zu hören.

„Das Heu wird faulig, was für ein Schaden!"

In solchen Momenten war Heinz ihr Seelentröster, er verstand es wie kein anderer, die Aufmerksamkeit von Poldi auf sich zu ziehen und ihr Mut zu machen. „Liebste Tante", sagte er (und er gebrauchte tatsächlich das Wort „liebste!"), „wir müssen fleißig zum lieben Gott beten, dann wird uns Petrus schon wieder die Sonne schicken und das Heu wird trocken und das Kuhmuli hat dann genug zu fressen!"

Tante Poldi sah liebevoll auf Heinz, ihren Burli. Seit er wieder singen konnte, war er ihr gegenüber ein Ausbund an Herzlichkeit, immer vergnügt, fröhlich, zuvorkommend und folgsam. Kein Wort konnte ausdrücken, was sie für ihn empfand, am liebsten hätte sie ihn an Kindes statt angenommen, und sie schauderte bei dem Gedanken, dass in wenigen Wochen die Ferien zu Ende gingen und Heinz und Robert wieder fort mussten.

„Das Herz wird mir brechen, Burli, wenn du mich verlässt!" Und dann weinten sie zusammen, denn auch Heinz versicherte ihr, außer seiner Mama niemanden so zu lieben wie sie. Doch er tröstete sie auch.

„Wenn ich wiederkomme, dann werden wir heiraten!"

Dieser untreue und falsche Patron! Was ihn, seit er seine Stimme wiederbekommen hatte, so überglücklich, beschwingt und wonnetrunken machte, das war nicht die herzensgute Tante Poldi, sondern das kleine, zarte Geschöpf, das ihm das erste Mal in der Kirche begegnet war und das seit einer Woche im Schallböckhaus wohnte und dort mit ihrer Mutter und der Schwester den ersten Stock bezogen hatte. Sie war also in allernächster Nähe zu Hause, und zwar genau über dem Wohnzimmer vom Schuster Thaler. Nach den ersten Angriffen auf Linz war der Vergolder und Restaurateur Erwin Firlei nach Hofkirchen aufs Land geflüchtet, wo erstens Verwandte lebten und wo er zweitens in der nahen Kirche von Ruhringsdorf und im Schloss Aistersheim Änderungen und Wiederherstellungen von Skulpturen begonnen hatte. Das liebe, von Heinz vergötterte Wesen hatte auch einen Namen, der aber nie in seiner reinen Form, sondern nur in einer entfernt klingenden Ähnlichkeit gebraucht wurde. „Hitschi" nannten sie alle. In Wirklichkeit aber hieß sie Hilde Firlei.

Vom ersten Augenblick ihres Erscheinens an war dieses hübsche, schwarzgelockte und dunkeläugige Mädchen der Schwarm aller gleichaltrigen Buben, die nun das Interesse an der Bande und den Abenteuern im Wald merklich zurücksteckten, vor dem Schallböckhaus lungerten und von der Straße aus verliebt zum ersten Stock empor schauten, wo sich Hitschi im vorderen Fenster ab und zu zeigte. Von Hans Thaler bis Robert und von Heinz bis Ernst Grabner, alle waren in sie verliebt, am meisten aber umschwärmte sie der Blondschopf Alois Fürtauer, der ihr manchmal aus dem Obstgarten der Eltern Klaräpfel mitbrachte und diese in die Wohnung seiner Angebeteten hinauftrug. Damit konnten die übrigen Buben nicht konkurrieren, am allerwenigsten Robert und Heinz, denn die Gravensteiner bei Tante Poldi hatten bis zur Reife noch Zeit, und überhaupt, sie waren schon froh, wenn sie manchmal von ihr eine frühe Birne oder eine Ringlotte bekamen.

Wenn Hitschi mit ihrer um ein Jahr jüngeren Schwester Traudi zur Trattnach baden ging, dann war dies für die

Buben ein Signal, sich zusammenzurotten, ihr zu folgen und sich neben ihrer Decke auf dem Boden niederzulassen. Dort konnte dann ein jeder zeigen, was er den anderen voraus hatte. Hans Thaler beherrschte Kopfstand, Handstand und Handstandüberschlag, Ernst Grabner war der beste Schwimmer und Taucher, er konnte sogar kraulen und rückenschwimmen, und von den anderen waren einige, die sich in ihrem Liebeswahn von den Ästen der Erlen in die Trattnach stürzten, mit einem Bauchfleck natürlich, denn für einen Köpfler war an diesen Stellen das Wasser des Baches überall zu seicht.

Im Anschluß an solche Vorführungen begannen sie, sich Geschichten zu erzählen. Hitschi hatte eine Tante, die am Attersee lebte und ein richtiges Segelboot besaß. Möven gab es dort und Schwäne, diese wurden im Winter gefüttert, legten im Frühjahr Eier, aus denen sie Junge ausbrüteten, die zunächst winzig und braun, im Laufe des nächsten Jahres aber weiß und wunderschön wurden.

Stammler Peperl erklärte, dass die meisten Vögel zuerst weiß und dann braun gefärbt seien. Er war ein Experte und hatte immer einige Jungvögel bei sich zu Hause, die er fütterte und aufzog.

„Ich werde dir etwas Besonderes zeigen!" sagte er zu Hitschi, rannte fort und kam nach einer gewissen Zeit mit einer Schachtel zurück. Als er sie öffnete, saß darin ein junger Uhu. Der kleine Vogel war ein einziger Ball aus weißen Flaumfedern und überaus herzig.

„Hast du schon einmal so etwas Wunderschönes gesehen?" fragte er. „Ich habe das Nest im Pfarrerstadl ausgehoben. Es ist ganz hoch oben. Der alte Vogel hat mich sogar angegriffen, aber ich bin seinen Krallen entkommen, weil ich nach unten ins Heu gesprungen bin. Mich hat es am Boden fürchterlich zusammengestaucht!"

„Seither ist sein Indianername ‚fliegende Eule'!" bemerkte der Häuptling. „Nur seine Parole heißt anders, die darf ich aber nicht verraten!"

„Dort, wo der Huemer den Stadl anzünden wollte, dort bin ich hinaus und dem alten Uhu davon gerannt!"

Als die Rede auf den Brandstifter kam, wandte sich Hitschi an Heinz. „Wie war das, als du den Mann aufgehängt gefunden hast?"

Heinz gab ihr keine Antwort.

Robert sagte: „Er will davon nicht reden. Aber er hat damals seine Stimme wiederbekommen!"

„Ist das wahr?" fragte sie ihn.

„Nein, es ist nicht wahr! Die Wendterin hat sie mir wiedergegeben, aber nur für ein paar Tage, ich habe sie schon wieder verloren!"

Robert sah ihn erschrocken an. „Was? Du hast sie verloren? Deine Stimme? Du hast doch am Sonntag so schön gesungen!"

„Aber jetzt nicht mehr!"

„Auf keinen Fall glaube ich dir das, du lügst wie immer!"

„Soll ich es dir beweisen?"

„Ich glaube es nicht! Ich glaube es nicht und will es auch gar nicht hören!"

Heinz sagte: „Schau her!" Dann öffnete er weit den Mund und atmete fest aus.

„Chrrrk!"

Alle starrten voll Mitleid auf Heinz. Am meisten litt Robert.

„Soll ich es noch einmal versuchen?" fragte Heinz.

Robert schüttelte verzweifelt den Kopf. „Ich kann es noch immer nicht glauben!"

„Dann schau her!" Heinz öffnete wieder den Mund, ganz weit und atmete fest aus. „Chrrrk! Chrrrk! Chrrrk!"

Robert fasste Heinz an der Hand und zog ihn hoch. „Komm, wir müssen es Tante Poldi sagen!"

„Ich will nicht!"

„Dann sage ich es ihr!" Robert nahm in Panik sein Gewand, und ohne sich um die Bande oder Hitschi zu kümmern, lief er zum Haus der Tante.

Jetzt, da es schattig zu werden begann, packten auch die anderen ihre Sachen zusammen. Heinz trug die Decke von Hitschi. Bis zum Schallböckhaus verlief sich die Schar, und plötzlich war er mit Hitschi allein im Stiegenhaus.

„Ich muss jetzt gehen!“ verabschiedete er sich.

Hitschi gab ihm freundschaftlich die Hand. „Es tut mir leid wegen deiner Stimme. In der Kirche, ich glaubte, kein Engel kann schöner singen als du!“

Nun begann Heinz zu lachen. „Soll ich dir ein Geheimnis anvertrauen?“

„Ja, was denn?“

„Ich habe meine Stimme nicht verloren, ich wollte mir mit Robert nur einen Spaß erlauben!“

Hitschi kicherte. „Nein, das darf nicht wahr sein, du schwindelst mich an!“

„Soll ich dir ein kurzes Lied vorsingen?“

„Ja, bitte!“

„Ein Liebeslied?“

„Wie geht es denn?“

Heinz öffnete weit den Mund und atmete langsam aus: „Sah ein Knab ein Röslein steh'n, Röslein auf der Heiden“.

Obwohl er nur leise gesungen hatte, füllte sich der ganze Stiegenaufgang mit der warmen Melodie seines Liedes. Plötzlich erschien oberhalb eine schlanke, dunkelhaarige und sehr elegante Frau.

„Wer singt denn da so schön?“ fragte sie. Und Hitschi sagte zu Heinz: „Das ist meine Mutter!“ Heinz ging hinauf und gab Frau Firlei schüchtern die Hand. Er sah ihr in die großen braunen Augen.

„Sie sind ja noch hübscher als Hitschi!“

„Wenn das wahr ist, kannst du dann auch für mich ein Lied singen?“

„Heute nicht mehr, vielleicht morgen! Ich muss nämlich heim, man wartet dort auf mich!“

Man kann nicht sagen, dass Heinz kein schlechtes Gewissen hatte, als er das Haus der Tante betrat. Robert war nämlich so traurig und niedergeschlagen heimgegangen, dass sich nun in Heinz mit einer inneren Mahnung auch die Erkenntnis regte, dass man mit den Gefühlen eines anderen Menschen nicht spielen sollte. „Andererseits“, dachte Heinz, „ist Robert auch nicht gerade zimperlich, wenn es um mich geht, und dabei bin ich doch der kleinere Bruder.“

Das Haus von Poldi war im Sommer angenehm kühl und ließ, wie Poldi nicht ohne Stolz berichtete, im Winter die Wärme nicht hinaus. Es war, mit einem Wort, gut gebaut und erinnerte mit seinem Außenbalkon, seinen Schwenkfenstern und den ornamentähnlichen Holzteilen ein wenig an Salzburger Baukunst. Wenn man es betrat, strömte einem ein eigener, äußerst angenehmer Geruch nach frischem Brot entgegen, der sich in der Mehlkammer entwickelte und sich mit dem feinen Lüftchen der offenen Fenster im Haus verteilte.

Heinz war erstaunt, als er ebenerdig niemanden antraf, doch regte sich im ersten Stock Leben, und so ging er die gewundene Holztreppe hinauf, um nachzusehen. Robert kam ihm quietschvergnügt entgegen. In der Hand schwenkte er triumphierend eine wunderschöne, ganz mit Silberblech eingefasste Mundharmonika, in die er beim Anblick von Heinz ein schauerliches Fortissimo blies. Nach dem Absetzen fragte er: „Na, was sagst?“

Eine Mundharmonika war immer ein Herzenswunsch von Heinz gewesen, und da auch Wladimir eine besaß und gut darauf spielen konnte, glaubte er zunächst, dieser habe Robert ein Geschenk gesandt. Aber Robert schüttelte den Kopf.

„Du wirst staunen! Ich glaube, du bekommst auch etwas!“

Tante Poldi hatte direkt an das Magazin anschließend noch ein Zimmer für Gäste eingerichtet, in dem einfache, aber doch sehr geschmackvolle Möbel standen und das den Vorteil hatte, dass die Fenster nach Osten ausgerichtet waren, so dass sie schon am Morgen im schönsten Sonnenschein lagen. Dieses Zimmer war vom verstorbenen Großonkel Franz bewohnt worden und hieß deshalb auch „Onkelzimmer“, es war die meiste Zeit abgesperrt und war nur für ganz auserwählte Gäste der Tante bestimmt.

Als nun Robert dort verschwand und Heinz ihm folgte, erblickte er auf den einzelnen Sitzgelegenheiten verteilt die Miaz, die Großmutter, die Tante und seinen Vater. Jubelnd flog ihm Heinz an den Hals. Franz Dirisamer hatte seinen Erntedienst beendet und wollte nun die letzten Ferientage bis zum Schulbeginn bei seiner Schwester verbringen. Sein braungebranntes Gesicht wirkte erholt, der fröhliche Glanz in seinen Augen war wiedergekehrt, ebenso das ständige Lächeln um seinen Mund. Auf seiner Glatze sah man einen Flaum heller Haare, und den Oberlippenbart hatte er sich abrasiert, was ihn jünger erscheinen ließ. Er hatte zwar stark abgenommen und war fast schlank, wirkte aber trotzdem gesund und wohlauf.

Als Heinz auf ihn zukam, empfing er ihn mit ausgebreiteten Armen, drückte ihn herzlich an sich und küsste ihn ab.

„Na, du mein kleiner Lauser, hab ich dich wieder?“

„Ja!“ stöhnte Heinz, noch ganz benommen von der Überraschung und der kräftigen Umarmung seines Vaters. Er deutete zu Robert.

„Bekomme ich auch etwas?“

„Ja, du bekommst noch viele tausend Küsse von mir!“ lachte Franz Dirisamer, der genau wusste, worauf der Bub hinaus wollte. Er kitzelte ihn aber noch so lange, bis sich Heinz aus seinen Armen entwinden konnte.

„Papa, ich ersticke!“

„Na, so was, du Strolch! Ich habe gehört, du hast deine Stimme bekommen und wieder verloren?“

„Ja, das habe ich!“

„Na, was jetzt? Sag’s mir genauer!“

„Ja, gleich, aber nur, wenn ich zuerst so etwas bekomme!“ Franz Dirisamer sah den lüsternen Blick, den Heinz auf die Mundharmonika von Robert warf.

„Eine Mundharmonika habe ich nicht mehr, aber du bekommst etwas viel Schöneres!“

Heinz sah, wie sein Vater in den Reisekoffer griff und dann zwei Bücher zum Vorschein brachte.

„Da, was sagst du?“

Heinz nahm enttäuscht sein Geschenk in Empfang. Dann las er langsam, was auf den Buchdeckeln stand. „Liber latinus I, Liber latinus II“.

Heinz konnte es nicht wissen, aber vor seinem Erscheinen war er Gesprächsstoff zwischen seinem Vater und den drei Frauen gewesen. Dieser trug seit einiger Zeit einen vagen Entschluss mit sich herum, den er für riskant, aber trotzdem nicht für ausgeschlossen hielt. Er wollte Heinz in die Realschule geben. Er hatte zwar die katastrophalen schulischen Leistungen von ihm zur Kenntnis nehmen müssen, aber auch die Zusammenhänge zwischen diesen Leistungen und dem sozialen Umfeld erkannt, in dem Heinz leben und lernen musste. Zuerst hatte er Heinz einfach für beschränkt und dumm gehalten, aber Fachlehrerin Honsak hatte ihm die Augen geöffnet. In der Volksschulzeit hatte Heinz noch gut gelernt und schöne Zeugnisse gehabt, aber dann war er abgestürzt und zu keiner Leistung mehr fähig gewesen. Honsak bestätigte Heinz eine brillante Intelligenz, nicht nur in der Musik, sondern besonders dann, wenn man sich ihm freundlich und kameradschaftlich näherte. Wenn sich Heinz aber fürchtete, dann war es vorbei, alles abgeschnitten, gerissen, da brachte er nur mehr Gestotter und dumme Antworten zusammen.

Und nun hatte Poldi ihrem Bruder dasselbe bestätigt. Sie hatte an den Abenden mit Heinz und Robert schreiben und rechnen geübt, und da hatte sie über die Resultate nur so gestaunt, Heinz war dem älteren Bruder um gar nicht so viel nachgestanden. Und dann, na, über ihren Burli ließ sie ohnehin nichts kommen.

„Franz, der Burli ist so, wie du gewesen bist, wenn er in der Früh vom Zimmer herunterkommt, dann glaube ich, du bist wiedererstanden als neunjähriger Knirps. Ich sehe dich ja noch ganz deutlich vor meinen Augen, so lieb, so lebhaft und gescheit. Und das Kind ist ganz dein Ebenbild, in allem. Frag nur die Mutter und die Miaz, die werden dir dasselbe sagen!“

Die beiden Angesprochenen nickten. „A liabs Buali!“ meinten sie.

Franz Dirisamer hatte weiter überlegt. Robert kam jetzt in die vierte Klasse, für ihn war es zu spät, um in die Realschule zu wechseln. Aber Heinz! Und da kam sein alter Traum zurück. Was er selber nicht geschafft hatte, vielleicht konnte es einer seiner Söhne erreichen. Zu seiner Schwester sagte er nach einer kurzen Besinnung:

„Ich möchte, dass er Priester wird!"

Das kam so überraschend, dass sie ihn zunächst ungläubig anstarrte. Dann aber schlug sie jubelnd die Hände zusammen.

„So, wie du es immer wolltest! Mein Gott, was für eine Freude, und wenn er einmal am Altar steht, was für Ehre für uns!"

Franz Dirisamer schwächte ihre Begeisterung ab. „Poldi, sei still, ich will selber mit dem Buben reden! Sag' also nichts zu ihm. Außerdem, wer weiß, was noch alles passieren kann. Er hat noch so viel vor sich, die Schule in Sierning, dann das Petrinum! Ich meine, wir wissen nicht, was kommt, aber wir sollten den Beruf eines Priesters für ihn nicht aus den Augen verlieren und ihm helfen, so gut es geht."

So war die Situation gewesen, bevor Heinz erschien. Als er aber mit den beiden Büchern in den Händen verzagt und enttäuscht vor seinem Vater stand und nicht wusste, was er mit ihnen anfangen sollte, beschloss Franz Dirisamer, ihm sofort reinen Wein einzuschenken.

„Du wirst mit diesen Büchern Latein lernen, denn ich will, dass du in die Realschule gehst!"

Heinz begriff nicht, aber er dachte nach. Lernen wollte er eigentlich nicht, für ihn waren die Ferien das Schönste und die Schule das Schlimmste. „Aber Papa, das ist nichts für mich. Du hast selber gesagt, dass ich dumm bin und dass es bei mir nur zum Straßenkehren reicht."

Das hatte Franz Dirisamer wirklich einmal in seinem Zorn zu ihm gesagt, er erinnerte sich. Dass er es nun vorgehalten bekam, irritierte ihn in seinen Plänen mit dem Buben.

„Das habe ich nicht so gemeint, ich habe es nur gedankenlos vor mich hingesagt. Heinz, ich biete dir eine großartige Möglichkeit an. Du wirst in die Realschule gehen, das habe ich mit

Mama so ausgemacht. Wer weiß, wann es sein wird, denn ich habe gehört, dass wegen der Bombenangriffe bald die Schulen geschlossen werden sollen. Vielleicht sind wir erst nächstes Jahr so weit, dann bist du schon wieder ein bisschen größer und reifer geworden."

Als Heinz hörte, dass die Schulen geschlossen werden würden, jubelte er auf.

„Das ist schön!"

Franz Dirisamer deutete es aber anders und fragte: „Also bist du damit einverstanden?"

Wenn die Schulen geschlossen werden sollten, war alles in Ordnung, dann war Heinz mit allem einverstanden.

„Ja!" sagte er.

„Na also!"

Tante Poldi jubelte auf: „Er ist einverstanden!" Und dann rutschte es ihr heraus: „Burli, da könntest du dann Priester werden!"

Heinz war über alle Maßen erstaunt. „Priester?"

Franz Dirisamer hakte nach: „Möchtest du Priester werden?"

Dieses „Möchtest du Priester werden?" war für Heinz nichts anderes, als hätten ihn seine Freunde gefragt: „Willst du unser Häuptling werden?" Ein unglaubliches Glücksgefühl durchströmte ihn, jetzt konnte er endlich über Robert triumphieren. Er sah sie alle vor sich, Hansl, Peperl, Loisl, Hubert, also die ganze Bande, und laut sagte er: „Ja, ich will Häuptling werden!"

„Nicht Häuptling, Priester! Aber das ist ja auch so etwas wie ein Häuptling, das Oberhaupt über die Pfarrgemeinde!"

Heinz war alles recht, wenn er nur Häuptling wurde. Mit diesem Resultat und dem Einverständnis waren alle zufrieden, vor allem Franz Dirisamer. Zu seiner Schwester sagte er: „Morgen beginne ich mit dem Lateinunterricht!"

Als sie später mit ihm allein war und sich die Buben bereits wieder mit ihren Spielsachen beschäftigten, meinte Poldi: „Franzl, ich glaube, es ist besser, wenn unser Burli von jemand anderem unterrichtet wird. Du hast nicht die richtige Geduld. Der Benefiziat Lugmayr wird das für uns tun. Er schuldet mir noch Lebensmittelmarken, und da muss ich sowieso zu ihm."

Abends gingen sie alle glücklich zu Bett. Aber es sollte eine unruhige Nacht werden. In Anbetracht, dass Heinz jetzt als Priesterkandidat ausersehen war, wurde das Abendgebet besonders lang und feierlich gestaltet. Der „Engel des Herrn" wurde gesungen, und es zeigte sich, dass nicht nur die Stimme von Heinz außergewöhnlich war, sondern dass auch jene von Franz Dirisamer und seiner Schwester wunderschön harmonierten.

„Wie in alten Zeiten!" meinte die Großmutter. Dann erzählte Tante Poldi noch eine Armen-Seele-Geschichte.

Als sie im Bett lagen, spukte diese Geschichte noch lange in der Phantasie von Heinz herum. Zu Robert sagte er: „Wenn ich Priester bin, werde ich auch für deine schwarze Seele beten, vielleicht kommst du dann in den Himmel!"

Robert, schon halb im Einschlafen, fand eine für Heinz besonders ernüchternde Antwort.

„Du wirst nie und nimmer Priester, denn du bist ja viel zu dumm!"

„Papa aber sagt, dass ich das Zeug für die Realschule habe und ich deshalb nicht Straßen kehren gehen muss!"

„Papa weiß nicht, was ich weiß. Ich hab's gesehen, du bist mit der Hitschi gegangen und hast sie sogar in das Schallböckhaus hineinbegleitet."

„Na und?"

„Weißt du denn nicht, dass ein Priester nicht mit einem Mädchen gehen darf? Er darf nicht einmal ihr Kleid oder ihre Hand berühren!"

„Aber der Herr Pfarrer gibt der Tante Poldi auch die Hand!"

„Ist die vielleicht ein Mädchen?"

Das hatte gesessen! Während Robert nach dieser Aufklärung zufrieden einschlief, hatte sich Heinz erschrocken in seinem Bett aufgesetzt. So blieb er auch sitzen. Immer wieder und immer wieder beschäftigten sich seine Gedanken mit Hitschi, er sah sich in seinen Vorstellungen der Hitschi die Hand geben, aber da riss ihn eine arme Seele von ihr und flehte: „Erlöse mich!" Diese Phantasien beschäftigten ihn ununterbrochen, und er fand keinen Schlaf. Er hörte das Schlagen der Turmuhr, Holzbretter knarrten im Haus, eine Eule schrie und kam immer näher. Dann vernahm er ein ganz leises Schlagen von Flügeln, und plötzlich saß ein Gespenst auf dem Fensterbrett, schwarz und drohend und mit riesigen Spitzohren. Heinz wagte sich nicht zu rühren. Sein erster Gedanke war: „Eine arme Seele!" Warum kam sie ausgerechnet zu diesem Fenster? Sollte er jetzt zu beten beginnen? Er flehte um Erleuchtung und hatte plötzlich eine Erkenntnis. Das war's! Bestimmt! Er sollte ja Priester werden, und vielleicht hatte das arme, sündige Wesen von einer armen Seele deshalb zu ihm gefunden, weil er für diesen heiligen Beruf auserkoren war. Er schlüpfte aus dem Bett.

„Dominus, wo bist du?" beschwor er den Schatten. Das war seine Fehlinterpretation vom Dominus vobiscum des Priesters am Altar. Noch einmal: „Dominus, wo bist du?" Dann ging er langsam auf die arme Seele zu, und zu seinem Schreck drehte die arme Seele plötzlich den Kopf um 180 Grad zu ihm her und starrte ihn mit großen roten Augen an. Jetzt war es um die Selbstbeherrschung von Heinz geschehen, jammernd fiel er auf seinen Bauch und erwartete seinen Tod und seine Erlösung im Jenseits. Doch da flammte Licht auf. Sein Vater stand vor ihm, er aber lag mitsamt der Tuchent auf dem Boden und schlotterte vor Angst und Kälte.

„Was ist denn mit dir und was soll die Jammerei?"

„Die arme Seele, ganz schrecklich!" Er starrte zum Fenster. Aber nichts mehr war von der armen Seele zu bemerken, nur die Nacht blickte groß und dunkel herein. Sein Vater half ihm auf.

„Soll ich ein wenig zu dir kommen?" Er drehte das Licht aus, dann schlüpften sie wie in Pichlern gemeinsam unter die Tuchent. Heinz machte sich winzig, hoffend, dass sein Vater genug Platz im Bett hatte, er presste sich sogar an die kalte Zimmerwand, nur um ihn nicht gleich wieder zu verlieren.

„Sind dir die Geschichten von Tante Poldi durch den Kopf gegangen?“ fragte ihn der Vater im Flüsterton.

„Nein, Ehrenwort, auf dem Fenster ist eine arme Seele gesessen, groß und schwarz, wie der Aigner-Schmied!“ Er wusste nicht, wie er zu dem Namen gekommen war, beharrte aber jetzt darauf.

„Den man vorige Woche begraben hat?“

„Ja, genau, ich glaube, der war's. Papa, es waren Funken um seinen Körper, und riesige feurige Augen hatte er!“

Franz Dirisamer wusste aus eigener Erfahrung, wie ihn solche Arme-Seelen-Geschichten der Großmutter in seiner Kindheit bis in die Nacht verfolgt hatten. Er musste mit seiner Schwester sprechen, sie waren nicht gut für den sensiblen Heinz.

„Wir werden für den Aigner-Schmied eine Seelenmesse einschreiben lassen, dann ist er sofort erlöst!“

„Ja, gehen wir gleich morgen zum Herrn Pfarrer!“

Als sich Heinz beruhigt hatte, versuchte er, ihn mit einer Erzählung seiner Großmutter einzuschläfern. Er wählte jene vom treuen Diener Erich, der sich für seinen Herrn, den reichen und vornehmen Baron, in einer russischen Winternacht aufopferte, indem er mit den Wölfen kämpfte und dabei sein Leben verlor. Der Baron aber setzte ihm ein steinernes Kreuz, in goldenen Lettern standen darauf die Worte der Heiligen Schrift: „Niemand hat eine größere Liebe, denn die, dass er sein Leben hingibt für seine Freunde.“

Franz Dirisamer merkte, wie Heinz leise schluchzte. Der gute Bub! Andächtig betete er mit ihm: „Jesukindlein bleib bei mir, mach ein frommes Kind aus mir ...!“

Plötzlich rührte sich Robert. „Papa, ich habe fürchterliche Zahnschmerzen!“

Franz Dirisamer machte Licht. Nun waren sie alle drei wach, er, Heinz und jetzt auch Robert, der sich bisher nicht bewegt hatte. Er saß am Bettrand und jammerte. Sein verschlafenes Gesicht zeigte Spuren von Tränen, die er nun in die Breite wischte, weil er sich die Augen rieb.

„Seit wann hast du Schmerzen?“

Robert antwortete zunächst nur mit einem Stöhnen, schrie aber plötzlich auf. „Au!“, er hielt sich mit der einen Hand die linke Wange und wollte zunächst niemand an sich heran lassen. „Au!“

„Mach den Mund auf und zeig her. Sonst kann ich dir nicht helfen. Ist es oben oder unten?“

„Ich weiß es nicht! Au!“

Das Licht der Deckenlampe war so schwach, dass in Roberts Mund alles in einem finsteren Halbschatten lag und Franz Dirisamer nichts erkennen konnte. Als er aber mit dem Finger die untere Zahnreihe entlang tastete, zuckte Robert zusammen.

„Au!“

„Ist er das?“

„Ja, der ist's!“ Robert, der sonst nie zimperlich war, begann neuerlich zu heulen.

„Es tut so weh!“

Franz Dirisamer wusste sich keinen Rat und deshalb entschloss er sich, die Schwester zu wecken. Sie erschien vor den Buben wie ein Burggespenst mit einem weißen, unförmigen Nachthemd, die Haare hatte sie sich ausgekämmt, sie hingen ihr jetzt in langen Strähnen über die Schultern.

„Was treibt ihr denn? Mitten in der Nacht?“ Ihre verärgerte Miene lichtete sich zur mütterlichen Güte beim Anblick des Häufleins Elend, das Robert jetzt darbot.

Heinz beobachtete ihr Erscheinen mit unverhohlenem Entsetzen. Von Müdigkeit war bei ihm keine Spur mehr vorhanden. Hätte er Tante Poldi gestern noch auf der Stelle geheiratet, jetzt wollte er es nicht mehr tun. Auf keinen Fall! Wie eine alte Hexe beugte sie sich über Robert und sah in seinen Mund, auch sie konnte nichts erkennen. Deshalb entschloss sie sich, den Zahn in der Küche etwas näher zu betrachten. Dort gab es eine 60 Watt starke Birne, die stärkste im ganzen Haus.

„Komm, gehen wir hinunter!“ Robert ließ sich von ihr führen und wirkte so schlottrig, als wäre er gerade vom Krankenhaus heimgekommen. Im stärkeren Licht der Tischlampe konnte man den Bösewicht erkennen, einer der Mahlzähne war kreisrund zusammengebrochen.

Auch Heinz studierte aufmerksam die Zerstörung. „Und so ein schwarzer Fleck macht solche Schmerzen?"

„Ja, das tut er!" sagte Tante Poldi. „Der Zahn ist nicht mehr zu retten, aber es ist ein Milchzahn! Ihr müsst morgen früh zum Zahnarzt!"

Mit „Zahnarzt" war für Robert ein Wort gefallen, das für ihn ein Synonym für Weltuntergang war. Wie der auferstandene Lazarus erhob er sich vom Sessel. „Es tut nichts mehr weh! Ich leg mich nieder!" Und auf seinen langen Storchbeinen stolzierte er weg.

Franz Dirisamer traute der Sache nicht. „Hast du etwas gegen Schmerzen?" fragte er die Schwester.

„Wenn du Tabletten meinst, dann habe ich nichts daheim. Aber ein Schluck Rum hat schon stärkeren Männern geholfen!" Sie holte vom obersten Brett der Kredenz eine Flasche mit 80-prozentigem Rum herunter, es war das Fach, wo sie auch den Nussbrand, den Kümmellikör und den selbstgemachten Eierlikör stehen hatte.

„Robert, komm zurück, Tante Poldi hat etwas für dich!" Dieser erschien wie ein Schlafwandler, blass und kaum noch fähig, die Augen offen zu halten. Er musste einen Schluck nehmen und an der Stelle des schmerzenden Zahnes damit gurgeln. Noch nie hatte er ein so scharfes Zeug wie dieses in seinem Mund gehabt, er stöhnte auf, schluckte es in seiner Not und begann furchtbar zu husten.

„Ich ersticke!"

Tante Poldi reichte ihm ein Glas Wasser. „Trink es nach!"

Sie erinnerte sich nun an ein altes Hausmittel ihrer Großmutter. Sie holte aus dem Geschäft einige Gewürznelken, zerstampfte sie und versuchte, die Teile auf den schmerzenden Zahn zu bringen. Es war unmöglich! Immer wieder stieß sie Robert mit der Zunge fort. Schließlich wurde es Franz Dirisamer zu bunt. Er nahm ein Taschentuch und drückte damit die Zunge so fest nach unten, dass Robert nicht mehr schlucken konnte. Nun gelang es, die Gewürznelken aufzubringen und einen Wattebausch darüber zu legen. Robert musste zubeißen und gab nach einigen Minuten an, dass die Schmerzen etwas weniger würden.

So ging man wieder ins Bett und hoffte auf eine ruhige Nacht. Poldi und Franz gingen auf ihre Zimmer und ließen die Buben allein.

Bei Heinz kehrte die Müdigkeit zurück. Schon wollte er einschlafen, als ihn ein Winseln aus Roberts Bett wieder munter machte.

„Es tut so weh, solche Schmerzen!"

Es mochte gegen zwei Uhr früh sein, als Franz Dirisamer an seiner Schulter gestoßen wurde. Er drehte sich um und sah Heinz vor sich.

„Schon wieder etwas?"

„Robert winselt so schrecklich!"

Nach der anstrengenden Fahrt von Pichlern nach Obertrattnach, dem Fußmarsch bis Hofkirchen und den wenigen Minuten, die er bisher geschlafen hatte, fühlte sich Dirisamer richtig erledigt. „Ich komme gleich!" knurrte er mürrisch.

Robert hatte vielleicht eine Stunde von seinem Zahn Ruhe gehabt, bis ihn dieser wieder und dieses Mal mit noch größerer Intensität zu peinigen begann. Als der Vater erschien, folgte er ihm daher gerne in die Küche. Franz Dirisamer besah sich nochmals die schmerzende Stelle und entdeckte jetzt gleich neben dem Zahn eine kugelige Rötung mit einem gelben, eitrigen Punkt.

„Aha, ein Abszess", dachte er. Er holte sich aus dem Nähkasten von Poldi eine Nadel und flammte diese über einem Zündholz ab. Robert beobachtete ihn mit wachsender Unruhe. Dann wischte er die Rötung mit einem Rumtupfer ab und ließ diesen kurz liegen. Als er ihn wegnahm, war an dieser Stelle die Schleimhaut runzelig und weißlich. Er stach zu und sah, wie Eiter aus der Wunde spritzte, aber das gleichzeitige Geschrei von Robert war so laut, dass das Haus zusammenzufallen schien. Kein Wunder, dass im nächsten Augenblick Tante Poldi zur Tür herein kam.

„Was hast du mit dem armen Buben gemacht? Warum seid ihr Männer immer gleich so brutal?"

Robert warf sich an ihre Brust. „Es tut so weh!" klagte er, löste sich aber gleich wieder von ihr und lief hinauf in das Zimmer, wo er sich im Bett verkroch und niemanden mehr zu sich heranließ.

„Ich hoffe, es wird gut!" seufzte Franz Dirisamer, dann wünschte er mit Galgenhumor eine „Gute Nacht!" und erhoffte sich den gerechten Schlaf. Doch innerlich war er verunsichert, er wartete erneut auf das herzerweichende Wimmern von Robert und baute dadurch Spannungen auf, die ihn nicht einschlafen ließen. Die Kirchturmuhr schlug, der Morgen kam, scheues Licht glitt in die Vorhänge, die von leichtem Wind gefächelt wurden. Und während er sich im Bett herumwälzte, lag Robert wie narkotisiert und rührte sich bis zum Aufstehen nicht mehr. Als Tante Poldi ihren Bruder zur Frühmesse wecken wollte und um halb sieben Uhr an die Tür klopfte, fühlte sich dieser gerädert und überlegte, ob er nicht liegen bleiben und sich ausschlafen sollte. Was er dann auch tat.

Nach dieser turbulenten Nacht wanderte Franz Dirisamer mit Robert nach Obertrattnach, es half kein Bitten und klägliches Betteln, Robert musste zum Zahnarzt. Da es in Hofkirchen keinen Dentisten gab, fuhren sie nach Neumarkt, wo sie eine Ordination und einen Behandler wussten.

Die vielen Leute, die auf den Zug warteten, sprachen von nichts anderem als vom gestrigen Bombenabwurf und von dem Glück, dass an der Bahn kein Schaden entstanden war.

Während eines Luftangriffes auf Vöcklabruck hatte ein abgedrängter Flieger in seiner Not seine hinderliche Last zwischen Obertrattnach und Grieskirchen auf den Bahndamm abgeworfen, aber die „Dinger" gerieten daneben und detonierten in einer sumpfigen Wiese. Es flog der Dreck, aber ein größerer Schaden wurde nicht angerichtet.

Franz Dirisamer wurde von einem netten Herrn in ein Gespräch verwickelt. Er spürte noch die Müdigkeit und die Folgen der Nacht, so dass er froh war, sich mit jemandem die Zeit vertreiben zu können. Der andere hatte noch keine Bombenangriffe erlebt und war höchst interessiert, als er von der Zerstörung und Verwüstung in Steyr erfuhr.

„Das Nibelungenwerk bei St. Valentin ist auch angegriffen worden. Wie ich gehört habe, sind einige Hallen zerstört. Ich weiß nicht, ob Ihnen bekannt ist, dass dort die schweren Tigerpanzer erzeugt werden. Übrigens technische Wunderwerke der Waffenindustrie, richtige Kolosse!"

Der fremde Herr lächelte verbindlich. „Von Angriffen dort habe ich noch nichts vernommen, diese Bombardierungen müssen erst gestern gewesen sein!"

Dirisamer plauderte mitteilsam weiter. „Das erfahren Sie am besten im ‚Soldatensender West'. Wenn Sie ein wenig im Radio suchen, können Sie ihn auch hier in Grieskirchen empfangen. Ich selber bin begeistert von diesem deutschen Sender, seiner Offenheit und Gründlichkeit. Da wird genau recherchiert! Unter anderem werden jeden Tag alle Ordensverleihungen an Offiziere und gewöhnliche Soldaten bekannt gegeben, und den Betroffenen werden die Glückwünsche der Partei überbracht."

Der Fremde staunte. „Den ‚Soldatensender West' haben Sie gehört? Wo, haben Sie gesagt, wohnen Sie? Hier in Obertrattnach? Ich habe diesen Sender noch nie empfangen können!"

Franz Dirisamer wollte schon Antwort geben, doch fuhr in diesem Augenblick der Zug aus Wels ein, und mit seiner Ankunft wurde die Unterhaltung unterbrochen. Der Mann wollte ja, wie er wusste, in die andere Richtung fahren.

In Neumarkt befreite der Dentist Robert von seinem schmerzhaften Milchzahn. Der Übeltäter, blutig und halb zerbrochen, kam in ein weißes Papiertuch und wurde ihm mitgegeben. Weiters erhielt er zwei kleine Säckchen mit einem Schmerzpulver.

„Aber erst verabreichen, wenn die Wirkung der Spritze nachlässt!" belehrte der Dentist. Als sie wieder auf der Straße waren, saugte Robert vergnügt an seiner Zahnlücke und spuckte in weitem Bogen einige Blutpatzen von sich. Seine Angst war vorbei, und er fühlte sich unglaublich erleichtert.

„Wollen wir noch einen Besuch machen?" fragte ihn der Vater.

„Wohin denn?"

„Mein Freund Karl Huber ist hier Pfarrer. Vielleicht kannst du dir dort ein paar Äpfel holen!"

Der Auböck Karl, wie er nach dem väterlichen Bauernhof hieß, hatte mit Franz Dirisamer das Petrinum besucht. Er war über den Besuch hoch erfreut.

„Ihr habt sicher Hunger, und ich hab' auch noch nicht Mittag gegessen. Kommt in das Speisezimmer." Er befahl der Köchin, groß aufzutragen, denn „so einen lieben Besuch bekomme ich nicht jeden Tag!"

Ja, Robert hatte riesigen Hunger, doch konnte er wegen seiner Wunde nur vorsichtig kauen. Die Köchin lachte über sein verzweifeltes Gesicht und zauberte aus ihrer Küche ein Stück weiche Punschtorte herbei. Das war nun das Allerbeste, was Robert je gegessen hatte, und seine Begeisterung darüber fand solchen Widerhall, dass er auch noch ein zweites Stück serviert bekam.

Der Pfarrhof hatte nicht dieselben bäuerlichen Dimensionen wie jener in Hofkirchen, doch war er ein schönes Anwesen, das jedem Besucher vorgeführt wurde und dabei immer gut abschnitt. Beim Herumgehen konnte es sich Franz Dirisamer nicht verkneifen, er stieß seinen Schulkollegen schalkhaft an und meinte:

„Ja, Pfarrer müsste man sein!"

„Du hättest es ja in der Hand gehabt. Mit Auszeichnung maturieren, und dann gehst du uns verloren!"

Gut gelaunt zog er Robert zu sich heran: „Dafür kann ich mit so einem goldigen Buben nicht aufwarten. Ist ein prächtiger Junge! Bist stolz, was?"

Ja, Franz Dirisamer war stolz auf seine Kinder. Wenn nur die beiden ältesten gesund aus dem Krieg wieder nach Hause kamen, dann war er mit allem zufrieden, auch mit dem schweren Los, das ihm die zehnköpfige Familie oftmals aufbürdete. So nebenbei sagte er: „Ich möchte, dass unser Kleinster, der Heinz, Priester wird. Er soll in die Realschule. Aber ich fürchte, dass bald alles in Brüche geht, auch die Schulen. Der Hitler kann sich nicht mehr lange halten!"

„Um Gottes willen, du traust dich was, wenn man dich so reden hört!"

„Ist es nicht auch deine Meinung? Überall fallen die Bomben, gestern auf die Panzerwerke in St. Valentin, ja, sogar bei euch in Obertrattnach hat es schon gebumst!"

„St. Valentin? Wer hat dir das gesagt?"

„Das kannst du dir im ‚Soldatensender West' selber anhören. Die bringen jeden Tag die genauesten Berichte!"

„Ich werde mich hüten, den ‚Soldatensender West' zu hören! Weißt du denn nicht, dass er ein Feindsender ist? Ich wünsche mir nur, dass du davon noch niemandem etwas erzählt hast."

Franz Dirisamer erschrak. „Ja, schon, aber das war ein feiner Herr!" Und plötzlich fiel ihm ein, dass dieser bei ihrem Gespräch immer so sonderbar gelächelt hatte.

„Hoffentlich bist du an keinen Unrechten geraten!" argwöhnte Pfarrer Huber.

„Wie hat er denn ausgesehen?"

Franz Dirisamer versuchte sich zu erinnern. „Blauer Anzug, weißes Hemd ohne Krawatte, dunkel, Mittelscheitel!"

„Und eine etwas unreine Haut?"

„Ja!"

„Um Gottes willen, das kann nur der Pöttinger Rudolf gewesen sein, der sitzt im Amt der Gestapo in Grieskirchen. Wenn er dich erkannt hat!"

Franz Dirisamer klatschte sich mit der flachen Hand auf die Stirn. „Ich Esel, eigentlich hätte ich es mir denken können. Aber arglos, wie ich bin, glaube ich, alle Menschen sind so wie ich!"

Pfarrer Huber tröstete ihn. „Schau, wenn du nicht so einen guten Schutzengel hättest, dann wärst du bei deiner politischen Vergangenheit schon längst nicht mehr am Leben. Also hab' Vertrauen auf Gottes Vorsehung!"

Der Pfarrer wandte sich an Robert. „Traust du dich auf den Baum? Die Augustapferl sind schon recht g'schmackig!"

Das durfte er nicht zweimal fragen. Robert bekam eine Tasche und entfernte sich in die Krone des Baumes. Als er wieder herunter kam, mussten beide Männer lachen. Die Tasche war bis oben voll, die Hosensäcke prall gestopft, einen Apfel hatte er angebissen im Mund stecken und einen weiteren trug er in der freien Hand.

„Erinnert dich das an etwas?" fragte der Pfarrer.

„Natürlich! Ja, das waren Zeiten, als wir auch so aufgeweckte Büberl waren!"

Zu Fuß gingen sie nach Hofkirchen zurück. Unterwegs hatte Franz Dirisamer Gelegenheit genug, um nachzudenken. Dieser Rudolf Pöttinger? Konnte es sein, dass er ihn kannte? Oder war es reiner Zufall gewesen, dass er auf ihn zugeschlendert war und ihn angesprochen hatte?

Diese Frage quälte ihn bis Hofkirchen. Als er nach dem Zubettgehen der Kinder mit Tante Poldi in der Küche saß und sie sich den entzündeten Fuß mit einer Fasche wickelte, erzählte er ihr den Vorfall auf dem Bahnhof von Obertrattnach.

Nun war Poldi an der Reihe, über die Unvorsichtigkeit des Bruders zu jammern.

„Immer deine politische Neugier! Musst ja nicht alles wissen, was aus dem Kastl kommt. Ab morgen stellen wir das Radio ab, kostet ja sowieso nur Strom." Dann dachte sie nach.

„Der Pöttinger? Den kenn' ich nicht, der ist nicht aus Hofkirchen!"

Seine Schwester hatte recht, er musste vorsichtiger werden. Die Folge dieser Einsicht war, dass er in den kommenden Tagen daheim blieb und nur zum Frühgottesdienst in den Ort ging, er wollte keine Aufmerksamkeit erregen.

Er genoss die Sonne im Hof, lag die meiste Zeit im Liegestuhl und las viel. Er hatte vor den Luftangriffen einige wertvolle Bücher nach Hofkirchen geschickt, vor allem Klassiker, darunter die vierzigbändige Goetheausgabe von 1856, Cotta'scher Verlag, sein größter literarischer Schatz. Hier hatte er Lesestoff für lange Zeit. Er griff zuerst zu den „Wahlverwandtschaften".

Wenn er an manchen Seiten dieses Romans innehielt und seine Bewunderung für diese geniale Schreibkunst grenzenlos zu werden begann, dann blickte er zum Himmel auf und fragte sich, warum deutscher Geist, der so Großartiges zustande brachte, auch imstande war, eine Kriegsmaschinerie instande zu setzen, die Millionen von Menschen in den Tod riss. Ja, er hatte es schon immer gesagt, der Teufel war in der Welt und beherrschte sie. Und in dieser Ansicht war er mit der naiven Frömmigkeit seiner Schwester einer Meinung.

XVI.

Sie waren gerade beim Abendessen, als es an der Geschäftsglocke läutete und kurz darauf der Hundsgendarm, der Babinger, in die Küche kam. Er grüßte, sah aber erstaunt, dass ein Mann bei den Buben saß.

„Aha", fragte er Poldi, „haben wir Zuwachs bekommen?"

„Mein Bruder ist's", erwiderte Poldi, der nicht recht wohl bei dem Gedanken war, dass ausgerechnet jetzt der Babinger aufkreuzte. Sie wusste ja, dass er wieder einmal gekommen war, um einige Stamperl Rum bei ihr zu trinken. Harte Sachen wurden in den Gasthäusern nicht ausgeschenkt, dort gab es Bier und Most, ganz selten einmal einen Obstler, einen schwarz gebrannten aus irgend einer obskuren Quelle. Sie aber bezog ihren 80-prozentigen Rum ganz offiziell über den Großhändler Eibl in Neumarkt und hatte immer etwas vorrätig, wenn durstige Männer an ihre Tür klopften. Besonders peinlich war es der Poldi deshalb, weil ihr Bruder ein entschiedener Antialkoholiker war, der nicht nur die Trinker, sondern auch alle, die Alkohol ausschenkten, als asoziale Menschen betrachtete. Dementsprechend unfreundlich war auch die Miene von Franz Dirisamer, der sich darüber hinaus auch über den frechen Zutritt des Gendarmen in die Privaträume ärgerte.

„Begrüße Sie mit einem aufrechten ‚Heil Hitler'!" setzte der Hundsgendarm fort. Und zu Poldi gewandt sagte er: „Du weißt ja, was ich brauch'!"

„ei' iter!" nuschelte Franz Dirisamer, der gleichzeitig einen Löffel Milchreis in seinen Mund schob. In Wirklichkeit war es seine übliche Antwort auf Hitlerbegrüßungen, ein schnell und undeutlich gesprochenes „Drei Liter", das dann so ähnlich wie „Heil Hitler!" klang.

Der Hundsgendarm setzte sich unaufgefordert an den Tisch. Er verschränkte die Arme und musterte Poldis Bruder mit seinen wässrigen Augen. Sein blasser, knöcherner Schädel mit den roten Haaren und den fehlenden Augenbrauen wirkte ausgesprochen abstoßend. Er war nach der Brandgeschichte einige

Tage nicht in Hofkirchen gewesen, deshalb waren Robert und Heinz ziemlich verdattert, als er jetzt neben ihnen saß.

Kaum hatte ihm Poldi das erste Stamperl eingeschenkt, stürzte er es auch schon in einem Zug hinunter. Als nächstes zündete er sich eine Zigarette an.

„Poldi, hast einen Aschenbecher?"

In Dirisamer gärte es, als er sah, wie der Gendarm den Kindern den Rauch ins Gesicht blies, und schon wollte er den Babinger zurechtweisen, als dieser in seiner großsprecherischen Art erklärte: „Bin schwer im Einsatz. Zuerst der Zündler, der uns keine Ruhe gelassen hat, und jetzt die Schwarzhörer. Obertrattnach und Taufkirchen haben wir schon mit Erfolg gefilzt, ab morgen kommt Hofkirchen dran. Aus Grieskirchen haben wir die Mitteilung bekommen, dass jetzt überall der ‚Soldatensender West' gehört wird. Also ein Feindsender! Brauchst aber nicht glauben, Poldi, dass wir die nicht alle bekommen, einen nach dem anderen werden wir mit unseren Peilgeräten aus dem vermaledeiten Nest holen."

Franz Dirisamer glaubte, im Boden versinken zu müssen. Auch Poldi verlor an Standfestigkeit, aber sie fasste sich schnell.

„Doch nicht bei uns, Babinger, du kennst doch die Leut'! Alles kreuzbrave Menschen. Und wer riskiert das Schwarzhören in der heutigen Zeit, wo's doch so streng verboten ist?"

Ein zweites Stamperl wurde eingeschenkt und getrunken.

„Wart'! Mach die Flasche nicht schon wieder zu, schenk' gleich noch einmal ein!"

„Aber du weißt ja, Babinger, dass ich das nur bei dir tu', für die Ausschank habe ich nämlich keine Bewilligung!"

Der Hundsgendarm winkte beruhigend ab.

„Keine Angst, weiß schon, Poldi! Werde nicht die Hand beißen, die mich füttert! Ha, ha, ha!"

Heinz und Robert zuckten bei diesem schrecklichen Lachen zusammen. Der Hundsgendarm sah es.

„Na, ihr Fratzen, habt ihr schon wieder etwas angestellt? Schon wieder einen Brandleger zur Strecke gebracht?"

Er nahm Poldi die Flasche aus der Hand und schenkte sich selber ein.

„Ist ja keine Trinkerheilanstalt, dein Haus! Oder?“ Wieder stimmte er sein brutales Lachen an. Zwei weitere Stamperl folgten. Dann stand er auf und zahlte. Vom genossenen Alkohol war ihm nichts anzumerken.

„Muss noch nach St. Georgen! Dort feiern einige Jäger beim Schall ihren Geburtstag. Das Wirtshaus wird voll sein. Und für mich wird's wieder spät! Aber einmal Gendarm, immer Gendarm und immer im Dienst! Schönen guten Abend noch, Heil Hitler!“

Ohne dass die anderen es verhindern konnten, sprang Heinz plötzlich auf, streckte den Arm und rief laut: „Heil Hitler!“

Alle erschraken von diesem Geschrei, nur der Hundsgendarm nicht. Er wandte sich freundlich an Heinz.

„Brav, Bürscherl, wie es sich gehört! Da, hast ein Fünfzgerl!“ Er legte die Münze auf den Tisch und verließ das Haus. Man hörte, wie er sein Motorrad startete und wie es die Gasse hinauf ratterte.

Man kann sich leicht vorstellen, welche Gefühle das Erscheinen und das Gerede des Hundsgendarmen bei Franz Dirisamer hinterließen. Also war die Vermutung von Pfarrer Huber richtig gewesen, und er war einem Agenten der Gestapo, dem Pöttinger Rudolf, auf den Leim gegangen. Das Abhören eines Feindsenders wurde schwer bestraft, und nun hatte der Gendarm angedeutet, dass bereits andere „hops“ genommen worden waren, und das war nur seine Schuld, weil er wieder einmal sein Maul nicht hatte halten können. Irgend etwas musste er unternehmen, sonst war er ausgeliefert, nur wusste er im Moment noch nicht, was. Er war ziemlich aufgeregt. Als er die Buben nach oben brachte und mit ihnen das Nachtgebet sprach, spürte er noch immer sein lautes und schnell klopfendes Herz. In der Küche setzte er sich zu Poldi an den Tisch.

„Ein unangenehmer Kerl! Was sagst? Eine dumme Geschichte!“

„Das schon, aber es ist ein Glück, dass er ausgeplaudert hat, der Babinger, jetzt wissen wir wenigstens, woran wir sind und können uns darauf einstellen!"

„Mag schon so sein!" sagte resignierend Franz Dirisamer. „Aber es wird wieder eine schlimme Nacht werden, ich werd kein Auge zumachen können!"

„Sorgen sind allemal nicht gut für den Schlaf! Ich mach' dir eine Zwiebelmilch!"

Sie stellte in einem kleinen Reindl Milch auf, wartete, bis sie heiß wurde, schnitt eine Zwiebel durch, legte die beiden Hälften für zehn Minuten hinein und nahm sie anschließend wieder heraus. Dann holte sie Honig aus der Kammer und süßte mit einem vollen Suppenlöffel das heiße Getränk.

„Das trinkst du jetzt, solange es noch warm ist, und dann wirst du schlafen wie ein Ratz!"

Es wäre gut gewesen, wenn sie auch den beiden Buben ihre Zwiebelmilch zu trinken gegeben hätte, denn diese waren noch hellwach. Robert hatte Heinz erzählt, was er am Bahnhof erfahren hatte.

„Stell dir vor, unser Papa hat auch den ‚Soldatensender West' gehört. Das ist verboten und wird bestraft, weißt du das? Jeder wird bestraft, wenn er heimlich einen ausländischen Radiosender horcht."

„Wie geht denn das mit den ausländischen Sendern?"

„Das musst du nicht wissen. Ich weiß es auch nur zur Hälfte."

„Ist es ein Geheimnis?"

„Ich denke schon! Auf jeden Fall müssen wir größtes Stillschweigen bewahren."

„Glaubst du, dass der alte Thaler auch einen ausländischen Sender hört?"

„Der hat ja nicht einmal ein Radio, aber du kannst ihn ja morgen fragen!"

„Wir könnten ihn auch heute noch fragen, bei ihm brennt noch Licht. Auch bei der Hitschi ist noch jemand auf!" Robert überlegte, ob sie heute ausrücken sollten. Bei der Anwesenheit des Vaters war das eine riskante Angelegenheit. Heinz fuhr fort: „Glaubst du, dass die Hitschi weiß, was ein Soldatensender ist?"

„Nein, auf keinen Fall! Sie ist ja ein Mädchen!"

Die beiden zogen sich im Dunklen an. Als sie auf dem Gang Schritte hörten, sprangen sie angekleidet ins Bett. Tatsächlich kam Franz Dirisamer noch einmal, um nach dem Rechten zu schauen. Er streckte nur kurz den Kopf ins Zimmer und horchte. Dann entfernte er sich, legte sich nieder und schlief schnell ein.

Wieder war es Robert, der die Vorhut machte und lauschte. Als er in den anderen Schlafzimmern kein Geräusch mehr vernahm, holte er Heinz. Möglichst lautlos schlichen sie sich in die Küche und kletterten zum offenen Fenster hinaus. Vor der Thalerwohnung ließ Robert den Bandenpfiff los.

Sofort verlosch das Licht hinter den Fenstern der Thalerwohnung. Gleich darauf raschelte es, und der Häuptling stand vor ihnen.

„Kennwort?"

„Nachtfahrt!"

„Ist dein Vater noch auf?"

„Er ist im Gasthaus Pramendorfer, wenn es wichtig ist, hol' ich ihn heraus!"

„Der Hundsgendarm ist wieder in Hofkirchen!"

Ja, das war wichtig, zumindest für den alten Thaler, der noch nicht vergessen hatte, wie er zusammengeschlagen und verprügelt worden war.

„Ihr holt den Peperl und den Hubert", sagte der Häuptling, „ich kümmere mich um den Melik Fred, dann treffen wir uns hier. Wenn ich noch nicht zurück bin mit dem Vater, könnt ihr in das Zimmer kraxeln und auf uns warten! Die Mutter ist eh zur Arbeit in Aistersheim!"

Als der alte Thaler hörte, dass der Hundsgendarm wieder in Hofkirchen war, trank er seinen Most aus, stand auf und entfernte sich eiligst nach Hause. Melik hatte noch zwei andere Buben geholt, und von der oberen Ortsseite waren auch die

Waldhauser Zwillinge dazu gestoßen, die Bande war fast vollständig. Als sie alle in der Wohnung waren, fragte der Admiral: „Kennwort?“

Rundherum hörte er: „Nachtfahrt!“ Nun ließ er sich von Robert schildern, was er wusste.

„Und jetzt“, sagte Robert, „sitzt der Babinger bei den Jägern in St. Georgen und sauft!“

„Er hat auch bei der Poldi schon fünf Stamperl Rum getrunken!“ sagte Heinz.

„Sechs!“ verbesserte ihn Robert.

„Da wird er mit dem Motorrad nicht weit kommen, vielleicht stürzt er und bricht sich das Genick!“ sagte der Häuptling.

„Man könnte nachhelfen!“ ließ sich der Admiral vernehmen. Er hatte eine Kerze angezündet, und so flackerten im Raum gespenstische Schatten, als die Verschwörung ausgehandelt wurde.

„Kennwort: Rache!“ verkündete nun der Admiral. Er loderte vor Hass, zog mit den Fingern die Lippen hoch und zeigte den Kindern die Stelle, wo ihm die Zähne ausgeschlagen worden waren.

„Das schuldet mir der Babinger, er hat's gemacht, und er muss es mir büßen!“

Der Thaler-Schuster, der sonst kaum einen Satz zusammenbrachte und dem man jedes Wort aus der Nase ziehen musste, war plötzlich redselig und hitzig geworden.

„Wer nicht dabei sein will, der soll heimgehen, aber wer mitmacht und auch nur ein Sterbenswörtchen verrät, der bekommt die schreckliche Rache des Admirals zu spüren!“

Keiner der Buben wollte sich verdrücken, die Aufregung stand ihnen allen ins Gesicht geschrieben, wie ein böser Geist umklammerte sie der Gedanke an Rache.

Der Admiral blickte rundum, ließ sein eigenartiges Lachen hören, und da keiner kneifen wollte, verriet er seinen Plan.

„Von St. Georgen nach Hofkirchen gibt es nur eine Straße, und die geht bei der Schottergrube ziemlich steil bergab. Dort lauert ihr ihm auf. Wenn es ihm nichts kostet, dann sauft der

Babinger bis zum Umfallen. Aber mit dem Motorrad fährt er trotzdem. Beim alten Billmayr liegt in der Werkstatt ein langes Seil, das holt ihr euch durch das hintere Fenster. Ihr spannt es über die Straße und dann schmeißt es ihn hin. Auf dieser Strecke gibt es hüben und drüben genug Bäume für eine Falle."

„Wie lange müssen wir lauern? Doch nicht bis in die Früh?"

„Der Wirt in St. Georgen sperrt um elf Uhr zu, dann dauert es noch eine halbe Stunde, bis alle ausgetrunken haben, der eine oder andere will noch den letzten Schnaps heben, aber spätestens zwischen elf und zwölf Uhr kommt der Babinger zurück nach Hofkirchen. Macht einige Vorposten, sie sollen seine Ankunft mit einer Taschenlampe signalisieren. Und den Rest besorgen der Häuptling und der Vizehäuptling!"

Es war das erste Mal, dass das Wort Vizehäuptling ausgesprochen wurde. Alle wollten nun vom alten Thaler wissen, wer der Vizehäuptling sei.

Der Admiral deutete auf Robert und sagte nur: „Der Schusterkitt!" Dann schwor er sich auf die jungen Leute ein.

„Kennwort?"

Rundum klang es verschwörerisch: „Rache! Rache!" Ein schauriger Widerhall in dem ärmlichen Wohnzimmer. Am lautesten war die Stimme des alten Thaler, der wie ein Geißbock meckerte.

Einer fragte: „Wie spät ist es denn?"

Der Admiral zückte seine Taschenuhr und verkündete: „Dreiviertel elf Uhr!"

Jetzt hatten sie es eilig. Die Nacht der Vergeltung war ziemlich düster, Wolken hatten den Mond und die Sterne verdeckt, Wind säuselte in den Ästen. Solange die Buben beisammen waren, regte sich in ihnen nur der Atem des Abenteuers, sobald sie sich aber trennten, hielten sie bei jedem fremdartigen Geräusch ängstlich die Luft an. Zweimal passierte ein Fußgänger die Stelle, wo sie auf den Hundsgendarmen warteten, und einmal kam mit pendelndem Licht ein Radfahrer daher. Schon glaubte der Häuptling, es sei der Hundsgendarm, aber seine Vermutung war falsch, das Lichtsignal vom Vorposten blieb aus.

Deutlich war der Mitternachtsschlag der Kirchenuhr zu vernehmen. Und wenn sie gehofft hatten, dass jetzt der Babinger mit dem Motorrad daher rasen würde, hatten sie sich getäuscht.

Erst nach dem Turmschlag um halb ein Uhr, hörten sie ein fernes Brummen, ein Fahrzeuglicht kurvte aus dem Wald und im gleichen Augenblick blinkten die Taschenlampensignale auf.

„Höteufi!" Es war der Ruf des Häuptlings und war eine Abkürzung für Hölle und Teufel. Er rannte vom gegenüberliegenden Baum mit dem dort angebundenen Seil über die Straße, straffte und fixierte es mit Robert am Stamm einer starken Esche und warf sich ins Gras. Sekunden später flog ein schwarzer Schatten über sie und landete im dichten Gestrüpp. Hinterher sauste das Motorrad mit steil gestelltem Licht und verschwand klatschend im nahen Getreidefeld.

Nochmals „Höteufi!" Robert wusste, was damit gemeint war. In Sekundenschnelle banden sie das Seil von den Bäumen und legten es zusammen. Sie krochen zur Stelle, wo der Babinger im dichten Gestrüpp hing. Noch bevor sie nahe waren, sahen und hörten sie, wie er aus den Stauden kroch. Dann aber brach er zusammen und jammerte.

„Verflucht, meine Haxen!"

Der Häuptling deutete Robert. Sie krochen zurück, erhoben sich aber bald und stürmten fort.

Der Bandenpfiff ertönte.

In wenigen Minuten waren sie wieder alle beisammen. In der Ferne jammerte der Hundsgendarm und schrie mit gebrochener Stimme kläglich um Hilfe.

„Kennwort?"

„Befehl ausgeführt!"

Die Rache war erfolgt und alle liefen heim. Eine gruselige, abenteuerliche Geschichte hatte für sie ein Ende gefunden.

Robert und Heinz krochen durch das Küchenfenster zurück ins Haus. Sie waren vollkommen durchfroren, hatten auf ein noch warmes Bett gehofft, aber ihre Tuchenten waren schon lange ausgekühlt. Solange sie munter waren, flüsterten sie sich noch einige Geheimnisse zu. Heinz, der mit Melik Fred am Kontrollposten gewesen war, wollte genau wissen, was bei der Falle vorgefallen war und was der Hundsgendarm alles gesagt hatte.

„Verflucht, meine Haxen!" Was konnte das alles bedeuten?

Am nächsten Tag erfuhren sie es von Tante Poldi. Die erste Kundschaft am frühen Morgen war die Grabnerin, die um Teigwaren ins Geschäft gekommen war. Sie hatte die Nachricht über den Babinger ganz frisch vom Gendarmerieposten.

„Ein schwerer Unfall! Er liegt im Krankenhaus Grieskirchen! Natürlich war er wieder voll besoffen, kann sich an nichts erinnern! Und das sind unsere Gesetzeshüter! Man spricht schon davon, dass er von allen seinen Ämtern abgesetzt ist. Der Rotschädel tut mir auch gar nicht leid. Als Strafe hat er sich außerdem auch beide Oberschenkel gebrochen. Recht geschieht ihm, dem gottlosen Kerl!"

„Gottlos? Warum denn das?"

„Bei den Jägern hat er herumgeschrien, dass er lieber den Teufel auf seinem Motorrad mitnimmt als den Herrgott im Magen. Das hat sich gegen die heilige Kommunion gerichtet, weißt du!"

„Dann ist er wirklich ein schrecklicher, gotteslästerlicher Kerl! Ich hab' ihn nie mögen! Gestern war er um einen Rum bei mir, mein Bruder hat sich fürchterlich geärgert. Er hat preisgegeben, was er im Ort machen wird. Ich sag's dir wörtlich, Grabnerin, die Hofkirchner will er ausrotten, weil er erfahren haben will, dass irgendein Kunt den Feindsender hört!"

Die Entrüstung über den Hundsgendarmen und die Freude darüber, dass er nun seinen gerechten Lohn erhalten hatte, verlängerte ihren Tratsch. Aber kaum war die Grabnerin fort, eilte Tante Poldi zu ihrem Bruder in den ersten Stock.

„Ich hab' eine wunderbare Nachricht. Aber erinnere dich zuerst, dass ich gestern zu dir sagte, dass uns der Heiland aus unserer Not retten wird."

„Und welche Nachricht ist so wunderbar, dass du so aufgeregt bist?"

„Heute Morgen hat die Fürtauer Marianne vom Bauern mit dem Fahrrad Milch geholt. Sie hört ein Jammern, sieht nach und entdeckt den Gendarmen Babinger, im Dickicht liegend. Voll besoffen natürlich, seine Maschine auch zum Teufel. Seine ganze Uniform zerschlissen, das Gesicht ein einziger Bluthaufen. Und dann noch beide Beine gebrochen!"

Franz Dirisamer atmete auf. Das war mehr als eine wunderbare Nachricht. Er hatte nämlich vorgehabt, seine Ferien abzubrechen und mit den Kindern bereits jetzt nach Pichlern zur Familie zurückzukehren. Zu Poldi sagte er:

„Wir dürfen ihm nichts Schlechtes wünschen, der Alkohol ist halt ein übler Wegbegleiter!"

„Und der Teufel auch!" Tante Poldi war über ihren Bruder ehrlich entrüstet, es sah ja gerade so aus, als wollte er den Babinger in Schutz nehmen.

„Wenn er kann und sich ihm eine Möglichkeit bietet, dann stößt dich dieser Falott ohne Wimpernzucken ins Grab. Ich weiß schon, was er gestern bei uns wollte. Eine Andeutung machen! Und heute wäre er mit dem Hilfsgendarm gekommen und hätte dich verhaftet!"

Franz Dirisamer schwächte ab. „Kann's nicht ganz glauben!" und gleichzeitig fragte er: „Sind Robert und Heinz schon auf?"

„Die schlafen noch wie Murmeltiere, die brauchen keine Zwiebelmilch, denen schenkt noch die Jugend, was sie brauchen!"

Dem war aber nicht so.

Robert war es, der an diesem Tag zuerst wach geworden war. Er blinzelte zu Heinz und sah, dass sich dieser in die Tuchent eingewickelt hatte. Von ihm war eigentlich nur ein Fuß zu sehen, der wie eine dreckige Flosse aus dem sauberen Bettzeug hing. Erschrocken blickte Robert auf seine eigenen Füße und sah ebenfalls Schmutz an ihnen kleben. Herrgott, wenn das der Vater sah, dann waren sie geliefert, dann gab es eine Strafpredigt sondergleichen und vielleicht noch mehr. Heftig schüttelte er Heinz an der Schulter. Es dauerte, bis er ihn wach bekam. Als ihm Robert aber seine Füße hinhielt, war er augenblicklich munter, und er wusste sofort, was es geschlagen hatte. Vorsichtig blickten sie aus der Tür und sahen Poldi gerade im Zimmer des Vaters verschwinden.

„Komm, jetzt geht's!" flüsterte Robert, und flink wie Wiesel eilten sie hinunter in den Hof und richteten sich die Waschschüsseln. Kaum waren sie damit fertig, als sich auch schon mit festem Schritt der Vater ankündigte. Wie immer machte sich dieser den Oberkörper frei und wusch sich von oben bis unten mit dem eiskalten Wasser des Brunnens. Er spähte dabei hinüber zu seinen beiden Buben und beobachtete, was diese gerade machten. Das Waschwasser der beiden war eine einzige schmutzige Brühe. Franz Dirisamer fragte sich, warum ihr Wasser gar so dreckig war, und plötzlich ging ihm ein Licht auf. Die Buben mussten nach dem Zubettgehen noch einmal fort gewesen sein. Das musste er klären, denn so etwas konnte er nicht dulden. Am besten, er nahm den unschuldigen Heinz in die Zange, denn Robert war für Fangfragen viel zu raffiniert, er durchschaute sie bereits, noch ehe sie ganz ausgesprochen waren.

In der Küche hatte die Großmutter bereits den Kaffee gerichtet. Auf dem Sofa saß die Miaz, die Hände über der Kittelschürze gefaltet. Sie war noch nicht zur Arbeit gegangen, weil sie sich in den letzten Tagen immer müde fühlte. Dabei gab es im Krautacker viel zu tun.

Franz Dirisamer stellte sich ans offene Fenster und blätterte in einem Bauernkalender. Plötzlich, absichtlich oder unabsichtlich, entglitt er ihm und fiel hinaus.

„Wart', Papa, ich hol' ihn dir!" sagte Heinz. Er zwängte seinen kleinen Kopf durch die Gitterstäbe und ließ den schlanken Körper nachgleiten. Auf demselben Weg kam er zurück, den Kalender in der Hand und auf ein Dankeschön des Vaters hoffend.

„Kannst du das auch?" fragte dieser Robert.

„Ich weiß es nicht, habe es noch nie probiert!"

„Natürlich kannst du es!" rief Heinz, der die Notlüge seines Bruders nicht durchschaute. „Gestern ging's doch noch!"

„Gestern, aha, wann denn?"

Jetzt erkannte Heinz seinen Fehler. Der Schreck durchfuhr ihn wie ein Blitz, und er blickte hilfesuchend zur Großmutter und dann zu Tante Poldi, die schmunzelnd beim Ofen stand und die sich über das taktische Manöver zwischen ihrem Bruder und den Buben amüsierte, denn sie wusste ja, dass diese in der Nacht immer wieder ausrissen.

Robert saß wie versteinert auf seinem Sessel. Nicht eine Sekunde sah er auf Heinz, auf diesen Schwätzer, aber er knirschte durch die Zähne: „Die Rache des Admirals wird dich treffen!"

Eine überaus peinliche Minute verstrich.

„Ihr wollt mir also nicht sagen, wann ihr gestern noch einmal fortgegangen seid? Aber eines sollt ihr wissen: Wenn ich nicht augenblicklich die Wahrheit von euch höre, dann packen wir noch heute zusammen und fahren nach Pichlern zurück."

Jetzt verlor auch Robert die Fassung, die größte aller Katastrophen war angesagt, die Ausweisung aus dem Paradies. Wenn ihm nicht schnell etwas einfiel, dann konnte er das heutige Angeln im Pfarrerteich vergessen, das Baumschwingen im Fichtenwald und das Baden in der Trattnach.

Heinz bat flehentlich: „Robert, sag' die Wahrheit!"

„Sag' du die Wahrheit!"

„Ich trau mich nicht!" klagte Heinz.

Robert fand endlich eine Lösung. „Wir waren im Kirchturm!" sagte er.

„W o o o seid ihr gewesen?"

„Im Kirchturm, und das ist die Wahrheit, ich kann's beschwören! Der Thaler Hans hat den Schlüssel."

„Ro … bert!" kam es stoßweise aus dem Mund von Heinz.

Robert spielte den Zerknirschten und Reumütigen.

„Ja, Heinz, ich muss es sagen!", und dann blickte er, wie der bravste aller Sünder, seinem Vater ins Gesicht. Man hatte fast den Eindruck, dass er dem Weinen nahe war.

„Wir waren ganz oben in der Kuppel und wollten ein paar Fledermäuse fangen, und der Thaler wollte einen Sack Fledermausmist mitnehmen, den verkauft er nämlich bei den Bauern um glatt fünf Mark und mehr, denn die streuen den Mist der Fledermäuse in die Gärten. Und die Blumen, das Gemüse und die Gurken wachsen dann wie verrückt. Die Paradeiser werden groß wie Kürbisse, die Karotten bringt man kaum noch aus der Erde, weil sie so lang sind, und überhaupt, der Garten quillt über vor Früchten, so arg, dass die Bauern gar nicht mehr alles verzehren können. Sie sagen, mit dem Fledermauskot hat man das Gelobte Land vor der Haustür."

Jetzt war es an den Erwachsenen, über Roberts Geschichte zu staunen, am meisten aber wunderte sich Heinz, der sich überhaupt nicht mehr auskannte.

Franz Dirisamer fragte seine Schwester: „Hast du schon einmal so etwas gehört?"

Sie hatte nicht! Aber die Geschichte mit dem Fledermauskot und der angeblichen Steigerung der Ernteerträge beschäftigte sofort ihre realistische Fantasie.

„Das müssten wir auch in unserem Garten einmal versuchen!" Und zu Robert gewandt, fragte sie: „Könntest du einmal einen Sack davon mit nach Hause bringen?"

Robert hatte in seinem Kopf die Geschichte bereits zu Ende geknüpft, deshalb sprach er jetzt immer freier, lebhafter und für den Vater auch glaubhafter.

„Tante Poldi, ich wollte dir einen Sack mitbringen. Fledermäuse haben wir ja keine gekriegt, denn die fliegen in der Nacht und nur am Tag, wenn sie schlafen, kann man sie fangen. Und deshalb habe ich in den Sack anstelle von Fledermäusen ihren Mist eingefüllt!"

„Roberti, aber wo hast du denn diesen Sack?"

Heinz dachte: „Jetzt ist Robert überführt, jetzt kommt alles auf!" Aber Robert bastelte ungehemmt an seiner Lügengeschichte weiter.

„Der Sack ist nass geworden und durchgerissen, weil der Heinz in seiner Angst Lulu darauf gemacht hat!"

„Was?“ Heinz brüllte auf und schrie verzweifelt: „Ich habe kein Lulu gemacht!“

„Und warum ist dann der Sack nass geworden und durchgerissen?“

Heinz war mit seiner einfachen Vorstellungskraft und seinen Nerven am Ende. Nun half ihm nur mehr ein richtiges Geständnis.

„Der Hundsgen ...!“ begann er, wurde aber von Robert unterbrochen.

„Ja, der Hund von der Frau Raabe, die gleich neben dem Friedhof wohnt, hat plötzlich schrecklich zu heulen begonnen. Mehrmals, ganz gräßlich! Und da hat Heinz wieder eine arme Seele gesehen, und wieder war es die vom Aigner Schmied. Niemand von uns hat die arme Seele gesehen, aber der Heinz deutete immer voraus, einmal dorthin, dann wieder dahin, und hat gerufen: ‚Der Aigner, der Aigner!‘ und dann muss es ihm passiert sein. Das Lulu ist ihm ausgekommen!“

Heinz starrte Robert mit großen, tränenumflorten Augen an.

„Papa, es tut mir leid!“ sagte Robert. „Aber durch die Erscheinung der armen Seele ist es später geworden, als wir vorhatten. Denn Heinz konnte sich einfach nicht von der Stelle rühren, ich dachte schon, er ist zu einer Salzsäule erstarrt. Aber eigentlich wollten wir nur ein paar Minuten fortbleiben, die Fledermäuse holen und dann gleich wieder zurückkommen.“

Franz Dirisamer verzieh den beiden, im Grund genommen wollte auch er nicht frühzeitig aus Hofkirchen abreisen, er wollte nur drohen und die Wahrheit erfahren. Und nun war es geschehen: Robert war aufrichtig gewesen, und Heinz sah ganz zerknittert aus den Augen.

„Zur Strafe bleibt ihr heute daheim. Ihr könnt im Krautgartl Kohlweißlingraupen abklauben, der Miaz ist sowieso nicht gut, da könnt ihr gleich einmal aushelfen.“

Der Tag verlief unendlich langsam. Auf der Straße ertönte immer wieder der Bandenpfiff, sehnsüchtig hörten ihn die zwei, die im Garten die gefräßigen Schädlinge von den Kohlblättern holten und in ein Gefäß mit heißem Wasser warfen. Franz Dirisamer achtete streng darauf, dass die Buben nicht zum Gartenzaun und ihren Freunden liefen. Robert ging Heinz aus dem Weg, denn er wusste, dass er ihn beleidigt hatte, und wenn man seinen Stolz verletzte und man ihn wütend machte, dann fürchteten sich sogar die Großen in der Bande vor ihm.

Nach und nach erlahmte der Eifer im Garten, die Mittagshitze brütete stärker und qualvoller als am Vortag, und die beiden dachten, wie schön es jetzt an der Trattnach wäre und wie gerne sie dort bei ihrer Bande und bei Hitschi liegen würden. Robert baute sich im Hof eine Piratenburg aus Holzkisten, sie waren das Verpackungsmaterial für das Geschirr, das Poldi in ihr Geschäft geliefert bekommen hatte. An ihrer obersten Spitze hisste er eine selbstgezeichnete Papierfahne mit drei Kreuzen und einem Totenkopf. Heinz aber vertrieb sich seine Zeit im Haus. Er ordnete seine Sachen, malte mit Buntstiften und half Tante Poldi beim Aufkleben von Lebensmittelmarken in ein vorgedrucktes Formular. Zwischendurch lief er in den Hof. Wie traurig war dieser Nachmittag und wie schwer die Strafe.

„Papa, dürfen wir morgen wieder in den Wald gehen?"

„Das muss ich mir noch gründlich überlegen!"

Obwohl sie überhaupt noch nicht müde waren, wurden sie von ihrem Vater frühzeitig ins Bett geschickt. Robert zog sich gelangweilt und langsam das Hemd und die Hose aus.

„Soll ich dir eine Geschichte erzählen?"

Es war das erste Mal an diesem Tag, dass Robert mit Heinz redete.

„Ist es eine schöne oder eine spannende Geschichte?"

„Beides, also! Es war einmal furchtbar heiß, der Heinz ging spazieren. Da kam er an einen Brunnen, und weil er so durstig war, wollte er trinken. Weil er aber dumm ist, merkte er nicht, dass es ein Zauberbrunnen war, und so trank er und wurde eine Kuh!"

An dieser Stelle begann Heinz unruhig zu werden und er fragte: „Bin das ich in deiner Geschichte?"

Robert fuhr unbeirrt fort: „Die Kuh wollte auf eine Wiese gehen, aber da war ein Graben mit lauter stinkendem Odel, und der war auch verzaubert. Da ist die Kuh hineingefallen und zu einer Sau geworden."

Heinz schluchzte: „Das ist eine gemeine Geschichte!"

„Die Sau ist dann auf einen Misthaufen und hat mit der Schnauze im Kuh- und Schweinedreck gewühlt, und sie hat alles gefressen, Mist, Schnecken, Würmer, die Ameisen sind auf ihrem Rüssel herumgekrochen und das hat schrecklich gejuckt."

Jetzt weinte Heinz bereits, seine lebhafte Vorstellung verarbeitete die Erzählung mit allen Details und brachte ihn an den Rand der Verzweiflung.

„Ich will deine Geschichte nicht mehr hören!"

„Von all dem Dreck ist die Sau furchtbar fett geworden, und da ist der Bauer gekommen und hat gesagt: ‚Die Sau müssen wir abstechen!' Und schon am nächsten Tag hat er sie abgestochen, die Sau hat fürchterlich geschrien, sie hat gerufen: ‚Ich bin der Heinz, stich mich nicht ab!' Aber der Bauer hat nur ‚grunz, grunz' verstanden und ihr ganz langsam den Bauch aufgeschnitten, die Eingeweide sind heraus geronnen und das hat schrecklich weh getan."

Befriedigt hörte sich Robert die Heulerei von Heinz an. Es war seine Rache für den verdorbenen Tag. In seinem Eifer hatte er überhört, dass der Vater leise die Tür geöffnet und gelauscht hatte. Dieser holte ihn aus dem Bett und nahm ihn mit in die Küche hinunter. Was sich dort abspielte, blieb verborgen und ungesagt. Ohne irgendein Zeichen der Reue kam Robert zurück. Heinz wagte nicht zu fragen, was passiert war. Nach einer Weile begann Robert wieder.

„An einem heißen Tag ging der Heinz über die Wiese und trat in einen Kuhfladen. Da es aber ein Zauberkuhfladen war, schrumpfte er zusammen und wurde ein Mistkäfer. Dieser musste im Misthaufen wohnen und bekam nichts anderes als den Dreck von der Poldi ihrer Kuh zu fressen!"

Nach diesem neuerlichen Angriff auf das Gemüt von Heinz drehte er sich befriedigt zur Wand und zeigte Heinz den Rücken. Da hörte er die verweinte Stimme von Heinz: „Der Robert liegt auf der Tante Poldi ihrer Wiese und schläft. Da kriecht ihm der Mistkäfer in den Mund und er schluckt ihn mitsamt dem Dreck von der Poldi ihrer Kuh. An dem Mistkäfer ist der Robert erstickt. Jetzt liegt er im Gras, und die Würmer kommen und fressen ihn auf!"

An dieser Stelle angelangt, hörten sie die polternde Stimme ihres Vaters:

„Wollt ihr Lausbuben endlich Ruhe geben?"

XVII.

An den abgeernteten Feldern und den ersten Herbstzeitlosen in der Wiese war sichtbar, dass der Sommer allmählich zu Ende ging. Am Morgen hingen große Tautröpfchen an den Gräsern, die Schmetterlinge saßen nass auf verbliebenen Blumen und konnten sich kaum in die Luft erheben. Das Wasser der Trattnach war deutlich kühler geworden, und deshalb waren auch die Badeplätze nicht mehr so einladend wie früher. Merklich zog es die Buben in den Wald, wo die Steinpilze im Dickicht ihre braunen Schirme entfalteten und wo die Brombeeren ihre volle Reife und Süße erlangt hatten. Auf der Suche nach diesen Früchten war jetzt auch Franz Dirisamer mit seiner Schwester öfter im Pfarrwald. Brombeermarmelade war überhaupt etwas vom Köstlichsten, was man für den Winter einkochen konnte, genauso war es aber auch der schwarze und der rote Holler, der von den Frauen in der Küche verarbeitet wurde. Bei den Pilzen war Franz Dirisamer Spezialist, er freute sich über alles Genießbare, was ihm vor die Augen kam, und da er ein sicheres Wissen hatte, konnte ihn auch die Angst der Schwester nicht abhalten, Rotkappen, Goldbrätlinge, Edelreizker oder Birkenpilze heimzubringen und für ein Mittagessen vorzubereiten.

Die schönsten Exemplare brachten aber die Buben, sie krochen in jedes Unterholz hinein, und ihren guten Augen entging nichts. Wenn sie dann zu Hause ankamen und ihre vollen Taschen öffneten, staunten alle über die riesigen Steinpilze, die Gugalemuk, die Maronenröhrlinge und die Eierschwämme. Was man trocknen konnte, das wurde aufgeschnitten und in die Sonne gelegt, alles andere kam auf den Mittagstisch und fand in den stets hungrigen Mägen ein sicheres Plätzchen.

Nach dem Vorfall mit dem Hundsgendarmen dachte niemand mehr an eine vorzeitige Abreise, und sowohl Franz Dirisamer als auch die Kinder genossen die beschauliche Atmosphäre bei Poldi und das Leben in Hofkirchen. Nur die Miaz machte ein wenig Sorge, sie saß jetzt viel herum, und wenn sie außer Haus ging, dann war es höchstens bis zu einem schattigen Plätzchen im Hof, wo sie in einem Rohrsessel Zuflucht fand und dort still vor sich hindämmerte. Die Schwalben, die im Kuhstall gebrütet hatten, fütterten jetzt die Jungen bereits auf Drähten und versuchten, sie immer weiter vom Nest wegzulocken.

Robert und Heinz waren von der Früh bis zum Abend bei ihren Freunden. Beim Stelzmüller gab es wunderbare Salzburgerbirnen, die noch dazu im Winkel einer Außenwand des Stallgebäudes reiften, so dass man leicht an sie herankommen konnte. Einmal überraschte sie aber der Großknecht beim Stehlen und rannte ihnen eine lange Strecke nach. Die Buben keuchten, und Heinz war schon nahe daran, aufzugeben, als der Großknecht in seinem Laufschritt innehielt, noch einige wilde Flüche von sich gab, ihnen Drohungen nachrief und dann umkehrte. Erschöpft warfen sich die Buben in das Gras, um zu verschnaufen, und als sie wieder genug Luft hatten, gingen sie zur Thuswaldwehre und fischten in den ufernahen Tümpeln. Die Luft war schwül geworden, und die Fische bissen so gierig, dass bald jeder seine zwei Regenbogenforellen in der Tasche hatte. Robert und Heinz nahmen ihre Fische bereits an der Trattnach aus, wickelten sie dann beim Thaler in Papier und brachten sie anschließend zu Tante Poldi.

„Das schickt dir der Dr. Bartl für die Miaz, die Großmutter, für dich und für Papa!"

„Der Dr. Bartl? Wer ist denn das?"

„Das ist ein Herr aus Wels, dem das Fischwasser gehört und der nur zum Wochenende nach Hofkirchen kommt. Wenn er da ist, dürfen wir mit ihm fischen gehen!"

„Ist das auch wahr?" fragte Poldi misstrauisch, bevor sie wissen wollte, warum der Dr. Bartl gerade auf sie kam.

„Weil wir ihm von euch erzählt haben!"

„Und weil du so eine liebe Tante bist!" ergänzte Heinz diese Lügen. Dabei hatte er ein äußerst ungutes Gefühl, weil er wusste, dass Lügen und Stehlen jene Untugenden waren, die sein Vater bei Kindern am allermeisten hasste und bei den eigenen am allerwenigsten durchgehen ließ. Fortwährend ermahnte er: „Nichts wegnehmen, immer die Wahrheit sagen, die Leute schön grüßen, sich ordentlich benehmen!" Und weiter hieß es: „Tut folgen, wenn euch die Erwachsenen etwas sagen und redet nicht frech zurück!"

Robert und Heinz hatten mit Erwachsenen wenig zu tun, eigentlich nur mit dem alten Thaler, und der nahm es mit Notlügen nicht so genau, er flunkerte ja selber genug. Wenn sie manchmal von einem Straßenarbeiter herbeigerufen wurden und er ihnen auftrug, ihm eine Flasche Bier zu bringen, dann machten sie sich augenblicklich auf den Weg. Sie blieben auch gerne stehen und erzählten von ihren kleinen Abenteuern. Meist ließ ein solcher Arbeiter einen kleinen Rest für die Kinder in der Bierflasche zurück, der dann dankend angenommen und ausgetrunken wurde. Genauso interessiert stürzten sie sich auch auf jeden Zigarettenstummel, den einer der Männer wegwarf und rauchten ihn zu Ende. Wenn ihre kleinen Finger diesen wegen der Glut nicht mehr halten konnten, dann steckten sie eine Nadel quer hindurch, benützten sie als Griff und konnten den Stummel so lange rauchen, bis wirklich nichts mehr vorhanden war.

Nachtfahrten waren für Robert und Heinz seit der Ankunft des Vaters unmöglich geworden, seine Kontrolle war genau und streng, und keiner von den Brüdern hätte es gewagt, sich nach dem Zubettgehen noch einmal aus dem Haus zu entfernen. Robert merkte auch, dass er Schwierigkeiten bekam, durch die Gitterstäbe zu kommen, er war ein gutes Stück gewachsen und wahrscheinlich war dadurch sein Kopf größer geworden. Jedesmal, wenn Tante Poldi den Maßstab am Türpfosten anlegte und die Buben markierte, war bei Robert wieder ein Zentimeter dazugekommen. Nur Heinz blieb klein, wenn er schummeln wollte und sich größer zu machen versuchte, mahnte die Tante: „Stell dich nicht auf die Zehen, bleib mit der Ferse hübsch auf dem Boden!"

Tante Poldi wog sie auch jede Woche ab, um sich zu vergewissern, ob ihre Schützlinge zugenommen hatten. Man sah es den beiden aber schon äußerlich an, dort, wo sich vor den Ferien noch die Rippen gezeigt hatten, spannte sich jetzt die Haut wieder rund und glatt über Brust und Becken. Wenn sich Tante Poldi die beiden ansah, dann schmunzelte sie in sich hinein, und zu ihrem Bruder sagte sie: „Ich glaube, Robert bekommt bald einen Bart. Der wird einmal ein fescher junger Mann!"

Tatsächlich stach er aus der Thaler Bande heraus, er überragte alle etwas an Größe, war schnell und stark, und er brachte neue Einfälle mit, wenn es um irgendeinen Streich oder neue Abenteuer ging. Wenn nicht alles täuschte, so folgten die Bandenmitglieder bereits seinem Kommando, auch der Hans Thaler, der sich aber mit ihm besonders gut verstand, sich immer an seiner Seite aufhielt und mit ihm Geheimnisse austauschte, die nicht allen mitgeteilt wurden.

Sehr zum Missfallen von Heinz saß er oft mit Hitschi beisammen, er flüsterte ihr manchmal ins Ohr, legte auch seinen Arm um ihre Schultern und tat sehr vertraut mit ihr. Niemand von der Bande wagte es, so nahe an Hitschi heranzurücken, aber andererseits wagte es auch niemand, Robert den Platz an ihrer Seite streitig zu machen. Am meisten kränkte sich darüber Alois Fürtauer, der sich von seinen Apfelspenden mehr Liebesgunst erwartet hatte. Aber auch Heinz fühlte sich übergangen, und wenn Hitschi bei der Schar war, mied er es, ins Schallböckhaus hinüberzugehen und bei den Spielen und Unternehmen mitzumachen. An solchen Tagen blieb er bei Tante Poldi und ließ sich von ihr Geschichten erzählen und sich von ihr verwöhnen. Da der Abschied näher rückte, wollte sie ihrem Burli noch besonders viel von ihrer Liebe geben, und das hieß, dass er öfter als sonst mit ihr ins Geschäft durfte und von den leckeren und süßen Zuckerln zu naschen bekam. Liber latinus I und II blieben unberührt am Fensterplatz liegen, dort, wo auch Franz Dirisamer seine Zeitungen deponiert hatte. Dieser ließ das Lateinstudium vorläufig auf sich beruhen, immer mehr war er überzeugt, dass sich der Schulbetrieb nicht mehr lange halten konnte und dass über kurz oder lang die Amerikaner, die Engländer, Franzosen und die Russen in Deutschland und dann auch in der Ostmark, also in Österreich, stehen würden.

Es gab keinen Zweifel mehr, das Großdeutsche Reich war dem Untergang geweiht, denn die Situation an allen Fronten war unbeschreiblich dramatisch und grausam geworden. Ganz gegen seine Vorsätze hörte Franz Dirisamer jetzt wieder täglich den „Soldatensender West“, eine gefährliche Neugier, die ihm seine Schwester Poldi wohl hundertmal auszureden versuchte, von der er aber nicht lassen konnte. Und wenn sie ihm die Dummheit mit dem Pöttinger Rudolf vor Augen hielt, dann winkte er verärgert ab: „Lass mich damit in Ruhe!“

Franz Dirisamer plagte wieder einmal seine rechte Hüfte, weshalb er sich mit Heinz in den Wald aufmachte, um sich dort die Grundsubstanz für sein Rheumamittel zu holen. Sein Ziel war einer von den Haufen der großen Waldameisen, die man am Rand des Pfarrwaldes überall finden konnte. Und in diesen Haufen stellte er ein Gurkenglas, das bis zur Hälfte Weingeist beinhaltete und das schon nach kurzer Zeit mit Ameisen angefüllt war, weil die drängenden Insekten am Glasrand ausglitten und von dort in den Alkohol stürzten. Damit war die Medizin auch schon halb fertig. Das Glas kam dann noch für eine Woche in die Sonne, die Ameisen wurden abgeseiht und die Tinktur konnte auf der schmerzenden Stelle verrieben werden, eine Wohltat, wie Tante Poldi ihrem Bruder versicherte, und ein altes Hausmittel.

Am Ende ihrer Ferien gab es in Hofkirchen noch zwei Ereignisse, von denen das eine tragisch hätte enden können, das andere aber tatsächlich tödlich verlief.

Das Gämsenhüpfen in der Schottergrube wurde nicht nur von der Thaler Bande, sondern auch von der Lagerbande gespielt. Diese bestand aus Kindern von deutschen Flüchtlingen, die im Osten von Hofkirchen in einem Barackenlager ihre Unterkünfte gefunden hatten, von „Piefkes“, wie es allgemein hieß. Obwohl sich diese Leute nie etwas zuschulden kommen ließen, wurden sie doch gemieden, erstens, weil ihr Benehmen schroff und kühl war, und dann auch, weil ihr hartes Sprechen mit dem der hiesigen Bevölkerung ziemlich stark kontrastierte. Eigentlich handelte es sich nur um Kinder, Frauen und um ältere Männer. Bekannt war, dass es in der Schule manchmal kleinere Raufhändel unter den Buben gab, nichts Schlimmes, nur Ausdruck dafür, dass man sich nicht leiden konnte.

Die Leute kamen nicht oft nach Hofkirchen herein, aber einmal war eine junge Frau im Geschäft von Tante Poldi erschienen und hatte mit ihren Lebensmittelmarken Mehl eingekauft. Sie hatte einen blonden Buben bei sich, der Arnold hieß und mit dem sich Heinz sofort recht gut verstand. Dieser erzählte ihm, dass er mit seiner Mutter in der Stadt Krefeld wohnte und erlebt hatte, wie die englischen Flugzeuge die Stadt bombardierten.

Als sie das Geschäft wieder verließen, sagte der blonde Bub: „Vielleicht können wir einmal miteinander spielen!"

„Ja, vielleicht!" hatte Heinz geantwortet. „Morgen gehen wir sicher wieder in die Schottergrube Gämsenspringen!"

Als sie aus dem Haus waren, hatte Tante Poldi Heinz an sich gedrückt und gemeint: „Dieser arme, kleine Kerl! Er hat voriges Jahr in Russland seinen Vater verloren!"

Ausgerechnet dieser blonde Bub war es, der beim Gämsenhüpfen den Tritt verlor und in die Tiefe stürzte, zehn Meter vielleicht, ihm folgte der halbe Abhang, und der Schotter verschüttete ihn so, dass man nur mehr seine Umrisse bemerken konnte. In diesem Augenblick erloschen sämtliche Feindschaften zwischen der Thalerbande und der Lagerbande, und so schnell die kleinen Hände es vermochten, räumten sie alle Steine von dem verschütteten Körper und zogen diesen aus dem Geröll. Ein Geschrei war das, dass man es bis in den Ort hinunter vernahm. Der blonde Bub regte sich noch, atmete sogar, war aber verwirrt, und deshalb brachten sie ihn in die Ordination von Dr. Hans Schwarzgruber, der nach einigen medizinischen Maßnahmen den Kleinen wieder ganz gesund machte.

Erst an diesem Tag wurde es allen in der Thalerbande bewusst, wie gefährlich das Gämsenhüpfen war, aber gerade das reizte sie, und sie verbrachten mehr Zeit in der Schottergrube als früher. Und je kühner die Sprünge, umso lieber, und wenn gar die Erde rutschte oder der Schotter in die Tiefe prasselte, wurde es erst so richtig spannend. Oft war Hitschi mit anderen Mädchen dabei, um sie zu bewundern, und manchmal saßen auch fremde Kinder als Zuschauer am oberen Rand der Schottergrube, wo die wilde Kamille wuchs und wo die Kohlweißlinge und die Posthörnchen wie benommen durch die hohen Gräser torkelten. Je mehr Publikum sie hatten, umso lieber war es den Buben und umso wilder und gewagter wurden ihre Sprünge. Manchmal stürzten sie freiwillig ab, sie täuschten einen Unfall vor und lachten, wenn die Mädchen vor Schreck aufschrien. Die Mädchen kreischten aus Leidenschaft, völlig hysterisch, nicht weil sie Angst um die Buben hatten, sondern weil sie diese mit ihrem Geschrei aufreizen und anspornen wollten. Wenn das Gämsenspiel unterbrochen wurde, dann holten sie vom abgeernteten Getreidefeld liegen gebliebene Ähren, aus denen sie die Körner lösten, diese in den Mund schoben und kauten. Diese Körner waren vom letzten Regen etwas aufgequollen und weich geworden, weshalb sich einige Mädchen das Auslösen ersparten und ganze Ähren solange kauten, bis nichts Verwertbares mehr vorhanden war und sie den Rest des Getreidekolbens ausspucken konnten. Sie ahnten nicht die Gefährlichkeit dieses Kostens, erst als eine zu husten begann, dann blau anlief und nach Luft rang, wurde ihnen schreckhaft bewusst, dass dieser etwas vom Getreide in die Luftröhre gekommen und dort stecken geblieben war.

Jetzt fürchteten sich alle, und alle rannten fort, dumm und ahnungslos wie Kinder nun einmal sind, und die Arme blieb allein in der Wiese liegen und kämpfte und keuchte um ihr junges Leben. Soviel Verstand hatten Robert und der Häuptling aber schon, dass sie zum Gemeindearzt liefen und ihm berichteten, aber bis man das Mädchen ins Krankenhaus verfrachtet hatte, verging leider viel Zeit. Einmal schon hatte ihr Herz zu schlagen aufgehört, doch Dr. Schwarzgruber hatte sie wieder zum Atmen gebracht. Im Spital aber hieß es „Aussichtslos!“, und am späten Nachmittag wurde es Gewissheit. Die Nachricht, dass die kleine Veronika gestorben war, brachte eine Krankenschwester in den Ort, wo sich das Unfassbare in Windeseile verbreitete. Alle waren tief erschüttert, besonders Tante Poldi, denn sie kannte die Eltern des Mädchens, und sie wusste auch, dass dort noch ein gehbehinderter Bruder war, der nach einer Kinderlähmung pflegebedürftig nach Hause gebracht worden war und die Mutter sehr belastete.

Am Tag, bevor sie Hofkirchen verließen, versammelte sich die ganze Bande wieder einmal in der Schottergrube, sie fanden eine Lache, in der es von Feuerkröten wimmelte, und mit ihren Steinschleudern richteten sie ein wahres Blutbad an. Als sich im schmutzigen Wasser nichts mehr rührte, liefen sie hinauf zum Pfarrwald, um gemeinsam in den Fichtenwipfeln zu reiten. Dazu kletterten sie zuerst auf eine Eiche, sprangen von dieser hinüber auf die nächstbeste Fichte, auf deren Wipfel schaukelten sie so lange, bis sie die nächste greifen konnten, und auf dieselbe Weise ging es von dieser weiter, also von Baum zu Baum. Es war eines ihrer liebsten Spiele, obwohl sie vom Harz der Nadelhölzer fürchterlich schmutzig und klebrig wurden. Aber es gehörte Mut dazu, denn sie bewegten sich immerhin in einiger Höhe über dem Boden, und wie Eichkätzchen flogen sie von Ast zu Ast. Am Rand des Waldes kletterten sie wieder zur Erde, setzten sich in der Birkenallee auf eine Bank und besprachen dort, was sie am nächsten Tag machen würden. Der Häuptling hatte ausgekundschaftet, dass in Ruhringsdorf eine Fasanenjagd stattfinden sollte, und da wollten sie natürlich alle mit dabei sein. Außerdem hatte er in Taufkirchen einen Tümpel entdeckt, in dem ein Hecht sein Unwesen trieb und dem er auflauern und den er fangen wollte.

Mitten in diesen spekulativen Gesprächen und Plänen ließ sich die Stimme von Robert vernehmen.

„Aber das geht doch gar nicht!" Keiner verstand, was er meinte, aber dann sagte er mit dumpfer Stimme: „Heinz und ich fahren morgen ja wieder nach Hause!" Es war eine dunkle Gewitterwolke, die sich da auf die soeben noch so strahlenden Gesichter der jungen Leute legte, und keiner von den Buben konnte so recht begreifen, dass morgen alles anders sein würde.

„Ja, bleibt ihr denn ganz weg?"

„Nicht, wenn es nach mir geht!“ sagte Robert kleinlaut. „Vielleicht hat man in der Zwischenzeit Steyr wieder bombardiert, und es stehen dort keine Häuser mehr und in Pichlern auch nicht, dann kommen wir gleich übermorgen wieder nach Hofkirchen zurück!“

„Das wäre schön!“ meinte der Häuptling, ohne zu überlegen, was damit gemeint war.

„Wenn in Pichlern kein Haus mehr steht, dann wäre ja die Mama, Gustl, die Gitti, Othmar, Lisl, dann wären ja alle tot!“ klagte Heinz ganz unvermutet.

„Ja, wenn schon, aber ihr könntet dann wieder zu uns kommen!“ trumpfte Sattelberger Leo auf.

„Robert, willst du denn das?“

Robert sah mit dem Ausdruck mitleidloser Überlegenheit auf seinen kleinen Bruder.

„Wenn es Manitu so will, ich kann es nicht ändern!“

Heinz wurde bei dieser kaltblütigen Erklärung von Robert beinahe übel. Hofkirchen, das war gewiss viel schöner als Pichlern, aber der Gedanke, den Robert hier aussprach, gefiel ihm überhaupt nicht, ganz im Gegenteil, er hatte in letzter Zeit oft an seine Mama gedacht und sich schon auf ein Wiedersehen gefreut. Er spürte ein bisschen Heimweh, besonders seit er eine Postkarte von Othmar bekommen hatte. Zweimal war dieser auf dem Großen Priel gewesen und die Gitti einmal auf dem Schoberstein.

„Es war unheimlich gefährlich“, schrieb Othmar, „ich bin auf der Spitzmauer herumgeklettert!“ Und in einer eigenen Zeile hatte Gitti hinzugefügt: „Viele Bussi, Deine Gittimaus!“

Hier in Hofkirchen gab es keinen einzigen Berg, nicht einmal einen größeren Felsen, nur die Schottergrube, und soviel sie auch als Gämsen dort herum hüpften, wirkliche Gämsen konnte er sich in dieser beim besten Willen nicht vorstellen. Er sagte zu Robert: „Eigentlich bin ich froh, wenn wir wieder daheim sind!“

„Ja, weil du ein fürchterlicher Weichling bist. Du kriegst ja schon Magenkrämpfe, wenn dir ein Ratz über den Weg läuft!“

„Wenn er mich in den Finger beißt, dann schon. Aber dich hat ja noch nie einer gebissen, du bist ja viel zu dünn, wo soll denn ein Ratz bei dir hinbeißen?"

„Ich bin nicht dünn, sondern sehnig und muskulös! Aber du bist dumm, so dumm, dass du auf einen Ratz einen Stein schmeißt, wenn der mit seinem Weibchen im Bach schwimmt! Da sind alle Ratzen gefährlich!"

Tatsächlich hatte Heinz bei der kleinen Trattnachbrücke auf ein schwimmendes Rattenpärchen einen Stein geschmissen, und die eine Ratte war an Land gekommen, war auf ihn gesprungen und hatte ihn in den Finger gebissen.

„Das wäre genau so, wie wenn jemand auf Hitschi einen Stein schmeißt, da würde es ein jeder mit mir zu tun bekommen, und dich würde ich bestimmt fürchterlich verprügeln!"

Heinz starrte ihn entgeistert an. „Willst du sagen, dass die Hitschi dein Weibchen ist?"

„Ich sage gar nichts, denk dir halt deinen Teil!"

Im Herzen von Heinz öffnete sich eine kleine Wunde, wurde immer größer und begann schließlich zu bluten. Ohne ein weiteres Wort zu sagen, drehte er sich um, lief über das Stoppelfeld hinunter auf die Gasse und marschierte dann auf der Schotterstraße bis zum Haus von Tante Poldi. Wie war ihm jetzt zu Mute, seine von ihm so angebetete Hitschi war in Robert verliebt. Was er schon immer geahnt hatte, wenn dieser so vertraut mit ihr tat, ihre Hand nahm oder ihr gar ins Haar griff, das war jetzt offenkundig geworden. Hitschi war das Weibchen von Robert.

Jetzt war er wirklich froh, wenn sie von Hofkirchen wegkamen, wenn er nichts mehr von der Thalerbande und allen seinen Freunden hörte, wenn er sich einbilden konnte, dass es keine Familie Firlei, weder die Mutter noch die Traudi und schon gar nicht die Hitschi, gab. Einmal war er böse auf sie gewesen, und da hatte sie so lieb bekannt: „Wir sind doch Herzensfreunde!", und dann gefragt: „Was hast du gegen mich?" Damals hatte er selber nicht gewusst, warum er böse auf sie war. Aber jetzt würde er es ihr ins Gesicht sagen: „Du bist das Weibchen von

Robert, und das genügt!" Wenn er morgen abreiste, wollte er sich von niemandem verabschieden, auch nicht vom Häuptling oder vom Admiral. Hofkirchen war für ihn tot und erledigt.

Er trat in das Haus, ging in die Kammer und suchte in seiner Lade nach Sachen, die er aus Hofkirchen nach Pichlern mitnehmen wollte. Dann holte er aus dem Schlafzimmer seinen Rucksack und stopfte ein paar von diesen Dingern hinein. Als er damit fast fertig war, beschloss er, alles wieder in die Lade zurückzuräumen, denn eigentlich interessierte ihn nichts mehr von dem, was er an Schätzen hier zusammengetragen hatte. Diese Kehrtwendung in seinem Denken war gekommen, als er einen Haarstecker fand, den Hitschi ihm einmal geschenkt hatte, ein Andenken an sie, das er an seine Indianerhaube nähen wollte. Wenn Robert heimkam und ihn scheinheilig fragen würde, warum er die Bande verlassen habe, dann wusste er schon jetzt über sein Verhalten Bescheid. Entweder eisiges Schweigen oder Verrat! Er würde Papa erzählen, dass sich Robert gewünscht habe, Pichlern wäre zerstört und alle dort seien tot, nur damit er in Hofkirchen und bei seiner Hitschi bleiben konnte. Ja, er genierte sich nicht und er war sicher, dass er Robert verraten würde. Alle diese Gedanken steigerten seinen inneren Schmerz und ließen ihn an der ganzen Welt verzweifeln.

Es war Zufall, dass in diesem Augenblick Tante Poldi eintrat und ihn mit dem kleinen Rucksack und seinen Sachen auf dem Boden sitzen sah. Sein Unglück hatte ihm ein paar Tränen in die Augen gedrückt, und als Tante Poldi solcherart ihren Liebling vor sich sah, zerfloss ihr Herz, sie kniete sich nieder und drückte ihren Burli an sich. Dieser hatte weiblichen Trost dringend nötig, deshalb umarmte er sie mit seiner kindlichen Leidenschaft und weinte ungehemmt darauf los. Poldi verstand dieses Tränenmeer als Ausdruck des bevorstehenden Abschiedes.

„Musst nicht weinen, darfst ja nächstes Jahr wieder zu mir kommen!" Und während sie das sprach, quoll sie selber über, und sie schluchzte bitterlich auf. Hofkirchen ohne diese beiden

Buben, ach, das war eine traurige Welt, ihr Burli würde ihr so schrecklich abgehen, und nie würde sie seinen Satz vergessen: „Wenn ich wiederkomme, dann werde ich dich heiraten!" Da sie selber keine Kinder zur Welt gebracht hatte, fühlte sie doppelt schmerzlich, was für einen großen Schatz solch ein junges Wesen darstellte und wie leer und freudlos dieses ererbte Haus eigentlich war, in dem sie ihre Jugend vertan hatte und wo sie jetzt mit der alten Mutter und der noch älteren Miaz lebte.

Franz Dirisamer hatte den Vormittag benützt, um einige Nahrungspakete zu richten, nicht nur, dass ihm Poldi viel mitgab, er selber war es dann, der sich im Magazin Zutritt verschaffte und ihr noch weitere Vorräte abbettelte, Reis, Teigwaren, Mehl und Puddingpulver. Sobald er die Schachteln angefüllt hatte, verschnürte er sie ordentlich, adressierte sie nach Pichlern und brachte sie mit einem kleinen Leiterwagen zur Post. Die Marmeladegläser wollte er mit dem Zug persönlich zu Resi bringen, den größeren Teil verstaute er in seinem Koffer, aber auch für Heinz, besonders aber für den stärkeren Robert hatte er einige Gläser zum Transport in ihren Rucksäcken bereitgestellt.

Es war schon ziemlich spät, als Robert heimkam, er war quietschvergnügt und zeigte keine Spur von Reue über das, was er seinem kleinen Bruder angetan hatte. Vielleicht war's ihm auch nicht zum Bewusstsein gekommen, möglicherweise war es eine seiner routinemäßigen, kleinen Bösartigkeiten, die er gedankenlos an jüngere Buben verteilte. Wie auch immer, ohne viel Worte zu verlieren, verstaute er seine Reisesachen im Rucksack, und da er von seinem Vater erfahren hatte, dass um neun Uhr früh der Zug in Obertrattnach abfuhr, richtete er sich alles so, dass es von seiner Seite her am nächsten Tag keine Verzögerung gab. Als er mit Heinz allein in der Kammer war, zog er eine Steinschleuder aus seinem Hosensack und gab sie Heinz.

„Da, vom Admiral, er lässt dich schön grüßen, es ist sein Abschiedsgeschenk!" Heinz griff danach, alles war neu angefertigt, die Gummibänder, der Lederfleck, die Gabel, und die Knoten waren mit einem gewachsten Spagat gebunden. Es war eine liebe Aufmerksamkeit vom alten Thaler und ein schönes Geschenk.

„Ich hab' sie schon ausprobiert, aber meine schießt besser. Der Admiral hat mir nämlich auch eine vermacht!" Und im selben Augenblick zog er sein Geschenk aus der Tasche, eine Steinschleuder, die etwas größer war als die von Heinz, und der Griff war mit einem schwarzen Isolierband umwickelt. So sehr er sich gerade noch gefreut hatte, beim Anblick der Schleuder von Robert packte Heinz der Neid. Wieder einmal hatte Robert das bessere Stück bekommen, und neuerlich konnte dieser über ihn triumphieren.

„Gehst dich aber schon bedanken beim Admiral!"

„Du kannst die Schleuder behalten und sie dir auf den Hut stecken, ich brauch' sie nicht, ich hab' ja auch noch die aus Othmars Lade, sie schießt besser und schaut schöner aus!"

„Aber der Gummi ist brüchig!"

Heinz erwiderte jetzt nichts mehr, er warf Robert die Schleuder des Admirals vor die Füße und ging in die Küche, wo die Erwachsenen beim Abendessen beisammensaßen.

„Morgen müssen wir früh aufstehen!" unterrichtete ihn Franz Dirisamer. Ich denke, halb sieben Uhr wird passen. Eine Stunde müssen wir gehen, und den Rest der Zeit, ... na, das geht sich aus."

Als schon alle schliefen und auch von Roberts Bett jene Töne zu vernehmen waren, die anzeigten, dass er nach einem aufregenden Tag bereits von seligen Träumen umfangen war, schlich Heinz äußerst vorsichtig vom ersten Stock in die Küche, kroch zum Fenster hinaus, lief zur nahen Trattnach und war bereits nach zehn Minuten wieder im Haus. Für eine kurze Zeit verschwand er in der Kammer, kramte dort noch etwas herum und kehrte darauf zufrieden in sein Bett zurück. Nichts rührte sich, das ganze Haus dämmerte in bewusstloser Stille. Robert hatte nicht einmal die Seite gewechselt, er lag noch immer so auf seinem Kopfpolster, wie er hingefallen war.

Seine nächtlichen Aktivitäten waren für Heinz nicht ohne Folgen geblieben. Als Franz Dirisamer die beiden Buben weckte, war Heinz noch müde, er konnte schwer auf, und als er aus dem Fenster sah und die trübe Regenstimmung bemerkte, da wäre er am liebsten wieder zurück und unter die Tuchent gekrochen. Lange hatte er nicht einschlafen können, er hatte an die Steinschleuder vom Admiral gedacht und sich eingestanden, dass sie doch schöner war als jene beiden, die er schon besaß. Er beschloss also, sie anzunehmen und sich beim alten Thaler zu bedanken.

Um halb acht Uhr waren sie tatsächlich so weit, dass sie den kleinen Leiterwagen beladen hatten und losmarschieren konnten. Der Abschied ging nicht ohne Weinen vor sich, nicht nur Tante Poldi, sondern auch die Großmutter und die alte Miaz flossen über und wischten sich mit ihrem Kopftuch die Tränen aus dem Gesicht.

„Wenn wir uns nicht mehr wiedersehen", schluchzte die Miaz mit brechender Stimme, „bleibt brav und vergesst den Heiland nicht!"

„Burli, schreibst du uns öfter ein kleines Brieflein?"

Heinz versprach alles, was an diesem frühen Morgen von ihm verlangt wurde. Eigenartigerweise fühlte er sich fröhlich und unternehmungslustig, gar nicht so tieftraurig, wie das alle gedacht hatten. Nur Robert war sehr blass, er stotterte herum und ließ deutlich erkennen, dass er gar nicht gerne abfuhr und dass ihn der Abschied schmerzte.

„Das Wagerl lasst ihr beim Bahnhofsvorstand. Morgen holt es ein Auto von der Firma Eibl ab!"

Noch einmal folgte eine allgemeine Umarmung.

Die alte Miaz fragte Heinz: „Wenn ich einmal sterbe und begraben werde, gelt, dann kommst du wieder und singst für mich ein Lied in der Kirche!"

Franz Dirisamer unterbrach sie: „Dann kommen wir alle und alle singen wir ein Lied für dich!"

„Nein, nur der Burli, ganz allein!"

Franz Dirisamer sagte locker: „Ist schon recht Miaz, aber bis dahin hat's ja noch Zeit, und wer weiß, ob dann der Bub noch seine Stimme hat!" Das sagte er bereits auf der Straße, denn Robert und Heinz hatten schon die Deichsel des Wagerls genommen und fuhren energisch los. Bis sie beim Schallböckhaus angekommen waren, winkten die drei Frauen noch, dann aber zogen sie sich ins Haus zurück, und kurz darauf wurden in der Küche die Fensterflügel geschlossen.

Beim Thaler machten sie nochmals Halt. Heinz wollte sich bedanken gehen, als er aber das Haus betrat, strömten sie alle heraus, die ganze Bande war beisammen, um von ihnen Abschied zu nehmen, auch der Admiral hatte seine Lederschlapfen angezogen und war auf die Straße gekommen. Und mitten unter ihnen stand Hitschi, die kleine Schönheit mit den dunklen Augen und gekräuselten Haaren, sie eilte auf Robert und Heinz zu, umarmte sie und drückte ihnen einen Kuss auf die Wange. Franz Dirisamer sagte: „Oho, hat da jemand eine Eroberung gemacht?", und er konnte ein Lachen nicht ganz unterdrücken, denn er sah vergnügt, wie die beiden verlegen wurden und rot anliefen.

Die Rückreise von Hofkirchen war anstrengend und dauerte lange. Erst um halb zehn Uhr war der Zug in Obertrattnach eingefahren, sie mussten umsteigen, verpassten den Omnibus von Wels nach Linz, dort wiederum fanden sie erst nach längerem Suchen den richtigen Bahnsteig und kamen mit dem letzten Anschluss, also nach acht Uhr abends, in Pichlern an. Die Städte Wels und Linz waren bombardiert worden, das machte sich natürlich auch im Personenverkehr drastisch bemerkbar, und je mehr sie gehen und über Notsteige zu den einzelnen Verkehrsmitteln ausweichen mussten, um so mehr drückte auch der Rucksack. Robert begann zu klagen und bat Heinz, ob er nicht wenigstens eins von seinen Marmeladegläsern zu sich nehmen könne. Er hatte ja vier, Heinz aber nur zwei Gläser in seinem Rucksack. Franz Dirisamer hatte es so angeordnet, weil Heinz kleiner und schwächer war. Aber nun drückte die Last auf Roberts Rücken, er jammerte und stöhnte und fand es ungerecht, dass er so viel tragen musste. Besonders arg wurde es, als sie vom Bahnhof der Steyrertalbahn noch das letzte Wegstück hinauf bis zur Anhöhe der Bauernhäuser im oberen Pichlern gehen mussten. Da keuchte Robert wie ein alter Mann, blieb immer wieder stehen und blickte gequält drein, wenn ihn der Vater ermahnte, weiterzugehen.

„Wir sind ja gleich daheim, es dauert nicht mehr lange!"

Endlich kamen sie an. Schon vor dem Distelgut trafen sie auf einige von den alten Freunden. Brigitte saß auf der Hausbank, wo sie ihre Puppen aufgereiht hatte und wo sie mit der Lehner Riedi spielte. Als sich ihre beiden Brüder näherten, blieb sie schüchtern auf ihrem Platz, denn die beiden sahen jetzt so ganz anders aus, runder im Gesicht und vor allem auch etwas erwachsener. Resi, die, so wie fast jeden Tag, bei ihrer Flickarbeit und ihrer Bügelwäsche saß, schob den Korb beiseite und kam ihnen freudig entgegen, sie umarmte ihren Mann und die Buben und staunte nicht schlecht über die Heimkehrer, die sich so prächtig erholt hatten und so gesund aussahen. Von den älteren Kindern war niemand daheim. Othmar war wieder einmal in den Bergen und hatte Lisl und Gustl mitgenommen.

Robert begann sofort, seinen Rucksack auszupacken. Er wollte der Mutter zeigen, was er alles mitgebracht hatte: getrocknete Pilze und vier Gläser Brombeermarmelade. Heinz stellte seine zwei Gläser dazu und wurde ebenfalls gelobt. Als Robert weiter in seinem Rucksack wühlte, da förderte er neben einigen Spielsachen auch zwei schwere, in seine Schmutzwäsche eingewickelte Steine zu Tage. Alle blickten erstaunt auf ihn und seine beiden Mitbringsel.

„Du Schuft"! schrie er Heinz an und wollte sich auf ihn stürzen. „Das vergesse ich dir nie, du hast mir diese zwei Riesensteine eingepackt, und ich habe sie die ganze Zeit schleppen müssen!"

Heinz wehrte ihn mit den Händen von sich ab. „Aber du hast doch immer ein paar Steine von der Trattnach mitnehmen wollen, noch gestern hast du es gesagt, ja, der Thaler Hans und alle anderen können es beeiden. Ich wollte dir nur einen Gefallen tun!"

Robert ließ sich kaum beruhigen, er war empört und entrüstet, am meisten ärgerte es ihn, dass er von diesem kleinen Knirps so hinters Licht geführt worden war. Das also war der Grund, warum er ihm keines von den Marmeladegläsern abgenommen hatte, vorsätzlich hatte er ihm die Steine eingepackt, und er war ahnungslos und hatte sich abschleppen müssen. Er wusste noch nicht, wie er es getan hatte, aber bei der Schwatzhaftigkeit von Heinz würde er es schon noch herausbekommen. Morgen oder übermorgen, da war er ganz sicher, an einem der nächsten Tage würde er an Heinz Rache nehmen, und da mochte kommen, was wollte, er schwor sich tausend Eide, Heinz musste das bezahlen. Und in seiner Bande hatte er nichts mehr zu suchen, heute nicht, morgen nicht und überhaupt nie mehr wieder.

Der Gedanke an die fürchterliche Rache, die er an Heinz nehmen würde, besänftigte ihn allmählich, er verbiss seinen Grimm und versuchte, sich in der, wie es ihm nach den Tagen in Hofkirchen schien, viel zu kleinen Wohnung wieder zurechtzufinden.

Auch Heinz war nach dem neuerlichen Ortswechsel wie erschlagen. Er wartete auf ein Abendbrot, aber da kam kein Ruf von seiner Mutter. „Kommt essen!" hatte es vor dem Bettgehen in Hofkirchen immer geheißen, und da stand bereits eine warme Milch, ein Kakao, ein Pudding oder ein Grießkoch auf dem Küchentisch. Vom ersten Augenblick, an dem sie wieder in Pichlern waren, kratzte auch schon der Hunger in seinen Eingeweiden und blieb wie eine hässliche Kröte in seinem Magen liegen.

Schon am nächsten Morgen holte er Hühnereier aus dem Heustadel, trank sie schnell aus und stieß beim Herumstreunen auf die Bäuerin und den Großen Jan.

„Ah, da bist du ja wieder und treibst dich im Haus herum, an Orten, wo du eigentlich nichts zu suchen hast!"

„Ich wollte nur schauen, ob noch alles so ist wie früher!"

„Ja, was soll sich denn geändert haben, glaubst vielleicht, eine Bombe hat eingeschlagen?" Die Bäuerin hatte die unangenehme Angewohnheit, nach ihren Sprüchen laut und dröhnend aufzulachen.

„Na, wie war's denn bei der Tante, bist ja ganz schön dick geworden!" Wieder lachte sie schallend, und Heinz, der seine

Musikalität nicht nur im Kehlkopf, sondern auch in seinen Ohren hatte, fühlte empört, dass er zu einem Gespräch gezwungen wurde, das er eigentlich nicht hören wollte.

„Dort, wo die Tante wohnt, sind die Leute viel freundlicher als hier, dort wird auch nicht so viel schwarz geschlachtet!"

Der Bäuerin blieb kurz der Atem weg, denn soeben war sie mit dem Großen Jan im Schweinestall gewesen, wo sie eine Sau ausgesucht hatten, die sie abends „wegräumen" wollten. Schwarzstechen war immer ein Risiko, aber sie musste dafür sorgen, dass die Männer im Haus ordentlich zu essen bekamen, der Bauer, die drei Knechte und auch das Personal im anderen Hof. Alle mussten schwere Arbeit leisten, für sie galt ein Sprichwort der Eisenbahner: Wenn man ordentlich fahren will, muss man auch ordentlich Kohle nachlegen. Aber wenn sich das herumsprach, was der kleine Dirisamer so respektlos ausplauderte, dann konnte das schon für den Bauernhof gefährlich werden. Sie griff nach Heinz und drohte. „Hör zu, du Rotzbub, wenn du noch einmal etwas vom Schwarzstechen erzählst, dann bekommst du eine Ordentliche!" Und sie drohte ihm mit der rechten Hand. „Und jetzt verschwind!"

Heinz war froh, dass er wegkam von dieser hässlich dicken und immer schweißtriefenden Frau. Er rannte durch das Vorhaus zur anderen Seite des Bauernhofes hinaus und stieß mit seinem Freund Maxi Nöbauer zusammen.

„Ich habe dich schon gesucht!" sagte dieser. „Seit Robert wieder da ist, darf ich nicht mehr zur Bande, auch du darfst nicht, und jeder, der mit dir befreundet ist, wird automatisch ausgestoßen."

„Wie viele sind denn das?" fragte Heinz.

„Na, der Bertl Steinmaßl, ich … und andere fallen mir momentan nicht ein!"

Heinz überlegte, und plötzlich hatte er eine phantastische Idee. „Weißt du was, wir gründen eine eigene Bande, wir brauchen nur mehr ein paar Buben, und als Rest nehmen wir auch Mädchen bei uns auf. Da wird der Robert vor Neid zerspringen."

Der Gedanke war so revolutionär, dass Maxi Nöbauer sofort einverstanden war.

„Vier oder fünf Mädchen bringen wir sicher zusammen, die müssen dann für uns kochen und unser Gewand flicken!"

„Ja, und wenn dir eine besonders gefällt, kannst du sie auch zum Weibchen nehmen."

„Weibchen? Wie meinst du das?"

„Der Robert hat sich in Hofkirchen ein Weibchen genommen, sie hat Hitschi geheißen."

„War sie hübsch?"

„Ja, ich glaube schon! Ich hätte sie auch gerne als Weibchen gehabt, aber Robert ist mir zuvorgekommen!"

Es war der Punkt, wo Heinz nicht mehr über Hofkirchen sprechen wollte, obwohl Maxi mehrmals drängte. „Erzähl doch schon weiter!"

Heinz kam auf den Gedanken der eigenen Bande zurück. Er schilderte Maxi in den schillerndsten Farben und mit aller Phantasie, was sie als eigene Bande treiben würden, und dieser lauschte in ehrlicher Bewunderung. Aber alles, was Heinz so interessant vorbringen konnte, das war nur ein Abklatsch der Abenteuer, die sie in Hofkirchen tatsächlich gehabt hatten. Beim Thema „Gämsenspringen" fragte Maxi: „Wo willst du denn in Pichlern Gämse springen? Es gibt hier keine Schottergrube!" Das bereitete einiges Kopfzerbrechen, bis dann Heinz einfiel, dass es in Sierning Schottergruben gab.

„Wir müssen halt nach Sierning springen gehen. Gämsen wandern auch im Gebirge weite Strecken, bis sie eine Gelegenheit zum Springen haben, und üben können wir auch auf den Felsen an der Steyr."

„Prima!" sagte Maxi. „So geht es!" Heinz zog seine Steinschleuder hervor und zeigte sie her. Es war jene, die er vom Admiral bekommen hatte. Er nahm einen Stein, zielte auf eine Birne, die in reifer Fülle zwischen den Blättern herunterhing, und fegte sie mit einem einzigen Schuss vom Ast. Er lief hin, nahm sie vom Boden auf und begann sie aufzuessen.

„Triffst du immer so gut?“ fragte Maxi voller Bewunderung wegen der Schießkunst von Heinz. „Aber schmeckt dir denn die Birne?“

Sie war reif und saftig. „Ja, warum denn nicht?“ fragte Heinz zurück und biss weiter zu.

„Aber es ist eine Würgbirne!“ Im Moment, in dem ihm Maxi dies erklärte, begann sich der Hals von Heinz zuzuschnüren, erst wurde die Zunge pelzig, dann drückte es ihm die Kehle zusammen, und zuletzt würgte es ihn so heftig in seinem Schlund, dass er glaubte, sterben zu müssen. Tränen kamen ihm in die Augen, und er rang nach Luft. Es war viel, viel ärger, als wenn er frisches Brot zu schnell hinunterschlang und er davon Drücken auf der Brust bekam. Maxi Nöbauer beobachtete ihn und musste herzlich lachen.

„Das haben wir alle schon einmal durchgemacht! Ist dir nicht aufgefallen, dass hier auf dem Boden so viele Birnen herumliegen und sie niemand aufklauben will?“

Heinz sah es erst jetzt. Die Birnen lagen gelb und verlockend in der Wiese, und die Wespen nagten eifrig daran.

„Der Bauer sagt, sie geben einen guten Most, aber essen darf man sie nicht!“

„Das hättest du mir schon früher sagen können!“ bemerkte Heinz verärgert, und als sich sein Brustdrücken gelegt hatte, fragte er Maxi: „Könntest du Robert nicht auch eine zu kosten geben?“

Maxi begann ausgelassen zu lachen. Als er sich beruhigt hatte, fragte er:

„Und was glaubst du, was heute morgen Robert zuerst gegessen hat?“

„Eine Würgbirne!“ sagten beide gleichzeitig, und dann wieherten sie vergnügt darauf los.

Was den einen taugte, den anderen aber nicht, das war, dass Mädchen in eine Bande aufgenommen wurden. Und als es sich herumsprach und bekannt wurde, dass Heinz eine Bande gegründet hatte, wechselten tatsächlich von Roberts Leuten zwei herüber zu Heinz, der Christoph Gruber und der Adolf

Leitzinger, und so waren sie jetzt insgesamt fünf Buben, zu denen Gitti, die Schraberger Magda und deren Freundinnen, Riedi und Erika, hinzukamen. Insgesamt bestand die Bande jetzt aus neun Mitgliedern, die sich regelmäßig in der Bauernstube bei den Schrabergers versammelten und von dort aus ihre Streifzüge unternahmen.

Als es Abend wurde, richtete die Bäuerin alles zum Stechen der Sau: den großen Trog, das heiße Wasser, das Saupech, die umwickelten Ketten, das Drehgestell zum Aufhängen und Ausnehmen des Tieres, den Schussapparat und die scharfen Messer. Als aber der Große Jan das Schwein aus dem Stall holte und ihm den Schussapparat ansetzen wollte, wehrte sich dieses so verzweifelt, dass es ihm entwischen konnte und nun in einem Eck saß und fürchterlich quietschte und schrie. Doch in diesem Eck konnte es der Große Jan fassen und ihm mit einem gezielten Schuss ein Ende bereiten. Er langte nach dem Schlachtmesser, schnitt ihm die Gurgel durch und ließ es unter ständigem Umrühren in einen Kübel hinein ausbluten. Nachdem es mit dem heißen Wasser, dem Pech und den Ketten von den Borsten befreit worden war, hiefte er das Schwein hoch und öffnete ihm den Bauch. Während dieser Arbeit hörten sie im Hof plötzlich Geschrei.

„Schwarzstecher! Schwarzstecher!"

Es waren die Bewohner des Hauses durch das Gequietsche der Sau aufmerksam geworden, und Heinz, der immer für eine Sondervorstellung zu haben war, hatte sich in der Mitte des Misthaufens postiert und begann zu schreien und dann besonders laut und kräftig Lieder zu singen. Für eines hatte er sogar einen geeigneten Text gefunden.

„Was hat der Große Jan dem armen Schwein getan?" lautete der Refrain. Dieses Lied drang weit in die Nacht hinaus und versetzte die Bäuerin in Schrecken, weshalb sie aus dem Stall rannte und aufgebracht schrie: „Wirst du sofort aufhören mit deinem Lärm! Du machst uns ja alle Leute auf der Straße lebendig!"

Heinz sang unbeirrt weiter. Da ergriff die Bäuerin die nächstbeste Mistgabel und rannte auf ihn zu. Als sie ganz nahe war, flüchtete Heinz, und als er wieder in Sicherheit war, sang er weiter, ebenso laut und kräftig wie vorher. Die Bäuerin war außer sich.

„Ist denn keiner da, der uns den Rotzbuben vom Hals schafft?" Wieder hörte sie Heinz „Schwarzstecher! Schwarzstecher!" schreien. Und dann rief er ihr zu: „Wenn du mir ein Stück vom Schwein gibst, dann höre ich von selber auf! Sonst aber laufe ich hinaus und rufe und singe noch lauter weiter!"

Das war etwas, was die Bäuerin im Augenblick am allerwenigsten brauchen konnte. Sie lief in den Stall hinein, und weil der Große Jan gerade die Leber auf das Schlachtbrett gelegt hatte, nahm sie diese, schnitt die Hälfte ab und warf sie Heinz vor die Füße.

„Dank schön!" rief Heinz, nahm flink die Leber vom Boden auf und war im selben Moment auch schon verschwunden.

„Dass du mir das aber nicht noch einmal machst!" schrie ihm die Bäuerin nach.

Heinz brachte seine Beute triumphierend in die Wohnung. Seine Mutter konnte nicht glauben, dass dieses köstliche Stück ihr gehören sollte, als er aber erzählte, wie er zu der Leber gekommen war, mussten alle lachen. Sogar Robert fand diesen Streich köstlich. „Wenn ich dabei gewesen wäre, ich hätte es genau so gemacht!"

„Und womit hättest du gesungen? Vielleicht mit den Löchern in deiner Stupsnase?"

„Ich hätte gepfiffen!"

„Vielleicht: pfiff, pfiff, pfiff, pfaff, pfaff, pfaff, pfiff! Damit hättest du nicht einmal eine Maus aus dem Loch geholt und am allerwenigsten die Bäuerin aus dem Schweinestall!"

Die Streiterei wäre vielleicht noch weitergegangen, wenn nicht Franz Dirisamer den Kindern angeschafft hätte, noch einmal alle Schulsachen, die Hefte, Bleistifte und die Tintenfedern zu kontrollieren. Die Ferien waren vorüber und der erste Schultag stand bevor.

Als die Kinder am nächsten Morgen wieder nach Sierning hinüberwanderten und vor der Schule Aufstellung nehmen mussten, war es nicht viel anders als am letzten Schultag. Wieder wurden Lieder gesungen und Ansprachen gehalten. Dieses Mal bemühte sich Heinz, ja nicht zu lachen, die Ohrfeige vom Vater war ihm eine ordentliche Belehrung gewesen.

Es war überhaupt nichts los an diesem ersten Schultag. Sie bekamen, weil sie aufgerückt waren, eine neue Klasse zugewiesen und mussten sich den Stundenplan aufschreiben. Heinz saß in der ersten Bank beim Fenster, und Nöbauer Maxi hatte sich den Platz neben ihm ergattert. Es machte den Eindruck, als wären die Lehrer auch noch nicht so richtig bei ihrer Arbeit, denn schon nach der zweiten Stunde durften die Schüler heimgehen. Sie bekamen nicht einmal eine Hausaufgabe, und somit war der Nachmittag gerettet.

Heinz trommelte seine Bande zusammen, sie wollten in die Au hinunter, weil sie dort ein Baumnest gebaut hatten, doch begann es leise zu tröpfeln, und bereits nach dem Mittagessen prasselte der Regen in Strömen auf das Dach. Der kühle September hatte den heißen August abgelöst und deutete mit diesem windigen und regnerischen Tag an, was von den Jahreszeiten her für die nächsten Wochen auf dem Programm stand.

Für die „Kriegspiraten", wie Heinz seine Bande nannte, war dies aber kein Hindernis, denn sie hatten in der Scheune Platz genug, um eines von ihren Kampfspielen aufzuführen. Die Buben waren die Flieger, sie kraxelten hoch hinauf und turnten auf den Querbalken herum, wo sie mit einem bösen Brummen die feindlichen Flugzeuge markierten. Dann kamen die helltönenden, deutschen Jagdflieger, die mit „päng, päng, päng" die Amerikaner angriffen und sie zum Abstürzen brachten. Jeder abgeschossene Flieger sprang hinunter in einen Heuhaufen und wurde dort von den Mädchen medizinisch versorgt. Das heißt, die Buben wurden aus dem Heu gezogen, es wurde ihnen mit Kopftüchern ein Arm- oder Fußverband angelegt, und nach dieser Behandlung wurden sie in das Krankenhaus, also auf eine Decke gebracht, wo sie mit Wein und Torte gesund gefüttert wurden. Der Wein war allerdings nur Wasser und die

Torte das Stück eines Apfels, den Magda im Kittelsack mitgebracht und in Spalten zerschnitten hatte.

Während die anderen Buben bestrebt waren, über die amerikanischen Bomber zu siegen und nicht abstürzen zu müssen, ließ sich Maxi Nöbauer gerne abschießen, er schrie „Krach!“ und fiel aufheulend in die Tiefe. Einmal flüsterte er :„Heinz! Lass dich auch abschießen, dann kannst du den Mädchen vom Boden aus unter das Kleid sehen. Die haben keine Unterhosen an!“

Heinz wollte es nicht glauben. Als ihm aber beim nächsten Absturz von Erika ein Kopfverband angelegt wurde und sie mit gespreizten Beinen über ihm stand, da blinzelte er in die Höhe und entdeckte eine Körperlandschaft, wie er bisher noch keine gesehen hatte. Ungläubig, wie er war, ließ er sich noch zweimal abschießen, um seine Beobachtungen wiederholen zu können. Dann lief er hoch motiviert und bestens gelaunt in die Wohnung. Er wollte jetzt unbedingt mit jemandem sprechen, am besten mit Lisl, mit der er auch über solche Geheimnisse reden konnte.

Als er in das Zimmer trat, war kurz vorher sein Vater von Sierning nach Hause gekommen. Er saß auf einem Sessel und wirkte äußerst niedergeschlagen. Er wandte sich fragend an Heinz.

„Weißt du noch, was du der Großtante Miaz in Hofkirchen versprochen hast?“

„Nein, ich weiß nichts! Ich habe ihr auch wirklich nichts versprochen!“

„Doch! Ich bin dabei gestanden. Du hast der Großtante Miaz versprochen, dass du dann, wenn sie einmal sterben und begraben wird, für sie ein Lied in der Kirche singen willst!“

„Ja, ich glaube, dass ich ihr das versprochen habe!“

„Gestern ist die Miaz gestorben! Man hat mich heute in der Schule angerufen und mir mitgeteilt, dass sie am Donnerstag begraben wird. Wenn du also für sie singen willst, müssen wir morgen früh nach Hofkirchen fahren!“

Nichts war Heinz lieber, als wieder nach Hofkirchen fahren zu dürfen. Für ihn war es wie eine neuerliche Reise in die Ferien, wie eine Aufforderung zu neuen Abenteuern. Er dachte an seine Freunde in der Thalerbande, an den Admiral und besonders an Hitschi. Aber es kam ganz anders, als er sich das vorgestellt hatte. Die Omnibusfahrt war schrecklich, wieder musste er erbrechen, auch diesmal wurde ihm übel, richtig schlecht, und jedesmal, wenn sie das Transportmittel wechselten, goss es in Strömen. Auf dem Bahnhof in Obertrattnach hatten sie wenigstens das Glück, auf einen Wagenlenker zu treffen, der sie bis Hofkirchen aufsitzen ließ.

Das regnerische Wetter zog sich die ganze Woche hin, und auch beim Begräbnis knallten einige Blitze in die nächste Umgebung. Natürlich freuten sich die Großmutter und Tante Poldi riesig, dass Heinz mitgekommen war und in der Kirche singen wollte, als sie ihn aber in das Besucherzimmer führten und er dort die Miaz weißhäutig und mit strengem Gesichtsausdruck in einem silbrigen Sarg aufgebahrt liegen sah, da empfand er mit einem Male, wie anders alles seit ihrer Abreise hier geworden war, und er wünschte sich sehnsüchtig Robert an seine Seite, um jemanden zu haben, an dem er sich hätte anhalten können.

Die Miaz war zweimal verheiratet gewesen, das erste Mal mit einem gewissen Öhlinger, und dann von 1916 bis 1919 mit einem Alois Schachner, nach dessen Tod sie von den Leuten im Ort „Schachnerswitwe" genannt wurde. Sie hatte im Leben nicht viel Glück gehabt, nicht nur, dass ihr die Männer früh verstarben, sie verlor auch noch ihre 31-jährige Tochter durch eine Typhuserkrankung und ihr Enkelkind gleich dazu. Sie hatte nicht lange darüber geklagt, aber seit dieser Zeit machte sie öfter als sonst einen Schluck aus dem Mostkrug, und öfter als sonst nahm sie auch ein Maul voll Schnaps zu sich. Das gab ihr wieder Kraft und bewahrte ihr, wie sie es ausdrückte, den fürs Leben notwendigen Humor. Wenn sie etwas zu viel getrunken hatte, dann konnte die Miaz auch laut werden und einige ihr unsympathische Leute im Ort ordentlich ausrichten oder, wie sie es nannte, durchs Mäu(l) oder durch den Kakao ziehen. Ansonsten aber war sie friedlich, sie war den ganzen

Tag auf den Beinen und scheute keine Arbeit. Eine zähe Kraft wohnte in ihren Armen, sie gab nie nach und hielt bei der Ernte sogar mit den Männern mit. Aber das war in ihrer Glanzzeit! Bei Poldi konnte sie natürlich nicht mehr so arbeiten, trotzdem war sie eine unentbehrliche Hilfe gewesen, gleichgültig, ob im Garten, im Wald, auf der Wiese oder im Hof.

Als es in den letzten Tagen nur mehr zu kleinen Handreichungen langte, war es Zeit für die Miaz, von der Bühne des Lebens abzutreten.

„Wann i amal nimmer arbeiten kann, dann möchte i schnell steriben!" war einer ihrer letzten Wünsche. Er wurde ihr erfüllt, ziemlich bald nach der Abreise der Buben. Es schien so, als gingen mit Robert und Heinz auch ihre Lebensgeister fort. Am Tag ihres Todes blieb sie in der Küche und horchte vor sich hin.

„I woaß net, was dös is. I moa, i muaß heut steribn!" Da führten Poldi und die Großmutter sie zum Diwan im Besucherzimmer.

„Leg dich nieder," sagte Poldi, „vielleicht wird dir dann besser!" Poldi hatte ein Schaff voll Wäsche im Hof, deswegen sagte sie: „Die Wäsche kann bis morgen warten, ich bleib jetzt bei dir!"

„Na, na, geh nur hinaus und wasch', ich sag's schon der Anna, wann es so weit ist!"

Poldi ging, und die Miaz erzählte der Schwester, wie sie sich fühlte. Immer langsamer tropften ihr die Worte vom Mund.

„Anna, i moa, es is Zeit, sag's da Poldi!"

Das war schnell getan. Zwei weinende Frauen saßen bei ihr und hielten ihre Hände, sie schauten auf die still gewordene Miaz nieder, deren Blicke für kurze Zeit noch von einer zur anderen wanderten. Plötzlich aber leuchtete das Tageslicht in gebrochene Augen.

Zu ihrem Begräbnis kamen doch mehr Leute als üblich, man konnte sagen, dass der vordere Teil der Kirche ziemlich angefüllt war. Heinz durfte mit Tante Poldi auf der Empore Platz nehmen und sah von hier zum ersten Mal vom Altar aus nach hinten. Er musterte die Gesichter und erkannte viele Trauergäste, die Leute aus der Gasse, den Schneidermeister Lauber, den Uhrmacher Sickinger, die Schallböckleute und den Tapezierer Billmayr. Alle stachen ihm in die Augen, und wie hätte er da die Familie Firlei mit der Hitschi übersehen können, wie die Frau des Admirals, die Thalerin, wie den Häuptling und die Freunde von der Bande.

Tante Poldi hatte ihn am Vortag ein Lied gelehrt, es war ergreifend und schön. „Weißt du", sagte sie, „dieses Lied hat eine traurige Geschichte. Es ist deshalb auf der ganzen Welt bekannt, weil es auf einem großen Schiff erklang, das auf der Reise von Europa nach Amerika mit einem Eisberg zusammenstieß und versank. Als sich schon alle Menschen auf dem Schiff fürs Sterben vorbereiteten, hat die Kapelle dieses Lied angestimmt und so lange gespielt, bis sie alle, aber auch Männer und Frauen, der Kapitän und die Matrosen, in den Wellen versanken und ertranken!"

„Sind diese Leute jetzt alle tot?"

„Sie sind beim lieben Gott, so wie die Miaz!"

Pfarrer Starlinger hatte die Totenmesse schon ziemlich zu Ende gebracht, als er nach oben blickte und Heinz ein Zeichen gab. Lehrer Kiniger begann die Einleitung des Liedes mit leisem Orgelvorspiel.

Tante Poldi flüsterte: „Jetzt, Burli!"

Heinz begann das Lied zu singen und erfüllte damit das Versprechen, das er der Miaz beim Abschied gegeben hatte.

„Näher, mein Gott, zu dir, näher zu dir …!"

Er sah, wie die Leute ihre Taschentücher hervorholten, wie sie sich die Nasen schnäuzten und die Augen bedeckten. Bald gab es in der Kirche keinen Erwachsenen mehr, der nicht weinte. Nur die Buben und die Ministranten schauten verwundert um sich, sie hatten andere, lustigere Gedanken in ihren Köpfen, solche, die mit dem Geheule hier herum nichts zu tun hatten.

Heinz beendete sein Lied, dankbar sahen die Leute zu ihm herauf. Er aber setzte sich neben Tante Poldi und fragte: „War es so recht?"

„Ja, es war recht, und es war wunderschön, die Miaz hätte sich unendlich gefreut!“

Da Heinz ganz in der Nähe des Hauptaltares saß, fiel nun sein Blick auf das Spruchschild über dem Bild „Johannes tauft Jesus“. Er las: „Tu es filius meus dilectus.“ Als sie später bei der Totenzehrung im Gasthaus Petershofer beisammen saßen, fragte er seinen Vater. „Was heißt das: Tu es filius meus dilectus?“

„Es ist ein lateinischer Satz aus der Bibel und bedeutet übersetzt: ‚Du bist mein auserwählter Sohn‘!“

Mit einem merkwürdig sanften Blick, an den sich Heinz auch später noch erinnern konnte, sagte er: „Ja, du bist mein auserwählter Sohn!“ und er strich ihm liebevoll übers Haar.

An diesem schmerzvollen Tag lernte er den ersten lateinischen Satz seines Lebens kennen, einen, den er nie vergessen sollte, obwohl er weder im Liber latinus I noch II aufgeschrieben war.

XVIII.

Rektor Wilke hatte ihm als Klassenvorstand wieder eine 4.A gegeben, ausgerechnet jene Klasse, in der Robert sein letztes Schuljahr verbringen sollte. Früher hätte ihn das gereizt, aber Franz Dirisamer war sich jetzt sicher, dass die Stunden des Hitlerregimes gezählt waren, er sehnte das Ende des Krieges herbei, und er hoffte auf eine baldige Rückkehr nach Steyr. Aber vorher musste die Schlacht im Hinterland geschlagen werden, erst wenn die drohende Gewitterfront über sie hinweggerollt war, konnte es Frieden geben. Das war so sicher wie das Amen im Gebet, und dieser Gedanke beunruhigte und schreckte ihn.

Noch immer war sein Leben in die Finsternis der Unfreiheit gehüllt. Auch wenn sich das Auge an die Schatten gewöhnt hatte, wie anders war doch die Welt ohne Sonne und ohne den warmen Schimmer der Freiheit und der Menschlichkeit. Dies einem jungen Wesen begreiflich zu machen, war für ihn als Lehrer immer verpflichtend gewesen, es gehörte ebenso zu seinem Unterricht wie die Weitergabe seines fachlichen Wissens. Trotzdem war es immer eine Frage des Mutes und der persönlichen Courage, wie weit man ging und wovon man im Unterricht erzählte. Glücklicherweise verfolgten seine Schüler jeden Hinweis mit jener positiven Neugier, die ihn sicher machte, dass keiner von ihnen seine Belehrungen und Erklärungen missdeutete. Diese jungen Menschen waren einfach, aber sie waren auf ihre Art stolz, ehrenhaft und voll Idealismus, es war nicht ihre Sünde, dass dieser von skrupellosen Politikern missbraucht worden war.

Der Krieg stand täglich mit einer anderen Schreckgestalt vor ihm und sprang ihm auch aus den besorgten Briefen seiner Kinder entgegen, ob sie nun von den Bombenabwürfen auf Wien berichteten, von den schaurigen Nächten im Luftschutzkeller, vom Hunger und den kargen Lebensmittelrationen, von der Härte der Ausbildung im Unteroffizierslager in Ried, oder ob sie nach dem Besuch in Pichlern voll der Angst wegen der Kleinen abreisten. Im Vergleich zu ihrem Alter waren diese untergewichtig, voll mit Läusen und von den Notjahren gezeichnet. Franz Dirisamer hatte ja Tag für Tag die schmalen Gesichter seiner Kinder und von Resi vor sich, und er sah mit wehem Herzen, wie sich die Zeichen des Elends in ihre Augen und ihre Körper eingruben. Ja, es war schrecklich und war zum Verzweifeln, aber es gab keinen anderen Weg für sie, sie mussten durch den Engpass des Jahres 1944 und durch die chaotischen Turbulenzen, um dem Moloch des Regimes und des Krieges zu entkommen.

Nach dem Ende der Ferien gingen die Monate quälend vorüber. Heinz und Robert, die so gut ernährt aus Hofkirchen nach Pichlern zurückgekehrt waren, wirkten schon nach wenigen Wochen blass und kränklich. Eines von den Kindern hatte einen schlimmen Husten mit Fieber heimgebracht und damit die anderen angesteckt. Manchmal glich die Wohnung einem Krankenhaus. Resi war rund um die Uhr damit beschäftigt, ihre kleinen Patienten zu pflegen und für ihr Wohl zu sorgen. Sie machte ihnen Halswickel, rieb ihnen den Rücken mit Kampferöl ein oder ließ sie den Dampf von Salbeitee inhalieren. Dass sie nicht selber krank wurde, das mochte an ihrem starken Willen und ihrer kompromisslosen Aufopferung und Liebe liegen.

Am Ende des Sommers war Wladimir aus dem Krankenhaus entlassen worden. Für die Ärzte war sein Zustand zufriedenstellend, als er aber heimkam und in Pichlern erschien, da erschrak Resi und mit ihr die ganze Familie. Aus dem kräftigen, bärenstarken Burschen war ein Mann geworden, dem jede Vitalität, jeglicher Unternehmungsgeist und alle Zuversicht fehlten. Er, der vor seiner Verwundung mit den Leuten der Bergrettung den Großen Priel hinaufgelaufen war und die gefährliche Spitzmauer ohne Probleme erklettert hatte, begann jetzt bereits zu keuchen, wenn er von ebener Erde die paar Stufen bis in die Wohnung schritt. Diese Gebrechlichkeit machte ihn auch den jüngeren Geschwistern fremd, sie konnten nicht begreifen, dass er nur mehr still herumsaß und sich an nichts mehr beteiligen wollte, was in der Familie geschah.

Die Verwundung war für ihn ein einschneidendes Erlebnis gewesen, mehr aber noch beschäftigten ihn die Worte eines bayrischen Arztes, der ihm bei einer Aussprache eine düstere Zukunft ankündigte. Wladimir hatte ihm treuherzig von seinen Plänen erzählt, von der Universität, wo er Technik studieren wollte, von seiner Verlobten Traudl Schramm und von einigen anderen Vorhaben. Dieser hatte ihm aber kurzerhand abgeraten.

„Ein Studium hat für Sie keinen Sinn, mit der schweren Einschränkung Ihrer Lungenfunktion, da leben Sie nicht mehr lange. Es muss Ihnen einmal jemand sagen, woran Sie sterben werden: Cor pulmonale! Dem kommen Sie nicht aus! Seien Sie froh, wenn Sie Ihrer Familie und Ihrer Braut noch für kurze Zeit erhalten blieben!"

Es dauerte einige Tage, bis sich Wladimir seinen Eltern anvertraute und ihnen von der schlimmen Prognose erzählte, mit der er so unbarmherzig konfrontiert worden war. Schon vorher hatte er sich von Traudl getrennt, er hatte sie immer heiraten wollen, aber jetzt konnte er ihr eine Verbindung und eine Ehe nicht mehr zumuten. Während Franz Dirisamer erschrak und außer einer religiösen Tröstung zu keiner realistischen Antwort fähig war, bäumte sich Resi sofort auf, und sie begann ihren ältesten Sohn aufzupäppeln, so gut sie konnte. Wenn es auch nicht viel zu essen gab, Wladimir bekam immer das Beste von dem, was vorhanden war. Der Garten gab jetzt reichlich ab, er lohnte die viele Mühe, die Resi mit der Pflege der Pflanzen und dem Wasserschleppen gehabt hatte. Die Erdäpfel wurden reif, von den umliegenden Bauern bettelte sie sich Butter zusammen, und mit etwas Salz und Petersilie gab das eine Kost, die Wladimir als sein Lieblingsessen bezeichnete. Die fürsorgliche Pflege lohnte sich allmählich, verbunden mit zunächst kurzen, dann aber immer länger werdenden Spaziergängen, zeigten sich Erfolge, die alle, auch Resi, überraschten. Mehr und mehr kamen Wladimirs Lebensgeister zurück, und im September schickte ihn Resi kurzerhand zu ihrer Freundin Fanny Mikota, mit der sie kochen gelernt hatte und die nun oberhalb von

Großraming in luftiger Höhe einen Bauernhof besaß, den sie mit ihren vielen Kindern und einigen Fremdarbeitern betreute. Das milde, spätsommerliche Klima und die vitaminreiche Ernährung im landwirtschaftlichen Betrieb, ebenso das natürliche Zusammenleben mit den einfachen und liebenswerten Menschen war das, was Wladimir in seiner Rekonvaleszenz und seiner depressiven Verstimmung brauchte. Die Ernte musste eingebracht werden, überall fehlte es an Personal, und so war es für Wladimir selbstverständlich, dass er zugriff und half. Als er im Oktober zurückkehrte, da war er plötzlich wieder der Alte, er war bereit, sich seinem Schicksal zu stellen.

Einer seiner ersten Wege war, dass er nach Steyr fuhr und sich von einem Lungenfacharzt kontrollieren ließ. Dieser bestätigte zwar die Ernsthaftigkeit seiner Verwundung, sah aber die Sache nicht so eng wie sein bayrischer Kollege, ja mehr noch, er riet ihm sogar eindringlich zu einem Studium.

„Sie müssen noch viel in Ihrem Leben leisten! Sie sind doch kein Krüppel!“ belehrte er ihn. „Von jetzt an nehmen Sie Ihr Rad, fahren damit in den Wald, und dort fangen Sie zu laufen an. Aber nicht zu viel für den Anfang, Sie wissen ja, immer den Puls kontrollieren, also mit den vier Fingern der einen Hand oberhalb vom Daumen der anderen!“

Es waren nur positive Sätze und Ratschläge, die er von seinem Arztbesuch mitbekam, aber sie brachten viel zuwege. Mitte Oktober fühlte sich Wladimir so weit in Ordnung, dass er sich nach Wien traute, wo er sein erstes Semester am technischen Institut der Universität inskribierte.

Wären nur die Menschlichkeit und das Einfühlungsvermögen der Ärzte im Dritten Reich so integer gewesen wie das des Lungenfacharztes in Steyr, wie viel wäre dem armen Wladimir erspart geblieben. Denn obwohl er in seinen Briefen aus Wien oft darüber klagte, dass ihm das Atmen schwer fiel, es in der Brust stach und das Herz nicht richtig schlug, musste er zu einer weiteren Untersuchung. Und nach dieser Kontrolle stellte man ihm einen Einberufungsbefehl zu, der ihn mit Anfang November nach Wiener Neustadt verpflichtete. Wladimir ging nicht gerne nach Wiener Neustadt, wo die Flugzeugwerke immer wieder das Ziel feindlicher Luftflotten waren. Fast jede Woche dröhnten die Motoren der fliegenden Festungen über den Himmel, sie kamen meist um die Mittagszeit, aber ebenso oft in der Nacht. Die Sirenen heulten in immer kürzeren Abständen und die apathisch gewordenen Leute begaben sich nur noch selten in die Luftschutzbunker. Ein Grund mehr, dass immer öfter Opfer aus der Zivilbevölkerung zu beklagen waren. Wie viele? Das erfuhr man in dieser Zeit nicht mehr, das brachten erst die Statistiken der Nachkriegsjahre an den Tag. Aber es waren viele, viel zu viele!

Die feindlichen Flugzeuge zogen auch häufig über Pichlern hinweg, die Kondensstreifen zeigten ihre Spuren an, zehn-, hundert- und zweihundertfach, oft war der Himmel kreuz und quer durchfurcht, und wenn der Höhenwind diese Streifen verwehte, dann verschwand der blaue Nachmittag hinter dem milchigen Schleier, den sie hinterlassen hatten.

Es krachte in St. Valentin, wo die Nibelungenwerke in Trümmer gingen, und in Linz versanken die Gebäude vom Bahnhof bis nach Kleinmünchen im Hagel der Bomben. Der Lärm dieser Angriffe war bis nach Pichlern zu hören, die Menschen verzweifelten vor Angst und Sorgen um die Heimat und um ihre Angehörigen, die rings im Land auf schreckliche Weise betroffen waren. Die amerikanischen Flieger warfen jetzt ihre Sprengbomben wahllos in die Wohnviertel der Städte, zum ersten Mal verwendeten sie auch solche mit Langzeitzündern, was besonders heimtückisch war, da sie erst in den Abendstunden explodierten und die Rettungsmänner und Aufräumarbeiter in Lebensgefahr brachten. In der „Oberdonau-Zeitung", der amtlichen Tageszeitung der NSDAP, kam täglich die Meldung von den „Terrorangriffen der feindlichen Banditen", von den „hinterhältigen Methoden der amerikanischen Gangster" und ihrem „verdammungswürdigen Charakter", der fern von jeder Kultur sei und den man mit allen Mitteln bekämpfen müsse.

Die Menschen reagierten auf solche Zeitungsberichte, der Hass wuchs immer mehr, und es gab kaum noch ein Gespräch, in dem nicht jeder verflucht und verteufelt wurde, der für diese Unmenschlichkeiten verantwortlich war, besonders also Roosevelt, Stalin und Churchill. Auch auf die Kinder griff die Vorstellung von den bösartigen Amerikanern über, die Parteizeitungen lagen ja überall herum. Heinz hatte eine Karikatur entdeckt, auf der man einen waffenstrotzenden Tod sah, der eine ganze Schar von Frauen und Kindern niedertrat und auf dessen Kopf ein Zylinder mit der amerikanischen Flagge dargestellt war, ein schreckliches Bild, das ihn lange beschäftigte und das in seinem Kopf Verwirrung stiftete. In der Schule machte er sich in der Werkstunde von Fachlehrer Zimmermann Luft. Als dieser ein Zeichnen nach freier Wahl erlaubte, vertiefte sich Heinz in ein Bild, das wie in der Zeitung einen Tod mit einem amerikanischen Zylinder darstellen sollte. Wie immer tat sich Heinz auch bei dieser Zeichnung schwer, die Sterne in der Flagge gelangen ihm nicht so richtig, deshalb radierte er sie aus und zeichnete an deren Stelle Hakenkreuze, die viel einfacher zu machen waren. Dummerweise kritzelte er dem Tod auch Ohren auf den Kopf, auch sie mussten weg, ohne Rücksicht darauf, dass er dabei das Blatt horrend verschmierte. Dasselbe passierte ihm mit dem Mund, wo er über den schrecklichen Zähnen kleine Lippen auftrug. Maxi Nöbauer besah sich die Zeichnung und bemerkte trocken: „Einen Tod mit Lippen habe ich noch nie gesehen!"

Heinz war verzweifelt. Schnell griff er abermals nach seinem Radiergummi, wie besessen fummelte er auf seiner Zeichnung herum, einiges verschwand, wurde undeutlich und veränderte die Figur. Damit aber etwas übrig blieb, machte er gleich wieder ein paar plumpe Striche in das Geschehen. Im Prinzip verschmierte er das Blatt aber immer mehr.

Nach einiger Zeit ging Zimmermann von Bank zu Bank, um die Werke seiner Schüler zu begutachten. Wie verschieden die Begabungen seiner Buben und ihre Fähigkeiten doch waren! Viele zeichneten Berge, Häuser, Bäume oder Tiere, einige beschäftigten sich aber auch mit gegenwärtigen Zuständen, mit dem Krieg, den Soldaten, mit der Luftwaffe. Das Thema Kohlenklau war ebenfalls aktuell, das Bild jenes dicken, schwarzen Männchens, das den Leuten Kohle aus dem Keller oder den Wohnungen stahl und damit in der Nacht verschwand.

Als sich Zimmermann über Heinz Dirisamer beugte, war dieser noch immer mit dem Radiergummi beschäftigt. Fürs erste schien dem Lehrer das Blatt verdorben, aber plötzlich fiel es ihm wie Schuppen von den Augen. Auf ganz raffinierte Weise war hier ein Totenkopf dargestellt, der einen über und über mit kleinen Hakenkreuzen bedeckten, demolierten Stahlhelm aufgestülpt hatte und dessen Gesicht dem des Führers glich. Typisch der aufgerissene Mund, der zu brüllen schien, und das eckige Hitlerbärtchen. Auf geheimnisvolle Weise war hier etwas entstanden, das man dem Begriff der Karikatur zuordnen konnte, es war von entlarvender Härte und einem verhöhnenden Spott geprägt, und es war dunkel, grausam, fratzenhaft, aber sehr effektvoll. Der Radiergummi hatte, wie von Meisterhand geführt, den naiven und plumpen Bleistiftstrich des Knaben aufgerissen, verformt und umgestaltet. Von der Hand eines Erwachsenen ausgeführt, hätte dieses Bild eine Katastrophe, vielleicht sogar ein Todesurteil bedeutet. Aber wie konnte man dem Kleinen einen Vorwurf wegen seiner Stümperhaftigkeit machen, die aus unerklärlichen Ursachen eine geniale, politische Prägung bekommen hatte?

Behutsam griff er nach dem Zeichenblock von Heinz, riss das Blatt vorsichtig ab und nahm es an sich.

„Am besten, du zeichnest wieder ein Vogelhaus, aber diesmal ohne Hahn, Adler, Papagei und Hakenkreuzen!“ Er lächelte über seinen hintergründigen Humor, aber Heinz verstand nicht den Sinn dieser Worte, er war ja so froh, dass der Fachlehrer nicht schimpfte und er keine schlechte Note bekommen hatte. Nun durfte er ein neues Blatt beginnen und etwas anderes zeichnen.

Zimmermann hatte bis zum Ende der Unterrichtsstunde Zeit genug, um das Blatt noch mehrmals zu betrachten. Es war wirklich außergewöhnlich. Und deshalb wollte er es auch nicht zerreißen, wie er das ursprünglich vorgehabt hatte, sondern er legte es in eine speziell angefertigte Mappe, in die nur die besten Arbeiten seiner Schüler kamen. Um die Zeichnung zu signieren, notierte er auf der Rückseite: „Heinz Dirisamer, 2.B Klasse, 1944“. Ein fataler Vermerk, wie sich später herausstellen sollte.

Ende November wurde es immer deutlicher, dass die ganze Schulherrlichkeit nur noch Wochen dauern konnte. Die Hauptschule musste verlegt werden. Das ganze Gebäude mit den großen, hellen Räumen brauchte man jetzt dringend anderweitig, abwechselnd wurde das Gaukrankenhaus Steyr, dann wurden verwundete Soldaten und zuletzt Flüchtlinge aus Siebenbürgen, aus dem Banat und aus jugoslawischen Gebieten einquartiert. Rektor Wilke musste mit allen Schülern und seinen Lehrern in das Volksschulgebäude übersiedeln, wo ihm im zweiten Stock vier Klassenräume zugewiesen wurden. An drei Tagen, am Montag, Mittwoch und Freitag erschienen die ersten und die vierten Klassen ganztägig zum Unterricht, an den anderen Tagen, also am Dienstag, Donnerstag und Samstag, die zweiten und die dritten Klassen. Robert gehörte zur ersten, Heinz zur zweiten Gruppe. Turnen und Hauswirtschaft mussten wegen Zeitmangel und Raumnot entfallen, aber die Altstoffsammlungen der Schule gingen weiter, sie wurden sogar mit Nachdruck und überaus eifrig durchgeführt. Wie staunte Franz Dirisamer, als er die Zahlen in seinem Kontrollbuch überflog. 1445 Kilo Lumpen, 1306 Kilo Knochen, 2420 Kilo Papier und dazu Metalle und Bleche. Das alles war durch seine Hände gegangen, eine unappetitliche Arbeit voll Staub und Gestank, aber er war stolz auf seine Buben, die ihn mit ihrem Eifer nicht im Stich gelassen hatten. Er war ja der zuständige Leiter, und ob ein Plus oder ein Minus bei den Sammelaktionen herauskam, das mussten nicht die Schüler verantworten, sondern nur er. An Heilkräutern lieferte er 88 Kilo Trockengut an die Sammelstelle in Steyr, sowie 66 Kilo Schwarzwurzeln für ein Werk in Deutschland. Und an die Forstverwaltung in Molln schickte er 633 Kilogramm Kastanien zur Wildfütterung.

Natürlich war es wieder Rektor Wilke, der ihm diese Mehrarbeit auflastete, diese „patriotische Tätigkeit", wie er es nannte. Ihr Waffenstillstand vom Frühjahr hatte nicht lange angehalten, immer wieder suchte sein Vorgesetzter eine Möglichkeit, um ihn los zu werden. Bei jeder passenden Gelegenheit pöbelte er ihn an, so auch diesmal auf dem Schulgang. Er blieb stehen und fragte gereizt:

„Wie sehen die Sammelergebnisse aus, Herr Kollege?"

„Gut, ich glaube, ganz gut!"

„Was heißt ‚Ich glaube'? Sind wir in einer Kirche oder in einer Schule?"

In Dirisamer stieg eine Welle von Unmut auf, aber er beherrschte sich.

„Wenn Sie genaue Zahlen brauchen, werde ich mich nach dem Unterricht hinsetzen und die Ergebnisse zusammenzählen!"

„Das hätten Sie schon längst erledigen können. Was machen Sie übrigens den ganzen Tag? Herumsitzen? Oder? Haben Sie sich übrigens schon zum Volkssturm gemeldet?"

Franz Dirisamer war in den letzten Wochen vorsichtig geworden, und er hatte aufgehört, Radio zu hören und dem Feindsender zu lauschen. Deshalb war er auch nicht auf dem letzten Stand der Information. Die Sache mit der Meldung zum Volkssturm war ihm daher nur oberflächlich geläufig.

„Scheinbar wissen Sie nicht, dass Adolf Hitler am 18. Oktober alle waffenfähigen Männer vom 18. bis zum 60. Lebensjahr, die militärisch noch nicht erfasst sind, zum Volkssturm aufgerufen hat, und das bedeutet den totalen Kriegseinsatz des deutschen Volkes. Das wird allen Feinden das Genick brechen. Wir haben bereits die Wunderwaffe V1 und V2, und es werden weitere folgen. Sie, verehrter Herr Kollege, werden nicht triumphieren können. Übrigens, ich habe mich bereits informiert, Ihre Sammelergebnisse sind schlecht, schauderbar schlecht, man muss sich schämen, Leiter einer Schule zu sein, in der so wenig zusammenkommt. Überall in Oberdonau sind die Resultate besser, nur wir, damit meine ich natürlich Sie, gehören wieder zu den Nachzüglern!"

Darin hatte sich Rektor Wilke aber gewaltig geirrt. Ein paar Tage später bekam er von Linz die Verständigung, dass die Hauptschule Sierning als beste Sammelschule des Landes im Festsaal des Landhauses feierlich belobigt werden sollte. Und ausgerechnet Franz Dirisamer durfte als zuständiger Koordinator vom Gauleiter die Urkunde in Empfang nehmen. Wilke schäumte! Am liebsten hätte er den Brief in tausend Stücke zerfetzt, aber er konnte die Anweisungen von oben nicht ignorieren, er musste vor den verhassten Fachlehrer treten und einen Rückzieher machen.

„Übrigens, Herr Fachlehrer Dirisamer", sagte er an einem der nächsten Vormittage, „ich möchte Ihnen vor der versammelten Kollegenschaft, die sich bei den Sammelaktionen ebenfalls äußerst angestrengt hat, die Nachricht überbringen, dass unsere Sammelergebnisse in Linz anerkannt worden sind und Sie mit dem besten Sammler der Schule, mit dem Herbert Kaiplinger, eine Urkunde in Empfang nehmen können. Für diesen Tag sind Sie natürlich vom Schulunterricht entschuldigt!"

Er reichte Dirisamer flüchtig die Hand. „Ich gratuliere!"

Eine Genugtuung war das für Franz Dirisamer, aber eine, bei der ihm das Magenwasser hochkam, denn die Preisübergabe in Linz nahm Gauleiter Eigruber persönlich vor. Diese Gegenüberstellung war nicht nach seinem Geschmack, er scheute sie. Da wurde er nämlich mit einem Menschen konfrontiert, der sich inzwischen als vielfacher Mörder entlarvt hatte, einem ehemaligen Angestellten der Steyrer-Werke, dem man bereits in den Anfängen besondere Brutalität und Raffinesse nachgesagt hatte und der diese Eigenschaften in der Partei ausbaute und zur Perfektion brachte. Was hatte er alles von den Grausamkeiten dieses Mannes gehört, Mauthausen, Ebensee, Münichholz, nein, er wollte darüber nicht nachdenken, er wollte es so hinnehmen, wie es war und wie es sich anbot. Flüchtig dachte er an Graf Stauffenberg, an den 20. Juli, an dem im Führerhauptquartier Wolfsschanze eine Bombe explodiert war. Erst das fehlgeschlagene Attentat zeigte die wahre, heldenhafte Haltung dieses Mannes, da gab es kein Kneifen vor der Verantwortung und kein Abschieben-Wollen auf andere. Woher hatte dieser Mensch seine Kraft, seine ablehnende Überzeugung? Franz Dirisamer verglich sich oft mit seiner Umgebung, mit Persönlichkeiten, die Standfestigkeit hatten, mit Vorbildern auf geistiger und politischer Ebene, im Besonderen auch mit Graf Stauffenberg. Und da war dann eine Begegnung mit Eigruber etwas, was ihn besonders deprimierte und gegen sein Gewissen sprach. Wenn andere Menschen aus politischer Überzeugung ihr Leben hingaben, wie konnte er dann zu Eigruber fahren und sich von diesem für seine Lumpensammelaktion belobigen lassen? Er verachtete sich und wünschte, alles wäre schon vorüber. Aber er musste einfach durchhalten, das war er seiner Familie schuldig. An diese vernünftige Überlegung klammerte er sich, so lange ihn seine Kinder brauchten, durfte er seinen Emotionen nicht nachgeben. Nicht, dass er die Heldenhaftigkeit eines Stauffenberg anzubieten hatte, aber man konnte sich in Fällen, in denen man nicht dabei sein oder nicht mitmachen wollte, ja auch einmal krank melden. Leider hatte er in dieser Hinsicht zu wenig schauspielerisches Talent, Wilke durchschaute ihn immer sehr schnell, seine tyrannischen Eigenschaften waren die eines Fährtenhundes, der immer die richtige Spur fand und sie bis zum Ende verfolgte.

Mit der Räumung und Verlegung der Klassenräume in die Volksschule waren einige Veränderungen ins Rollen gekommen. Obwohl es den Brandvorschriften widersprach, wurde ein Großteil der Schulbänke auf dem Dachboden der Hauptschule deponiert, die Schulzimmer wurden geräumt und gesäubert, so auch der Zeichen-und Werksaal. Ähnlich wie vor längerer Zeit die Fähnchen auf der Europakarte verschwanden, so wurden jetzt die Flugzeuge vorsichtig von ihren Fäden abgeschnitten und weggeschafft. Auch die Materialien, Zeichenbehelfe und Schülerarbeiten schichtete man um. Da Fachlehrer Zimmermann mit einer Venenentzündung im Bett lag, besorgte dies der kleinwüchsige Schulwart Moser, dem mit einigen Hilfskräften die ganze Aufarbeitung und Verstauung oblag. Er war ein gewissenhafter, rühriger Mann, immer zur Stelle, ergeben und treuherzig. Er war auch neugierig, und wenn er Einsicht in Lehrer-oder Umkleidekästen machen konnte, dann riskierte er schon einen Blick hinein. Man konnte ja nie wissen, ob es nicht wichtige Dinge waren, die man darin zu Gesicht bekam.

Warum ihm die Schülerarbeitenmappe von Zimmermann aus den Händen glitt und auf den Boden fiel, kann man nur so beantworten, dass schicksalhafte Vorgänge keine Erklärung zulassen, da sie sich jenseits unserer Vorstellungsmöglichkeiten abspulen, dort aber präzise eingestellt sind und auf ihre Verwirklichung drängen. Wie auch immer, mit dem aufs Linoleum gefallenen, aufgefächerten Mappeninhalt war das Bild von Heinz nach oben gerutscht, und da es im Gegensatz zu den anderen farbigen Arbeiten nur schwarz-weiß ausgeführt war, stach es dem Schulwart sofort in die Augen. Und nicht nur das, dieser erkannte auch sofort die Persiflage und die tendenziöse, politische Sinnhaftigkeit des Werkes.

Schulwart Moser war empört, er war von Natur aus leicht erregbar, was sich in seinem nach Bedarf hochroten Gesicht am deutlichsten bemerkbar machte, es schwoll an und blasste ab, wie ein Glühlämpchen, wenn es zu viel oder zu wenig Strom bekommt.

Er nahm die Zeichnung hoch. Impertinent war das, der Führer als Totenkopf und dazu der zerbeulte Stahlhelm mit den Hakenkreuzen, sozusagen ein Symbol der demolierten Wehrmacht. Er suchte nach dem Namen des Frevlers, der das verbrochen hatte und fand ihn auf der Rückseite. Er stutzte und dachte: „Der Kleine vom Fachlehrer!“ Konnte das stimmen? Und gleichzeitig überlegte er, ob er das Ganze auf sich beruhen lassen oder ob er als Parteigenosse handeln sollte. Denn Parteigenosse war er, bereits aus der Zeit der dreißiger Jahre. Als ehemaliger sozialistischer Steyrerwerkler hatte er den Schwenk auf den nationalsozialistischen Arbeiter voll mitgemacht. Als Parteigenosse war er unbedeutend geblieben, doch hatte ihm die Parteizugehörigkeit auch nicht geschadet, sondern ihm einen gesicherten Arbeitsplatz verschafft. Ethische Probleme waren ihm fremd, interessierten ihn nicht, das bedeutete, dass er sich für Gewissensfragen und Entscheidungen nicht zuständig fühlte. Aus diesem Grund wollte er das Zeichenblatt nicht bewerten, und deshalb vertraute er sich der nächstobersten Instanz, nämlich dem Rektor, an.

Auf sein Klopfen am Rektorzimmer hörte er ein schnaubendes „Ja!", und als er eintrat, sah er Wilke über einige Formulare vertieft an seinem Schreibtisch sitzen.

„Ich hätte da etwas zu melden oder, besser gesagt, vorzuzeigen!"

Der Rektor, mürrisch wie immer, nahm das Zeichenblatt entgegen.

„Woher haben Sie das?" fauchte Wilke.

Sofort zeigte der Schulwart sein hündisch ergebenes Naturell, und wie manche Schüler Erlerntes hastig herunter leiern, so berichtete er jetzt seinem Vorgesetzten den Sachverhalt.

„Haben Sie rückwärts schon den Namen gesehen?"

Wilke wendete das Blatt: „Heinz Dirisamer! Sind Sie sicher?"

„Ich bin mir nicht sicher, man müsste erst bei Fachlehrer Zimmermann nachfragen!"

Wilke überlegte und entließ den Schulwart, bedankte sich aber noch: „Gut gemacht, Herr Moser! Heil Hitler!"

Fachlehrer Zimmermann war der einzige Lehrer der Schule, der in seiner Wohnung ein Telefon besaß und daher leicht erreicht werden konnte. Da er aber bettlägrig war, dauerte es eine Weile, bis er an den Apparat kam. Rektor Wilke schilderte den Vorfall.

„Ist Ihnen bewusst, was Sie mir da vorenthalten haben?"

An der schwachen Stimme von Zimmermann konnte er erkennen, dass dieser gesundheitlich schwer angeschlagen war.

„Ich bitte Sie, Herr Rektor, der Heinz Dirisamer ist doch viel zu dumm und unbegabt, um so eine Zeichnung bewusst herzustellen. Ich habe ihn nachher ausgefragt, und da hat er mir eingestanden, dass er in der ‚Oberdonau-Zeitung' so ein Bild gesehen hat und es nur nachmachen wollte. Natürlich ist es ihm wieder einmal nicht gelungen."

„Wie Sie das drehen wollen, Herr Kollege Zimmermann, das ist mir egal, aber dafür stehen Sie mir gerade. Und den Dirisamer nehme ich mir persönlich vor!"

Was er unter „persönlich vornehmen" verstand, davon hatte Rektor Wilke eine ganz konkrete Vorstellung. Endlich hatte er wieder einen Vorwurf, und zwar einen sehr schwerwiegenden Beweis, gegen den ungeliebten Fachlehrer in der Hand. Dass ausgerechnet dessen Sohn Heinz der Anlass war, berührte ihn nicht im geringsten, denn nach einem kurzzeitigen Wohlwollen diesem Buben gegenüber, beschlich ihn später bei jeder Begegnung Unbehagen, das sich nach und nach zur Abneigung steigerte. Der Bub hatte ihm ins Herz geschaut, das war peinlich gewesen und hatte eine Schwachstelle an ihm aufgedeckt. Und so etwas konnte er dem Knaben nicht verzeihen.

Schon wollte er zum Telefon greifen und sich nach Linz mit der Kanzlei von Eigruber verbinden lassen, als ihm einfiel, dass just am heutigen Tag Franz Dirisamer im Landhaus war und vom Gauleiter persönlich eine Belobigung bekam.

„Verdammt, das läuft schlecht", dachte er. Schnell wechselte er die Telefonnummer und hatte kurz darauf Bürgermeister Eder in der Leitung. Der Weg, den er dadurch einschlug, war zwar andersrum, aber auch so musste er ans Ziel kommen.

„Wenn Sie kurz Zeit hätten, ich würde Ihnen etwas vorbeibringen. Ich habe da ein Problem, das ich mit Ihnen besprechen muss."

Die Amtsstunden des Bürgermeisters dauerten bis zwölf Uhr, er hätte also genügend Zeit für den Weg ins Gemeindeamt gehabt, aber er war so in sein Geifern verwickelt, dass er schon zehn Minuten nach dem Telefonat in das Büro von Eder trat. Die beiden Männer begrüßten sich höflich, wenn auch nicht freundlich. Sie hatten etwa die gleiche Größe, doch war der Bürgermeister so etwas wie ein Sitzriese, und als sie auf ihren Sesseln Platz nahmen, sah er automatisch auf Wilke herab. Dieser fühlte sofort den Unterschied in der Augenhöhe, und so etwas machte ihn immer unsicher. Deshalb stand er auch gleich wieder auf.

„Eigentlich will ich Sie nicht lange aufhalten, muss auch gleich wieder fort. Aber das hier möchte ich Ihnen doch zur Kenntnis bringen!"

Eder besah sich die Zeichnung. „Heinz Dirisamer, 2. Klasse! Ja, das ist natürlich eine dumme Sache. Was sagt denn der Vater dazu?"

Wilke wurde verlegen. „Wie es der Zufall so will, ist dieser heute im Linzer Landhaus, da er vom Gauleiter persönlich wegen der guten Sammelresultate in unserer Schule belobigt wird. Eigentlich eine Ehre, die man anderen geben müsste. Ich verstehe wirklich nicht, warum dieser Regimegegner von unserem Gauleiter völlig ungerechtfertigt ausgewählt wurde. Von meiner Seite aus ist er auf jeden Fall nicht vorgeschlagen worden." Und dann schilderte er noch, was ihm der Schulwart erzählt und was er am Telefon mit Zimmermann besprochen hatte.

In diesem Augenblick hatte Bürgermeister Eder mit zwei persönlichen Problemen zu kämpfen. Erstens war ihm Fachlehrer Dirisamer sympathisch, schon seiner Kinder und seiner Frau wegen, die er einmal bei einem Mittagessen im Gasthaus Stöger kennen gelernt hatte. Ganz im Gegensatz dazu war ihm Wilke ein Gräuel. „Selten", dachte er, „ist mir ein so widerlicher Mensch untergekommen!" Und nun wollte ihm dieser Mann den schwarzen Peter zuschieben. Das lag doch klar auf der Hand: Dirisamer wurde belobt, und er sollte mit dieser Zeichnung ein Gegenteiliges reklamieren. Musste sich da der Gauleiter nicht blöd und blamiert vorkommen?

Nach kurzer Überlegung meinte er: „Ich weiß nicht recht, wie ich die Sache angehen soll, aber, wenn ich es recht bedenke, fällt sie eigentlich in Ihre Kompetenz!"

Wilke wand sich. „Sie täten mir einen großen Gefallen, wenn Sie die Angelegenheit für mich bereinigen würden. Sie wissen ja, man wird als Vorgesetzter immer falsch beurteilt, und gleich heißt es, man habe Ressentiments und wäre nicht objektiv!"

„Ich glaube nicht, Herr Rektor, dass man so über Sie denkt! Eigentlich sollte man in Betracht ziehen, dass ein Bub die Sache produziert hat, und wie Sie mir gerade selbst erklärt haben, hat er es von einer Zeitung abgezeichnet! Könnte eigentlich auch ganz harmlos sein, diese Sache. Na, ich werde sehen, was ich da machen kann."

Wilke war bei dieser Folgerung nicht ganz wohl in seiner Haut, er fühlte, dass ihm die wichtigsten Argumente entglitten.

„Aber Sie verwenden diese Zeichnung hoffentlich in unserem Sinne. Sie wissen ja, Dirisamer ist unter meinen durch und durch integren Lehrern ein Fremdkörper. Ich möchte ihn weghaben! Verstehen Sie?"

Bürgermeister Eder ging auf dieses Ansinnen nicht ein. Er sah eine Weile vor sich hin und fragte unvermittelt: „Wie geht es mit dem Unterricht in den Räumen der Volksschule, haben sich die Schüler schon eingelebt?"

Wilke hätte diesbezüglich eine Menge Beschwerden vorzubringen gehabt, aber Eder hörte nur mit halbem Ohr zu. „Sie wissen ja, es steht schlecht um unser Volk!" sagte er, um das Gespräch zu beenden. „Ich fürchte, wir müssen bald noch Ärgeres hinnehmen. Was die weiteren Monate bringen, weiß heute noch keiner zu sagen, aber jeder von uns muss auf das Schlimmste gefasst sein!"

Dieser Satz bohrte sich wie ein Speer in die Brust von Rektor Wilke. Die Angst vor der Zukunft riss ihr Riesenmaul auf und drohte ihm mit gefährlichen Zähnen. Trotzdem wollte er niemandem merken lassen, wie ihm zumute war.

„Ich glaube, Herr Bürgermeister, Sie sehen das zu pessimistisch. Noch haben wir Wunderwaffen, und der Führer hat neue versprochen. Unsere Armeen sind intakt, glauben Sie mir, wenn es die Heimat zu verteidigen gilt, werden sie ihre wahre Vernichtungskraft zeigen. Der Volkssturm ist einberufen, Hunderttausende werden nachrücken und den Endsieg festigen!"

Eder sagte darauf nur: „Hoffen wir es!" und damit war die Besprechung auch schon zu Ende. Die Männer reichten sich die Hände.

„Heil Hitler!"

„Heil Hitler, Herr Rektor Wilke!"

Ein Glück, dass Dirisamer von diesem Gespräch und dieser Intrige nichts ahnen konnte. Um zum Vormittagstermin im Landhaus zurechtzukommen, musste er den frühesten Omnibus nehmen, der über Steyr und Enns um halb zehn Uhr in Linz ankam. Gemeinsam mit dem Schüler Herbert Kaiplinger stieg er um sechs Uhr in das Fahrzeug ein. Seine anfängliche Verstimmung verflog, als er merkte, mit welcher Erregung und Freude der Schüler der Veranstaltung in Linz entgegen fieberte. Kaiplinger war ein aufgewecktes Bürschchen, das ununterbrochen Fragen stellte und auch in derselben Manier seine kleinen Geschichten und Geheimnisse preisgab. Die Frage nach dem Warum seiner besonders guten Sammelergebnisse beantwortete er mit einer Gegenfrage.

„Herr Fachlehrer, wie würden Sie es anstellen, um an Altmaterialien heranzukommen?“

Dirisamer gab ihm eine einfache Antwort: „Na, ich würde halt in die Häuser und Wohnungen gehen und nachfragen!“

Der Schüler sah ihn mit einem überlegenen Ausdruck an.

„Nein, das ist falsch, das muss man ganz anders machen. Ich beginne auf dem Spielplatz mit einigen Buben ein Gespräch. Ich frage sie: ‚Wo wohnt ihr denn?‘ und gleich darauf: ‚Haben eure Eltern einen Dachboden oder Keller?‘, und wenn sie einen solchen haben, dann erkundige ich mich: ‚Was liegt denn dort herum?‘ Und auf diese Weise erfahre ich, wo es etwas zu holen gibt. So einfach ist das, ich habe fast immer Erfolg.“

Erstaunt und amüsiert betrachtete Dirisamer seinen jugendlichen Begleiter. „Da fällt mir etwas ein“, sagte er nach einer Pause. „Auf dieselbe Weise könnte ich in allen meinen Klassen eine Deutscharbeit schreiben lassen. Etwa mit dem Titel: „Unser Dachboden, unser Keller, was gibt es dort zu sehen?“

Beide lachten. „Ja, da könnte etwas herauskommen!“

In Steyr hatte der Omnibus kurzen Aufenthalt. War es Zufall oder eine himmlische Fügung, dass um dieselbe Zeit der Jesuitenpater Ignaz Mühleitner zustieg? Franz Dirisamer fühlte sich auf jeden Fall erleichtert, denn er erblickte in der Person des Priesters sofort ein Zeichen, das ihm Gutes ankündigte.

Pater Mühleitner kannte ihn von den Sonntagsmessen und begrüßte ihn wie einen Freund.

„Grüß Gott, Herr Fachlehrer! Wie geht's? Was macht die Familie?"

Der Schüler, der vorher neben seinem Lehrer gesessen war, machte ehrfurchtsvoll Platz und verzog sich auf eine der hinteren Bänke, wo noch Sitze frei waren. So konnten die beiden Männer ungestört reden, sie erzählten sich vom Zweck ihrer Reise, zuerst sprach Dirisamer von der Altstoffsammlung und der Belobigung, und von der Gegenseite erfuhr er, dass der Pater ebenfalls zu Gauleiter Eigruber unterwegs war, weil er sich für einen Freund der Kirche, einen gläubigen Bekenner, wie er es ausdrückte, einsetzen wollte.

„Bei Eigruber? Glauben Sie wirklich, dass bei diesem Mann ein Priester mit einem Anliegen Erfolg hat?"

Pater Mühleitner lächelte milde. „Ich erzähle Ihnen jetzt eine Sache, die unter uns bleiben soll, ein kleines Geheimnis. Verstehen Sie?"

Dirisamer nickte.

„Eigruber, das war nicht immer der karrieresüchtige Nationalsozialist, nicht die Bestie, als die er unter den Leuten verschrien ist. Wissen Sie, dass er einmal ein eifriger Kirchenbesucher war?"

„Was? Unmöglich!" Franz Dirisamer schüttelte ungläubig den Kopf. „Wenn es nicht aus Ihrem Mund gekommen wäre, ich wäre versucht anzunehmen, jemand will mit mir einen Scherz treiben."

„Nun, das will ich sicher nicht. Aber was ich Ihnen sage, dürfen Sie glauben. Eigruber war einmal ein begeistertes Mitglied der Marianischen Kongregation. Allerdings ist das schon lange her, sagen wir, es war in den zwanziger Jahren."

Nach einer Pause fuhr er fort: „Wir Jesuiten hatten einmal Probleme, ich will darauf nicht näher eingehen, aber es ging um unsere Existenz, und für einige von uns sogar ums Überleben. In unserer Not fuhr ich nach Linz zu Eigruber. Eigentlich hatte ich nicht erwartet, dass ich einen Termin bekommen würde, aber schon nach kurzer Zeit durfte ich ins Zimmer des Gauleiters. Überaus freundlich war er, entgegenkommend, nett. Ich möchte sagen, der Tag war für mich ein Ereignis, ein Wunder. Und als ich dann Eigruber unser Anliegen vortrug, sagte er lachend: ‚Machen Sie sich keine Sorgen, den Jesuiten passiert nichts. Zumindest nicht, solange ich etwas zu sagen habe. Oder glauben Sie, ich lasse es zu, dass jenen etwas geschieht, mit denen ich freundschaftlich verkehrte?' Und dann erzählte mir Eigruber die ganze Geschichte seiner Kongregationszeit, von netten Seelsorgern, von Freunden, die er dort fand, und noch vielem mehr. Wahrscheinlich wären wir noch nach einer Stunde beisammen gesessen, wenn ich nicht gebremst und gesagt hätte: ‚Herr Gauleiter, ich muss den Zug erreichen!'

Wie Freunde verabschiedeten wir uns. ‚Wenn Sie von mir etwas brauchen, wenn ich helfen kann', sagte er, ‚jederzeit!' Und seien Sie versichert, Herr Fachlehrer, ich habe bisher schon oft die Protektion von Eigruber gebraucht, und nie wurde mir etwas abgeschlagen. Ich sehe es als eine Hilfe von oben. Mein Gott, wo stünde der Orden in Steyr, was wäre mit uns allen geschehen?"

Franz Dirisamer rang sich ein Lächeln ab. „Einen Fürsprecher wie Sie könnte ich auch brauchen!"

„Ah, haben Sie Probleme?"

„Mit Rektor Wilke habe ich in Sierning nur Probleme. Was glauben Sie, was mich dieser Mensch Nerven und Substanz kostet!"

Nach diesem ersten Geständnis redete sich Dirisamer bei dem Jesuiten seinen Kummer und seine Sorgen von der Seele.

„Soll ich bei Eigruber zart anklopfen?" fragte Pater Mühleitner.

„Ich könnte Hilfe schon brauchen, aber ich will natürlich nicht, dass Sie Schwierigkeiten bekommen!"

„Nehmen wir einmal an", führte der Pater das Gespräch weiter, „unser heutiges Zusammentreffen war kein Zufall, oder nehmen wir noch konkreter an, unsere Begegnung war eine

Fügung des Heiligen Geistes. Glauben Sie da im Ernst, ich könnte diesen Fingerzeig von oben übersehen?“

Es gab Augenblicke, in denen sichtbar wurde, wie dünn das Nervenkostüm von Franz Dirisamer geworden war. So auch jetzt! Seine Schultern krümmten sich, sein Kinn bebte, um die Mundwinkel zuckte es, und in die Augen quollen ihm Tränen. Pater Mühleitner sah es. Er griff nach der Hand des Lehrers.

„Seien Sie unbesorgt, mein Freund. So viel kann ich Ihnen schon jetzt versprechen, dass Ihnen in Zukunft zumindest die politischen Sorgen abgenommen werden. Gauleiter Eigruber ist inzwischen so etwas wie ein Beichtkind von mir geworden. Mehr kann ich Ihnen nicht verraten. Ja, es klingt unglaublich! Aber wir Priester sind Seelsorger für alle, es steckt im Wort, wir machen uns Sorgen um die Seelen von Menschen, und zwar um die Seele eines jeden, uneingeschränkt. Und da öffnet sich manchmal so ein verwirrter Geist, und man entdeckt neben dem Teufel in Person ein zartes, kümmerliches Flämmchen, das leuchten, lodern und gut sein will! Wir können es nicht zertreten, wir müssen es so, wie es sich uns zeigt, annehmen und pflegen. So verzweifelt sich uns auch eine Seelenlandschaft darstellt, so schwarz und verlogen, aber die Handschrift Gottes ist in jedem, auch im verkommensten Subjekt. Das ist meine Vision und meine Erkenntnis von der Größe und Geistigkeit des Schöpfers geworden. Aber, um auf Sie zurückzukommen, bleiben Sie standhaft und glauben Sie an die Kraft des Gebetes. Ich spreche jetzt heimlich ein Vaterunser, dann mache ich ein Kreuzzeichen, es ist zugleich ein Zeichen des Segens, den ich auf Sie herabflehe!“

Franz Dirisamer traf mit seinem Schüler Herbert Kaiplinger zeitgerecht im Landhaus ein. Die Gauhauptstadt hatte ebenfalls unter den Bombenangriffen gelitten, man konnte Zerstörungen und Ruinen erkennen, aber in der Innenstadt zeigte sie sich relativ unverletzt und verschont. Entsprechend benahmen sich hier auch die Menschen normaler, weniger gehetzt und nicht so verstört. Im Stiegenhaus hinauf zu den Sitzungssälen verabschiedete sich Pater Mühleitner von ihm, er verschwand in einer der Seitentüren, drehte sich aber vorher noch einmal ihm zu und winkte, segnend oder ähnlich, zumindest hielt er den Zeige- und Mittelfinger etwas höher als den Rest der Hand. Diese Geste tröstete Dirisamer, aber sie beschwichtigte nicht sein Herzklopfen und inneres Zittern, das sich wie ein körperliches Beben mehr und mehr in ihm ausbreitete.

Der Steinerne Saal, der Festsaal des Landhauses, war für die Feier vorbereitet, er war geschmückt mit Hakenkreuzfahnen, Gebinden, Girlanden aus Fichtenzweigen, Spruchbändern und einem eindrucksvollen, großen Hitlerbild. Die aufgestellten Stühle waren zum Großteil besetzt. Leute standen herum und unterhielten sich, Kinder lauschten, dann begann ein Chor zu singen und brachte Ordnung in den Saal, da die Menschen jetzt zu ihren Sitzen eilten und sich still verhielten. Bis Gauleiter Eigruber eintraf, dauerte es trotzdem noch eine Weile, dann aber ging alles schnell und unkompliziert. Die Reden waren nicht so lange, wie Dirisamer befürchtet hatte, aber dafür waren die Belobigungen und Ehrungen zahllos. Und bis endlich die Hauptschule Sierning aufgerufen wurde, war eine gute Stunde vergangen. Als er zum Podium schritt, schob er den Schüler vor sich her, und im Augenblick, in dem sie dem Gauleiter gegenüberstanden, streckte er zugleich mit Kaiplinger den Arm und grüßte mit „Heil Hitler!" Dann nannten sie ihren Namen.

Noch nie war Dirisamer dem Gauleiter persönlich gegenübergestanden, aufgeregt blickte er in ein fleischiges, rotgeädertes Gesicht, dessen Augen ihn neugierig musterten.

„Dirisamer, ehemals Steyr-Ennsleite?"

Dirisamer bejahte.

„Ihre guten Taten eilen Ihrem Namen voraus, nicht nur jene in Sierning, wo Sie mit Ihren Schülern hervorragende Arbeit geleistet haben, sondern auch die von früher, als Sie noch Hauptschuldirektor auf der Ennsleite waren!"

Dirisamer zeigte sich verwirrt. Wurde er hier verhöhnt?

„Man hat nicht vergessen, dass Sie in den dreißiger Jahren für die unterernährten Schulkinder auf der Ennsleite eine

Schulmilchaktion ins Leben gerufen haben und dass Sie zu Weihnacht bei den Kaufleuten betteln gegangen sind, damit die Allerärmsten ein Geschenk bekommen haben. Sehr anständig von Ihnen, weiter so! Heil Hitler!" Ein leichtes Lächeln seiner wulstigen Lippen streifte ihn noch, und dann war schon alles gesagt.

Im Anschluss an die Feier wurde den Gästen in einigen Nebenräumen ein einfaches Mittagessen serviert, gerade soviel, um den ärgsten Hunger zu stillen. Die Schüler bekamen als Getränk Limonade, und für die Erwachsenen wurden Gutscheine für ein Seidel Bier ausgegeben.

Dirisamer betrachtete sich die Urkunde, die sie bekommen hatten. Dann reichte er sie seinem Schüler und dieser las laut vor: „Alt-und Abfallstoffsammlung der Schuljugend im Kriegsjahr 1944. In Würdigung des persönlichen Einsatzes in der Alt- und Abfallstoffsammlung der deutschen Schuljugend bedankt sich der Reichsstatthalter für Oberdonau für den erwiesenen, beispielgebenden Eifer, der mit ein Beitrag für den Endsieg des deutschen Volkes ist."

„Was für eine Ironie", dachte Franz Dirisamer bei sich und überhörte den Rest des Schriftstückes sowie die Entzifferungsversuche der Unterschrift und des Stempels. Seine Gedanken waren noch bei dem, was Eigruber gesagt hatte, über die Schulmilchaktion und das Betteln um Weihnachtsgeschenke. Als er damals als Schuldirektor auf die Ennsleite bestellt wurde, wimmelte es dort von Arbeitslosen und Ausgesteuerten. Die Hungersnot machte sich nicht nur bei den Erwachsenen, sondern auch bei den Kindern bemerkbar. Viele waren so schwach, dass sie nicht einmal am Turnunterricht teilnehmen konnten, und bei manchen Veranstaltungen fielen die Kinder vor Schwäche reihenweise um. Das Ausmaß der Unterernährung war damals mehr als besorgniserregend gewesen, die Situation insgesamt katastrophal. Eigruber war in diesen Jahren Angestellter in den Steyrer-Werken, möglich, dass er dadurch von seinen Aktionen erfahren hatte, denn viele Väter seiner Schüler gingen ebenfalls in die Werke arbeiten, und da sprach sich bald etwas herum.

Eigenartig für ihn war nur, dass es ausgerechnet am heutigen Tag zur Sprache kam. Sollte Pater Mühleitner bereits am Werk gewesen sein? Er schob diese Gedanken von sich. Für Sekunden war ihm der Gauleiter menschlich erschienen, aber dann musste er die dargebotene Mörderhand ergreifen und drücken, die Hand, an der so viel Blut hing, und davor graute ihm noch jetzt.

Natürlich musste Dirisamer am nächsten Schultag Rektor Wilke ausführlich von der Feierlichkeit in Linz berichten. Es war eine Aufdringlichkeit, die unproportional zu dem war, was sich abgespielt hatte, aber da er die Neugier seines Vorgesetzten stillen musste, berichtete er Details und rundete sie dahingehend zu seinen Gunsten auf, dass er auch die Schulmilchaktion erwähnte, mit allem Drum und Dran, und ausdrücklich betonte, dass Eigruber von seinen Initiativen während der dreißiger Jahre wusste und sie als „anständig" bezeichnet hatte. Verständlich, dass solche Informationen Wilke nicht willkommen waren, denn sie zeigten, dass der Fachlehrer in Linz nicht gar so schlecht angeschrieben war. Gerade überlegte er sich, ob es nicht klüger wäre, die Sache mit der Schülerzeichnung abzublasen, als ihm Dirisamer zuvor kam.

„Was ich Ihnen auch mitteilen wollte, ich habe heute Morgen auf dem Schulweg zufällig Bürgermeister Eder getroffen. Er hat mir von dem dummen Gekritzel meines Sohnes erzählt, und wir haben uns dahingehend geeinigt, dass wir das ganze unter den Tisch fallen lassen. Das heißt, er hat die Zeichnung zerrissen und gemeint, dass das auch in Ihrem Sinne wäre. Wir haben viel gelacht, Sie wissen ja, Heinz ist noch nicht reif, er ist einfach zu dumm für eine anständige und schöne Zeichnung!"

Wilke schnaubte verächtlich: „War wirklich eine dumme, ja außerordentlich dumme Sache!" Und zum ersten Mal verlor er in diesem Augenblick die Hoffnung, die Sache mit dem Großdeutschen Reich könnte noch gut ausgehen. Denn, wenn Parteigenossen bereits in so kleinen Dingen zu Verrätern wurden, wie stand es dann erst mit der großen Politik?

XIX.

Der honorige Fachlehrer Willibald Müller hatte die Unart, dass er die Mathematikstunden, die in der 4. Klasse am Ende des Unterrichtes angesetzt waren, oft und lange überzog. Es war fast wie eine Zeremonie.

„Und jetzt noch ein kleines Beispiel zum Abschluss!" hörten ihn die Schüler sagen, und nach diesem angeblich kleinen Beispiel folgte unweigerlich: „Und jetzt noch ein einziger, kurzer Satz!" Aber auch dieser Satz bedeutete noch lange nicht das Ende seines Unterrichtes, denn es folgte noch ein „winziger Satz" und noch ein „allerkleinster Satz". Das strapazierte die Nerven der Schüler, auch die von Robert, denn er wollte nach Unterrichtsschluss nicht allein, sondern mit den anderen Kindern aus Pichlern nach Hause gehen. Wenn er durch das Überziehen der Mathematikstunde nicht rechtzeitig aus der Schule kam, dann versäumte er den Anschluss an sie und er musste dann allein wandern.

Fachlehrer Müller genoss es, wenn er sah, wie die Schüler förmlich auf Nadeln saßen. Er spitzte seinen Mund und sagte: „Und jetzt noch ein einziges, winziges Wort und das heißt ...!"

„Amen!" brüllte Robert heraus.

Müller bekam einen hochroten Kopf und griff nach dem Klassenbuch. „Ich hab' in all den Jahren, wo ich Schüler unterrichtet habe, noch nie jemanden in das Klassenbuch eingetragen!" sagte er pathetisch. „Dirisamer, Sie sind der erste!"

Weil Lehrer Müller aus vornehmer Gewohnheit nie ein Schreibgerät bei sich hatte, musste er sich für seine Eintragungen einen Füllhalter ausborgen. Diesmal hatten aber alle Schüler die Schulsachen beim Stundenläuten bereits in die Taschen geräumt. Nur der Frauendorfer Fritz, der neben Robert saß und der vorher seine Utensilien auch schon eingeräumt hatte, packte jetzt seine Füllfeder wieder aus und reichte sie dem Lehrer. Dieser nahm sie, drehte sich um und ging zum Katheder zurück, um seine Eintragung zu machen.

Diesen Augenblick nützte Robert, und im Moment, in dem sich der Lehrer umdrehte, holte er mit der Rechten aus und schlug sie dem Frauendorfer ins Gesicht. Er traf ihn aber so unglücklich, dass dessen Brille in der Mitte entzweisprang.

Lehrer Müller machte zwar eine Eintragung, sagte aber dann: „Dirisamer, ich habe Sie unter Berücksichtigung der Verdienste Ihres Vaters nicht eingeschrieben, sondern nur die Mathematikstunde vermerkt."

Der Faustschlag, den Robert dem Frauendorfer gegeben hatte und dessen Spuren man sah, überhörte und ignorierte Willibald Müller. Ohne ein Wort zu sagen, brachte er dem Frauendorfer seine Füllfeder zurück. Dann wurden die Schüler entlassen.

Kaum war der Lehrer aus der Klasse, stürzte sich Frauendorfer Fritz auch schon auf Robert, und es wäre zwischen den gleichstarken Jungen sicherlich zu einem ernsthaften Kampf gekommen, wenn sich nicht Robert sofort bereit erklärt hätte, die Reparatur der Brille zu bezahlen. Er hatte vom Preis dieser Reparatur keine Vorstellung, und er war deshalb entsetzt, als ihm schon am nächsten Tag Frauendorfer diesen nannte.

„Unmöglich, ich kann dir das nicht bezahlen, ich habe doch keine elf Mark fünfzig!"

Frauendorfer beharrte auf dem Preis, und Robert dachte nach.

„Vier Mark, das ist alles, das ist mein lange gespartes Taschengeld!"

Sofort wurde Frauendorfer wieder hitzig. „Du Schuft, und ich habe wegen dir meine Mutter angelogen und erzählt, dass ich auf die Brille getreten bin!"

„Dann ist ja alles in Ordnung!" beschwichtigte Robert. „Horch mal, deine Mutter hat bezahlt, und somit ist die Sache eigentlich erledigt. Aber jetzt kriegst du noch vier Mark von mir, kein schlechtes Taschengeld. Und wenn ich meinen Bruder Heinz anbettle, sind sicher auch da ein paar Mark für dich drin. Überhaupt, du hast selber Schuld, du hast dem Lehrer die Füllfeder geborgt, und das war gegen die Schülerkameradschaft. Wenn du jetzt von mir die ganze Reparatur willst, hetze ich die Klasse gegen dich auf. Also, eine Steinschleuder hab ich auch noch, willst du doch? Zwei Flaksplitter kann ich entbehren, eine kleine Medaille mit Mariazell darauf, vielleicht auch ein paar Briefmarken. Einigen wir uns?"

Robert war ein guter Verhandler, das Argument, das am besten zog, war aber der Hinweis, dass er die Klasse auf ihn hetzen würde. Schließlich gab Frauendorfer nach.

„Wieviel bekomme ich von deinem Bruder, drei Mark?" Als Robert nickte, drohte er noch: „Aber, wenn das wieder nicht hinhaut, gehe ich zu deinem Vater, und dann hast du nichts zu lachen!"

Am Hausteich, wo es auch um diese Jahreszeit noch immer etwas zu erforschen gab, pirschte sich Robert äußerst vorsichtig an Heinz heran. Dieser war erstaunt, als sein Bruder auf ihn einsprach und wieder mit ihm spielen wollte. Maxi Nöbauer, der spaßeshalber gerade einen Angelhaken ins Wasser versenkt hatte, fragte: „Seid ihr jetzt vielleicht wieder gut?"

Robert sah ihn erstaunt an. „Wir waren nie zerstritten oder böse aufeinander, schließlich sind wir ja Brüder und beide sind wir Häuptlinge!"

Maxi war mit seiner Angel an einem größeren Ast hängen geblieben, er zog und zog, und als die Schnur riss, taumelte er zurück und nahm im Fallen Heinz mit sich. Dieser stürzte wieder auf Robert, und alle drei purzelten in die Wiese, wo sie dann lachend übereinander herfielen und Ringkämpfe aufführten.

Als sie sich genug gebalgt hatten und, schnaufend von der Anstrengung, nebeneinander saßen, stutzte Robert und betrachtete aufmerksam sein Knie.

„Heinz, du hast meine Hose zerrissen!"

„Das Loch hast du doch schon eine ganze Woche!" wehrte sich Heinz gegen diese Anschuldigung.

„Nein, du hast sie zerrissen!" Er stand auf.

„Wo gehst du denn hin?"

„Ich werde dich bei Papa verschuften und ihm sagen, dass du mich von hinten angefallen hast. Du hast mir das Loch gerissen!"

„Das wäre gemein von dir!"

„Gemein ist, dass du mir den Schaden abstreitest und ihn nicht gut machen willst.

„Wenn wir Mama bitten, wird sie das Loch schon wieder flicken!"

„Ach, du willst dich drücken! Gib mir lieber ein Schmerzensgeld! Wieviel hast du eigentlich in deiner Kassa?"

Für Heinz war vollkommen klar, dass Robert etwas im Schilde führte, er erinnerte sich, welch furchtbare Rache er ihm wegen der Trattnachsteine geschworen hatte. Da war Robert mit ihm noch lange nicht quitt. Er überlegte und schwieg zunächst.

Robert stieß ihn an: „Na, sag's schon!"

„Das geht dich überhaupt nichts an, und ich habe mein Geld gut versteckt!"

„Wahrscheinlich hinter der Mehltruhe, da lachen ja die Hühner!"

Bei der Mehltruhe hatte Heinz tatsächlich sein Versteck. Es gab dort ein lockeres Brett, und darunter war ein größerer Hohlraum, in dem man einiges verbergen konnte. Heinz hatte dort seine heimlichen Schätze abgelegt, war dabei aber immer so vorsichtig gewesen, dass ihn niemand bemerkte. Und nun wusste Robert davon. Das war im ersten Augenblick unverständlich, aber dann fiel ihm ein, dass es ja Robert gewesen war, der die Latte und das Loch entdeckt hatte. Aber das war vor langer Zeit gewesen, ganz zu Anfang, als sie in Pichlern eintrafen und als dort noch keine Mehltruhe stand. Wieder einmal hatte er eine so wichtige Sache vergessen.

Robert ließ mit seiner Forderung nach Geld nicht locker. „Gib mir fünf Mark und die Sache ist erledigt. Dann kannst du auch dein Versteck behalten!"

Heinz wandte sich an Maxi: „Weißt du, Robert hat auch ein Versteck, ich glaube, es ist hinter dem Bett von Gitti! Er hat ja immer so viele Sachen, die er verbergen muss, weil sie geklaut sind. Wahrscheinlich liegt dort auch sein Liebesbrief von Hitschi."

Dieser Brief war nicht der einzige, der von ihren Freunden aus Hofkirchen gekommen war, aber er war der einzige, den Hitschi geschrieben hatte. Er war an Robert adressiert. Als ihn Heinz lesen wollte, hatte er ihn kalt abgewiesen.

„Er ist nichts für dich! Du bist mit keinem Wort erwähnt!"

Es war ein schrecklicher Schmerz für Heinz gewesen, und Robert hatte sich an seiner Enttäuschung redlich geweidet. Immer wieder bat Heinz: „Laß ihn mir lesen!" Aber Robert spottete nur und machte als Antwort eine Ziege nach: „Määääh!" oder eine Gans: „Quaquaqua!"

Nach längerem Hin und Her und saftigen Sprüchen kam Robert wieder auf das Thema Geld, das er so dringend brauchte.

„Also, unter Häuptlingen, wo hast du dein Geld versteckt?"

Heinz wurde ärgerlich. „Was geht dich denn mein Versteck an?"

„Ich wollte nur wissen, wohin das Geld gekommen ist, das du Mama gestohlen hast!"

„Ich habe nichts gestohlen!" entrüstete sich Heinz.

„Doch, ich hab's gesehen!" Für Robert war es ein Schuss ins Schwarze gewesen, er wollte nur die Wirkung sehen und wissen, ob er getroffen hatte oder nicht.

„Ich kann's dir beweisen! Ich habe nur die zehn Mark, die mir Tante Poldi beim Abschied gegeben hat. Es war für die Ergreifung des Brandstifters!"

Zu Roberts Überraschung zog Heinz einige Geldstücke aus der Hosentasche und zählte sie ihm auf der Hand vor. „Das ist mein ganzes Geld und das ist mein Versteck!" Und damit deutete er auf seine Hosentasche, in der sein klimpernder Schatz auch gleich wieder verschwand.

Roberts Augen leuchteten vor Begehren auf. Heinz hatte Geld und gleich zehn Mark, also mehr, als er brauchte. Dieses Geld musste er bekommen, aber er wusste noch nicht wie!

Ohne ein weiteres Wort zu verlieren, ging er fort, er wollte ins Bauernhaus. Doch bevor er zur Tür kam, dröhnte ihm Motorenlärm aus der Richtung von Aschach entgegen. Seine ersten Gedanken waren „Tiefflieger!", deshalb rief er Heinz und Maxi eine Warnung zu. Die beiden konnten ihn aber nicht mehr verstehen, denn im selben Moment rauschte ein Flugzeug mit knatternden Motoren nur wenige Meter über den hohen Birnbäumen vorbei und verschwand seitlich vom Gasthaus Kuba auf den weiten Feldern, die zum größten Teil dem Bauern Schraberger gehörten.

Alle drei Buben erkannten an den Hoheitszeichen, dass es sich um eine deutsche Maschine gehandelt hatte. Schnell liefen sie zur Straße, von wo sie bis zum Schrabergerwald sahen. Tatsächlich war in der kleinen Nische, die geradeaus in die Fichtenbestände verlief und auf der im Sommer Getreide angebaut gewesen war, das Flugzeug niedergegangen und stand jetzt mit abgestellten Motoren ungeschützt auf dem abgeernteten Feld.

„Ist es eine Ju52 ?" fragte der etwas verdatterte Maxi Nöbauer, und Robert antwortete: „Ich weiß es nicht, hab' noch nie eine gesehen! Kommt mit, wir wollen es erkundigen!" Flink und jede Abkürzung benützend rannten die drei bis zur Stelle, von der aus sie jedes Detail ausmachen konnten. Sie stutzten, nichts rührte sich in der Maschine, nur die Seitentür des Flugzeuges war geöffnet. Aber dann entdeckten sie unter einer staudigen Eiche zwei Luftwaffensoldaten, sie hatten die Fliegerhaube abgenommen und neben sich gelegt. Man konnte erkennen, dass beide sichtlich erschöpft waren, ein jeder hatte eine Zigarette zwischen den Fingern, und den inhalierten Rauch bliesen sie hastig von sich. Die Buben gingen langsam und vorsichtig näher.

„Bleiben Sie hier sitzen oder fliegen Sie wieder fort?" fragte Robert, der seine Schneid wiedergefunden hatte. Dann deutete er auf die Maschine: „Ist das eine Ju 52 ?"

Geringschätzig blickten die beiden Soldaten auf ihn. „Wie heißt du?" fragte der ältere.

„Robert Dirisamer heiße ich!"

„Also gut, Robert! Du gehst jetzt zu den Häusern und verständigst jemanden, sag', dass wir keinen Tropfen Benzin mehr haben und dass im Flugzeug ein toter Kamerad liegt!"

„Ganz tot?" fragte Heinz.

„Ja, leider, Kopfschuss!"

„Müssen Sie den heraustragen oder kommt er zu Fuß aus der Maschine?" fragte Maxi.

Die beiden Piloten lachten grimmig. „Dummer Bub!" sagte der eine und kippte mit dem Mittelfinger und Daumen seine noch glimmende Zigarette in weitem Bogen ins Feld. Sofort stürzte sich Robert darauf und rauchte den Stummel gierig zu Ende.

Die beiden sahen ihm erstaunt zu. „Was ist, wirst du endlich gehen?"

Robert sagte: „Ich lauf schon!", dann preschte er fort.

Die Buben waren nicht die einzigen gewesen, welche die Landung des Flugzeuges bemerkt hatten, denn schon nach kurzer Zeit kamen von allen Seiten Leute heran, auch Robert kehrte zurück. Vom Gasthof Kuba aus hatte der Wirt die Behörden in Sierning verständigt und Hilfe angefordert.

Die beiden Piloten waren jetzt aufgestanden, sie gaben Auskünfte und ließen sich bewundern, sie erzählten, dass sie während eines Lasttransportes von einem amerikanischen Jäger angegriffen worden waren, sie hatten Treffer in die Flügel und in die Flanke bekommen. Teilweise waren sie von Schüssen förmlich durchsiebt worden. Und den MG-Schützen hatte es in seiner Kanzel erwischt. „Armer Kerl, ein guter Kamerad, zweiundzwanzig Jahre alt!"

Noch nie hatte Heinz ein deutsches Flugzeug aus solcher Nähe gesehen, bewundernd begutachtete er jedes Detail, die Reifen, die Verstrebungen, er griff an das Wellblech und tastete die scharfrandigen Stellen der aufgeplatzten Einschussstellen ab. Aber er spähte auch durch den Einstieg in das Innere, wo er allerdings nicht viel ausmachen konnte.

Als erstes war ein Rettungsauto zur Stelle, das vom Waldweg abbog und über das Feld gefahren kam, dann folgten ein kleiner Lastwagen mit Dorfgendarmen und zwei uniformierte Männer auf Motorrädern. Das Gespräch zwischen den Piloten und den beiden Soldaten dauerte nur kurz. Die Sanitäter brachten eine faltbare Trage und hoben sie ins Innere des Flugzeuges. Mit einer abgedeckten Person kamen sie wieder hervor, die Leiche war angeschnallt, nur die beschuhten Füße ragten unter der Decke ins Freie. Sonst sah man nichts von dem Mann, der, wie die Piloten erzählten, noch vor zwei Stunden mit ihnen gesprochen und Witze gemacht hatte. Routinemäßig schoben die Rettungsmänner die Bahre ins Auto, schlugen mit Knall die rückwärtigen Türen zu und verriegelten das Schloss. Papiere wurden übergeben, man grüßte und fuhr wieder ab in Richtung Sierning.

Die Gendarmen, die mit den Piloten ein kurzes Gespräch geführt hatten und abgefahren waren, kamen nach einiger Zeit wieder zum Flugzeug zurück, sie brachten Fässer mit Treibstoff, den sie mit Hilfe einer Pumpe in das Flugzeug umfüllten. Die Piloten kontrollierten sie dabei und gaben ihre Anweisungen. Jetzt endlich gelang es Robert und Heinz, sich in das Innere der Maschine einzuschleichen. Maxi Nöbauer folgte. Die Innenausstattung war einfacher, als sie sich das vorgestellt hatten, einige Sitze und vernagelte Kisten sahen sie, Abdeckplanen, die mit Stricken verspannt waren, und schließlich entdeckten sie auch die zerschossene MG-Kanzel, in deren Nähe Splitter und Patronenhülsen herumlagen. Heinz begann sich zu fürchten, er wollte fort, doch ehe ihm das gelang, stiegen die beiden Piloten ins Innere.

„He, wer hat euch das erlaubt? Verschwindet!"

„Wir möchten so gerne die Kanzel sehen", bat Robert, „ich will nämlich Flieger werden!"

„Na, dann kommt, einen kurzen Blick dürft ihr schon riskieren."

Die Soldaten nahmen Platz, hantierten an einigen Hebeln, sie klickten Lichter an, und plötzlich startete das Flugzeug.

„So", überschrie der Pilot den Motorenlärm, „jetzt nehmen wir euch mit nach Wien und über dem Ötscher werfen wir euch aus dem Flugzeug. Wenn ihr Glück habt, findet man dann von euch noch ein paar Knochen!"

„Nein!" schrie Robert in verständlicher Angst. „Nein, bitte nicht!" schrien auch Heinz und Maxi.

„Ihr habt noch drei Sekunden, und wenn ihr dann nicht draußen seid, geht es fort mit euch!"

Robert, der am weitesten vorne in der Kanzel stand, war so schnell, dass er über seinen Bruder stolperte und ihn niedertrampelte. Aber auch Maxi drängte in Panik ins Freie. Der jüngere von den Piloten nahm Heinz am Hosenträger und warf ihn zur Tür hinaus.

„Auf Wiederschaun, ihr Lausbuben!" rief er lachend und schlug die Flugzeugtüre zu.

Zuerst dachte Heinz, jetzt geht es um Leben oder Tod, doch als er das Lachen des Piloten hörte und die lustigen Rufe der Umstehenden vernahm, da begriff er, dass sie gefoppt worden waren.

Robert stellte sich zu einer Gruppe von Buben, in der auch einige von seiner Bande standen. „Ihr könnt ruhig lachen, aber wir sind immerhin die Einzigen, die das Flugzeug von innen gesehen haben." Mit stolz erhobenem Haupt erklärte er:

„Wir haben alles gesehen, das ganze Innere voller Blut!" Robert hätte noch weiter geprahlt, doch wendete jetzt das Flugzeug, rollte ins Feld, stieß blauen Benzindunst aus und erhob sich langsam, unendlich langsam in die Luft.

„Die streifen unser Haus!" schrie Heinz, doch bevor noch jemand etwas antworten konnte, war das Flugzeug schon darüber, zog einen sanften Bogen und verschwand im Himmel über Aschach.

Für einige Minuten blickten sie dem kleiner werdenden Flugzeug nach, doch langsam wurde es dämmrig, und die Leute zerstreuten sich. Die kleine Schar um Robert war jetzt auf acht Buben angewachsen, alle wollten sie hören, wie es im Inneren des Flugzeuges gewesen war.

„Robert hat mich umgerannt und niedergetreten vor lauter Angst", erzählte Heinz.

„Wenn du dich vor meine Füße legst, kann ich nicht anders!" Die beiden begannen wieder zu streiten, bis Robert beteuerte: „Ich hätte es nicht gemacht, ehrlich, aber ich bin im Blut ausgerutscht."

„In welchem Blut?" fragte Heinz und horchte auf.

„Da war doch Blut, überall Blut, unendlich viel Blut! Wo hast du deine Augen gehabt, dass du das nicht gesehen hast?"

Heinz, der nichts von Blut bemerkt hatte, wandte sich an Maxi Nöbauer:

„Hast du vielleicht Blut gesehen?"

Maxi hatte auch nichts gesehen.

„Heinz und Maxi haben nichts von Blut bemerkt! Gibt es denn das?" Mit dieser Frage begann Roberts Bericht über das Innere des Flugzeuges, und die Buben, die eine schaurige Geschichte hören wollten, lauschten aufmerksam und horchten auf das, was er ihnen in vielen Details erzählte. Alle spitzten sie die Ohren, damit ihnen ja nichts entging, sie sprachen nur mehr ganz leise, damit Robert um so lauter schwadronieren konnte. Und dieser sparte nicht mit Lügen. Er hatte Bomben im Flugzeug gesehen, viele Bomben, sogar eine Tausendkilobombe, dazu Schwerter, Maschinengewehre, Gasmasken und Stahlhelme. Und ganz rückwärts saßen zwei gefangene Amerikaner, die hatte der tote MG-Schütze in Schach gehalten, damit sich keiner aus dem Staub machen konnte.

„Aber der Schütze war doch tot!" bemerkte einer der Buben.

„Ein bisschen hat er noch gelebt. Erst als sein ganzes Blut aus dem Körper war, verlor er das Bewusstsein.

Robert merkte an den ungläubigen Gesichtern seiner Freunde, dass sie seiner Geschichte nicht ganz trauten, deshalb trumpfte er auf: „Er hat mir sein Silbernes Verwundetenabzeichen geschenkt!"

Jetzt war es Heinz, der sich nicht mehr halten konnte.

„Robert, du lügst! Wir sind in das Flugzeug hinein, und schon vorher hat man den toten Mann fortgetragen."

„Ich und lügen, na, was sagst du dann dazu?"

Robert griff in seine Tasche, fragte aber vorher seine Anhängerschaft:

„Und wenn ich behaupte, dass in meiner Hand das Silberne Verwundetenabzeichen ist, glaubt ihr mir dann?"

Einige nickten, Maxi Nöbauer aber schüttelte den Kopf.

„Ist doch klar, du hast irgendeinen Zaubertrick und damit willst du uns hineinlegen!"

Robert bewegte seine Hand in der Hosentasche, dann brachte er sie hervor und vollführte einige magische Kreise. „Abrakadabra, hier ist das Silberne Verwundetenabzeichen!" Klatschartig öffnete er die Faust. Wenn die Buben erwartet hatten, dass sie jetzt das Verwundetenabzeichen sehen würden, dann wurden sie enttäuscht. Auch Robert tat überrascht. Dann aber streckte er die andere Hand unerwartet in die Hosentasche von Heinz und zog sie wieder heraus.

„Ja, was haben wir denn da?"

Selbst Heinz war überrascht, als er jetzt in der Hand von Robert die silberne Auszeichnungsmedaille sah. Und zugleich stieg bitterer Neid in ihm hoch, denn nicht einer von den Buben hatte jemals einen solchen Schatz besessen. Robert sah in das verdutzte Gesicht des Bruders.

„Und wer ist nun der Lügner, du oder ich?"

Heinz sagte nichts, er war jetzt selber nicht mehr sicher, ob Robert die Medaille von dem toten Soldaten geschenkt bekommen hatte oder nicht. Seine eigene Phantasie begann zu arbeiten, sie geisterte ihm Bilder vor, er sah sich in der Maschine zwischen Himmel und Erde, hörte Schüsse knallen, der MG-Schütze sank mit durchlöchertem Kopf zu Boden, griff in seine Uniformtasche und reichte Heinz mit erkaltendem Blick und röchelnd ebenfalls eine silberne Medaille.

„Ich habe auch ein Verwundetenabzeichen!" sagte er, griff in die Tasche und brachte einen großen Mantelknopf hervor. Alle lachten über diesen Witz und merkten nicht, dass Heinz in einem Traumland versponnen war, in dem alles möglich sein konnte, selbst das Unmöglichste.

Robert triumphierte. Wohlweislich verschwieg er, dass er die Auszeichnung im Flugzeug von einem Uniformrock, der auf dem Boden herumlag, gestohlen hatte. Da hatte er einfach zugegriffen, es war Diebstahl, er wußte es, aber ihn reute nichts. Denn für die Auszeichnung konnte er Geld bekommen, Geld, das er dringend brauchte. Noch war ja die Angelegenheit mit der zerbrochenen Brille nicht erledigt, noch musste er den Frauendorfer Fritz entschädigen.

Da kam Heinz seinen Nöten unerwartet entgegen. Seit dieser das Silberne Verwundetenabzeichen gesehen hatte, gärte es in ihm, und er überlegte, wie er an diese Medaille herankommen könnte. Als sie schon daheim waren und in ihrer Spielecke saßen, begann er vorsichtig zu fragen:

„Robert", fragte er, „ist das Abzeichen auch wirklich echt?"

„Unter Garantie! Soll ich es dich anfassen lassen?"

„Bist du so lieb?"

Robert heuchelte Bruderliebe: „Natürlich, solange du willst, aber nach einer Minute gibst du es zurück!" Er begann zu zählen, von sechzig nach vor. Dann nahm er es Heinz aus der Hand.

„Hast du die kleinen Blutflecke darauf gesehen? Sie sind vom MG-Schützen!"

„Lass sehen!"

„Das erste Mal anschauen war kostenlos, jetzt aber ist es damit vorbei."

„Ich hab zwei Zitronenzuckerl, willst du eines?"

„Sind sie neu oder hast du sie schon angelutscht?"

„Sie sind frisch, das ist keine Lüge!"

Robert willigte ein. Als aber Heinz auf der Suche nach den Zuckerln tief in die Tasche griff und nach seinem Taschentuch auch ein Markstück auf den Boden legte, griff Robert sofort danach.

„Gib's her!" brauste Heinz auf.

„Hör zu, ich brauch etwas Geld, und für diese Mark kannst du das Abzeichen einen ganzen Tag herumtragen."

„Das ist unkameradschaftlich! Ich hab' dir schon so oft etwas geborgt. Denk nur an den Ohrring, den ich im Garten gefunden habe."

„Das war doch nichts Besonderes! Aber hier handelt es sich um einen Orden, um ein deutsches Wehrmachtsabzeichen. Heinz, horch mal her, in meiner Klasse hat der Winroither ein

EKII-Band um zwanzig Mark gekauft. Und was glaubst du, was das Silberne Verwundetenabzeichen wert ist?"

Robert und Heinz saßen sich so gegenüber, dass Robert etwas Schatten, aber Heinz das volle Licht der elektrischen Lampe im Gesicht hatte. Deshalb konnte ihn Robert auch gut beobachten und sehen, wie die Gier nach dem Abzeichen in den Augen seines Bruders aufleuchtete.

„Ich wette, du möchtest das Abzeichen, aber das sage ich dir gleich vorweg, das bekommst du nie und nimmer, soviel Geld hat nicht einmal Papa, um mir das abzukaufen."

Heinz schwieg eine Weile. Als Robert aufstehen wollte, fasste er ihn an seiner Schulter: „Wart' einmal, ich gebe dir die eine Mark und noch eine, und du gibst mir das Abzeichen. Das wäre ein fairer Tausch!"

„Fair? Heinz, nicht einmal ein kleines Eck von dem Abzeichen gebe ich um diesen Preis her. Weißt du eigentlich, dass man um zwei Mark nicht einmal eine farbige Glasmurmel bekommt?"

Heinz war noch zu jung, um auch nur eine Ahnung von kaufmännischer Strategie zu haben, wie es ihm ums Herz war, so sagte er es heraus.

„Ich sehe schon", jammerte Heinz, „du willst mir mein ganzes Geld herauslocken, weil du dir einen Stoppelrevolver kaufen willst, und ich habe nicht einmal genug für eine Munitionsrolle in meiner Kapselpistole! Wofür hast du denn dein ganzes Geld verschwendet, das möchte ich nur wissen!"

Das war ein Thema, das Robert ungelegen kam. So wie Heinz hatte er von Tante Poldi ebenfalls zehn Mark bekommen, und jetzt besaß er nichts mehr von diesem Geld, denn er hatte für Hitschi ein Halsband mit einem Edelweißanhänger gekauft, es verpackt und zur Post getragen. Hitschi hatte ihm einen Brief geschrieben und sich herzlich dafür bedankt. Aber sie hatte in ihrem Schreiben viel zu oft nach Heinz gefragt und wissen wollen, ob er noch immer so schön singen könne. Nun, es tat jetzt nichts mehr zur Sache, ihm war lediglich leid um sein Geld, denn das Halsband war die Ursache, dass er nun zu Heinz betteln gehen musste.

Der Gedanke an Hitschi war ihm jetzt aber von Nutzen. „Hast du dir schon einmal überlegt, dass du das Abzeichen Hitschi schenken könntest. Und wenn du es ihr in den nächsten Sommerferien gibst, fällt sie dir glatt um den Hals!"

Heinz blickte ihn treuherzig an. „Hat sie denn in ihrem Brief nach mir gefragt?"

„Ich kann es dir ja sagen, sie will dich wieder singen hören, und ich glaube, sie ist in dich verliebt!"

„Lässt du mich ihren Brief lesen?"

„Wenn du mir die beiden Zuckerl gibst! Und wenn sie mir wieder schreibt, kannst du alle anderen Briefe umsonst lesen."

Der arme Heinz, dass er so leicht zu durchschauen war und dass er sich von Robert so gnadenlos ausbeuten ließ! Dieser saß wie ein Geier auf dem unschuldigen Gemüt seines Bruders und hackte und redete erbarmungslos auf ihn ein. Am Ende dieses Gespräches besaß er die zehn Mark und außerdem das Messer mit den zwei Klingen und dem Korkenzieher, das Heinz bei einem Tausch von Maxi Nöbauer übernommen hatte.

Robert war überaus zufrieden und Heinz überglücklich, denn er hatte einen der größten Schätze der Bubenwelt als sein Eigentum einstecken können, und außerdem hatte er nun von Robert die Versicherung, dass ihn Hitschi liebte. Im nächsten Sommer würde er sie zu seinem Weibchen machen, das stand für ihn fest.

Es war schon spät, als er mit der Taschenlampe im Vorzimmer verschwand, die lose Holzlatte abhob und nach längerem, vorsichtigem Lauschen das in Papier eingewickelte Silberne Verwundetenabzeichen darunter versteckte. Dann ging er in die Wohnung zurück, zog den Pyjama an und kroch ins Bett. Robert hatte sich schlafend gestellt, ihn aber genau beobachtet.

Am Morgen des nächsten Tages war dieser frühzeitig auf, er huschte aus dem Zimmer und tastete unter der Mehltruhe mit seinen Fingern nach vorne. Schon hatte Robert etwas erfasst, als er plötzlich aufzuckte und gellend schrie. Resi öffnete die Tür, um nach ihm zu sehen. Und sie erblickte ihn kniend neben der Mehltruhe mit einer großen Mausefalle an seiner Hand. Als sie ihn hochhob und ihm die Falle abnahm, sah sie seine angeschlagenen, geschwollenen Finger und dicke, schmerzhafte Tränen in seinen blauen Augen.

Robert schluchzte. Wieder einmal hatte er Heinz unterschätzt, aber Rache war süß. Auf jeden Fall!

XX.

Zu dem politischen Geschehen und den Kriegswirren des Jahres 1944 gesellten sich auch meteorologische Kapriolen ungewöhnlichen Ausmaßes. Ende Juni entluden sich über Sierning fürchterliche Unwetter, Blitzschlag und Donnergetöse eröffneten den schrecklichen Reigen, der Himmel hatte sich pechschwarz eingefärbt, und an den Rändern dieser Sturmfahne leuchtete es gelbgrün als Zeichen des Hagels, der auch prompt folgte und die heranreifende Ernte mit hühnereigroßen Körnern vernichtete. Dann folgten stundenlange Regengüsse, wie sie auch der erfahrene Bauer Schraberger noch nie erlebt hatte. Das Szenarium wechselte zwischen Weltuntergang und Sintflut, die Straßen und Felder standen in kürzester Zeit unter Wasser, die Menschen verkrochen sich in die Häuser, nur die Feuerwehr war pausenlos im Einsatz, um die Straßen von umgefallenen Bäumen und Muren zu räumen oder Keller auszupumpen.

Hinter dem Gasthaus Lettenmayr war ein Erdrutsch niedergegangen, der das Wasser hoch staute und in die Lagerräume der Sierninger Kaufmannschaft leitete. Dadurch wurden wichtige Lebensmittel, unter anderem die Zuckerration für das ganze Jahr, zerstört und ungenießbar gemacht. Es war eine Katastrophe für die Bewohner, die nun auswärts ihre Lebensmittelmarken einlösten und froh sein mussten, wenn sie die darauf vorgesehenen, kleinen Rationen in einem Geschäft bekamen. Für Resi bedeutete es, dass sie mit einem Rucksack nach Steyr fuhr und dort zusammenkaufte, soviel sie bekommen konnte. Gottseidank war sie den Geschäftsleuten auf der Ennsleite bekannt, von ihnen erhielt sie fast immer ihre Nahrungsmittel, schon aus Rücksicht und Mitleid wegen der vielen Kinder, die sie zu versorgen hatte.

Gegen Jahresende, und zwar am 7. und 8. November, folgte ein weiteres Unheil. Außergewöhnliche Schneefälle deckten innerhalb kurzer Zeit das Land derart zu, dass ganze Ortschaften in den weißen Massen meterhoch versanken und man die Zufahrtswege nicht mehr frei bekam. Bäume, die ihr Laub noch nicht zur Gänze verloren hatten, brachen unter der Last des frühzeitigen Winters massenhaft zusammen und in einzelstehenden Häusern erfroren Menschen, weil sie nicht mehr an ihre Holzvorräte heran konnten. Unendlich traurige Geschichten bekam man zu hören. Im gar nicht so weit entfernten Grünburg war eine Scheune eingestürzt und hatte ein den Schrabergern bekanntes Ehepaar erschlagen.

Es war der zweite Winter am Bauernhof, und Resi holte die warmen Kleidungsstücke wieder aus den Kästen hervor. Obwohl sie jeden Tag die kleine Wäsche auf ihrem Elektroherd auskochte, musste sie dennoch einmal im Monat in die Waschküche und dort einen riesigen Berg von Kleidern und Bettzeug einweichen, kochen, bürsten, rumpeln, spülen und aufhängen. Der Raum, der ihr dazu im Bauernhaus zur Verfügung stand, war winzig. Wenn ihr eine von den Töchtern helfen wollte, standen sie sich oft im Wege. Auch beim Trocknen der Wäsche gab es Probleme. In der warmen Jahreszeit war es einfach, da trugen die Mädel die nasse Wäsche vor das Bauernhaus und hängten sie an die Leine, aber im Winter hatte Resi nur das Vorzimmer zur Verfügung, wo sie nicht viel unterbrachte und wo es so kalt war, dass sie die steifgefrorene Wäsche von der Leine zum Holzbrandofen im Wohnzimmer bringen musste. Unendlich viel war es, was Resi da leistete, und manchmal fühlte sie in der eisigen Nässe kaum noch ihre Finger.

Aber nicht genug damit, wenn die Kleidungsstücke sauber waren, musste sie die schadhaften Stellen ausbessern, die Socken und Stutzen stopfen, die Hemden und Hosen flicken und nähen und bügeln. Ihr Arbeitstag dauerte oft über Mitternacht, und am frühen Morgen war sie trotzdem immer als die erste auf, da sie alles für den Tag richten musste, bevor sie ihren Mann und die Kinder weckte.

So nebenbei galt es aber auch, die Familie zu ernähren. Erdäpfel standen in erster Linie auf dem Speisezettel, natürlich in allen Variationen, aber auch da hieß es, zu sparen, da ihr nur ein gewisses Quantum im Kellerraum gehörte. Oft beneidete sie die Schweine im Stall der Bäuerin, für die in einem riesigen Kessel Erdäpfel gekocht und dann, mit Milch und Wasser vermischt, an sie verfüttert wurden. Die Kinder lebten wahrhaft karg, eine Schnitte Brot am Tag, dazu etwas Marmelade und am Morgen ein Glas Milch. Sie selber hatte oft nicht einmal das, sie hungerte und magerte stark ab. Es war unglaublich, dass sie die Kraft für alle ihre Aufgaben hatte und durch ihr Vorbild und ihren Mut auch noch die Familie zusammenhielt.

Aber auch ihre Belastbarkeit hatte Grenzen, und manchmal reagierte sie ihre Verzweiflung an ihrem Mann ab. Franz Dirisamer empfand ihre oft heftig geäußerten Vorwürfe gegen die Zustände in Pichlern als persönliche Angriffe und litt schwer darunter, denn bisher war die Familie seine einzige Stütze gewesen. Ja, in Pichlern herrschte oft dicke Luft, und wenn sich zusätzlich in der Schule berufliche Schwierigkeiten ergaben, dann stürzte er in schwere Depressionen, die sich dahingehend äußerten, dass er nicht mehr leben wollte und sich nur mehr eine glückliche Sterbestunde wünschte. Resi spottete darüber, und Gustl, die sich auch einmal in einen Streit mischte und laut und heftig gegen ihren Vater wurde, warf sich nachher unglücklich und schluchzend auf einen Polster, weil sie sich so vergessen und nicht beherrscht hatte.

Die einzige Kraftquelle von Franz Dirisamer war der tägliche Besuch der heiligen Messe und der Empfang der heiligen Kommunion. Resi wusste das, sie warf es ihm in einer kritischen Stunde in Gegenwart der Kinder vor und knirschte: „Du Heuchler!" Das traf ihn ungeheuer, er lief aus der Wohnung und wanderte zur Beruhigung in die Pichlinger Au, ging dann zum Franzosenkreuz und umrundete die südlichen Häuser des Ortes. Er achtete nicht auf die Zeit, und als er dann doch auf die Uhr blickte, sah er, dass er über drei Stunden unterwegs gewesen war. Seine Schuhe strotzten bereits vor Dreck, und sein Umhang war vom leichten Regen durchnässt. Noch nie in seinem Leben hatte er sich so einsam gefühlt, so verlassen. Er fürchtete sich vor dem Heimweg und suchte in seinen Gedanken nach einer Möglichkeit, um der Familie zu entfliehen. Langsam biss die Kälte durch die Kleidung. Er bog gerade bei einer Scheune nach rechts ein, als ihm Robert, Heinz und Gitti entgegenkamen. Die drei hatten ihn gesucht und jubelten, als sie ihn entdeckten Als er sich niederbückte und Gitti den Schal richtete, umarmte sie ihn mit ihren schmalen Ärmchen und küsste sein Gesicht ab. Dann bemächtigte sie sich seiner Hand und ließ sie nicht mehr los. Auch die Buben fassten nach ihm, und mit ihren Geschichten und Abenteuern plapperten sie ihm den Gram und die Sorgen von der Seele. Da erzählten sie ihm von den Dachsen und Füchsen, die es überall in den Wäldern gab, und vom Iltis, der unlängst dem Bauern in die Falle gegangen war und der schrecklich gestunken hatte. Der Bauer Schraberger stellte häufig seine Holzfallen auf und fing damit eine Unmenge Ratten, die er in einem Wasserfass ertränkte. Aber es gab ja so viele davon, die meisten krochen am Boden des Plumpsklosetts herum, ungefähr zwei Meter vom Sitzbrett entfernt, und wenn man hinuntersah und nach ihnen warf, quietschten sie lediglich, rannten aber nicht einmal davon. Heinz grauste, er hatte fürchterliche Angst vor ihnen, und deshalb verrichtete er seine Notdurft meist im Freien hinter einem Baum. Der Spuk von Hofkirchen, als er von einer Wasserratte in den Finger gebissen worden war, geisterte noch immer durch seinen Kopf.

Als Franz Dirisamer heimkam, stellte ihm Resi wortlos eine Schale Tee auf den Tisch, er blickte auf und sah ihr verhärmtes, trauriges Gesicht, das eine einzige Abbitte an ihn war. Später, als sie die Schale wegräumte, griff sie nach seiner Hand und sagte nur: „Verzeih mir!“ Da konnte er nicht anders, er umarmte sie heftig und beide weinten, dann wischte sie ihm und er ihr die Tränen von den Wangen.

Es war gut, dass sich ihre Sorgen und Nöte auf diese Weise entladen konnten, denn oft waren sie körperlich und seelisch so am Ende, dass ihre Energie und ihr Optimismus zu nichts mehr reichten. Immer häufiger geschah es, dass Othmar und Elisabeth nicht heimkamen, weil sie in der Wohnung in Steyr übernachteten. Sie fragten nicht mehr, sondern blieben einfach aus. Holz und Kohle gab es genug im Keller der Ennsleitenwohnung, und Essen bettelten sie sich von irgendwo zusammen. Manchmal bekamen sie Lebensmittel aus einem Geschäft, wo sie den Verkäufern bekannt waren, oder vom Fleischhauer Max Huber, der einige „Abfälle“ für sie herausgab. Einiges brachten ihnen auch Freunde, und Lisl erhielt fast jeden Tag ein Jausenpaket von einem Verehrer. Sie war immer ein schmales, lebendiges Ding gewesen, das ständig kicherte, lachte und zu jedem Scherz aufgelegt war. Doch über Nacht hatte sie sich zu einem außerordentlich hübschen Mädchen entwickelt, das nicht nur einem, sondern fast allen ihren Schulkollegen den Kopf verdrehte. Mit ihren siebzehn Jahren zeigte sie bereits beachtliche Formen, nur ihre langen Zöpfe erinnerten daran, dass ihre Pubertät noch nicht zu weit zurücklag. Doch eines Tages waren auch diese fort. Als sie mit kurzen Haaren und einer Dauerwelle nach Hause kam, da riss selbst Franz Dirisamer die Augen auf, denn vor ihm stand eine selbstbewusste, jugendliche Schönheit. Fast hätte er sie nicht erkannt.

Sie und Othmar träumten von einer Rückkehr nach Steyr, aber ihr schlechtes Gewissen mahnte sie, denn sie wussten, dass sie durch ihr Fortbleiben häufig die Ursache für Unruhe und auch Streit in der Familie waren.

„Warum hast du dir die Zöpfe abschneiden lassen? Ist es jetzt Mode, dass man wie ein Flitscherl herumläuft?“ sagte Franz Dirisamer vorwurfsvoll zu Lisl.

„Ist es vielleicht Mode, dass man als Flitscherl hingestellt wird, nur weil man sich die Haare hat schneiden lassen?“ entgegnete Lisl gelassen.

Diese Aufmüpfigkeit und dieses Zurückreden war etwas, was Dirisamer fast immer in Rage brachte, da wurde er scharf und verletzend. Er wusste ja, was es bedeutete, wenn bei Mädchen der Busen wuchs, die Zöpfe fielen und die Lippen bemalt wurden, zuerst hatte er es bei Gustl, dann bei Nadja erlebt. Und bei den Buben war das Verhalten nicht anders. Als erster hatte Wladimir eine Verlobte heimgebracht, später tauchte auch Hugo mit seiner Inge in der Wohnung auf. Sie waren erwachsen geworden, aber sie waren seine Kinder, und da legte er auch in dieser Zeit andere Maßstäbe als bei Fremden an.

Für die Rückkehr nach Steyr hatte sich plötzlich auch Gustl ausgesprochen, das war überraschend, denn gerade sie hatte so massiv auf die Evakuierung und auf die Verschickung der Kinder aufs Land gedrängt. Aber jetzt, da sie die ganze Misere im Bauernhaus am eigenen Leib erleben und verspüren musste, suchte sie nach einem Ausweg, und dieser hieß Steyr und Rückkehr in die Wohnung auf der Ennsleite. Aber Franz Dirisamer war dagegen, und diesmal war auch Resi auf seiner Seite, weil ihr das Laufen über die lange Stiege hinunter zum Luftschutzstollen in der Eisenstraße noch in unlieber Erinnerung war.

Das stichhaltigste Argument gegen Steyr aber war, dass Franz Dirisamer bei seinem letzten Besuch auf der Ennsleite mit Schrecken gesehen hatte, wie dort auf allen Straßen um das Haus und weiter bis zu den Barackenlagern Lastkraftwagen der Steyrer-Werke abgestellt worden waren. Es war dies bereits eine Folge der Zerstörung der Schienenwege durch die Bombardierungen. Fertiggestellte LKWs konnten nicht mehr schnell genug abtransportiert werden, die Fahrzeuge blieben deshalb zuerst vor der Fabrik stehen, und weil auch dort bald kein Parkplatz mehr frei war, brachte man alles Weitere auf die Straßen der Ennsleite. Das verstärkte in Franz Dirisamer die Furcht vor einem neuen Luftangriff, da täglich Aufklärer über Steyr flogen und ihren scharfen Augen die vielen Fahrzeuge sicherlich nicht entgingen.

In einem Augenblick, als er noch schwankte und auch selber eine Rückkehr nach Steyr für überlegenswert hielt, hatte er bei den Schrabergern von diesen Absichten eine Andeutung gemacht. Die Bäuerin hatte aufgehorcht und dann ihr Benehmen gegenüber ihren Untermietern schlagartig geändert. Wenn sie auch mit der Frau des Fachlehrers nicht zurechtkam und wenn sie sich über die Fratzen, wie sie deren Kinder oft nannte, ärgern musste, die Familie Dirisamer war ihr doch hundertmal lieber im Haus als jene Zigeuner, die jetzt überall herumstreiften.

Seit Wochen waren von der Gemeinde Beamte im Einsatz, die Räume und Unterkünfte für jene Flüchtlinge suchten, die in Plachenwagen mit kleinen Rössern und langhörnigen Rindern auf den Straßen unterwegs waren. Und wenn sie solche Unterkünfte gefunden hatten, dann wurden die Besitzer nicht mehr um Bewilligung gefragt, da wurde einfach behördlich gehandelt und beschlagnahmt.

Am zweiten Adventsonntag befand sich Heinz mit seiner Bande in der warmen Bauernstube, wo sie für ein Weihnachtsspiel probten, das Frau Lehrer Honsak mit ihnen in der Schule aufführen wollte. Sie hörten, wie das Haustor ging und es gleich darauf klopfte. Der Bauer war auf der Ofenbank eingenickt, hob aber sofort den Kopf und öffnete selbst die Tür. Kälte strömte in den warmen Raum und Wind blies herein. Es war ein großgewachsener Banater, der nach einem freundlichen Gruß und mehreren Entschuldigungen wegen seines Kommens eintrat und den Bauern um Hilfe bat. Mit ruhiger, tiefer Stimme erklärte er seine Notlage. Seine beiden Pferde waren auf der eisigen Straße herauf zum Lehner ins Rutschen gekommen, der Wagen kippte seitlich um, ein rückwärtiges Rad verfing sich in einem Loch und brach.

„Im Namen Gottes, ich bitte Sie für mich und meine Familie um Hilfe!"

Der Bauer horchte auf. Eine Bitte, die ihm „im Namen Gottes" vorgetragen wurde, hatte er noch nie gehört. Er sah genauer auf den Mann vor sich und entdeckte ein sympathisches Gesicht. Deshalb nahm er ohne Zögern seinen schweren Überrock vom Haken und zog ihn an.

„Wie viele seid ihr denn?"

„Meine Frau Olga, die beiden Kinder Hanne und Mika und meine Mutter Stefanie!"

„Und was braucht ihr, um wieder flott zu werden?"

„Ein kräftiges, schweres Pferd, wenn Sie eines haben, und vielleicht irgendein Rad, das man provisorisch montieren könnte!"

Die Bäuerin kam aus der Küche. Sie hatte eine fremde Stimme gehört und war neugierig geworden.

„Aha", bemerkte sie verächtlich, „einer von den Zigeunern!"

„Wir sind keine Zigeuner!" griff der großgewachsene Banater die Bemerkung auf. „Ich und meine Frau, wir sind Bauern so wie Sie, aber wir haben unsere schöne Heimat wegen der vordringenden Russen verlassen müssen."

Die Bäuerin hatte keine Gelegenheit, etwas zu erwidern, denn ihr Mann zog den Fremden am Ärmel nach draußen. Man hörte sie mit ihren groben Stiefeln im Hof und bei den Maschinen, und kurz darauf kamen sie mit dem schweren, braunen Wallach aus dem Stall und schritten mit ihm durch den seitlichen Hofeingang ins Freie. Es dauerte lange, bis sie mit dem Ross zurückkamen, und da war noch immer der Banater beim Bauern.

„Es geht nicht!" sagte der Schraberger zur Bäuerin, sie sitzen fest. Es ist so glatt auf der Straße, dass wir heute nichts mehr erreichen. Vielleicht schaffen wir es morgen beim frühen Tageslicht!"

„Und was machst mit dem Zigeu…". Als sie merkte, dass der Banater zuhörte, verbesserte sie sich: „Also, was machst mit dem Fremden?"

„Du weißt ja selber, im Wettihaus sind noch Räume zur Verfügung!"

„Gut, aber nur für eine Nacht!"

„Also, bist du einverstanden?"

Die Bäuerin nickte. „Ich hab's ja schon gesagt!"

Es war Zeit fürs Abendessen geworden. Nacheinander kamen der Große Jan, dann der Kleine Jan und zuletzt der Serbe Schicho in die Stube. Sie setzten sich an den Esstisch und warteten, bis ihnen die Bäuerin einen Suppentopf hinstellte.

„Sind das Ihre Leute?" fragte der lange Banater.

„Ja, zwei Polen und ein Serbe, Kriegsgefangene, die uns zugeteilt wurden. Eine Russin und ein paar andere haben wir auch noch, drüben im anderen Haus."

„Ein Kriegsgefangener müsste man sein!" klagte verbittert der lange Banater, als er zusehen musste, wie die Knechte aus der dampfenden Schüssel zu löffeln begannen.

Dem Bauern war die Situation ungemütlich, mehr verlegen als einladend fragte er: „Habt ihr Hunger?"

„Ja, wir haben Hunger, meine Familie wartet draußen, auch die beiden Kinder!"

Der Bauer wandte sich an seine Frau.

„Hast du noch etwas Suppe für seine Kinder?" Sie zögerte, teils verärgert, teils mitfühlend sagte sie dann: „Sollen halt herein kommen!"

Die Kinder, die mit Robert und Heinz noch auf den Tischbänken saßen, rutschten herunter und setzten sich alle zusammen auf den freien Diwan beim Ofen, von wo sie beobachten konnten, wie der lange Banater seine Angehörigen in die warme Stube hereinholte. Alle grüßten freundlich, wirkten aber verlegen und scheu. Gegenseitig halfen sie sich aus den dicken Wintermänteln, und als sie sich gesetzt hatten, stellte die Bäuerin eine Schüssel auf den Tisch und legte Löffel dazu. Die Banater bekreuzigten sich und begannen zu essen.

Eine ergreifende Szene war das, niemand fühlte sich recht wohl beim Anblick dieser ausgehungerten Menschen, auch der Bauer war betroffen, und die Bäuerin rief in die Küche: „Sophie, bring' den Rest von der Suppe!" Als diese mit einem eisernen Topf kam, zeigte es sich, dass die Schüssel noch einmal gefüllt werden konnte.

Eine peinliche Stille hatte sich breit gemacht, niemand sprach ein Wort. Die Polen und der Serbe saßen den Banatern gegenüber an der Wand, Sophie stand bei der Küchentür, der Bauer und die Bäuerin beim Kachelofen, und die Kinder hockten dichtgedrängt auf dem Diwan. Magda streichelte ihre Katze.

„Wir könnten ihnen die Lieder vorsingen, die wir vorhin geprobt haben!" sagte sie und ging zu dem großgewachsenen Banater.

„Wollen Sie ein Lied von uns hören?"

Dieser hielt im Essen inne: „Ja! Auch wir singen sehr gerne!"

„Gut!" sagte Magda und gab Heinz einen Wink. Alle waren schon auf die Weihnachtszeit eingestimmt, deshalb begannen sie mit „Leise rieselt der Schnee“, es folgten „O Tannenbaum“ und „Es ist ein Reis entsprungen“, bis dann die Suppenschüssel geleert war und sich die Banater erhoben. Sie bedankten sich zunächst bei den Bauersleuten, dann aber genauso freundlich bei den Kindern für ihren Gesang und gaben allen die Hand. Sie schlüpften wieder in ihre Mäntel, und der Serbe Schicho begleitete sie hinüber in den anderen Vierkanthof, ins sogenannte Wettihaus.

Am nächsten Tag stürmte es. Der Bauer spannte den großen Schlitten ein und brachte die Kinder nach Sierning in die Schule. Vorne und hinten saßen sie in dem breiten Gefährt zu dritt, sie steckten tief in dicken Decken und freuten sich über die Glöcklein, die am Geschirr des Pferdes im Takt der Hufe erklangen.

Am Schultor erfuhren sie, dass sie umsonst gekommen waren. Wieder einmal fiel der Unterricht für eine ganze Woche aus. Der Schulbetrieb war nur mehr eine halbe Sache, eigentlich nicht einmal das. Er war zwar vorgesehen, wurde aber nicht abgehalten, denn die Klassenzimmer konnten nicht mehr geheizt werden. Es war keine Kohle da, und für die großen Holzscheiter, die von den Bauern angeliefert wurden, waren die gusseisernen Kanonenöfen zu klein. So blieb das Holz im Schulhof liegen. Niemand machte sich die Arbeit und Mühe, es mit der Kreissäge zu schneiden und dann mit der Hacke auf die richtige Größe zu bringen. Die Bevölkerung hatte andere Probleme und dadurch jegliches Interesse am schulischen Betrieb verloren. Alle dachten: „Hoffentlich dauert es nicht mehr zu lange.“

Für die Lehrer galten diese Kälteferien aber nicht, sie wurden von Rektor Wilke unbarmherzig ins Konferenzzimmer zitiert. Auch Franz Dirisamer musste bei frostigen Temperaturen in die Schule, obwohl es dort für ihn keine richtigen Arbeiten mehr gab. Auf seinem Weg nach Sierning sank er oft bis zu den Knien im Schnee ein, er watete wie durch ein weißes Meer, auf dem der Wind mit den Eiskristallen und Schneeflocken spielte und eine glitzernde Wellenlandschaft bildete.

Rektor Wilke war kaum noch ansprechbar, er war zu einem richtigen Nervenbündel geworden, schob viele schulische Lasten von sich und war häufig im Bett anzutreffen. Tatsächlich sah er jämmerlich aus. Als Parteigenosse hoffte er noch immer auf den Einsatz von Wunderwaffen, doch das Ringen um Deutschland wurde immer verzweifelter. Rumänien war ausgeschaltet, Bulgarien hatte kapituliert, der Rückzug der deutschen Armee aus Griechenland und dem Balkan war abgeschlossen und hatte unendlich viele Opfer gefordert. Nur an der italienischen Front war es zwischen Pisa und Rimini vorübergehend zu einem Stillstand der Kämpfe gekommen. Aber im Westen drangen die Angloamerikaner nach ihrer Invasion in der Normandie immer weiter vor und bereits Ende August hatte General de Gaule seinen triumphalen Einzug in die französische Metropole gefeiert. In rascher Aufeinanderfolge wurden Rouen, Brüssel und Antwerpen genommen, die Kämpfe im Nordosten führten die Angreifer ans linke Moselufer, in die Vogesen und zur Burgundischen Pforte. Vom Süden her kämpften sich französisch-amerikanische Einheiten durch das Rhonetal nach Norden, Lyon wurde befreit und die Vereinigung mit den Truppen aus der Normandie vollzogen. Am 15. September war die Schlacht um Frankreich beendet.

Zu diesem Zeitpunkt vollzog sich an Rektor Wilke sein verdientes Schicksal. Die guten Bekannten, wie er sie immer genannt hatte, rückten jetzt von ihm ab, sie mieden ihn und wurden steif und vorsichtig, wenn er ihren Weg kreuzte. Auch die Lehrer hielten mit ihren Ansichten über ihn nicht mehr zurück und verspotteten ihn. Früher hatte es ängstlich geheißen: „Der Röhrer kommt!", jetzt hieß es: „Der Röchler nähert sich!", und das brachte niemanden mehr aus der Fassung.

Franz Dirisamer beobachtete es zwar mit Genugtuung, aber er achtete darauf, dass ihm bei Gesprächen mit Wilke kein unrechtes Wort über die Lippen kam. Zu viel hatte er von diesem Vorgesetzten erdulden und hinnehmen müssen. Dass es diesem jetzt so ging, wie man mit ihm 1938 verfahren war, das gönnte er ihm, diesbezüglich kannte er kein Mitleid. Aber zu seinen

Sprichwörtern gehörte auch, dass eine Ratte erst gefährlich wird, wenn man sie in die Enge treibt. Und das hielt er sich vor Augen, nicht aus Feigheit, sondern aus Vorsicht. Er wusste, dass seine Familie, seine kleine Arche Noah, erst dann in Sicherheit war, wenn die Taube mit dem Ölzweig im Schnabel zu ihm zurückgekehrt war.

War es Anfang Dezember schon recht kalt gewesen, so wurde es in den kommenden Tagen noch kälter und noch eisiger. Es machte daher den Kindern auch keinen Spaß mehr, am Nachmittag mit den Rodeln auf den Hängen herumzutollen. Die Woche verging, und am Samstag entdeckte Heinz auf seinen Streifzügen durch die Bauernhöfe, dass die Pferde und Wägen des langen Banaters noch im Wettihaus standen. Man erfuhr, dass er beim Bauern Arbeit gefunden hatte, und bald sah man ihn auf der Scheune herumklettern, wo er dem Großen Jan das beschädigte Strohdach ausbessern half. Auch bei Waldarbeiten war er dabei. Der lange Banater war umsichtig und kannte sich bei der Arbeit und beim Werkzeug gut aus, er legte zusammen, was er brauchte, und begann im Wettihaus systematisch die anstehenden Reparaturen an den Türen, Fenstern, an den Fußböden und Mauerrissen durchzuführen. Alles, was er anfasste, gelang ihm. Wo früher der Wind herein blies und feinen, sandigen Schnee durch die Ritzen wehte, dort war jetzt Ruhe damit. Langsam erwärmte sich das Haus, in dem noch zwei andere Parteien Unterkunft hatten, und wurde wohnlich. Noch im besten Zustand war in diesem Vierkanthof die Scheune, sie war um einiges größer als jene im Distelgut und gab für die Kinder auch im Winter und bei kaltem Wetter den herrlichsten Spielplatz ab. Es war hier nicht so kalt wie im übrigen Haus. Das Heu und Stroh der diesjährigen Ernte „kochten" noch und gaben soviel an Wärme frei, dass sie den Stadel behaglich und gemütlich machte. Weil das Stroh terrassenförmig aufgestapelt war, wirkte der Raum wie ein Theater mit Sitzplätzen und mit der Tenne als Bühne. Das nützte Heinz mit seiner Bande, denn als Lehrerin Honsak mit ihrem Chor in der Schule ein Hirtenspiel einstudierte, wurde diese Scheune von den Kindern für die

Proben benützt. Es traf sie alle schmerzlich, als das Hirtenspiel wegen der Kälteferien abgesagt wurde, denn sie hatten teilweise schon einfache Kostüme im Bastelunterricht angefertigt und auch die Sprechrollen waren bereits eingelernt.

„Warum können wir unser Hirtenspiel nicht hier aufführen?“ fragte Maxi Nöbauer. „Nur für unsere Freunde! Dazu brauchen wir keine Schule.“

Heinz wollte davon nichts wissen. „Wie stellst du dir das vor? Wir haben keine Weihnachtsdekoration, keine Kerzen, rein gar nichts.“

„Du könntest hoch hinaufklettern und auf einem Balken ‚Gloria in excelsis deo‘ singen!“

„Ich will nicht immer singen. Frau Honsak hat gesagt, dass ich einen Hirten spielen darf.“

Magda sah ihm überrascht und erstaunt ins Gesicht. „Du willst einen Hirten spielen? Du kannst doch nicht richtig sprechen, du stotterst ja!“

Heinz war beleidigt, er nahm Magda gefangen und drehte ihr den Arm auf den Rücken, aber sie entkam ihm und flüchtete über eine Leiter auf einen oberen Querbalken.

„Ja, du stotterst!“ hänselte sie ihn von oben herab.

Verärgert beobachtete Heinz, wie ihr die anderen auf der Leiter nach oben folgten. Auch Maxi Nöbauer war dabei.

„Du stotterst“, neckten sie ihn alle.

Er stand in der Mitte der Tenne und lauschte. Das bösartige Geschnatter klang jetzt verändert, es war räumlich und melodisch geworden. Auf unerklärliche Weise füllten die wenigen Stimmen den Raum, wie eine Melodie schmiegten sie sich an die Balken und Bretter des Holzbaus und kamen akustisch gewärmt und verstärkt von der Dachkonstruktion zurück.

Heinz gefiel das, aber nicht nur ihm, sondern auch den beiden Kindern des langen Banaters, die unbemerkt in die Scheune gekommen waren. Begeistert klatschten sie in ihre Hände.

„Wir finden es hier wunderschön und möchten euch bitten, dass wir mitspielen dürfen.“

Heinz hatte die beiden Kinder nur einmal gesehen, und da waren sie in dunkles Zeug gehüllt. Jetzt aber trug das Mädchen ein blau gemustertes Kleidchen und dazu eine dicke Weste aus hellgrauer Wolle. Sie sah allerliebst aus. Links und rechts an der Schläfe blitzten goldene Spangerl in ihren blonden Haaren, die sie auf einen Pferdeschweif gebunden und mit einer blauen Masche versehen hatte. Ihr Bruder war ebenfalls hübscher angezogen, aber unscheinbarer, eben ein Bub.

„Macht ihr das immer, dass ihr zu Weihnacht in der Scheune herum hüpft und miteinander spielt?“

Maxi Nöbauer wollte antworten, aber Heinz fiel ihm ins Wort.

„Bin ich der Häuptling oder bist du es?“

Maxi schwieg, wenn auch gekränkt. Heinz ging zu den beiden Banaterkindern und fragte: „Wollt ihr in unsere Bande aufgenommen werden?“

Es war Gitti, die sofort protestierte. „Haben sie Läuse? Ich möchte nämlich keine Läuse bekommen, weil ich bin sauber!“

„Natürlich haben sie keine Läuse!“ rief Heinz nach oben.

„Hast du's gesehen? Sie sollen es selber sagen!“

Plötzlich riefen alle: „Habt ihr Läuse?“

Heinz stand verlegen neben den beiden Flüchtlingskindern. „Habt ihr Läuse?“ fragte nun auch er und blickte erwartungsvoll auf das Mädchen.

„Nein, wir haben keine Läuse! Komm her und schau nach!“ Sie hielt ihm den Kopf hin, aber so verdreht, dass sie mit den Augen auf Heinz blicken und ihm zusehen konnte. Ihm wurde mulmig, und als er mit den Händen ihr Haar angriff, tat er es sehr schüchtern. Er spürte, wie sie sich an ihn lehnte, und hatte auf einmal das Gefühl, sie vor seiner Bande beschützen zu müssen.

„Habe ich Läuse?“ fragte sie ihn und blickte ihm offen ins Gesicht. „Na, sag's schon den anderen!“ Ihr Atem berührte seine Wangen, so nahe stand sie bei ihm.

Was Heinz später von diesem Mädchen in Erinnerung blieb, das waren ihre freundlich gekräuselten Lippen und ihre graugrünen Augen, die nicht mehr kindlich, sondern bereits sehr erwachsen und doch gütig auf ihn gerichtet waren. „Sie hat Augen wie meine Mama“, dachte er.

„Kommt alle herunter, sie haben keine Läuse, und wir können sie in unsere Bande aufnehmen!“

Als das geschehen war, machten sie einen Kreis und nahmen die Geschwister an den Händen.

„Und wie heißt ihr eigentlich?“

„Ich bin der Hanne!“

„Und mich nennt man Mika. Und beide heißen wir Szepesi!“

Bis zum Abend blieben sie noch in der Scheune, sie kletterten herum, spannten ein dickes Seil auf einen Querbalken und schwangen sich daran durch die Luft.

Als Heinz nach dem Spielen todmüde nach Hause kam, übte Othmar gerade auf seiner Geige. Er hatte den Notenständer aufgestellt und probierte einige Geschicklichkeitsübungen, Doppelgriffe, wie er es nannte. Er besaß eine Violine aus orangefarbenem Holz, die anstelle einer Schnecke einen geschnitzten Kopf hatte und die nach den Worten seines Geigenlehrers Meidl in Steyr eine Zigeunerfidel war. Irgendwie war sie in den Besitz der Familie gekommen.Othmar hütete sie wie seinen Augapfel und ließ niemand an dieses Instrument.

Wann immer Heinz Musik hörte, war er gleich interessiert, und so stellte er sich neben Othmar und lauschte den Klängen, die dieser hervorzauberte.

„Wir wollen“, sagte er in einer von Othmars künstlerischen Pausen, „am Heiligen Abend ein Weihnachtsspiel aufführen. Könntest du uns da etwas Schönes vorspielen?“

„Für wen soll das gut sein?“

„Wir werden alle Kinder und Eltern einladen!“

„Könnt ihr einen so großen Künstler wie mich überhaupt bezahlen?“ Das klang so überheblich wie seine Berichte von den Bergen und den Felswänden, die er schon durchklettert hatte. Robert hatte zugehört.

„Ihr braucht ihn nicht bezahlen, denn ich beherrsche auf meiner Mundharmonika fast alle Weihnachtslieder!“

„Halt's Maul!" fuhr ihn Othmar an. „Ja, ich spiele für euch, schließlich habe ich ein gutes Herz, und wenn es nicht meine Brüder sind, tue ich für Kinder fast alles!"

„Und ich spiele auch!" beharrte Robert auf seinem Angebot.

„Ja, aber nach mir, da haben dann die Leute wenigstens etwas zu lachen!"

Diese Streiterei entfaltete sich noch eine Weile und hatte den Erfolg, dass auch andere in der Familie einen Beitrag für die Weihnachtsaufführung leisten wollten. Lisl und Nadja konnten sich vorstellen, dass sie einen gemeinsamen Jodler sangen, und Gitti kannte ein schönes Weihnachtsgedicht.

Eigentlich war ja noch gar nichts ausgemacht, deshalb trommelte schon am nächsten Tag Heinz seine Bande zu einer Besprechung im Wettihaus zusammen.

„Ich habe eine großartige Idee!" verkündete er. „Wir werden ein Hirtenspiel zu Weihnacht aufführen!"

Maxi Nöbauer sah ihn verblüfft an. „Davon rede ich doch schon die längste Zeit! Warum ist das jetzt auf einmal deine Idee?"

„Nimm's mir nicht übel, Maxi, ich bin der Häuptling, und deshalb ist es nicht deine, sondern meine Idee. Ich bin euer Führer, so wie Adolf Hitler der Führer von ganz Deutschland ist. Später werde ich auch einmal Führer von ganz Deutschland werden, und dann bekommst du von mir die deutsche Luftwaffe und wirst Hermann Göring."

„Aber willst du nicht einmal Priester werden?"

Das hatte Heinz im Moment nicht bedacht. Er hatte Maxi den Liber latinus I und II gezeigt und ihm verraten, dass er die Realschule besuchen werde, um einmal Theologie studieren zu können. Interessanterweise hatte sich das auffallend schnell in Pichlern herumgesprochen, und wenn Heinz irgendwo auftauchte, hieß es: „Das ist der Dirisamer Heinz, der wird einmal Priester!"

Maxi Nöbauer bekam auf seine Frage folgende Antwort: „Das macht gar nichts!" In einem Anflug von Größenwahn meinte Heinz: „Als Priester halte ich am Vormittag die Sonntagsmesse und am Nachmittag regiere ich!"

Bis zum 6. Jänner 1945 gab es keinen Schulunterricht mehr, und darum hatten die Kinder genug Zeit, um sich auf ihr Weihnachtsspiel vorzubereiten. Mit Rieseneifer stürzten sie sich darauf, die Scheune in Ordnung zu bringen, die Mädchen putzten und kehrten den Staub fort, und die Buben befestigten Tannenzweige, die ihnen der Bauer Schraberger lieferte, an den Holzpfosten. Dafür opferten sie sogar ihre Drachenschnüre. Zwischen den Pfosten hängten sie Mistelzweige auf, ein Christbaum wurde im Wald geschnitten und herbeigeschafft, und an seine Zweige steckten sie Strohsterne, die in aller Eile gebastelt wurden. Als weitere Dekoration verwendeten sie Staniolstreifen, jene hauchdünnen, silbrigen Folien, die von den Buben im Frühjahr gesammelt und zusammengetragen worden waren. Diese waren Abwurfsgut der amerikanischen Flieger, welchen Zweck sie hatten, wussten die Buben nicht so genau, wahrscheinlich aber wollte man die feinen Horchgeräte der deutschen Bodenabwehr damit stören.

Die Anstrengungen der Kinder hatten Erfolg, und nach einer arbeitsreichen Woche hatte sich der Stadel so festlich verändert, dass Erwachsene, die neugierig vorbeigekommen waren, sich staunend darüber äußerten, was den Kindern da alles eingefallen war.

Im Grunde genommen konnte mit der Aufführung nichts mehr schief gehen, denn die Mundpropaganda tat das Übrige. Alle Eltern und Kinder im Ort wurden eingeladen, zu jedem, den man traf, sagte man: „Kommst eh, gelt? Um zwei Uhr beginnt es!“

Der Heilige Abend, also der 24. Dezember, war ein strenger Fasttag. Bis Mittag kam nur ein Teller mit Erdäpfelsuppe auf den Tisch, das war nicht viel, aber die Kinder hatten etwas Warmes im Magen. Eigentlich spielte es an diesem Tag keine so wichtige Rolle, denn alle Mitwirkenden an der Weihnachtsfeier fieberten der Aufführung entgegen, und alle waren sie bis zum letzten Augenblick schwerst beschäftigt.

Schon lange vor dem ausgemachten Zeitpunkt kamen die ersten Besucher, sie ließen sich auf den Strohballen und Sitzbänken nieder und begannen sich zu unterhalten. Immer mehr trafen ein. Heinz wurde nervös, und plötzlich war er gar nicht mehr so sicher, ob ihr Spiel gelingen würde. Als man eine Decke brauchte und er heimlief, um eine solche zu holen, beschwor er seine Eltern: „Schnell! Ihr müsst euch beeilen, sonst bekommt ihr keinen Platz mehr." Und in seiner übertriebenen Ausdrucksweise stotterte er: „Es sind schon mindestens tausend Leute in der Scheune!" Eine Zahl zwischen hundert und zweihundert wäre auch gut, vor allem aber richtiger gewesen.

Das Weihnachtsspiel im Wettihaus begann damit, dass eine erste Gruppe von Kindern zu singen anfing, es waren durchwegs bekannte Volks-, Winter- und Weihnachtslieder, und weil ein Fest besonders schön ist, wenn sich viele Menschen aktiv daran beteiligen können, stimmten alle Anwesenden in diese Lieder ein. Der erste kräftige Applaus wurde gespendet. Als nächstes traten Lisl und Sophie vor. Die eine begrüßte die Anwesenden, und die andere bedankte sich dafür, dass so viele gekommen waren, um mit den Kindern das Weihnachtsfest zu feiern. Als Zeichen, dass jetzt das Spiel begann, entzündete Sophie auf einem provisorischen Tisch eine dicke, mit selbstgebastelten Verzierungen versehene Kerze.

Inzwischen saß Heinz bereits in einem Engelskostüm mit steifen Kartonflügeln auf einem oberen Balken. Um seinen Bauch hatte er ein Seil, das von Robert und Othmar gehalten wurde und auf dem er über die Hirten schweben sollte. Das Ganze war so gedacht, dass er dabei einen Schweifstern an einem Stab hielt und dazu „Gloria in excelsis Deo!" sang.

Bei der Probe hatte alles wunderbar funktioniert, aber vor der Aufführung war Othmar mit der Idee eines Bergsteigerknotens gekommen. Er schlang das Seil Heinz aber so fest um Bauch und Brustkorb, dass es diesem bei seinem Schwebeflug förmlich die Luft abquetschte und er nur einen halb erstickten Satz herausbrachte. Wie ein Brustschwimmer ruderte er über den Zuschauern und keuchte und krächzte, bis dann seine Brüder über einer freien Stelle das Seil ausließen und er mit einem Bauchfleck im Stroh landete. Normalerweise wäre es für

Heinz ein Grund gewesen, um loszuplärren, aber angesichts so vieler Zuschauer rappelte er sich tapfer hoch, hielt den Stern in die Höhe und sang jetzt mit seiner überaus lieblichen Stimme das „Gloria in excelsis“ noch einmal. Der genialste Regieeinfall hätte auf die Zuseher nicht besser wirken können, reichlicher Applaus prasselte auf Heinz nieder, der sich in seiner Euphorie immer wieder vor den Leuten verbeugte. Dabei hatte er das Seil um seinen Bauch, an dem Othmar, weil er die Verbeugungen beenden wollte, so heftig zog, dass Heinz nach hinten flog und dabei die Decken, die als ein Vorhang auf einem Strick gespannt waren, mit sich riss. Augenblicklich wurde der Stall von Bethlehem sichtbar: Magda als Maria, Maxi Nöbauer als Josef, Esel und Ochs aus Pappe und im Zentrum der Szene eine Krippe mit dem Kind. Der Sturz von Heinz hatte bewirkt, dass sich eine Decke über seinen Kopf wickelte und er im Blindflug tappend nicht nur die Krippe, sondern auch Magda umwarf.

„Heinz, du Depp!“ schrie jemand. Er drehte sich nach dieser Stimme um und rammte nun auch den heiligen Josef. Es gab ein wirres Durcheinander, aber schon kamen die Hirten, räumten alles auf und halfen den einzelnen Figuren, dass sie auf ihren Platz kamen.

Die Zuschauer bogen sich vor Lachen, niemand bedachte, dass das Geschehen auf der Bühne außerhalb jeglicher Regie lag und dass eigentlich eine Panne der anderen folgte. Es war nämlich auch das Jesuskind gestürzt, das, als man es aufhob, sich als der Teddybär von Gitti herausstellte. Weil alle Puppen der Mädchen für die Krippe zu klein waren, hatte man ihn hergenommen, ihm ein weißes Kleidchen übergestreift und ihm ein Babykäppchen so weit über die Stirne nach vor gezogen, dass man von seinem Gesicht faktisch nichts sah. Nun aber war ihm das Häubchen hinter die Ohren gerutscht, und als ihn einer von den Hirtenbuben in die Höhe nahm und dabei kippte, hatte er ganz deutlich zu brummen begonnen. Bis er wieder in der Krippe lag und mit Stroh zugedeckt war, hatten Maria und Josef mit ihren Sprüchlein schon begonnen. Magda war couragiert und sagte ihren Text ohne Fehler, aber Maxi hatte bereits nach dem ersten Satz den Faden verloren und blickte Hilfe suchend um sich. Wäre nicht Magda gewesen, er wäre die tragische Figur des Nachmittags geworden, aber so sagte sie ihren Text auf, ging dann hinüber zu Josef, flüsterte ihm sein Sprüchlein so lange ins Ohr, bis es bei ihm klappte, und wechselte wieder auf ihre Seite herüber. So ging es hin und her. Maxi stand vor der Eselsfigur, versuchte zu lächeln, blickte aber dabei unsagbar dumm drein, bis Magda seine Hand nahm und sie zusammen „Ihr Kinderlein kommet!" anstimmten. Dieses Lied sangen wieder alle mit. Die Hirten formierten sich, die Heiligen Drei Könige kamen, sie waren ausschließlich von Roberts Bande und brachten etwas Seriosität in das Spiel. Ihre Gaben, Gold, Weihrauch und Myrrhe, waren nichts anderes als angestrichene Ziegelsteine, aber das machte nichts aus.

Um in der Ablauffolge weiterzukommen, demonstrierte Othmar sein Violinspiel, das einen bemerkenswerten, aber kurzlebigen Triller enthielt, der im erhabensten Moment sein Leben aushauchte, weil Othmar die E-Saite riss. Trotzdem bekam er Applaus. Nach Gedichten und frommen Sprüchen wurde das Weihnachtsevangelium von Bertl Steinmaßl vorgelesen, in der Aussprache fehlerlos, aber in der Abhandlung verworren, weil sich Bertl in der Bibel verblätterte und plötzlich bei Herodes und beim Kindesmord war. Es war eigenartig, je mehr Pannen während des Spieles auftraten, um so mehr amüsierten sich die Leute. Es war einfach lustig, den Kindern und ihrem Treiben zuzusehen, und mit dem Liedersingen hatten sie es ja alle, da strömten ihre Herzen über.

Aber es gab auch besinnliche Momente, zum Beispiel als Mika vortrat und einen selbstgeschriebenen Aufsatz vorlas. Sie war, schrieb sie, in ihrer Heimat ein verwöhntes Mädchen gewesen, sie hatte von ihrem Vater, einem wohlhabenden Bauern, alles bekommen und war dennoch nicht zufrieden. Dreimal im Jahr versuchte sie jemanden zu finden, der in ihren Schulbüchern vorkam, erstens den Osterhasen, zweitens den Nikolaus und drittens das Christkind. Nie hatte sie diese kindlichen

Wünsche befriedigen können, erst jetzt, da sie aus der Heimat vertrieben und nach langer, abenteuerlicher Flucht hier gelandet war, hatte sie das Christkind bei den vielen lieben Menschen und Kindern in Pichlern entdeckt. Sie war aufgenommen worden und hatte wieder Freunde. Das war ihr schönstes Christkind gewesen, die Erfüllung ihrer sehnlichsten Wünsche.

Nach diesen Worten faltete sie den Zettel zusammen, steckte ihn ein und blieb verlegen stehen. Niemand regte sich, alle plagte die Rührung. Da stand die Schrabergerin auf, ging auf das Mädchen zu und zeigte, dass auch in ihrem fülligen Körper ein warmfühlendes, gutes Herz schlug.

„Du kannst mit deinen Eltern bei uns bleiben, so lange du willst!“ sagte sie laut und für alle vernehmlich. Dann umarmte sie die Kleine und drückte sie unter Applaus an sich. Schöner hätte das Weihnachtsspiel nicht enden können. Zuletzt kamen Robert und Heinz mit einem zugebundenen Sack zum Vorschein. Sie schleppten ihn mühsam herein, stellten ihn gerade, und Robert durchtrennte mit der Schneiderschere seiner Mutter, theatralisch und Grimassen schneidend, die Schnur, der Sack öffnete sich und aus ihm fiel Gitti, als Engel verkleidet und mit einem schön bemalten Schild, das sie in die Höhe hielt und auf dem mit großen Buchstaben „FROHE WEIHNACHT“ geschrieben stand. Die drei Geschwister stellten sich zusammen und mit seiner begnadeten Stimme begann Heinz das schönste aller Weihnachtslieder zu intonieren, in das alle einfielen und das sie aus tief bewegten Herzen mitsangen.

„Stille Nacht, heilige Nacht,
alles schläft, einsam wacht …!“

Während dieses Gesanges hatte sich plötzlich das Scheunentor geöffnet. Zwei Soldaten traten ein. Resi klammerte sich an ihren Mann und sagte nur: „Jessas!“ Dort standen nämlich in der Uniform eines Fliegerleutnants Wladimir und in der eines Unteroffiziers Hugo. Beide lächelten verschmitzt und fielen dann glückstrahlend ihren Eltern und Geschwistern in die Arme.

Dies war auch das Ende der Vorstellung, bei der zuletzt im Auftrag der Bäuerin die beiden Polen, der Serbe und die Russin mit geflochtenen Brotschüsseln hereinkamen und Äpfel und köstliche Kekse verteilten.

Das Hirtenspiel der Kinder und der Nachmittag in der Scheune blieben in der Erinnerung aller, die daran teilgenommen hatten, auch wenn der Höhepunkt des Weihnachtsfestes für die Dirisamer im familiären Kreis stattfand, wo sie um einen festlich geschmückten Tannenbaum standen, beteten, Lieder sangen und ihre einfachen Geschenke in Empfang nahmen.

Mit den Hausleuten verband sie jetzt ein ehrlicher Friede, Franz Dirisamer verschenkte an Sophie und Magda Bücher, und er empfing im Gegenzug ein Stück frisches Fleisch, einen Sack Mehl und eine Obstschale, die Sophie wunderschön verziert und aufgebaut hatte.

Weil sie trotz Kälte und Neuschnee nach Aschach in die Mitternachtsmette gegangen waren, durften sie am Christtag alle länger schlafen. Resi hatte mit Strohmatratzen für die Kleinen Notschlafstellen gerichtet, die beiden Soldaten aber bekamen die guten Betten und schliefen herrlich bis gegen zehn Uhr. Dann wurden sie von Robert, Heinz und Gitti aus den Betten geholt und in eine wilde Polsterschlacht verwickelt. Als sie sich später beim Hofbrunnen gewaschen und rasiert hatten und dann wieder in der Uniform waren, stellten sie sich vor das Haus und rauchten sich eine Zigarette an. Fernes Donnern und Dröhnen riss sie aus ihrem Gespräch, sie rannten die Wohnung hinauf und forderten alle auf, sich für den Keller zu richten.

„Um Gottes willen, schon wieder Flieger, und das zu Weihnacht!" jammerte Resi, bevor sie nach unten in den Keller ging. Franz Dirisamer blieb bei seinen erwachsenen Söhnen und sah die Armada fliegender Festungen mit ihren Begleitjägern immer näher kommen. Dröhnend brausten sie heran, die Kondensstreifen quirlten aus den Motoren der Flugzeuge und bedeckten bald den ganzen Himmel.

„Ist ja schrecklich!" sagte der Bauer und qualmte nervös seine Pfeife. „Schon wieder Steyr!"

Wladimir widersprach ihm. „Nein, nicht Steyr! Die vorderen Maschinen ziehen schon einen Bogen nach links, es muss Linz sein!"

Keiner von den beiden hatte Recht. Der Angriff erfolgte auf Wels. Weil Ostwind blies, hörte man die Detonationen nur schwach, aber es wurde von großen Schäden berichtet, Hilfskräfte aus Grieskirchen, Lambach, Steyr und Vöcklabruck wurden vom Rundfunk pausenlos angefordert.

Wladimir hatte mit Hugo einen Spaziergang unternommen, vom freien Feld aus blickten sie zum verschneiten Toten Gebirge und zur Prielgruppe, die zur Gänze zu sehen war. Besinnlich geworden fragte er Hugo: „Wie lange darfst du noch bleiben?"

„Drei Tage! Und du?"

„Ich hab' bis über Neujahr Krankenurlaub. Das Herz macht mir wieder zu schaffen. Die Aufräumarbeiten nach den Bombenangriffen in Wien haben mich fertig gemacht. Bis man an die Keller kommt, das ist Schwerstarbeit. Und dann sitzen darin die Leute, den Mund und die Augen weit aufgerissen, allen ist die Lunge geplatzt!"

Wladimir holte sich eine Zigarette aus einem Päckchen und Hugo gab ihm Feuer. „Behalt's für dich, Wladi, aber ich muss nach den drei Tagen an die Front. Vielleicht ist's ein Abschied für immer!"

„Hast du dich freiwillig gemeldet?"

„Von freiwillig ist jetzt keine Rede mehr. Alle, die in Ried ausgebildet wurden, kommen an die Front. Ich werde mich nach Russland melden, die Russen sind unsere schlimmsten Feinde, vor ihnen müssen wir das Heimatland und unsere Familien schützen. Die Russen rotten alles gnadenlos aus!"

„Ich wollte, ich könnte für dich an die Front gehen, du bist ja noch so jung, erst achtzehn. Und du weißt nicht, wie das ist, wenn aus einem Getreidefeld plötzlich feindliche Soldaten auftauchen und du in sie hineinschießen musst!"

„Wladimir, ich verspreche es dir, ich werde stark sein und mein Bestes geben. Ich halte nichts von Hitler und den Nationalsozialisten, für mich sind das alles Verbrecher. Aber ich tu es für Papa und unsere kleinen Geschwister. Und ich schwöre dir, dass du dich wegen mir einmal nicht schämen brauchst!"

„So habe ich auch einmal gedacht, jetzt ist's mir vergangen. Ich bitte dich nur um eines, sei vorsichtig, melde dich zu nichts freiwillig und versuch, gesund heimzukommen!"

„Soll ich ehrlich sein?"

„Ja! Warum nicht?"

„Wladi, ich werd' nicht mehr heimkommen, mein Gefühl sagt mir, dass ich an der Front fallen werde!"

Wladimir blieb abrupt stehen und fasste Hugo brutal an der Uniform. „Rede nicht solchen Quatsch, oder ich hau' dir eine in die Fresse! Glaubst du, nicht auch ich hatte solche Ahnungen, aber da ist noch ein anderer, der ein gewichtiges Wort zu reden hat." Er deutete mit dem Zeigefinger nach oben. „Den meine ich, unseren Herrgott! Schon an der Front habe ich es immer gehasst, wenn die Landser vor dem Angriff die Fotografien aus den Taschen geholt haben. ‚Das ist meine Frau! Das sind meine Kinder!' Allen haben sie die Bilder herumgezeigt und am nächsten Tag waren sie die ersten, die es erwischt hat. Es war nicht ihre Ahnung, sondern es war einfach die Angst, die sie überfiel und die sie hinderte, mutig zu kämpfen und heil und gesund aus der Schlacht zu kommen. Dir aber sage ich nur eines, du kommst wieder heim, oder du bist der allergrößte Scheißkerl, den ich kenne! Du wirst heimkommen, weil du deine Angst im Griff haben wirst, weil ich dir heute die Gewissheit ins Herz gebe, dass der barmherzige und liebende Gott über dir wacht. Und wenn du willst, ich gebe dir auch meinen Schutzengel mit. Er hat mir das Leben gerettet, und auch dich wird er heil nach Hause bringen."

Hugo war über diesen Gefühlsausbruch von Wladimir erstaunt, sagte aber nichts, deshalb sprach Wladimir weiter.

„Ich werde dir erklären, was es bedeutet, einen Schutzengel zu haben. Ich bin im Graben, in einem Loch unter einem Wurzelstock gelegen, die schwere Verwundung im Rücken, die Uniform und die Hände voller Blut, und plötzlich steht Papa vor mir und sagt: ‚Wladi, steh auf, du musst ins Lazarett, sonst bist du verloren!' Ich habe das noch niemandem erzählt und hätte es auch nicht getan, aber heute muss ich, du zwingst mich dazu. Ich bin hundertprozentig sicher, es war Papas Schutzengel, und der hat mir die Kraft gegeben, weiterzukriechen und weiterzustolpern, Schritt für Schritt und mitten durch den Granatenhagel hindurch."

Hugo hatte sich abgewandt, Wladimir sah, dass er mit sich kämpfte, deshalb ließ er ihm Zeit. „Was möchtest du eigentlich einmal werden?" fragte er dann unvermittelt.

Hugo war von dieser Frage überrascht. „Ich weiß es noch nicht genau, aber ich habe mir schon Gedanken darüber gemacht. Entweder Arzt oder Journalist."

„Du wirst bald merken, Arzt zu sein ist ein großartiger Beruf, und es ist etwas Besonderes, wenn man der leidenden Menschheit helfen kann. Ich würde dir dazu raten! Wie kommst du auf Journalist?"

„Ich habe einige Tagebücher auf der Ennsleite deponiert. Wenn du willst, kannst du sie lesen. Dann wirst du auch merken, weshalb es mich zum Journalismus zieht. Die Wahrheit und die Freiheit im Denken, Sprechen und Schreiben werden unsere einmalige Chance nach diesem Krieg sein. Es soll nicht irgendwer darüber bestimmen, welchen Weg unser Land einschlagen und welche Ziele es haben wird. Es müssen die besten und verantwortungsvollsten Köpfe sein, die nach dem Krieg unsere Gesellschaft neu orientieren. Bei diesem Prozess werden die Zeitungen und der Rundfunk eine bedeutende Rolle spielen. Unter uns gesagt: Da möchte ich dabei sein!"

Langsam wanderten die beiden dahin, sahen in die Berge, entdeckten am Waldrand ein Rudel Rehe, sie philosophierten und phantasierten, und als sie heimkamen, standen für sie eine Schale Tee mit Rum und ein Teller mit einigen Schnitten Kletzenbrot bereit. Letzteres war die große Überraschung von Resi, die den ganzen Herbst über für ihre beiden Soldaten Birnen gesucht und für das Weihnachtsbrot getrocknet hatte.

XXI.

Bei der letzten Sauschlachtung im Bauernhof Schraberger war das Ringelschwänzchen des getöteten Tieres übersehen worden und liegen geblieben. Heinz fand es und nahm es mit, denn es war immer ein riesiger Spaß, wenn man es bei Gelegenheit einem der Freunde mit Hilfe einer Sicherheitsnadel an der Hose anhängen konnte. Natürlich war wieder einmal Robert sein auserwähltes Opfer, doch merkte dieser bereits beim ersten Gelächter, dass hinter seinem Rücken etwas nicht stimmte, und er entdeckte auch recht bald den Gegenstand, der dieses Lachen verursachte.

„Bist ein feiner Bruder!" sagte Robert verächtlich zu Heinz, als er sich das Ringelschwänzchen von seiner Hose entfernte. Wer ihm diesen Streich gespielt hatte, das war sonnenklar, das konnte ihm nur sein hinterfotziges kleines Brüderlein angetan haben.

„Gib mir das Schwänzchen zurück!" forderte Heinz, doch Robert steckte dieses ohne Kommentar zu sich, drehte sich um und ließ Heinz stehen.

Seit Robert nun dieses Sauschwänzchen in seinem Besitz hatte, kreisten seine Gedanken ununterbrochen um die Möglichkeit, es jemand anderem an die Hose zu stecken. Jemanden von seinen Freunden damit zu verzieren, danach war ihm nicht. Othmar wäre schon ein faszinierenderes Opfer gewesen, aber an den traute er sich nicht, denn wenn dieser sich beleidigt fühlte, konnte er recht grob werden, und eine Ohrfeige war das Mindeste, was man sich von ihm einhandeln konnte.

An seinen Vater wagte sich Robert schon gar nicht heran, der war in der letzten Zeit immer ernst, mit seinen Gedanken immer wo anders. An seinem Gesicht konnte man ablesen, dass er zu Späßen solcher Art überhaupt nicht aufgelegt war. Der Gedanke aber, sich an einem seiner Lehrer zu rächen, der hatte etwas Faszinierendes an sich. Am besten geeignet erschien ihm Fachlehrer Zimmermann, dieser demonstrierte beim Modellbau sehr häufig den Arbeitsgang bis zur Fertigstellung, und da drängten sich die Schüler um ihn herum, um ja recht gut sehen und alles beobachten zu können. Bei einer solchen Gelegenheit, dachte Robert, wäre es am leichtesten möglich, ihm die schweinische Verzierung anzuhängen.

Tatsächlich ergab es sich schon am nächsten Tag, dass Robert bei einer Scherenschnittdemonstration so nah am Rücken von Zimmermann zu stehen kam, dass er die Nadel öffnen und das Schwänzchen anhängen hätte können. Doch ausgerechnet in diesem Moment hörte man das Keuchen von Rektor Wilke, Zimmermann straffte sich und Robert stieß ihm die offene Nadel ins Gesäß. Blitzschnell reagierte er, und da sich nun alles zur Tür und zum Rektor drehte, musste er nur einen Schritt zurück tun und schon war er außerhalb des Täterfeldes um Zimmermann. Glücklicherweise! Denn dieser griff nach rückwärts und bekam den etwas dämlichen Erwin Saxenhuber beim Rock zu fassen. Er fixierte ihn bösartig. „Nach der Stunde sehen wir uns!“ sagte er streng, wandte sich aber dann dem Rektor zu.

„Soll ich den Unterricht unterbrechen?“ fragte er. Der Rektor nickte, stellte sich an die Seite von Zimmermann und keuchte schwerfällig:

„Ruhe, meine Herrschaften!“

„Gebt Ruhe!“ schrie Zimmermann etwas lauter.

So wie vorher um Zimmermann versammelten sich nun alle Schüler sowohl um diesen als auch um den Rektor, und ausgerechnet hinter diesem kam Robert zu stehen.

„Ihr wisst“, begann Rektor Wilke, „dass unser Führer Adolf Hitler für den Endsieg alle Kräfte des deutschen Volkes mobilisieren muss, dass er Maßnahmen ergreift, die wir momentan noch nicht verstehen, die aber notwendig sind. Deshalb werden mit dem 1. Februar alle Schulen in Oberdonau geschlossen. Dieser durch den Landesschulrat erfolgte Beschluss ist unter anderem schon deshalb notwendig, weil ihr auf eurem Schulweg durch terroristische Tiefflieger gefährdet seid und weil jeden Tag die Möglichkeit eines weiteren Bombenangriffes gegeben ist.“

Alle Schüler äußerten sich lebhaft, auch Roberts Herz jubelte bei der Ankündigung der Schulschließung. Er dachte ein wenig voraus und sah die Möglichkeit, dass er wieder nach Hofkirchen fahren konnte. Gleichzeitig aber starrte er wie gebannt auf die Rockzipfel des Rektors, die sich vor seinen Augen bewegten und zum Greifen nahe waren. Je länger er sie fixierte, um so mehr ritt ihn der Teufel. Zimmermann hin und Zimmermann her, alles gut und schön, aber, wenn er Wilke das Schwänzchen anhängen und er mit diesem auf dem Rock dann umherlaufen würde, das wäre schon etwas anderes, das wäre sensationell, eine richtige Mutprobe. Das überlegte er bei sich, dann griff er mit seiner geschickten linken Hand nach dem Sauschwänzchen, öffnete die darin eingestochene Sicherheitsnadel und fädelte sie in Sekundenschnelle in die Mittelnaht des dunkelblauen Rockstoffes von Wilke. Als der Verschluss zu war, trat er ein wenig zurück, kontrollierte sein Werk, blickte zuerst rechts, dann links und sah dabei direkt in die Augen von Fachlehrer Zimmermann, der ihn die ganze Zeit beobachtet hatte. Wie vom Donner gerührt verharrte er in seiner Stellung und fürchtete, jeden Augenblick von der Hand des Fachlehrers ergriffen und nach vorne gezogen zu werden. Doch geschah nichts, und Rektor Wilke fuhr mit seiner Ansprache fort.

„Bereits siebenundneunzigmal musste in Sierning Fliegeralarm gegeben werden. Das ist ein Beweis dafür, dass unsere Feinde vor keinem Mittel zurückschrecken, um das deutsche Volk zu vernichten und in den Tod zu treiben. Aber nicht nur das, auch die Unterbringung der vielen Flüchtlinge macht unserem Führer Sorgen, die Einquartierung der Schlesier, die nach zweihundert Jahren wieder in ihre alte Heimat Oberdonau zurückkehren. 146 wurden im Dezember und 52 seit Jahresbeginn in unserer Hauptschule untergebracht. Darauf können wir stolz sein. Aber ich verspreche euch, dass alle diese Maßnahmen nur vorübergehend sind. Sobald sich die Situation in unserem Heimatland wieder stabilisiert hat, sehen wir uns in der Hauptschule wieder. Bis dahin aber verabschiede ich mich von euch mit einem stolzen ‚Heil Hitler'."

„Heil Hitler!“ schrie die ganze Klasse.

Rektor Wilke wandte sich an Fachlehrer Zimmermann. „Sie können die Schüler im Anschluss an diese Doppelstunde nach Hause schicken. Für sie ist der Unterricht beendet, wir aber sehen uns im Konferenzzimmer!“ Nach diesen Worten keuchte er schwerfällig aus dem Klassenzimmer.

Die Schüler blickten ihm unterwürfig nach. Noch ahnte niemand, dass es das letzte Mal war, dass sie Wilke als Rektor der Schule gesehen hatten.

Im Volksschulgebäude hatte Wilke kein eigenes Zimmer für sich, er war gezwungen, mit den anderen Lehrern und dem Dienstpersonal in einem beengten Konferenzzimmer seine Arbeit zu tun. Er konnte also nicht allein sein und musste sich mit einem relativ kleinen Platz inmitten der Kollegenschaft zufrieden geben.

Als er eintrat und zu seinem Sessel schritt, sah Franz Dirisamer sofort das Schwänzchen am Rock des Rektors baumeln. Es war so geschickt angebracht, dass man fast den Eindruck hatte, es wäre ein Körperteil von ihm, es sah lächerlich, geradezu urkomisch aus. Wie es eigentlich immer seine Gewohnheit war, nahm Wilke nicht auf seinem Sessel Platz, sondern er stellte sich ans Fenster, von wo aus er das Treiben auf der Straße beobachten konnte. Dies war aber nicht der eigentliche Sinn des Sich-ans-Fenster-Stellens, der wirkliche Grund war, dass er den Lehrern den Rücken zudrehen konnte und dadurch jegliches Gespräch mit ihnen von vornherein abschnitt. Er wusste ja, dass sie ihn nicht mochten, aber auch er litt sie nicht. Im Laufe der Jahre hatte sich in seinem Innersten ein Ekel gegen diese Schwätzer und Intriganten aufgebaut, der sich nach und nach zu äußerster Abscheu steigerte. Und je mehr es mit dem Deutschen Reich zu Ende ging, umso deutlicher traten bei ihm unkontrollierte Hassgefühle zu Tage. Neunzig Prozent dieser subversiven Elemente waren Regimegegner, Strafversetzte, Abschaum, ein Gespräch mit ihnen forderte ihm große Überwindung ab. Diese sogenannten Erzieher gehörten in seinen Augen in Straflager und KZs, die Vorstellung, sie erschossen oder in Gaskammern verenden zu sehen, drängte sich immer mehr auf und war ihm nicht mehr unangenehm. Aber leider Gottes brauchte er sie noch. Wie schrecklich, dass ihm aus der Notlage des Lehrermangels heraus die Hände gebunden waren und er vom Landesschulrat nicht die nötige Unterstützung bekam. Aber sein Hass war manifest, und eines Tages würde er ihn abreagieren können. Davon war er felsenfest überzeugt.

Als er so am Fenster stand und seinen bösen Gedanken nachhing, sahen alle Lehrer im Konferenzzimmer das so trefflich postierte Sauschwänzchen, ein Lachen, Kichern und heimliches Tuscheln war die Folge, etwas, was Wilke ganz ungewohnt war, weshalb er sich auch manchmal rasch umdrehte, um zu sehen, was da vor sich ging. Fast augenblicklich verstummten dann die Geräusche, aber die Lehrer, die sonst immer ehrfürchtig den Blick senkten, standen und saßen jetzt aufrecht und blickten ihm frech ins Gesicht. Die junge Karoline Puchner konnte ihre Heiterkeit am schlechtesten verstellen, sie saß am nächsten und grinste ihn unverschämt gutgelaunt an.

„Ihnen wird das Lachen schon noch vergehen!" fauchte sie Wilke an. „Denn, wenn Sie meinen, dass auch die Lehrer schulfrei bekommen werden, dann haben Sie sich getäuscht. Sie haben jeden Tag zu erscheinen! Herr Zimmermann wird die Führung des Flüchtlingskontingentes in der Hauptschule übernehmen, und Sie und Fräulein Tiller werden ihn dabei unterstützen."

Rektor Wilke drehte sich wieder zum Fenster, so, als habe es keine Vorfälle gegeben und als wäre er Herr der Lage. Wieder hörte er das Kichern und dann ein ganz deutliches „Grunz grunz." Die Zornader schwoll ihm an, aber er beherrschte sich.

„Hat da jemand einen Orden erhalten?" Es war die Stimme von Lehrer Kubizek. „Auch so ein missratener Geist", dachte Wilke.

„Vielleicht einen Schweinchenorden!"

Das war ihm zu viel. Ohne zu überlegen, lud er auf den Nächstbesten seinen Grimm ab.

„Und Sie, Herr Fachlehrer Dirisamer, werden zum Volkssturm abkommandiert. Da können Sie dann Ihr angebliches Wissen und Können als Soldat des Ersten Weltkrieges unter Beweis stellen. Wollen sehen, ob Sie wenigstens da zu etwas taugen. Ich sage es Ihnen schon jetzt, von Waldneukirchen bis Letten werden Panzerlöcher und Schützengräben zur Verteidigung der Heimat angelegt. Und da wird man Sie ordentlich einspannen und hernehmen. Morgen melden Sie sich bei Bürgermeister Eder, der wird Ihnen schon sagen, was man mit Ihnen vorhat!"

Franz Dirisamer hatte so etwas erwartet, und deshalb erschrak er nicht sonderlich, als er diese Meldung vernahm. Was ihm momentan mehr Unbehagen bereitete, das war die Verhöhnung von Wilke, die jetzt ganz offensichtlich und mitleidlos zu Tage trat. Er hatte Wilke nie gemocht, dieser Erznazi hatte ihn vom ersten Arbeitstag an schikaniert, gequält und fast zu Fall gebracht, aber als Vorgesetzten hatte er ihn respektiert. Als Rektor hatte er gute Arbeit geleistet, zweifelsohne, das konnte man ihm nicht absprechen. Und deshalb empfand er diese Beleidigungen, dieses „Grunz grunz", das jetzt immer wieder zu vernehmen war, als miserable Respektlosigkeit, die ihm ganz und gar nicht behagte. Er hatte ähnliches am eigenen Leib erlebt, in den Märztagen des achtunddreißiger Jahres, da waren Leute, die ihm vorher hinten hineingekrochen waren, verhöhnend daher gekommen und hatten ihm das Anrecht auf Menschenwürde abgesprochen. Dieses lächerliche Sauschwänzchen war in seinen Augen so ein Zeichen der Verhöhnung, der Aberkennung von Menschsein und Anstand, und deshalb überlegte er, wie er dieses vom Rock des Rektors abmontieren und entfernen könnte.

Sein Sohn Robert war nicht zufällig mit flinken Fingern begnadet, auch er selbst war sehr geschickt im Gebrauch seiner Hände, er war ein guter Bastler. Er war stolz darauf, dass er sich mittels eines Baukastensystems ein Mikroskop gebaut hatte, ein anderes Mal sogar eine Uhr. Er hatte auch einen Schneiderkurs besucht und seinen Kindern Pyjamas genäht, und bei der

Reparatur von elektrischen Haushaltsgeräten, etwa des Radios und des Staubsaugers, hatte er sich immer zu helfen gewusst. Gerne hätte er Klavier spielen gelernt, aber für ein solches Instrument war nie genug Geld vorhanden.

Seine Fingerfertigkeit war ihm oft zu Hilfe gekommen, deshalb hatte er auch jetzt keine Bedenken. Eine Kreide hatte er in der Schule ja immer in seiner Rocktasche, er nahm sie in die Faust, näherte sich dem wieder abgewandt stehenden Wilke und zeichnete ihm mit einer raschen Bewegung einen Kreidestrich auf den dunklen Rock.

„Darf ich fragen, wann ich beim Bürgermeister erscheinen soll?"

Wilke drehte sich ihm zu. Diese bescheidene Frage riss ihn aus seinen Gedanken, erstaunt sah er, dass Dirisamer sehr höflich und respektvoll zu ihm getreten war. Das hatte er nicht erwartet, nicht von diesem Mann. Wenigstens hier wurde ihm gebührende Ehrfurcht entgegengebracht, und das tat ihm wohl.

„Am Vormittag, nach Belieben, wie Sie wollen!" antwortete er ihm mit versöhnlichem Tonfall.

Dirisamer bedankte sich für die Auskunft. Dann fragte er: „Sie haben einen Kreidestrich auf Ihrem Rock. Darf ich Ihnen diesen abwischen?"

Wilke war zu dick und unbeweglich, um seinen Kopf nach hinten drehen zu können, aber er sah zumindest den Beginn des Kreidestriches, deshalb nickte er.

„Wenn Sie so freundlich sind!"

Dirisamer zog ein Taschentuch aus seinem Hosensack und begann am Rock zu reiben. Schon näherte er sich dem Sauschwänzchen, er klappte die Nadel geschickt auf und ließ den Unfug in seiner Tasche verschwinden.

„So, ich glaube, das wäre es!"

Wilke bedankte sich, er rang sich sogar ein kurzes, freundliches Lächeln ab, während die Lehrer eher unmutig den Ablauf der Dinge verfolgt hatten. Als die Pausenglocke schrillte, ging Franz Dirisamer auf den Gang, er wollte seine Klasse noch verabschieden. Fachlehrer Zimmermann kam ihm entgegen.

„Auf ein Wort, Herr Kollege Dirisamer!" Dann blickte er um sich, um zu sehen, ob ein Lauscher in der Nähe stand.

„Ich habe Ihren Sohn beobachtet, wie er heute dem Rektor ein Sauschwänzchen an den Rock geheftet hat. Sie wissen ja, die Zeichnung von Heinz hat bereits genug Staub aufgewirbelt und Sie in ein schlechtes Licht gesetzt. Deshalb möchte ich nicht noch einmal ein Schäufelchen nachlegen und Ihnen neuerlich Unannehmlichkeiten bereiten. Schon in Hinblick auf unsere gemeinsame Weltanschauung."

„Und die wäre?" wunderte sich Dirisamer.

„Na ja, selbstverständlich Christlichsozial und Sozialdemokratisch!"

Franz Dirisamer konnte es nicht fassen, gleich zweifach wollte sich also Zimmermann absichern, auf jeden Fall vorbereitet sein, man konnte ja nicht wissen, was nach Kriegsende gefragt war.

„Aber ich war nur christlichsozial, nie sozialdemokratisch!"

„Das habe ich ja genauso gemeint!" lächelte ihn Zimmermann an. „Ich glaube, wir können da ein Übereinkommen erzielen. Deshalb, über den Lausbubenstreich von Robert kein Wort, das kann ich Ihnen ehrlichen Sinnes versichern!"

„Eigentlich verstehe ich es nicht!" verstellte sich Franz Dirisamer. „Ich war soeben in der Kanzlei mit dem Rektor beisammen, aber von einem Sauschwänzchen habe ich nichts bemerkt. Das hätte mir doch auffallen müssen? Oder?"

Zimmermann verabschiedete sich. „Wie auch immer, Reden ist Silber, Schweigen ist Gold! Ein kluges Sprichwort, besonders in Anbetracht kollegialer Freundschaft!"

Franz Dirisamer war nicht entgangen, dass in letzter Zeit wieder viele Menschen an ihn heranrückten, die ihn bisher ignoriert, ihn nicht einmal mehr gegrüßt hatten. Zimmermann war ähnlich, ein schillernder Vogel, ein Wendehals, nicht sein Typ. Besinnlich ging er in seine Klasse, in die 4.A. Die Schüler hatten ihre Sachen bereits zusammengepackt, und auch Robert war schon in seinen Mantel geschlüpft. Franz Dirisamer machte es kurz:

„Ich will mich als Klassenvorstand bis auf weiteres von euch verabschieden. Wenn Gott will, sehen wir uns wieder. Passt gut auf euch auf!"

Dann nahm er Robert beiseite. „Du bleibst hier, ich habe noch eine Viertelstunde zu tun, dann gehen wir gemeinsam nach Hause!"

Robert kam das sehr ungelegen, seine Freunde warteten ja vor der Schule.

„Papa, kann ich nicht jetzt schon gehen? Alle anderen dürfen!"

Franz Dirisamer blieb hart. „Du wartest!"

Seine Angelegenheiten dauerten natürlich länger als eine Viertelstunde. Als er Robert abholte, saß dieser zerknirscht in einer vorderen Bank. Ohne auf das verdrießliche Gesicht von ihm einzugehen, hieß er ihn jetzt mitzukommen, und er legte dabei einen schnelleren Schritt vor, so dass Robert immer nachtrippeln musste. Es war Mittagszeit, graue Schneewolken verdeckten die Sonne, die nur mehr als heller Fleck zu erkennen war. Je länger sie gingen, um so dichter wurde das Wolkengestrüpp, und schließlich tanzten die ersten Flocken an, kräuselten sich mit dem Wind, fegten vom Acker her über die Straße und benahmen sich wild und ungezähmt. Jedesmal, wenn sie auf die Wangen klatschten, brannten sie ihre eisigen Muster auf die Haut, bald saßen sie auch fest auf den Wimpern und verdeckten die Augen. Es war eine beschwerliche halbe Stunde, bis sie in Pichlern anlangten, und die ganze Zeit über redeten die beiden nur wenig, kleine Anweisungen vielleicht, wie „Leg dir den Schal über den Mund!" oder „Lutsch nicht am Schnee!" Vor dem Bauernhaus zogen sie die Mäntel aus und schüttelten sie ab. Dann nahmen sie die Mützen vom Kopf, wischten sich das Gesicht frei und stampften noch mit den Schuhen auf einem hölzernen Fußabstreifer, um nicht Nässe in die Wohnung zu tragen. Aber dann ließ sich Robert nicht mehr halten. Schnell war er oben bei der Mutter und klagte ihr die Verspätung und den Schneesturm während des Weges.

Nach dem Mittagessen vertiefte sich Franz Dirisamer in die Zeitung. Plötzlich sah er von seiner Lektüre auf und richtete den Blick auf Robert, der gerade das von Heinz eingetauschte Messer mit den zwei Klingen und dem Korkenzieher an einer hölzernen Zwirnspule ausprobierte.

„Da fällt mir gerade ein!" begann er. „Stell dir vor, Robert, da hat mir heute einer von meinen Schülern ein Sauschwänzchen am Rock angehängt!"

„Was, dir auch?" entfuhr es Robert, der in diesem Augenblick weniger scharfsinnig war und überhaupt keinen guten Tag hatte.

„Ich bin in der Schule und im Konferenzzimmer umher gerannt, ohne es zu merken. Die Schüler und Lehrer haben mich ausgelacht, und Rektor Wilke hat ganz laut „grunz grunz" gemacht und gemeint, man habe mir heute einen Orden, den Schweinchenorden, verliehen!"

„Das ist eine richtige Gemeinheit!" Robert verlor alle Vorsicht. „So ein Schüler gehört schwer bestraft! Wenn ich erfahre, wer es war, dann bekommt er es mit mir zu tun!"

„Ich habe einen kleinen Verdacht. Aber, was soll man als Lehrer gegen einen Schüler schon unternehmen? Ihn zum Rektor bringen? Das liegt mir nicht! Und ihn als Folge davon aus der Klasse und Schule verweisen? Das wäre eine zu strenge Strafe! Denn hier geht es ja um das Leben eines jungen Menschen. Ich will dir erzählen, was Bürgermeister Eder dazu gesagt hat. Ich musste heute vormittag zu ihm, und da hat er mich auf das Schwänzchen aufmerksam gemacht und es mir abgenommen!"

Jetzt war Robert richtig geschockt. „Was, auch der Herr Bürgermeister hat dich mit dem Schwänzchen herumgehen sehen?" Urplötzlich kam ihm die Einsicht seiner eigenen Tat, und er begann zu flennen. „Ich bin es nicht gewesen!" heulte er drauf los.

„Das habe ich auch nicht gesagt. Der Herr Bürgermeister hat mir folgenden Rat gegeben …!"

„Papa, bei dir war ich es nicht, aber dem Rektor Wilke habe ich ein Sauschwänzchen an den Rock gesteckt. Ich will es nie wieder machen!"

Franz Dirisamer sah, wie Robert mit den kleinen Fäusten seine Augen zu reiben begann. Dieser spontane Schmerz, diese kindliche Reue rührten ihn. Trotzdem wollte er es Robert nicht so leicht machen.

„Was du mir da erzählst, ist wirklich schlimm. Stimmt das auch?"

„Ja, aber ich tu es nie mehr wieder!"

„Das glaube ich dir schon, aber ich muss es trotzdem dem Rektor melden. Und der kennt keine Rücksicht und kein Verzeihen. Es sei denn, wir machen das, was mir der Bürgermeister geraten hat."

Hoffnungsvoll sah Robert auf. „Was ist es denn?"

„Bürgermeister Eder hat gemeint, ein Bub, der so etwas macht, soll zur Strafe selber einen ganzen Tag das Sauschwänzchen an seiner Hose tragen!"

Für Robert stürzte eine Welt zusammen. Wenn er mit dem Sauschwänzchen vor seine Bande treten musste, nie und nimmer würde er so eine Schande überleben. Nein, ein Schwänzchen auf seiner Hose kam nicht in Frage. Allein, wenn er bedachte, wie Heinz ihn auslachen würde.

„Papa, tu mir das, bitte, nicht an! Ich kann doch nicht vor meinen Freunden mit einem Sauschwänzchen herumlaufen, ich bin doch ihr Häuptling. Gibt es denn nichts anderes? Hat der Bürgermeister nur diese Bestrafung gewusst?"

„Ja! Er hat schon auch gesagt, dass man das Sauschwänzchen nicht tragen braucht, aber dann müsste man es dem Rektor melden, und die Folge wären Gefängnis und Kerker!"

Das Geheule von Robert setzte wieder ein. „Papa, dann muss ich es halt tun! Aber nur keinen Kerker!"

In diesem Augenblick kam es wie eine Erleuchtung über Robert. Woher sollte sein Vater ein Sauschwänzchen hernehmen? Weit und breit war keines zu haben. Er fasste sich und begann überlegen zu grinsen.

„Papa, ich fürchte, aus der Bestrafung wird nichts. Wir haben nämlich kein Sauschwänzchen!"

Für einige Sekunden gönnte Franz Dirisamer Robert diesen Triumph, dann aber griff er in seine Tasche und zog ganz langsam das Sauschwänzchen, das er Wilke abgenommen hatte, hervor.

Da der angebrochene Tag nicht mehr galt, wurde Robert erst am nächsten Morgen mit dem Schwänzchen verziert. Das war dann auch der Tag, an dem Robert von der Früh bis zum Abend zu Hause blieb und sich nirgendwo sehen ließ. Aber was seine Brüder Heinz und Othmar an diesem Tag mit ihm aufführten, das war auch kein Honiglecken. Heinz brachte sogar die Mädchen seiner Bande in die Wohnung und alle neckten ihn.

„Robert, zeig uns dein Schwänzchen!" hieß es immer wieder. Zuerst weigerte er sich, schließlich aber erkannte er die humorige Seite seiner Bestrafung, er drehte sich um, wackelte mit dem Hintern, so dass das Sauschwänzchen hin und her flog und lachte aus vollem Halse. Da lachten dann alle mit. Die Kinder wussten um sein „Verbrechen" Bescheid, und das vermehrte letztendlich seinen Ruhm. Denn dass es ein Junge gewagt hatte, dem allseits gefürchteten Rektor Wilke ein Sauschwänzchen anzuhängen, das war mehr als heldenhaft, das entsprach ganz dem Ruhm des obersten Häuptlings der Apatschen.

XXII.

Am 13. Februar 1945 wurde in Sierning der hundertste Fliegeralarm gegeben, am 31. März bereits der einhundertvierzigste. Mit anderen Worten, die Bedrohung aus der Luft durch Bomberflugzeuge hatte in einem erschreckenden Maße zugenommen. Fast täglich dröhnten feindliche Maschinen über den Dächern der Bauernhöfe, und wenn es schönes Wetter gab, zeigten die quirlenden Kondensstreifen am blauen Taghimmel den Weg, auf dem die amerikanischen Flieger heran rollten und wieder verschwanden. Franz Dirisamer gebrauchte das Wort „Himmelsstraße" für die sichtbare Route der „fliegenden Festungen", die dröhnend und lärmend hoch über ihren Köpfen dahin zogen.

Wenn die Flak ballerte, regnete es Sprengstücke auf die Häuser, und diese richteten Schäden an den Schornsteinen, Fassaden und Dächern an. Man musste es ein Wunder nennen, dass niemand von den zackigen Metalltrümmern getroffen, verwundet oder gar getötet wurde. Zumindest war es in Pichlern so. Die Angst wegen der Kinder, die sich die meiste Zeit im Freien aufhielten, war aber ein ständiges Thema, man konnte die Kleinen gar nicht oft genug daran erinnern und mahnen. Sie sagten zwar ständig: „Ja, ja, ihr braucht euch keine Sorgen machen, wenn die Flak schießt, stellen wir uns im nächstgelegenen Haus unter!" Doch abends rückten sie mit ihren Erzählungen und Abenteuern heraus, dann erfuhren die Eltern, dass sie sich im Wald oder an der Steyr herumgetrieben hatten, während es am Himmel oben wieder einmal knallte.

Franz Dirisamer lebte unter ständigem Druck, die Enge der Wohnung in Pichlern und die familiären Probleme machten ihm zu schaffen. Was von innen und außen auf ihn eindrang, das war kaum noch zu ertragen. Und das Schlimme war, dass er niemanden hatte, mit dem er sich aussprechen und dem er seine Sorgen und das Wissen um seine gefährdete Existenz hätte beichten können. Denn auch Resi war am Ende ihrer Kräfte, sie war derart überlastet, dass sie immer stärker in sich versank und außer mit den Kindern kaum noch Gespräche führte. Eigentlich glich sie nur mehr einem Schatten von früher, abgemagert und nervös, wie sie war.

Bisher hatte er als Ausweichmöglichkeit und Ablenkung die Schule gehabt. Er liebte seinen Beruf, denn unter jungen Menschen fühlte er sich wohl. Einfaches Diskutieren, freundliche Gespräche und befreiendes Lachen begleitete ihn von Klasse zu Klasse. Da verging der Vormittag wie nichts, und wenn er nach seiner Arbeit nach Pichlern und zu seiner Familie zurückkehrte, freute er sich bereits wieder auf den nächsten Tag und den nächsten Unterricht.

Nach dem 1. Februar war es aus damit. Wenn er jetzt zur Schule ging, begleitete ihn niemand mehr, und heimzu war er auch meist allein. In der Schule selbst herrschte gähnende Leere, in den Klassenzimmern standen die Türen offen, und dort, wo in den Pausen früher die Schüler lärmend und lustig herumtollten, hörte man jetzt nur mehr das Ticken der Ganguhr. Das Konferenzzimmer wurde mit dem Turn- und Zeichensaal über eine Etagenheizung versorgt, die ganz heruntergeschaltet war und die Räume nur schwach erwärmte, aber nicht mehr behaglich machte.

Die Lehrer standen diesen Ereignissen und ihrer Untätigkeit hilflos gegenüber. Die wichtigste Frage für sie lautete: Mussten sie als Volkssturmmänner an die Front oder wurden sie in ihrem Dienstort in der Heimat eingesetzt?

Die ersten Tage saßen sie beschäftigungslos im Konferenzzimmer herum, es waren Belanglosigkeiten, mit denen sie sich abgaben, und eigentlich war es nichts als Schikane, dass sie überhaupt anwesend sein mussten. Einmal hieß es, dass Formulare gebraucht wurden und dass sie diese handschriftlich vervielfältigen müssten, ein anderes Mal hatten sie Durchschnittsberechnungen für Statistiken zu machen. Jeden Tag zauberte Wilke eine neue und völlig absurde Aufgabe aus seiner Aktentasche. Giftig und argwöhnisch kontrollierte er seine Lehrer und war nicht aus dem Konferenzzimmer zu bringen. Zwischendurch fühlte er sich gesundheitlich wieder besser und war bis zwölf Uhr immer anwesend. Dann gestattete er eine halbe Stunde für eine Mittagspause und anschließend musste wieder bis zwei Uhr gearbeitet werden. Geredet wurde fast nichts mehr, und wenn, dann fingen die Gespräche der Lehrer meist mit dem Satz: „Ich habe gehört, dass …!" an.

„Ich habe gehört, dass wir zurück nach Steyr müssen und für Aufräumungsarbeiten hergenommen werden!" meinte Kollege Trauner.

„Und ich habe gehört, dass wir nach Budapest abkommandiert werden, weil die Russen bereits bis dorthin vorgedrungen sind!" gab Fachlehrer Kubizek eine andere Version preis.

Die Antwort kam vom Landesschulrat und hieß: „Alle Lehrer sollen in ihrem Dienstort eingesetzt werden."

Franz Dirisamer atmete auf, alle Warnungen seiner erwachsenen Kinder konnte er beiseite schieben, er musste nicht mehr in den Krieg und an die Front, er konnte daheim bleiben und über seine Familie wachen. Für ihn regelte sich die Sache auf Grund einer Order des Landesschulinspektors so, dass er in der Hauptschule Sierning Fachlehrer Zimmermann zur Führung des Flüchtlingslagers zugeteilt wurde.

Unterstützt sollten sie dabei von den Lehrerinnen Emma Tiller und Karoline Pucher werden. Und Eleonore Pöschl musste in der Flüchtlingsküche mithelfen.

Als Rektor Wilke von dieser Bestimmung erfuhr, stieg ihm die Galle hoch, denn er selbst hatte Franz Dirisamer für den Außendienst bestimmt. Und dabei musste es bleiben! Nicht in der warmen Schule, sondern im bitterkalten Freien sollte er seinen Dienst tun, und dort konnte er dann darüber nachdenken, was es hieß, ein Feind der Nationalsozialistischen Partei zu sein. Wenn der Landesschulrat mit Bürgermeister Eder da nicht mitzog, kam es ihm nicht mehr darauf an, er war bereit, sich auch mit diesen Leuten anzulegen, und wenn es notwendig sein sollte, dann würde er auch ihnen seine Zähne zeigen.

Es gab in diesen Tagen kaum noch ein öffentliches Amt, das ordentlich geheizt wurde, es fehlte an Kohle, an Öl und Gas, und auch die Holzvorräte waren knapp und wurden nicht mehr aufgefüllt. Als daher Wilke beim Bürgermeister vorsprach, saß dieser in seinem Wintermantel am Schreibtisch, wo einige Akte aufgeschlagen vor ihm lagen. Er trug Handschuhe, an denen die Finger zur Hälfte weggelassen worden waren, so dass man darin ungezwungen arbeiten, blättern und schreiben konnte. An sich eine praktische Sache. Hier aber störte es Wilke, alles in dieser Kanzlei wirkte desillusionierend und abgetakelt.

„Verdammt ungemütlich haben Sie es hier! Schade um die schöne Zimmerlinde. Können Sie es sich nicht ein bisschen wärmer machen?"

Bürgermeister Eder blickte in die Ecke beim Fenster, wo die einmal so hellgrüne Zimmerpflanze mit gelben, abgewelkten Blättern nur mehr ein Zerrbild ihrer früheren Schönheit war.

„Ja, kein schöner Anblick! Halt ein Symbol unserer Zeit!"

Wilke wurde rot vor Ärger und Zorn. Unerwartet heftig wandte er sich an seinen Parteifreund. „Wollen Sie damit etwas andeuten? Eine Unzufriedenheit? Kritik? Bei aller Freundlichkeit, ich muss Sie warnen! Ich will doch nicht hoffen, dass Sie unser Vaterland, unseren Führer und unsere Partei mit dieser verwelkten, dürren Staude vergleichen wollen?"

„Ich will gar nichts andeuten und vergleichen, ich bin nur ein realistischer Betrachter. Da wir nichts zu heizen haben, ist es kalt in der Gemeindestube, und unsere Zimmerlinde ist abgestorben und verkommen, weil sie es warm will. Ich weiß gar nicht, weshalb Sie so ein Aufheben wegen dieser Sache machen!"

„Ja, natürlich, Sie wollen nichts andeuten, Sie sagen es nur so locker heraus. Dieses ‚Halt ein Symbol unserer Zeit!', ich habe das schon richtig verstanden. Leider Gottes verlassen in unserer Gemeinde immer mehr Ratten das sinkende Schiff!"

Eder, der vorher nervös auf seinem Sessel hin und her gewetzt hatte, wurde jetzt starr und förmlich.

„Ihre unzutreffenden Vergleiche können Sie sich sparen. Wollen Sie bitte zur Sache kommen und mir Ihr Anliegen vortragen!"

„Ja, das will ich tun! Aber vorher noch eins: Ist Ihnen eigentlich noch nie aufgefallen, dass in Sierning immer mehr Genossen ohne Parteiabzeichen herumlaufen? Dass kaum noch jemand zu den Vorträgen der Partei kommt? Vorige Woche war Herr Dr. Steinbrenner hier, ein Physiker und Waffenexperte aus München. Was glauben Sie, wie viele Leute sich zusammenfanden? Ganze 21! Sie können das nicht wissen, denn Sie waren ja auch nicht bei unseren Aufklärungsgesprächen. Es wäre aber gut gewesen, wenn Sie gehört hätten, was dieser Wissenschaftler erzählte. Wir haben nämlich die Wunderwaffe, einen Atomzertrümmerer, wie sie genannt wird. Damit können wir ganze Städte, ja sogar ganze Länder mit einem Abwurf zerstören. Unser Führer Adolf Hitler hat bis jetzt mit dem Einsatz dieser Wunderwaffe gezögert, aber jetzt, wo ihm die Feinde zu üppig werden, wird es nicht mehr lange dauern, und dann werden sie alle, die Engländer, Amerikaner und Russen, auf dem Bauch gekrochen kommen. Also heizen Sie ruhig Ihren Beamtentempel und meckern Sie nicht an der Symbolhaftigkeit unserer Zeit herum. In einigen Wochen wird alles anders sein und wir werden uns reichlich von überall bedienen können. Und nun zu meinem Anliegen!"

Bürgermeister Eder hatte schon beim Eintreten von Wilke dessen verändertes, selbstbewusstes Aussehen bemerkt. In den letzten Wochen hatte man ihn nur mehr herumschleichen sehen, hängende Schultern, grau im Gesicht, Mundwinkel nach unten, ein erloschener Vulkan. Und nun dieses Auftreten, dieses Feuer in seinen Augen. War da etwas geschehen, was im Deutschen Rundfunk und vom Nachrichtensprecher und Kommentator Hans Fritsche nicht bekannt gegeben wurde? Auf jeden Fall war er gespannt, weshalb sich Wilke zu ihm bemüht hatte.

„Ich habe mit den Vorgesetzten in Steyr den Einsatzplan für meine Lehrer besprochen, und ich glaube, auch mit Ihnen war ich mir bereits einig. Nun besagen mir die neuesten Instruktionen, dass Franz Dirisamer zusammen mit Fachlehrer Zimmermann für die Flüchtlingsbetreuung eingesetzt werden soll. Wie ich erfahre, haben Sie das angeordnet. Sie allein, und damit hintergehen Sie mich in dieser wichtigen Angelegenheit.

Ich sage es Ihnen noch einmal: Franz Dirisamer muss in den Außendienst, daran geht kein Weg vorbei! Er bekommt einige Leute, mit denen soll er Panzerlöcher und Schützengräben an den vereinbarten Stellen anlegen. Sind wir uns da einig oder nicht?"

„Meinetwegen soll er! Aber doch nicht schon jetzt! Sie wissen wie ich, dass der Boden tief gefroren ist, und bei diesem Frost wird er kaum etwas weiter bringen. Im Frühjahr ist das anders, die Erde ist aufgetaut und alles geht leichter voran. Wir geben ihm polnische Strafgefangene dazu, und ich bin überzeugt, dass im Nu unsere Verteidigungsanlagen, inklusive der Panzerfallen, fertiggestellt sein werden. Diese Strategie muss doch auch Ihren Vorstellungen entsprechen!"

„Ganz und gar nicht!" Wilke fauchte ihn an. „Leute wie Dirisamer gehören schikaniert, man muss ihnen den Herrn zeigen. Ich habe Ihnen oft angedeutet, dass er in meiner Hauptschule nichts verloren hat. Der soll sich die Finger abfrieren! Wissen Sie, was ich tun werde, was meine erste Aufgabe sein wird, wenn wir wieder ganz, ganz oben sind?"

Der Bürgermeister blickte in ein hassverzerrtes, jetzt beinahe dämonisches Gesicht.

„Sie sind der erste, dem ich mich anvertraue, und ich schwöre Ihnen bei meiner deutschen Ehre und meinem deutschen Blut, die Hälfte meiner Lehrer, wenn nicht alle, werde ich dorthin bringen, wohin sie gehören, in das Konzentrationslager und in den Gasofen. Und Franz Dirisamer wird der erste aus dieser infernalen Clique sein! So gewiss, wie ich hier vor Ihnen stehe, so gewiss wird er den Weg dorthin gehen."

Bürgermeister Eder fühlte sich aus seiner realistischen Welt in außerirdische Bereiche versetzt. Er war nicht religiös, er glaubte weder an Gott noch an den Teufel, aber in diesem Moment war ihm, als stünde der Leibhaftige persönlich vor ihm.

„Ist das Ihr Ernst? Ich kenne alle Ihre Lehrer, nun, sie sind keine Parteigenossen, zugegeben, aber darüber hinaus haben sie sich nichts zu Schulden kommen lassen. Alles anständige Männer und Frauen, ausgezeichnete Pädagogen!"

„Ja, natürlich, nach außen hin schöne Larven, aber im Innersten? Wenn Sie wüssten, was ich weiß, Sie würden das Wort ‚anständig' für diese Kreaturen nicht in den Mund nehmen!"

Die menschliche Schlange, die sich da vor Bürgermeister Eder häutete, war alles andere als sympathisch. Er kannte ja alle Schlagwörter aus dem Parteialphabet und gebrauchte sie selber, aber was er jetzt zu hören und sehen bekam, war einfach widerlich, soviel ungeordnetem und bösartigem Fanatismus war er in seinem ganzen Leben noch nie begegnet. Welche Abgründe an Wahnsinn taten sich da vor ihm auf, mit solchen Menschen konnte man nicht debattieren, man musste sie sich austoben lassen. „Armer Dirisamer", dachte er noch, bevor er wieder das Wort ergriff.

„Ich habe nicht gewusst, dass Ihnen Ihre Lehrer so sauer aufstoßen. Und was Fachlehrer Dirisamer betrifft, verfügen Sie über ihn nach Gutdünken. Was ich von Aushubarbeiten im Winter und bei diesem gefrorenen Boden halte, habe ich Ihnen mitgeteilt. Was mich aber interessieren würde: Was haben Sie eigentlich gegen Fachlehrer Dirisamer?"

Die Antwort kam schnell und überraschte den Bürgermeister. „Persönlich nichts, eigentlich gar nichts! Im Grunde genommen beneide ich ihn. Als ich jung war, habe ich immer davon geträumt, einmal ein überragender, beliebter Lehrer zu werden, so einer, wie er es ist!"

„Ja dann?" wunderte sich Eder.

„Begreifen Sie denn nicht?" Rektor Wilke trat nahe heran und stützte seine beiden Hände energisch auf die Schreibtischkante. Er knirschte hörbar mit den Zähnen. „Die spielerische Leichtigkeit, mit der er seine Schüler verführt, wie selbstverständlich er ihre Liebe gewinnt, ihre bedingungslose Treue zu ihm, das kann ich nicht dulden und erlauben. Wir beide wissen nicht, welche Ideologien er in die Köpfe seiner Schüler einschleust. Er ist ein politischer Rattenfänger und eine eminente Gefahr für die Partei. Das ist meine Kritik an ihm, das ist die große Kluft, die uns trennt, das ist der Hass gegen ihn, das ist die Ursache, dass ich ihn nicht mag und ihm nicht verzeihen kann."

„Eifersucht ist es“, dachte der Bürgermeister, „Eifersucht, Neid und Missgunst.“ Und ihm graute vor diesem Menschen, der nach einem schnellen Abschied und mit Führergruß wenige Minuten später seine Kanzlei wieder verließ.

Zum Wochenende und nur wenige Tage nach diesem Gespräch bestellte Bürgermeister Eder Fachlehrer Dirisamer in seine Kanzlei. Er hatte die Aufforderung von Rektor Wilke beherzigt und das Gemeindeamt wieder heizen lassen. Die abgewelkte Zimmerlinde war entsorgt und lag jetzt zerkleinert im Holzkeller des Hauses. An ihrem ehemaligen Platz zeigte der Parkettboden einige dunkle Kreise, ein Zeichen, dass schlampig gegossen worden war.

Ganz anders als beim Gespräch mit Wilke war Eder während der Begegnung mit Dirisamer aufgeräumt, fast heiter, er trug einen saloppen Salz-Pfefferanzug mit Weste, in deren Seitentasche eine Golduhr samt Kette steckte. Ein Erinnerungsgeschenk von Verwandten in Amerika. Nur ganz wenige seiner Freunde wussten, dass er in seiner Jugend einige Jahre in den Vereinigten Staaten zugebracht hatte und dass er deshalb auch fließend Englisch sprach. Eigentlich war es eine schöne Zeit gewesen! Er war viel herum gereist und hatte an den wichtigsten Plätzen der USA die Verwirklichung der kapitalistischen Idee mitverfolgt und dabei auch das brutale System der Marktwirtschaft kennen gelernt. Der Eintritt der USA in den Weltkrieg hatte ihn entsetzt und geschockt, denn er hatte drüben Fließbandmontagen gesehen und wusste, was die dortige Industrie zu leisten imstande war. Konnte man gegen diese Übermacht einen Krieg gewinnen? Wenn Rektor Wilke seine Hoffnungen in eine Wunderwaffe setzte, so waren seine Erwartungen die, dass sich Roosevelt und Stalin zerkrachten. Mein Gott, Deutschland hätte sich mit Amerika verbünden sollen, aber es lief alles so verkehrt in der Außenpolitik, die ganze Situation war hoffnungslos verfahren, zum Verzweifeln.

Die Pläne für die Befestigungsanlagen um Sierning waren schon fertig, er holte sie aus der Ablage und breitete sie auf dem Schreibtisch aus. Das Gebiet, das in Frage kam, reichte von der Gemeindegrenze gegen Grünburg/Waldneukirchen bis zum Leitnerholz in Letten. Franz Dirisamer kannte in diesem Bezirk jeden Hügel und jeden Feldweg, mit seinen Schülern war er hier überall unterwegs gewesen, beim Kräutersammeln genau so wie beim kleinen Geographie- und Naturgeschichtsunterricht. Die Besprechung mit ihm war deshalb eine angenehme Sache, da sie sich nicht mit Nebensächlichkeiten aufhalten mussten.

„Die Kette von Panzerlöchern und Schützengräben muss lückenlos werden, dann erst ist sie für den Nahkampf und für einen Stellungskrieg geeignet. Trauen Sie sich die Arbeit zu?"

Franz Dirisamer nickte, wagte aber die Gegenfrage: „Trauen Sie mir das zu?"

Diesmal war Eder um die Antwort verlegen, er kannte ja die politische Vergangenheit von Dirisamer. Ein Verräter war er nicht, eigentlich hielt er ihn für anständig. Aber die Frage wollte er ihm dennoch nicht beantworten, er wich ihr aus.

„Sie haben solche Arbeiten doch schon gemacht?"

„Im Ersten Weltkrieg, in Russland, da gehörte der Ausbau von Stellungen zu unserem täglichen Brot!"

„Und ist es Ihnen gelohnt worden, damals, im Ersten Weltkrieg?"

„Wie man's nimmt! Ich bin in einem Schützengraben verschüttet worden, wäre ich auf freiem Feld gewesen, die Granate hätte mich zerrissen. Aber was den Lohn betrifft, ich glaube, der größte Lohn für unsere Mühen an den Befestigungsanlagen wäre der, wenn wir sie nicht gebrauchen müssten!"

„Das ist eine zweideutige Antwort, Herr Fachlehrer, da kann sich jeder seinen Teil denken! Ich will sie nicht hinterfragen, denn ich glaube, zuerst müssen wir arbeiten und Pläne verwirklichen, und dann können wir über Ihre Ansichten diskutieren. Am besten, wir begeben uns ins Freie, an Ort und Stelle bekommen wir, hoffentlich, bessere Einfälle."

Die Ausfahrt in der eisigen Kälte war kein Vergnügen, es war ein Wunder, dass überhaupt der Motor ansprang, denn am

Fensterthermometer war das Quecksilber auf bittere minus zwölf Grad gefallen. Franz Dirisamer fror im Auto, er hatte die Pläne auf seinem Schoß und versuchte sie mit den Knien festzuhalten, so konnte er wenigstens die Hände in die Manteltasche stecken. Eder war schweigsam, er konzentrierte sich voll auf das Fahren und versuchte, Schneeverwehungen auszuweichen.

Dirisamer sah sofort, dass die Pläne sorgfältig ausgearbeitet worden waren, denn alle Schützengräben waren an exponierter Stelle eingezeichnet, an Plätzen, von wo aus man eine gute Übersicht hatte, wo man versteckt war und von denen man sich auch geschickt zurück ins Unterholz eines Waldes verziehen konnte.

Sie stiegen aus und versuchten, im knirschenden Schnee zu den auf dem Plan verzeichneten Punkten zu gelangen. So gut es ging, brachten sie dort Markierungen an, Dirisamer mit einem Handspaten und Bürgermeister Eder mit einem Beil.

„Verdammt hart der Boden!"

„Sie sagen es! Aber Sie bekommen von mir am Montag einige Leute zugewiesen, und dann wird es schon gehen."

„Und wie steht es mit der Verpflegung?"

„Die Kriegsgefangenen erhalten ihre Ration. Sie selber müssen sich halt von daheim ein paar Brote mitnehmen. Deshalb rate ich Ihnen, fangen Sie in Pichlern mit der Arbeit an, dort haben Sie nicht weit zu den Häusern, Sie können sich immer wieder aufwärmen und Ihre Kinder können Ihnen heißen Tee zum Trinken bringen. Werkzeuge bekommen Sie von der Straßenmeisterei geliefert. Scheußlich wird's bei dieser Kälte alle Mal. Eigentlich sollte man da keinen Hund aus dem Haus jagen. Aber, wenn es Ihnen ein Trost ist, unsere Soldaten mussten in Stalingrad bei über vierzig Minusgraden ausharren. Deshalb dürfen wir uns nicht beschweren!"

Bei der Erwähnung der Soldaten von Stalingrad musste Franz Dirisamer sofort daran denken, was ihm Wladimir zu Weihnacht vom Schicksal seiner Kameraden erzählt hatte. Ernst Schramm gehörte dazu, ein Freund der Familie und ein ganz lieber Mensch. In seinen Ansichten und Interessen hatte er phantastisch zu Wladimir gepaßt. Und jetzt? Irgendwo im schrecklichen Russland faulte er dahin. Kein Grabhügel, kein Kreuz! Wahrscheinlich hatten Krähen und Wölfe seinen jungen Körper beseitigt. Eine schreckliche Vision! Und Wladimir, wo war er? Nach seinem Weihnachtsurlaub hatte es ihn über Zwischenstationen nach Wien verschlagen. Mit zehn Offizieren mußte er sich dort als Ausbilder um einen Haufen von tausend Mann kümmern. In seinem letzten Brief hatte er geschrieben, dass er an Kämpfen in Ungarn teilnahm. Dann aber waren Nachrichten ausgeblieben, niemand konnte ihnen sagen, wo sich ihr ältester Sohn momentan befand.

Seither waren Wochen vergangen. Franz Dirisamer hatte die Arbeit im Freien aufgenommen und bisher zwölf Panzerlöcher und sieben Schützengräben fertig gestellt. Sie waren das Produkt anstrengender und frostgebeutelter Februartage. Serben, Polen, Russen und ein Franzose hatten ihm geholfen, die steinige Erde und den gefrorenen Boden aufzugraben, aber diese Hilfskräfte waren immer weniger geworden, und zuletzt wäre er allein dagestanden, wenn nicht seine Kinder mit ihren Freunden bei ihm gewesen wären. Der Bauer Schraberger brachte ihm eine Fuhre Unterholz vorbei, damit wurde ein offenes Feuer gemacht, das dann den ganzen Tag brannte und sie wärmte.

Eigenartig, jedesmal, wenn es besonders frostig war und der Wind störrisch in ihr Feuer blies, dachte er an die Worte von Bürgermeister Eder: „Die Soldaten in Stalingrad mussten bei minus vierzig Grad durchhalten!" Und er dachte auch an Wladimir. Die Sorgen um ihn wuchsen von Tag zu Tag.

Und dann überraschte Wladimir sie in Pichlern. Da die Postzustellung nicht mehr richtig funktionierte, musste er einen dringenden Bericht persönlich nach Linz überbringen. Diese Gelegenheit benützte er zu einem Abstecher in die von Sorgen überschattete Einsamkeit seiner Familie. Es waren glückliche Stunden. Franz Dirisamer freute sich besonders darüber, dass Wladimir der liebe, gute Junge geblieben war. Seine Gesundheit hatte sich gebessert, und von seiner Verwundung spürte er im Großen und Ganzen nur mehr die Narbenspannung, die ihm besonders bei Wetterumschwung zu schaffen machte.

Auf einem gemeinsamen Spaziergang kamen sie an den Wehranlagen vorbei. Franz Dirisamer war stolz, dass er bereits soviel weitergebracht hatte. Verwundert beobachtete er, wie Wladimir die Anlage kritisch inspizierte. Er sprang hinein, kletterte wieder heraus und schüttelte den Kopf.

„Wer hat euch denn gesagt, dass ihr die Löcher so tief machen müsst? Sieh einmal her, ich bin einssiebenundachtzig, eigentlich ganz schön groß, wenn ich aber aus einem von den Panzerlöchern heraus muss, schaffe ich es kaum. Glaubst du vielleicht, dass von den Landsern alle Zweimeterriesen sind?"

„Ich habe mich bei dieser Arbeit an die vorgegebenen Maße gehalten und werde mich hüten, da irgend etwas zu ändern!"

„Ja, das kenne ich! Leute, die solche Pläne machen, sind meist Volltrotteln, Wichtigtuer! Keine Ahnung haben sie, worum es geht, aber dafür eine Riesenschnauze. In meiner Pionierzeit bin ich auch einmal in solchen Löchern gestanden, einige waren so tief wie diese da. Da haben sich die Kameraden auf ihren Stahlhelm gestellt, damit sie Blick nach außen hatten. Und dann: ein Kopfschuss nach dem anderen, weil sie oben nichts auf hatten!"

Franz Dirisamer war bei dieser Schilderung nachdenklich geworden. Wladimir hatte vollkommen recht, aber wie sollte er sich entscheiden, wie aus diesem Schlamassel kommen? Einerseits Vorschrift, andererseits die Warnung seines Sohnes.

„Was glaubst du, soll ich jetzt machen?"

„Wie seid ihr denn bei den Grabarbeiten aus den Löchern gekommen?"

„Wir hatten kleine Leitern. Sollen wir solche machen? Stöcke genug hätten wir!"

„Auf keinen Fall! Werft Steine hinein und macht die Löcher seichter. Aber vorher besprichst du das mit einem der zuständigen Herren. Und wenn er auf den Maßen beharrt, dann zahlen zwar die Soldaten drauf, aber du bist aus dem Schneider."

Am frühen Morgen des nächsten Tages verabschiedete sich Wladimir von daheim. Ohnmächtig musste Dirisamer zusehen, wie er Resi und alle seine Geschwister herzergreifend umarmte und küsste, nichts konnte er als Vater tun, sein Sohn musste fort, hinaus auf Wege, die von Gefahr, Not und Verderben geschwängert waren. Junge Burschen waren es, Söhne wie Wladimir, denen dort der Tod auflauerte.

„Wladi, bitte, bitte, pass auf dich auf, versprich mir, dass du zurückkommst! Versprich es mir, ich habe solche Angst um dich!" jammerte Resi.

„Mama, ich verspreche es, ich will ja dich und Papa und die Geschwister wiedersehen!"

Behutsam löste er sich von ihr und kniete sich vor dem Vater nieder. „Papa, bitte, gib mir deinen Segen!"

Dirisamer war so ergriffen, dass er sich in seinem Schmerz kaum noch beherrschen konnte. Er steckte den Zeigefinger in den Weihbrunnen und besprengte Wladimir. „Benedicat te omnipotens Deus …!" Seine Stimme brach, er hob den Sohn hoch und schlang seine Arme um ihn.

Wladimir war schon mehr als eine Stunde fort, aber alle daheim waren noch wie vor den Kopf geschlagen. Der Morgen hatte mit diesem schweren Abschied, mit diesem Weh und Herzeleid begonnen, was konnte sich da noch Positives und Erfreuliches entwickeln?

Franz Dirisamer war nach Sierning aufgebrochen und hatte dort den Bürgermeister in seiner Kanzlei angetroffen. Als er ihn auf den Fehler wegen der Maße an den Anlagen aufmerksam machte, sah ihn dieser überrascht an.

„Deswegen ist noch niemand bei mir erschienen! Sie wissen ja, dass auch in Neuzeug und Sierninghofen solche Anlagen gemacht werden. Aber, wenn ich es richtig bedenke, dann ist es wirklich so, dass ein Mann in so einem Loch wie in seinem Grabe steht." Er schüttelte den Kopf: „Seltsam! Dass ausgerechnet ihm so etwas passieren musste!"

Ein verschmitztes Lächeln huschte über sein Gesicht. „Wissen Sie eigentlich, von wem ich spreche, von wem die Pläne gemacht worden sind?"

Dirisamer wusste zwar, wen er meinte, tat aber unwissend.

„Alle technischen Daten und die Landschaftlichkeiten sind von Rektor Wilke, und Fachlehrer Zimmermann musste sie ihm zeichnen!" Und es klang fast wie die Aufdeckung eines Verrates, als Bürgermeister Eder ihm im Anschluss auch gleich von jenem Gespräch erzählte, das er mit Wilke gehabt hatte.

„Ihm haben sie es zu danken, dass sie bei dieser irren Kälte hinaus mussten!"

Dirisamer schwieg dazu, er nickte lediglich wie zur Bestätigung, war aber sehr betroffen.

„Mein Sohn hat heute von uns Abschied genommen, er musste zurück an die Front, das hat mich innerlich gebeutelt, das tat weh! Die Sache mit Wilke ist bedauerlich, aber sie ist verschmerzbar, sie ist nur eine Schurkerei. Doch sie gibt mir Gelegenheit, mich heute an Sie zu wenden. Bitte, wenn es möglich ist und wenn es kein zu großes Opfer für Sie bedeutet, helfen Sie mir, dass ich meiner Familie nicht verloren gehe, meinen neun Kindern und meiner Frau. Ihr Amt befähigt Sie, dass Sie mich unter Ihren Schutz stellen. Um diesen möchte ich Sie ersuchen und bitten!"

Bürgermeister Eder hatte schon öfter mit Dirisamer zu tun gehabt, aber noch nie hatte er den leidenden Kern dieses Mannes so ungeschminkt und hilfesuchend geoffenbart gesehen. Das beeindruckte ihn einerseits, war ihm aber gleichzeitig unangenehm. Er wusste nicht weshalb, Mitleid war nicht sein Fall, dazu war die Zeit zu hart und kompromisslos. Mehr abweisend als zustimmend streckte er Dirisamer die Hand entgegen, um ihn zu verabschieden.

„Sie überschätzen meine Kompetenzen. Aber eines kann ich Ihnen schon versprechen: Wenn ich Ihnen auch nicht so, wie Sie es sich erhofften, helfen kann, ich bin nicht Ihr Feind! Ich werde nichts gegen Sie unternehmen, und was die Schützenlöcher anlangt, gebe ich Ihnen die Erlaubnis, sie weniger tief zu machen. Sagen wir Einmetersiebzig! Ich glaube, das wird reichen."

„Könnten Sie mir diese Erlaubnis schriftlich geben? Sie wissen ja, weshalb!"

„Natürlich, da ist nichts dabei!“

Er zog ein Blatt Papier zu sich, überlegte kurz, machte einige Notizen, unterschrieb, drückte einen Stempel darauf und reichte den Bogen Dirisamer.

„Danke! Das ist mehr, als ich erwartet habe.“

„Ich werde auch noch den Ortsgruppenleiter verständigen, und Sie versuchen inzwischen, dass Sie mit Ihrer Arbeit vorankommen.“

„Ich werde mich anstrengen, aber viel wird es nicht mehr werden. Ich bin ja allein, nur meine Buben helfen mir noch.“

„Ich weiß! Überall werden die stationierten Gefangenen fortgebracht, niemand weiß, wohin. In Gottes Namen, machen Sie halt Ihre Arbeit, so gut es geht“.

„In Gottes Namen“, dachte Franz Dirisamer, eine alte Redensart, aber wie skurril, wenn ein Mann wie Eder das Wort „Gott“ in den Mund nahm.

Nach diesem Gespräch arbeitete er an seinen Verteidigungsanlagen weiter, neue Hilfskräfte bekam er nicht, deshalb musste er allein, nur mit Robert, Heinz und ihren Freunden an seiner Aufgabe weitermachen. Die Kinder halfen ihm beim Ausheben der Erde, sie krochen geschmeidig in den Löchern herum, schnitten ihm die Weidenruten, mit denen er die Seitenwände ausflocht, und betreuten das Feuer, in dem sie sich Erdäpfel brieten. Er legte zwei weitere Panzergräben im Steinfeld an, auf dem Grund des Hausherrn Schraberger. Die Gegend trug zu Recht diesen Namen, Steine gab es da wirklich mehr als genug, und die Anstrengungen, um in den Boden zu kommen, waren mörderisch.

Ende März musste Franz Dirisamer zu Rektor Wilke in die Hauptschule nach Sierning, angeblich, weil im Nebengebäude Reste der Altstoffsammlung herumlagen und stinkend geworden waren.

Die vertrauten Räume der Schule gaukelten ihm für eine kurze Zeit eine heile Welt und die Annehmlichkeiten seines Berufes vor. Im Konferenzzimmer traf er auf Fachlehrer Zimmermann, der gerade Waschmittel und Seife verteilte. Als

Dirisamer eintrat, blickte er kurz auf. Ohne Begrüßung und Freundlichkeit sagte er: „Da ist ja der Saboteur!"

Dieser Satz barg so ziemlich alle Gefahren. Deshalb wandte sich Dirisamer frostig an den Kollegen: „Wer sagt das?"

Zimmermann deutete mit dem Kopf gegen die Rektorskanzlei und erklärte nun etwas freundlicher, aber leise: „Der Chef! Er hat Ihre Befestigungsarbeiten kontrollieren lassen und dabei Abweichungen von den Plänen festgestellt."

„Ist er da?"

„Ich glaube schon, vor einer Viertelstunde war er's noch!"

Die Direktionskanzlei war abgedunkelt, weshalb sich Franz Dirisamer beim Eintreten etwas schwer tat. Wilke war nie ein schöner Mensch gewesen, wirkte aber jetzt in seiner Kränklichkeit, Blässe und seinem Übelbefinden wie nach einem Schlaganfall. Sein Gesicht war geradezu hässlich. Und als er Dirisamer eintreten sah, verfinsterte es sich noch um eine Nuance. Mit beinahe weinerlicher Stimme und so, als strenge ihn jedes Wort an, nahm er das Gespräch auf.

„Ich habe Sie herbestellen lassen!"

„Ja, und warum?"

„Ich habe Sie herbestellen lassen", wiederholte er sich, „und wieder einmal sind Sie der Anlass für schwere Vorwürfe."

„Vorwürfe? Ich wüsste nicht weshalb oder warum?"

„Sie! ... Sie!" fauchte Wilke und richtete sich auf. „Sie haben nicht einmal ein schlechtes Gewissen bei der Schlamperei und Verzögerung, die Sie bei der Herstellung der so dringend gewordenen Befestigungsanlagen um Sierning an den Tag legen. Das ist ungeheuerlich!"

„Ich habe gehört, dass Sie mich als Saboteur bezeichnet haben. Aber das lassen Sie sich gesagt sein: Ich habe geschuftet und gefroren, und ich stand in der Kälte allein da draußen, weil von Ihren Parteigenossen niemand mehr bereit ist, für Verteidigungsanlagen auch nur einen Finger zu rühren. Reden Sie nur mit Ihren Freunden, keiner will kämpfen und Widerstand leisten. Für fast alle ist die Sache gelaufen und erledigt. Sie haben sich damit abgefunden, dass der Krieg nur mehr eine Frage von Tagen ist. Wir sind besiegt!"

„Was erlauben Sie sich?" Wilke riß die Augen weit und drohend auf.

„Nichts erlaube ich mir! Oder doch, ich erlaube mir das auszusprechen, was alle denken. Nur Sie verstecken sich vor der Wahrheit und wollen sie nicht zur Kenntnis nehmen."

Es schien tatsächlich so, als wollte Wilke zu einem Stock greifen, der auf seinem Schreibtisch lag. Dirisamer sah es, lächelte überlegen und richtete dann seinen Blick fest in die Augen seines Gegenübers.

„Sie sind geisteskrank! Anders kann ich mir Ihr Benehmen nicht erklären."

„Geisteskrank! Das wäre Ihnen wohl recht, aber ich bin klar bei Sinnen!" Röchelnd und mit sich überschlagender Stimme fuhr er fort: „Wissen Sie was! … Wissen Sie was! Ich lasse Sie jeden Tag kontrollieren, und nun reicht es mir. Ihre Panzerlöcher und Abwehrgräben sind um ganze zwanzig Zentimeter zu seicht. Das ist Sabotage! Ja, Sie haben richtig gehört: Sabotage!"

Franz Dirisamer hatte lange genug die Schikane von Wilke ertragen müssen. Eigentlich hätte ihn das gefügig machen sollen. Aber in Augenblicken, in denen er diesem allein gegenüber stand, fühlte er nie Furcht, zeigte er sich nie unterwürfig. Seit dem Gespräch mit Bürgermeister Eder trug er dessen Notiz bei sich. Jetzt zog er das Blatt aus seiner Tasche, trat näher an den Schreibtisch heran und las das Schreiben laut und langsam vor.

„Der für den Verteidigungsausbau rund um die Gemeinde Sierning zuständige Fachlehrer Franz Dirisamer hat mich in verantwortungsbewusster Tätigkeit auf einen Fehler in der Planung aufmerksam gemacht. Ich habe diesen Fehler überprüft und korrigiere hiermit die Tiefe der Löcher und Schützengräben von 190 auf 170 cm. Alfons Eder, Bürgermeister."

Er hielt Rektor Wilke das Schreiben vor die Nase. Doch bevor es dieser ergreifen konnte, zog er es zurück und steckte es wieder ein.

„Das ist Hochverrat!“

„Wie Sie wollen!“ Franz Dirisamer hielt jetzt die Gegenwart seines Vorgesetzten nicht mehr aus, ohne ein weiteres Wort zu sagen und ohne Gruß drehte er sich um und verließ den Raum. Das Gebrüll in seinem Rücken verstand er nicht mehr.

Zimmermann lächelte betreten. „So treibt er es jeden Tag!“

„Und was macht Ihre Arbeit?“ lenkte Dirisamer ab.

„Das Flüchtlingsproblem wächst mir über den Kopf!“

Dirisamer war froh, dass er das Elend dieser armen Menschen nicht ständig vor Augen haben musste. Auf dem Weg nach Pichlern beschäftigte ihn noch kurze Zeit das Gespräch mit Wilke. Böiger, aber warmer Wind wehte durch seine Kleider. War er bereits ein Vorbote des Frühlings? Er hatte Kopfschmerzen, schritt aber tapfer heimzu.

XXIII.

Robert und Heinz hatten interessiert beobachtet, wie sich Elisabeth mit dem Onduliereisen die Haare eindrehte. Sie erhitzte es am Ofen, probierte dann mit Zeitungspapier, ob es nicht zu heiß war, und anschließend wickelte sie sich Locken in die gekürzten, dunkelblonden Haare. Nach dieser Prozedur sah sie wirklich entzückend aus. Sie war, wie Heinz es ausdrückte, nach Mama und Tante Poldi die schönste Frau der Welt.

„Könntest du mir auch so schöne Locken in meine Haare machen?“ pirschte sich Heinz mit seinem charmantesten Lächeln an die Schwester heran. Spaßeshalber nahm sie ihren Kamm und fuhr Heinz damit mehrmals über den Kopf. Die Buben waren schon lange nicht mehr beim Friseur gewesen, deshalb fielen ihnen auch die Haare weit ins Gesicht herein. Heinz war brünett, Robert eher blond, aber beide wirkten in ihrer Haarpracht wie echte Lausbuben.

„Die glatten Haare stehen dir aber recht gut!“, damit versuchte sie, Heinz seinen Wunsch auszureden.

„Ja, das tun sie bei Robert, aber ich wäre mit richtigen Locken viel hübscher. Bitte, Lisl, mach’ etwas!“

„Aber, wenn es nichts wird, bist du dann böse?“

„Es wird mir bestimmt passen, bitte, bitte, erfüll’ mir doch endlich meinen Herzenswunsch!“

Das wirkte und Lisl ließ sich nun nicht mehr bitten. Sie machte das Onduliereisen noch einmal heiß, drückte es in die Zeitung, und als diese nicht mehr rauchte und braun wurde, wickelte sie die Haare von Heinz Strähne für Strähne über die Brennschere. Das Produkt ihrer Bemühungen war verblüffend! Denn als sie Heinz nach dem Loslassen die Haare ausbürstete, da standen diese wie bei Struwelpeter in einem dichten, kleinwelligen Lockenkranz um seinen Kopf. Er wirkte so spaßig, dass Lisl einen Lachkrampf bekam.

„Ich finde es toll, schau in den Spiegel!“

Noch bevor Heinz selber ein Urteil über seinen Kopfschmuck abgeben konnte, meldete sich Robert.

„Ich möchte es auch haben!“

Lisl hatte erwartet, dass Heinz beim Blick in den Spiegel losplärren würde, aber nichts davon, im Gegenteil, er war hellauf begeistert. Deshalb zögerte sie auch bei Robert nicht und zauberte ihm dasselbe Kunstwerk auf den Kopf. Auch er war nach überstandener Prozedur äußerst glücklich. Sofort wollten sie sich ihren Freunden in der neuen Schönheit zeigen. Sie liefen aus der Wohnung, und als sie im Parterre ankamen, begegnete ihnen die Bäuerin mit einer Milchkanne.

„Was macht ihr denn da? Fremde Buben dürfen bei uns nicht herum spielen!“ Sie wollte noch etwas sagen, erkannte aber im selben Augenblick die beiden. Sie stellte die Kanne ab. „Wer hat euch denn so zugerichtet?“ Dann rief sie: „Sophie, Magda, kommt her und schaut euch das an!“

Sogleich war Sophie zur Stelle. „Um Gottes willen, wie seht denn ihr aus?“ Ihr schrilles Lachen und Schreien lockte auch Magda herbei, dann die beiden Polen und zuletzt noch den Serben Schicho, der mit einigen Soldaten ins Haus kam.

„So könntet ihr in einem Zirkus auftreten!“ meinte die Bäuerin mit trockenem Humor, und da Robert eine vage Vorstellung von einem Clown hatte, hüpfte er vergnügt auf einem Bein herum und schnitt dazu Gesichter. Sofort versuchte Heinz, es ihm nachzumachen, fiel aber hin und landete direkt vor den Füßen seines Vaters, der gerade von seinem Termin in Sierning heimgekommen war.

Verlegen erhob sich Heinz, und auch Robert erstarrte mitten in seinem improvisierten Tanz.

„Ihr solltet euch schämen!“ sagte Franz Dirisamer.

Die Bäuerin gab ihm sofort recht. „Ja, schämen sollen sie sich, so etwas Verrücktes! Zu meiner Zeit hätten wir für so etwas eine Tracht Prügel bekommen. Leider gibt es keine Schule, denn sonst würde man sie ins Eck stellen und ihnen eine saftige Strafaufgabe machen lassen!“ Sie nahm die Kannen wieder auf, drehte sich weg und ging durch die Hoftür in die Stallräume.

Dirisamer winkte den beiden und ging mit ihnen hinauf in die Wohnung.

„Was habt ihr mit euren Haaren gemacht? So ein Unfug!"

Lisl wollte den Brüdern helfen. „Ist ja nichts dabei! Sie brauchen den Kopf nur unters Wasser halten und schon ist wieder alles beim Alten!" Franz Dirisamer murrte. „Lasst in Zukunft solche Blödheiten! Verstanden?"

„Ja!" gaben die Brüder gleichzeitig zur Antwort.

Damit war die Sache geregelt. Franz Dirisamer zog sich die Schuhe aus, schlüpfte in die Pantoffeln und setzte sich an seinen Schreibtisch. Er wollte einen Brief an seine Schwester Poldi in Hofkirchen schreiben. Es war ein Riesenfehler gewesen, dachte er, dass er nicht zu ihr gezogen war, denn in Pichlern mehrten sich die Probleme, die sie bei Poldi nie gehabt hätten. Ob es sich nicht doch noch lohnte, mit seiner Familie weiterzuziehen?

Der ausschlaggebende Grund für diesen neuerlichen Pessimismus war, dass es in den letzten Tagen auf dem Distelgut ziemlich unsicher und lebhaft zugegangen war. Laufende Einquartierungen von Soldaten und Flüchtlingen brachten eine unleidige Atmosphäre ins Haus, die Bauersleute waren schon richtig verzagt.

Es hatte mit einer Dolmetschereinheit begonnen, die aus dem Nichts aufgetaucht war und die es sich hinten in der Scheune bequem gemacht hatte. Alles gebildete Männer, ein jeder beherrschte mindestens zwei Sprachen. Diese Dolmetschereinheit war mit einem Lastwagen gekommen, mit einem Holzvergaser, den man mit Brennmaterial von der Seite her heizen und in Betrieb nehmen konnte. Aus diesem Auto entluden sie eine Feldküche, sie hoben sie herunter und machten sie auch gleich gebrauchsfertig. Für die Verpflegung standen ihnen Fünfzigkilosäcke mit Bohnen, Erbsen und Linsen zur Verfügung, schließlich mussten ja über zwanzig Leute verköstigt werden.

Gleich nach den Dolmetschern rückte eine Funkergruppe mit ihren Geräten an. Sie hatte den Anschluss an ihre Einheit verloren und war nun, wissentlich oder irrtümlich, im Hinterland, und da wieder ziemlich abseits der Durchzugsstraßen im Distelgut gelandet. Hier wollten die Soldaten abwarten und solange stationär verharren, bis neue Order und anderweitige Befehle für sie eintrafen. Neben ihren provisorischen Schlafstellen hatten sie sich eine kleine Funkstation aufgebaut und ein Telephon installiert. Wenn die Kinder neugierig zwischen den erwachsenen Männern herumschlüpften, hörten sie ständig Morsezeichen, die auf einem Apparat laufend hereinkamen.

Alles Neue, das sich auf diese Art in Pichlern ereignete, wurde von den Erwachsenen argwöhnisch, von den Kindern aber hocherfreut begrüßt, weshalb sie auch rasch Freundschaften mit den Soldaten schlossen. Sie trieben sich bei ihnen herum und kraxelten auf die Holzbalken, von wo sie dem Treiben der Männer wie von einem Balkon aus zusehen konnten. Diesen kamen die Kinder nicht ungelegen, sie erfuhren von ihnen viele Dinge, die ihnen nützlich waren, und wurden darüber hinaus durch deren fröhliches Lachen und Spielen von ihren täglichen Überlebenssorgen abgelenkt.

Robert war nach dem Mittagessen in den Heustadel gelaufen, er hatte sich an einen runden Pfosten angeklammert und darauf einen Überschlag gemacht. Vom Scheunentor her beobachtete ihn dabei ein großer, hagerer Mann, der aber, weil er sich zwischen Licht und Dunkelheit befand, im Gesicht nicht so richtig zu erkennen war. „Komm einmal her, Kleiner!" rief er mit einer angenehm tiefen und dunklen Stimme, und weil Robert momentan der einzige Junge im Stadel war, ging er näher. Der dürre Mann trug eine Brille, die seine Augen stark vergrößerte, er hatte sein kurzes, schwarzes Haar durch einen Mittelscheitel geteilt, und als er sich um ein Lachen bemühte, entdeckte Robert an ihm ein abstoßendes Pferdegebiss mit ziemlich hellen Zähnen.

„Du weißt doch sicher, was sich auf dem Bauernhof tut. Hast du eine Ahnung, wo man hier etwas zum Schmausen organisieren kann?"

Robert schwieg. Gerne hätte er das selber gewusst. In den Wintermonaten mussten alle den Gürtel enger schnallen, da gab es keinen Überfluss. Der Hunger begleitete ihn, seine Eltern und Geschwister, er peinigte ihn täglich und gnadenlos, und er war grässlich und tat weh. Die Einzige, die über Vorräte verfügte, war die Bäuerin, aber an ihre Schätze kam keiner heran. Das hatte er schon mehrfach erleben müssen, wenn sie im Brotspeicher oder der Selchkammer verschwand.

„Weisst du, wer ich bin?" begann der hagere Mann mit einer neuen Frage, um das Gespräch nicht abreißen zu lassen.

Wie konnte Robert das wissen? Er verneinte, schüttelte den Kopf und sagte: „Ich habe dich noch nie gesehen!"

„Ich bin ein Zauberer, mein Name ist Wolf, Friedrich Wolf!"

Robert sah ihn unsicher und misstrauisch an. „Wenn du ein Zauberer bist, könntest du dir ja das Essen aus der Luft herzaubern!"

„Tu ich ja, da schau her!"

Der hagere Soldat griff zweimal in die Luft, schnappte mit den Fingern, und jedes Mal wuchs ein Ei zwischen dem Daumen und der übrigen Hand hervor.

Robert war sprachlos vor Bewunderung, er griff die Eier an, und da erkannte er, dass es solche aus dem Legeraum über dem Kuhstall waren.

„Das sind die braungesprenkelten aus dem Stall der Bäuerin! Hast du sie geklaut?"

„Nein, was fällt dir ein? Zaubereier können alle Farben haben, rot, braun, grün, gesprenkelt, wie du willst!"

„Kannst du denn noch weitere Eier herzaubern?"

„Selbstverständlich!"

„Auch für mich?"

„Soviel du willst!"

„Zwei?"

„Also zwei, gut! Und jetzt schau genau auf meine Finger! Merkst du etwas?"

Der Soldat trat jetzt in die Scheune herein, so dass ihn Robert deutlich sehen konnte. Seine Kameraden saßen oder lagen herum. Wahrscheinlich wussten sie, was folgen würde, denn sie blickten amüsiert auf die Szene.

„Siehst du meine beiden Finger?
„Ganz genau sehe ich sie!“
„Sind sie ruhig oder bewegen sie sich?“
Diese Frage war nur mehr rhetorisch, denn Robert hatte in allen seinen Bewegungen plötzlich innegehalten und stand jetzt wie erstarrt und glotzend vor ihm.
„So ist's gut, und nun komm einmal näher!“ Robert bewegte sich mechanisch und steif.
„Lass ihn ein wenig auf dem Boden herumkriechen und wie ein Huhn gackern.“
„Gut, also machen wir ihn zu einem Gockelhahn! Kikeriki!“
Ein Ruck ging durch Robert: „Kikeriki!“ schrie auch er, so laut er nur konnte.
„Und jetzt bist du eine Katze und kletterst den Balken hinauf!“ Als Robert oben saß, befahl er: „Du bist ein Affe und springst herunter ins Stroh!“
„Jetzt bist du wieder ein Gockelhahn!“
„Kikeriki!“
„Siehst du dort den dummen Mann? Jetzt gehst du zu ihm und peckst ihn ordentlich in die Beine!“
Es gab ein schallendes, heiteres Gebrüll, als Robert versuchte, den Funker mit dem Kopf in die Beine zu stoßen. Der Soldat wollte flüchten, blieb aber an dem Stuhl hängen und stürzte.
„Gockelhahn, du musst den bösen Mann in die Hand beißen!“ befahl der Zauberer.
Wieder bestürmte Robert den Funker.
„Jetzt hör aber auf damit!“ protestierte dieser. „Bring' ihn wieder zurück!“
„Zuerst muss er noch seine beiden Eier verspeisen!“
Auf Befehl des Zauberers begann Robert an seinen Handflächen zu lecken.
„Na, du hast ja einen ordentlichen Appetit! Aber jetzt hast du genug Eier geleckt, ich hoffe, es hat dir geschmeckt. Wenn ich bis drei zähle, bist du wieder wach und kein Gockelhahn mehr. Uno ... dos ... tres!“

Mit einer schnellen Handbewegung beendete er seine hypnotischen Aktionen, er fuhr Robert übers Gesicht und fragte: „Na, wie geht's?"

Dieser sah erstaunt um sich. Und weil man rundherum lachte, lachte er mit, er wusste nicht warum, aber er kicherte, als habe er gerade die vergnüglichsten Minuten seines Lebens erfahren.

„Könntest du mir etwas sagen?" fragte der Zauberer mit einschmeichelnder Stimme. „Ich meine, weißt du, wo es für unsere Küche etwas zu holen gibt?"

Die Antwort von Robert kam leise, aber deutlich. „Die Bäuerin hat Schinken und Speck in der Selchkammer, die ist gleich über ihrer Küche. Aber dort kommt keiner rann, weil dazu braucht man einen Schlüssel!"

„Gut, sehr gut! Und wie ist es mit den Erdäpfeln, weißt du, wo diese lagern?"

„Im Keller und neben dem Saustall, aber dazu braucht man auch einen Schlüssel!

„Also im Keller, hätten wir uns denken können!"

Robert blickte treuherzig auf den Zauberer, der sich Wolf genannt hatte. „Darf ich morgen wieder um ein paar Eier kommen?" fragte er. „Eier könnte ich jede Menge vertragen!"

„Natürlich, Junge, komm nur wieder. Aber, wenn man so viele Eier ausleckt, kann man selber ein Huhn werden!"

„Ja, das stimmt!" sagte Robert. „Ich habe geträumt, dass ich ein Hahn geworden bin, weil ich Eier ausgetrunken habe.

Das Lachen der Soldaten war unbarmherzig. „Komm wieder! Aber jetzt verschwinde!" sagte einer. „Und wenn du eine Schwester hast, schick sie uns!"

„Welche von meinen Schwestern soll ich euch denn schicken?"

Das Lachen steigerte sich jetzt zu einem heiteren Gebrüll.

„Schick sie alle her, soviel du hast!"

Mit diesem Auftrag kam Robert im Wohnzimmer an. Wichtigtuerisch stellte er sich vor Auguste.

„Die Soldaten im Stadel haben gesagt, dass ich ihnen meine Schwestern schicken soll!"

Unsicher blickte Gustl um sich. „Die werden doch nicht mich meinen?"

„Mich sicher auch nicht!" bemerkte Lisl schnippisch.

Franz Dirisamer erhob sich. „Immer diese blöden Späße, da muss ich wohl ein ernstes Wort mit den Herren da drüben reden!"

Tatsächlich ging er fort, kehrte nach etwa einer halben Stunde zurück, hochrot im Gesicht, wutentbrannt und zornig.

„Wehe, wenn jemand von euch noch einmal da hinübergeht!"

Trotz dieser strengen Worte ließ sich der Kontakt mit den einquartierten Soldaten nicht vermeiden. Schon am nächsten Tag stand der lange, hagere Dolmetscher mit dem Pferdegebiss und der starken Kurzsichtigkeit, der sich Friedrich Wolf genannt hatte, vor der Wohnungstür. Artig klopfte er an und entschuldigte sich sogleich.

„Die Sache von gestern ist mir peinlich! Ich möchte nicht, dass Sie falsche Schlüsse aus dem Benehmen meiner Kameraden ziehen. Die Funksoldaten sind noch recht unfertige Burschen. Darf ich mich zunächst einmal vorstellen: Professor Dr. Friedrich Wolf, ich unterrichte Spanisch und Englisch an der Universität in Wien. Jetzt aber, Sie sehen es ja, bin ich Soldat und Dolmetsch der Deutschen Wehrmacht."

Franz Dirisamer war überrascht. Ein Universitätsprofessor in diesem unzivilisierten Haufen, mit dem er sich gestern herumgestritten hatte?

„Zu mir hast du gesagt, dass du ein Zauberer bist!" sagte Robert enttäuscht. „Ein Zauberer ist mir nämlich lieber als ein Professor!"

„Es waren nur ein paar kleine Tricks!" bemerkte Professor Wolf zu Roberts Hinweis auf seine Person. „Aber wenn Sie wollen, ich zeige Ihnen gerne meinen Wehrmachtsausweis!"

Das erschien nicht nötig. Franz Dirisamer forderte den Professor zum Sitzen auf, doch dieser wehrte bescheiden ab.

„Vielleicht später einmal! Eigentlich wollte ich mich nur entschuldigen. Und dann möchte ich Ihnen auch diesen Brief an Ihre Familie überbringen. Ich hatte heute Morgen auf dem Postamt in Sierning zu tun, und da bat man mich, dieses Schreiben für Sie mitzunehmen."

Er überreichte den Umschlag und verließ die Wohnung. Es war ein Brief von Nadja, datiert mit dem zwölften März, also war er schon mehr als vierzehn Tage unterwegs gewesen.

In den letzten Wochen war Nadja ihr ziviles Sorgenkind geworden. Nach der Übersiedlung des Büros der Steyrer-Werke nach Wien hatte sie regelmäßig versucht, an verlängerten Wochenenden nach Hause zu kommen. Dadurch hatte sie neben den Gefahren in Wien auch noch die Unannehmlichkeiten einer Zugreise zu ertragen. Das Glück des Wiedersehens mit der Familie musste sie immer mit dem Schmerz des Abschiednehmens und mit der Unsicherheit des Verkehrs bezahlen. Die Erfahrungen, die sie dabei machte, trug sie aber mit dem Humor einer jungen Frau. Einmal erzählte sie: „Auf gut Glück bin ich in St. Valentin in einen Soldatenzug gestiegen und mit großem Hallo aufgenommen worden. Als einziges Mädchen unter lauter Männern konnte ich sogar sitzen. Es waren Verwundete, die man vom Lazarett weg an die Ungarnfront holte. Dabei hatten sie schon die Urlaubsscheine in den Taschen."

Ein andermal musste sie die ganze Strecke nach Wien stehen, eingepfercht im überfüllten Abteil. Dazu eine stundenlange Wartezeit auf dem Bahnhof in Amstetten, weil Tieffliegeralarm gegeben worden war. In Wien dann sofort ein Bombenangriff. Und den ganzen Tag nur ein Stück Brot als Essen, weil sie ja für einen ganzen Monat nur 2000 Gramm auf der Lebensmittelkarte hatte.

Ihr Chef, ein gewisser Dr. Reitz, sah es nicht gern, wenn sie nach Hause fuhr, er war immer voll Sorge um sie, und wenn sie am Montag wieder im Büro erschien, war er mehr als froh, weil Aushilfen und andere Sekretärinnen nie nach seinem Geschmack arbeiteten und für seine Ansprüche zu langsam oder zu wenig konzentriert beim Diktat waren. Nadja aber war versiert, sie war eine tüchtige und fleißige Bürokraft.

Nach längerer Pause kam jetzt dieses Lebenszeichen von ihr nach Pichlern, ein Brief, den man schon sehnsüchtig erwartet hatte. Franz Dirisamer nahm eine Schere und öffnete den Umschlag. Er überflog die ersten Zeilen und begann dann laut vorzulesen. Nadja schrieb:

„Nach den Bombenabwürfen auf die Steyrer-Werke und meinen Erlebnissen vor einem Jahr habe ich gedacht, es könnte keine Steigerung der Hölle geben. Doch heute habe ich diese erleben müssen. Vor einer schwachen Stunde noch bin ich im Keller gesessen. Zum Greifen nahe war heute der Tod, stark wie ein Riese, mit großen, bluttriefenden Stiefeln stampfte er die Stadt nieder, schrecklich und unvorstellbar grausam. Ich habe im Moment der Gefahr immer wieder gedacht, dass ich Euch alle noch einmal sehen möchte, und das allein war das Schmerzvolle, dass Ihr plötzlich so weit entfernt von mir gewesen seid, nicht mehr erreichbar, greifbar. Ein fürchterliches Inferno schied uns, Wände aus Explosionen, Getöse. Ein Zittern der Erde, ein Beben der Häuser trennte das Band zwischen uns, ich fühlte das Nahen des Verlöschens und hatte trotzdem keine Angst.

Der Bombenhagel prasselte dieses Mal auf die Innenstadt. Ganz nahe Einschläge! Niemand schrie in diesem fürchterlichen Tumult. Eine Frau presste sich an mich, eine Kroatin. „Heiliger Herr im Himmel, hilf uns, lass uns nicht verderben!" Es waren nur diese Worte, die sie immer und immer wieder betete. Niemand wagte in diesem Augenblick zu spotten. Denn dieses kurze Gebet war das Flehen einer kleinen, verwirrten Schar, die sich mit mir unter die Erde verkrochen hatte und nun dem Beben des Letzten Gerichtes zuhören durfte. Apathisch hing ich auf meinem Sitz und merkte nicht, dass der Donner verflog und das Bombengewitter wegzog. Plötzlich stieß jemand oberhalb von uns einen Schrei aus, dieser Schrei wiederholte sich und gelangte auch zu uns herunter. „Die Oper brennt!" Da riss es mich hoch, ich wollte aus dem Keller und mit dabei sein, wenn das Unvorstellbare wahr wurde. Aber die Frau an der Seite fühlte meine Panik und hielt mich zurück. Wäre sie nicht gewesen, ich wäre hinausgestürzt, denn die Oper in Flammen, für mich so heilig wie der Tempel in Jerusalem, wer möchte den Untergang dieses Hauses überleben? Wie oft hatte ich auf den Rängen den Blütenzauber schöner Stimmen hören, mitempfinden dürfen. Und nun alles zerstört, vernichtet!

Nach der Entwarnung rannte ich durch das qualmende Elend, kam zur Innenstadt, die ein einziger Krater ist, und stand vor den Resten des Opernhauses. Welch ein Anblick! Ich war fassungslos und ließ meinen Tränen freien Lauf. Die Hände presste ich mir an die Lippen und biss auf meine Fingernägel. Ich knirschte und heulte wie ein verzweifelter Hund. Der Gestank und das Lodern der Flammen waren so schrecklich, dass ich auf die Knie sank. Herrgott! Herrgott! Und die vielen aufgescheuchten und herumirrenden Menschen!

Liebe Eltern, ich wollte Euch nur schreiben, dass ich noch lebe. Jetzt brauche ich Ruhe, nur ein wenig Schlaf! Fünf Minuten hinlegen oder eine ganze Ewigkeit die Augen schließen. Ich brauche den Trost der Nacht! Auch, wenn es die Stille des Todes ist. Egal!

Wladimir konnte ich nicht erreichen, so sehr ich mich auch nach ihm sehnte. Ich umarme Euch - Nadja."

Kurze Zeit später kehrte sie nach Pichlern zurück. Eine Bombe war gleich neben dem Gebäude in die Straße gekracht. Das Büro hatte zwar den Angriff überstanden, doch waren alle Fensterscheiben zu Bruch gegangen.

XXIV.

Der Zeitpunkt rückte immer näher. Trotzdem wäre es niemand in den Sinn gekommen, dass der Krieg in drei Wochen zu Ende sein würde, und deshalb arbeitete, dachte und plante man in gewohnten Begriffen. Hugo hatte einen Fahrkurs in Enns beendet und war nach Ried in das Ausbildungslager zurückgekehrt. Von dort sandte er einen zwei Seiten langen Brief an seine Eltern. Darin schrieb er unter anderem:

„Am Montag geht es fort. Ihr werdet es nicht glauben, aber haltet Euch fest: Ich gehe nicht an die Front, sondern auf die Kriegsschule nach Pilsen. So Gott will, werde ich diese Schule abschließen. Dann steht mir der Weg zum Offizier, zur höheren Laufbahn, ja zur ganzen Welt offen! Mein Herz jubelt, auch wenn die kommende Zeit viel von mir verlangen wird: Streben und Kampf! Mit Juli geht es voraussichtlich mit höherer Verantwortung an die Front."

So also träumte Hugo in einem Augenblick, in dem deutsches Ansehen, deutscher Ruhm und Rang und Orden nichts mehr galten, von einer Offizierslaufbahn. Wie leicht konnte man doch die jungen Menschen hinters Licht führen. Franz Dirisamer ließ den Brief sinken.

„Ich glaube, das ist eine gute Nachricht. Wenn es dabei bleibt und er erst im Juli an die Front muss, dann ist der ganze Zauber vielleicht schon lange vorbei!

Resi war weniger optimistisch. Misstrauisch äußerte sie ihre Bedenken.

„Papa, du weißt ja, was uns Wladimir erzählt hat. Noch in letzter Sekunde kann sich alles ändern. Die Kasernen sind fast leer, überall Bewegung, Mobilisierung, die letzten Kräfte werden geopfert, verheizt! Buben im Alter von vierzehn Jahren müssen sterben. Ich bitte dich, sag doch endlich einmal was zu Othmar, der ist ja wie von Sinnen und will auch noch an die Front!"

Wegen Othmar wurde viel gestritten. Immer wieder fuhr er ohne Erlaubnis der Eltern nach Steyr und blieb über Nacht aus. In der Zeitung waren Bilder erschienen, der Führer überreichte an Hitlerjungen, die an der Front gekämpft hatten, hohe Auszeichnungen. Othmar wollte unbedingt das EK 1 haben, er schwärmte davon und kündigte bereits im Vorhinein seine Heldentaten an.

„Was daherkommt, werde ich abknallen. Mindestens drei feindliche Panzer, wenn es geht!"

Franz Dirisamer reagierte verzweifelt. „Ich verstehe das alles nicht mehr. Die Kinder tun, was sie wollen. Was macht Lisl ständig in Steyr? Und Gustl? Ohne uns zu fragen, sind sie unterwegs. Wo sind übrigens die Kleinen?"

Resi stand wie jeden anderen Vormittag auch diesmal wieder am Bügelbrett und sortierte Wäsche aus, die nicht nur geglättet, sondern an der auch etwas genäht werden musste. Jeden Tag rackerte sie sich ab. Müde beantwortete sie die Frage ihres Mannes.

„So weit ich weiß, ist Gitti bei Magda, sie spielen in der Bauernstube. Magdas Katze hat Junge bekommen, und diesen Kätzchen ziehen sie Puppenkleider an. Die Katzenmama aber fahren sie im Puppenwagen herum, und das gutmütige Tier läßt sich's gefallen. Robert und Heinz strawanzen herum, soweit ich gehört habe, sitzen sie mit ihren Freunden beim Lehner und beobachten die Strafgefangenen, die von Steyr heraus getrieben werden. Es sollen Tausende sein!"

Franz Dirisamer war bereits um zehn Uhr nach Hause gekommen. Man hatte ihm für heute einige Hilfsarbeiter versprochen. Er hatte lange gewartet, als aber niemand kam, hatte er das Werkzeug zusammengepackt und war heimgegangen. Jetzt saß er an seinem Schreibtisch, auf dem er sich eine Arbeit zurechtgelegt hatte, Unterlagen für ein Buch, das er schreiben wollte. „Hitler und die Jugend von Österreich" schwebte ihm als Thema vor, mit dem Untertitel „von 1938 bis 1945". Ein erstes Kapitel hatte er fertig: „Es begann in München" hieß es, nun suchte er weiteres Material zusammen. Er war mit dem ohnmächtigen Grimm eines Menschen, der schon zu Beginn den Nationalsozialismus aus innerster Überzeugung ablehnte, an diese Arbeit herangegangen. Sehen und lesen durfte seine Schreibarbeit momentan noch niemand, deshalb lag sein Manuskript auch immer versteckt in einem Weidenkorb, in dem Resi die Schmutzwäsche der Kinder ablegte.

Die Nachricht vom Marsch der Strafgefangenen elektrisierte Franz Dirisamer. Er war so in seine Schriften vertieft gewesen, dass ihm nicht auffiel, wie ruhig es im Haus geworden war. In den letzten Tagen gingen Soldaten und Flüchtlinge ständig ein und aus, und deshalb wirkte die momentane Stille in den ebenerdigen Räumen und im Hof ungewohnt und ernst, fast bedrohlich.

„Ich werd' einmal nachsehen gehen!" sagte er zu seiner Frau und legte das Heft, in dem er sich Notizen und Vermerke machte, beiseite.

„Aber sei vorsichtig und misch dich nirgends ein!" warnte ihn Resi.

Franz Dirisamer zog sich die Schuhe an und schlüpfte in einen Rock, der zwar alt und abgetragen, dafür aber kommod und warm war. Das Frühjahr entwickelte sich jetzt gewaltig schnell, überall leuchtete das frische Grün der Blätter aus den Bäumen, junges Gras mit Veilchen und Vergissmeinnicht hatte sich aufgerichtet, die Birnbäume blühten, und die Rapsfelder strahlten. Ende März hatte es zwar noch einmal Schnee gegeben, aber dieser war gläsern und schmolz bald wieder weg. Nur in den Bergen hatte es weit herab geschneit, die ferne Kette des Toten Gebirges war ein einziges weißes Band.

Vom unteren Teil der Ortschaft Pichlern zog sich zum oberen Plateau, auf dem fünf mächtige Vierkanthöfe angesiedelt waren, eine Schotterstraße hinauf, die man viele Kilometer in Richtung Steyr mit dem Auge verfolgen konnte. Beim Gasthaus Kuba teilte sich diese Straße, ein Teil führte ins Steyrtal hinein und der andere verlief in einem Bogen nach Sierning, es war jener Teil, den die Kinder für ihren Schulgang benützten.

Zum Rand des Plateaus waren an diesem späten Vormittag viele Menschen geeilt, vor allem die Soldaten, die in den Scheunen der Bauern Quartier bezogen hatten. Alle starrten hinunter auf den endlosen Zug, der sich zunächst nur als Gewoge, langsames Schreiten und Dahinquälen darstellte, sich aber allmählich vor den Augen in Gruppen und Einzelbilder auflöste. Ausgehungerte, zum Skelett abgemagerte Gestalten des Jammers und der Hilflosigkeit schleppten sich den Berg herauf, keuchten, stöhnten und jammerten, brachen zusammen, richteten sich wieder auf und hinkten weiter. Schwache wurden von stärkeren gestützt, immer wieder taumelten, stolperten und stürzten sie, wurden dann aber von ihren Kameraden hochgehoben, in die Mitte genommen und weitergeführt. Der Hunger sah allen diesen erniedrigten, kahlgeschorenen Menschen aus den Augen. Ihr Gepäck wurde auf leichten Wägen mitgeführt, die Zugpferde waren sie selber, sechs, sieben, acht aus der Schar hatten Seile um den Körper, und damit zogen sie das Fuhrwerk. Hinten stemmten sich ebenfalls einige ausgemergelte Gestalten an den Wagen, es ging voran, langsam schafften sie den Berg. Und dabei wurden sie ständig vom Wachpersonal angeschrien, verspottet, geschlagen und getreten, nicht von Soldaten oder SS-lern, sondern von Männern des Volkssturms, die mit Gewehren und Pistolen bewaffnet an den rot-schwarz-roten Armbinden mit dem weißen Hakenkreuzadler erkenntlich waren.

„Schrecklich!“ sagte einer von der Dolmetschgruppe, der sich nach Franz Dirisamer umgedreht hatte.

„Schrecklich, abscheulich und menschenverachtend!“ ergänzte dieser.

„Ich habe mich noch nie in meiner Uniform geschämt“, sagte der Soldat. „Aber jetzt tue ich es!“

Franz Dirisamer entdeckte Robert und Heinz im Gebüsch, das sich neben der Straße in einem Hangrutsch breit gemacht hatte. Vergnügt saßen sie auf den Ästen einer hohen Haselnussstaude und schaukelten auf und ab. Er wollte sie gerade zu sich heranrufen, als gleich neben seinem Standort ein Sträfling zusammenbrach. Sofort rannte ein Bewacher heran.

„Steh auf, du Judensau! Sonst erschieße ich dich!“

„Ich bin kein Jude, ich bin österreichischer Apotheker!“ schluchzte der Gestürzte.

„Österreich gibt es keines! Aber dafür gibt es Juden, Apotheker und Verräter, alle das gleiche Gesindel. Weil du so ein gescheiter Magister bist, werd' ich dir gleich ein paar Pillen verpassen!" Er zog seine Pistole und setzte sie dem Sträfling an die Schläfe.

„Nicht schießen!" schrie Franz Dirisamer, dem bei diesem Anblick der Schreck in die Glieder fuhr.

Der Bewacher blickte nach oben. „Komm mal her, du!" rief er Franz Dirisamer zu und winkte ihm mit der Pistole.

„Ich geh' mit Ihnen!" sagte der Dolmetscher.

Als sie auf der Straße waren, näherte sich der Volkssturmmann. Er war ohne Mitleid, voll Zorn und voll Ungeduld, weil der Zug ins Stocken geraten war. Er musterte den Dolmetscher und fixierte dessen Gürtel, an dem eine Pistole hing, dann betrachtete er Franz Dirisamer.

„Aha", sagte er, „ein Bekannter!"

Auch Dirisamer hatte sein Gegenüber erkannt. Es war der Brunnenmacher Georg Zöglinger, ein Durch-und-durch-Nazi, mit dem niemand in ganz Sierning etwas zu tun haben wollte. Bei diesem Menschen musste man auf der Hut sein, er war unberechenbar, jähzornig und hinterlistig.

„Habe schon gehört, dass Sie in Pichlern wohnen. Wir brauchen Leute für den Volkssturm, und ich habe das Recht, alle noch wehrtüchtigen Männer zu rekrutieren. Am besten wir fangen gleich damit an. Hier haben Sie eine Wehrmachtsbinde. Und mein erster Befehl lautet, diesen Judenhund an Ort und Stelle zu erledigen!"

Franz Dirisamer zitterten die Knie, schon der Gedanke, eine Pistole in die Hand zu nehmen, war ihm widerwärtig, er fühlte, wie ihm schlecht wurde. Aber nur jetzt keine Schwäche. Er überlegte kurz. Der Brunnenmacher Zöglinger war ein fanatischer und aufgehetzter Mensch, aber er war auch befehlsgehorsam und dumm. Dirisamer fasste ihn am Oberarm und blickte ihm geradeaus in die Augen.

„Sie scheinen es nicht zu wissen, deshalb sage ich es Ihnen jetzt. Ich bin bereits im Volkssturm. Und nach den Statuten, die man in Linz ausgearbeitet hat, nehme ich auf Grund meiner Auszeichnungen im Ersten Weltkrieg den Rang eines Offiziers ein. Ich bin also Ihr Vorgesetzter, und Sie haben mir nichts zu befehlen. Ich habe die Aufsicht beim Ausbau von Verteidigungsanlagen rund um Sierning übernommen. Auch ich benötige Personal! Wenn Sie also jemand von Ihren Leuten abtreten können, dann her damit! Im Übrigen, wenn Sie mir nicht glauben, Bürgermeister Eder kann Ihnen das alles bestätigen."

„Schon gut, schon gut!" besänftigte der Volkssturmmann Franz Dirisamer. „Aber eins im Vorweg, meine Leute brauche ich alle selbst, Sie sehen ja, wie es hier zugeht!"

Der Brunnenmacher wandte sich verächtlich ab. „Heutzutage muss man alles selber erledigen, als ob es etwas Besonderes wäre, einen von diesen Untermenschen kalt zu machen!"

„Aber nicht hier, nicht vor den Augen so vieler Kinder!"

Jetzt ergriff auch der Soldat aus der Dolmetsch-Einheit das Wort. „Einer Exekution ohne richterliche Anordnung und Verurteilung kann ich als Soldat nicht zustimmen. Im Deutschen Reich gibt es keine Lynchjustiz. In unserer Einheit befindet sich ein höherer Offizier, der kann verurteilen, aber nicht Sie! Wenn Sie wollen, können wir ihn mit der Sache befassen. Wenn er ja sagt, können Sie erschießen, wen und so viel Sie wollen, alles andere wäre Mord!"

„Das sind doch alles nur Äußerlichkeiten. Unsereiner weiß schon, was zu tun ist, Herr Soldat!" Verärgert und als Zeichen seiner Macht spuckte er dem nächstbesten Gefangenen ins Gesicht. Dann drehte sich Zöglinger weg. Durch sein Gebrülle aufgeschreckt, setzte sich der Zug wieder in Bewegung.

Franz Dirisamer war schockiert. Schrecklich! So war er in den schlimmsten Zeiten seiner sibirischen Gefangenschaft nicht behandelt worden. Wie gut war es ihm damals im Vergleich mit diesen Strafgefangenen gegangen. Tee, Kascha und Vollkornbrot, das war damals ihre Nahrung gewesen, und dabei hatten sie oft geflucht und gemeutert. Aber diese armen Schweine hatten nichts, immer wieder sprangen sie von der

Straße in die Wiese, rissen Löwenzahn ab und stopften sich die Blätter und Blüten in den Mund. In aller Eile kauten sie dieses Zeug, einige erbrachen es gleich wieder, andere schluckten es gierig hinunter, wobei ihnen grüner Speichel über die Lippen ins Sträflingsgewand, auf die blaugestreiften, braunen und grauen Monturen, rann. Wurden sie beim Grasfressen ertappt, dann drosch man mit Peitschen auf sie ein, oder sie wurden mit dem Gewehrkolben geschlagen, sie schrien auf, konnten sich aber nicht wehren.

Wie gut hatten es auch die Gefangenen bei den Schrabergerleuten und in den anderen Bauernhöfen bei ihrem Einsatz auf dem Lande. Der Serbe Schicho war wutzeldick. Nun stand er als Zaungast und Zuschauer dieses Leichenzuges am Wegrand und durfte und konnte nicht helfen. Wer ein Brot hinwarf, der war auch schon erledigt. Aufseher waren sofort zur Stelle und musterten jeden mit heimtückischen, bösen Blicken.

Schon lange hatten die Gefangenen das Gasthaus Kuba passiert, sie waren in den Straßenbogen eingeschwenkt, und die Spitze musste bereits Sierning erreicht haben, aber noch immer wankten neue Häftlinge heran. Der Zug war unendlich, es mussten Zehntausende sein, die sich aus Steyr her bewegten und die von Pichlern weiter zogen.

Franz Dirisamer hatte das Gespräch mit dem Brunnenmacher noch im Ohr. Gott, wie dankbar war er, dass er es durchgestanden hatte und dass ihm gegenteilige Argumente eingefallen waren. Er kroch mit dem Dolmetscher wieder den kurzen Hang hinauf und rief seine Kinder zu sich.

„Spielt wo anders!" sagte er.

Auch die Bäuerin stand mit entsetztem Gesicht bei den Zuschauern. Immer wieder schlug sie die Hände über dem Kopf zusammen. „Und wenn ich ihnen nur ein Scherzerl Brot und ein paar gekochte Erdäpfel zuwerfe, aber so kann ich das nicht hinnehmen!" Voll Grimm und Abscheu stürmte sie fort und ins Bauernhaus hinein.

Franz Dirisamer eilte ihr nach, Robert und Heinz folgten ebenfalls, und mit ihnen kamen alle Kinder ihrer Banden.

„Aber Vorsicht, Schrabergerin, die fackeln nicht lange herum!“ schrie ihr Dirisamer zu, doch diese schien nichts zu hören. Sie hatte bereits einen Sack gefunden und schnitt nun in der Küche einen großen Brotleib in Stücke. Sophie schickte sie zum Dampfdruckkessel, in dem immer gekochte Erdäpfel für die Schweine vorrätig waren. Alles kam in den Sack, sie warf ihn sich über die Schultern und eilte hinaus. Aber dieses Mal nicht nach vorne zum Plateau, sondern nach hinten, wo sich der Zug direkt in Richtung Sierning bewegte. Dort gab es zwar wenig Sichtschutz, aber es lagen noch die Bretterverschläge gestapelt, die im Winter gegen die Schneeverwehungen aufgestellt worden waren. Hinter diesen Brettern stellte sich die Bäuerin mit ihrem Sack auf.

Bei ihrem Auftauchen war sie von den Wachsoldaten kritisch fixiert worden, diese wanderten im Abstand von vielleicht fünfzig Metern mit den Gefangenen. Einer schrie zu ihr herüber: „Verschwind', alte Hexe, oder wir machen dir Beine!“

„Das ist mein Grund und Boden, überleg' dir gefällig, was du sagst! Von hier vertreibt mich niemand, auch du nicht, du alter Krautscheißer!“ Ihr Ton war erregt, ihre Gestalt wuchtig, gebieterisch und herrisch, so, wie sie eigentlich immer war, und das imponierte. Ohne ein weiteres Wort ging der Aufseher weiter.

Die Bäuerin hatte sich Respekt verschafft, aber trotzdem wagte sie es nicht, den Gefangenen den Inhalt des Sackes zuzuwerfen. Seit dem Vorfall war ihr klar, dass die Aufseher keinen Spaß verstanden. Unerbittlich und böse schlugen sie mit den Gewehrkolben auf die Häftlinge ein, und weiter vorne krachten Schüsse, Schreie und Verzweiflungsrufe folgten.

Plötzlich tauchten aus dem Nichts die Kinder auf. Sie hatten, wie bei allen ihren Kriegsspielen, Tschakkos aus Zeitungspapier aufgesetzt und ihre Holzschwerter um die Hüfte in einer Schnur stecken. Sie marschierten seitlich heran und ordneten sich hinter dem nächstbesten Aufseher ein. Die Szene wirkte grotesk, schaurig und gespenstisch irre, auf der Straße wankten die armen Teufel, und neben ihnen spielten die Kinder Soldaten. Selbst die Bäuerin blickte verständnislos auf die kleine

Schar. Da aber ertönte die helle Stimme von Heinz, halb Lied und halb Geschrei stimmte er an:

„Links – rechts, links – rechts
hinterm Hauptmann stinkts recht!"

Einmal, zweimal und immer wieder, bis dann die ganze Bande in diesen Refrain einfiel. Der Aufseher, der sich beim Aufmarsch der Kinder zuerst gewundert hatte, fühlte sich jetzt verspottet und verhöhnt, er drehte sich um und blieb stehen. Er brüllte die Kinder an.

„Fort mit euch, oder wir nehmen euch mit!" Keiner von den Jungen gehorchte ihm. Er wollte eines der Kinder fangen, aber er griff ins Leere, da sie flink wie Wiesel quietschend und lärmend zur Seite wichen. In diesem Moment war der Aufseher abgelenkt, die Bäuerin sah es und handelte sofort. So schnell sie konnte, begann sie, ihre Lebensmittel in die Mitte der Strafgefangenen zu werfen. Das ging nicht ohne Lärm vor sich. Der Volkssturmsoldat drehte sich wieder um. Aber er hatte die Situation noch gar nicht so richtig begriffen, da hörte er in seinem Rücken neuerlich das Spottlied:

„Links – rechts, links – rechts
hinterm Hauptmann stinkt's recht!"

Wieder ließ er sich ablenken, er war richtig zornig geworden und drohte den Kindern mit der Faust. Die Bäuerin nützte die Zeit und warf den Rest vom Sackinhalt zu den Gefangenen, die ihre Hände danach streckten. Sie sah gerade noch, wie einige von den ausgemergelten Gestalten Brot in ihren Mund stopften, dann aber war es Zeit für sie, wegzukommen, denn der Aufseher riss das Gewehr von der Schulter und drückte zweimal gegen den Himmel ab. Die Kinder stoben auseinander, sie flüchteten in Panik zum Bauernhaus und stellten sich dort hinter die Bäume. Dann warteten sie, bis die Bäuerin herankeuchte, und als diese im Seitentor verschwunden war, stimmten sie nochmals ihr Spottlied an.

„Links – rechts, links – rechts ...!"

Anschließend liefen auch sie ins Haus. Sie fanden die Bäuerin in der Stube sitzen, sie zitterte am ganzen Körper. Sophie stand bei ihr und streichelte der Mutter mit der Hand übers Haar. Die Aufregung war der stämmigen Frau zuviel geworden.

„Sophie, gib mir ein Stamperl Zwetschkernen!" bat sie. Die Kinder bildeten einen Kreis und sahen zu, wie sie den Schnaps hinunterstürzte. Dann besprachen sie mit ihr, was vorgefallen war, es war wie das Geschnatter von jungen Kücken um die Henne.

„Du bist ein frecher Rotzbub!" sagte die Bäuerin fast lobend zu Heinz, und dann foppte sie ihn mit einer Art kindlicher Fistelstimme nach.

„Links – rechts, links – rechts …:" Alle lachten bei diesem Scherz befreit auf, und dann klang nochmals der ganze Chor durchs Haus und durch das alte Gemäuer.

„… hinterm Hauptmann stinkts recht!" echote es.

Robert nützte das Durcheinander, um heimlich zu verschwinden und in den Heustadl zu schlüpfen. Es waren nicht die Soldaten, die ihn interessierten, sondern Professor Friedrich Wolf, von dem eine eigenartige Faszination für ihn ausging. Von diesem hatte er bereits einige Tricks erlernt, zuerst mit Spielkarten, dann mit Taschentüchern, die er, wie von Zauberhand geführt, verknoten und wieder auseinander nehmen konnte. Zuletzt hatte er das Jonglieren probiert, erst mit drei, dann mit vier Erdäpfeln. Er versuchte es auch mit fünf, aber das klappte nicht, da musste er noch üben.

Seit Robert hypnotisiert worden war, drängte er sich dem Professor immer wieder auf. Bei jeder Gelegenheit bettelte er: „Könntest du mir heute wieder zwei Eier herzaubern?"

„Natürlich, Kleiner, aber schau zuerst einmal auf meinen Finger!"

Robert blickte auf die beiden Zeigefinger des Professors, dann aber wurde er abgelenkt, er sah dessen Augen, die hinter den dicken Brillen lauerten und unheimlich wurden. Von nun an dauerte es nicht mehr lange, er hatte plötzlich zwei Eier in den Fingern, zerquetschte sie und leckte den Saft mit viel Genuss auf.

„Mehr, mehr!“ stöhnte er, und der Dotter erschien wieder auf seinen Fingern, floss in seinen Mund hinein und stillte fürs erste seinen grässlichen Hunger. Aber richtig satt wurde er nie, immer, wenn es am besten schmeckte, veränderten sich die beiden Eier in seiner Hand, sie begannen zu blitzen und zu funkeln und verwandelten sich in die Brille und dann in die Augen des Professors. Spöttisch lächelnd fragte dieser: „Hat's geschmeckt?“

Robert fand sich nicht sofort zurecht, er besah seine Hand, die beiden Eier waren verschwunden. Merkwürdig!

Professor Wolf betrachtete mit Vergnügen die jeweilige Verwandlung von Robert. Er hatte in seiner Studentenzeit von seinem Onkel, der Professor für Neurologie und Psychiatrie war, die Hypnose und ihre Geheimnisse erlernt. Und er zeigte schon damals solche Begabung, dass er sich bei Vorstellungen im Prater einem Zauberer anschloss und dabei ein hübsches Taschengeld verdiente. Und nun waren es schon Jahre, dass er sich mit dieser „Kunst“ befasst und sich weiter verbessert hatte. Aber in all dieser Zeit war ihm noch nie ein Medium untergekommen, das so prompt auf alle seine Befehle reagierte. Der Bub war ein Phänomen.

„Ich geh' jetzt heim!“ sagte Robert.

„Wart!“ gebot ihm Professor Wolf und sagte dann: „Komm, wir gehen hinten hinaus!“ In der Wiese zündete sich Wolf eine Zigarette an. „Willst du auch eine?“ fragte er und hielt Robert bereits sein Päckchen hin.

„Ich mache dir einen Vorschlag: Du bringst mir die Schlüssel der Bäuerin, und ich gebe dir dafür eine Schachtel Zigaretten.“

Roberts Augen leuchteten. „Aber ich weiß ja nicht, wo diese Schlüssel sind!“

„Ich hab' gesehen, dass sie diese meist am Gewand trägt!“

„Da müsste ich sie ja stehlen, und Stehlen ist eine schwere Sünde!“

„Nicht in Kriegszeiten!“ sagte Wolf listig. „Aber wie du willst. Dann behalte ich halt meine Zigaretten!“ Er drehte sich um und ließ Robert stehen.

Robert sah dem Professor nach und wartete, bis dieser im Scheunentor verschwand. Der Gedanke an ein Zigarettenpäckchen war allzu verlockend für ihn, denn er hatte sich das Rauchen angewöhnt. Aber bis auf wenige Stummel war er in der letzten Zeit kaum noch an Tabak herangekommen. Das war die eine Sache, die andere war die, dass es unmöglich war, die Schlüssel der Bäuerin zu klauen. Missvergnügt ging Robert ins Haus, er wollte zu seiner Mutter und zu den Geschwistern, aber ohne es zu wollen, lief er in die Küche, wo die Bäuerin noch immer mit den Kindern plauderte. Er spähte umher und entdeckte schließlich den Schlüsselbund, den Frau Schraberger sonst immer bei sich trug, den sie aber nun neben dem Anrichtetisch hingelegt hatte. Er näherte sich der Stelle, drehte seinen Oberkörper verkehrt dagegen, griff mit der linken Hand nach hinten, erreichte die Schlüssel und ließ sie ohne Geräusch in seiner Hosentasche verschwinden. Dann begab er sich wieder hinaus und rannte in den Heustadel.

„Herr Professor", flüsterte er, „ich habe die Schlüssel!"

„Du bist ein Teufelskerl!" lobte ihn Wolf. „Hier, das gehört dir!" sagte er, nahm ein Zigarettenpäckchen aus seinem Rucksack und steckte es ihm zu. „Und nun gib mir, was wir uns ausgemacht haben".

Als das Tauschgeschäft vollzogen war, bat Robert: „Sie haben mir auch Eier versprochen, wo sind sie denn?"

„Ja, wo sind sie denn? Du musst halt schnell sein, lieber Freund, mit den Augen, den Gedanken und den Händen. Sonst ist alles wieder futsch – verschwunden!" Damit ließ es Professor Wolf bewenden. Er nahm einen Rasierpinsel, begab sich zum Hofbrunnen, seifte sich das Gesicht ein und schabte langsam den Schaum von seinen Wangen. Die Hühner gackerten, und ein schöner, imponierender Hahn mit metallisch schimmernden Federn stolzierte über den Misthaufen.

Robert aber war im Stadel auf der Sprossenleiter hochgeklettert, über einige Bretter marschiert und dann im Legeraum der Hühner gelandet. Die Bäuerin hatte die Eier zwar schon abgehoben, aber er fand doch noch eins, stach es mit einem

Nagel an den Polen an und trank es in aller Eile aus. Dann spazierte er über die Bretter zurück und sprang von ganz oben nach unten in einen Strohhaufen. Er landete sicher, doch traf ihn im selben Moment ein Holz so heftig an der Schläfe, dass er benommen zur Seite torkelte. Gleichzeitig verspürte er einen heftigen Stich in der Ferse. Als er zur Einfahrt humpelte, bemerkte er Blut an seinem Schuh. Einer von den Knechten hatte eine Heugabel im Stroh liegen gelassen, Robert war auf die Zinken gesprungen, der Stiel war dadurch hochgeschnellt und hatte ihn am Kopf erwischt.

Ein fürchterlicher Tag war das! Er zog den Schuh aus und besah sich sein Malheur. Der Zinken war zwar durch den Schuh gegangen, aber die Wunde war nicht tief, sie brannte nur. Er wickelte sein Taschentuch darüber und versuchte, in den Schuh zurück zu schlüpfen, doch es ging nicht. Dabei hatte ihm ein Soldat zugesehen, er ging zu seinem Rucksack und kam mit einem Verbandpäckchen zurück. Mit seiner Hilfe klappte es besser. Während er Robert die Ferse umwickelte, flüsterte er ihm zu: „Jetzt hör einmal! Du darfst nicht immer zum Professor gehen! Hast du noch gar nicht bemerkt, dass er dich hypnotisiert? Der nimmt dir den Willen und lässt dich schlimme Dinge tun. Also noch einmal! Meide den Professor, der ist kein guter Mensch!“

Robert wusste zwar nicht, was mit „hypnotisiert“ gemeint war, weil ihm der Soldat aber geholfen hatte, versprach er, nicht mehr zum Professor zu gehen. Doch schon im Hof traf er auf ihn und blieb stehen.

„Ich habe gehört, dass du kein guter Mensch bist, du hast mich nämlich hypnotisiert!“

Professor Wolf, der gerade mit seiner Rasur fertig geworden war, wusch sich sein Gesicht, trocknete es ab, setzte seine dicke Brille auf und betrachtete Robert mit seinen unheimlichen Augen. Eigentümlich leise und sanft antwortete er.

„Das glaubst du doch nicht wirklich. Komm einmal her und schau auf meine beiden Finger!“

„Bekomme ich vielleicht wieder zwei Eier?“

„Zwei Eier und mehr, soviel du willst!"

Robert trat einige Schritte zurück und stellte sich frech vor den Professor.

„Aber ich brauche deine Eier nicht. Ich habe nämlich gerade eins ausgetrunken, es hat mir sehr, sehr gut geschmeckt. Viel besser als deine Eier schmecken. Und auf deine Finger schauen will ich auch nicht mehr!"

Nach diesen Worten lief er fort und in die Wohnung. Das Wort „hypnotisieren" verfolgte ihn, er musste unbedingt wissen, worum es sich dabei handelte, und er wollte seinen Vater fragen. Der wusste das sicher.

Robert war nicht das Kind, das, wenn es etwas wissen wollte, mit seiner Frage gleichsam wie mit der Tür ins Haus fiel. Meist drückte er vorher etwas herum. So auch jetzt. Heinz hatte seinen kleinen Panzer stehen lassen. Robert nahm ihn an sich, zog ihn mehrmals auf und ließ ihn so lange feuerspritzend herum fahren, bis es seinem Vater lästig wurde. Er sah von seiner Arbeit auf.

„Musst du unbedingt diesen Lärm machen? Außerdem, der Panzer gehört Heinz, lass ihn also in Ruhe!"

Robert stellte den Panzer zurück. „Wie lange musst du eigentlich noch schreiben?" fragte Robert. Und ohne eine Antwort abzuwarten, fragte er gleich weiter: „Papa, bist du schon einmal hypnotisiert worden?"

„Um Gottes willen, nein! Nur das nicht! Aber warum fragst du?"

„Ich habe gehört, dass man hypnotisiert werden kann. Aber was ist denn das eigentlich?"

Franz Dirisamer legte die Füllfeder zur Seite. „Du erinnerst dich doch, wie uns vorige Woche Lisl von jenem Mondsüchtigen erzählte, der vom Dach fiel! Ja? Na gut! Also das war so! Der Mann lag in seinem Dachstübchen, war eingeschlafen und ahnte nicht, dass der Vollmond hinter dem Wald hervorkam und sein ganzes Licht auf ihn legte. Und mit diesem Licht kam die Kraft des Mondes auf die Erde herab und hypnotisierte den Mann in seinem Bett. Ohne zu wissen, was er tat, stand er auf, kroch aus dem Fenster und wandelte am Dachfirst entlang, er wollte unbedingt zum Mond hinauf, denn er bildete sich ein, der Mond habe ihn gerufen. Und so wie dem Mann geht es vielen anderen Menschen auch, manche spazieren am Dach entlang, andere wieder laufen durch die Wiese. Man nennt diese Leute daher mondsüchtig und ‚Schlafwandler'!"

Franz Dirisamer machte eine Pause. „Und wie geht es weiter?" drängte Robert.

„Jetzt kommt der schreckliche Teil der Geschichte. Jemand sah den Mann auf dem Dach wandeln und rief ihn an. Dieser erwachte, fand sich nicht zurecht, verlor das Gleichgewicht und stürzte vom Dach!"

„War er tot?"

„Das kann ich dir nicht sagen. Möglicherweise hat er sich auch nur einen Arm oder ein Bein gebrochen. Aber immerhin, er kam zu Schaden. Und nun, lieber Robert, denk einmal nach und frage dich, ob du dir vorstellen kannst, dass ein Mensch mit seinem Willen so viel Macht auf einen anderen ausüben kann, wie das der Mond mit seinem Licht tut?"

Robert konnte sich das beim besten Willen nicht vorstellen. Also schüttelte er den Kopf.

„Du schüttelst den Kopf, aber es gibt tatsächlich so etwas. Es gibt Menschen, die können solche Macht auf andere ausüben, dass diese nicht mehr wissen, was sie tun, solche Menschen nennt man Hypnotiseure. Und hypnotisieren heißt: jemandem etwas vorgaukeln, ihm den eigenen Willen aufzwingen und in einen schlafähnlichen Zustand versetzen."

Bei diesen ruhig gesprochenen und belehrenden Worten des Vaters wurde Robert nachdenklich. Hatte ihn der Herr Professor wirklich hypnotisiert?

„Wie macht man denn das, Papa?"

„Genau kann ich es dir nicht sagen, aber meist geschieht es mit einem Pendel oder den Fingern, die man vor den Augen des Opfers hin und her bewegt. Oft aber genügen auch schon die Augen des Hypnotiseurs, man blickt in sie und ist schon hypnotisiert."

„Ich möchte auch ein Hypnotiseur werden!“

„Dazu braucht man Fähigkeiten! Ich weiß nicht, ob du solche hast. Aber auch wenn du sie hättest, ich würde es auf keinen Fall erlauben, dass du so ein Mensch wirst. Horch einmal her, ich erzähle dir jetzt eine Geschichte, eine wahre Begebenheit aus meinem Leben.“

Robert blickte gespannt auf seinen Vater, und dieser erzählte ihm von einer Studentenbekanntschaft, von der Baronesse Helene Appel, einer achtzehnjährigen, sehr begabten Poetin, die in der Stadt Amstetten von einem russischen Mönch hypnotisiert worden war. Dieses Erlebnis hatte böse Folgen, denn die junge Baronesse bekam am nächsten Tag das Gefühl, dass sie ihre Seele an den Russen verloren hatte. Diese Wahnvorstellungen trieben sie in das Hotel, wo der Hypnotiseur wohnte, sie wollte von ihm ihre Seele zurückhaben. Ihre Bitten waren derart verzweifelt, dass der Mönch den ganzen Ernst der Situation erkannte. Er beruhigte die junge Frau und ersuchte sie, am Nachmittag wiederzukommen. Als sie pünktlich erschien, übergab er ihr ein kunstvoll genähtes und vernähtes Ledertäschchen und forderte sie auf, es nie zu öffnen und ihr ganzes Leben auf dem Leib zu tragen. Helene ging getröstet weg und hütete fortan das Leder wie ihren allergrößten Schatz. Aber sie hat ihr Leben doch nicht mehr in den Griff bekommen, auf der Anhöhe des Wallfahrtsortes Sonntagberg erschoss sie sich. Als die Mutter das Ledertäschchen von ihrer kalten Brust nahm und es öffnete, fand sie einen Zettel mit den Worten: ‚Das ist deine Seele‘! Alle haben wir um die arme Baronesse geweint und ihren Tod betrauert. Für die Mutter aber stand fest: Die Hypnose hatte ihre Tochter in den Tod getrieben!“

Franz Dirisamer hatte während seiner Erzählung das jugendfrische Gesicht seines Sohnes betrachtet. Einige Male war ein Schatten darüber gehuscht, einige Male hatte er heftig geschluckt und aufgeseufzt.

„Weißt du jetzt, was Hypnotisieren ist?“

„Ich will’s nicht lernen!“ sagte er nur kurz. Als er aber von der Wohnung wieder nach unten ging, erschien ihm die Geschichte von der Baronesse weniger tragisch als lehrreich. Er dachte an die Möglichkeiten, die er als Hypnotiseur hatte und welche Macht er damit ausüben konnte. Heinz würde endlich seine Rache zu spüren bekommen, und alle seine Schändlichkeiten würde er ihm fürchterlich heimzahlen.

Minuten später tummelte er sich bereits in der Scheune herum. Professor Wolf beobachtete ihn. Als Robert näher kam, fragte er: „Na, sind wir wieder Freunde?"

„Ich möchte, dass du mir das Hypnotisieren lernst!"

„Das kann ich, geht in Ordnung! Wichtig ist, daß du dich konzentrierst. Also: Schau einmal auf meine Finger!"

Robert befolgte diese Aufforderung, und im selben Augenblick fühlte er die Schale und die Rundung von zwei Eiern in seinen Händen. Aber nicht nur das, dieses Mal träumte er nicht nur von Eiern, sondern auch von einer Schnitte Speck, die er verzehren konnte.

Am nächsten Tag herrschte eine eigenartige Unruhe im Haus. Die Bäuerin lief aufgebracht von Zimmer zu Zimmer, suchte in allen Ecken und kam auch in die Wohnung von Franz Dirisamer.

„Man hat mir in der Selchkammer eingebrochen, es fehlen dort zwei Schinken. Außerdem vermisse ich meine Schlüssel. Hat sie jemand gesehen?"

Sie wandte sich an Robert und Heinz. „Kinder, wer mir die Schlüssel bringt, der bekommt ein Stück Torte von mir!"

Zu Franz Dirisamer sagte sie: „Was soll ich nur tun? Ich kann doch nicht alle Schlösser wechseln lassen!"

Jammernd war sie gekommen und jammernd zog sie wieder ab. Sie hatte nichts erreicht. Aber als sie neben Robert stand, hatte sie das Gefühl gehabt, dass dieser nach Selchfleisch roch.

XXV.

Die aufgeregte Schrabergerin hatte ihren Mann nach Sierning geschickt, wo er beim Schlosser vorsprechen sollte. Es hatte ihr keine Ruhe gelassen, ihr Schlüsselbund war weg und deshalb wollte sie sich die Schlösser an den wichtigsten Türen austauschen lassen. Der Bauer fand aber einen versperrten Betrieb vor, denn der Meister war, obwohl bereits weit über fünfzig, zum Volkssturm eingezogen worden. Diese Nachricht hatte natürlich die Laune der Bäuerin nicht gebessert. Schließlich fand sich aber unter den Soldaten ein Mann, der handwerklich geschickt war und der nach einigen Manipulationen an ihren Reserveschlüsseln und Schlössern ein Auswechseln für unnötig hielt. Zumindest versprach er keine weiteren Einbrüche. Trotzdem verschwand neuerlich der eine oder andere Schinken aus der Selchkammer, und die Bäuerin, die fortan den Bestand ihres Geselchten immer abzählte und den Verlust sofort bemerkte, war verzweifelt, da sie seit Tagen mit ihrem Fleisch knapper haushalten musste. Auf Grund der durch die vielen Einquartierungen aufgetretene Beengtheit im Haus und im Hof war es nicht mehr so leicht möglich, sich schwarz zu versorgen. Das verzweifelte Gequietsche einer verängstigten, zum Schlachten gerichteten Sau war auch außerhalb des Stalles zu hören. Man musste also besonders aufpassen, unerlaubtes Abschlachten war bei schwerer Strafe verboten und Denunzianten waren selbst in diesen chaotischen Tagen überall zu Hause.

In ihrer Not richtete sie deshalb dem Kleinen Jan im Vorzimmer zur Selchkammer ein einfaches Lager, auf dem er ab sofort seine Nächte verbringen musste. Im Grund genommen bestand dieses nur aus einer Matratze, einer Tuchent und einem Polster. Nirgendwo ein Fenster, nur durch die undichte Tür kam etwas Luft herein. Der gutmütige Pole fand sich ohne Murren damit ab, er trug die Verlegung seiner Schlafstatt in diesen engen und dunklen Raum gelassen. Über einen einfachen Sessel konnte er seine Kleider hängen. Dieser diente auch als Stellfläche für eine Kerze und einen selbstgebastelten Birkenrahmen, in dem er ein kleines Bild der Muttergottes von Czenstochau stehen hatte. Er war strenger Katholik und ein besonderer Marienverehrer. Von der Bäuerin bekam er für die Umsiedlung kleine Vergünstigungen zugesteckt, meist eine Zigarette oder Tabak für seine Pfeife. Dafür musste er aber in Kauf nehmen, dass seine Kleidung zu räucheln begann und er deshalb von den Kindern als der „geselchte Jan" verspottet wurde.

Das Wetter war wieder kalt und garstig geworden, ein Sturm hatte an allen Ecken und Enden gerüttelt, und an einem dieser Mittage hatte es wie verrückt in die Blütenpracht geschneit. In der Nacht vom 17. April klopfte es heftig an die Tür und an die Fenster. Zwanzig Mann einer SS-Truppe standen vor dem Haus und verlangten Einlass und Quartier. Die Nässe tropfte aus ihren Mänteln, und in ihren verregneten, von den Überanstrengungen gezeichneten grauen und blassen Gesichtern konnte man die Strapazen ablesen, die sie hinter sich hatten. Todmüde schleppten sie sich herein, holten sich aus dem Stall einige Pferdedecken, richteten ihre Tornister als Polster, entledigten sich des nassen Zeugs und warfen sich auf den Boden, wo sie total erschöpft sogleich einschliefen. Der Vorraum zur großen Stube war dadurch so voll gestopft, dass man über die liegenden Männer steigen musste, wenn man in den Hof wollte.

Am Morgen des Achtzehnten bemerkte die Bäuerin Schraberger voll Sorge, dass ihr Mann verschwunden war. Sie horchte und fragte zunächst im Haus herum, doch als er zum Mittagessen nicht erschien, lief sie zu den Nachbarn und steckte auch dort alle mit ihrer lauten Ängstlichkeit an. Überall suchte man nach dem Bauern, aber erst um sechs Uhr abends kam Nachricht. Eine Dienstbotin hatte erfahren, dass er im Gute Staudinger, das in der Nähe von Steinbach lag, übernachtet hatte. Das Klopfen an den Fenstern und die Einquartierung der SSler hatten ihn so fertig gemacht, dass er in die Nacht entflohen war. Er wollte nicht mehr heim, er sehnte sich nur noch nach Ruhe und Stille und hatte die Absicht geäußert, sich zu einem Verwandten ins Gebirge zurückzuziehen. Im Frühling, wenn auf den Äckern und Feldern alles gerichtet werden musste, wäre das eine Katastrophe gewesen. Deshalb ließ die Bäuerin noch am Abend die Pferde einspannen und brachte wenige Stunden später ihren Mann nach Hause. Er wirkte nervlich ziemlich hergenommen und sah zerrüttet, krank und müde aus.

Franz Dirisamer hatte Mitleid mit ihm, denn er kannte diesen Zustand. Die Turbulenzen des Kriegsendes rieben alle auf, auch er stand unter Dauerbelastung. Da er sich nicht mehr konzentrieren konnte, blieben seine Schreibarbeiten liegen. Gustl brüllte er bei jeder Kleinigkeit an, nervös rannte er im Haus treppauf, treppab, hatte immer häufiger Magenschmerzen mit Sodbrennen und blieb, da er manchmal aus heiterem Himmel erbrechen musste, häufig dem gemeinsamen Mittagessen fern. Wenn schlechte Nachrichten eintrafen, war das für ihn, als würde er geprügelt werden, der Körper schmerzte ihn und sein Kopf dröhnte, zuletzt versank er in ein tiefes, apathisches Grübeln, von dem er sich in manchen Momenten kaum noch lösen konnte.

Wenige Tage nach dem ersten Gefangenenzug wurden von Steyr her neuerlich Sträflinge in Gruppen und Kolonnen herausgebracht. Diesmal waren es vorwiegend Juden und KZler, die wie wandernde Leichen über den Berg nach Pichlern herauf wankten. Flache Transportwagen, die von zierlichen Rössern der Banater gezogen wurden, begleiteten sie, Gepäck war darauf, und wenn jemand niederfiel und nicht mehr weiter konnte, wurde er aufgeladen und durfte mitfahren. Alle diese armen Teufel konnten kaum noch aufrecht sitzen, ihre Köpfe und fleischlosen Körper baumelten hin und her, bei jedem musste man fürchten, dass er jetzt und jetzt vom Wagen stürzen würde, aber sie hielten sich gegenseitig, sie klammerten und pressten sich, von Angst gebeutelt, zitternd aneinander.

Kaufmann Seiser aus Sierning, der nach Pichlern gekommen war, um mit der Bäuerin für sein Geschäft wegen einiger Säcke Getreide und Mehl zu verhandeln, zog Franz Dirisamer auf die Seite.

„Herr Fachlehrer, haben Sie's gesehen? Wägen voller Leute!"

Dieser nickte. „Ja, ich hab's! Natürlich! Gottseidank zeigen sich die heutigen Bewacher menschlicher und lassen die armen Kerle fahren. Sieht doch ein jeder, dass sie nicht mehr können und vollkommen erledigt sind. Vorgestern, da hätten Sie da sein müssen, da wurde nur mehr geschlagen und gedroschen, da gab es kein Pardon!"

Seiser fiel Dirisamer ins Wort. „Ja, wissen Sie es denn nicht, die sitzen doch auf dem Todeskarren. Heute hat man schon welche zum Friedhof hinaufgefahren und dort durch Schüsse erledigt. Der Totengräber und einige Frauen haben sie eingescharrt! Eine Tragödie war das, ein unmenschliches Hinmetzeln sondergleichen!"

„Nein, davon habe ich nichts gewusst. Gibt es wirklich solche Bestien unter uns?"

„Ja, die gibt es, wir alle haben diese Mörder unterschätzt, aber wer hätte auch denken können, dass so etwas daher kommt. Der Brunnenmacher Zöglinger, bisher so unscheinbar und bieder, der in Sierning nie besonders aufgefallen ist, ja bis 1938 sogar ein anständiger Kerl war, immer zuvorkommend und hilfsbereit, und jetzt, ein Henker, wie es einen schlimmeren nicht geben kann. Er allein erledigt alle auf dem Friedhof durch Genick- und Kopfschuss!"

Fanz Dirisamer stöhnte auf. „Ich hatte unlängst eine Auseinandersetzung mit ihm, er wollte mich zur Bewachung rekrutieren, und dann befahl er mir, einen Apotheker zu erledigen!"

„Mussten Sie's tun?"

„Um Gottes willen, nein! Ich weiß nicht wie, aber gerade noch habe ich mich drücken können, weil mir wie durch ein Wunder die rechten Worte eingefallen sind."

„Herr Fachlehrer", er senkte seine Stimme zu einem leisen Flüstern, „wir müssen durchhalten, es dauert nicht mehr lang, riskieren Sie nichts mehr, und versuchen Sie, mit den Nazis gut auszukommen. Haben Sie Nachrichten gehört? Die Amerikaner sollen schon vor Passau stehen!"

„Da könnte es ja sein, dass sie früher bei uns sind als die Russen!"

„Wäre das gut!“ entfuhr es der Schrabergerin, die mitgelauscht hatte. „Von den Russen hört man nur schreckliche Dinge, Vergewaltigung, Raub, Mord. Überall, wo sie auftauchen, muss man die Frauen und Mädchen verstecken. Ich habe erfahren, dass sie sogar über Achtzigjährige herfallen.“

Franz Dirisamer nickte zu den Worten der Bäuerin. „Ich habe es der Frau Schraberger schon erzählt. Mein Sohn Wladimir war in Wien, kurz bevor die Stadt am 13. April gefallen ist. So schnell als möglich musste er von dort weg. Im Geschützdonner konnten sie jammervolle Schreie von misshandelten Weibern hören. Sein Fluchtweg führte über die Floridsdorfer Brücke. Und stellen Sie sich vor, das Ungeheuerlichste war, dass plötzlich Einheimische, sogenannte Widerstandskämpfer, da waren. Von zerlöcherten Fassaden geschützt, schossen sie auf Wladimir und seine Kameraden. Die Kugeln pfiffen ihnen nur so um die Ohren. Unser Wladimir hat mit seinen Leuten den schnellsten Übergang über die Donau gesucht, denn die Pioniere hatten in den Eisenkonstruktionen der Brücken schon ihre Sprengpakete angebracht.

Ohne Pause zu machen, marschierte er mit seiner Truppe nach Norden, hinter ihnen die Russen, sengend und plündernd. Wir erhielten einen Brief aus Znaim. ‚Wir sind hier gut angekommen‘, hat er geschrieben. ‚Morgen geht es nach Gmunden!‘ Der Poststempel am Kuvert trug aber die Ortsangabe ‚Berlin-Köpenick‘. Da wussten wir, dass es ihn wo anders hingeschlagen hat.“

Kaufmann Seiser, der nur einen leichten Mantel über hatte, begann zu frieren. Trotzdem fragte er noch: „Und wissen Sie wenigstens, wo jetzt Ihr Sohn ist?“

Franz Dirisamer wusste es. An seinem Geburtstag war Wladimir im Wirbel des allgemeinen Rückzuges nach Gmunden und von dort nach Zeltweg unterwegs gewesen. In Bruckmühl entging er mit seinen Leuten knapp einem Tieffliegerangriff. Einige Lightnings umkreisten sie und schossen Salven aus ihren Bordkanonen in die Schar, die im aufgeweichten Boden nur wenig Möglichkeit zur Deckung fand. Nach Minuten des Schreckens zogen die Flugzeuge ab. Eine Scheune war in Brand geraten, einen Innsbrucker hatte es am Bein erwischt. Als sie in Zeltweg ankamen, war das Ausbildungslager bereits in Auflösung, die früheren Einheitsführer waren plötzlich unauffindbar, sie hatten sich aus dem Staub gemacht.

Das hatte er in seinem letzten Brief an die Eltern berichtet. In ihm stand auch geschrieben: „Ich bin überglücklich! Ich bin in den Bergen, bin also wieder daheim! Eines, liebe Eltern, müßt Ihr aber auch wissen: Niemand kann es wagen, von hier zu flüchten und nach Hause zu gehen. SS-Leute sind mit ihren leichten Fahrzeugen unterwegs, und wehe dem deutschen Mann, wenn er in Zivilkleidern und nicht in Uniform angetroffen wird. Oder, wenn er nicht bezeugen kann, dass er rechtens von seiner Truppe abkommandiert und auf Mission geschickt wurde. Die Henker sind unbarmherzig! Gräber am Wegesrand, Erhängte auf Brücken und auf markanten Bäumen! Ich habe mit ansehen müssen, wie man zwei Ritterkreuzträger aus unserer Heimat erschossen hat. Sie wollten den Befehlen von oben nicht mehr blind gehorchen."

Es war ein Wunder, dass dieser Brief im allgemeinen Chaos des Deutschen Reiches noch nach Pichlern fand. Nach dieser bisher letzten Nachricht von Wladimir fiel auch über Zeltweg der Vorhang des Schweigens und des Bangens. Franz Dirisamer bedrängte die Sorge um das Leben seines lieben Sohnes. Tausende Fragen und keine Antwort.

„Hoffen wir, dass er gesund heimkommt!" bemerkte Seiser. Dann gab er Dirisamer die Hand und eilte zu seinem Fahrzeug.

Die Schrabergerin war schon vorher im Haus verschwunden. Als Dirisamer dort mit ihr zusammentraf, war ihre Nervosität nicht zu übersehen. „Ich muss hinaus! Ich hab' mir wieder einen Sack mit Brot und Erdäpfel gerichtet. Vielleicht kann ich ein gutes Werk tun und den armen Teufeln helfen, versuchen kann ich's ja!"

Sie schulterte einen Sack, war aber noch nicht beim Pferdestall, als ihr einer von den SS-Soldaten den Weg versperrte und ihr seine Maschinenpistole unter die Nase hielt.

„Was tragen Sie denn da so Geheimnisvolles mit sich?"

Der Mann war noch sehr jung, nicht älter als 22 Jahre, ein Milchgesicht halt, aber voller Argwohn. Am Hals einige Pustel, die durch schlechtes Rasieren entstanden waren, und an der Uniform hohe Auszeichnungen. Nach einem Blick in den Sack meinte er: „Was machen Sie mit den guten Sachen, wohl eine Wildtierfütterung?"

„Wildtierfütterung nicht, aber trotzdem für das Vieh. Das geht Sie zwar nichts an, aber wenn Sie es genau wissen wollen, der Bauernhof drüben bei meiner Schwester Wetti ist ebenfalls unser Besitz. Und die Kühe dort brauchen auch einmal einen festen Trank."

„Das mag glauben, wer will! Ich habe nämlich gehört, dass sie dem Judengesindel etwas zum Fressen hinwerfen wollen!"

Der Schreck über diese Worte brachte der Bäuerin ihre Resolutheit zurück. „Gehört, gehört!" schrie sie aufgeregt. „Überall hört man etwas sagen, schmutzig ist das! Ja, Verleumdungen sind schnell erfunden!"

Der SSler winkte ab. „Gute Frau, sparen Sie sich Ihre Luft und hören Sie mal zu, die Sachen bleiben hier. Meine Kameraden werden sich freuen, wenn sie was zu futtern bekommen. Und überhaupt, ich erwarte, dass Sie Ihren guten Willen zeigen und etwas für uns Vaterlandsverteidiger herausrücken. Denn auch wir von der SS-Truppe haben Hunger und nicht nur das nichtswürdige Pack draußen auf der Straße. Wenn Sie uns nichts bringen und wir nichts von Ihrem guten Willen bemerken, auch egal, dann werden wir uns halt selbst bedienen."

Die SSler warteten den guten Willen der Bäuerin nicht ab. Schon am Abend schleppten sie eine junge Sau aus dem Stall, legten die Pistole hinter ihrem Ohr an und erschossen sie. Das Geschrei und die Proteste der Bäuerin ließen die Soldaten vollkommen kalt, im Gegenteil, sie forderten jetzt auch den Kellerschlüssel und holten sich nicht nur Erdäpfel, sondern sie füllten sich aus den dort gelagerten Fässern alten Apfelmost in Zweiliterflaschen ab. Alle ihre Aktionen wurden routinemäßig und äußerst diszipliniert durchgeführt, ohne Geplärre, wohl aber in einem scharfen Kommandoton, der allen durch Mark und Bein ging und jede Widerrede und jedes Aufbegehren bereits im Keim erstickte.

„Bauer, sag' was!" flehte die Schrabergerin, erreichte aber gar nichts, außer dass sich dieser auf seinen Sitz beim Kachelofen zurückzog und alles Einreden mit einem Brummen und einer eigentümlichen Handbewegung vor seinem Kopf von sich abwehrte. „Lasst mich in Ruhe!" konnte man manchmal von ihm hören, und diese knappe Formulierung bedeutete, dass dem Mann, der am liebsten hinter seinen Pferden und dem Pflug über die Äcker schritt, sein Lebensmut verloren gegangen war. Der ungewohnte Wirbel auf seinem Bauernhof war wohl schuld daran, dass er sich wie ein alter Jagdhund hinter dem warmen Ofen verkroch.

Wie gut für die Bäuerin, dass sie den Banater Szepesi hatte, jetzt erschien es ihr als ein Wunder, dass ausgerechnet hier das Wagenrad seines Gefährtes gebrochen war, und sie dankte Gott für das Wirken des Schicksals, das ihn zu ihrem Hof geführt hatte. Zigeuner hatte sie ihn genannt, eine Dummheit, über die sie jetzt nur noch lachen konnte. Auf Szepesi war Verlass, er war umsichtig, fleißig und verstand etwas vom Beruf. Das merkte sie auch daran, wie er mit den Knechten umging, sie nahmen seine Anweisungen entgegen und führten sie auch hundertprozentig aus.

Die erschossene Sau war von den SSlern im Nun zerlegt und aufgearbeitet worden. Um die Borsten zu entfernen, hatten die Männer ihre Rasierapparate hervorgeholt, die Haut des Tieres heiß abgewaschen und dann zu schaben begonnen. Zwei Stunden später dampfte die Feldküche, die man sich von der Dolmetschgruppe ausgeborgt hatte, und als sich die Truppe endlich zur Ruhe begab, war der Magen jedes einzelnen mit einem herrlichen Saftbraten angefüllt.

Um halb fünf Uhr früh des nächsten Tages wurde die Bäuerin aus den Federn geholt. Die Soldaten hatten bereits ihre Sachen zusammengeräumt und standen abfahrbereit herum. Der Offizier verlangte für seine Männer Milch, Kaffee und

Brot, und nachdem alle ordentlich gefrühstückt hatten, hatte er, wie sich die Bäuerin ausdrückte, die Frechheit gehabt und ihr für die großzügige Gastfreundschaft und das gute Essen „im Namen des Führers“ herzlich gedankt.

Die Bäuerin war heilfroh, als die SSler in ihrem Lastkraftwagen abfuhren. Den Rest der Sau hatten sie mitgenommen. Und das wurmte die Bäuerin am meisten. Ärger über Ärger hatte sich in ihr gespeichert, jetzt entlud sie ihn auf ihre Umgebung. Sie polterte, schimpfte und schrie, und sie ließ alle um sich ihre Wut spüren, was sich besonders dahingehend äußerte, dass sie mit den Knechten und der Russin nur mehr herumplärrte. Ihre angeknackste Autorität war aber schnell wieder hergestellt, nur der Große Jan rebellierte. Im Vorbeigehen knurrte er die Bäuerin an: „Wenn Russen kommen, ich dir schneiden die Kehle durch!“ Dazu machte er eine sichelförmige Handbewegung um seinen Hals. Die Schrabergerin gab ihm eine kurze, überzeugende Antwort: „Bevor du das tun kannst, schieße ich dich über den Haufen!“

Wenn sie so ergrimmt war, gingen ihr auch alle Kinder aus dem Weg, ein jedes wusste, dass da nicht gut Kirschen essen war mit ihr. Zum Glück dauerte dieser Zustand nur eine kurze Zeit, dann veränderte sich ihr finsteres Gesicht, und ein breites, sattes Grinsen zeigte anderes Wetter an. So war es auch an diesem Tag. Zu Mittag stieg sie den Keller hinunter, trug einen Krug Most herauf, winkte den Großen Jan heran und schenkte ihm ein volles Glas ein.

„Nastrowje!“ (sa sdarowie), prostete sie ihm zu.

„Das ist aber ein russisches Wort!“ brummte der Große Jan.

„Macht nichts, Hauptsache, wir verstehen uns wieder!“

Wenn alle das Fortgehen der SSler mit Erleichterung registrierten, Othmar bedauerte ihr Verschwinden. Noch am Vorabend war er bei ihnen gewesen, bei seinen deutschen Helden, die, wie er von ihnen erfuhr, fest entschlossen waren, die Heimat bis auf die letzte Patrone zu verteidigen. Er durfte ihre Waffen, die Gewehre, Pistolen, Bajonette und Handgranaten angreifen, und sie zeigten ihm auch, wie man sicherte und entsicherte und wie man eine Panzerfaust schussfertig machte. So nebenbei hatten sie ihm in einem Blechgeschirr etwas von ihrem Saftbraten eingefüllt, und auch Robert und Heinz erbettelten sich eine ausgiebige Portion. Heinz hatte an diesem Abend überhaupt besonderes Glück, er hatte auf dem Weg zum Klosett den riesigen Sauschädel entdeckt, den man abseits in eine Ecke geworfen hatte. Er versteckte ihn schnell unter einigen Brettern, holte dann den blauen Fliegerrucksack von Wladimir, wickelte Zeitungspapier um den blutigen Stumpf und schleppte seine Beute verstohlen in die Wohnung. Als er dort den Rucksack öffnete und den Schädel hervorholte, stieß Resi vor Glück einen Jubelschrei aus.

„Das ist ja nicht nur der Schädel, da ist auch noch der ganze Hals darauf!" Auf dem Elektroherd mit den drei Platten hatte das große Häfen, in dem sie sonst Unterwäsche kochte, gerade noch Platz, und in diesem wurde der Schädel zugestellt. Resi war nicht umsonst eine ausgezeichnete Köchin. Woher sie alle Zutaten nahm, die Karotten und die Erbsen, darüber konnte Franz Dirisamer nur staunen, denn es grenzte um diese Jahreszeit an ein Wunder, solche Dinge aufzutreiben. Auf jeden Fall hatte die Familie bis zum nächsten Mittag eine herrliche Sulze auf dem Tisch stehen, an der sich alle wieder einmal richtig satt essen konnten.

Heinz war jetzt mit seiner Bande ständig unterwegs. Wenn die Luft rein war, dann schoben sie das lose Brett am Stadel, das damals auch der Russin Jaschka dienlich gewesen war, beiseite und schlüpften durch diesen Zugang direkt in das Heu hinein. Die unterirdischen Gänge hatten sie ausgebaut, sie reichten bereits von der Höhle bei den Ziegelfenstern bis zur Bretterwand, die den Schweinestall von der Scheune trennte. In diesem verzweigten System konnten sie fast alle Plätze in der Scheune erreichen, und an manchen Stellen waren sie nur mehr durch eine ganz dünne Heuschicht von den Soldaten entfernt, die sie täglich belauschten und beobachteten. Wie Maulwürfe wühlten sie sich in der Dunkelheit des abgelagerten Strohs bis in die Nähe des hofseitigen Stadeltores, wo sie ein Waffendepot der Funker entdeckten, in dem sich allerlei Kriegsgerät befand. Da sich diese Einheit den Anschein einer Nachrichten- und nicht den einer Kampftruppe geben wollte, hatte sie das ganze Zeug an Waffenvorräten einfach im Heu verschwinden lassen. Die Buben aber spionierten in ihren Gängen, und ihre Neugier war ungemein größer als jede Vorsicht. Zuerst zweifelte Heinz, ob man durch das Heu an dieses Waffenlager herankonnte, aber dann gelang es ohne Probleme und schon nach kurzer Zeit brachte er den ersten Karabiner in die Fuchshöhle. Ihm kam zu Hilfe, dass sich die meisten Soldaten im Freien aufhielten, auch das Geschrei im Hof, das Brüllen der Kühe, das Grunzen der Schweine und das Einspannen und Ausschirren der Pferde trugen dazu bei, dass das feine Knistern und Rascheln im Stroh und Heu überhört wurde. Dem ersten Karabiner folgten weitere. Niemand in der Bande wusste mit den Waffen umzugehen, und zu schießen getraute sich schon gar keiner. Aber immerhin, der Anfang für ein größeres, räuberisches Unternehmen war gemacht, und Heinz fühlte sich wie Ali Baba, dem es gelungen war, in den Schatzberg einzudringen.

Auch Robert hielt sich jetzt, häufiger als früher, im Heustadel des Distelgutes auf. Immer schwänzelte er um Professor Wolf, der ihn langsam in die Kunst der Hypnose einführte, dem er dafür aber mit vielen kleinen Arbeiten wie Stiefelputzen und Saubermachen und Ausbürsten der Uniform dienlich sein musste. Wolf hatte ihm die Hypnose zuerst medizinisch erklärt. Robert verstand zwar nichts davon, aber er glaubte fest an sein Genie und an das fachmännische Erlernen okkulter Dinge. Trotzdem ärgerte er sich, dass die Sache so zäh voranging. Zufrieden war er erst, als ihm Professor Wolf zeigte, wie man Hühner hypnotisieren konnte. Er lockte ein braunes Fleischhuhn mit etwas Brot heran, hielt ihm dann ein Pendel vor den Schnabel, bewegte dieses hin und her, und ehe Robert richtig begriff, war es schon geschehen. Plötzlich stand das Huhn wie erstarrt, Wolf trat näher, stieß es an, und prompt fiel es um. Zufällig sah die Bäuerin gerade aus dem Fenster der Küche, als das Huhn wie leblos niederfiel. Sie öffnete wütend einen der Fensterflügel und brüllte. „Ihr bringt mir meine Hühner um! Na wartet!“

Wann immer es um ihr Eigentum ging, konnte sie ungemein böse werden, deshalb stellte sich Robert vorsichtshalber hinter den Professor.

„Die einen bringen mir meine beste Sau um, und die anderen wollen über meine Hühner gehen. Das will ich mir verbieten, Herr Professor!“ schrie sie ihn wild empört an. Dieser hatte gelassen auf sie gewartet. Als nun die Bäuerin so erzürnt neben ihm stand, beschwichtigte er sie zunächst. Er merkte sofort, dass sie nicht mitbekommen hatte, warum die Henne so erstarrt dalag, und seine Menschenkenntnisse reichten völlig aus, um ihm zu sagen, dass er sich hier einen Scherz erlauben durfte.

„Haben Sie noch nie bemerkt, dass Ihre Hühner krank sind? Zufällig“, sagte er belehrend, „habe ich ausreichende Kenntnisse in der Veterinärmedizin. Ihr Huhn hatte einen epileptischen Anfall, es leidet an der Fallsucht. Leicht übertragbar auf das übrige Geflügel und eine Folge der Kondensstreifenkrankheit. Haben Sie den weißen Staub auf den Flügeln des Tieres gesehen? Das ist Gift, das die Amerikaner verstreuen. Sie fragen sich wahrscheinlich, wie das geschehen kann, und ich sage Ihnen, die Antwort auf Ihre Frage sind die Kondensstreifen der feindlichen Flugzeuge. Tonnen von feinstem Giftstaub streuen die Amerikaner auf unser Land, aus achttausend Meter Höhe rieselt es herab, verteilt sich und bedeckt alles, Wiesen, Bäume, Sträucher, Gebäude und natürlich auch das Federvieh, das langsam, aber unweigerlich zugrunde geht.“

Professor Wolf wirkte bei seinen Worten so seriös, so akademisch, dass die Bäuerin erstaunt und neugierig seinen Belehrungen lauschte. Als er mit der ernstesten Miene der Welt einen nassen Fetzen verlangte, zögerte sie keinen Augenblick und brachte ihm vom nahen Brunnen ein ausgewrungenes Geschirrtuch. Professor Wolf nahm es und begann die Federn des Vogels vorsichtig abzuwischen, Feder für Feder. Zuletzt aber stupste er mit dem Mittelfinger an den Kopf der Henne, und sofort sprang sie auf und lief laut gackernd davon.

„Unglaublich, schier unglaublich!" Die Bäuerin riss Augen und Mund auf und betrachtete Professor Wolf mit größter Bewunderung. Ihr ganzer Zorn war verraucht und einem verehrenden Staunen gewichen.

„Darf ich Ihnen einen Rat geben?" drängte Professor Wolf. Er runzelte die Stirne, nahm die Brille ab, rieb die angelaufenen Gläser mit dem Taschentuch und setzte sie gleich wieder auf. Er war der geborene Komödiant und nützte auch jetzt seine Fähigkeiten auf schamlose Weise aus. Ein Blick in das offene, naive Gesicht der Bäuerin und in ihre ehrlichen Augen sagten ihm, dass das Feld, auf dem man ernten konnte, bestellt war.

„Desinfizieren Sie Ihre Hühner! Wenn Sie nur mit Wasser abwischen, kommt die Kondensstreifenkrankheit wieder. Wir wissen schon lange, dass die Amerikaner alles mögliche Zeug abwerfen, um unsere Nahrungsgrundlagen zu vernichten!"

„Ja, auch die Kartoffelkäfer!" unterbrach ihn eifrig die Bäuerin.

„Richtig! Aber hier handelt es sich um Gift, das alles Federvieh vernichten soll. Wenn Sie wollen, ich mische Ihnen etwas zusammen. Zufällig habe ich in den letzten Wochen eine Sendung herein bekommen, ein kleiner Rest ist mir geblieben. Ich bin sicher, meine Kameraden sind einverstanden, wenn ich Ihnen zu Hilfe komme. Vielleicht ein Stück Geselchtes als Anerkennung für meine Leute? Aber das liegt in Ihrem Ermessen!"

Die Bäuerin zögerte kurz, war aber einverstanden.

„Ein Häfen Schweineschmalz tut's wahrscheinlich auch. Aber nur, wenn Ihr Mittel wirklich hilft!"

Professor Wolf nahm einen Eimer, füllte ihn mit Wasser und verschwand in der Scheune. Dort nahm er aus dem Sanitätskoffer Alaunpulver und löste davon soviel im Wasser auf, bis dieses tief violett wurde. Als er wieder im Hof erschien und den Kübel vor der Bäuerin niederstellte, blickte sie argwöhnisch in die Brühe.

„Verdammt giftig sieht das aus!"

„Natürlich! Übel muss Übel vertreiben! Verwenden Sie bei der Behandlung nur wenig! Sie können das Mittel noch etwas mit Wasser strecken. Und wischen Sie damit auch die Hufe der Rinder ab, denn wer weiß! Und vor dem Hühnerstall schütten Sie Sägespäne auf, die mit der Lösung getränkt sind! Da müssen dann alle Tiere darüber gehen, das hilft, Sie werden sehen!"

Am Nachmittag war die Russin mit dem Eimer im Hühnerstall beschäftigt. Die Fleischhühner und der Hahn wurden separat behandelt, sie wurden eingefangen und abgewischt. Von einer Kondensstreifenkrankheit konnte die Bäuerin in den folgenden Tagen nichts mehr bemerken, deshalb war sie vom Gegengift des Herrn Professors solange überzeugt, bis sie von der Nachbarin erfuhr, dass bei dieser auch ohne Behandlung kein einziges Huhn erkrankt war. Erst da kamen ihr Zweifel, aber sie schwieg, denn als Blamierte wollte sie auch wieder nicht dastehen.

Franz Dirisamer, der in seiner arbeitsfreien Zeit begonnen hatte, Resi mit der Nähmaschine beim Ausbessern von Leintüchern zu helfen, hatte von Robert erfahren, was sich im Hof mit den Hühnern abgespielt hatte.

„Weißt du, Papa", prahlte er, „dass ich Hühner hypnotisieren kann?"

Dirisamer, dem der Kontakt von Robert mit Professor Wolf schon lange ein Dorn im Auge war, schnauzte ihn an: „Ein für alle Mal, du gehst mir nicht mehr zum Professor in die Scheune. Und wenn du nicht folgen kannst, dann wirst du mich kennen lernen! Mit deiner Hypnotisiererei muss es ein Ende haben!"

Robert versuchte, etwas zu erwidern. Als aber die erhobene Hand des Vaters eine Ohrfeige andeutete, duckte er sich und schlich davon.

Die Erzählungen seiner Kinder waren nicht immer lustig, sie machten Franz Dirisamer oft die allergrößten Sorgen. Denn mit dem fortschreitenden Frühling war die Jugend nicht mehr zu halten, überall streunte sie herum, dabei lagen allerorts Waffen, oft so achtlos deponiert, dass man fast darüber fiel. Es war schlimm, dass die Kinder nicht mehr zur Schule mussten. Einige Male dachte er daran, sie in Pichlern zu unterrichten, aber dazu hätte er den Platz in einer der Scheunen gebraucht. Doch diese waren alle belegt, Soldaten und Flüchtlinge hatten in ihnen ihre dürftigen Nachtlager und Quartiere aufgeschlagen, bestehend aus einfachen Decken und Gepäck als Pölster. Die Leute kamen und gingen, oft fragten sie nicht einmal mehr um Unterkunft. Ihre Not hatte eigene Gesetze, für sie gab es keine Höflichkeiten und kein Betteln. Sie nahmen, was sie vorfanden.

Ein Unterricht hätte den Kindern wahrhaft gut getan, denn ihre Neugier war grenzenlos. Maxi war es, der entdeckt hatte, dass man das Tor der freiwilligen Feuerwehr aufgebrochen und im Inneren gewühlt hatte. Es lagen phantastische Beile herum, sie steckten in Lederfutteralen, und man konnte sie mittels einer Schlaufe am Gürtel tragen. Neuwertige Seile fand er ebenfalls. Als er Heinz davon erzählte, beschlossen sie, bei Dunkelheit nochmals hinzugehen und sich zu nehmen, was sie schleppen konnten. Als es so weit war, trafen sie sich vor dem Haus von Bertl Steinmaßl.

„Wir werden plündern und wegtragen, was in unseren Rucksack passt!“ schworen sich die beiden. „Denk an das Geld, das wir uns da verdienen können! Du kannst dir schon jetzt ein Sparbuch anlegen,“ meinte Heinz, „so wie es die Millionäre tun, die haben ihr ganzes Geld auf einem Sparbuch!“

„Ich möchte reich sein, denn dann müsste ich nicht mehr in die Schule gehen. Du doch auch?“

„Natürlich, nie mehr in die Schule!“

Ihr Gespräch war leiser geworden. Je mehr sie sich dem Feuerwehrhaus näherten, um so schweigsamer wurden sie. Heinz trug den Fliegerrucksack von Wladimir. Resi war noch nicht dazu gekommen, ihn zu reinigen, deshalb stank er nach Aas und reizte ihn so, dass er immer wieder husten musste. Sie kamen zum Ausfahrtstor und zogen an der Türschnalle, das Tor sprang auf und eine gespenstische Stille umfing sie. Sie schlüpften schnell durch den geöffneten Spalt und wurden von einer Sekunde auf die andere von absoluter Dunkelheit geschluckt. Heinz hatte seine Taschenlampe zu Hause gelassen, weil die Batterie zu Ende gegangen war. „Maxi, hast du die Zünder?" „Warte, ich bin gleich so weit!"

„Beeile dich, es ist so schrecklich hier!"

Die Flamme des kleinen Streichholzes kam für Heinz wie ein Blitz in einer sternenlosen Nacht. Er hatte eine von den kleinen Weihnachtskerzen mitgenommen, hielt sie in das Zündholz und wartete, bis sie zu brennen begann. Jetzt sah er um sich. Maxi war über einen Einsatzwagen geklettert, weil auf der anderen Seite die Schätze auf sie warteten, er beugte sich nach vor, um hinunter zu steigen, und prallte erschrocken zurück.

„Da ist jemand!" schrie er mit erstickter Stimme.

Heinz war zu dicht hinter ihm, er konnte nicht mehr schnell genug zurück, er blickte deshalb über die Schultern von Maxi und sah seitlich in der Dunkelheit zwei helle, ovale Flächen mit funkelnden Punkten darin. Zwei Gesichter, ohne Zweifel, und die Körper darunter von irgendeinem Fetzen verdeckt. Die beiden Buben standen wie versteinert.

„Hilfe! Hunger! Durst!"

Dieses kraftlose Krächzen aus dem hintersten Winkel des Schuppens wirkte auf Heinz beruhigend, fast augenblicklich verlangsamte sich das schreckliche Pochen seines Herzens.

„Wer sind Sie denn?"

„Nicht verraten, bitte, nicht verraten! Hunger!"

Jetzt rührte sich auch Maxi. „Ich glaube, es sind Sträflinge", flüsterte er.

„Nicht verraten, bitte! Hunger!"

„Wir haben selber nichts! Wir haben auch Hunger!"

„Nicht verraten! Bitte! Hunger!"

„Maxi!" flüsterte Heinz. „Ich frage die Bäuerin, vielleicht gibt sie etwas her!"

„Hunger, Durst! Nicht verraten! Bitte!" hörten sie es wieder aus dem Eck.

Bevor die beiden ins Freie traten, löschten sie ihre Kerze. Dann liefen sie, so schnell sie ihre Füße trugen und so gut sie sich in der Dunkelheit zurecht fanden, zum Distelgut. Heinz warf seinen Rucksack in ein Eck und ging anschließend in die Küche. Die Bäuerin war nicht allein, Sophie und die Russin halfen ihr beim Saubermachen und Wegräumen, in der Stube spielten Magda, Gitti und zwei Kinder aus der Nachbarschaft.

„Was zupfst mich denn immer am Kittel?" drehte sich die Bäuerin zu Heinz.

„Kann ich mit dir alleinig sprechen?"

„Hast was angestellt? Oder weißt du etwas Wichtiges?"

Heinz deutete ihr mit dem Finger, sie beugte ihren Kopf zu ihm und er flüsterte aufgeregt: „Im Feuerwehrschuppen sitzen zwei Sträflinge, ich glaube, die sterben, denn sie haben fürchterlichen Hunger und Durst!"

Ruckartig richtete sie sich auf. „Komm mit hinaus!"

Im Hof erzählte er der Schrabergerin die ganze Geschichte, natürlich nichts von ihren Raubabsichten.

„Wir sind beim Feuerwehrhaus vorbeigegangen, ganz zufällig, da hat der Maxi gesagt: ‚Es muss ein starker Wind gehen, denn ich höre ein kräftiges Stöhnen.' Und dann haben wir eben nachgesehen. Bäuerin, ich hab mich schrecklich gefürchtet!"

„Ist das auch wirklich wahr?" fragte sie Maxi.

Dieser nickte. „Jedes Wort!"

„Wartet! Ich hab' schnell etwas beisammen!" Sie nahm zwei leere Bierflaschen, reinigte sie und füllte Milch hinein. Dann verschloss sie diese mit Korken. Für Minuten verschwand sie in der Speisekammer und kam mit einem Sack zurück, der bis zur Hälfte gefüllt war.

„Da!" Sie wandte sich an Heinz. „Ich bitte dich, Bub, dass euch niemand erwischt! Ich könnte es mir nicht verzeihen, wenn dir etwas geschehen tät'!"

Die beiden stürmten davon. Heinz trug den Sack und Maxi die beiden Flaschen. Ebenso vorsichtig wie beim ersten Mal schlüpften sie wieder in den Feuerwehrschuppen. Wieder zündeten sie eine Kerze an, und wieder kletterten sie über das Auto. Ohne sich den beiden ganz zu nähern, stellten sie den Sack und die Milch vor die fast schon leblosen Gestalten.

„Sollen wir morgen wieder kommen?"

Die Antwort war kaum noch zu hören. „Bitte, nicht verraten!"

Daheim wartete die Bäuerin voll Ungeduld. „Gott sei Dank, dass ihr wieder da seid! Und? Haben sie gegessen?"

„Ich weiß es nicht, sie haben sich kaum noch gerührt. Wie unser kleiner Fuchs, der konnte auch nichts fressen, weil er keine Kraft mehr hatte!" sagte Heinz. „Morgen werden wir nachschauen!"

Am nächsten Tag waren sie bald auf den Beinen, sie liefen zum Feuerwehrhaus, blickten vorsichtig um sich, ob sie auch niemand beobachtete und öffneten dann das beschädigte Tor. Die beiden Männer waren fort. Nichts deutete darauf hin, dass auf dem Steinboden jemand übernachtet hatte.

XXVI.

Die beiden waren in der Früh vor dem Distelgut zusammengetroffen und ins Reden gekommen. Professor Wolf hatte Geburtstag und beklagte sich darüber, wie rasch die Zeit, vor allem das letzte Jahr, vergangen war. Franz Dirisamer gratulierte ihm und bestätigte, dass es ihm da gar nicht viel anders ging.

„Oft habe ich das Gefühl, dass sich mein Leben unheimlich schnell verbraucht und ich trotzdem glaube, dass die Zeit stehen bleibt, oder dass ich mich in die Vergangenheit bewege. Wissen Sie, das ist wie bei den Speichen eines Rades, die sich scheinbar zurückdrehen, wenn ein Auto besonders schnell vorbeifährt. Sie sind ja noch jünger, aber in meinem Alter sieht man die Dinge bereits anders, nicht mehr so wie früher, wo man auf einer Brücke stand und beim Betrachten des fließenden Wassers dachte, dass man in Bewegung ist, der dahin treibende Fluss aber stillsteht!"

Franz Dirisamer gebrauchte diese bescheidene Metapher. Es war ihm danach, sich mit einem gebildeten, gescheiten Menschen zu unterhalten, nicht nur des Interesses wegen, sondern aus der einfachen Ursache heraus, sein Gehirn und seine rhetorischen Fähigkeiten nicht verkümmern zu lassen. Aus demselben Grund nahm er auch immer wieder sein russisches Wörterbuch zur Hand und prüfte seinen Vokabelschatz. Denn er war überzeugt, dass die Spitzen der Sowjetarmee vor den Amerikanern in Pichlern erscheinen würden, und dann war es gut, wenn er sich mit den Russen verständigen und unterhalten konnte.

Während des Gespräches vor der Haustür war Auguste ins Freie getreten und wollte ohne Gruß an ihm vorbei.

„Darf ich fragen, wo du hin willst?"

Am Gesicht von Gustl merkte er sofort, wie unangenehm es ihr war, diese Fragerei im Beisein des Soldaten beantworten zu müssen. Sie fühlte sich ja ohnehin ständig kontrolliert, beaufsichtigt und in ihrer Freiheit eingeschränkt. Deshalb kam ihre Antwort kurz und schnippisch.

„Ich gehe zur Bahn. Ich hab's ja gestern ohnehin schon gesagt, ich will die Sachen von Wladimir vom Damberg holen und heraus nach Pichlern bringen. Dann will ich noch zur Reschneder Lo, sie kann mir Trockenmilch verschaffen!"

Die „Lo" war die beste Freundin von Gustl, bei ihr verschwand sie immer dann auf ein paar Tage, wenn es ihr in Pichlern zu eng wurde. Und das geschah sehr oft. Liebend gerne wäre sie nach Wien zurückgekehrt oder zu ihrem Verlobten nach Leipzig gefahren, aber dazu war es zu spät. Die Fronten drängten sich unheimlich zusammen und ein Zugverkehr war praktisch nicht mehr vorhanden. Kleine Lokalbahnen funktionierten noch, auch der regionale Omnibusdienst. Auf den Straßen aber hatte sich das Bild drastisch verändert. Dort, wo früher kaum oder nur bescheidener Verkehr war, dort stauten sich jetzt die Militärfahrzeuge. Sie standen an den Straßenrändern oder zwischen den Baumstämmen der Wälder und waren jetzt nicht mehr Fortbewegungsmittel, sondern Unterkunft und Schlafgelegenheit für Resttruppen. Von Neuzeug bis Pichlern war die Straße verstopft. Dort und da sah man Feuerstellen, an denen sich Soldaten ein Süppchen kochten oder Erdäpfel brieten. Sie alle mussten sich jetzt um ihre Verpflegung selber kümmern, schwer genug, denn die Zuneigung und das Mitleid der mittellosen und hungernden Bevölkerung hielt sich in Grenzen. Dieser ging es ja genau so schlecht wie den Landsern, die insgesamt nur mehr darauf warteten, dass sie heim und zu den Ihren konnten. Denn so brutal wie die SSler auf dem Distelgut konnten sich diese Leute nicht benehmen, sie hätten es nicht gewagt. Auf Plünderung im eigenen Land stand nach wie vor die Todesstrafe.

Franz Dirisamer hielt Gustl zurück. „Warte, ich komme mit. Die Angelegenheit mit den Sachen von Wladimir möchte ich selber in die Hand nehmen, dann hast du auch nicht so viel zu tragen!"

Gustl sträubte sich zunächst, als sie aber merkte, dass nichts zu machen war und sie die Begleitung in Kauf nehmen musste, machte sie gute Miene zum bösen Spiel und wartete geduldig, bis ihr Vater einen besseren Rock aus der Wohnung geholt und angezogen hatte.

Der Vormittag des 1. Mai war in Steyr ohne die üblichen Aufmärsche und Parteiparolen vorübergegangen. Nur am Rathaus hing noch eine lange Hakenkreuzfahne reglos vom Mittelturm des Rokokobauwerkes herunter. Es war trüb und nass. In den schlecht geteerten Straßen standen Pfützen vom Regen des Vortages, Spatzen badeten darin.

Über die Ennsleitenstiege gingen sie bis zur Wohnung, in der sie nur kurz blieben, wo sie aber zwei Rucksäcke fanden, die sie mitnehmen konnten. Die Geräusche, die sie am Gang verursachten, hatten den Rauchfangkehrer Adolf Stremnitzer, der seine Wohnung im Stock über der ihren hatte, heruntergelockt.

„Aha, habe ich richtig gehört, Herr Direktor, Sie sind's! Und auch das Fräulein Tochter ist mitgekommen!"

„Ich bin nicht Hauptschuldirektor, nur Fachlehrer!"

„Vielleicht noch ein paar Tage! Und dann gehört die Ungerechtigkeit Ihrer Strafversetzung der Vergangenheit an. Sie können meine Frau fragen, ich war immer auf Ihrer Seite und habe Ihre Enthebung stets als Gemeinheit empfunden!"

Seine Frau, das war nicht seine Frau, sondern die Gattin eines Facharbeiters der Steyrer-Werke, der zwar nicht als gefallen gemeldet, aber seit längerer Zeit irgendwo in Russland verschollen war. Sie war seit einem Jahr Stremnitzers Lebensgefährtin, sie hatte ihre Wohnung gewechselt und war zu ihm gezogen. Stremnitzer war vom Anfang an Parteimitglied gewesen, er hatte es fabelhaft verstanden, seiner Einberufung auszuweichen. Er wurde für unabkömmlich erklärt, und das war Grund genug, um sein Einrücken immer wieder zu verschieben. Er gehörte zu jenen wenigen Menschen, die Franz Dirisamer aufrichtigen Herzens verachtete, seine Großsprecherei, sein Geplärre und Kommandieren im Haus, wenn er die Verdunkelung kontrollieren kam oder die Beflaggung und Beschmückung der Wohnungsfenster zu Hitlers Geburtstag bemängelte, das hatte ihn immer gereizt und geärgert. Nein, dieser Mensch gehörte nicht zu seinen Freunden. Und wegen seiner Strafversetzung? Da hatte Stremnitzer früher nie ein Hehl daraus gemacht, dass er sie in Ordnung und für gerecht empfand. Seine Beleidigungen diesbezüglich und die damit verbundenen Kränkungen konnte Franz Dirisamer nicht an den Fingern einer Hand abzählen. Ganz deutlich sah er ihn am Einmarschtag der deutschen Truppen vor sich. „Nun, Herr Dirisamer, die Tage der Vaterländischen Front sind vorbei, und auch in Ihrer Schule werden eiserne Besen kehren und Ordnung schaffen!"

So war es gewesen, so verhielt sich die traurige Wirklichkeit. Unglaublich, wie er nun auf ihn zukam und die Tatsachen zu verdrehen versuchte. Einfach charakterlos! Schon wollte er sich abwenden und den Mann mit seinem Geschwafel stehen lassen, als Stremnitzer eine Tonstärke lauter und wie ein Rachegott verkündete:

„Jetzt haben wir ihn endlich los, diesen Scheißkerl, dieses Scheusal!"

„Was meinen Sie damit?"

„Ja, hören Sie keine Nachrichten? Um Mitternacht ist die Meldung gekommen. ‚Achtung! Achtung!' hat es geheißen. ‚Eine traurige Nachricht für das ganze deutsche Volk! Unser Führer Adolf Hitler ist im Kampf um Berlin an vorderster Front bei seinen Soldaten gefallen!'"

Franz Dirisamer starrte Stremnitzer entgeistert an. Er musste diese Neuigkeit erst zwei-, dreimal durch seinen Kopf gehen lassen, um endlich zu begreifen. Hitler war tot! Wie anders hatte er sich das vorgestellt, gehofft, man würde ihn fangen und ihn vor Gericht stellen! Und nun wurde mit dieser lapidaren Nachricht ein Schlussstrich unter einen Mann gesetzt, der in Summe für den Tod von Millionen von Menschen verantwortlich war. Unbegreiflich, ihn schwindelte.

„Sic transit gloria mundi!" hörte er Stremnitzer sagen. Und Gustl, die, ergriffen von der Neuigkeit, dabeistand, ergänzte: „Jetzt sind wir ein Volk ohne Reich und ohne Führer! Und trotzdem, es muss weiter gehen!"

„Der Dönitz ist Führer-Nachfolger geworden, er hat im Radio schon seine erste Ansprache gehalten", setzte Stremnitzer seine Information fort.

Franz Dirisamer merkte, dass ihm schlecht wurde. Auf dem dunklen Gang war es stickig, sein Herz schlug unruhig, er fühlte sich gar nicht gut.

„Wir müssen jetzt gehen, Gustl, wir haben noch Arbeit!" Und zu Stremnitzer sagte er: „Grüß Gott, einen schönen Tag noch!"

„Heil Hi…", und sich schnell verbessernd, „Grüß Gott, Herr Direktor und ein baldiges Wiedersehen mit Ihnen und Ihrer Familie in der alten Wohnung!"

Wie es so Gustls Art war, lachte sie laut heraus: „Es war halt so schön grüßen mit dem ‚Heil Hitler!'. Nicht wahr?"

„Nur eine dumme Gewohnheit, eine dumme Angewohnheit!" hörten sie den Rauchfangkehrermeister noch.

In Gedanken und beklommen durch die Nachricht vom Tod Adolf Hitlers wanderten sie in Richtung auf den Damberg. Das Wetter besserte sich, die Wolken zogen auf, ein blauer Himmel rückte näher. Im Ochsenwald fanden sie violettblaue Akeleien, metallisch glänzende Käfer wühlten sich durch die Staubgefäße von blühenden Stauden. Der volle Frühling sprang ihnen überall in seiner ganzen Schönheit entgegen. Jetzt erst fanden sie wieder zu einem normalen Gespräch.

„Weißt du, was ich mir bei der Nachricht vom Tod des Führers gedacht habe? Zuerst sind mir Hugo und Wladimir in den Sinn gekommen und dann die vielen anderen Soldaten, die noch immer an irgendeiner Front stehen. Und da habe ich gefühlt, dass alle, die jetzt noch fallen und sterben, ihr Leben für nichts hingeben werden. Für gar nichts! Und das erschüttert mich ja so! Stell' dir vor, Papa, unsere Buben liegen irgendwo im Dreck, mit einem Loch im Kopf, und kein Schwein ist da, das ein Grab schaufelt, ihnen einen Ehrenstein setzt!" Sie begann zu schluchzen.

„Sie werden zurückkommen, Gustl! Mach dir keine Sorgen. Komm, sprechen wir von etwas anderem. Siehst du das Rasenstück mit den Blumen? So viele „Hänsel-und-Gretel“ dabei, angeblich ist ein Tee davon gut bei Lungenerkrankungen!“

Gustl, die durch ihr Studium geschult und aus Interesse gerne mit ihrem Vater über die Vielfalt der Pflanzenwelt plauderte, war diesmal nicht für Botanik zu haben, sie kam schnell wieder auf ihre Brüder zurück. Jetzt auf Wladimir. Sie waren nämlich an jener Stelle angelangt, wo von der Schotterstraße nach links gegen den Wald hinab ein unscheinbarer Güterweg abbog. Hier ging es zum Schusterhäusl, einer bescheidenen Landwirtschaft, wo die Eltern eines ehemaligen Schülers wohnten, mit denen Dirisamer näher bekannt geworden war. Es bestand ein gutes Verhältnis zwischen ihnen, an schönen Sommertagen waren sie öfter zu Besuch gewesen. Hierher hatte Gustl Kleider heraufgebracht, den neuen Anzug von Wladimir, den er sich noch in Mitweida von seinem Arbeitslohn angeschafft hatte, seinen Mantel und einen warmen Lodenjanker, auch Sachen von Hugo waren deponiert und von ihr selber zwei Dirndlkleider, die ihr teuer und wertvoll erschienen. Am Dachboden der Leute hatte sie diese Sachen versteckt, sie sollten vor befürchteten Plünderungen in Pichlern sicher sein. Bei längerem Nachdenken waren ihr aber Zweifel gekommen, ob das Zeug nicht doch in Pichlern besser aufgehoben wäre. Und deshalb hatten sie sich auf den Weg gemacht, sie wollten die Kleidungsstücke nach Hause bringen. Als sie aber des versteckt in einer Waldschneise liegenden Hauses ansichtig wurden, meinte Gustl: „Ich glaube, wir hätten uns den Weg ersparen können. Nie und nimmer kommt ein feindlicher Soldat hierher. Die Sachen von Wladimir sind hier sicher aufgehoben. Was meinst du, Papa?“

„Es wäre gut, wenn wir unser Eigentum beisammen hätten, aber ich bin jetzt selber unschlüssig!“

„Schauen wir uns das Versteck nochmals an!“ sagte Gustl. Dann betraten sie das Haus und wurden von den Leuten, die sie bereits kommen sehen hatten, freundlich begrüßt. „Hierher verirrt sich kein feindlicher Soldat!“ meinte Herr Schuster beschwichtigend, als er von den Absichten, die Sachen wieder fortzutragen, hörte. „Freilich ist es besser, wenn man alles beisammen hat, es fragt sich nur, ob's an einer Durchzugsstraße, wie bei euch in Pichlern, so sicher ist wie hier, wo niemand nachschauen kommt."

Die Frau stellte ihnen Fleischknödel auf den Tisch. „Das ist von Mittag übrig geblieben! Wenn ihr zugreifen wollt?"

Gustl ließ sich nicht bitten. „So was Gutes haben wir schon lange nicht mehr gegessen!" begeisterte sie sich.

„Ja, die Zeiten sind hart. Es soll nur mehr ein paar Tage so dahingehen. Die Amerikaner sind schon in Oberösterreich. Und der Hitler hat sich erschossen!"

„Erschossen? Selbstmord?"

„Ich habe einen Feindsender eingeschaltet, da hat man diese Meldung gebracht. Übrigens haben wir gestern Nacht schon Kanonendonner gehört!"

Bei diesen Nachrichten spürte Dirisamer, wie Panik in ihm hochkam. So nahe waren die Alliierten schon? Er trank sein Glas Wasser leer und entschied: „Wir lassen die Sachen hier, es wird schon nichts passieren. Wenn alles vorüber ist, dann sehen wir uns wieder!"

Gustl packte den Rest der Knödel in ein Papiersackerl. „Hätten Sie vielleicht auch ein paar Erdäpfel für uns?"

Die Bäuerin richtete einige Kleinigkeiten zusammen. „Das nehmt mit!" Als Dirisamer bezahlen wollte, wehrte sie ab. „Ist ja nicht der Rede wert! Aber wir haben selber nicht viel!"

Beim Weggehen wandten sie sich nochmals um und schauten auf das einsame Haus zurück. „Hier kommt keiner her!" sagten sie. „Da ist's am sichersten versteckt!"

Auf dem Weg zur Ennsleite waren sie sich einig. „Anständige Leute sind das. Ein Glück, wenn man jemand hat, dem man trauen und auf den man sich verlassen kann!"

Es war jetzt bereits so sonnig geworden, dass sie zu schwitzen begannen. Wie wohl das nach dem Regen tat! Franz Dirisamer zog den Rock aus und hängte ihn sich über den Arm. Beiden war nach der getroffenen Regelung wieder besser zu Mute. Sie freuten sich an den vielen Vergißmeinnicht in den Wiesen und im frischbewachsenen Land.

„Jetzt machen wir uns etwas Warmes, ich habe nämlich schon wieder Hunger!" lachte Gustl ihren Vater an, und als sie in der Wohnung ankamen, stürzte sie sich auch sogleich auf diese Arbeit. Zunächst schälte sie die Erdäpfel, dann richtete sie Zwiebel und etwas Fett. Unter den Sachen der Schusterin hatte sie eine Portion Sauerkraut entdeckt. „Sauerkraut, Fleischknödel und Kartoffelpuffer, das beste Essen der Welt!" jubelte sie.

Franz Dirisamer hatte am Küchentisch, der vor dem dreiteiligen Fenster stand und von wo aus man eine Panoramasicht auf Steyr hatte, Platz genommen. Seit dem ersten Moment, an dem er in diese Wohnung gezogen war, hatte ihn dieser Blick vom Rande der Ennsleite hinunter auf die Stadt fasziniert, eine Aussicht, die sich von der imponierenden Stadtpfarrkirche über den alten Stadtkern mit dem Rathaus, der Marienkirche, der Styriaburg bis hinüber zum Gymnasium und zur Michaelerkirche darbot, und die auch den Ennsfluss mit der Neutorbrücke und den Bahnhof miteinbezog. Wer immer seine Wohnung betrat, jeder war hingerissen von dieser Sicht auf die Stadt, die man von hier, und nicht nur von hier, sondern von allen Fenstern seiner sechsräumigen Wohnung hatte. Wenn es der liebe Gott gut mit ihm meinte, so wollte er ihn inständig bitten, ihm zu helfen, so schnell wie möglich wieder in diese Räume zurückkehren zu können. Hier fühlte er sich frei, die Wohnung war großzügig, und das Licht des schönen Maitages füllte die Zimmer bis auf den letzten Winkel.

„Papa", sagte Gustl, als sie ihm das Essen auf einem einfachen weißen Teller servierte, „wir müssen so schnell wie möglich zurück!" Und so, als habe sie seine Gedanken erraten: „Wir müssen darum beten, dass nichts mehr geschieht und dass wir uns alle heil und gesund hier in unserer Wohnung wiedersehen werden."

Noch während sie über das Ende des Krieges und von der Heimkehr nach Steyr träumten, klopfte es an der Tür. Es war der alt und weiß gewordene Herr Freiberger, der im Haus nach hinten zu gegen den Damberg seine Wohnung hatte, ein friedlicher, kinderloser und vom Charakter her sauberer Mensch, der nie besonders in Erscheinung trat, der politisch aber auch den Wechsel vom Sozialisten zum Nationalsozialisten mitgemacht hatte.

„Sie sind beim Essen, da störe ich wohl?"

„Kommen Sie nur herein, wir sind schon fertig!"

Während Gustl die Teller wegräumte und gleich mit dem Abwaschen begann, begründete Freiberger sein Erscheinen.

„Ich wollte Ihnen nur sagen, dass in den vergangenen Wochen mehrmals Flüchtlinge im Haus einquartiert worden sind. Auch in Ihrer Wohnung sind welche gewesen, in den hinteren Zimmern. Jetzt sind sie fort, ich hoffe, es ist Ihnen nichts weggekommen. An sich waren es liebe Leute!"

„Hinten ist sowieso alles leer. Wir haben ja die Möbel nach Pichlern mitgenommen. Aber ich werde später dann nachschauen!"

„Ich wollte, dass Sie's wissen, damit wir Hausleute nicht in Verdacht geraten!"

„Da würde ich nichts Schlechtes denken, am allerwenigsten von Ihnen!"

„Ich dachte, dass Sie böse auf mich sind, weil Sie heute mit Stremnitzer gesprochen haben und uns nicht besuchten!"

„Stremnitzer hat uns auf dem Gang aufgelauert, er hat uns von Hitlers Tod berichtet!"

„Uns hat er auch erzählt, dass Hitler sich mit seiner Frau umgebracht hat. Entsetzlich das! Selber hören wir ja wenig Radio!"

„Hitler war verheiratet? Wer sagt denn so etwas?"

„Angeblich kam's im Rundfunk. In den letzten Tagen hat er mit einer Eva Braun die Ehe geschlossen, und nun hat er sie mit in den Tod genommen. Beide wurden mit Benzin übergossen und sind verbrannt worden."

Gustl mischte sich ein. „Das ist ja ungeheuerlich. Zuerst heißt es, Hitler ist an der Front bei den Soldaten gefallen. Als nächstes erfährt man, dass er Selbstmord verübt hat. Und nun erzählen Sie uns, dass er verheiratet war und seine Frau ebenfalls umgebracht hat. Rundum wird gelogen, dass sich die Balken biegen. Wir sind alle hinters Licht geführt worden. Mich würde nicht wundern, wenn Hitler abgehauen und in die Schweiz oder in ein anderes Land geflüchtet wäre. Am Ende hat ihn ein U-Boot nach Amerika gebracht, wo er sich's gut gehen lässt. Und in Deutschland werden noch immer Soldaten hingemetzelt!"

Sie war kaum zu beruhigen und räsonierte auch lange nach Freibergers Fortgang noch herum.

„Warum hat man uns nicht besser aufgeklärt, warum habt ihr uns nie die volle Wahrheit gesagt?" wütete sie gegen ihren Vater.

Diesem schwoll die Zornader. „Wir hätten euch nicht die Wahrheit gesagt? Mehr als einmal! Aber ihr wolltet sie ja nicht zur Kenntnis nehmen. Und gerade du beschwerst dich! Wer hat denn immer dagegen geredet, wenn ich den Nationalsozialismus verteufelte, welche Person hat mir gedroht, mich anzuzeigen, als ich sie mit einem SSler ertappte? Wer denn?"

„Das ist eine Lüge, eine ganz gemeine Lüge, was du da sagst! Du warst ja immer gegen mich. Als ich mit Peger Hans aus Leipzig gekommen bin, da habe ich es deinem Gesicht angemerkt, wie du gegen diese Verbindung gewesen bist. Ich und ein Sachse! Welche Ungehörigkeit für eine Österreicherin! Und noch dazu ein Evangelischer mit einer Katholikin!"

Je mehr sich Gustl ihren Groll aus der Seele schrie, um so ruhiger wurde Dirisamer. Für diese Art von Streit hatte er schon lange keine Kraft mehr. Hätten ihn sein Gewissen und sein Pflichtgefühl nicht immer ermahnt, er hätte die ganze Erzieherei hingeschmissen. Um wie viel leichter wäre da wohl sein Leben verlaufen. In solchen Momenten dachte er oft an seinen leiblichen Vater, der sich vor allen Verantwortungen gedrückt und es den „Weibern" überlassen hatte, was aus ihm wurde. Den Weibern und dem lieben Gott! Wie oft hätte er aber einen verstehenden, lenkenden, helfenden Vater im Laufe seines Lebens brauchen können. Wussten seine Kinder eigentlich, wie viel er ihnen mit seinem sorgenden, beschützenden und selbstlosen Wesen gab?

Ohne auf Gustls Ton einzugehen, sagte er ruhig und ernst: „Ich war nie gegen dich, nie gegen eines meiner Kinder. So wie auch Mama habe ich alles für euch gegeben und mich aufgeopfert!“

„Du hättest ja nicht so viele Kinder machen müssen!“ schrie ihm die Tochter ins Gesicht. Kaum dass sie diesen Satz ausgesprochen hatte, warf sie sich auch schon auf den Diwan des Wohnzimmers und heulte darauf los.

Franz Dirisamer versuchte, den Schaden, der entstanden war, nicht mehr zu reparieren. Wenn das Kindesdank war, dann Gnade ihm Gott! Wortlos zog er seinen Rock an, verließ die Wohnung und wanderte hinüber zur Steyrtalbahn. Auch hier war das Klima nicht besser, überall drängende und schreiende Menschen, alte Männer mit einem rauchenden Zigarettenrest zwischen den Fingern, ausgemergelte Frauen, die an irgendetwas Essbarem kauten, lärmende, rotzige Kinder.

Knapp vor der Abfahrt drängte sich noch ein Betrunkener ins Abteil und zwängte sich ausgerechnet neben ihn auf die Bank.

„Ist ja genug Platz da!“ lallte er, als er die unwirschen Blicke von allen Seiten bemerkte.

„Habe den Heldentod unseres allseits geliebten Führers ein wenig gefeiert, geistig von ihm Abschied genommen, sozusagen ein Requiem in Rot-Weiß-Rot, das heißt in Rum-Schnaps-Rum gehalten!“

Vor dem Abteil standen Soldaten. „Halten Sie doch den Mund, Sie Schwätzer!“ wollte Dirisamer den Redefluss des Mannes stoppen und ihn warnen.

„Den Mund soll ich halten, den Mund? Sie Nazischwein, von Ihnen lasse ich mir gar nichts sagen. Zu lange habe ich geschwiegen und Befehlen gehorcht. Schluss damit! Jetzt nicht mehr! Soll ich Ihnen was sagen: Machen Sie es wie unser geliebter, nun, Gott sei Dank, verblichener Führer Adolf Hitler, treten Sie zum jüdischen Glauben über und anschließend Schuss durch die Birne. Dann haben Sie als letzte gute Tat Ihres Lebens noch einen weiteren Juden ausradiert!“

Es hätte ein Witz sein sollen, aber niemand von den Leuten lachte, auch nicht die Soldaten, die an der Abteiltür einen Spalt geöffnet und dem Gespräch zugehört hatten. Der Betrunkene grölte weiter, aber mitten in seinem Geschrei wurde er gefasst und hochgerissen.

„Heda, was soll's?" Die Soldaten antworteten nicht, sondern drehten ihm den Arm auf den Rücken und führten ihn fort. Bei der nächsten Station stiegen sie aus, durch das Fenster sah Dirisamer, wie sie ihm einen brutalen Tritt ins Kreuz gaben, wie er taumelnd ins nächste Gebüsch stürzte und dort noch einige weitere Fußtritte bekam. Dann stiegen die Soldaten wieder ein, und der Zug fuhr los.

XXVII.

Gustl hatte bei Reschneder Lo übernachtet. Sie war zerknirscht und voll Reue, weil sie den Vater, den sie mehr als alle anderen in der Familie liebte, so schwer beleidigt hatte. Sie besprach sich mit Lo. Es wurde heftig diskutiert, und es wurde der eine oder andere Standpunkt vertreten. Gustl kreidete es dem Vater an, dass er der Mutter gegenüber viel zu nachgiebig war und sich, wie sie es ausdrückte, ihrem niedrigen Niveau anpasste. Diese strenge Kritik war ihrer Ansicht nach berechtigt, die Freundin aber widersprach ihr.

„Machst du dir eigentlich nie Gedanken darüber, was deine Mutter leisten muss? Du hast mir einmal erzählt, dass sie auch nach einem anstrengenden Tag abends nie ohne Buch ins Bett geht! Und das nennst du ‚niedriges Niveau'? Ich denke, da liegst du wirklich falsch!"

Gustl fühlte selber diesen Widerspruch, wollte der Lo aber nicht Recht geben. Und deshalb gingen die Gespräche noch einige Zeit hin und her. Da die beiden jungen Wesen neben ernsthaften Ansichten aber auch eine Menge Spaß auf Lager hatten, klang ihr übermütiges Lachen bald wieder durch die Räume der Wohnung ihrer Freundin. Und die Sache mit dem Vater war bei Gustl fürs Erste vergessen.

Am nächsten Tag war sie bereits um neun Uhr in der Stadt und besorgte Sondermarken für Schuhe. Auch für ihre Kartenabschnitte wollte sie einkaufen. Es herrschte nämlich die Meinung vor, dass, wenn es mit dem Nationalsozialismus aus sei, es auch mit der Gültigkeit der Lebensmittelmarken vorbei wäre. Manche Geschäftsleute gaben jetzt ab, was sie früher gehortet hatten, sie waren felsenfest überzeugt, dass die Amerikaner nicht nur den Frieden, sondern auch Lebensmittel in Hülle und Fülle mitbringen würden. Es wurde auch unüberlegt des Geldes wegen eingekauft. Die einen sagten: „Die Reichsmark wird über Nacht den Wert verlieren, und man wird dafür nichts mehr bekommen!" Die anderen meinten: „Wir heben uns das deutsche Geld ruhig auf, denn so schnell können die Amerikaner oder Russen kein neues herzaubern." Es gab die widersprüchlichsten Meinungen, die Leute waren nervös und verunsichert, und Gerüchte gingen um, weiß Gott wie viele.

Gustl war bei ihrer Suche nach Brauchbarem nicht besonders fündig geworden. Ein Kleiderl für Brigitte und zwei Paar Holzschuhe, die nicht nummeriert waren, die aber bestimmt jemandem in der Familie passten. Fast alle Geschäftsauslagen waren leer, in manchen fand sich ein Hinweisschild mit dem kurzen Wortlaut: „Wir sind ausverkauft!" Nur in einer Buchhandlung entdeckte sie Interessantes, klassische Literatur, Romane von Jon Knittel und Gedichte von Richard Billinger. Bücher waren schon immer ihre Freunde gewesen, sie konnte nie genug davon kriegen und bedauerte, dass ihr weniges Taschengeld nicht ausreichte, um sich etwas Neues anzuschaffen. Während sie in Betrachtung versunken vor der Auslage stand, entdeckte sie im Spiegelbild der Glasscheibe neben sich ein Gesicht, das ihr bekannt vorkam und das sie anlachte. Sie drehte sich zur Seite und sah vor sich einen kleinen Soldaten.

„Ich werd' verrückt!" entfuhr es ihr. Entgeistert starrte sie auf ihren Bruder Othmar, der in voller Montur vor ihr stand und sie hochnäsig angrinste.

„Willst du mir erklären, was das bedeuten soll? Mama hat gestern auf dich gewartet, aber du bist nicht vom HJ-Dienst in Steyr heimgekommen. Und nun diese Maskerade. Wenn du mir nicht sofort sagst, was das soll, vergess' ich mich und haue dir eine herunter!"

Othmar grinste noch immer. „Das wirst du schön bleiben lassen! Damit du's weißt, ich bin kaserniert. Wir sind gestern per Auto an die Front gefahren und haben bei Rohrbach 16 Panzer der Amis abgeschossen!"

„Du hast Panzer abgeschossen? Sag sofort, dass das nicht wahr ist. Und jetzt zieh diesen blöden Uniformrock aus und komm mit mir nach Hause!"

„Ich sage gar nichts! Aber mich zum Desertieren überreden, das solltest du dir gut überlegen. Ich bin Soldat, und morgen fahren wir ins Salzkammergut, dort werden wir mit den Amerikanern aufräumen!"

Gustl war erschüttert. „Othmar, ich bitte dich, lass diesen Blödsinn und komm mit mir. Wenn dir im allerletzten Moment etwas passiert, ich könnte mir das nie verzeihen. Sei vernünftig und komm, wir fahren jetzt nach Pichlern." Ihre Knie zitterten plötzlich, sie wusste sich einfach nicht mehr auszudrücken, am liebsten hätte sie losgeheult. Aber hier am Stadtplatz, wie sah das aus?

„Sag der Mama und dem Papa, wo ich bin. Entweder in Gmunden oder in Bad Ischl, vielleicht auch in Gosau! Ich kann es nicht genau sagen."

„Othmar, mach doch keine solchen Geschichten!" flehte sie. „Der Krieg ist aus, Hitler hat verloren, er hat sich umgebracht!"

„Ich will davon nichts hören!" sagte Othmar energisch. Dann deutete er auf sein Koppelschloss „‚Gott mit uns' steht darauf. Kannst du das lesen? Ich glaube felsenfest daran!"

Als er sich nach diesen Worten umdrehte und fortging, schrie sie: „Komm sofort zurück."

Ein Kommando, auf das der kleine Soldat nicht hörte. Ein paar Schritte von ihm und er verschwand im Zugang zur Mayrstiege, die hinauf zur Promenade führte. Gustl war zu bepackt, um ihm folgen zu können. „Himmel!" schluchzte sie. „Mach ein Wunder, damit der Bub zur Besinnung kommt!" Sie musste heim, aber wie sollte sie es den Eltern sagen. Sie war so konfus, dass sie immer wieder mit Passanten zusammenstieß. „Entschuldigung! Pardon!" bat sie jedesmal und merkte, dass ihr Tränen über die Wangen liefen. Wie hatte es in der letzten Meldung geheißen: „Die Amerikaner sind morgen bei uns!" Beim Frühstück hatte sie mit Lo noch den Freiheitssender gehört. Er forderte von der Bevölkerung: „Leistet keinen Widerstand!" Gauleiter Eigruber tobte gegen diese „bezahlten Elemente" und kündigte Verhaftungen an. Gleichzeitig aber riet er: „Flüchtet nicht, weicht den Kampfhandlungen nur aus und fallt den Feinden in den Rücken!"

Als sie in Pichlern ankam, war sie noch immer wie benommen. Während sie sonst meistens die jüngeren Geschwister vor dem Haus vorfand, traf sie unerwarteterweise am heutigen Tag zuerst mit dem Vater zusammen. Sie ließ ihre Pakete fallen, rannte auf ihn zu und fiel ihm um den Hals.

„Papa! Es tut mir so leid!"

Franz Dirisamer wollte sich ursprünglich gegen ihre Umarmung wehren, merkte aber sofort, in welch innerlicher Not sie war, und so drückte er sie an sich und küsste ihr Haar!

„Ich habe eine schreckliche Nachricht! Stell dir vor, Othmar hat den Verstand verloren, er dreht total durch." Und sie berichtete von ihrer Begegnung mit ihm auf dem Steyrer-Stadtplatz und von dem, was er gesagt und wie er sich benommen hatte.

„Das darf Mama auf keinen Fall hören. Wenn wir ihr das erzählen, bringen wir sie um. Sie ist nicht mehr belastbar, ihre Nerven und ihr Herz! Gustl, in diesem Fall hilft nur mehr eine Ausrede, sagen wir, dass Othmar bei der Hitlerjugend kaserniert ist und Sportübungen betreibt. Und jetzt sei stark!"

Diese Aufforderung kam nicht zu früh, denn noch bevor sie das Gespräch so richtig beendet hatten, kam Mama mit Heinz von oben herunter. Sie hatte eine Gießkanne bei sich, und Heinz schleppte einen Rechen und eine Schaufel. Von Gustl nahm sie kaum Notiz, zu ihrem Mann aber sagte sie: „Es ist der Schnaps!"

„Glaubst du, dass es wirklich notwendig ist?"

Resi nickte. „Außerdem muss ich die Gemüsebeete richten!" sagte sie. „Der Bauer hat schon seine Erdäpfel eingelegt, ich aber habe nichts, was ich anbauen könnte, mir fehlen die Saatkartoffeln."

„Wie viel Kilo würdest du brauchen?"

„Wenn ich die Knollen halbiere und viertle, mindestens zwanzig Kilo, besser wären dreißig. Was momentan noch vorhanden ist, brauchen wir fürs Essen. Ich fürchte, ich kriege diesmal auch vom Bauern nichts. Wenn aber nicht bald Hilfe kommt, haben wir im Herbst keine Ernte!"

Sie gab Heinz ein Zeichen. „Komm jetzt!" und beide gingen hinüber bis zum Bienenhaus von Steinmaßl, in dessen Nähe ihr der Bauer Schraberger ein kleines Feld geackert hatte. Sie stellte die Gießkanne ab. Dann fragte sie Heinz: „Ist jemand zu sehen?" Und als dieser kurz umblickte und mit „Nein!" antwortete, drängte sie: „Schau genau herum, niemand darf entdecken, was wir machen!"

Heinz folgte und sah jetzt aufmerksamer um sich. Er bemerkte auch diesmal niemanden in der Nähe. „Nur ein paar Hasen springen herum", sagte er.

Nun nahm Resi die Schaufel und machte im weichen Ackerboden ein tiefes Loch. Dann holte sie die in der Gießkanne versteckten Spirituosen hervor und grub sie ein. Zwei Flaschen Korn, eine Flasche Kirsch und einige kleinere Flaschen Zwetschkernen. Alles Vorräte, die sie noch von Steyr hatte und die sie vorwiegend zum Ansetzen von Kräutertinkturen und Einreibungen verwendete. Sie hatte Angst vor betrunkenen Soldaten und vor Plünderern, feinfühlig ortete sie, wo wirkliche Gefahr für sie und ihre Familie bestand. Alkohol, das war ein Teufel, der die Leute zu Abwegigkeiten verleitete und sie zu Bestien werden ließ. Da war sie eindeutig realistischer als ihr Mann. Und deshalb räumte sie die Flaschen aus der Wohnung.

Ganz anders verhielt sich Franz Dirisamer, der die Gefahr eher in Büchern und anderen schriftstellerischen Werken sah. Er begann seine Bibliothek zu räumen und abends Sachen zu verbrennen. Die Kinder begriffen nicht, warum er die Bücher aus den Regalen nahm, sie zerriss und in den Eisenofen steckte und anzündete. Besonders toll gebärdete sich Gustl, in deren Denken Literatur den obersten Stellenwert einnahm.

„So harmlose Bücher verbrennst du!" schrie sie und erregte Franz Dirisamer immer mehr. Den ganzen Tag suchte er in der Wohnung herum, und wenn er seine Arbeit schon für getan glaubte, fand er wieder etwas Verdächtiges. Damit heizte er den Ofen bis Mitternacht. Auch die Volks-und Hauptschulbücher der Kinder wurden vernichtet und die Seiten mit Hitler- und Soldatenabbildungen herausgerissen. Er fieberte vor Sorge, und niemand begriff ihn, alle waren gegen ihn eingestellt. War das eine Aufregung!

In diesem Durcheinander vermisste niemand die Buben Heinz und Robert, die bei Anbruch der Nacht in den Heustadel und von dort aus dem Haus geschlüpft waren. Nach langer Zeit waren sie wieder einmal gemeinsam unterwegs, jeder mit einem Sack versehen, mit dem sie über die Felder bis zum Waldrand liefen. Hier hatte der Bauer vor zwei Tagen Erdäpfel eingelegt, und hier begannen die beiden, sobald sie sich orientiert hatten, mit bloßen Händen in der Erde zu graben. Wie ihnen die Erdäpfel in die Finger kamen, so warfen sie diese in die Säcke. Und als sie diese kaum noch heben und tragen konnten, banden sie die Öffnung zu, warfen die Last über ihre hageren Schultern und schleppten sie zurück zum Bauernhaus. Sie lockerten das Holzbrett und krochen zurück ins Heu, wo sie bei vollkommener Dunkelheit ihre Beute in eine schnell gemachte Grube versenkten und gleich wieder bedeckten. Ihre Arbeit war vorläufig getan. Am nächsten Tag wollten sie die Erdäpfel im Acker der Mutter einscharren.

Bevor sie in die Wohnung gingen, wuschen sie sich im Hofbrunnen die Hände und Füße. Sie erinnerten sich nur zu genau, wie ihnen der Vater in Hofkirchen auf ihre Schliche gekommen war. Als sie oben erschienen, blickte sie Gustl streng an.

„Na, ihr beiden? Habt ihr etwas angestellt?"

„Nichts, gar nichts!"

„Wer ‚gar nichts' sagt, der lügt. Ich möchte wetten, ihr seid schlimm gewesen!"

Franz Dirisamer, der an diesem Abend auf seine älteste Tochter nicht gut zu sprechen war, mahnte sie: „Lass die beiden in Ruhe! Immer hakst du auf den Kleinen herum. Den ganzen Tag über kümmerst du dich nicht um sie, am Abend aber willst du Rechenschaft verlangen und sie erziehen!"

Gustl kreischte auf. „Ich mache, weiß Gott, genug für diese Familie. Wer besorgt denn die ganzen Rennereien? Wenn du jemanden mahnen und tadeln willst, dann tu das bei Nadja und Lisl, die liegen den ganzen Tag nur faul herum."

Wie der berüchtigte Funken im Pulverfass, so wirkte ihr Geschrei auf die beiden Schwestern, die nun ihrerseits über Gustl herfielen und dabei aufzählten, was sie selber den ganzen Tag geleistet hatten. Zuletzt bemerkte Lisl trocken:

„Du bist ja nur deshalb so oft in Steyr, weil du hoffst, dass dir dort ein Mann über den Weg läuft!"

Robert und Heinz saßen ruhig in ihrer Spielecke und beobachteten die Szenerie, die eine perfekte Aufführung eines Schreitheaters war. Gegen diese Furien waren die Eltern machtlos. Einzeln war jede von den dreien ein hübsches, wohlerzogenes Geschöpf, wenn sie aber gegeneinander loslegten, brodelten ihre unbefriedigten Temperamente ungezügelt auf, da waren sie in den Augen von Robert und Heinz Bestien, kreischende Katzen.

Am nächsten Morgen waren die Wogen wieder vollkommen geglättet. So, als wäre nichts geschehen, trällerte Elisabeth schon beim Frühstück einige Schlager, Nadja sang dazu die zweite Stimme, und Gustl trank ungesüßten Malzkaffee, las dabei in einem wissenschaftlichen Buch und schob ihr Stück Zucker Heinz zu.

„Du hast schon lange nicht mehr gesungen. Hast du wieder deine Stimme verloren?"

„Nein, das hab' ich nicht, aber das Singen freut mich momentan nicht. Weißt du, Gustl, ich hab' ja solchen Kummer!"

Gustl betrachtete den Kleinen. „Hat dir jemand etwas getan?"

„Das nicht, aber auf der Wallerner Straße ist beim Wald das Franzosenkreuz umgestürzt. Das bringt schreckliches Unglück, sagen die Leute. Ich hab's dem Bauern und dem Großen Jan erzählt, aber die haben keine Zeit, es zu richten, die haben andere Sorgen. Könntest du mit dem Bürgermeister in Sierning reden, vielleicht kann der es in Ordnung bringen?"

„Das glaube ich nicht. Wenn das so weitergeht, werden sich bald andere Leute um solche Sachen kümmern müssen. Nach dem, was ich im Radio gehört habe, können die Amerikaner jederzeit bei uns sein."

Das Franzosenkreuz war ein Grabkreuz, das an einen Soldaten Napoleons erinnerte. Wahrscheinlich war der Holzsteher abgefault, und deshalb war das Kreuz gestürzt. Gustl hatte es bei ihrem letzten Sonntagsspaziergang noch unversehrt gesehen, deshalb wunderte sie sich. „Wann bist du denn beim Franzosenkreuz gewesen?“ fragte sie.

„Gestern in der Nacht!“

„Habe ich es doch geahnt! Was habt ihr denn dort gemacht?“

„Wirst du mich verraten?“

„Wenn es nichts Böses ist, dann verrate ich dich nicht!“

„Ist Erdäpfelstehlen etwas Böses?“

„Stehlen ist immer böse. Also sag schon, was war es?“

„Nur wenn du mich nicht verrätst!“

„Na, meinetwegen!“

Heinz näherte sich ihrem Ohr, er wisperte.

„Ich verstehe kein Wort. Sprich lauter!“

„Niemand darf hören, was ich dir beichte!“

„Ja! Aber wie kann jemand etwas hören, wenn du kaum den Mund aufmachst und nicht einmal ich dich verstehe!“

„Wir haben beim Schraberger seinem Feld Erdäpfel ausgeräumt. Zwei ganze Säcke, damit Mama für ihren Acker etwas hat. Und wie ich mich in der Dunkelheit beim Franzosenkreuz angelehnt habe, hat es einen Kracher gemacht, fast hätte es mich erschlagen. Ich glaube, jetzt liegt ein Fluch auf mir, weil das Kreuz umgestürzt ist.“

„Das brauchst du dir nicht einreden. Das wäre nur der Fall, wenn du das Kreuz mit Absicht umgeworfen hättest. Aber was seid ihr doch für zwei Lausbuben! Und jetzt sag mir, was ihr mit den Erdäpfeln machen wollt?“

„Wir werden die Erdäpfel eingraben, damit sie wachsen können und wir im Herbst etwas zu essen haben!“

„Wird das gehen, oder braucht ihr meine Hilfe?“ fragte Gustl.

„Schön wäre es schon, wenn du uns helfen könntest. Angst vor Entdeckung brauchen wir keine haben, denn die Bäuerin ist sowieso nur mehr im Haus. Sie muss aufpassen, dass ihr die Soldaten nicht das Geselchte und die Eier stehlen. Und der Bauer sitzt ständig hinter dem Ofen. Der Banater Szepesi arbeitet meist allein mit den Pferden auf dem Feld. Aber der tut mir nichts!"

Gustl war schnell entschlossen. „Ich gehe mit einer Haue voraus und ihr bringt mir heimlich die beiden Säcke. Ja?"

So kam es, dass bis zum Nachmittag fast die ganze Fläche von Resis Acker angebaut war. Gustl hatte tiefe Rinnen gemacht, die Saaterdäpfel, die teilweise schon antrieben, in Reihen gesetzt und darüber die Erde kegelförmig angehäufelt.

Als Resi etwas später hinausging, um Zwiebel zu stecken, sah sie, was geschehen war. Das konnte nur der Bauer gemacht haben. „Ist doch ein guter Kerl, der Schraberger", dachte sie bei sich. Und als sie ihn abends im Hof erblickte, ging sie zu ihm. „Ich danke dir, der Herrgott wird's vergelten!" sagte sie freundlich und hielt ihm die Hand hin. Der Bauer gab ihr ebenfalls die Hand und drückte sie, fand aber für ihr Verhalten keine Erklärung. „Vielleicht hat meine Frau etwas ermöglicht", dachte er. Und wie es so seine einfache Art war, sagte er in seiner Verlegenheit: „Ist ja nicht der Rede wert!"

„Trotzdem, danke!"

Sie verabschiedete sich und ging auf der betonierten Seite des Hofes in den Vorraum, wo die beiden Türen sowohl nach vorne zur Straße, als auch heraus in den Hof weit offen standen. So sehr die Bäuerin auch die Hände rang, es half nichts, in ihrem Bauernhaus herrschte ein Kommen und ein Gehen, ein Aufstellen und ein Abbrechen von Schlafstätten, wie sie es in ihren schlimmsten Befürchtungen nicht für möglich gehalten hätte. Im Heustadl und auf den Gängen wimmelte es von Soldaten, vor dem Haus wurden Zelte aufgebaut, benützt und dann einfach stehen gelassen. Darin krochen dann die Kinder herum und spielten Indianer.

Als Resi in der Wohnung ankam, atmete sie erleichtert auf und war froh, dass sie wieder in ihren vier Wänden war. „Ich glaube", sagte sie zu allen, die beisammen saßen, „es ist gut, wenn wir nicht mehr zuviel hinuntergehen. So viele Soldaten! Wenn jetzt die Amerikaner anrücken, muss es ja zu Kämpfen kommen. Oder werden sich die alle ergeben und überlaufen?"

„Morgen sind die Ami bestimmt da!" sagte Gustl.

Franz Dirisamer nickte, war aber trotzdem betroffen. Er konnte sich diese Wende noch gar nicht richtig vorstellen. Zu lange hatten die Nationalsozialisten diktiert.

Resi merkte seine Sorgen. „Papa, dann haben wir endlich wieder einen Schutz und müssen uns nicht mehr fürchten, dass bei jedem Klopfen an der Tür einer von der Gestapo daherkommt und dich verhaften will. Dann ist unsere Unsicherheit zu Ende, Gott sei Dank!" Und in einem weiteren Satz sagte sie: „Wenn nur der Othmar da wäre, da wäre mir gleich viel leichter!"

„Er wird schon kommen, Mama, ewig kann er ja nicht in Steyr bleiben", meinte Gustl und versuchte damit, ihr schlechtes Gewissen zu erleichtern. Und dann sagte sie ganz offen: „Ich habe Angst um Hugo, den haben sie wahrscheinlich in den ärgsten Kampf geschickt!"

Resi antwortete nichts und schlich mit nassen Augen hinter die Kästen. Als sie wieder hervorkam, hatte sie sich mit einem Taschentuch die Augen bereits trocken gewischt.

„Wenn nur der Große Jan keinen Hund drein macht!" begann Franz Dirisamer erneut mit seinen Sorgen. „Der Serbe Schicho fürchtet die beiden Polen. Sie wurden bald nach ihrer Ankunft hier von den Gendarmen windelweich geschlagen, weil sie den Bauersleuten zu wenig arbeiteten. Damals haben sie Rache geschworen. Sie wollen den Bauer erschießen und der Bäuerin die Kehle durchschneiden!"

„Da muss sie ja verbluten!" meinte Heinz entsetzt und erschrocken.

Resi zog ihn an sich. „Musst dich nicht fürchten, die beiden sind friedlich, die schauen nur so gefährlich aus. Wenn du fest zum Himmelvater betest, wird alles recht werden!"

Spät am Abend quartierte sich eine Schar deutscher Offiziere von einem Lehrgang aus Goslar ein. Verstaubt und todmüde waren sie angekommen. Es war jetzt nur mehr die große Bauernstube frei. Ohne viel zu fragen, breiteten sie ihre Sachen aus und legten sich auf den Boden. Franz Dirisamer war wegen des Lärms nachschauen gegangen.

„Soldaten sind es wieder, arme Hunde, ganz fertig. Sie haben seit Tagen nicht mehr geschlafen. Ein verdammt weiter Weg ist es von Goslar."

Resi blickte ihn traurig an. „Sind wohl auch so junge Burschen wie Hugo darunter!" meinte sie. Später ging sie mit einem Topf zu ihnen. Als sie zurückkam, klagte sie: „Da waren einige, die sind nur mehr Haut und Knochen, die haben sich gefreut und sich über das Grießkoch gestürzt."

Bis die Kinder versorgt und im Bett waren, wurde es spät. Franz Dirisamer drehte das Licht ab, hörte noch einige Seufzer, Gekicher und schließlich tiefe Atemzüge. Er sprach sein Gebet. Und dann schlief er mit seiner Familie der Freiheit entgegen.

XXVIII.

Am 5. Mai 1945 erwachte Franz Dirisamer mit dem ersten Schimmer des Tages. Da es seit Wochen keinen Fliegeralarm gegeben hatte, gebrauchten sie die Verdunklungsrollos nicht mehr, und deshalb konnte sich das Morgenlicht im Zimmer ungehindert ausbreiten. Eine Amsel hatte ihn geweckt, ihr wohltuender Gesang kam mit einem leichten Luftzug durch das geöffnete Fenster. „Düulo-i-dü-li!" Dirisamer versuchte Worte in diese liebliche Stimme zu binden und kam zu dem Satz: „Komm, steh auf, es ist Zeit!" Aber es war erst sechs Uhr, also noch zu früh.

Die Sorge um Othmar war sein letztes Gespräch mit Resi gewesen, und Traumbilder, in denen die Gedanken an den Buben in den verschiedensten Formen und Variationen wiederkehrten, hatten seine Nachtruhe empfindlich gestört. Auch jetzt dachte er gleich wieder an Othmar. Der Schlaf war fort und wollte auch anfänglich nicht mehr wiederkommen. Er begann den Rosenkranz zu beten, aber schon beim ersten Gesetzchen war er eingenickt und erst um sieben Uhr wieder erwacht. Für ihn gerade die richtige Zeit.

Eine Stunde darauf war er unterwegs nach Sierning. Auch an diesem Samstag wollte er zum Kaufhaus Schönleitner, um dort einiges an Lebensmitteln zu ergattern. Seine ehemalige Schülerin Hilde arbeitete seit einem Jahr im Geschäft ihres Vaters, sie hatte das Mädchenhafte der 4. Klasse abgelegt und war jetzt zu einer natürlichen, frischen, jungen Frau herangereift. Von ihr bekam er auch ohne Lebensmittelmarken immer etwas zugesteckt, wichtige Grundnahrungsmittel wie Mehl und Zucker, und dabei verplauderte er sich oft mit ihr. Sie schwärmte noch von der Schule und der damaligen, unbeschwerten Zeit, erzählte ihm aber auch private Erlebnisse. Im Herbst 1944 hatte sie ihm traurig mitgeteilt, dass ihr Ziehbruder in Schlesien einer Verwundung erlegen und am Annaberg begraben worden war.

Es war ein schönes Wandern an diesem Tag, kein Lüftchen rührte sich, und die Sonne wärmte bereits am frühen Morgen.

Er beobachtete, wie Lerchen trillernd in den Himmel stiegen und sich am Scheitelpunkt ihres Jubelfluges lautlos fallen ließen. Die Saaten grünten, und die Wiesen waren angestreut mit bunten Blumen. Pichlern lag fast versteckt zwischen den blühenden Bäumen. Unbekümmert darüber, welches Schicksal an diesem Tag den Menschen zuteil werden sollte, zeigte das herrliche Land, dass es wie im tiefsten Frieden seinen ewigen Gesetzen folgte.

Auf halbem Weg sah er jemanden daherkommen. Zunächst hielt er es für eine Täuschung, aber je mehr sich der Wanderer näherte, um so sicherer wurde es, Othmar kam ihm gutgelaunt entgegen. Also waren seine Gebete schneller erhört worden, als er es sich hatte erhoffen können. Überglücklich liefen sie sich die letzte, kurze Strecke entgegen. Er umarmte seinen Sohn, presste ihn an sich und fragte erregt: „Wo kommst du her? Was ist geschehen?" Und dann: „Wir haben uns solche Sorgen gemacht!"

Das Gesicht von Othmar, das bei der Begegnung ebenfalls gestrahlt hatte, verdüsterte sich. Ein Schatten von Unmut zeigte sich in ihm. „Mit diesen Leuten kann man keinen Krieg gewinnen. Stell' dir vor, Papa, wir sind mit einem HJ-Auto nach Ebensee gefahren und wollten uns zum Kampf stellen. Da haben einige alte Knacker vom Volkssturm zu uns gesagt: ‚Verschwindet, sonst hauen wir euch den Arsch aus, ihr dummen Rotzer!' Kannst dir denken, wie empört ich da gewesen bin. Dann haben sie einen von meinen Kameraden, der sich diese Sprüche nicht gefallen ließ, genommen und ihm das Gesicht mit Dreck beschmiert. Gewiehert haben sie vor Lachen. ‚Da habt ihr eure Kriegsbemalung, ihr Helden!' haben sie gesagt. Wir haben natürlich kehrtgemacht, denn wir lassen uns nicht verspotten. Und da wir noch unser Auto hatten, sind wir in aller Früh zurück nach Steyr gefahren. In Sierning haben sie mich aussteigen lassen."

Nach einer kleinen Schmerzpause sagte er noch abschließend: „Für Hitler rühr ich keinen Finger mehr. Die deutschen Soldaten sind bei mir unten durch!"

Wie erleichtert war Franz Dirisamer. Gott sei Dank gab es noch gewissenhafte Männer, die diese halben Kinder nicht im Feuersturm des Krieges verheizen lassen wollten. Für Othmar fand er schnell ein erleichterndes Wort.

„Für Hitler brauchst du wirklich nichts mehr tun! Aber für Mama und deine Geschwister, beweg' deine Beine und lauf heim, so schnell du kannst, die warten schon alle auf dich!"

Es war mehr als eine Riesensorge, die ihm mit dieser Begegnung von den Schultern genommen worden war. Befreit und erleichtert wohnte er in Sierning der Eucharistiefeier bei und dankte dem Heiland für seine Hilfe. Nie war sie ihm so bewusst geworden wie zu dieser Stunde. Erstaunt bemerkte er, wie viele Besucher zur Morgenmesse gekommen waren, mehr als drei Viertel der Kirche war voll. Als er nach dem Gottesdienst auf den Platz hinaustrat, standen auch da viele Leute herum. Sofort verspürte er die eigenartige Spannung in der Menge. Typischerweise war es ein Lehrer, nämlich der Kollege Zimmermann, der ihn zuerst entdeckte.

„Die Amerikaner sind schon ganz nahe", verriet er ihm, „sie müssen schon durch Bad Hall sein."

Kurz nach Zimmermann kam auch Bürgermeister Eder mit dem Volkssturmkommandanten Weinhuber daher. Sie begrüßten einander und die beiden stellten sich zu ihnen.

„Die Telefonleitungen nach Kremsmünster und Bad Hall sind bereits unterbrochen. Die Feinde müssen also schon dort sein!"

„Die Befreier!" korrigierte Dirisamer den Bürgermeister.

„Für Sie, Herr Fachlehrer, aber für mich noch immer die Feinde. Was Sierning betrifft, Dirisamer, wir wollen keine Vernichtung unseres Heimatortes! Ich habe Ihnen vor ein paar Tagen versprochen, dass die Panzerfallen offen bleiben, und so wird es auch geschehen. Wir müssen nur noch den Ortsgruppenleiter herumkriegen, denn der will noch kämpfen!"

Die Panzersperren waren nichts anderes als eine Gruppe von starken Bäumen, die auf allen Zufahrtsstraßen zum Ort gefällt und über die Fahrbahn geworfen werden sollten.

„Haben Sie keine weiße Fahne? Ich würde sie auf den Turm tragen. Dann wissen die Amerikaner, woran sie sind!"

Bürgermeister Eder sah ihn entgeistert an. „Eine weiße Fahne? Kapitulation? Das ist doch absurd. Wir dürfen nicht aufgeben, wir müssen im Untergrund weiterkämpfen."

„Vielleicht tut es auch eine rot-weiß-rote Österreichfahne!" mischte sich Zimmermann ein. „Ich glaube, auf dem Dachboden der Hauptschule liegt eine, ich will gleich nachsehen."

Bürgermeister Eder blickte nachdenklich hinter ihm her. Sein eckiges, volles Gesicht mit der Metallbrille wirkte ernst, dunkel, ohne Freude. Plötzlich änderte er seinen Tonfall. „Oder ist doch alles sinnlos? Dann wäre es Zeit, dass wir voneinander Abschied nehmen, Herr Fachlehrer! Wenn wir Nationalsozialisten nichts mehr zu sagen haben, dann ist wieder Ihre Gesinnung gefragt. Sie haben sich übrigens wacker geschlagen. Ich weiß nicht, ob ich das an Ihrer Stelle gekonnt hätte und ob ich so viel Ungerechtigkeit ertragen hätte können. In der Zukunft braucht das Land Männer wie Sie, Herr Fachlehrer, aufrechte Männer, die einen starken Glauben haben. Hätten wir in unserer Partei mehr Menschen Ihres Schlages gehabt, es wäre uns viel erspart geblieben. Leben Sie wohl! Ich hoffe, Sie tragen mir nichts nach!"

Dirisamer war viel zu erregt, um diesem Gespräch seine volle Aufmerksamkeit zu schenken. Nachdem er sich von den beiden Männern getrennt hatte, wanderte er hinauf bis zur Schule, dann bis zum Forsthof und gleich wieder zurück bis in die Steyrerstraße und bis zur Bahnübersetzung. Dann kehrte er um. Wo waren nur diese verteufelten Amerikaner? Warum ließen sie sich so viel Zeit?

Als er in der Höhe der Kapelle beim Bäcker Stadlinger war, bogen vom Dorfplatz her Panzer und Autos in die Straße ein. Waren das die letzten Reserven der deutschen Wehrmacht, die sich hier zurückzogen? Trotz des aufgewirbelten Staubes konnte er einige Fahrer erkennen. Als die Spitze des Konvois heran war, hielt der erste Panzer, und ein Soldat, der sich an einem Eisengriff festhielt, hob die freie Hand, deutete nach vorne und schrie: „Steyr?"

Dirisamer brüllte zurück. Der Lärm der Motoren übertönte ihn beinahe. „Ja, immer gerade aus! Da können Sie gar nicht fehlfahren!“

Der Soldat lachte ihm ins Gesicht: „Not understand!“

Und dann rauschten und lärmten sie an ihm vorüber, Panzer um Panzer, alle mit dem weißen Stern der Amerikaner versehen, stählerne Ungetüme von riesiger Größe, wendig und schnell. Nach den Panzern kam eine endlose Kolonne von kleinen, bulligen Fahrzeugen mit dicken Reifen, aufgesetzten Maschinengewehren und langen Antennen, alle besetzt mit vier oder fünf Soldaten, die ihre Stahlhelme locker auf dem Kopf trugen und kurze, zierliche Gewehre auf den Oberschenkeln liegen hatten. Eierhandgranaten hingen an ihren Gürteln. Unter den Soldaten entdeckte Dirisamer viele Neger, wenn sie lachten, sah er ihre blendend weißen Zähne, er staunte und konnte es nicht fassen: Die Amerikaner waren da!

Einen solchen Militärkonvoi hatte er noch nie in seinem Leben gesehen. Laster folgten, Plachenwagen, die meisten hatten Anhänger und waren mit Soldaten vollgepfercht. Und überall der weiße Stern der Freiheit: an den Stahlhelmen, den Uniformen und den Fahrzeugen. Welcher Kontrast zu den kümmerlichen Holzvergasern der deutschen Truppen, wie sie in Pichlern und an den Straßenrändern überall herumstanden. Die Stärke und Übermacht dieser Armee war gigantisch, gegen diese Truppen hatten die demoralisierten Deutschen einfach keine Chance.

Dirisamer war mehr verwirrt als glücklich. Denn alles ging viel zu schnell, um ganz begriffen zu werden. Gestern, ach was, vor ein paar Tagen noch waren diese Leute so weit weg und doch so heiß herbeigesehnt worden. Und nun waren sie da – und schon wieder vorüber. Die letzten Fahrzeuge verschwanden in der nächsten Straßenbiegung, er schaute ihnen nach, so lange sie noch zu sehen waren.

Der Dorfplatz war überschwemmt von Leuten, alles, was laufen konnte, war aus den Häusern gekommen, um zu staunen und dann mit anderen darüber zu reden, was ein jeder beobachtet hatte. Im Wirbel der Leute traf Dirisamer noch einmal auf Bürgermeister Eder. „Gelt, Herr Fachlehrer, ich habe mein Wort gehalten?"

Dirisamer reichte ihm die Hand und bedankte sich.

„Jetzt ist alles vorüber! Gott sei Dank! Herr Bürgermeister, wir müssen zusammenhalten und ein neues Österreich schaffen, nicht jenes der dreißiger Jahre, sondern eines der Freiheit und der Toleranz!"

Das Gesicht von Eder war heller geworden, er widersprach ihm nicht, sagte nur: „Hoffentlich!", und reichte ihm noch einmal die Hand. Er deutete mit dem Zeigefinger nach oben. „Haben Sie's schon gesehen, Herr Fachlehrer?" Aus der Luke über der Kirchenuhr flatterte zaghaft eine rot-weiß-rote Fahne im Wind.

Erst jetzt, da er sich von Bürgermeister Eder verabschiedet hatte, spürte er so etwas wie Glück. Für ihn kam die Freiheit nicht wie ein erfrischender Wolkenbruch, sondern wie feiner, zaghafter Regen, der die geknickte Pflanze nicht sofort, sondern erst nach und nach aufrichten sollte. Jetzt wollte er zunächst einmal heim und sehen, was sich in Pichlern getan hatte.

Im Hause Schraberger empfing ihn große Aufregung. Die Bäuerin jammerte, und der Bauer stand wie versteinert neben ihr. Man hätte glauben können, der Schlag habe ihn gestreift. Trotzdem war er es, der sich an Dirisamer wandte.

„Herr Fachlehrer, Sie müssen etwas tun! Diese Verbrecher wollen uns zugrunde richten, sie wollen auf die Ami-Panzer schießen!"

„Ja, wer denn?"

„Die Goslaer!" schluchzte die Bäuerin.

Jetzt erinnerte sich Dirisamer, dass er bei der Kreuzstiege einen Hauptmann mit Panzerfäusten unterm Arm angetroffen hatte und dass am Weg zum Distelgut mehrere schwer bewaffnete Offiziere bei einer Hütte gestanden waren.

„Papa", sagte Resi, die ebenfalls in der Küche neben den Bauersleuten stand, „vor einer halben Stunde ist der invalide Steinmaßl bei den Soldaten gewesen. Wo du die Verteidigungsgräben gebaut hast, liegen sie alle in den Löchern und warten auf die Panzer. Steinmaßl ist mit seiner Krücke hinausgehumpelt und hat ihnen seine Verstümmelungen gezeigt. ‚Das erwartet euch, wenn ihr herumschießt!' hat er sie angefleht. ‚Das oder gar der Tod! Und nicht nur euch, sondern uns alle, die Frauen, die Kinder und die vielen Flüchtlinge im Ort!' Ausgelacht haben sie ihn. Und einer hat ihn aufgefordert: ‚Komm herein in den Graben! Man kann auch noch mit einer Hand schießen!' So schaut es aus", schloss Resi, „wahrscheinlich müssen wir uns wieder im Keller verkriechen!"

„In Sierning sind die Amerikaner schon durchgefahren. So eine Übermacht! Da können die paar armen Wichte gar nichts ausrichten. Das muss ihnen doch klar sein!"

„Nichts ist diesen Teufeln klar! Die wollen nur morden und schießen, auch wenn sie selber draufgehen, es ist ihnen egal!" Die Schrabergerin, sonst immer ein Bollwerk gegen jeden Feind ihres Hauses, jammerte lautstark und verzweifelt. Gerade das aber richtete den Bauern auf. Entschlossen fragte er: „Gehen Sie mit, Herr Fachlehrer?"

„Ja, wir müssen es versuchen! Kommen Sie!"

Schon waren auch die Kinder durch die Tür entwischt. Robert und Heinz allen voran. Dahinter folgten zaghaft die Frauen. Heinz stellte sich wichtigtuerisch vor den ersten Schützengraben, den ersten Soldaten.

„Herr General, mein Vater will Ihnen was sagen!"

Der einfache Soldat wunderte sich über die ungewohnte Titulierung, verstand aber keinen Spaß.

„Verzieh dich! Und dein Vater kann auch gleich wieder verschwinden!"

Franz Dirisamer war mit dem Bauern Schraberger bereits am Rande des Plateaus angekommen. Unter ihnen verlief die Straße nach Steyr, und vor sich sahen sie den gleichnamigen Fluss und die Brücke, die nach Aschach hinüberführte.

„Wer hat das Kommando?" fragte er den einfachen Soldaten. Es bedurfte keiner Antwort, denn aus einem der Gräben stiegen zwei Offiziere und kamen von links her auf ihn zu.

„Die Amerikaner sind bereits durch Sierning und dürften schon in Steyr sein. Wenn Sie die Riesenfahrzeuge und Kolonnen gesehen hätten, dann wüssten Sie, dass es unsinnig und zwecklos ist, wenn Sie weiterkämpfen. Denken Sie doch an Ihr Leben, denken Sie an Ihre Familien, an Ihre Mütter und Väter, Ihre Kinder!"

Die beiden schauten ihn von oben herab an und schwiegen, sie waren nervös, Zigaretten qualmten zwischen ihren Fingern. An ihren verbissenen Gesichtern konnte Franz Dirisamer ablesen, dass seine Mission erfolglos bleiben würde. Es musste schon ein Wunder geschehen.

Da kam von Sierning her rein zufällig der Ortsgruppenleiter und mischte sich ins Gespräch. Er hatte dort die gewaltigen amerikanischen Kampfverbände erlebt, nun wollte er sich in Pichlern umsehen.

„Als Ortsgruppenleiter ersuche ich Sie, von jedem weiteren Widerstand abzulassen!" Er betonte das „Ersuche ich Sie" fest und deutlich, es klang bereits wie ein „Befehle ich Ihnen!"

Ein junger Leutnant erwiderte: „Ich verstehe nicht, wie Sie als Ortsgruppenleiter so sprechen können. Ich war HJ-Führer und kann schon deshalb so eine Einstellung überhaupt nicht begreifen. Hier, nehmen Sie dieses Gewehr und kämpfen Sie mit uns!" Er sagte es und fingerte gleichzeitig verdächtig mit seiner MP herum.

Die Situation war kritisch. Konnte er als Ortsgruppenleiter diese Aufforderung missachten und verweigern?

„Zuerst werde ich mich um die Zivilisten kümmern. Wenn Sie wirklich schießen, müssen die Leute unbedingt in die Keller. Kommen Sie!" sagte er zu Dirisamer und dem Bauern. Und als sie eine Strecke von den Soldaten entfernt waren, klagte er verbittert: „Es hat ja alles keinen Sinn mehr!"

Franz Dirisamer konnte sich mit dieser Beurteilung nicht abfinden. Immer wieder zog es ihn an den Rand des Plateaus. Bei einer Erlengruppe standen Offiziere und beobachteten die Straße. Von hier aus konnten sie weit in Richtung Steyr und Sierninghofen schauen.

Endlich, es war bereits Mittag vorüber, rollten auf der Steyrtalstraße Panzerfahrzeuge und Wägen der Amerikaner auf Pichlern zu. Einige schwenkten zur Steyrbrücke nach Aschach ab, andere hielten im Ort. Schwarze sprangen aus den Fahrzeugen und verteilten sich im Gelände. Jetzt wurde es gefährlich.

„Die Kinder", dachte Franz Dirisamer. Er schrie sich die Kehle heiser: „Robert! Heinz! Othmar!"

Die deutschen Offiziere liefen vom Erlengebüsch zur Hütte, von dort winkten sie Dirisamer herbei. Ein Hauptmann erklärte ihm resignierend: „Wir geben den Kampf auf, sie können also beruhigt sein und es den Leuten sagen!"

Dirisamer dankte ihm. „Ich würde an Ihrer Stelle die Waffen wegwerfen und mich zurückziehen!"

Da fuhr ihn der andere, ein junger Leutnant, an: „Von einem Zivilisten lassen wir uns nichts befehlen!"

„Von Befehlen kann keine Rede sein!" erwiderte er ihm ruhig. „Ich möchte Ihnen nur raten. Ich habe selbst zwei Söhne an der Front und würde ihnen in einer solchen Situation dasselbe sagen. Vom Feind ließe ich mir die Waffen nicht aus der Hand nehmen, anders ist es ehrenvoller!"

Nach einem kurzen Gruß ging er zurück zum Bauernhof. Er sah gerade noch, wie die Soldaten ihre Waffen in die Hütte und unter die Bretter warfen. Und dann sah er auch noch, wie hinter dem Bauernhof amerikanische Soldaten im Laufschritt und mit ihren kleinen Gewehren im Anschlag nach vor zum Rand des Plateaus stürmten. Die Deutschen, die ihre ganze Aufmerksamkeit auf die Gegenrichtung und die Steyrerstraße konzentrierten, bemerkten die Heranstürmenden erst im letzten Augenblick. Im Nu waren sie umstellt!

„Hands up!"

Die Kinder standen verstreut um die Bauernhöfe. Es fiel ihnen gar nicht ein, jetzt, da es so richtig spannend war, in die Häuser zu gehen. Sie gafften und staunten, wie die amerikanischen Soldaten die Deutschen aus den Löchern und Gräben holten, sie entwaffneten und zusammentrieben und wie jene sie mit erhobenen Händen und verkehrt zur Straße reihenweise an die Mauer der Stallungen des Lehnergutes stellten. Rufe hier und Schreie dort! Wenn einer der Gefangenen nicht augenblicklich gehorchte, wurde er angebrüllt und mit dem Gewehrkolben geschlagen.

Die Amerikaner sahen die Kinder, machten aber keine Anstalten, sie zu vertreiben. Da es keine Gegenwehr gab, waren das Gelände und die Stellung schnell genommen worden. Die Situation war bereinigt, es drohte keine Gefahr mehr.

Robert hatte sich voll Bewunderung an einen amerikanischen Soldaten herangepirscht, blickte ihn neugierig an, und als dieser endlich die Gegenwart des kleinen Mannes zur Kenntnis nahm, sagte Robert freundlich und ehrfürchtig: „Hau du yu du!"

„I am fine!" lachte der Soldat.

„Was hast du gefragt?" wollte Heinz wissen.

„Das hast du doch auch schon gelernt! Ich habe gefragt, wie es ihm geht? Und er hat geantwortet, dass es ihm fein geht!"

„Frag ihn noch etwas", bohrte Heinz.

„Wui ar frends!" führte Robert sein Gespräch weiter.

„Yes, we are, indeed!"

„Was war's diesmal?" wollte Heinz wissen.

„Ich habe gefragt, ob wir Freunde sind, und er war darüber mächtig stolz und hat gesagt, dass wir tatsächlich Freunde sind."

Heinz erschrak bis in die tiefste Seele. „Bist du verrückt? Du hast ihn in unsere Bande aufgenommen und wirst ihm auch noch den Stadel und unsere Höhlen zeigen. Weißt du denn nicht mehr, dass dort das ganze Waffenlager der Funksoldaten versteckt ist?"

Tatsächlich waren sie in den letzten Tagen emsig damit beschäftigt gewesen, das Waffenlager der Funker auszuräumen und die Beute an anderer Stelle im tiefen Heu zu vergraben. Niemand von den dort einquartierten Soldaten merkte etwas von diesem Transfer, sie hatten andere Sorgen, und das Waffendepot interessierte sie am allerwenigsten.

Nach dem erfolgreichen Sturmlauf war es bei den Amerikanern ruhig geworden. Sie standen beisammen und zündeten sich Zigaretten an. Der Rauch stieg langsam zu den Kindern und roch süßlich und angenehm.

„Glaubst du, dass er dir eine Zigarette gibt?“ wandte sich Heinz an den Bruder.

Robert versuchte es. „Du ju hef ä sigaret for mi?“

Der Soldat zog ein Päckchen aus seiner Tasche. Ein Kamel war darauf abgebildet.

„Cigarets for you? No, no!“ Er steckte es zur Enttäuschung von Robert wieder in die Tasche und holte aus dem anderen Hosensack ein grünliches Päckchen und reichte ihm ein in Silberpapier gewickeltes Plättchen. Robert sah es misstrauisch an. Da nahm der Soldat ein zweites Plättchen, öffnete es und steckte den Inhalt zwischen die Zähne.

„Chewing Gum! Do you understand?“ Vergnügt begann er zu kauen. Robert machte es ihm nach.

„Heinz, es schmeckt herrlich süß nach Pfefferminzzuckerl!“

„Mir auch eins!“ bettelte jetzt Heinz und faltete bittend die Hände.

„Of course!“ antwortete der Soldat und überreichte ihm ebenfalls ein Plättchen. Den Rest der Packung warf er unter die Kinder.

Es waren dies die Augenblicke, in denen die Buben Heinz und Robert ihre ersten Erfahrungen mit der amerikanischen Kultur und den außergewöhnlichen Sitten jenseits des Ozeans machten. Vor allem lernten sie den Kaugummi kennen.

Nachdem das Süße weg war, schluckten sie den Rest dessen, was vom Kaugummi im Mund verblieben war, hinunter. Der Soldat sah es, lachte hell auf und strich Robert freundlich über die strohblonden Haare.

XXIX.

Es begann damit, dass man die gefangenen deutschen Offiziere unter Bewachung in einer Reihe antreten ließ, ihnen zuerst alle Abzeichen und Orden und dann auch die Schulterstücke von der Uniform riss und in den Schmutz trat. Der junge Leutnant, der Dirisamer schon bei den Gesprächen am Verteidigungsgraben negativ aufgefallen war, machte auch diesmal durch sein widerspenstiges Benehmen auf sich aufmerksam. Als man ihm das EK1 abreißen wollte, stieß er den Amerikaner von sich und verdeckte mit der Faust die hohe Auszeichnung. Es half ihm aber nichts, zwei Soldaten packten seine Arme, drehten sie ihm auf den Rücken und anschließend vollzog man auch an ihm die Degradierung. Man sah an seinem Gesicht, wie ihn die Entehrung schmerzte, er streckte das Unterkiefer vor, biss die Zähne zusammen und schloss die Augen.

Nach den Offizieren wurden auch die einfachen Soldaten dieser Prozedur unterzogen. Alle Signale aus der Hitlerzeit wurden ihnen vom Rock gerissen, und wenn es nicht gleich funktionierte und schnell genug ging, zerfetzte man sogar ihre Uniformen.

Es war der helle Warnschrei eines Jungen, der die Soldaten aufmerksam machte. Unbeachtet von den Wachen hatte sich der junge Leutnant an einen Amerikaner herangepirscht, ihm eine Eierhandgranate vom Leibriemen gerissen, den Zündring gezogen und das gefährliche Ding in eine Gruppe von beisammenstehenden, plaudernden Soldaten geschleudert. Othmar hatte ihn beobachtet und „Vorsicht!" geschrien, dann war er dem runden Ding nachgesprungen, und ehe es noch den Boden berührte, hatte er es mit einem Fußtritt über die Böschung hinunter auf die Straße befördert. Augenblicklich warfen sich die Amerikaner ins Gras. Ein heftiger Knall, Rauch, und dann landete etwas Dreck bei jenen, denen der Anschlag gegolten hatte.

Diesem Schock folgte betretenes Schweigen. Die Soldaten erhoben sich langsam vom Boden, und einer half Othmar, der ausgerutscht und hingefallen war, beim Aufstehen. Alle klopften Othmar anerkennend auf die Schultern, einige gaben ihm sogar die Hand. Der deutsche Leutnant aber war an seinem Platz geblieben, er versuchte nicht einmal zu fliehen, er hielt den Kopf gesenkt und starrte wie irr auf den Boden. Er wartete auf seine Bestrafung, auf eine sofortige Exekution oder ein Militärgericht.

„God damn!" war das erste, was man von den Besatzern hörte. Einer von den Kommandierenden trat zum Leutnant. Er sah ihn geringschätzig an. „You want a fight? You bastard! Well, you get your fight!"

Dann rief er seinen Soldaten einige Befehle zu. Der Name David war zu hören. Und so, als wäre es tägliche Routine, bildete man um den deutschen Leutnant einen Kreis, der immer dichter wurde, weil von überall weitere Amerikaner und Zuschauer herbeiliefen. Sogar die degradierten Deutschen waren neugierig geworden und traten näher heran.

David war ein Schwarzer, der sich langsam ins Innere des Kreises begab. Er war nicht übermäßig groß, aber als er sich aus seinem olivgrünen Uniformrock schälte, das Leibchen über den Kopf streifte und nun mit nacktem Oberkörper vor dem Deutschen stand, da war dieser nur mehr ein armes Würstchen. Auch ihn hatte man entkleidet, seine schlanke, stark abgemagerte Figur wirkte blass und erbärmlich im Gegensatz zu den Muskelmassen, die sein Gegenüber aufweisen konnte. Jetzt erst dämmerte es dem Leutnant, was ablaufen würde. Plötzlich warf jemand Boxhandschuhe in den von Gaffern geformten Menschenring, die zuerst dem Neger und dann dem deutschen Offizier angebunden wurden. Und während man beim Farbigen den Eindruck von vergrößerten Fäusten bekam, wirkten sie beim Deutschen wie schwere Gewichte, die seine Arme nach unten zogen.

Man konnte nicht sagen, dass es dem Leutnant an Mut fehlte. Zweifelsohne hatte er im Ausbildungslager Boxen gelernt. Aber die Art, wie sich ihm der Schwarze näherte und ihn schon mit dem ersten Schlag ins Wanken brachte, zeigte, dass sich hier ein volltrainierter Profi mit einem geschwächten Amateur im Faustkampf maß. Es dauerte nur wenige Minuten, bis der Deutsche auf dem Boden lag, seine Lippen waren aufgesprungen und seine Brauen bluteten heftig. Aber immer wieder rappelte er sich hoch, mühsam und nach Luft ringend, wurde aber unter dem Geschrei der Zuseher sofort wieder niedergefegt. Der Deutsche taumelte nur mehr, fiel, stand auf, fiel. Rechte und linke Haken prasselten in seinen Körper und auf seinen Kopf. Es war wie ein Spiel zwischen Katze und Maus. Zuletzt stürzte er und prallte mit der nach innen geknickten, rechten Hand so unglücklich auf den Boden, dass man das Krachen seines splitternden Unterarmes laut und deutlich hörte. Der Leutnant schrie auf und blieb bewusstlos liegen.

Als er sich nicht mehr rührte, gingen die Zuseher auseinander. Keiner von den amerikanischen Soldaten interessierte sich für den Zusammengeschlagenen, lediglich die Handschuhe wurden ihm abgenommen und weggebracht. So, wie er hingefallen war, beließ man ihn. Sein Blut färbte das Gras und die trockene Erde, er röchelte, aber niemand von den Einheimischen getraute sich, ihm näher zu kommen. Als er sich nach einer Viertelstunde noch immer nicht regte, ergriff ein Soldat einen Blecheimer, holte aus dem Löschteich Wasser und schüttete es ihm über den Kopf. Ein leichtes Zucken, der Leutnant buckelte sich auf, brach aber wieder zusammen.

„Man muss doch etwas für ihn tun!“ klagte die Bäuerin. „Komm, Sophie, wir holen ihn herein!“

Gustl und Lisl schlossen sich den beiden an. Es war das erste Mal an diesem Tag, dass die amerikanischen Soldaten jüngere Frauen aus dem Gebiet zu Gesicht bekamen, und sie reagierten entsprechend mit Pfiffen und lautem Hi-Geschrei. Sie sahen zu, wie die Weiber den Bewegungslosen packten und zum Bauernhaus schleppten. Auf der Hausbank wurde er abgesetzt. Die Bäuerin brachte Wasser und wusch ihm das aus vielen Wunden blutende Gesicht. Erst durch Kompressen beruhigten sich die Blutungen, doch die Schwellungen waren entsetzlich und entstellten den ehemaligen jungen Offizier.

Othmar kam heran. Er hatte Hemd und Rock des Leutnants mitgebracht und legte beides auf die Bank. Schrecklich, wie auch sein Oberkörper verwundet war, überall Hämatome und Verletzungen. Sophie hatte Handtücher geholt und trocknete ihn ab.

„Er ist noch immer ohne Besinnung!“ sagte sie verstört.

„Ziehen wir ihm das Hemd an, vielleicht tut ihm die Wärme gut!“

Gustl versuchte, ihm die rechte Hand in das Armloch des Hemdes zu führen, doch kaum hatte sie nach dieser gegriffen, als der Leutnant heftig stöhnte und die Augen aufschlug.

„Gott!“ sagte Gustl. „Seht nur, der Arm ist ja ganz dick angeschwollen!“

Langsam begann sich der Leutnant zu bewegen. Zuerst fielen ihm immer wieder die Augen zu, dann aber tat er einige tiefe Atemzüge und begann die Umgebung zu mustern.

„Ich habe schreckliche Schmerzen!“ stöhnte er.

Die Bäuerin strich ihm mitleidig über die Haare. „Sophie, haben wir etwas gegen Schmerzen?“

„Ich glaube, der Schicho hat Pulverl in seinem Nachtkästchen liegen, von damals, als ihm der Doktor den Fingernagel gezogen hat.“

Jetzt, da der Leutnant hilflos und stöhnend auf der Bank lag, zeigten auch die Amerikaner plötzlich Menschlichkeit. Einer kam heran und öffnete eine Schachtel mit weißen Tabletten. Othmar und Lisl begannen mit ihm zu sprechen.

„Er sagt, dass die Tabletten garantiert helfen!“ übersetzten sie. Lisl sprach neuerlich auf den Amerikaner ein.

„Er sagt auch, dass man jenseits der Steyr ein Zeltlazarett installieren wird. Dass man aber momentan nicht hinüber kann, weil auf der Holzbrücke nach Aschach ein Panzer eingebrochen ist und im Fluß liegt. Bevor man wieder über die Brücke kann, muss man ihn erst herausholen. Alle Amerikaner werden drüben in Zelten untergebracht. Morgen können wir den Leutnant bringen!“

Der amerikanische Soldat verabschiedete sich. „Sie dürfen nicht mit Zivilisten reden, es ist ihnen verboten worden!" erklärte Lisl.

Als sich der Leutnant halbwegs erholt hatte, brachten sie ihn ins Haus und hinüber in die Scheune. Dort herrschte gähnende Leere. Fluchtartig hatten alle Einquartierten das Bauernhaus verlassen. Einige Decken, Rucksäcke und Uniformteile lagen noch herum, auch Tische und Sessel und das gesamte Funkgerät waren zurückgeblieben. Aber kein deutscher Soldat war zu sehen, diese Vögel waren alle ausgeflogen. Im Personaltrakt des Hauses, wo man sich noch vor Tagen um die wenigen Plätze auf dem Fußboden stritt, war niemand mehr zu finden. Angenehm war es, dass man sich wieder ungehindert bewegen und von einer Tür zur anderen gehen konnte. Es hatte sich also alles im Haus halbwegs normalisiert, und so konnte man dem Leutnant in der Scheune ein ordentliches Lager richten, mit Decken, einem Polster und sogar einem Leintuch. Die Bäuerin schickte ihm warme Milch, die er nur kostete, aber gleich erbrach, und als es dunkel zu werden begann, bekam er Schüttelfrost.

Zeitweise fiel er wieder in Ohnmacht, stammelte wirres Zeug und schreckte mit Schmerzensrufen hoch.

„Allein können wir ihn nicht lassen", sagte Franz Dirisamer, „ich werde mich zu ihm in den Stadel legen und auf ihn aufpassen. Viel kann ich zwar nicht machen, aber er könnte noch einmal erbrechen, und allein gelassen würde er daran ersticken!"

„Papa, kann ich mit dir kommen? Ich würde so gern im Heu schlafen!"

Franz Dirisamer blickte zustimmend auf Heinz. Es kam ihm nicht ungelegen, einen Helfer konnte er schon brauchen.

„Ich schlafe auch so gern im Heu!" bettelte Robert.

„Na gut, dann kommt!"

„Ich gebe euch eine Flasche Essig mit. Schüttet davon ins Wasser und macht ihm saure Umschläge, das kühlt, und die Schwellung am Arm kommt zum Stehen", belehrte sie Resi.

Heinz und Robert packten ihre Taschenlampen ein, nahmen Decken unter den Arm und begaben sich mit dem Vater in die Scheune. Das Gestöhne des Verwundeten war beängstigend, er fieberte, sein Kopf glühte, und die Fingernägel der gebrochenen Hand zeigten eine blaue Verfärbung. Noch waren Frauen und einige Kinder da und standen oder saßen um den Leutnant. Nach und nach verdrückten sie sich. Nur Sophie blieb. Sie übernahm für eine Stunde das Wechseln der kühlenden Umschläge. Langsam wurde auch sie müde. Als sie sich verabschiedete und ihr „Gute Nacht!“ sprach, begann für Dirisamer der Samariterdienst.

„Hier sind noch ein paar Pulverl! Damit kommen Sie über die Nacht“, sagte Sophie. Dann verschwand sie im dunklen Tor der Scheune. Holzpfosten knarrten, Rascheln im Stroh, irgendwo begannen Katzen zu miauen.

„Papa, kann der arme Mann jetzt schlafen?“ fragte Heinz, weil das Stöhnen des Leutnants weniger geworden war.

„Ich glaube schon, ich habe ihm zwei Tabletten auf einmal gegeben!“

„Dann könntest du uns ja eine Geschichte erzählen?“

„Ich werde es versuchen! Aber ihr schlüpft unter eure Decken und gebt Ruh, ihr dürft den verwundeten Soldaten nicht stören!“

Die Taschenlampen gingen aus und wurden nur angeknipst, wenn die Umschläge gewechselt wurden. Die Geschichten, die Franz Dirisamer seinen beiden Buben erzählte, waren politisch vergorene, märchenhafte Episoden, die von Heinrich Gleißner handelten, der nicht nur Landeshauptmann, sondern auch Taufpate von Heinz war.

So gut Dirisamer sonst erzählen konnte, diese Geschichten waren gekünstelt und gefielen weder Robert noch Heinz. Heinz schlief auch gleich ein, Robert aber war von den Ereignissen des Tages so aufgewühlt, dass er hellwach in den Dachstuhl starrte und überall eigenartige Figuren und Umrisse zu sehen glaubte. Wie kein anderer kannte er den Heustadel und das Labyrinth der Gänge, die sich die Kinder gemacht hatten, und da ihm langweilig war, kroch er heimlich aus seiner Decke, wühlte sich ins Heu und schlich mit Hilfe seiner Taschenlampe durch die

Gänge bis zur nächsten Höhle. Er fühlte sich dabei so sicher, dass er furchtlos und ohne jede Vorsicht dahin robbte und erst im letzten Augenblick merkte, dass sich vor ihm ein Hindernis breit machte, eine Gestalt, die sich halb aufrichtete und ihn nun mit Pfauchen und Knurren bedrohte. Sein Schreck war so groß, dass er nicht mitbekam, dass dieses Pfauchen nichts anderes war als eine menschliche Stimme, die ihn ermahnte, nicht zu schreien und auch nicht zu fliehen. Er starrte auf eine Brille wie auf kleine runde Spiegel, in Augen, die ihn finster fixierten, und auf ein Gesicht mit weitem Maul, wulstigen Lippen und Zähnen, so derb wie ein weißer Zaun. Aus dem Knurren bildete sich ein Satz, den Robert jetzt deutlich vernahm.

„Schau auf meine Finger!"

„Herr Professor!" jubelte Robert, der plötzlich erkannte, wen er vor sich hatte.

„Ach, du bist's, Lauser, und ich dachte schon, was weiß ich, wer da angekrochen kommt!"

„Was machst du denn in unserer Höhle?"

„Na, was wohl? Ich habe mich hier vor den Amerikanern versteckt. Ich habe euch doch ständig im Visier gehabt, euch beobachtet, wie ihr ins Heu hinein- und herausgekrochen, wie ihr plötzlich dagewesen und dann wieder verschwunden seid. Ich habe mir meinen Reim darauf gemacht. Und nun habe ich in eurem Nest Unterschlupf gefunden."

Nach einer Pause fragte er: „Kannst du mir etwas zu trinken besorgen? Der Durst plagt mich schon den ganzen Tag. Eine Feldflasche habe ich. Wenn du sie mir mit Brunnenwasser anfüllst! Selber kann ich nicht hinaus, es ist zu gefährlich."

Robert nahm die Feldflasche entgegen. „Ich komm' gleich wieder zurück!"

„Robert, bist du's?" fragte Franz Dirisamer, als er ein Rascheln neben sich vernahm.

„Papa, ich habe Durst, ich gehe schnell zum Brunnen. Im Heu ist es so fürchterlich heiß!"

Franz Dirisamer ließ die Lampe aufblitzen und sah Robert neben sich, halb aufgerichtet und blass.

„Du kannst auch zu Mama hinübergehen und dich in dein Bett legen!“

„Vielleicht tu' ich's. Gute Nacht!“

Er tastete sich zum Tor, schlich hinaus, füllte am Brunnen die Feldflasche, ging dann bis zur kleinen Tür neben dem Pferdestall, wo immer ein Schlüssel von innen steckte, schloss auf, huschte um das Haus, lockerte die Holzlatte und war Minuten später bei Professor Wolf, der die Flasche hastig an seinen Mund setzte und sie in einem einzigen Zug austrank. Befriedigt stöhnte er: „Herrlich!“ Dann fragte er: „Kannst du mir dasselbe noch einmal bringen?“

Robert hatte auch bei diesem zweiten Weg keine Probleme. Die Geräusche vom Stall, Knistern und Knarren dort und da, das kannte er, aber sonst herrschten Stille und Ruhe.

„Jetzt hör' mir zu!“ sagte Professor Wolf zu Robert. „Morgen früh habe ich eine Aufgabe für dich! Rückwärts bei der Straße, wo die beiden Straßenwalzen abgestellt sind, stehen unsere zwei Lastautos. Im vorderen habe ich meine privaten Sachen in einem Rucksack aufbewahrt. Sobald du wach bist, gehst du dort hin und holst mir diesen Rucksack. Er liegt im Führerhaus, gleich neben dem Lenkrad. Hast du verstanden?“

Es war nicht wesentlich, ob er verstanden hatte oder nicht, denn beim Schein der Taschenlampe merkte er, wie die Augen des Professors größer wurden, sich drehten, ihn immer mehr an sich zogen und dann plötzlich fallen ließen.

„Was sollst du morgen für mich tun?“ fragte Wolf mit leiser Stimme.

Robert überlegte. „Den Rucksack bringen! Könnten wir wieder einen Tausch machen?“

„Mit Zigaretten? Na gut! Aber du besorgst mir gleich in aller Herrgottsfrüh den Rucksack!“

„Ich werde ihn bringen!“

„So ist es gut! Und jetzt geh heim und leg' dich nieder!“

Franz Dirisamer hatte die ganze Nacht keine Ruhe gefunden. Nach anfänglicher Linderung hatte der junge Leutnant wieder zu stöhnen und zu delirieren begonnen. Die Umschläge halfen zwar, doch musste Dirisamer mehrmals das Wasser wechseln und dadurch immer wieder in den Hof hinaus. Außerdem hatte der Leutnant abgefiebert und schwitzte dadurch so stark, dass sein Hemd nur mehr ein nasser Fetzen war. Dirisamer wusste sich nicht anders zu helfen, als dass er es ihm auszog und ihn fest in das vorhandene Leintuch einschlug. So verlief die Nacht mit ständigen Störungen, und am Morgen war Dirisamer gerädert. Was ihm am meisten Sorgen machte, war die Hand des Soldaten, die nicht nur stark aufgedunsen war und sich wie knisterndes Papier anfühlte, sondern auch eine rötlichblaue Verfärbung angenommen hatte.

Wie langsam doch die Minuten und Stunden bis zum Morgen dahin gekrochen waren! Heinz hatte sich in seine Decke eingerollt und schlief fest und gut. Robert war nicht mehr erschienen.

„Ich brauche unbedingt ein paar Stunden Schlaf!“ sagte Dirisamer, als die Bäuerin in aller Früh das Scheunentor öffnete. „Vielleicht kann sich jemand anderer um den Soldaten kümmern und ihn über die Steyr ins amerikanische Lazarett bringen.“

„Wenn die Sophie, die Lisl und die Gustl zusammenhelfen, wird es schon gehen!“

„Nein, nicht die Mädchen! Wir wissen ja nicht, wie die Amerikaner zu den Frauen sind. Sieger und Soldaten, da traue ich niemandem!“

Noch während sie beratschlagten, erhob sich der Leutnant. Er sah entsetzlich aus. Das unrasierte, blasse und verschwollene Gesicht, die tiefvioletten Ringe um die Augen und blutiges Heu im Haar, so kam er schwankend heran.

„Ich brauche nur ein Hemd, dann kann ich selber für mich sorgen!“

„Das kann ich mir wirklich nicht vorstellen!“ hielt ihm Dirisamer vor Augen. „Sie zittern ja am ganzen Körper, und sehen Sie nur, wie wackelig Sie daherkommen“.

„Geht es wenigstens bis hinüber zur Küche, schaffen Sie das?“ fragte die Bäuerin, und zu Dirisamer sagte sie: „Ich geb’ ihm ein Hemd von den Knechten und ein Frühstück, dann wird er schon wieder werden!“

So also ging die erste Nacht in Freiheit für Franz Dirisamer zu Ende. Wenn er aber gehofft hatte, nun in seinem Bett schlafen und sich erholen zu können, so wurde er schon nach einer Stunde eines anderen belehrt. Die Kinder waren wach geworden, kamen heran und fragten: „Es ist Sonntag! Papa, müssen wir heute zur Kirche gehen?“

Resi meldete sich energisch: „Nein, heute nicht! Es ist viel zu gefährlich auf der Straße!“

„Aber, wenn sie wollen?“

„Willst du deine Kinder in den Tod schicken? Nur, weil sie einen einzigen Sonntag nicht zur heiligen Messe gehen? Sie können es an einem Wochentag nachholen!“

Die Situation gestaltete sich für Franz Dirisamer heikel. Er war zwar schrecklich müde, aber ihm war plötzlich klar, dass er seinen Kindern ein Vorbild sein musste.

„Ich gehe nach Sierning! Will jemand mitkommen?“

Gustl meldete sich sofort. Zaghaft auch Lisl und Othmar. Alle anderen aber entschieden, daheim zu bleiben.

„Wenn wir das nur nicht bereuen müssen!“ klagte Resi und bettelte: „Papa, überleg’s dir doch noch einmal!“

„Es wird schon nichts geschehen!“ antwortete er nur kurz und begann, sich die Schuhe anzuziehen und sich für den Kirchgang zu richten.

Bereits als er mit den Kindern aus dem Haus trat und vom Weg zur Straße abbog, sah er, wie sich seit den letzten Stunden alles verändert hatte. So also ging das Tausendjährige Reich Adolf Hitlers hier zu Ende. Mit schweren Militärstiefeln war es ins Land gekommen und im Bettelkleid des Jammers verließ es Österreich. Das Chaos türmte sich bereits vor den Haustüren. Überall standen verlassene Fahrzeuge herum, am Wegrand lagen Waffen, Munition, Scheinwerfer und Kanonen. In den Transportern der Militärs befanden sich noch die Rucksäcke und das Eigentum der Soldaten, das jetzt, da sie als Gefangene abgeführt worden waren, niemandem mehr gehörte. Schon sah man die ersten Kinder und Erwachsenen in die Lastautos einsteigen und dort herumwühlen.

Gustl fragte empört: „Die wollen doch nichts stehlen?", und sie blickte immer wieder zurück, um feststellen zu können, was die Leute trieben.

In Sierning brannten einige Autos. Schwarzer Gummirauch kroch durch die Bäume und über die Hausdächer. Flugzeuge warteten im Feld, immer wieder landeten und starteten sie auf einer kurzgeschnittenen Wiese. Daneben sah Franz Dirisamer hohe und breite Zelte und viele beschäftigte Soldaten. Die kleinen, bulligen Fahrzeuge, die Jeep genannt wurden, kurvten in den Straßen herum, und sie fuhren auch bedenkenlos ins Feld, wo sie nicht stecken blieben, sondern sich mit ihren starken Profilreifen überall durchkämpften, auch an sumpfigen Stellen.

Dirisamer musste jetzt seine Kinder immer wieder ermahnen, denn diese wollten stehen bleiben und das Schauspiel vor ihren Augen genießen. Ständig drängte er sie: „Es ist Zeit, wir müssen weiter!" Aber es ging langsam und schleppend dahin. Da fehlte es dann gerade noch, dass bei der Bahnübersetzung einige Schwarze als Posten standen, die jeden Fußgeher kontrollierten. Othmar und Lisl, die sich bereits einmal als Dolmetscher bewährt hatten, übernahmen das Gespräch.

„Sie wollen unsere Ausweise sehen, unsere Papiere. Sonst lassen sie uns nicht durch. Ich glaube, wir müssen zurückkehren."

Da griff Franz Dirisamer in seine Hosentasche und holte den Rosenkranz hervor.

„Sag ihnen, dass das unsere Ausweise sind. Andere haben wir nicht!"

Die Kinder waren sich sofort einig. „Papa, das geht nicht, komm, kehren wir um! Mama ist es sowieso lieber, wenn wir wieder daheim sind!"

Noch einmal versuchte es Dirisamer, er hielt den Rosenkranz in die Höhe und ließ die einzelnen Perlen durch seine Finger gleiten. Und zu Lisl sagte er streng: „Und jetzt sag ihnen endlich, dass wir nur diesen Ausweis haben!"

Lisl war es peinlich. Aber noch ehe sie verlegen den ersten Satz geformt hatte, griff einer von den Farbigen in seine Hemdtasche und zeigte zu ihrem Erstaunen ebenfalls einen Rosenkranz vor.

„It's ok! You have a good permit. You can pass!" Dann öffnete er lachend den Mund und zeigte seine weißen Zähne. Es war ein merkwürdiges Gefühl, das Franz Dirisamer beim Anblick des schwarzen Menschen mit dem Raubtiergebiss beschlich, trotzdem nahm er dessen beide Hände und sagte herzlich: „Thank you!"

Wegen der Unterbrechungen kamen sie natürlich zu spät in die Sonntagsmesse. Pfarrer Alois Treml stand schon auf der Kanzel, er hatte das Evangelium verlesen und seine Predigt bereits eingeleitet. So wie am Vortag waren auch an diesem Sonntag wieder viele Leute in der Kirche, bedrückte Menschen, wie Franz Dirisamer sofort merkte. Er hatte in einer Bank gerade noch Platz gefunden und sich mit den Kindern soeben hingesetzt, als er aufmerksam wurde.

„Wir trauern um ihn", hörte er den Pfarrer sagen, „und ich bekenne ganz aufrichtig, dass ich trotz der politischen Gegensätze mit Bürgermeister Eder einen guten Freund verloren habe."

Sofort war Franz Dirisamer hellwach. Um Gottes willen, was war geschehen? Was erzählte da Pfarrer Treml?

„Es ist ansonsten nicht meine Art, außerhalb einer Totenmesse über einen Angehörigen unserer Pfarre zu reden. Aber dieses Mal ist es wichtig, denn selbst in schweren, aussichtslosen Zeiten darf so ein Tod keine Möglichkeit der Problemlösung für einen Christen sein! Als gestern abend seine Kinder zu Bett gebracht wurden, reichte ihnen die Mutter noch Milch. Die Kinder wollten sie nicht trinken, sie schmeckte nicht wie sonst. Aber die Mutter bestand darauf. ‚Es ist eine Medizin!' sagte sie, so dass auch eine Tante aus Neuzeug keinen Verdacht schöpfte. Diese verabschiedete sich und wünschte noch eine gute Nacht!"

Ein Raunen und Seufzen ging durch die Bänke. Pfarrer Treml fuhr fort.

„In dieser Stunde muss die Frau auch ihrem Mann den Becher hingehalten haben. Er nahm ihn an und trank ihn aus. Einen Rest hatte die Frau für sich gespart. Man sah die Lichter im Haus von Bürgermeister Eder gegen zehn Uhr erlöschen. Und heute früh hat man die ganze Familie tot in den Betten gefunden."

Wäre diese entsetzliche Nachricht nicht von Pfarrer Treml auf der Kanzel verkündet worden, Franz Dirisamer hätte sie nie und nimmer geglaubt. Was hatte diesen anständigen Menschen in den Tod getrieben? Wovor fürchtete er sich? Dieser Bürgermeister hatte durch Beispiel und Offenheit auch sein Herz gewonnen, aber nicht nur seines, sondern, und davon war er überzeugt, auch das Herz von vielen anderen im Ort. Und nun war er tot! Schrecklich!

Als sie sich gestern voneinander verabschiedet hatten, da machte Eder einen erleichterten, fast fröhlichen Eindruck auf ihn. „Gelt, ich habe Wort gehalten!" Das war der letzte Satz an ihn. Eder hatte wahrscheinlich durch seinen persönlichen Einsatz Sierning vor der Zerstörung gerettet. Aber warum hatte er nicht an seine eigene Rettung gedacht? Warum nicht? Dirisamer hatte manchmal gehört, dass seine Frau eine hundertprozentige Parteigenossin war, eine Fanatikerin. Er hatte sie nie kennen gelernt. Aber vielleicht war sie der Grund!

Pfarrer Treml riss ihn aus seinen Gedanken. „Die armen Kinder starben ungetauft. Vertrauen wir auf die unendliche Barmherzigkeit Gottes! Ohne dieses Vertrauen müssten wir sonst verzweifeln. Ich wurde leider zu spät verständigt. Ich habe gehört, dass man ihn und seine Angehörigen nach Aufdecken des Selbstmordes in einem Feld verscharrt hat. Aber das verspreche ich an dieser Stelle und in diesem heiligen Gotteshaus: Wenn sich die Verhältnisse beruhigt haben, bekommt Bürgermeister Eder mit seiner Familie ein christliches Begräbnis!"

Der Heimweg verlief ohne Zwischenfälle. Zwar fuhren immer wieder amerikanische Soldaten an ihnen vorbei, aber das war auch schon alles. Diese winkten ihnen und sie winkten zurück. Eigentlich hätten sie fröhlich sein können. Aber die

Nachricht vom Tod des Bürgermeisters war während des ganzen Weges ihr einziges Gespräch.

„Ein tapferer Mann!“ urteilte Gustl.

Ein tapferer Mann? Was? Weshalb? Warum? Waren vielleicht alle, die sich nicht umgebracht hatten, Feiglinge? Dirisamer fühlte, wie ihm das Blut in den Kopf schoss und wie er wütend wurde. Er schrie sie an: „Halt deinen Mund! Wenn du nichts Besseres zu sagen hast, dann schweig gefälligst. Und gebrauch endlich dein Hirn!“

Gustl reagierte beleidigt. „Jetzt sind wir von Hitler und den Nazis befreit, ich aber darf noch immer nicht meine Meinung sagen!“

„Denk an deine beiden Brüder! Sollten sie wieder heimkommen, waren sie dann feige? Oder wünschst du dir vielleicht, dass sie in irgendeinem Schützengraben verreckt sind, nur damit du deine Begriffe von Tapferkeit gerechtfertigt findest?“

„Solche Vergleiche sind gemein!“ empörte sich Gustl. Aber ihr wurde bald klar, dass sie in der schwächeren Position war, weil sich gerade in den letzten Tagen die Grenzen zwischen sogenannter Feigheit und Tapferkeit recht verschwommen zeigten.

„Manchmal ist Tapferkeit auch nur Dummheit. Der junge Leutnant, jetzt muss er dafür büßen, weil er glaubte, im letzten Augenblick noch eine Heldentat vollbringen zu müssen!“

Solche und ähnliche Diskussionen begleiteten sie bis Pichlern. Teilweise wurden die Gespräche heftiger, und wenn sich auch Othmar und Lisl einmischten, dann gab es in ihren Streitereien Höhepunkte. Franz Dirisamer konnte sich nicht beruhigen, er war übernächtig, müde und daher auch gereizt.

In Pichlern verbreitete sich die Nachricht von der Tragödie in Sierning in Windeseile. Viele trauerten um den Bürgermeister und um die armen Kinder, und besonders erregten sich die Menschen darüber, dass man die Leichen einfach so eingescharrt hatte. Bald traten aber auch die ersten Moralisten auf. „Die Strafe Gottes! Abrechnung und gerechter Lohn! Jeder bekommt, was er verdient!“ Franz Dirisamer konnte solche Sätze bald nicht mehr hören. Er ging in die Wohnung, zog Schuhe und Rock aus und streckte sich auf dem Bett aus. Plötzlich dachte er an seine Kinder. „Wo sind die Buben? Wann hast du sie zuletzt gesehen?“ fragte er Resi.

„In der Früh“, erklärte sie, „sind sie mit dem Leutnant hinüber zum Lazarett gegangen. Der eingebrochene Panzer ist zwar noch immer nicht geborgen, aber die Soldaten haben Eisenplatten über das riesige Loch gelegt. Deshalb konnten sie ans andere Ufer.“

„Und? Was hat man mit dem Leutnant gemacht?“

„Der Militärarzt befürchtet, dass man ihm den Unterarm abnehmen muss!“

„Das wäre ja schrecklich!“

„Sie versuchen es noch mit einem neuen Medikament. Penicillin, wenn ich Robert recht verstanden habe!“

„Robert versteht doch kein Englisch!“

„Er nicht, aber Professor Wolf. Der spricht es sogar fließend!“

„Ist denn der wieder aufgetaucht?“

„Der läuft jetzt in Zivilkleidern herum. Er möchte übrigens mit dir sprechen!“

Diese Zivilkleider hatte ihm Robert gebracht. Noch bevor sie den Leutnant in das Lazarett begleiteten, war er hinüber zu den beiden abgestellten Straßenwalzen gegangen, er hatte das Führerhaus des daneben stehenden Lastwagens erklettert, es aufgemacht und den schweren Rucksack vom Lenkrad weggezogen, geschultert und abgeschleppt. Professor Wolf hatte schon lange vor der Ankunft der Amerikaner vorgesorgt und sich in einem Kleidergeschäft einen Anzug mit Hemd und Schuhen erschlichen. Als Robert mit dem Rucksack bei ihm ankam, holte er mit großer Erleichterung den Anzug hervor und zog ihn an. Es machte nichts aus, dass er zerknittert war, er wirkte in diesen Sachen zwar ärmlich und vernachlässigt, stach aber andererseits nicht von der Umwelt ab, es war wie eine Tarnung. Wichtig war, dass man in ihm nicht den Soldaten erkannte, und ein Glück war es auch, dass er sich auf den

Buben verlassen konnte. Dieser war anhänglich und außerdem ein gutes Medium, das sich herrlich führen ließ. Er grinste in sich hinein. „Wieder einmal Schwein gehabt“, dachte er.

Es war Professor Wolf sogleich ein Anliegen gewesen, mit den Amerikanern in Kontakt zu kommen, und das konnte er am besten als Begleitperson des jungen Leutnants erreichen. Die Amerikaner staunten nicht schlecht, als er ihnen sein gepflegtes und perfektes Englisch vorführte. Ein Militärarzt ließ sich auf ein Gespräch ein. Es ging um die Versorgung des deutschen Soldaten, und da konnte er ihm Bescheid sagen.

„Der Mann hat Wundbrand! Machen Sie ihm klar, dass wir ihm unter Umständen seinen Arm amputieren müssen. Eine Chance hat er noch! Haben Sie jemals von Penicillin gehört? Ein sündteures Mittel. Ich weiß nicht, ob wir es auch bei unseren Feinden verwenden dürfen.“

Während der medizinischen Unterhaltung war der Blick des Arztes zufällig auf den Kopf von Heinz gefallen. „Pfui Teufel!“ entfuhr es ihm. „Da laufen ja haufenweise Läuse herum.“ Sofort untersuchte er auch Robert. „Auch hier ganz dasselbe! Sagen Sie bloß, Sie haben auch Läuse auf ihrem Kopf!“ Mit einem prüfenden Blick musterte er die Haare von Professor Wolf.

„Es kann nicht schaden, wenn wir Sie alle sofort behandeln! Warten Sie einen Moment!“ Er ließ sich eine Dose bringen, und mit deren Inhalt staubte er alle drei ein, nicht nur auf dem Kopf, sondern auch in den offenen Kragen und beim Hosenbund hinein, eine weiße Wolke stieg auf und alle Behandelten husteten.

„DTD, das Beste, was wir haben!“

„Hilft es wirklich?“ wollte Wolf noch einmal wissen. „Oben bei den Bauernhäusern, da laufen hunderte Kinder herum, alle sind verdreckt und verlaust, könnte man sie nicht auch mit dem weißen Pulver behandeln?“

„Das lässt sich nicht nur machen, wir haben sogar den Auftrag, das zu tun. Momentan wäre der Zeitpunkt sogar günstig, wir haben nur ein paar Soldaten mit Durchfällen bei uns liegen. Verwundete gibt es glücklicherweise gar keine. Und DTD schleppen wir kistenweise mit uns herum. Wenn Sie uns also sagen, wo diese Höfe sind, könnten wir schon morgen mit der Entlausung beginnen."

Professor Wolf bedankte sich. Als sie wieder beim Bauernhof waren, trennte er sich von den Buben. Er schritt zu den beiden Lastwägen bei den Straßenwalzen und begann zu suchen. Die Rucksäcke, die im Laderaum gestapelt waren, interessierten ihn nicht, es waren Gasmasken, die es ihm angetan hatten. Er wusste genau, wo sie alle gelegen hatten, er selbst hatte ja die zylindrischen Umhängebehälter gesammelt und versteckt. Jetzt sah er nur mehr eine leere Stelle und einige hingeworfene Uniformteile, die Blechbehälter aber waren verschwunden. Mit einem Fluch stieg er auf den nächsten Wagen und begann auch dort mit der Inspektion des Laderaumes, nichts war da, die Gasmaskendosen waren weg. Enttäuscht kletterte er wieder auf den ersten Wagen, wo er die vorhandenen Rucksäcke hernahm und sie zu inspizieren begann. Er wühlte sich durch den Inhalt und warf das meist wertlose Zeug wieder fort. Irgend jemand war ihm zuvor gekommen! Aber wer?

In der Ferne sah er Robert und Heinz stehen. Er winkte sie heran, und als sie angelaufen kamen und bei ihm Halt machten, fragte er sie vorsichtig:

„Habt ihr jemanden bei diesen beiden Lastwägen gesehen?"

Robert hatte nicht darauf geachtet, und auch Heinz schüttelte den Kopf. „Niemand war hier!" Der Professor hielt Robert den Zeigefinger vor die Augen. „Ist das auch wahr?"

„Nicht ganz!" gestand Robert. „Ich habe einen Rucksack heimgetragen, es war ein Mantel darinnen und, wenn ich mich nicht täusche, auch Socken und Leibchen!"

„Sonst nichts?"

„Ich kann es beschwören!"

Professor Wolf konnte es sich nicht verkneifen, mit Robert zu schimpfen, weil er den Rucksack gestohlen hatte. Dann fragte er: „Habt ihr bemerkt, dass man Gasmasken von hier weggetragen hat?"

Die Buben schüttelten abermals den Kopf.

„Ist euer Vater daheim?"

„Er ist in die Kirche gegangen!"

„Wenn er heimkommt, dann sagt ihm, dass ich gerne mit ihm sprechen möchte!"

Heinz, dem der lange Professor mit der Brille, den großen Augen und dem Pferdegebiss immer unheimlich gewesen war, sagte zu den Fragen kein Wort, er war glücklich, als er wieder zurücklaufen konnte und im Bauernhaus mit den Kindern aus seiner Bande zusammentraf. Er hatte dem Professor verheimlicht, dass er in der Holzhütte neben dem Bienenhaus, dort, wo die Offiziere beisammen gewesen waren, Gasmasken auf einem Haufen übereinander liegen sehen hatte. Und er vermutete sofort ein Geheimnis, das er für sich behalten musste und das er allein erforschen wollte.

„Mama!" sagte er. „Der Herr Professor Wolf will mit Papa reden. Er hat mit dem Robert geschimpft, weil er einen Rucksack von einem Auto mitgenommen hat. Dann hat er es ihm aber erlaubt und gesagt, er kann ihn behalten!"

„Der Professor hat gar nichts mehr zu bestimmen und zu erlauben. Alle Leute tragen zusammen, was sie finden können, auch ihr könnt Sachen heimbringen. Papa wird sicher nicht schimpfen! Nur passt auf, es liegen auch gefährliche Dinge und Waffen herum. Vorsichtig sein, damit euch nichts passiert!"

Vor dem Mittagessen war es dann so weit, dass Franz Dirisamer mit Professor Wolf zusammentraf. Dieser redete zunächst um den Brei herum. Als ihn aber Franz Dirisamer direkt ansprach und ihn fragte, was er auf dem Herzen habe, gestand er.

„Herr Fachlehrer, ich habe heute morgen gesehen, wie man einen Kollegen von der Dolmetschgruppe im Nachbarhaus erwischte und gefangen nahm. Denken Sie sich nur, die wollen alle ihre Gefangenen nach Frankreich bringen und von dort aus nach Amerika einschiffen".

„Um Gottes willen!"

„Überall suchen die Soldaten herum, und jeder, der gefangen wird, kommt sofort in ein Lager bei Steyr. Wer aber bei einer

Familie lebt, dem geschieht nichts. Könnten Sie mich bei Ihnen unterschlüpfen lassen?"

„Aber, wie stellen Sie sich das vor?"

„Ich möchte heim nach Wien, heim zu meiner Frau, alles andere wäre eine Katastrophe. Amerika würde ich nicht überleben!"

„Das kann ich mir gut vorstellen, in Russland habe ich Ähnliches mitgemacht!"

„Sehen Sie! Ich habe gewusst, dass Sie mich verstehen werden. Geben Sie mir ein kleines Plätzchen in Ihrer Wohnung, und wir werden so tun, als ob ich zur Familie gehörte. Ich werde Ihnen nicht zur Last fallen. Und es dauert ja nur ganz kurz, ein, zwei Tage. Aber solange die Russen in Steyr sind, habe ich keine Chance, nach Wien durchzukommen."

„Die Russen sind in Steyr? Das ist ja eine wahre Hiobsbotschaft!"

„So viel ich weiß, bildet die Enns die Grenze zwischen Amerikanern und Russen!"

„Auch das noch! Dann sind ja die Ennsleite und unsere Wohnung auf russischer Seite!"

„Das dürfte so sein. Ich kann es zwar nicht bestimmt sagen, doch unsere Funker haben diese Daten als letzte Nachricht hereinbekommen! Aber nun zu mir! Wie ist es, können Sie mir helfen?"

„Das kann ich nicht so schnell entscheiden. Zuerst muss ich meine Frau, dann auch die Kinder fragen. Wir haben ja selber kaum Platz! Vielleicht kommen Sie bei der Bäuerin unter!"

„Keine Chance! Ich hab's bereits versucht! Nicht einmal als Knecht will sie mich nehmen. Aber dafür bin ich sowieso nicht geeignet!"

Es kam Professor Wolf zu Hilfe, dass man plötzlich am Hauseingang heftiges Geschrei hörte. Zwei betrunkene Amerikaner waren hereingestürmt und hatten sofort Radau gemacht. Überall schnüffelten sie herum, vor allem suchten sie Alkohol, nicht Wein oder Most, sondern Schnaps und harte Getränke.

„Um Gottes willen, das Hitlerbild!“ schrie Gustl. „Wir haben vergessen, es abzunehmen.“

„Schnell, nehmt es herab und versteckt es unter dem Kopfpolster!“

Es war nicht zu früh, denn schon hörten sie das Geschrei auch auf der Stiege, die zu ihnen heraufführte. Als die Soldaten die Wohnungstür von Franz Dirisamer aufstießen, sahen sie die ganze Familie und Professor Wolf in einem Eck beisammen stehen. Brigitte, Robert und Heinz drückten sich an die Eltern.

Es waren zwei üble Burschen, die betrunken und schwankend im Türrahmen standen. Jeder hielt sein Gewehr in der Hand, und zwar so, dass man mit dem Lauf überall hintasten und herumstochern konnte. Sofort waren sie bei den Betten und hoben die Tuchent empor.

„Wenn sie jetzt den Polster hochnehmen, sind wir erledigt!“ sagte Gustl.

„Shut up!“ Alle erstarrten bei diesem Geschrei, sie standen verdattert beisammen und beobachteten mit ängstlichen Augen, was weiter geschah.

Die Amerikaner fanden zunächst nichts, der Polster blieb liegen, wo er war, aber trotzdem randalierten die beiden herum, und dummerweise entdeckten sie zwei deutsche Soldatenmäntel. Sofort durchsuchten sie diese und warfen sie auf den Boden. Dann brüllten sie Franz Dirisamer an.

„Sie wollen wissen, woher das Zeug stammt“, übersetzte Wolf.

„Unsere Kinder haben es heimgebracht. Ich möchte es auftrennen und Hosen und Röcke daraus machen!“ sagte Resi.

Wieder übersetzte Wolf. Die ruhige Art des Professors und sein tadelloses Englisch wirkte dämpfend auf die beiden. Doch dann fand einer eine harmlose Fotografie von Hugo in Luftwaffenhelferuniform. Das erregte sie ungemein.

„Nazi! Nazi!“ schrien sie. Sie zerrissen das Bild, warfen es auf den Boden und spuckten es an. Noch einmal suchten sie herum, und sie fanden an der Tür hinter den Betten den Rucksack, den Robert heimgebracht hatte. Jetzt brüllten sie Resi an, sie forderten sie auf, diesen vom Haken zu nehmen. Doch Resi weigerte sich. Deshalb wollte es Franz Dirisamer an ihrer Stelle tun. Das erregte die beiden Betrunkenen nur noch mehr. Mit einem Bajonett zerfetzten sie den Rucksack, die Stücke dieser Barbarei aber warfen sie im Wohnzimmer herum.

Ihr Geschrei war schrecklich. Und doch wurde es von der Stimme von Professor Wolf überdeckt, der ruhig und gelassen zu sprechen begann. Was er ihnen vorhielt und warum er sie zur Aufgabe überreden konnte, das verstand außer den beiden Soldaten niemand. Denn es wurde so schnell hin und her gesprochen, dass selbst die beiden Gymnasiasten diesen Ausführungen nicht folgen konnten. Mit finsterer Miene zogen die Amerikaner endlich ab.

Franz Dirisamer war erleichtert, aber Resi zitterte am ganzen Leib. Diese Demonstration seiner Überlegenheit brachte dem Professor viel Sympathie ein. Franz Dirisamer bedankte sich immer wieder. Und als er Resi und den Kindern die Bitte um Einquartierung von Professor Wolf vortrug, waren alle damit einverstanden. Als Schlafplatz war zwar nur ein kurzer Diwan vorhanden, aber, wenn man den Polstersessel ans untere Ende stellte, dann ging es. Und Professor Wolf war damit mehr als zufrieden. Er hätte sich auch auf den Boden gelegt.

XXX.

Wenn sich auch die Situation im Hause Schraberger, also im Distelgut, gelichtet und beruhigt hatte, rundum waren der Lärm und das Treiben ärger und toller als je zuvor. Fast stündlich wurden neue Gefangene zusammengetrieben und vor der Öffentlichkeit bloßgestellt. Leute, die in der letzten Zeit kaum aus den Häusern gekommen waren, sah man jetzt auf der Straße herumstehen. Kinder rannten in Scharen daher, und dort, wo die amerikanischen Soldaten von einem Lastwagen aus Zuckerl, Schokolade oder Kaugummi in die Drängenden warfen, bildeten sich ganze Trauben von Menschen, die sich schreiend und balgend um diese Süßigkeiten stritten. Teilweise boten sie recht unwürdige Schauspiele, den Amerikanern aber gefiel es.

Nur die Mädchen und Frauen verhielten sich vorsichtig, sie trauten sich nicht so recht aus den Häusern und Wohnungen. Im Gasthaus Kuba war es zu einer Szene gekommen, man sprach von Vergewaltigung. Sofort waren einige Jeeps mit Männern der Militärpolizei vorgefahren und hatten Ordnung hergestellt. Es wurden über die beteiligten Soldaten harte Strafen ausgesprochen, man erzählte viel Tratsch, Genaueres aber wusste niemand.

Aufregungen gab es genug, und die Spannung dieser ersten Nachkriegstage knisterte förmlich in der Luft. Ein Zufall wollte es, dass Franz Dirisamer in der Wagenhütte des Bauern ganze Stöße von hingeworfenen Büchern entdeckte, zum Großteil Naziliteratur, Schriften, die er noch Tage vorher voller Angst und Sorge in seinem Ofen verbrannt hatte. Der erste Band, den er in die Hand nahm, war Hitlers politische Schrift „Mein Kampf", eine wundervolle Ausgabe in blauem Leder. Und gleich daneben Rosenbergs „Mythos des 20. Jahrhunderts", ebenfalls in Leder, aber ganz in Weiß und mit Goldschnitt versehen. Sollte er es wagen und diese Luxusexemplare an sich nehmen? Er blätterte die Seiten einzelner Bücher durch und konnte nicht genug staunen, mit welchem Aufwand sie hergestellt worden waren. Seine Begeisterung für Bücher, welcher Art immer sie auch waren, wurde ihm an diesem Nachmittag beinahe zum Verhängnis. Er wurde nämlich beim Betrachten und beim Wühlen in dem Bücherhaufen ertappt, ausgerechnet von den beiden betrunkenen Soldaten, mit denen er schon in der Wohnung solche Schwierigkeiten gehabt hatte. Sie fuhren wütend auf ihn los und setzten ihm eine MP an die Brust.

„Um Gottes willen! Ich habe doch nichts getan!"

Aber nun war kein Professor Wolf zur Stelle, der ihm hätte helfen und der die Situation hätte erklären können. Dirisamer hatte im letzten Schuljahr zwar Englisch unterrichtet, er hatte einen gewissen Vokabelschatz, aber englisch sprechen konnte er nicht.

„Du nehmen, du tragen und verbrennen!" befahlen sie ihm in gebrochenem Deutsch. Mit der MP im Rücken wollte Dirisamer die Bücher über die Straße schleppen und in der Wiese aufschlichten. Der eine Soldat stieß ihm aber den harten Lauf des Gewehres in die Rippen und schrie: „Du! Da verbrennen!" Und er zeigte ihm die Stelle, wo er das Feuer haben wollte.

Es war der Durchgang zwischen der Wagenhütte und dem Pferdestall, wo Franz Dirisamer die Bücher auf den Boden werfen und anzünden musste. Mit dem ersten Qualm kam auch schon die Bäuerin händeringend angerannt.

„Ihr zündet mir das Haus an! Überall ist Holz, und die Dächer sind mit Stroh gedeckt, alles hier brennt wie Zunder!" Da schlugen die beiden Amerikaner auch auf sie die Waffen an und drohten ihr mit dem Erschießen. Ihr Gezeter und Geschrei lockte andere Hausgenossen herbei, auch die Polen, den Großen und den Kleinen Jan.

Als der Große Jan die Bäuerin in solcher Not und von den Soldaten bedroht sah, richtete er sich in seiner vollen Größe auf und brüllte die Soldaten mit hochrotem Gesicht und geblähtem Hals an.

„Ich polnischer Kriegsgefangener! Ich gewesen in KZ! Aber Leute hier gut! Auch Arbeit gut! Hier nicht schießen, nicht auf Chefin! Wenn, dann zuerst mich!"

Sein Auftreten bewirkte, dass die beiden Soldaten den Lauf ihrer Gewehre senkten. Unsicher geworden blickten sie um sich, sie suchten ein freundliches Gesicht, bemerkten aber nur Feindseligkeit. Jetzt stellte sich der Große Jan vor die Bäuerin, schrie in polnischer Sprache einige Sätze und deutete den Soldaten mit seiner gewaltigen Pranke, dass sie den Hof verlassen sollten. Diese zögerten, stießen dann einige Flüche aus und entfernten sich durch das Fahrzeugtor des Bauernhofes. Der Größere von beiden, ein verkommener Typ mit einer blonden Stehfrisur, trat noch einmal mit dem Fuß ins Feuer. Nach allen Seiten sprangen die Funken in die Holzgeräte und Bretter, konnten aber, bevor sie zündeten, von den Knechten mit Birkenbesen ausgeschlagen werden. Den Rest des Feuers erledigten sie mit Wasser.

Dieses schreckliche Ereignis und die Bedrohungen mit den Gewehren hatten allen zugesetzt. Im Augenblick, als man ihm die Mündung an die Brust hielt, hatte Franz Dirisamer mit seinem Leben abgeschlossen. Aber auch die Bäuerin hatte um ihres gefürchtet und war sichtlich hergenommen. Sie fasste nach dem Großen Jan.

„Ich werde dir das nie vergessen! Du hast mir das Leben gerettet! Du Haderlump, du verflixter, was haben wir uns vor dir gefürchtet, wir haben geglaubt, dass du uns allen die Gurgel durchschneiden wirst, und nun bist du so ein großartiger Kerl! So ein Held!“

Der Große Jan, der sich nach diesem Vorfall schnell beruhigt hatte und ziemlich kühl wirkte, lachte ein wenig verächtlich, hatte aber nichts dagegen, als ihn die Bäuerin herzlich umarmte.

„Ach“, meinte er gedehnt. „Ich nichts haben gegen dich! Kinder gut, Bauer gut, auch Bäuerin gut, aber böse mit Mund!“

Alle lachten über diesen Spruch!

„Seien wir froh und dankbar, dass die Gefahr vorbei ist!“ bemerkte Dirisamer dazu. „Nun werden wir hoffentlich Ruhe haben!“

Dem war aber nicht so! Eine Gefahr gab nämlich an diesem Tag der anderen die Hand, und jede wollte in das Bauernhaus der Schraberger hinein. Seit dem frühen Morgen waren nämlich Sträflinge unterwegs, sie zogen herum und wanderten von Hof zu Hof. Sie waren auffallend, denn sie trugen noch immer ihre gestreiften KZ-Gewänder. Und sie hatten Waffen, Gewehre und Pistolen. In kleinen Gruppen kamen sie herein, drängten alle Türen auf und filzten schamlos die Bewohner der Bauernhäuser. Da sie bei den Amerikanern verköstigt wurden, waren sie nicht hinter Nahrungsmitteln her. Sie hatten es auf andere Dinge abgesehen, vorwiegend auf Uhren, Schmuck und Photoapparate.

Heinz war gerade mit Maxi Nöbauer im Heustadel unterwegs, sie krochen in ihren Höhlen herum und untersuchten ihr Waffenarsenal, das sie im Winkel zu der Ziegelmauer angelegt hatten. Sie waren sicher, dass sich hierher niemand verirren konnte und planten gerade neue Abenteuer, als sie aufgeregtes Geschrei hervorlockte.

Im Hof standen fast alle Hausbewohner beisammen, auch Resi und die Geschwister von Heinz waren darunter. Alle wurden von einigen Sträflingen mit gezückten Pistolen in Schach gehalten, bösartig standen diese herum und forderten die Bewohner auf, ihre Wertsachen abzuliefern. Heinz wollte sofort zurück in den Stadel, doch war er bereits bemerkt worden, einer dieser KZler fasste ihn am Hemdkragen und zog ihn aus dem Scheunentor. Maxi kam von selber nach. Sie wurden zu den anderen gestellt und mussten warten, niemand durfte sich rühren. Es dauerte lange, zumindest eine gute halbe Stunde, bis jene Sträflinge, die in die Wohnungen gegangen und dort alle Kästen aufgerissen hatten, das Haus verließen und wieder in den Hof traten. Einer von ihnen hatte eine größere Ledertasche mit einem Schulterriemen umgehängt, er war der Anführer der Bande und zugleich ihr Sprecher.

„Wo habt ihr die Wertsachen und den Schmuck vergraben?" fragte er der Reihe nach die Leute, die im Hof standen. Als er zu Dirisamer kam, forderte er:

„Schmuck! Her damit, oder wir werden euch zeigen, wer jetzt etwas zu sagen hat!" Dabei fuchtelte er mit seiner Pistole herum. Resi klammerte sich an ihren Mann, sie war fast weiß im Gesicht. „Papa", hauchte sie, dann fiel sie reglos in sich zusammen. Die Aufregung war ihr zu viel geworden.

Franz Dirisamer fing sie auf. Wütend und voll Sorge um seine Frau schrie er auf. „Schmuck! Wertsachen! Ich habe neun Kinder, glauben Sie, da ist mir Geld geblieben, um Schmuck zu kaufen? Hilf mir!" sagte er zu Gustl, und dann trugen sie die Mutter zur Hofbank und setzten sie vorsichtig ab. Heinz und Robert liefen voll Angst zu ihnen. „Mama! Mama!"

Der wortführende Sträfling sah auf die beiden. „Sind das Ihre Kinder?" fragte er.

Dirisamer nickte, war aber zu sehr mit seiner Frau beschäftigt, um sich um anderes kümmern zu können. Resi war matt, aber sie stand schon wieder.

„Komm einmal her!" befahl der Sträfling Heinz.

„Werden Sie mich erschießen?" fragte Heinz voll Angst, ging aber trotzdem näher zu dem Sträfling. Dieser sah ihn lange und merkwürdig an. Dann ließ er plötzlich seine Pistole fallen, schlang beide Arme um den Kleinen und drückte ihn lachend an sich. Er küsste ihn auf die Wangen. „Erkennst du mich denn nicht wieder?" fragte er fast zärtlich den Buben. „Du hast mir mit deinem Freund Nahrung gebracht. Milch, Brot und auch Fleisch! Im Feuerwehrhaus! Ihr Kinder habt uns das Leben gerettet!". Dann ließ er Heinz los.

„Diesen Leuten geschieht nichts!" befahl er. „Und alles, was wir von hier mitgenommen haben, geht zurück!"

Heinz hatte voll Verwunderung die Zärtlichkeiten über sich ergehen lassen. Und weil die Sträflinge ihre Waffen einsteckten und allen rundherum friedlich die Hand gaben, zeigte er auf die Bäuerin.

„Von ihr haben wir es bekommen! Sie hat das Essen hergegeben!", und dann holte er Maxi. „Und das ist mein Freund, der mit dabei war!"

Der Sträfling ergriff die Hand der Schrabergerin. „Tausend Dank für Ihre Hilfe! Ohne Sie wären wir verloren gewesen und umgekommen!"

Natürlich kannte niemand von den Anwesenden die Zusammenhänge, deshalb wandte man sich an Heinz und dieser musste von seinem Abenteuer im Feuerwehrhaus erzählen. Obwohl Heinz umständlich und mit großen Ausschweifungen berichtete, erfuhren doch alle, was sich in jener schaurigen Nacht zugetragen hatte und weshalb sich die Sträflinge jetzt so freundlich und gut gesinnt benahmen. Franz Dirisamer staunte nicht schlecht, als er diese Geschichte erfuhr, sie klärte ihn wieder einmal auf sensationelle Weise auf, was seine Buben und die Kinder im allgemeinen den ganzen Tag trieben. Aber das konnte er nicht nur positiv bewerten, es machte ihm auch Sorge, denn das war es ja gerade, was ihn immerzu beschäftigte und wonach er ständig fragte: „Kinder, was macht ihr? Wo geht ihr hin? Wo seid ihr gewesen?“ Und die Antwort lautete auf die eine oder andere Art immer gleich: „Papa, wir waren eh nur ...!“ Aber dieses „eh“ war es, was so viele Gefahren und Geheimnisse barg. Ja, Franz Dirisamer machte sich in dieser Zeit viele und berechtigte Sorgen, er konnte nicht überall sein und Kinder hüten, das war ja, wie auf Flöhe aufzupassen. Auch die Größeren machten, was sie wollten, sie entglitten ihm immer mehr. Gerade jetzt, da Lisl und Othmar aus der Pubertät waren, fehlten die älteren Brüder, die ihnen die Flügel zurechtgestutzt hätten. Aber was sollte es, das Leben war einmal so und musste weitergehen!

Deshalb dachte Franz Dirisamer bei sich, dass alles in Gottes Hand liege und das Schicksal für jeden vorgezeichnet war, und darum lobte auch er seinen Buben, natürlich mit einer gleichzeitigen Ermahnung.

„Das nächste Mal kommst du aber zu mir! Das musst du mir hoch und heilig versprechen!“ Und Heinz versprach natürlich alles, weil er ja keine Ahnung davon hatte, wie er ein solches Versprechen halten sollte.

Alle Aufregungen endeten an diesem Nachmittag damit, dass die Bäuerin die Sträflinge zu einer Jause einlud, sie setzte ihnen eine Mehlspeise vor, die Sophie fabriziert hatte, und brachte sogar einen halbwegs ordentlichen Kaffee zusammen.

„Wenn Sie meinen Rat hören wollen," sagte der Anführer der Sträflinge, „dann nehmen Sie einen Pinsel und gewöhnliche Kalkfarben und malen ein Andreaskreuz auf ihre Haustür. Es ist dies ein ausgemachtes Zeichen. Leute in solchen Häusern belästigen wir nicht, wir verschonen sie."

Nach diesen Worten nahm er Heinz noch einmal hoch und drückte ihn herzlich an sich. „Leb wohl, mein kleiner Schutzengel, wenn ich wieder einmal herkomme, besuche ich dich!" Und damit verließ der ganze Trupp das Haus.

„Bist auch zu was wert!" sagte die Bäuerin gut gelaunt zu Heinz, sie war froh, dass sie die Bande vom Leib und aus dem Haus hatte. Dann verließ sie ihre Küche, um nach der Kalkfarbe zu suchen.

Diese zusammengewürfelten Horden, die ihren Machtanspruch daraus herleiteten, dass sie im KZ gesessen und diesem glücklich entronnen waren, wurden bald mehr gefürchtet als die amerikanischen Soldaten, die sich mit den Einheimischen gut stellten und an die Bevölkerung von ihren eigenen Vorräten verschenkten, aber auch das austeilten, was sie in den Lastwägen der Deutschen vorfanden. Davon profitierte besonders Othmar, der wie verwandelt war und zu den Besatzungstruppen Anschluss suchte. Über Nacht war der nationalsozialistische Rausch von ihm gewichen, den ganzen Tag stand er bei den Amerikanern, übte sein Englisch und ließ sich die gehamsterten Süßigkeiten gut schmecken. Er war beim Vorfall mit den Sträflingen nicht zu Hause gewesen, und man konnte es als Glück bezeichnen, dass er erst heimkam, als diese Leute schon fort waren, denn er schleppte einen Korb daher, der mit Weinflaschen vollgefüllt war, mit ungarischem Wein, einem süßen Tokayer, den er auf einem Lastwagen entdeckt hatte. Es war Beutegut, auf das es alle umherstreunenden Gruppen abgesehen hatten, und es war auch gefährliche Last, denn niemand war schrecklicher als die vielen Betrunkenen, die überall zu sehen waren und die zu ihrer Rache und ihrem Recht kommen wollten.

„Wir müssen die Flaschen schnell vergraben!" meinte Resi, stellte sie aber dann auf die Kästen unter die Marmeladegläser und zu den eingerexten Kompotten, wo sie wenig auffielen und im Schatten des niedrigen Wohnraumes fast verschwanden.

„Ich kann noch etwas bringen!“ meldete sich Othmar, und zu Robert und Heinz sagte er: „Ihr könnt auch etwas holen, ich zeige euch, wo!“ Und damit war er auch schon wieder fort.

Heinz blieb. Er war nicht sonderlich darauf erpicht, die schweren Weinflaschen heimzuschleppen, ihm gingen vielmehr andere Fragen durch den Kopf. Erstens, warum war Professor Wolf so hinter den Gasmasken her? Und als nächstes beschäftigte ihn die Frage: Wie konnte er die vielen deutschen Wehrmachtsauszeichnungen und hohen Orden, die an der Stallmauer beim Bauern Lehner in Haufen herumlagen und zum Teil in den Schmutz getreten worden waren, einsammeln und heimbringen? Sein größter bisheriger Schatz war das silberne Verwundetenabzeichen, für das Robert zehn Mark und sein Taschenmesser bekommen hatte. Aber dieses war gar nichts im Vergleich zu den Auszeichnungen, die bei der Stallmauer zu finden waren, Orden in Schwarz, Silber und Gold, dazu Nahkampfspangen in jeder Menge, vor allem aber die EK I-Kreuze, von denen er nur träumen konnte und bei deren Betasten sein Herz bereits schneller zu schlagen begann. „Ich muss flink sein“, dachte Heinz, „sonst schnappt sie mir einer von Roberts Bande noch weg, und dann sind alle diese schönen Medaillen für mich verloren.“ Er wusste ja, was Robert in die Hände bekam, das gab er nicht so schnell wieder heraus.

Deshalb lief Heinz zunächst zu den Lastwägen bei der Straßenwalze, ergriff einen Rucksack, entleerte ihn und war im nächsten Moment bereits beim Schotterweg, der knapp an der Stallmauer des Lehnergutes vorbeiführte. Es war dies die Stelle, bei der man die deutschen Offiziere degradiert hatte. Zunächst langsam und vorsichtig, dann aber, weil niemand in der Nähe war, gierig und schnell, raffte er die herumliegenden Auszeichnungen zusammen und ließ alle Orden, Bänder und Kreuze, die ihm vor die Finger kamen, in seinem Rucksack verschwinden. Ihn schwindelte vor Glück, weil er einen so riesigen, unbezahlbaren Schatz erbeutet hatte. Aber wohin sollte er damit? Gerade vorhin hatte er seinem Vater versprochen, dass er nichts mehr ohne seine Bewilligung machen würde, und nun sollte er den Rucksack heimschleppen? Unmöglich, davor fürchtete er sich zu sehr. Ihm blieb als Versteck nur die Scheune übrig, der Heustadel mit den vielen Höhlen und Gängen, die sie sich gegraben hatten.

Eine Taschenlampe hatte er bei sich. Als er beim verschiebbaren Holzbrett ankam, keuchte er bereits vor Anstrengung und Angst, Schweiß stand auf seiner kleinen Stirn, aber verbissen und stur drängte er sich in die Scheune, er wühlte sich wie von Sinnen durch das Heu, zog dabei den Rucksack hinter sich her, und als er an die Stelle kam, an der jeder von der Bande Halt machte, weil dort bereits die Sauce vom Schweinestall durch die Bretterwand sickerte, warf er ein Loch auf, schmiss den Rucksack in die Brühe und deckte ihn mit Heu zu. Er war sich ganz sicher: Niemand würde hier suchen, niemand vermuten, dass an dieser Stelle sein Schatz vergraben lag.

Als er wieder im Freien stand, war er so erschöpft, dass seine Beine zitterten und ihm schier den Dienst versagten. Aber er war auch stolz wie ein Indianer, der seinen ersten Skalp erbeutet hatte. Er setzte sich auf den Stamm eines umgeschnittenen Birnbaumes und rastete, bis er wieder bei Kräften war. Langsam rappelte er sich hoch und sah hinüber zu jener Hütte, in der er die Gasmaskenbehälter entdeckt hatte, Dosen, die dort auf einem Haufen beisammen lagen. Er lief zunächst zum Bienenhaus von Herrn Steinmaßl. Dann blickte er rundum, und als er sicher war, dass er von niemandem beobachtet wurde, rannte er zur Holzhütte. Die Türe war nur mit einer einfachen, rostigen Eisenkette versehen, die man zum Öffnen von einem gröberen Nagel aushängen musste. Er nahm diese Kette weg und zwängte die Türe auf. Die Angeln quietschten, und das Holz knarrte. Als sie weit genug offen stand, schlüpfte er ins Innere. Mit klopfendem Herzen bewegte er sich vorsichtig auf dem Lehmboden, schräges Licht kam durch die Bretterspalten von oben herein, Spinnennetze hingen zwischen den Balken. Vorsichtig näherte er sich den hingeworfenen Büchsen, er nahm eine in die Hand, und als er am Verschluss hantierte, sprang plötzlich der Deckel auf.

„Aha, was haben wir denn da?" sagte er leise zu sich, denn die Dose war angefüllt mit Zigaretten. „Da wird sich Mama freuen", dachte er noch, bevor er zu den beiden Lastwägen bei den abgestellten Straßenwalzen rannte, dort einen zweiten Rucksack entleerte und mit diesem zurück zur Holzhütte lief.

Eine Dose nach der anderen öffnete er, alle waren vollgestopft mit Zigarettenpäckchen, und alle kamen sie in seinen Rucksack hinein. Heinz wusste, dass man mit Zigaretten etwas anfangen konnte, nicht nur, dass Wladimir und Hugo starke Raucher waren, für Zigaretten tauschte man auch Lebensmittel ein, und selbst die Bäuerin war scharf auf Tabak, weil sie diesen für ihren Mann und die Knechte brauchte. Für ein Päckchen Zigaretten ließ sie sich nicht lumpen, da gab sie sogar ein ordentliches Stück Fleisch her.

Der Rucksack war bereits angefüllt, als Heinz auf einige Dosen stieß, in denen noch die Gasmaske steckte. Ohne viel zu denken, nahm er eine heraus und schlüpfte mit dem Kopf in sie hinein, nur um zu probieren, wie sie ihm passte. War es Täuschung oder war es Wirklichkeit? Plötzlich hörte er es neben einem Hackstock klimpern, und als er an die Stelle sah, erblickte er einen gelben, runden Schimmer, eine Münze, die er zaghaft in die Hand nahm und die sich schwer anfühlte. „Hundert Schilling" stand auf der Vorderseite der Münze. Konnte das Gold sein? Er drehte den Behälter um und schon purzelten weitere Münzen auf den Boden.

Ja, das war Gold! So klein und unerfahren Heinz auch war, instinktiv erkannte und fühlte er, dass er hier etwas besonders Schönes und Wertvolles entdeckt hatte. Jetzt war seine Neugier erwacht. Er riss aus den verbliebenen Behältern die Gasmasken und sah zu seiner Freude, dass auch in diesen als „Bodensatz" weitere Münzen versteckt waren. Heinz nahm jede einzelne in die Hand und zählte ab, wie viele er zusammenbrachte. Es waren etwas über hundert Stück, also eine ganze Menge, die er da gefunden hatte. Dann öffnete er die letzte Dose, aber es kam keine weitere Münze hervor, nichts war mehr vorhanden. Schnell stopfte er die Goldschillinge in die tiefen Säcke seiner Lederhose, die sich prall füllten und schwer auf seinen Bauch drückten. Er ließ den Rucksack mit den Zigaretten stehen, verließ die Holzhütte und wankte, vom Gewicht seiner Beute behindert, langsam zum Bauernhaus. Sein erster Gedanke war der, mit seinem Schatz heimzugehen und ihn dort voller Stolz herzuzeigen. Als er aber das hintere Fahrzeugtor, das in den Hof hineinführte, erreicht hatte, stockte er. Wieder kamen ihm Bedenken wegen seines Vaters, und er dachte, dass er nicht gelobt, sondern wegen seines Ungehorsams höchstens gescholten und vielleicht sogar bestraft werden würde. Deshalb machte er kehrt, ging zum verschiebbaren Holzbrett, kroch durchs Heu bis zur Stelle, wo er die Auszeichnungen versenkt hatte, griff mit dem Arm in die Pfütze und zog den Rucksack an den Lederriemen heraus. Das Umfüllen der Münzen von den Hosentaschen in den Rucksack war schnell vollzogen. Noch einmal ließ er den Strahl der Taschenlampe auf seinen Schatz fallen. Was er hier beisammen hatte, das hatte kein anderer von den Buben, das besaß nur er. Er war unsagbar stolz auf sich und fühlte sich reich wie ein König. Das einzige Unglück bestand darin, dass er nichts herzeigen durfte. Schweren Herzens band er den Rucksack wieder zu und versenkte ihn an derselben Stelle, an der er vorher gelegen war.

Heinz kroch durch den Gang zurück. Als er wieder im Freien war, rannte er ums Haus, betrat es durch den vorderen Eingang und stieg dann in die Wohnung hinauf.

Sein Vater musterte ihn. „Bist du im Saustall gewesen? Du stinkst ja erbärmlich!"

Heinz verzog keine Miene. Er wandte sich an seine Mutter. „Mama, riechst du das auch?"

„Und ob ich das rieche. Am besten, du ziehst dich aus. Deine Sachen wasche ich dir dann morgen!"

„Mama, kannst du Zigaretten brauchen. Ich habe einen Rucksack gefunden, der ist mit ausländischen Zigaretten angefüllt!"

„Zigaretten?“ fragte die Mutter. „Die kann ich schon brauchen. Aber darfst du sie auch nehmen? Stehlen darfst du sie auf keinen Fall!“

„Wenn ich sie nicht nehme, dann holt sie jemand anderer!“

„Dann bring sie heim!“ sagte die Mutter. „Wenn Wladimir und Hugo kommen, werden sie sich darüber freuen, ich habe nämlich nichts auf Vorrat!“

„Kommen die beiden denn heim?“ fragte Heinz voll Freude und merkte an dem plötzlich ganz verzweifelten Gesicht der Mutter, dass er etwas Falsches gesagt hatte.

„Sie werden schon kommen!“ klärte ihn Franz Dirisamer auf. „Aber wir wissen natürlich nicht, wann das sein wird. Und nun hör auf mit deiner Fragerei!“

War er wegen seines Schatzes gerade noch froh und glücklich gewesen, so war ihm jetzt ganz traurig zu Mute, denn er hatte gesehen, wie seine geliebte Mama hinter dem Kasten verschwand. Das tat sie immer, wenn sie weinen musste, es aber nicht zeigen wollte. Er überlegte, ob sie wieder froh sein würde, wenn er ihr einen Rucksack mit Zigaretten heimbrachte.

„Mama, soll ich dir jetzt die Zigaretten holen oder nicht?“

Als sie nickte, ging er noch einmal fort und lief wieder zum Holzschuppen. Gerade, als er den Rucksack mit den Zigaretten schulterte, entdeckte er eine Goldmünze auf dem Boden. Er hatte sie übersehen und steckte sie unbekümmert zu sich in den Hosensack.

XXXI.

Obwohl Resi den Diwan für Professor Wolf gerichtet hatte, blieb die Bettstatt leer. Die Buben hatten ihn am Abend bei den verschiedensten Lastwägen der Deutschen gesehen, später aber aus den Augen verloren. Am Morgen des nächsten Tages tauchte er aber wieder auf. Ein Jeep mit zwei jungen amerikanischen Soldaten war vorgefahren, und mit ihnen stieg auch der Professor aus dem Auto.

Unternehmungslustig und gut gelaunt bezeichnete er sich jetzt als „offizieller Dolmetscher" und dann auch gleich wieder als „Rotkreuz-Assistent". Franz Dirisamer war etwas erstaunt über die sonderbare und plötzliche Karriere des Professors, aber wie man darüber auch denken mochte, Wolf war es, der die Entlausungsaktion an den Kindern und Erwachsenen in Pichlern in die Wege geleitet hatte und sie nun mit Hilfe der beiden Amerikaner durchführen wollte.

Dazu mussten zunächst alle Kinder der Umgebung zusammengetrommelt und versammelt werden. Das ging sehr leicht, denn die Nachricht, dass man durch Einstauben mit einem Pulver lausfrei werden könne, verbreitete sich sehr schnell. Das wollte sich niemand entgehen lassen, denn Petroleum war verhasst und half nur bei wiederholter Anwendung. Die Parasitenplage war einfach zu umfassend geworden. Manchmal hatte man sogar das Gefühl, dass man von Pferden oder Kühen Läuse bekam. Woher auch sonst, dachten die Leute, da man doch täglich den Lauskamm verwendete und die Haare bürstete und untersuchte.

Die Behandlungen wurden ebenerdig im Distelgut vorgenommen. Die Leute stellten sich vor der Haustüre an, durften nacheinander eintreten, wurden von oben bis unten bestaubt und für eine zweite Entlausung am nächsten Tag bestellt. Zuerst waren es die Frauen und Mädchen, die diese Prozedur über sich ergehen ließen, nach ihnen kamen die Burschen und Buben, und erst zuletzt erschienen die Männer, der Bauer, die Knechte und die Polen.

Heinz war an diesem Vormittag im Wetti-Haus bei den Geschwistern Mika und Hanne, die dort mit den Eltern und der Großmutter zwei Räume bewohnten und es sich seit ihrer Ankunft sehr behaglich eingerichtet hatten. Alles war einfach, aber bunt gestaltet. Als Betten hatten sie gewöhnliche Matratzen auf den Fußboden ausgebreitet, und darauf saßen sie auch tagsüber. Nur hatten sie da schwere, aber sehr farbige und leuchtend gemusterte Decken darüber gelegt mit großen, ebenfalls bunten Pölstern an der Wand. Ein paar Ziegelsteine als Pfeiler und gehobelte Bretter darauf dienten als Ablage für Töpfe und Pfannen, aber auch für einige Bücher, die der Reihe nach aufgestellt und teilweise in einer fremden Sprache geschrieben waren. An der Wand hatte der Bauer Szepesi zwei Bilder aufgehängt, sie zeigten dunkle Heiligengesichter mit goldenem Hintergrund. Darunter waren kleine Podeste befestigt, Baumschwämme, die als Kerzenhalter dienten. Auch vergilbte Photographien hingen dort, die der ungarischen Großeltern von Mika, wie diese ihm einmal verriet.

Heinz fühlte sich in der Wohnung des Bauern Szepesi sehr wohl, es ging hier immer ruhig zu, die Eltern und die Großmutter waren freundlich zu ihm, und mit den Kindern kam er ohnedies gut aus. Mika war etwas älter als Heinz, sie war immer sauber und sehr hübsch angezogen, mit Kleidern, die ihr die Mutter genäht hatte, und mit einer handgestrickten Weste. Was Heinz an Mika besonders liebte, das war ihre vertrauensselige Art, sie kannte keine Scheu und schmiegte sich gerne eng an ihn an. Dann las sie ihm aus einem Buch vor, oder sie erzählte ihm frei erfundene Geschichten. Je länger er mit ihr beisammen war, um so schöner erschien sie ihm, und wenn sie ihn anlachte, dann funkelten ihre blaugrünen Augen, und in ihre Wangen senkten sich Grübchen ein. Das helle Haar hatte sie meist als Pferdeschwanz oder in zwei Zöpfe gebunden, doch trug sie es manchmal auch offen, weil es sehr gewellt war und sich an der Stirn und den Schläfen stark kräuselte. Sie roch gut, manchmal spürte er ihren Atem auf seiner Wange, und heute hatte sie ihm sogar einen Kuss auf die Lippen gedrückt. Das war kein verstecktes Zeichen, denn sie hatte es direkt neben ihrer Mutter getan, und als Heinz rot anlief, hatte diese milde zu ihm herüber gelächelt und nur „Sie liebt dich eben!" gesagt.

Heinz war das überaus peinlich. Jedesmal, wenn er sich in ein Mädchen verliebte, wurde er sogleich schüchtern und gehemmt, zumindest versank er in eine Gefühlswelt, in der er nur mehr Blödsinn sagte und wo sein schrecklich gestörtes Denken zu Tage trat, ähnlich, wie es ihm auch in der Schule immer wieder passierte.

Aus diesem Grund war er froh, als Mikas Vater zur Tür hereinkam und ihnen von den Vorgängen beim Schraberger berichtete. Natürlich machten sich alle auf den Weg, um sich bestauben zu lassen. Als ihn das Mädchen bei der Hand nahm, war er für einen Augenblick stolz und glücklich, aber schon nach einer kurzen Strecke ihres Weges entzog er ihr diese und lief voraus.

Maxi Nöbauer und Bertl Steinmaßl hatten die Behandlung schon hinter sich, auf ihren Köpfen lag es wie Mehl, und auch auf der Stirn sah man Spuren des Pulvers.

„Es tut nicht weh, nur juckt es in der Nase! Ich habe mindestens zehnmal niesen müssen!" schilderte Maxi seine Erfahrungen. Und alle anderen rundum sagten dasselbe.

„Ich kenne das schon, die Amerikaner haben mich bereits gestern eingestaubt!"

„Weißt du nicht, dass man es zweimal machen muss?"

Ohne viel zu fragen, betrat Heinz das Haus und somit den Raum, wo behandelt wurde. Es gab nicht viel zu sehen, einige Dosen standen herum, und mit Zerstäubern wurden die Leute von den beiden amerikanischen Soldaten und von Lisl sorgfältig besprüht.

„Da bist du ja!" sagte diese ganz laut, als sie Heinz erblickte. „Du bist der Letzte von der Familie, der noch nicht entlaust ist. Komm her, wenn du willst, staube ich dich ein!"

„Darfst du denn das?"

„Norman hat es mir erlaubt. Er meint, dass ich eine geborene Krankenschwester bin!"

Sie begann mit dem Kleineren von den Soldaten zu quatschen. Dabei deutete sie auf Heinz.

„Komm her, Norman will dich kennen lernen!"

Heinz trat näher, er gab zuerst Norman, dann auch dem anderen Amerikaner schüchtern die Hand. Beide gefielen ihm, sie waren mindestens so schön wie der Soldat Ernstl, der den Heldentod erlitten hatte, und freundlich waren sie ebenfalls, denn sie steckten ihm ein Päckchen Kaugummi zu.

„Wir haben bereits Freundschaft geschlossen, Norman und Dick sind Studenten und kommen aus einer Millionenstadt, die Seattle heißt. Wenn ich will, werden uns die beiden am Abend besuchen!"

„Da musst du aber zuerst Papa und Mama fragen! Willst du mich jetzt einstauben oder muss ich noch länger warten?"

Anstelle einer Antwort zog sie ihm das Hemd aus der Hose, dabei trällerte sie und benahm sich irgendwie verrückt, sie kicherte unnatürlich und begann, ihn während eines Lachanfalles anzusprühen. Ob mit Absicht oder nicht, auf jeden Fall traf der erste Sprühstoß seine Nase. Schnell hielt sich Heinz die Hand vor die Augen und begann zu brüllen.

„Tu das nicht, tu das ja nicht mehr!" Als ihm aber ein neuer Spraystoß ins Gesicht fuhr, schrie er: „Ich hasse dich! Du machst es mit Absicht!"

Lisl lachte und sprühte weiter. Endlich rührte sich eine helfende Stimme, es war Othmar. „Lass ihn in Ruhe, sonst sagt er es Papa, und dann hast du deine Bescherung!"

Die Bescherung kam aber nicht von ihrem Vater, sondern von Professor Wolf, der plötzlich vor Lisl stand und sie aufgebracht anfuhr.

„Wie benehmen Sie sich! Glauben Sie, das Zeug ist zum Spielen da? Dazu kostet es zuviel Geld. Ich würde Ihnen raten, in Ihre Wohnung zu gehen und Ihrer Mutter zu helfen, die hat Arbeit genug!"

Lisl blickte ihn verächtlich an, sie war in einer manischen Phase, die sich bei ihr nicht so leicht stoppen ließ. Sie ahmte die näselnde Aussprache des Professors nach. „Wie benehmen

Sie sich?“ spottete sie und ging dann direkt auf ihn los. „Von Ihnen lasse ich mir gar nichts sagen. Zuerst ein Nazisoldat und auf einmal ein Freund der Amerikaner. Haben Sie eigentlich schon gebeichtet, dass Sie bei der SS gewesen sind?“

„Das ist ja unerhört!“ entrüstete sich Professor Wolf, war aber klug genug, nicht weiter zu streiten, denn er bemerkte, wie der Amerikaner Norman mit verliebten Augen zu Lisl herübersah. Heinz hatte nach dem anfänglichen Geschrei sein Hemd und seine Hose wieder zugemacht und lief hinauf in die Wohnung. Niemand war anwesend. Auf dem Tisch fand er einen Zettel: „Bin bei den Beeten – Gießen – Komme aber bald wieder – Mama“ entzifferte er. Heinz setzte sich in seine Spielecke. Wo mochte Robert sein?

Gedankenverloren zerlegte er den Kirchturm, den er vor einer Woche aus Matador gebaut hatte, wieder in seine Bestandteile. Dann holte er seinen Panzer aus der Hosentasche. Vom vielen Herumschleppen war er schon recht ramponiert, aber er lief und feuerte noch immer. Die Gabel der Steinschleuder hatte einen Sprung, er nahm sie ebenfalls aus seinem Sack und wollte sich gerade mit diesem Schaden beschäftigen, als seine Hände beim Herumfingern die Münze ertasteten, die er gestern eingesteckt hatte.

Aufmerksam betrachtete er sie. Sie ließ sich gut angreifen und der goldene Glanz entzückte ihn. Er drehte sie, nahm sein Taschentuch und versuchte, etwas Erde an der Vorderseite wegzuwischen.

Plötzlich fühlte er sich beobachtet, er wusste auf einmal, dass jemand hinter seinem Rücken stand und ihm bei seinem Spiel mit der Münze zusah. Ruckartig drehte er sich um und sah in große, kreisende Augen, die sich eigenartig drehten und sich auf ihn zu bewegten. Aber anstatt zu erstarren, sprang er auf und flüchtete hinter die Kästen. Dort standen die Ehebetten der Eltern mit den Nachtkästchen, er stieg hinauf, überquerte mit zwei, drei Schritten die Tuchent und setzte sich zusammengekauert in die hinterste Ecke. Auf dem Boden lag ein Buch und darauf die Lesebrille der Mutter. Vorsichtig öffnete er einige Seiten und schob langsam die Münze dazwischen. Nur ein paar Meter vor ihm stand Professor Wolf und fixierte ihn mit einem hämischen Grinsen.

„Habe ich dich endlich erwischt, du kleine Kröte! Gib die Münze her, aber schnell!"

Heinz rührte sich nicht.

„Du meinst, du kannst dich vor mir verstecken, aber damit ist es nichts. Ich werde dir den Hals umdrehen! Also, was ist mit der Münze, und wo sind die anderen versteckt?"

Noch mehr kroch Heinz in sich zusammen. Sein Herz tobte. Die Angst schüttelte ihn derart, dass seine Zähne laut hörbar klapperten.

Wieder wurden die Augen des Professors groß und drohend. „Bürschchen, schau her zu mir! Siehst du meinen Finger?"

Heinz wusste genau, was jetzt kommen würde, denn er hatte es ja bei Robert gesehen. Jedesmal, wenn dieser auf die Finger des Professors starrte, bekam er jenen fremden Ausdruck in seinem Gesicht, der erst wieder verschwand, wenn der Professor mit dem Daumen schnippte.

„Auf meine Finger sollst du sehen!"

So fest er konnte, presste er seine beiden Augenlider zusammen. „Ich will Ihren Finger nicht sehen!" schrie er verzweifelt.

„Na, dann muss ich halt zu dir kommen!" Heinz schwanden fast die Sinne. Noch geschah nichts, aber dann hörte er jemanden über das Bett gehen und eine Männerhand fasste ihn am Arm und zog ihn hoch.

In seiner unglaublichen Angst begann er zu schreien, so laut er konnte und wie von Sinnen. Er kam erst wieder zu sich, als er gebeutelt wurde und er die Stimme des Vaters vernahm. „Was ist denn los, was schreist du denn so?"

Heinz riss die Augen auf. Es war tatsächlich sein Vater. Aber dahinter stand auch jetzt noch Professor Wolf. Dieser stellte seinen Zeigefinger vor den Mund, was bedeutete, dass er schweigen sollte.

„Er wollte mir, … er wollte mir!" Heinz schlotterte noch immer und konnte sich kaum beruhigen.

„Was denn? Du kannst ruhig reden! Es geschieht dir nichts, ich bin ja bei dir!“

Heinz wollte sagen, dass ihm der Professor gedroht hatte, den Hals umzudrehen, aber er brachte es nicht heraus. Immer nur: „Er wollte mir! Er wollte mir!“

Franz Dirisamer, der vor Jahren einmal einen Fall von Pädophilie in einer Schule erlebt hatte, drehte sich um. Drohend ging er auf den Professor los. „Was wollten Sie von ihm, Sie Kerl!“

„Nichts wollte ich von ihm, ich wollte gar nichts! Der Bub ist ja hysterisch!“

„Ich glaube, Sie packen jetzt Ihre Sachen und verschwinden aus meiner Wohnung. Auf Nimmerwiedersehen! Ich hoffe, Sie haben verstanden!“

„So also danken Sie es mir, dass ich Ihnen bei den betrunkenen Soldaten beigestanden bin!“

„Verschwinden Sie!“

Diesem Aufbrausen wurde auch dadurch Nachdruck verliehen, dass Resi mit Gustl und Nadja heimgekommen war. Knirschend raffte der Professor seine Sachen zusammen.

„Das werden Sie noch bereuen!“

Franz Dirisamer stampfte nur wütend mit seinem Fuß, aber das war so drohend und heftig, dass der Professor fluchtartig die Wohnung verließ.

Als man Heinz später fragte, was denn mit dem Professor gewesen sei, gab er keine Antwort. In seinem Kopf purzelten so viele Dinge durcheinander, dass er alles vermischte und verwechselte und sogar seinen Freund Maxi später mehrmals mit „Herr Professor“ anredete. Was wohl mit seinem Schatz war? Ob er denn auch gut genug versteckt sei, ob er genug Heu darüber gebreitet hatte? Diese Fragen beschäftigten ihn ununterbrochen, gerne hätte er sich jemandem anvertraut, aber er wusste beim besten Willen nicht, wem.

Die Angelegenheit spitzte sich insofern zu, als Resi am Nachmittag ihr Buch vom Boden aufhob und ihr dabei die Goldmünze entgegenfiel. Mit ihrem mütterlichen Instinkt begriff sie, dass diese mit dem Verhalten von Heinz zusammenhing, deshalb zog sie ihn auch auf die Seite und fragte ihn ernsthaft: „Ist die Münze von dir?"

Wie gerne hätte ihr Heinz alles gestanden, aber unglücklicherweise kam in diesem Moment Franz Dirisamer dazu, und als ihm Resi die Münze zeigte, erregte er sich fürchterlich.

„Hast du die Münze gestohlen?" fragte er streng. Heinz saß in der Klemme.

„Ich habe sie gefunden!"

„Diese Münze ist aus Gold, sie ist sehr wertvoll, für uns unbezahlbar. Wir müssen sie zurückgeben. Also, sag' jetzt sofort, wo du sie gefunden hast!"

Heinz sah sein Geheimnis sich in Luft auflösen. Seinen Schatz, den wollte er auf keinen Fall verraten. Er hatte ihn gefunden, und er gehörte ihm ganz allein. Trotzig begann er zu weinen.

„Ich habe nichts gestohlen! Die Münze lag in einem Lastwagen, dort, wo die Straßenwalzen stehen!" stotterte er.

Franz Dirisamer überlegte, dann fragte er unvermittelt: „Hast du sie dem Herrn Professor weggenommen?"

„Nein, ich habe sie niemandem weggenommen, ich habe sie gefunden!"

Jetzt wusste Dirisamer nicht mehr weiter.

„Und wenn er sie wirklich gefunden hat? Es liegt doch so viel Zeug herum, warum nicht auch eine Goldmünze?"

Franz Dirisamer schüttelte den Kopf, er nahm die Münze zwischen die Finger und betrachtete den Aufdruck. ‚Jahrgang 1928' las er darauf. Ja, das konnte stimmen, denn 1924 war die Schillingwährung eingeführt worden.

„Ich werde mich umhören! Vielleicht kann ich den Besitzer ausforschen!"

„Aber sie gehört mir! Ich habe sie gefunden!"

„Das werden wir ja sehen!" sagte Franz Dirisamer und blickte streng und misstrauisch auf Heinz.

Er ging fort, blieb einige Zeit aus und kehrte später mit gesenktem Kopf und bedrückt zurück.

„Ich habe Recht gehabt. Die Münze gehört Professor Wolf. Gott sei Dank war er noch im Haus. Er hat sie sofort als sein Eigentum erkannt und zurückgefordert. Eigentlich müsste ich Heinz bestrafen, aber ich bin so müde, so niedergeschlagen. Die Fratzen lügen mich ständig an, und nun stehlen sie auch noch!"

„Ich weiß nicht recht!" schwächte Resi dieses Urteil ab. „Professor Wolf ist kein aufrichtiger Mensch. Ich glaube nicht, dass ihm die Münze gehört. Aber soll er sie behalten! Nur eins: Ich will nicht mehr, dass er zu uns kommt und bei uns schläft!"

„Ja, das will ich auch nicht mehr. Ich habe mich zwar entschuldigt, habe ihm aber auch dasselbe gesagt."

„Er könnte ja wie früher im Heu schlafen!"

„Ja, das tut er auch, die Bäuerin hat es ihm erlaubt!"

Als Heinz hörte, dass Wolf wieder im Heustadel war, erfasste ihn neuerlich Panik. Er war sich fast sicher, dass der Professor sein Geheimnis durchschaut und den Schatz gefunden hatte, aber er wollte es wissen. Er steckte seine Taschenlampe zu sich, und bei günstiger Gelegenheit verließ er die Wohnung. Er rannte ums Haus, schob die lockere Latte zur Seite und befand sich im Gangsystem der Scheune. Bis zur nächsten Höhle hatte er noch Licht, es kam gebündelt bei den Ziegelfenstern herein und zeigte den Staub an, der überall in der Luft hing. Er wollte sich gerade aufrichten, als er entsetzt zurückprallte. Vor ihm, in der ersten größeren Höhle, saß Professor Wolf, er lachte breit über das ganze Gesicht und kaute dabei an einem Apfel.

„Endstation, kleiner Strolch!" sagte er und dabei wieherte er in sich hinein, dass es ihn nur so beutelte. „Jetzt kannst du schreien, soviel du willst, hier hört dich niemand. Also her mit den Münzen, oder ich murkse dich wirklich ab. Ich verstehe keinen Spaß mehr!"

Heinz robbte augenblicklich zurück, er wollte schnell wieder hinaus aus dem Heu, doch der Professor kam ihm nachgekrochen und hatte bereits einen Fuß von ihm erwischt.

„Hiergeblieben, oder dein letztes Stündlein hat geschlagen!"

Heinz strampelte sich los. Da er kleiner als der Professor war, konnte er sich auch besser bewegen. Aber es war mühsam, es war fürchterlich heiß im Heu, und der Staub kratzte in den Augen und in der Lunge. Er keuchte, hustete, und wie man hören konnte, ging es Professor Wolf ebenso. Er war Heinz aber ganz nah, jederzeit konnte er ihn wieder fassen und festhalten.

Eben machte der Gang eine kleine Biegung, Heinz griff nach vor und bekam den Schaft eines Gewehres zu fassen, es war eins von den vielen, die sie aus dem Waffenarsenal der Funker hierher gebracht und versteckt hatten. Sofort zog er es an sich, drehte sich ruckartig um und hielt es dem Professor entgegen. Dieser stutzte, starrte verwirrt in die Mündung der Waffe und war jetzt weit entfernt von seinem häßlichen Lachen, denn hinter dem Gewehr erblickte er im Licht seiner Taschenlampe das kleine Gesicht von Heinz, es war hochrot, Schweiß stand ihm auf der Stirn und ein irrer Ausdruck der Angst lag in seinen Augen.

„Der Bub ist gefährlich, mit ihm ist nicht zu spaßen. Nur eine einzige, falsche Bewegung von mir, und ich bin tot", dachte Wolf.

„Tu das Gewehr weg! Wir beide können doch Freunde werden. Und die Münzen, die werden wir uns selbstverständlich teilen! Einverstanden?"

Heinz war unfähig, auch nur ein Wort zu sprechen. Das Keuchen seiner Lungen war so laut, dass er nichts von dem verstand, was Wolf gesagt hatte.

„Ich will dir beweisen, dass ich es gut meine, da, schau auf meine Finger, hier ist deine Goldmünze, du kannst sie haben!"

Die Münze funkelte schön und verlockend. Heinz wollte soeben danach greifen, als die Brillen des Professors vor ihm zu kreisen begannen. Es war der Augenblick, in dem der Oberkörper von Wolf nach vorne flog und er das Gewehr an sich zu reißen versuchte. Der Knall war nicht laut, aber Heinz stürzte zurück, der Kolben der Schusswaffe hatte ihn voll getroffen.

Es dauerte, bis er wieder zu sich kam. Noch immer hielt er den Karabiner in der Hand. Er blickte nach vor und sah, dass der Gang leer war. Der Rauch des verbrannten Pulvers hing beißend in der Luft. Er hatte geschossen, das wurde ihm schnell klar, aber er hatte nicht getroffen, denn Professor Wolf war verschwunden. Nur Pulvergestank umgab ihn. Hatte er vielleicht mit dem Schuss das Heu entzündet? Um ganz sicher zu sein, leuchtete er mit der Taschenlampe alles ab, konnte aber nichts erkennen, was dafür sprach. Er überlegte und überlegte, wusste aber nicht, was er jetzt tun sollte. Um nichts in der Welt wagte er sich nach vor und bis zum losen Brett, überall auf diesem Weg konnte er abgefangen werden. Voller Verzweiflung riss er das Heu oberhalb auf, versuchte, sich einen Gang zu graben, und zwängte sich hindurch. Plötzlich glaubte er zu ersticken, er ließ sich fallen und landete am Ausgangspunkt. Schnell atmete er durch. Er vernahm Stimmen. Woher? Von wem? Sofort kroch er wieder nach oben, wieder dieselbe Beengtheit und der Gedanke, dass er im Heu stecken bleiben und ersticken würde. Alles besser als Professor Wolf. Sein Hilferuf blieb ein krächzendes Röcheln, Lichter tanzten vor seinen Augen, er riss und kratzte mit letzter Kraft und bekam frische Luft. Erschöpft stützte er sich mit gespreizten Armen am Rand des gegrabenen Loches ab. Vor sich entdeckte er den Holzpfosten, der zum Hühnerstall führte und auf Seitensprossen zu besteigen war. Er kannte diesen Weg. Schnell kletterte er hoch, lief über einen queren Balken und sprang von dort in das Heu hinunter. Nur noch wenige Schritte, und dann war er im Hof.

XXXII.

Von sieben Uhr abends bis sieben Uhr früh bestand Ausgangssperre, deshalb war es für die beiden amerikanischen Soldaten hoch an der Zeit, sich zu verabschieden und sich wieder ins Soldatencamp zu begeben. Norman schmachtete Lisl an, er hatte nach ihrer Hand gegriffen und riskierte es soeben, ihr einen Kuss auf die Lippen zu drücken, als Professor Wolf zur Hoftür hereinkam. Er war ziemlich aufgebracht, trug seine gebrochene Brille in der Hand und versuchte, sich nun ohne seine Gläser in dem etwas dunklen Raum zurechtzufinden.

Noch steckte ihm der Schreck in allen Gliedern. Der Vorfall mit dem Buben lag ja noch keine zehn Minuten zurück. Unglaublich, als er nach Heinz fasste, hatte dieser tatsächlich abgedrückt, das Mündungsfeuer des Gewehres hatte aufgeblitzt, Pulverdampf war ihm ins Gesicht gesprüht und der Hauch des Todes war ganz knapp an seiner Wange vorbeigegangen. Die Brille war ihm ins Heu gefallen, panikartig hatte er danach gegriffen und zu spät bemerkt, dass er bei der Suche das Knie auf sie gesetzt hatte. Das eine Glas war gebrochen. Ein entsetzlicher Schaden! Wer sollte ihm die Brille reparieren, oder woher sollte er eine neue bekommen? Er war verzweifelt, dieser verdammte Fratz! Er hatte sich schnell aus dem Gang und aus der Höhle zurückgezogen, denn wer konnte wissen, was dem Kleinen nicht noch alles einfiel.

„Unsere deutschen Mädchen vergnügen sich bereits mit unseren Befreiern!“ bemerkte er giftig, als er die zärtliche Szene vor seinen Augen sah. Unwillkürlich spürte er Eifersucht. Er hatte früher immer einige nette Worte mit dem Mädel gewechselt, besser gesagt mit dieser jungen Frau, diesem unglaublich schönen, engelsgleichen Wesen mit einer großen Anziehungskraft auf alles, was sich an Männlichkeit um sie bewegte. Und nun knutschte sie mit dem Amerikaner herum, mit einem von diesen suny-boys, die sich alles nahmen, was in ihrer Reichweite war und was sich ihnen anbot. Er empfand die Schmach der Szene nicht persönlich, sondern kollektiv. Der deutsche Landser war passee, seine Uniform entehrt, seine Abzeichen wurden in den Dreck getreten und bespuckt, gleichgültig, welche Heldentaten und Wagnisse diese Blechorden auch symbolisierten. Und dazu kam jetzt der ewige Triumph der Sieger: Auch die Frauen der Feinde gehörten ihnen. Ganz in diesem Sinne empfand er die gegenwärtige Situation. Trotzdem hatte er die Antwort von Lisl anders erwartet.

„Ach, Sie sind noch hier? Noch immer nicht fort, und Sie wissen natürlich auch nicht, dass Sie nur mehr unerwünscht und höchst entbehrlich sind. Ich dachte schon, die Militärpolizei hat sie mitgenommen, und nun steigen Sie noch immer herum, lästig, wie Sie sind!“

Diese offene Frechheit erzürnte und empörte ihn zwar, aber er sah, wie Lisl mit dem Amerikaner flüsterte und wie dieser mit einem Blick auf ihn mehrmals mit dem Kopf nickte. Kein gutes Zeichen, besser, er verschwand.

„Ich sehe schon, Sie haben ein großes Talent in die Wiege mitbekommen, leider kein gutes!“ bemerkte er noch und ging zurück in den Hof. Er fühlte die Demütigung, gleichzeitig seine Einsamkeit und sein Schicksal. Aber dass es so hart kam, das hatte er nicht erwartet. Ein Trost war, dass er wenigstens wusste, wo er heute Nacht sein Haupt zur Ruhe legen konnte. Die Bäuerin hatte es zwar widerwillig, aber immerhin erlaubt, dass er im Stroh und im Heu der Scheune übernachten durfte. Weit hatte er es gebracht. Er fluchte!

Der Tag war noch lange nicht vorüber, man merkte deutlich, dass es Sommer wurde. Außerhalb des Hauses war es lind und aromatisch, duftende Büsche flammten in den Gärten, Maikäfer brummten aus der langsam anbrechenden Dämmerung in die nächtliche Idylle, und fast auf jedem höheren Baum saß am äußersten Zweig eine Amsel, die ihr Lied in den späten Nachmittag hinausflötete.

Nichts von all dem bemerkte und spürte Professor Wolf. Nach der Abfuhr im Haus war er minutenlang derart verbittert und verstimmt, aber auch so hasserfüllt, dass er auf der Stelle zu einem Mord fähig gewesen wäre. Er musste fort! Schon vor

Monaten hatte er geplant und überlegt, wie er sich bei Kriegsende nach Wien durchschlagen würde. Es war kein Zufall, dass zu diesem Zweck Zivilkleider für ihn in einem Rucksack bereitlagen, Hemden, Unterwäsche, Schuhe und ein Anzug, alles im nördlichen Niederösterreich organisiert und alles für den Heimmarsch bereit. Aber jetzt auf einmal ging es mit dem Teufel zu.

Sein Gold war verschwunden, und ohne diesen Schatz wollte er nicht aufbrechen. Als er auf dem Rückzug vor den Russen in einem verlassenen Bankgebäude Unterschlupf gesucht hatte, waren ihm die Münzen in die Hände gefallen. Es war wie ein Wunder, denn wo gab es auf den Banken noch Gold? Nichts, was an Edelmetallen aus Österreich in das Deutsche Reich gewandert war, kam jemals zurück, sämtliche Goldreserven versickerten in der Waffenindustrie oder in diversen anderen Kanälen. Und gerade in dieser einen, eher unscheinbaren Bank lag ein kleiner Schatz, wahrscheinlich privates Eigentum, das in aller Eile auf die Seite gebracht worden war, denn die Münzen waren nicht sonderlich gut versteckt, aber wenn man sie gesucht hätte, man wäre an ihnen vorbeigegangen.

Er hatte schlechte Wurst gegessen und litt an Durchfall, Erbrechen und leichtem Fieber. Hätte er nicht mehrmals in kurzen Abständen die Spülung in einem der drei Klosetts der Bank ziehen müssen, er hätte das Geheimnis auch nicht entdeckt. Aber so musste er nachsehen, warum kein Wasser nachfloss, und da fand er die Münzen. Sie steckten in kleinen Marmeladegläsern und waren in den Wasserspülkästen untergebracht, in allen dreien. Durch diese Münzen aufmerksam geworden, suchte er weiter. Und da kam ihm ein verchromter Metalldeckel verdächtig vor, er war angeritzt, etwas bombiert und verschloss einen Hohlraum, in dem die Hauptschalter für Gas und Wasser untergebracht waren. Er handelte instinktiv, und es war nur ein Versuch, aber als er die erste Schraube des Deckels gelockert hatte, fiel ihm auch schon eine Münze entgegen.

Das Versteck in den Marmeladegläsern brachte ihn auf die Idee, die Münzen fürs Erste in einigen markierten Gasmaskenbehältern aufzuteilen und unterzubringen. Das war insofern leicht, als er als Zeugwart seines Trupps ungehinderten Zugang zu allen Vorräten und Ausrüstungsgegenständen hatte. Er allein und sonst niemand! Seinem Rucksack traute er nicht, denn einmal hatte er einen Kameraden überrascht, wie dieser darin gewühlt hatte. Es wäre mit den Gasmaskenbehältern auch alles gut gegangen, wenn ihnen nicht in einer Fabrik Unmengen von Zigaretten in die Hände gefallen wären.

„Die Gier ist etwas Schreckliches!" sagte sein Oberleutnant, als er sah, wie sich seine Soldaten Rucksäcke mit dem Tabakzeug anfüllten und diese ins Auto schleppten. Aber dass ausgerechnet Professor Wolf die Idee hatte, auch die Gasmaskenbehälter mit Zigaretten anzufüllen, das war eine Dummheit, eine ausgesprochene, nicht wieder gut zu machende Gedankenlosigkeit gewesen. Denn dadurch hatte er jetzt nicht nur die Zigaretten, sondern auch sein Gold verloren.

Zuerst hatte er fest angenommen, dass seine eigenen Kameraden zuerst die Zigaretten und dann auch das Gold entdeckt und fortgeräumt hätten, als er aber den Sohn von Fachlehrer Dirisamer beim Spielen mit einer von seinen Münzen überraschte, da war plötzlich wieder neue Hoffnung geboren worden. Er musste seinen Schatz wiederhaben, er betrachtete ihn als sein Eigentum und seinen Besitz als Existenzfrage. Und wo es um die Absicherung und Qualität seines Lebens ging, dort kannte er kein Pardon, dort gab es nur ein Hart auf Hart.

Unschlüssig betrat er die Scheune, setzte sich in die Ecke, wo sein Rucksack unter dem Heu lag, holte ihn schließlich hervor und nahm aus einer großen, blechernen Dose einige Kekse, die er langsam knabberte. Dazu trank er aus einer Flasche Brunnenwasser. Es war ein einfaches Abendessen, aber er war trotzdem froh, dass er bei den Amerikanern wenigstens diese Keksdose aufgetrieben hatte.

„Wenn ich davon ausgehe, dass die Buben den ganzen Tag im Heu herumkriechen und überall in den Gängen ihre Sachen verstecken, dann ist es doch irgendwie logisch, wenn ich annehme, dass auch mein Gold im Heu steckt", dachte Professor Wolf. „Ich muss den Kleinen ununterbrochen beobachten, irgendwann verrät er sich.“

Und weiter dachte er, dass es noch leichter wäre, wenn er Robert mit der Schatzsuche und der Beobachtung von Heinz beauftragen würde. Wo steckte der Bengel eigentlich? Er hatte ihn schon einen ganzen Tag nicht mehr gesehen. Er schnürte seinen Rucksack zu, grub ihn wieder ein und begab sich, als im Hof der Lärm der Kinder und des Personals allmählich verstummte, aus der Scheune. Langsam spazierte er ums Haus, trat ein und stellte sich zur Stiege, wo es hinauf in die Wohnung von Fachlehrer Dirisamer ging. Oben vernahm er allerlei Stimmen, er konnte sie bereits nach den Personen unterscheiden, denn er war schon lange genug im Distelgut. Es war wie in einem Kuhstall, das kurze Brüllen des Vaters, das Muhen der Kälber und darunter gemischt das Zwitschern der Schwalben. Er hörte, wie Heinz zu singen anfing, und seine Lieder waren so verlockend, dass bald die anderen einfielen und sich ein lieblicher Chor entwickelte. Das etwas stimmbrüchige Organ von Robert hörte er aber nicht.

Er wusste genug und ging wieder hinaus. Er patrouillierte einige Male um den großen Bauernhof, schob die Hausbank in die Dunkelheit des vorderen Birnbaumes und setzte sich darauf. Der Himmel verfinsterte sich, die Sterne traten hervor, und die jungen Blätter raschelten, weil ein leichter Wind aufgekommen war. Langsam begann ihn zu frieren. Er knöpfte sich gerade den Rock zu, als ein leichtes Kratzen seine Aufmerksamkeit erweckte. Es kam vom Bauernhof Lehner und bewegte sich zum Distelgut, und zwar nach hinten zur Seitentür des Hofes. Zunächst dachte er an einen Igel, der zur Jagd aufbrach, dann aber sah er die geduckte Gestalt, die sich knapp über dem Boden bewegte und etwas Schweres hinter sich herschleppte. Langsam und in größter Spannung erhob er sich von der Bank und verfolgte die schleichende Person. Und er sah jetzt ganz genau, dass diese Person einen Sack zog. Sofort dachte er an seinen Schatz, an die Goldmünzen. Wenn er jetzt Glück hatte und den Dieb überraschte, dann war wieder alles in Ordnung, dann wollte er die Münzen, im Futter seines Gewandes vernäht, mit sich nehmen und dann abhauen, über die Berge nach Mariazell und von dort nach Wien.

Vor Erregung begann Wolf zu keuchen. Der Schleicher kroch an der Mauer des Vierkanthofes entlang und bog soeben um die Ecke herum. Jetzt musste er sich beeilen, um die Person nicht aus den Augen zu verlieren. Als auch er abbog, sah er die Gestalt bei den Brettern der Scheune, und er sah, wie diese das bewegliche Brett drehte und dann in das entstandene Loch zu kriechen versuchte. Dabei erkannte er auch, wen er vor sich hatte. Es war Robert!

Das also war das Geheimnis. Dieser Bursche hatte ihn genarrt und ihn bestohlen, nicht der dämliche Heinz hatte den Goldschatz, sondern er, ganz klar! Er hatte zugewartet und den richtigen Augenblick abgepasst, um ihn zur Scheune zu schleppen und dann im Heu zu vergraben. Aber diesen Streich wollte er ihm verleiden und ihm gleichzeitig eine ordentliche Lektion erteilen.

Er war jetzt so nah, dass er Robert atmen hörte. Er näherte sich ihm von hinten, fasste ihn am Schopf und hielt ihm gleichzeitig mit der anderen Hand den Mund zu. Robert zappelte und quietschte wie verrückt durch die Finger, die sich ihm auf die Lippen pressten. Alle Gegenwehr war vergeblich. Mit großer Kraft wurde er in das Heu befördert, weiter geschoben, aber gleichzeitig an den Füßen festgehalten. Nach ihm folgte der Sack. Die Latte drehte sich, das Loch war zu.

„Ist es nicht ein bisschen spät für dich, in der Gegend herumzuschleichen?" Professor Wolf nahm seine Taschenlampe aus dem Rock und leuchtete Robert ins Gesicht. „Was hat man denn so Dringendes zu tun und so Wichtiges durch die Gegend zu schleppen?"

Robert wusste nicht, wen er vor sich hatte. Wolf trug keine Brille, und die Stimme klang in dem engen Loch gedämpft. „Ich wohne in dem Haus und wollte gerade zu meinen Eltern und mich niederlegen!"

„Dich niederlegen, mit dem braunen, schweren Sack im Arm?“

„Welchen schweren Sack?“

„Na, den da, den du so krampfhaft an dich gezogen hast und den du nun hinter deinem Rücken verstecken willst!“

„Das alles gehört mir! Sie dürfen es mir nicht wegnehmen!“

„Wegnehmen? Niemand will das! Aber darf man vielleicht sehen, was darin verborgen ist?“

Roberts Gehirn arbeitete auf Hochtouren. Wer saß da vor ihm, und wie konnte er es anstellen, dass er entwischen und gleichzeitig seine Beute behalten konnte? Die Lampe blendete seine Augen. Nichts fiel ihm ein, aber schon gar nichts! Nach dem anfänglichen Schreck sank ihm jetzt das Herz immer mehr in die Hose, und langsam wurde er verzagt und weinerlich.

„Wissen Sie denn nicht, dass ich ein großer Häuptling bin und dass ich mindestens hundert Krieger befehlige? Und ich werde so lange kämpfen, bis Sie tot sind und ich Ihren Skalp an meinem Gürtel habe!“ Er begann zu schluchzen.

Die Reaktion seines Gegenübers war verblüffend. „Der große Häuptling Dirisamer Robert! Ich werd' verrückt!“ Laut lachend stieß Wolf den Satz förmlich aus sich heraus.

Jetzt endlich erkannte Robert, mit wem er es zu tun hatte.

„Herr Professor!“

Wolf beruhigte ihn. „Na, gib schon her den Sack und lass schauen, was drinnen ist!“ Er konnte jetzt seine Gier und seinen Triumph kaum noch beherrschen. Und als Robert weiter zögerte, sagte er barsch: „Also, her mit dem Gold!“

„Gold? Ich habe kein Gold! In dem Sack sind nur Waffen für meine Bande. Wir haben beschlossen, einen Zug zu überfallen und alle Schätze darin zu rauben!“

Unwirsch riss ihm Professor Wolf den Sack aus den Händen. „Spiel mir kein Theater vor, ich warne dich!“

Mit zittrigen Fingern knüpfte er die Schnur auf, griff hinein und zuckte zurück, er hatte eine Handgranate getastet. Er zog jetzt den Sack ganz zu sich herüber und leuchtete hinein.

Tatsächlich, in ihm befanden sich nur Waffen. Pistolen, Munition, eine kleine MP und Handgranaten. Lauter gefährliches Zeug! Fassungslos starrte er auf Robert. Er sah plötzlich seine ganzen Hoffnungen und alle seine Möglichkeiten, die mit den Münzen zusammenhingen, in Brüche gehen und in den Boden versinken. Blind vor Wut erhob er die Faust und schlug sie Robert einige Male ins Gesicht. Dieser torkelte und fiel zurück. Aber er erhob sich wieder und wollte nach dem Sack greifen.

„Du bleibst, wo du bist, oder ich kenne mich nicht mehr!"

Lange saßen sie sich schweigend gegenüber. Die blutende Nase im Gesicht von Robert und seine verängstigten Augen ließen den jähen Zorn von Professor Wolf verrauchen. Langsam fasste er sich, klare Gedanken stellten sich wieder ein. Aber es kostete ihn Überwindung, mit dem Buben ein weiteres Gespräch zu führen. Ihm wurde bewusst, dass er versuchen musste, mit seiner überlegenen Intelligenz gegen dieses Spatzenhirn klar zu kommen. Nur mit ruhiger Stimme konnte er Roberts Vertrauen wiedergewinnen.

„Wolltest du von mir nicht Hypnose und Zauberei erlernen?"

Robert nickte.

„Und habe ich dir nicht schon einige tolle Tricks beigebracht?"

Wieder nickte Robert, sagte aber kein Wort.

„Soll ich dich weiter unterrichten?"

Die Augen von Robert leuchteten auf.

„Dann sage mir nur eins: Weißt du, wo das Gold versteckt ist?"

Robert hatte jetzt seine Fassung wiedergewonnen. Erstaunt fragte er: „Welches Gold denn?"

„Also, du weißt von gar nichts?"

„Ich kann es beschwören, aber ich würde es gerne wissen!"

„Würdest du mir auch helfen, das Gold wiederzufinden? Ich würde es mit dir teilen, und du würdest reich werden. Dann brauchst du auch keinen Eisenbahnzug überfallen!"

Robert verbiss die Schmerzen in seinem Gesicht, noch immer brummte ihm der Schädel. Aber das zählte jetzt nicht, es war bedeutungslos, denn er war gerade dabei, ein großes Geheimnis zu erfahren, und diese Chance wollte er auf keinen Fall versäumen.

„Wo sollen wir denn suchen?" fragte er.

„Nun hör mir zu, ganz unter uns! Dein Bruder Heinz, dieses Rabenvieh, diese diebische Elster, hat meinen Schatz gestohlen und ihn irgendwo versteckt!"

„Heinz hat einen Schatz gestohlen?"

Das klang so unglaubwürdig, als hätte jemand behauptet, eine Maus habe den Mount Everest bestiegen.

Robert schüttelte den Kopf. „Das kann nicht wahr sein! Der ist doch viel zu dumm! Der glaubt noch immer an das Märchen vom Rotkäppchen und an das von den sieben Geißlein! Nein, alles glaube ich, nur das nicht!"

„Dann schau einmal her!" Professor Wolf zog die Goldmünze aus seinem Hosensack und hielt sie Robert vor die Augen. „Siehst du das? Echtes Gold! Und wo glaubst du, habe ich es gefunden? Bei Heinz! Er hat damit gespielt. Aber sie ist mein Eigentum, und dein Vater hat sie mir daher auch sofort zurückgegeben!"

Robert staunte ungläubig! Noch nie hatte er Gold gesehen und nie eines in der Hand gehabt. „Darf ich es angreifen?"

„Jetzt darfst du es angreifen. Später aber wird es dir gehören und anderes dazu!"

„Ist das auch wirklich echt?"

„Unbedingt!"

Robert ließ die Münze durch seine Finger gleiten, das glatte Metall und der schöne Glanz entzückten ihn.

„Könnte ich sie nicht schon jetzt haben?"

„Zuerst musst du herausbekommen, wo Heinz die anderen versteckt hat. Von nun an bleibst du ihm auf den Fersen! Merke dir nur eines, er ist ein böser Dieb, und der Schatz ist mein Eigentum. Wenn du ihm das Gold abjagst, tust du nur ein gutes Werk. Diebstahl ist eine schwere Sünde, Heinz hat den Tod verdient! Und jetzt gib mir die Münze zurück!"

„Darf ich sie nicht behalten?" Der Professor nahm sie wieder in seine Finger.

„Willst du sie wirklich? Dann schau her!" Er pendelte die Münze vor den Augen von Robert und Sekunden später sah dieser einen ganzen Sack voll Gold, der vor ihm ausgeschüttet wurde.

„Herrlich!" flüsterte er.

„Morgen holen wir uns den Rest vom Schatz. Verstanden? Du weichst Heinz nicht von der Seite! Immer hinter ihm her, auf Gnade und Verderben!"

Robert nickte.

„Morgen wird sich alles entscheiden! Bist du einverstanden?"

„Selbstverständlich, mein Führer!"

Diese Formel gab Professor Wolf die Gewissheit, dass Robert verstanden hatte, worum es ging.

Der nächste Tag brachte tatsächlich eine Entscheidung, aber nicht eine solche, wie es sich Professor Wolf gedacht hatte. Die Nacht war schlecht gewesen, er lag wach und überlegte aufgeregt hin und her, wie er es anstellen sollte, um so schnell wie möglich zu seinem Gold zu kommen. Er holte eine Landkarte aus seinem Rucksack und suchte sich darauf den günstigsten Weg nach Wien. Er zeichnete ihn mit einem Bleistift nach. Wenn er alles zusammenzählte, eine Woche war es mindestens, die er bis nach Wien brauchen würde. Aber nur, wenn nichts dazwischen kam. Vielleicht brauchte er aber auch zwei. Und es war schwer, Verpflegung zu bekommen. Aber mit Gold ging alles. Verdammt! Wenn er nur schon seine Münzen hätte.

Er war überzeugt, dass er der Lösung seiner Wünsche näher war, als er es dachte. Der Morgen kam. Vier Uhr früh! Erste Amseltöne und wie nach einem Weckruf der Lobgesang der übrigen Vögel. Der Hahn schrie und das Vieh in den Ställen wurde unruhig. Jetzt, da es Tag wurde, packte ihn die Müdigkeit und er schlief ein.

Durch einen Stoß von Robert wurde er wach. „Heinz schläft noch immer, ich schätze, der kriecht vor neun Uhr nicht aus dem Bett!"

Durch sein Soldatsein war Professor Wolf ein frühes Aufstehen gewohnt, und er hatte sich eingelernt, selbst nach einem kurzen Schlaf beim Aufwecken wieder frisch und voll da zu sein.

„Gut!" sagte er. „Ich sehe, du paßt auf! Aber könntest du ihn nicht etwas früher aus den Federn holen? Du weißt schon, ein wenig mehr Lärm und dann auf ihm herumkriechen und ihn stoßen!"

„Heinz schläft wie ein Ratz! Selbst wenn ich ihn holen, herüber tragen und ins Stroh werfen würde, der würde trotzdem nicht aufwachen!"

„Und, wie ist es mit dem Frühstück?"

„Da gibt es nicht viel, was ihn aus dem Bett herauslocken könnte. Nur Tee und ein Stück Brot!"

Professor Wolf griff nach seiner Dose und nahm eine Handvoll Kekse heraus.

„Wäre das vielleicht ein Köder?"

Robert nahm die Kekse und aß sofort eines auf. „Zwei davon genügen, der Rest gehört mir!"

Kaum war Robert fort, zog Wolf auch schon den Pyjama aus, schlüpfte in Hemd und Hose und eilte zum Brunnen. Die Gesichtswäsche fiel knapp aus, das Rasieren ersparte er sich, und Zähneputzen war etwas für die Zeit, in der er wieder in Wien war. Hier hatte er nicht einmal eine Bürste. Am meisten behinderte ihn seine zerbrochene Brille. Der einseitige Blick durch das Glas irritierte ihn und störte besonders beim geraden Vorwärtsgehen. Er packte seinen Rucksack zusammen. Herrgott, wo blieb denn der Bub? Vielleicht sollte er noch einmal im Heu nachsehen, vielleicht fand er doch noch etwas. Er kroch in den nächstbesten Gang und tastete sich bis zur ersten Höhle vor. Die Birne seiner Taschenlampe begann zu flackern, ein Zeichen, dass die Batterie zu Ende ging. Er versuchte sich vorzustellen, wo er, wenn er ein Bub wäre, den Schatz vergraben würde. Vielleicht vorne bei der Mauer? Er kroch hin und griff immer wieder in das Heu hinein, nach unten, nach oben, einmal da und dann wieder dort. Bei der Mauer angekommen, wollte er nach rechts, aber da stank es so schrecklich nach Amoniak, dass ihm fast übel wurde. Zu allem Überdruss tatschte er mit der Hand auch noch in die Brühe, die zwischen den Ziegeln und der Bretterwand des Saustalles durchgesickert war. Und schon hatte er das Zeug auch auf der Hose. Verdammt, wenn er nur nicht hierher gekrochen wäre.

Hätte er geahnt, dass Heinz den Rucksack genau an diesem Ort verborgen hatte und dass sich seine Hand nicht einmal einen halben Meter von den vielen Goldmünzen entfernt befand, er hätte sich hinterher vor lauter Wut, wie es in der Kompanie immer so schön hieß, wahrscheinlich in den Arsch gebissen.

Nichts ahnend kehrte er um, nicht vorbereitet, dass er in sein Unglück lief. Denn bei seiner weiteren Suche kam er zur Stelle, wohin die Buben das Waffendepot verlagert hatten. Zuerst sah er das Gewehr liegen, mit dem Heinz auf ihn abgedrückt hatte. Unglaublich fast, dass er nicht getroffen worden war, auch unfassbar, dass sie nie bemerkt hatten, wie die Waffen von den Buben vom vorderen Teil der Scheune hierher geschafft worden waren. Er erschrak fast, als er vier Panzerfäuste freilegte. Was für gefährliche Waffen! Und hier spielten die Kinder. Nicht vorzustellen, wenn eine losging, der Rückstrahl setzte das Heu in Flammen, und jeder, der sich darin befand, würde verbrennen. Er musste das verhindern!

Unfair, wie es im Leben oft zugeht, wurde ihm ausgerechnet diese gute Tat zum Verhängnis. Er hatte sich die lockere Holzlatte frei gemacht und bei diesem Loch die erste Panzerfaust hinaus ins Freie transportiert und hinter eine Hollerstaude geworfen. Als er aber mit der zweiten Panzerfaust dort ankam, standen, wie aus dem Boden gewachsen, drei Soldaten der Militärpolizei mit gezogener Pistole vor ihm, trainierte, breitschultrige Männer, den Stahlhelm mit dem leuchtenden MP tief im Gesicht, die Mienen unfreundlich versteinert. Professor Wolf saß in der Falle!

Sein perfektes Englisch reichte nicht aus, um den Amerikanern die peinliche Lage und seine schräge Situation verständlich zu machen, es kam ihm nur insofern zu Hilfe, als er später seinen Rucksack holen und mitnehmen durfte. Der Jeep der Militärpolizisten stand gleich neben der Straße, dorthin wurde er gebracht und aufgeladen. Einer von den Soldaten lief noch einmal zurück, um die Panzerfaust zu holen und sie auf einem Gepäcksattel zu verstauen. Als das kleine Fahrzeug abfuhr, blickte Professor Wolf durch seine halbe Brille noch einmal zurück auf das Bauernhaus, wo sich für ihn so viel Entscheidendes zugetragen hatte. Da sah er Heinz, klein, zart und angelehnt an das Einfahrtstor des Bauernhofes, wie eine steife Marionette hob er die Hand und winkte. Wolf winkte zurück. Es war ein Abschied für immer, er wurde nie mehr wieder in dieser Region gesehen.

Ein anderer war ebenfalls zum Abschiednehmen erschienen, nämlich der rebellische Leutnant. Er war mit den Amerikanern Norman und Dick gekommen. Sein gebrochener Arm saß in einem sauberen Gipsverband und außer einem blauen Auge und einigen Schrammen war ihm vom Boxkampf nichts mehr anzumerken. Während Norman und Dick die Kinder und Jugendlichen ein weiteres Mal einstaubten, wollte er sich bei Franz Dirisamer bedanken. Er hatte die schmerzvolle Nacht, die ohne weiteres seine letzte hätte sein können, bei vollem Bewusstsein erlebt. Obwohl er fieberte und scheinbar phantasierte, fühlte er sich immerzu beschützt und in Sicherheit, ihm war vorgekommen, als habe sich sein Denken unendlich geweitet, die Scheune war voll Musik und voller Geräusche gewesen, die Nacht außerordentlich hell, vollgefüllt mit warmer Strahlung.

„Es war ein richtig schönes Erlebnis!“ sagte der Leutnant. „Manchmal hatte ich das Gefühl, als würde ich fortgleiten, aber dann waren Sie an meiner Seite und haben mich gehalten!“

Resi hatte Tee gemacht und dem jungen Mann eine gesüßte Tasse voll hingestellt.

„Tut mir leid, aber Brot habe ich nicht!“

„Macht nichts!" sagte der gewesene Offizier. „Ich habe im Lazarett zu essen bekommen. Lauter feine Sachen haben sie auf dem Speiseplan! Leider ist morgen Schluss mit der Herrlichkeit. Ich komme in einen Krankenwagen und werde mit einigen anderen verwundeten Deutschen nach Salzburg gebracht. Das neue Medikament hat mir übrigens das Leben gerettet. Ich bin ein Glückskind!"

„Ja, eines, das man im übertragenen Sinn vor dem Ertrinken in der Jauchegrube bewahrt hat!" lächelte ihn Dirisamer an.

„Das stimmt schon! Wissen Sie, bei den amerikanischen Soldaten habe ich zum ersten Mal mitbekommen, was ein freies Land zu leisten imstande ist. Was Menschlichkeit und was Demokratie bedeutet! Wir müssen das erst lernen! Aber ich habe keine Angst! Wir werden den Schutt wegräumen und die Städte neu aufbauen!"

„Vor allem aber, junger Mann, müssen wir den Schutt und Staub aus unseren Gehirnen forträumen. Das ist zuerst notwendig, das muss unsere wichtigste Aufgabe sein! Und dazu wünsche ich Ihnen viel Glück!"

XXXIII.

Als die drei amerikanischen Militärpolizisten Dr. Wolf fortführten und zum Jeep brachten, war Heinz gerade zum Scheunentor gekommen. Neugierig beobachtete er die Szene und begriff im selben Moment, dass dieser nicht mehr der von Robert so bewunderte Herr Professor, sondern nur mehr ein Kriegsgefangener war, denn er wurde geschubst, gestoßen, angebrüllt und insgesamt sehr ungnädig behandelt. Und er war auch recht kleinlaut, seine Gesten deuteten an, dass er sich unschuldig fühlte, aber die Amerikaner hielten forsch dagegen. Einer ging zurück zur Scheune und brachte eine Panzerfaust daher. Als er darauf zeigte und sie dem Professor unter die Nase hielt, schüttelte dieser nur mehr den Kopf und stieg wortlos ins Auto. Aber selbst dann, als sich das Fahrzeug schon weit entfernt hatte und schließlich ganz aus dem Gesichtsfeld verschwand, war Wolf in den Vorstellungen von Heinz noch so präsent, dass er sich davor scheute, in das Heu zu kriechen und nach seinem Schatz zu sehen.

Bereits beim Erwachen hatte er das Gefühl gehabt, dass Robert ständig um ihn herumschlich und ihn beobachtete. Deshalb war er auch nicht überrascht, als ihn dieser in der Scheune unerwartet heftig von hinten anstieß, aber er erschrak, als er in das kalte und harte Gesicht des Bruders sah. Es war wie eine bösartige Maske voll grimmiger Bedrohung und widerwärtiger Entschlossenheit, und das wirkte selbst bei diesem dreizehnjährigen Buben Furcht einflößend.

„Wo hast du den Schatz hingetan?“ Diese Frage stellte er so fordernd, dass Heinz sofort ahnte, dass dahinter die Beeinflussung durch Professor Wolf stecken musste.

„Was willst du denn von mir, ich weiß gar nicht, wovon du redest. Und überhaupt, ich will zu Mama, weil ich mein Frühstück noch nicht gegessen hab“.

Er wollte an Robert vorbei und zur Scheune hinausgehen, aber dieser versperrte ihm den Weg.

„Der Professor hat mir alles erzählt! Du hast seinen Schatz gestohlen, du bist ein Dieb und ein Räuber! Er hat mich in Hypnose versetzt und mir befohlen, dich zu foltern, bis du das Gold herausgegeben hast. Also sag' schon, wo du es versteckt hast, oder du wirst gemartert und kommst nicht mehr lebend hier heraus!"

Heinz begann sich zu fürchten. So hatte er seinen Bruder noch nie erlebt, alles Freundliche und Verbindliche war von ihm gewichen. Er beobachtete ängstlich, wie dieser langsam seine Schleuder aus der Tasche zog und einen Stein in den Lederfleck klemmte.

„Flucht!" dachte Heinz. „Flucht ist das einzige Mittel!" Er stürzte zum gegenüberliegenden Scheunentor, hatte aber noch nicht einen Meter zurückgelegt, als er auch schon das Klatschen der Gummibänder hörte und gleichzeitig einen heftigen Schmerz zwischen den Schulterblättern spürte.

Robert hatte ihn angeschossen. Gleich darauf stürzte sich dieser auf ihn, nahm ihn in den Schwitzkasten und drückte so kräftig zusammen, dass Heinz kaum noch Luft bekam.

„Wo ist der Schatz? Wo sind die goldenen Münzen?"

Heinz stöhnte. „Ich ersticke!"

Robert ließ mit seiner Umklammerung nicht nach, im Gegenteil, er presste noch fester zusammen, doch rutschte dabei sein Unterarm vor das Gesicht von Heinz und dieser biss in seiner Verzweiflung kräftig zu.

Mit dem Schmerzensschrei von Robert lockerte sich auch sein Griff, und sofort entschlüpfte ihm Heinz. Wie vom Teufel gejagt kletterte er an der nächsten Pfostenleiter empor. Er wollte zum Hühnerstall und von dort über das Heuloch in den Kuhstall hinunterspringen.

Er war aber noch nicht bis zur Mitte des hinüber führenden Querbalkens gelangt, als ihm Robert von der Gegenseite entgegenkam. Heinz setzte sich mit gespreizten Beinen auf den Balken. Wenn er jetzt hinunterfiel, dann stürzte er aus großer Höhe nicht ins Heu, sondern auf den Lehmboden der Tenne. Ihn schwindelte, er traute sich weder nach vor noch zurück.

Unbarmherzig näherte sich Robert, ein breites, hässliches Grinsen entstellte sein Gesicht, Triumph blitzte aus seinen Augen.

„Der Goldschatz gehört dem Herrn Professor, er will ihn haben!"

„Ich habe kein Gold und keinen Schatz, und der Herr Professor ist schon lange fort, den hat die Militärpolizei mitgenommen. Der Professor hat dir einen Bären aufgebunden!"

„Lüg' mich nicht an! Ich habe eine Münze vom Schatz gesehen. Reines Gold!"

„Aber nicht von mir!" In seiner Todesangst hob er die Hand: „Ich kann es beschwören!"

Auch Robert setzte sich jetzt auf den Balken. Kräftig und selbstbewusst lauerte er auf die nächste Reaktion von Heinz. Diesem kroch die Verzweiflung in den Nacken, er war hilflos wie eine junge Krähe am äußersten Nestrand. Er bettelte: „Bitte, Robert, lass mich vorbei, und ich bin wieder gut mit dir und dein Freund!"

„Du bist nicht mein Freund und bist es auch nie gewesen!"

„Aber ich bin dein Bruder! Wenn ich hinunterfalle, tu' ich mir weh! Ich sag' dir etwas: Ich habe nicht alle Zigaretten Mama gebracht, ich habe mir fünf Päckchen zurückbehalten. Wenn du mich in Ruhe läßt, gebe ich dir drei Päckchen."

„Nicht drei, ich verlange alle fünf!"

„Ich gebe dir vier, aber das ist mein allerletztes Angebot!"

Robert gab darauf keine Antwort. Es war etwas Doppelbödiges an ihm. Teils reagierte er ganz normal, dann auch gleich wieder vollkommen fremdartig. Er rollte mit den Augen und fletschte die Zähne. Er war noch zwei Meter von Heinz entfernt und begann sich langsam zu nähern. Ein Stück rutschte Heinz zurück, er zitterte und schwankte, und er sah, wie Robert nach ihm griff. Sein hässliches Gesicht war jetzt direkt vor ihm. Er schloss die Augen, drückte krampfhaft die Lider zu und ergab sich in sein Schicksal. Da sah er ein Bild der Erinnerung vor sich: Professor Wolf hatte Robert wieder einmal hypnotisiert und für die Soldaten und zuschauenden Kinder Späße mit ihm gemacht. Nach dem Ende dieser Vorstellung hatte ihm Wolf die Finger vor das Gesicht gehalten und „uno, dos, tres!" mit diesen geschnalzt.

Heinz spürte den Griff von Roberts Hand auf seinem Hemd, er merkte, wie er ihn zu sich heranzog. Entsetzt riss er die Augen auf. „Uno, dos, tres!" rief er gellend in seiner Panik und schnalzte mit dem Mittelfinger und Daumen. Sofort lockerte sich der Griff. Heinz sah erstaunt um sich, Robert saß jetzt ganz nahe, ein breites Grinsen lag auf seinen Lippen, dann lachte er laut heraus.

„Hast du wirklich geglaubt, dass ich hypnotisiert bin? Ich habe mir doch nur einen Spaß gemacht!"

„Einen Spaß? Aber du hast mich mit der Steinschleuder angeschossen!"

„Das war doch nur ganz leicht. Und jetzt wollte ich dich halten, damit du nicht hinunterfällst. Übrigens, Mama schickt mich, du sollst heimkommen, sonst wird das Frühstück kalt!"

Wackelig kroch Heinz zurück. Robert war schneller und vor ihm beim Scheunentor. Er drehte sich noch einmal um und rief: „Vergiss nicht, vier Päckchen Zigaretten! Wenn ich sie nicht bis morgen habe, dann stehe ich wieder unter Hypnose, und dann entkommst du mir nicht mehr." Laut lachend, aber gruß- und kommentarlos verdrückte er sich und ließ Heinz allein in der Scheune zurück.

Tränen der Erleichterung rannen diesem über die Wange, aber nicht nur solche, sondern es waren auch welche aus Schmerz und Wut dabei, weil ihm sein Bruder das angetan hatte. Schnell tröstete er sich, denn er hatte Robert getäuscht, er hatte nämlich nicht fünf, sondern zehn Zigarettenpäckchen zurückbehalten. Und seinen Schatz hatte er ihm auch nicht verraten, der blieb nach wie vor in dem von Schweinejauche getränkten Stroh versteckt. Trotzdem waren ihm alle Gänge in die angelegten Höhlen und im Heu durch seine bösen Erlebnisse jetzt so verhasst, dass er sie am liebsten zerstört hätte, aber noch existierte seine Bande, und da brauchten sie Unterschlupf.

Er war immer noch geschockt und zittrig, als er durch die Tür des Bauernhauses eintrat und in die Wohnung wollte. Auf der Eckbank sah er Lisl und Norman sitzen, ein Bild, das sich fast jeden Tag wiederholte und das Ursache dafür war, dass man im Haus über sie abfällig zu reden begann. Besonders gemein äußerte sich ein ehemaliger Soldat, der seine Uniform gegen die Kleidung eines Knechts getauscht hatte und auf diese Weise den richtigen Zeitpunkt für seine Heimkehr abwarten wollte. Der Bäuerin kam das gerade recht, denn über Nacht stand sie ohne Personal da. Der Serbe Schicho hatte sich verabschiedet und war von Linz aus mit einem Omnibus in seine Heimat aufgebrochen. Dieser Abschied hatte auch Franz Dirisamer weh getan, denn er hatte sich seit dem ersten Augenblick mit dem Serben gut verstanden. Wann immer die beiden Zeit hatten, saßen sie beisammen, und Schicho lehrte ihn Serbisch. Das ging so weit, dass Dirisamer zuletzt schon eine einfache Unterhaltung führen konnte.

Anders verhielt es sich mit den Polen, die über Nacht verschwanden. Weder der Große noch der Kleine Jan hatte zu irgendjemandem Lebewohl gesagt, sie waren einfach fort gewesen. Die Bäuerin jammerte und greinte den ganzen Tag, denn sie wusste nicht, woher sie Arbeitskräfte nehmen sollte.

Auch die Russin Bela war aus dem Haus, sie streunte in den Bauernhöfen der Umgebung herum, kroch bald zu diesem, bald zu jenem russischen Knecht und war für die Schrabergerin ein regelrechtes Ärgernis. Nicht nur, dass sie nichts mehr arbeitete, sie kam fast jeden Tag, um Lohn und Essen zu verlangen. Um sie los zu werden, gab ihr die Bäuerin manchmal ein Stück Geselchtes und dazu ein halbes Bauernbrot. Damit war sie aber nie zufrieden, sie schrie und zankte und lief zuletzt sogar zu den Amerikanern. Mit der Militärpolizei kam sie zurück. Franz Dirisamer musste dolmetschen, er übernahm den russischen und Lisl den englischen Teil des Gespräches. Die Amerikaner entschieden so, dass die Bäuerin der Russin Geld geben musste und dass sich die ehemalige Magd selbst einen Schinken aus der Selchkammer aussuchen durfte. Als die Bäuerin widerwillig nachgab und die Selchkammer vor allen öffnen musste, da riss Dirisamer die Augen auf, und das Wasser lief ihm im Mund zusammen. Welche Gustostücke erblickte er da! Für ihn duftete es wie im Paradies, die glänzenden

Schinken hingen in Doppelreihe nebeneinander, mindestens zwanzig, dreißig Prachtexemplare, so etwas hatte er die ganzen Jahre nicht zu Gesicht bekommen. Die Russin griff auch gleich zu und nahm sich das größte Stück vom Haken. Die Hausfrau aber knallte sofort die Türe zu und versperrte sie, indem sie den Schlüssel zweimal umdrehte. Wie gerne hätte auch Dirisamer so ein Bröckerl für sich mitgenommen, aber da war wieder einmal nichts zu machen. Für ihn und seine Familie gab es kein Geselchtes. Im Gegenteil, er musste den Groll der Bäuerin ertragen, da sie argwöhnisch behauptete, er habe sich nicht ordentlich für sie eingesetzt, und nun lautstark verkündete, sie würde von heute an die Haustüre schon um neun Uhr zusperren. Sie wusste ja, dass um diese Zeit die amerikanischen Soldaten mit Lisl und Gustl auf der Hausbank saßen. Das wollte sie unterbinden.

Die Bäuerin konnte die amerikanischen Soldaten nicht leiden, immer hatte sie an ihnen etwas auszusetzen, und sie prahlte damit, dass ihre Töchter keinen Umgang mit den Besatzern hatten und nicht wie andere Frauen mit diesen herumspazierten. Für sie spielte es keine Rolle, dass die liebliche, aber scheue Sophie fast kein Englisch sprach und dass Magda noch ein Kind war.

Es passte ihr, dass der Knecht dieselbe Meinung wie sie verbreitete und ebenfalls auf die Ami und die beiden „Flitscherl" schimpfte.

Für Auguste gab es in dieser Zeit einen schweren Gewissenskonflikt. Sie war doch mit dem Sachsen Hans Peger in Leipzig verlobt, und nun hatte sie sich in diesen Dick Hunt verliebt. Jedesmal, wenn sie von einem Spaziergang mit dem amerikanischen Soldaten heimkam, wurde sie von ihrem Vater mit heftigen Vorwürfen überschüttet.

„Du willst meine Tochter sein? Hast du überhaupt keinen Anstand? Die Leute im Dorf, wie die über dich reden, da muss man sich nur schämen! Wladimir und Hugo sind noch nicht daheim, und du … du …", Franz Dirisamer stotterte vor Erregung, „treibst dich mit diesen Boys herum!"

Fast dieselben Vorwürfe bekam auch Lisl zu hören, doch diese blieb, im Gegensatz zu ihrer Schwester, gelassen.

„Du weißt ja, wie Papa ist!“ sagte sie zu Gustl, und in einem Nachsatz fügte sie hinzu: „Dem Reinen ist alles rein!“

Wie sollte man es nennen, was sich in diesen frühen Sommernächten des Jahres 1945 zwischen den Töchtern von Franz Dirisamer und den Besatzungssoldaten abspielte? War es Zuneigung, Freundschaft, unschuldige Liebe, Begehren oder gar Leidenschaft? Niemand hatte sie je belauscht. Gustl saß mit Dick im finsteren Hof, und Lisl lungerte mit Norman bei der Bienenhütte von Herrn Steinmaßl herum. Und in der Wohnung saßen die Eltern und machten sich die größten Sorgen. Wie sollten sie das noch lange ertragen können? In den Mädeln kochte das junge Blut, und draußen lachte der Mai, und es grünten und blühten die Wiesen und Bäume. O mein Gott!

Die Kluft zwischen den Ansichten von Franz Dirisamer und seinen Töchtern hätte sich wahrscheinlich unüberbrückbar vertieft, wenn sich nicht folgende Szene abgespielt hätte.

Laut Anordnung der Besatzungsmächte bestand ab neun Uhr noch immer Ausgehverbot, und den amerikanischen Soldaten war nach wie vor der Umgang mit Zivilisten verboten. Die beiden verliebten Burschen hielten sich aber weder an das eine noch an das andere Verbot. Immer länger zogen sie ihre Rendezvous hinaus, und es war knapp nach zehn Uhr, als eines Abends Gustl erregt in die Wohnung kam. Kurz darauf erschien auch Lisl.

„Papa“, bat Gustl, „wir sind mit unseren Freunden unten auf der Bank gesessen, und jetzt steht die Militärpolizei vor der Tür, könnten sie sich nicht bei uns verstecken?“

In Franz Dirisamer regte sich die Empörung. „Was fällt dir ein, willst du uns in Gefahr bringen?“

Auch Lisl bettelte: „Wenn man den Norman erwischt, dann kommt er noch heute weg von hier, und ich sehe ihn nie mehr wieder!“

Ein Klopfen an der Tür lenkte Franz Dirisamer ab. Als er öffnete, standen die beiden Soldaten mit verzagter Miene davor.

„Please, we are in a hurry, help us!"

„In Gottes Namen, lasst sie herein!" sagte Franz Dirisamer. „Aber wo sollen sie denn hin?"

Noch ehe er diese Frage richtig überlegen konnte, waren die beiden Männer auch schon unter dem Doppelbett verschwunden. Nicht zu früh, denn bald darauf trampelte es auf der Stiege, und ein Militärpolizist erschien in der Tür. Er blickte kurz um sich und sah die Mädchen. Lisl kicherte ein freundliches „Hallo!", ein breites Grinsen lief als Antwort über das Gesicht des Polizisten, und schon war er wieder fort. „OK! Good night!" hörte man es noch.

Ein lautes, erlösendes Lachen der ganzen Familie, das war die Begleitmusik für die beiden Amerikaner, die nach Abfahrt des Militärjeeps unter den verstaubten Betten hervorkrochen. Ganz abgesehen davon, dass sie ihr Versteck mit den Topferln der Kinder, mit deren abgestellten Schuhen und Spielsachen teilen mussten, hatte sich dort auch einiger Lurch angesammelt, und so war es nur natürlich, dass sie, als sie wieder in voller Größe aufgerichtet im Zimmer standen, als ersten Ton einen kräftigen Nießer und damit ein mehrmaliges „Hatschi" von sich gaben.

So lernten Franz Dirisamer und seine Frau Norman Gerhardt und Dick Hunt, die Freunde ihrer Kinder, kennen. Der Umgang mit ihnen machte auch sie glücklich, denn sie merkten, dass diese so ganz nach ihrer Art erzogen waren und noch recht unschuldig und kindlich wirkten. Sie konnten es gar nicht begreifen, dass diese beiden jungen Männer Soldaten der Kampftruppe waren.

Fortan kamen diese jeden Tag herauf in die Wohnung, es war selbstverständlich, dass sie zuerst die Eltern begrüßten, bevor sie mit den Töchtern fortgingen. Immer hatten sie einige Büchsen mit Lebensmitteln im Jeep, quadratische Blechdosen, die mit Trockenmilch, Trockeneiern, Erbsen und Käse angefüllt waren. Die jungen Kerle waren ihnen nach kurzer Zeit schon so vertraut, dass sie wie Familienmitglieder behandelt wurden. Irgendwie brachten sie das Gefühl in die Wohnung, als wären mit ihnen Wladimir und Hugo heimgekommen.

Als Heinz nach dem Vorfall mit Robert ins Haus trat, blieb er bei der offenen Küche stehen und hörte gerade noch, wie die Bäuerin mit dem Knecht über Lisl herzog. Diese saß im Vorhaus, hatte gerade das Lesebuch aus dem Gymnasium vor sich liegen und rezitierte für Norman einige Strophen aus dem Hamlet, seine letzten Worte: ... O, I die, Horatio ... The rest is silence ... Good night, sweet prince", sie gluckste vor Rührung und versuchte ihre Trauer um den edlen Prinzen von Dänemark zu unterdrücken, als plötzlich Heinz vor ihr und Norman stand.

„Ist es wahr, dass du ein Flitscherl bist?"

Wie mit kaltem Wasser übergossen tauchte Lisl aus ihrer Rührseligkeit auf. Röte schoss ihr ins Gesicht, sie klappte das Buch zusammen und knallte es auf den Tisch.

„Du frecher Rotzbub!"

Sie wechselte mit Norman einige Worte, dann wollte sie aufstehen, aber Norman fasste sie an der Schulter und zog sie auf die Bank zurück. Als sie sich beruhigt hatte, fragte sie: „Hast du es von der Bäuerin?"

„Nein, der Knecht hat es gerade gesagt, er ist ziemlich sauer!"

„Warum denn, ich hab ihm doch nichts gemacht!"

„Ich weiß nicht! ‚Jetzt kann ich schon wieder nicht in die frische Luft gehen', hat er gemeint, ‚weil das Flitscherl mit dem amerikanischen Krüppel draußen sitzt!'"

Man sah, wie Lisl abermals der Zorn ins Gesicht stieg, wieder wurde sie rot vor Ärger, und dieses Mal ließ sie sich von Norman nicht zurückhalten. Ohne viel Umstände ging sie in die Küche. Der Knecht saß vor einem Krügerl Most, und die Bäuerin hatte sich auf ihrem Teller Grießknödel, Selchfleisch und Sauerkraut zurechtgemacht.

„Sie haben mir doch erzählt, dass Sie im Mühlviertel daheim sind und dass Sie in Freistadt einen Beamtenposten bei der Straßenmeisterei haben!" begann Lisl.

Der Knecht war von ihrem Erscheinen genau so überrascht wie die Bäuerin. Weil er aber angesprochen wurde, nickte er mit dem Kopf.

„Das stimmt schon! Wenn nur die Russen fort wären!"

„Aha, die Russen passen Ihnen nicht und die Amerikaner auch nicht! Ein Krüppel sitzt draußen, haben Sie gesagt! Sie haben sich ja schon recht primitive, pichlernische Töne angewöhnt, Sie alter Nazi! Da kann ich Ihnen nur raten, bleiben Sie Ihr ganzes Leben in diesem Haus, denn Sie passen in den Saustall, dort gehören Sie hin!"

Damit hatte sich Lisl ihre ganze Empörung von der Seele geredet. Sie drehte sich um und ließ einen verdutzten Mann und eine sprachlose Bäuerin zurück.

„Komm!" sagte sie zu Heinz. „Geh ein Stückerl mit uns, ich halt es in diesem verlogenen Haus nicht mehr länger aus."

Norman nahm sein kurzes Sturmgewehr und hängte es sich über die Schulter.

Unentschlossen, welchen Weg sie nehmen sollten, spazierten sie einige Male um das Bauernhaus, bis dann Lisl zum Acker der Mutter wollte.

„Ich möchte sehen, ob schon wieder Radieschen nachgewachsen sind und wie weit der Kohlrabi ist!"

Bei der Bienenhütte von Steinmaßl machten sie Halt. Vor den Fluglöchern tummelte sich ein reges Insektenvolk, hunderte Bienen drängten sich durch die schmalen, farbigen Schlitze, die einen landeten schwer beladen, und die anderen surrten wie goldene Funken in den blauen Tag hinaus.

„Im Garten von Mama sitzt schon wieder ein Hase!" sagte Heinz.

Obwohl in der jungen Wiese die saftigsten Löwenzahnblätter und Bärentatzen wuchsen, zog es die Nager immer wieder zum Garten von Resi Dirisamer, wo sie sich über den Salat und den jungen Kohl hermachten.

Heinz holte seine Steinschleuder hervor, aber gleichzeitig hob Norman sein kurzes Gewehr, zielte, ein scharfer Knall, und der Hase überschlug sich. Völlig überrascht fragte Heinz: „Darf er denn das? Darf er einen Hasen schießen?"

„Er hat Menschen erschießen müssen! Glaubst du, da fragt er, ob er einen Hasen umbringen darf?"

Heinz lief zum Garten, er fasste das tote Tier an den Hinterläufen und schleppte es zur Bienenhütte. Dabei zog er eine Blutspur hinter sich her. Norman hatte den Hasen in den Brustkorb getroffen, ihn einfach durchschossen. Er besah sich seine Beute, nahm einen längeren Zweig und steckte ihn durch die Wunde. Dann zeigte er den Geschwistern, wo der Eintritt und wo der Austritt der Kugel gewesen war. Heinz tat der Hase plötzlich Leid, das verschmierte Fell und das blutende Maul, dann die gebrochenen Augen des Tieres, das hatte er eigentlich nicht gewollt. Nur wegen der paar gefressenen Kohlrabi musste er sterben. Dabei wirbelten im Garten die Kohlweißlinge herum. Ihre Raupen taten doch dasselbe, sie fraßen die Kohlblätter zu einem spärlichen Gerippe zusammen, und Mama musste immer wieder nachsetzen.

Heinz dachte angestrengt darüber nach. Der Hase war jetzt mausetot! Wie war das bei den Menschen gewesen, die Norman erschossen hatte? Lisl hatte gesagt, dass es deutsche Soldaten waren.

„Ich glaube, Norman hat Wladimir und Hugo erschossen! Deshalb sind sie noch immer nicht daheim!"

Lisl, die gerade einen munteren Wortwechsel mit Norman geführt hatte, gaffte wie angewidert auf ihren Bruder.

„Was redest du für dumme Sachen? Geh lieber um die Gießkanne, damit wir den Hasen versteckt heimbringen können. Und überhaupt, du kannst dann gleich wieder verschwinden, du dummer Kerl!"

Heinz lief heim, vergaß aber bald den Hasen und die Gießkanne, denn er entdeckte Robert, der mit seiner Bande nach Sierning unterwegs war.

„Wo geht ihr hin?"

Einer antwortete: „Gämsenhüpfen!"

Nicht weit von der Stelle, wo die Amerikaner in Sierning ihren provisorischen Flugplatz angelegt hatten, brach über eine Zeile aus Gestrüpp das Gelände zu einer halbkreisförmigen Schottergrube ab. Dort hatten sie sich in der letzten Zeit öfter aufgehalten, erstens, weil man, so wie in Hofkirchen, im Gerölle herumspringen konnte, vor allem aber deshalb, weil man aus nächster Nähe sah, wie die kleinen Flugzeuge landeten und wieder wegflogen.

Heinz wollte mit, Robert aber stoppte ihn. „Verschwind! Geh zu deinen eigenen Leuten. Und vergiss nicht: Morgen warte ich auf die Zigaretten, vier Päckchen!"

Gekränkt lief Heinz nach Hause, in der Wohnung wartete noch immer eine Schale mit kaltem Kaffee und ein Marmeladebrot auf ihn.

„Ich wollte es schon abräumen! Warum läufst du in der Früh ständig weg, ohne Kaffee und etwas Warmes im Magen?"

Heinz wusste für die Mutter keine Antwort. Er entfernte mit einem Teelöffel die ekelige Haut von der Oberfläche des Kaffees und trank aus der Schale. Einige Gedanken beschäftigten ihn. Mit den Mädchen in seiner Bande hatte es nie so richtig geklappt, sie waren fade und launisch. Verlassen konnte er sich eigentlich nur auf Maxi Nöbauer und auf Bertl Steinmaßl. Wenn er sie jetzt schnell ausforschte, konnte er Robert noch einholen. Er schluckte das letzte Stückchen Brot und wollte zur Tür hinaus. Seine Mutter bekam ihn gerade noch zu fassen.

„Lauf nicht zu weit herum! Es liegt noch überall so viel Kriegszeug, fass mir da ja nichts an!"

Sie hätte gegen die Wand reden können. Was wusste sie von den vielen heimlichen Verstecken und Munitionslagern, die sich die Buben überall anlegten?

Heinz gab seiner Mutter einen Kuss und flog davon. „Hast du mich verstanden?" rief sie ihm nach. „Ja,ja!" und fort war er.

Heinz fand beide Freunde ziemlich schnell, sie waren beim Lehner und telephonierten mit erbeuteten Feldtelefonen von Stockwerk zu Stockwerk. „Spielst du mit uns?" fragten sie ihn.

„Robert ist mit seiner Bande nach Sierning Gämsenspringen gegangen!" berichtete er. „Das wäre viel schöner!"

Sie berieten und waren sich schnell einig. Telephonieren konnten sie ja auch am Abend, und Gämsenspringen war spannender. Es trieb sie förmlich hinter Robert her, sie sahen seine Leute zwar in der Ferne, aber sie holten sie nicht mehr ein.

Schwitzend kamen sie in Sierning an, sie umrundeten das Flugfeld und stellten sich bei den Baracken der Amerikaner zu den Kindern, die dort überall herumlungerten.

„Es wird gleich wieder ein Flugzeug starten!" sagte einer der Buben, aber dieses ließ sich Zeit, und deshalb blieb Heinz mit seinen Freunden länger, als sie es vorgehabt hatten. Schließlich besannen sie sich wieder auf die Schottergrube. Als sie den Platz dort erreichten, hörten sie eine Knallerei, und als sie hinunterblickten, sahen sie auf dem Boden der Grube einen Mann mit Pistole stehen. Erst nach und nach entdeckten sie Robert und die einzelnen Buben seiner Bande, alle hatten sie hinter Felsen und einem verrosteten Förderband Deckung genommen.

„Robert, was ist denn?" schrie Heinz hinunter, und Robert brüllte zurück: „Legt euch nieder, der Mann schießt auf uns!"

Heinz erkannte das Gesicht dieses Mannes, er wusste, wer es war. „Robert, das ist der Brunnenmacher Zöglinger, der die KZler erschossen hat!"

Er war es tatsächlich, und er blickte auch sofort zu Heinz und jagte eine Kugel in seine Richtung.

„Ich hol' die Amerikaner, die werden Gulasch aus ihm machen!" schrie Heinz, aber es kam nicht mehr dazu, denn der Zöglinger steckte sich die Pistole in den Mund und drückte ab. Es sah aus wie rötlicher Staub, was da aus seinem Kopf in die Luft spritzte, eine mächtige Faust packte ihn und warf ihn zurück. Dann lag er still, bewegungslos hingestreckt wie Jesus Christus, bevor er ans Kreuz genagelt und hochgerichtet wurde, beide Arme weit auseinander gebreitet und das Hemd vollgespritzt mit Blut.

Wenn die Buben in eine schreckliche Tat verwickelt wurden, dann blieben sie nie an Ort und Stelle, sondern sie stoben auseinander, und ein jeder rannte, so schnell er konnte, vom Unglücksort nach Hause. Auch dieses Mal war es nicht anders, in Panik und fast genau so wie damals, als ihnen der verkohlte Kopf des amerikanischen Piloten vor die Füße gefallen war, liefen sie einfach geradeaus fort, solange, bis sie keine Luft mehr bekamen. Dann warfen sie sich erschöpft auf den Boden. Nach einigen Minuten kam auch Robert dahergelaufen, er keuchte und stöhnte, blieb stehen und wischte sich den Schweiß von der Stirne.

„Habt ihr es beobachtet? Der Mann hat sich erschossen!"

„Ich habe gesehen, wie ihm ein Blitz durch den Kopf gefahren ist!" erklärte Maxi und richtete sich als erster vom Boden auf. Nach und nach bekam auch Heinz wieder genug Luft. Er hatte das schreckliche Geschehen noch nicht überlegt, aber auch er hatte seine Eindrücke gehabt, nur wollte er nicht darüber reden. Er wollte nur heim zu seiner Mutter. Nach dem Erlebnis mit Robert war er an diesem Tag das zweite Mal einer großen Gefahr entronnen. Er konnte nicht sagen weshalb, aber er verspürte eine innere Stimme, die ihm sagte, dass man das Schicksal nicht ein weiteres Mal versuchen dürfe.

Als sie Pichlern erreichten und er mit Robert in die Wohnung ging, kam ihnen schon auf der Stiege ein angenehm säuerlicher Geruch entgegen. Franz Dirisamer hatte dem Hasen von Norman das Fell abgezogen, und Resi hatte diesen zerteilt und eingebeizt.

„Morgen", sagte sie, „bekommt ihr einen sauren Wildhasen mit Mehlknödeln. Und die beiden Amerikaner haben wir auch eingeladen!"

Sie sahen, dass ihre Mutter das schöne Geschirr aus dem Kasten hervorgeholt hatte. Bisher war es in Pichlern noch nie verwendet worden.

XXXIV.

Der Bauer Szepesi hatte seine drei kleinen Pferde gut über den Winter gebracht, jetzt standen sie in der Koppel und fraßen sich fett und rund. Sie strotzten vor Lebenskraft. Da war es dem Bauern nur recht, wenn ihnen die Kinder Zügel anlegten und ohne Sattel und Decke in die Landschaft hinausritten, denn die Tiere brauchten Bewegung und einen natürlichen Auslauf. Während der Wintermonate hatte er Zeit gehabt, seinen Wagen zu richten und neu zu versorgen. Man konnte sehen, dass er sich für einen Aufbruch vorbereitete.

Nichts war der Schrabergerin unangenehmer als der Gedanke, diesen tüchtigen Menschen, der schon nach wenigen Wochen den bäuerlichen Betrieb fest im Griff und die Frühjahrsarbeiten zu ihrer vollsten Zufriedenheit erledigt hatte, gerade jetzt zu verlieren. Jetzt, da jeder Mann gebraucht wurde und da sich durch den Abgang der Kriegsgefangenen eine riesige Lücke in ihrem bäuerlichen Betrieb aufgetan hatte. Als er abends eines der schweren Pferde von der Arbeit heimbrachte und in den Stall zurückstellte, passte ihn die Bäuerin ab.

„Szepesi, was hast du vor, du wirst doch nicht von hier weg wollen? Oder habe ich mich verhört?"

Der Banater antwortete nicht sofort, brachte zuerst seine Arbeit zu Ende und fragte nach einer gewissen Zeit: „Bei was haben Sie sich verhört?"

„Ach, tu nicht so falsch! Die Leute haben mir erzählt, dass du fort willst!"

Szepesi drehte ihr jetzt das Gesicht zu. „Das ist richtig, wir sind schon sehr lange hier, jetzt müssen wir weiter!"

„Aber das geht doch nicht!" klagte die Bäuerin. „Du weißt doch so gut wie ich, dass du für uns unentbehrlich bist! Besonders jetzt, wo mein Mann gesundheitlich angeschlagen ist und wo die Polen fort sind!"

„Wir brauchen eine neue Heimat. In der Steiermark haben wir Bekannte, bei denen wir unterkommen können!"

„Was macht es denn aus, wenn du hier bleibst?"

„Hier haben wir keine Zukunft, das macht es aus!“

„Sag’ nicht so was, hier kannst du arbeiten und hast zu essen, deine Kinder fühlen sich wohl! Also überleg’s dir zweimal!“

„Ich hab’s mir schon öfter als zweimal überlegt, bin aber zu keiner besseren Einsicht gekommen. In unsere Heimat können wir nicht zurück, dort plündern und herrschen die Russen. Und hier sind wir auch nicht willkommen gewesen, die Leute waren und sind nicht freundlich, sie sind hart!“ Bevor Szepesi weiter sprach, zögerte er etwas.

„Eine Möglichkeit gäbe es vielleicht: Überlassen Sie mir den Wettihof, ich könnte ihn abarbeiten! So, wie er jetzt ist, fällt er bald zusammen!“

Die Bäuerin schnappte nach Luft. „Von meinem Besitz willst du etwas? Nie und nimmer! Was bildest du dir ein, du Zigeuner!“

„Ich bin kein Zigeuner, ich bin ein Bauer aus Siebenbürgen!“

„Egal was, Siebenbürger oder Zigeuner! Der Wettihof bleibt bei mir, und damit basta!“

Zornentbrannt lief sie zurück in die Stube, wo sie von diesem Gespräch ihrem Mann erzählte.

„So schlecht wäre die Idee gar nicht! Im Wettihof bläst ja schon überall der Wind herein, du weißt ja selber, wie schlecht das Haus beisammen ist.“

„Du redest gerade so einen Unsinn wie der Zigeuner! Wir haben zwei Töchter, die Sophie und die Magda, und beide brauchen einen Hof. Wenn einmal Männer kommen und anfragen, was sollen wir ihnen da vorzeigen?“

„Ach was!“ drehte jetzt der Bauer ärgerlich auf. „Was wissen wir, was einmal geschehen wird und ob die Mädel überhaupt heiraten. Bedenk doch nur, die Arbeit wird uns schon hier zu viel, und erst drüben, jetzt, wo wir ohne Knecht und Magd dastehen. Keiner schuftet für mich auf dem Feld, niemand hilft dir im Stall! Wenn der Szepesi bleiben würde, wären wir viele von unseren Sorgen los!“

„Das sehe ich anders! Unsere Soldaten werden aus der Gefangenschaft heimkommen und keine Arbeit haben. Ist ja alles zerstört in den Städten und Fabriken! Reißen werden sie sich um die Landarbeit, sie werden von Steyr herauskommen und betteln, dass wir sie einstellen. Und was den Stall betrifft, ich habe die Dirisamer Gustl angesprochen, sie hilft mir ausmisten."

Das stimmte wirklich! Aber vorher hatte sich Auguste bei der Bäuerin einige Dinge ausgehandelt: mehr Milch, Brot, und, wenn wieder gestochen wurde, auch etwas Fleisch. Dabei hatte sie aber nicht bedacht, dass sie für diese Arbeit schon früh aus dem Bett musste. Fünf, halb sechs, das war jetzt die Zeit, zu welcher der Wecker läutete, sie sich schnell anzog und dann nach unten ging. Meist hatte sie bis Mittag zu tun. Allen erklärte sie, dass ihr die Arbeit und Beschäftigung mit den Tieren gefiel, und trotzdem klagte sie schon nach den ersten Tagen der Mutter ihr Leid: „Wenn ich nur nicht so früh aufstehen müsste!" und „Riech nur, wie ich stinke!" Sie wusch sich beim Brunnen, und sie wusch sich in der Wohnung, aber es genügte ihr nicht. Ständig kam sie nachfragen, sie hob den Arm, hielt den Geschwistern die Achsel hin und fragte: „Stink ich noch immer?" Sie ließ sich einfach nicht beruhigen. Ohne jemanden einzuweihen, lief sie an einem sonnigen Nachmittag hinunter zur Steyr, suchte sich ein verstecktes Schotterplätzchen und ging splitternackt in das eiskalte Wasser. Als sie sich zum Trocknen in die Sonne breitete, wurde sie von Amis überrascht. Sie trieben einige Scherze mit ihr, taten ihr aber nichts zuleide, denn die Soldaten wussten, dass die Militärpolizei gnadenlos verurteilte. Einige Tage vorher hatte man in Pichlern ein Mädchen vergewaltigt. Norman war dabei, als man den Mann in Handschellen abführte.

So sehr es die Bäuerin auch zu verdrängen suchte, die Gespräche mit Szepesi und anschließend mit ihrem Mann gingen ihr nicht aus dem Kopf. Es war halt so ihre Natur, dass sie immer zuerst aufbrauste, bevor sie sich etwas überlegte, aber langsam, besonders aber wenn sie allein in der Küche stand, sickerte auch bei ihr die Vernunft durch, und sie fragte sich immer öfter, ob es nicht doch gescheit wäre, das Wettihaus an Szepesi abzutreten. Was gab sie eigentlich aus der Hand? Das

Anwesen, das sie von ihrer Schwester übernommen hatte, war einmal ein schöner Hof gewesen, aber in den letzten zwanzig, dreißig Jahren ohne Aufsicht und dementsprechend heruntergekommen. Man musste viel Arbeit hineinstecken, um es wieder hochzubringen. Dem Szepesi traute sie das zu! Aber das ging nur, wenn er einige von ihren Feldern pachtete, und das war wieder ganz in ihrem Sinne, denn damit verlagerte sich die Arbeit von ihrem Mann zum Bauern Szepesi.

Sie war also nach einiger Zeit grundsätzlich bereit, sich mit diesem auf einen Handel einzulassen, aber nicht sofort, zuerst wollte sie aufmerksam beobachten, wie sich die Dinge entwickelten, und wenn er wirklich von Pichlern weg wollte, dann konnte sie ihm dieses günstige Angebot im letzten Moment noch immer unter die Nase reiben.

„Der Mensch denkt und Gott lenkt!“ sagte sie zu ihrem Mann, als sie wieder einmal über den Wettihof sprachen. Das war eine Vorschau, die wirklich zutraf, die sich aber ganz anders darstellte, als sie sich das erwartet hatte, nämlich als schreckliche, ganz und gar unfassbare Tragödie.

Heinz schwebte wieder einmal in Hochgefühlen. Er hatte neben der Liebe zu der kleinen Mika auch jene zu den Pferden entdeckt. Und da er beides vereinen konnte, waren für ihn diese ersten Junitage nicht nur schön, sondern einfach herrlich. Dass der Krieg zu Ende gegangen war, dass überall im Land Not und Ratlosigkeit herrschten, das nahmen seine Instinkte und seine Gedanken einfach nicht wahr. Sobald sich am frühen Morgen im Fenster die Sonne zeigte, lief er auch schon hinüber ins Wettihaus und half mit, wenn seine kleine Freundin und ihr Bruder Hanne die Pferde auf die Weide führten. Wenn die Tiere getrunken und sich satt gefressen hatten, dann wurden sie gebürstet, liebkost und gestreichelt, alle drei Pferde hatten ein hellbraunes Fell mit einer Blesse, sie waren gutmütig, geduldig und freuten sich sichtlich, wenn die Kinder auf ihre Rücken kletterten.

Nach den ersten zaghaften Versuchen wurde das Reiten für Heinz bald so selbstverständlich, dass er sich auch vor einer schnelleren Gangart nicht scheute. Fröhlich galoppierten sie die Waldwege hinein und jauchzend kehrten sie nach Stunden wieder zurück. Hanne war oft mit anderen Banaterkindern beisammen, mit Buben, die Heinz nur vom Sehen her kannte. Einige hatten selber Pferde, aber manchmal war es so, dass Heinz „sein" Pferd einem dieser Buben abtreten musste. Dann saß er hinter Mika auf. Und wenn sie gemeinsam fortritten und er sich von rückwärts an sie drückte und sich an ihr festhielt, dann war das überhaupt das Schönste für ihn.

Drei Tage bevor die amerikanischen Soldaten Pichlern verließen, also am 5. Juni, fand das schreckliche Ereignis statt. Wer hätte sich gedacht, dass es für Mikas Bruder Hanne, als er nach dem Frühstück hinüber zu seinen Freunden ins Nachbarhaus ging, der letzte Tag seines Lebens sein würde. Nichts deutete darauf hin, dass für ihn die tödliche Falle von Professor Wolf, der eine Panzerfaust hinter den Hollerbüschen versteckt und unabsichtlich dort liegen lassen hatte, an diesem Vormittag zuschnappen würde. Als nämlich einer aus der Bande diese Panzerfaust fand, sie hervorzerrte und damit spielen wollte, erkannte Hanne die Gefahr, er versuchte, sie seinem Freund wegzunehmen und wieder zurück in den Busch zu werfen.

„Werner, lass los! Diese Waffe ist viel zu gefährlich!" schrie er, aber dieser überhörte die Warnung von Hanne und klemmte sie nur noch fester unter die Achsel. Unwissend, wie er war, berührte er den Schussmechanismus, das Geschoß zischte ins Feld und der feurige Rückstrahl traf Hanne voll auf den Hals und ins Gesicht, alles verbrennend und verschmorend, was der kleine Bub nicht mehr schnell genug wegdrehen konnte. Mit weit aufgerissenen Augen lag er da, fürchterlich schreiend, bis er schließlich in eine gnädige Ohnmacht fiel.

Als seine Freunde schlotternd vor Angst und Entsetzen zum Distelgut gerannt kamen, saß Auguste gerade wieder mit den Amerikanern auf der Hausbank. Norman und Dick reagierten schnell, mit dem Jeep brachten sie den verbrannten Körper des Jungen über die Brücke hinüber ins Militärlazarett. Dort, wo man dem deutschen Leutnant hatte helfen können, dort bemühte man sich dieses Mal vergeblich. Ohne aus der Bewusstlosigkeit zu erwachen, starb der Banaterbub an seinen bösen Verbrennungen einen Tod, den auch die beiden amerikanischen Ärzte, die in diesem Krieg bereits Schreckliches erlebt hatten, schwer verkrafteten.

Nur wem selber ein ähnliches Schicksal an einem lieben Angehörigen widerfahren ist, kann ermessen und begreifen, was sich in den kommenden Stunden in der Wohnung der Familie Szepesi abspielte. Ausgelassen und unbeschwert lachend war Heinz mit Mika von einem Ausritt zurückgekehrt, nichts ahnend betraten sie das Haus und unvorbereitet das Wohnzimmer. Der Vater kam herbei, hob Mika hoch und umarmte sie schluchzend. Da war bereits alles klar, denn noch nie hatte Mika ihren Vater schwach und weinend gesehen, immer nur stark, tatkräftig und zuversichtlich.

An dem Tisch saßen die beiden Frauen vor einer brennenden Kerze, sowohl die Mutter als auch die Großmutter mit einem schwarzen Tuch über dem Kopf und betend. Ohne ihre Eltern zu fragen, begann Mika zu weinen, die Tränen flossen ihr nur so aus den Augen und über die Wangen, fast unnatürlich war dieses lautlose Klagen, lediglich ein krampfartiges Zucken schüttelte ihren zarten Körper. Szepesi setzte sich zu ihr, streichelte immer wieder ihren Scheitel, küsste und liebkoste sie, konnte sie aber nicht beruhigen.

Heinz stand verständnislos im Raum herum. Als er endlich zu fragen wagte, erklärte ihm die Mutter mit tonloser Stimme: „Hanne ist tot! Er hat sich mit einer Panzerfaust erschossen!“ Das konnte sich Heinz überhaupt nicht vorstellen, denn er hatte ja noch in der Früh mit Hanne gesprochen und Pläne gehabt. Aber sein überweiches Gemüt reagierte auch dieses Mal richtig, denn in Augenblicken, in denen irgendwo geweint wurde, benahm er sich wie eine geöffnete Schleuse. Er setzte sich neben Mika, nahm ihre Hand und begann wie ein geschlagener Hund zu heulen. Zwischendurch streichelte er sie oder wischte ihr die Tränen ab.

Der Bauer Szepesi hatte sich kurz mit seiner Frau besprochen, dann hatte er einen leichten Wagen angespannt und war fortgefahren. Beim Tischler im Ort ließ er sich einen einfachen Sarg hobeln und ein Kreuz mit einer Namenstafel richten. Bis das alles fertig war, hatte er im Kirchenfriedhof von Aschach ein Grab ausgefasst. Es war eine bittere Arbeit, bei der ihm viele Lebensstationen durch den Kopf gingen. Besonders lange verblieb er bei der Erinnerung, als ihm seine Frau den soeben geborenen Sohn hinhielt und er den Erben glückstrahlend entgegennahm. Jetzt gab er den geliebten Sohn dorthin zurück, woher er gekommen war. Wie hieß es doch so treffend: „Erde zu Erde, Staub zu Staub!"

Der Tischler hatte den Sarg in kürzester Zeit aus sechs Brettern, einigen Scharnieren und einem Schnappschloss zusammengebastelt. Szepesi bezahlte, lud die Totentruhe und das Kreuz auf und fuhr damit zum amerikanischen Lazarett, wo er sein Kind abholte. Ein Sanitäter hatte Hanne in ein grünes Operationstuch gewickelt. Der Bauer öffnete es noch einmal, sah in das verbrannte Gesicht seines Sohnes, das als solches nicht mehr wiederzuerkennen war, beugte sich darüber und küsste es dort, wo einmal der Mund gewesen war. Es war sein Abschied von einem Menschenkind, für das er jederzeit bereit gewesen wäre, das Leben und alles, was er besaß, zu opfern.

Der Sanitäter stand gerührt daneben und half ihm, den Leichnam in den Sarg zu legen. Den Dank von Szepesi wehrte er ab. „Good luck!" war alles, dann verabschiedeten sich die beiden Männer. Die Fahrt hinauf zur Kirche und zum Friedhof verstrich in schwermütigen Gedanken und mehrmaligen Tränenausbrüchen. Einmal blieb Szepesi stehen und pflückte vom Straßenrand einen Wiesenblumenstrauß. Und dann war es so weit, dass er vor der geschaufelten Grube stand und Abschied nehmen musste. Welches Gebet sollte er sprechen, mit welchen Worten sich an Gott wenden? Während er solcherart grübelte und unschlüssig war, näherte sich ihm ein Priester mit einem Ministranten. Es hatte sich herumgesprochen, was geschehen war, und das war Grund genug, dass der Geistliche auf ihn gewartet hatte. Gleichgültig, welcher Konfession Szepesi auch angehörte, der evangelischen, orthodoxen oder katholischen, in diesem Augenblick war das völlig nebensächlich. Der Priester segnete den Sarg mit Weihwasser und betete das Stufengebet der Kirche:

„Introibo ad altare Dei,
ad deum, qui laetificat juventutem meam."
„Zum Altare Gottes will ich treten,
zu Gott, der mich erfreut von Jugend auf."

Als die kurze Andacht beendet war und sich Szepesi bedankt hatte, half ihm der Priester, den kleinen Sarg in die Grube zu senken. Szepesi warf die Blumen ins Grab und schüttete es zu. Da er keine Hacke bei sich hatte, schlug er das Kreuz mit einem schweren, runden Stein in die lockere Erde. Das Werk war vollbracht.

So tragisch starben in diesen Tagen die Menschen, und so schnell waren sie unter der Erde. Niemand fragte nach einem Formular oder nach einer Sterbeurkunde. Einzelschicksale spielten überhaupt keine Rolle. Im Sturz des Tausendjährigen Reiches war Österreich mitgefallen und lag unendlich erschöpft, aus vielen Wunden blutend, müde und schwach am Boden. Was bedeutete da ein kleiner Junge, einer, der Hanne Szepesi hieß und der noch dazu Banater oder, wie ihn die Bäuerin oft schimpfte, ein Zigeunerbub war?

Am nächsten Tag war der Bauer Szepesi mit seiner Familie schon früh auf den Beinen. Ihre Trauer war wie abgestreift, innerhalb kürzester Zeit verschwand ihr ganzes Hab und Gut in Koffern, Schachteln und Taschen und wurde auf dem Boden ihrer Plachenwagen deponiert. Darüber kamen Matratzen und Bettzeug, Pfannen und Töpfe wurden an den seitlichen Flächen verschnürt. Jeder Handgriff saß und jede Anordnung war richtig. Und als ihre Wohnung leer war, wurde sie von den beiden Frauen noch geschrubbt, aufgewaschen und sauber gemacht. Bis zu Mittag war Szepesi abfahrbereit, er besorgte noch einige Gänge und brachte der Bäuerin die Wohnungsschlüssel. Als sie ihm ihr Angebot unterbreitete, lehnte er ernst und bestimmt ab.

„Pichlern hat mir kein Glück gebracht!" sagte er. „Als uns damals im Winter das Rad brach, hätten wir nicht anhalten, sondern in der Kälte übernachten sollen. Auf Ihrem Haus liegt kein Segen!"

Mika war mit dem Vater gegangen, sie kam nach oben, um sich von Heinz zu verabschieden. Weinend fielen sie sich um den Hals und flüsterten einander liebe Worte zu. Die ganze Familie von Franz Dirisamer stand gerührt daneben.

„Was für ein Trauerspiel!" sagte Lisl und wischte sich selber eine Träne fort.

„Und morgen verlassen uns Norman und Dick!"

Bevor Mika fort und sich von Heinz trennen musste, griff sie in ihr Täschchen und brachte eine kleine Photographie zum Vorschein, auf der sie mit ihrem Bruder abgebildet war. Beide waren noch jünger, aber man konnte sie erkennen.

„Das möchte ich dir schenken, damit du mich nicht vergisst!" Es sollte ein ewiges Andenken an sie bleiben.

„Papa", fragte Heinz, „darf ich Mika noch bis zum Wettihaus begleiten?"

„Das ist ja selbstverständlich, geh nur mit ihr!"

Auch Heinz war schon seit dem Morgen unterwegs gewesen. Sein Ziel war der Rucksack. Er zog ihn aus der Brühe und entnahm ihm eine Goldmünze. Dann versenkte er ihn wieder, warf Heu über die Stelle und kontrollierte mit seiner Taschenlampe, ob er nichts übersehen und alles sorgsam verborgen hatte.

Als er jetzt mit Mika die letzten gemeinsamen Schritte zu ihrem Wagen ging, blieb er hinter dem Bauern Szepesi zurück, fasste allen Mut zusammen, und an einer dunklen Stelle des Hauses drückte er sie an sich und gab ihr einen Kuss auf den Mund. Verlegen übergab er ihr die Münze.

„Und das gebe ich dir zum Abschied! Aber niemandem zeigen, es ist wertvoll!"

„Woher hast du es denn?" fragte sie, bevor sie es zögernd annahm.

„Ich kann es dir nicht erklären, weil es ein großes Geheimnis ist. Vielleicht kannst du ein Pferd dafür kaufen und es nach mir benennen! Verstehst du, was ich sagen will?"

„Dass wir uns lieben?"

„Ja, es ist mein Hochzeitsgeschenk!"

Mika steckte die Münze in ihr kleines Täschchen. Kurze Zeit später kletterte sie in den Wagen, grüßte noch einmal, lächelte tapfer, und dann setzte sich das Gespann in Bewegung. Nur ein paar Bekannte, die vor dem Wettihaus zusammengekommen waren, winkten mit Heinz dem Bauern Szepesi nach.

„Wir werden euch nie vergessen!" rief die Wirtin vom Gasthaus Kuba hinter den Davonfahrenden nach. Szepesi hatte ihr häufig kleinere Arbeiten erledigt, meist Reparaturen, zu denen man Geschick brauchte. Aber die Wirklichkeit sah anders aus als diese Abschiedsworte. Schon nach wenigen Wochen redete niemand mehr von den Banatern, nur die Erinnerung an das verbrannte Kind hing noch manchmal wie ein schwarzes Fähnchen in den sommerfrohen Tagen.

Nach dem Mittagessen dösten alle ein wenig dahin. Franz Dirisamer hatte ein weiteres Kapitel in seinem Buch geschrieben, war aber im Sessel eingeschlafen, zumindest pendelte sein Kopf bedenklich nach vor und zurück. Manchmal zuckte er zusammen, er blickte um sich, sah, dass ihn niemand beobachtet hatte, schrieb wieder einige Seiten und begann schließlich zu schnarchen.

Heinz saß unbeteiligt in seinem Spieleck, er hatte begonnen, mit altem Skiwachs Flugzeuge zu modellieren. Als Franz Dirisamer zu schnarchen anfing, begann Lisl zu lachen, Nadja und Gustl kicherten ebenfalls, und Othmar fragte etwas höhnisch den durch das Lachen wach gewordenen Vater:

„Papa, schreibst du ein sehr kompliziertes Buch?"

„Das sage ich dir, wenn ich damit fertig bin! Und im Übrigen braucht niemand von den Anwesenden so hämisch zu grinsen!"

Jetzt, da Franz Dirisamer wieder vollkommen klar war, meldete sich Robert.

„Papa, darf der Heinz Priester werden, wenn er sich ständig verliebt?“

Seit Heinz von Mika heimgekommen war, hatten alle in der Familie Rücksicht auf ihn genommen, sie waren ja Zeugen des rührenden Abschiedes und des Herzeleids gewesen, mit dem Heinz so schwer zu kämpfen hatte. Nur Robert kannte wenig Mitgefühl, und neidisch brütete er bereits wieder eine neue Schlechtigkeit aus.

„Das ist eine unnötige Frage!“ wies ihn Franz Dirisamer zurecht. „Wir alle sollten uns doch ständig verlieben. Jesus hat gesagt: ‚Liebe deinen Nächsten wie dich selbst!‘ Oder liebst du mich und Mama nicht? Oder deine Geschwister?“

„Das ist etwas anderes! Ich meine nur …“.

„Am besten, du überlegst dir, was du über deinen Bruder sprichst. Und manchmal ist es auch gut, wenn man den Mund hält! Denn wer schweigt, kann keinen Blödsinn reden!“

Es sollte kein Verweis sein, und doch kamen diese Worte schärfer aus dem Vater, als dieser es vorgehabt hatte. „Kindermund“, dachte er, aber andererseits musste er Heinz doch einmal auch diesbezüglich reinen Wein einschenken.

Der Welt- und Liebesschmerz von Heinz war so groß, dass er von der Frage Roberts keine Notiz nahm. Resi hatte in ihrer unteren Kredenz eine kleine Milchkanne stehen, er holte sie und ging damit hinaus ins Freie. Die meisten Kinder waren beim Baden an der Steyr, man hörte ihr Schreien bis herauf zu den Häusern. Hinter dem Bauernhof sah man Frauen beim Distelstechen, langsam und gebückt bewegten sie sich im knöchelhohen Getreidefeld. Ab und zu surrte ein kleines Militärflugzeug vorüber, sonst aber war höchstens das Gackern der Hennen und das Krähen eines metallisch schillernden Hahnes zu vernehmen, der hinter dem Geflügel durch die Wiesen stolzierte und seine Hühner keinen Augenblick unbeobachtet ließ. Auch der Kuckuck war zu hören, nicht mehr so fordernd wie in den frühen Maitagen, aber immerhin noch laut genug und ganz charakteristisch im Konzert der Wald- und Wiesenlandschaft.

Da Heinz keinen seiner Freunde antraf, lief er allein bis zum geschlägerten Holz, wo noch abgeschnittene Fichtenstämme herumlagen und wo an den heißen Plätzen unendlich viele Erdbeeren reiften. Es war ungefähr das Waldstück, bei dem damals die Ju52 mit dem erschossenen Bordschützen notgelandet war. Heinz bückte sich nieder und begann, die roten Früchte in sein Kübelchen hineinzupflücken. Ab und zu brach irgendwo ein Zweig, dann sah er neugierig auf, doch war weder ein Reh noch ein Hase in der Nähe, und deshalb konzentrierte er sich bald wieder auf sein Beerensammeln. Er wusste ja, dass heute abend die beiden Amerikaner ein letztes Mal zu ihnen kommen würden. Mama hatte den Hasen für sie zubereitet, Gustl einen Pudding als Nachspeise gerichtet, und er wollte Norman und Dick mit den Erdbeeren überraschen. Wieder brach ein Zweig und dieses Mal lauter als vorher. Jetzt hörte er ganz deutlich, wie jemand „Pst! Pst!" machte und anschließend seinen Namen rief.

„Heinzi!"

Dieser erschrak so sehr, dass ihm das Kübelchen aus der Hand fiel.

„Pst! Pst! Heinzi!"

Keine Menschenseele war zu sehen. Heinz, der niemals ein Held gewesen war, hockte sich in seinem Schreck auf den Boden und rührte sich nicht. Endlich kam ihm die Erleuchtung.

„Bist du es, Rübezahl?

Wieherndes Lachen war die Antwort. „Komm her zu mir!"

„Aber wo bist du denn?"

„Geh nur ein paar Schritte geradeaus!"

„Aber ich fürchte mich ja so!"

„Der Rübezahl ist doch gut zu den Kindern! Also, komm nur!"

„Sag mir zuerst, ob du einen roten Bart hast?"

Wieder hörte er ein wieherndes Lachen. „Na, komm und schau selber nach!"

Jetzt erst bewegte sich Heinz auf die Stelle zu, wo die Stimme herkam. Er ging nicht weit, denn plötzlich öffnete sich ein

Haufen von zusammengetragenen Fichtenzweigen, zwei kräftige Arme packten ihn und zogen ihn an sich.

„Hiilf…!", aber mit einem Mal unterbrach er diesen Schrei und jubelte „Wladimir!" War das ein Glück und eine Freude! Der große Bruder grinste über das ganze Gesicht, und der kleine drückte ihn immer wieder an sich! Es war tatsächlich Wladimir, schmutzig, abgemagert und unrasiert, aber strahlend vor gesunder Bräune.

„Da wird die Mama schauen und eine Freude haben! Sie hat ja so viel geweint, weil du noch immer nicht zu Hause bist. Komm, gehen wir gleich zu ihr!"

„Nur nicht so eilig! Ich muss dir zuerst jemand vorstellen, der mit mir unterwegs war, das ist mein Freund, der Willi Wolkerstorfer, er ist ein Priester!"

Bei diesen Worten kam ein schlanker, schwarzhaariger Mann aus den Zweigen gekrochen und reichte Heinz seine Hand.

„Was, ein Priester, und so schmutzig?"

„Du hast recht, mein kleiner Freund, ein Bad wäre jetzt nicht schlecht. Aber ich hoffe, dass wir auch so gut miteinander auskommen. Außerdem sind deine Zehen auch nicht gar so sauber! Sagen wir so: Du brauchst Wasser für die Füße und ich fürs Gesicht!"

Alle drei lachten, aber Wladimir wurde bald wieder ernst.

„Wieviel deutsche Soldaten sind denn noch bei euch im Distelgut?"

„Deutsche Soldaten gibt es nicht mehr!"

„Sind denn schon die Amerikaner da?"

„Ja, schon lange, und der Hitler ist auch tot!"

Das waren Neuigkeiten, die Wladimir noch nicht wusste, denn sie waren seit Wochen nur während der Nacht auf Wanderung, hatten schwierige Wege gewählt und tagsüber versteckt gelebt. Jetzt gab es viel, was die beiden von Heinz wissen wollten. Wo die Amerikaner ihr Quartier hatten? Wie sie ihre Gefangenen behandelten? Und so weiter!

„Die Amerikaner sind sehr lieb!" sagte Heinz. „Man bekommt von ihnen Schokolade und Kaugummi!" Und gleich erzählte er auch von Norman und Dick, die ihre Freunde geworden waren.

„Der Norman hat einen Hasen für Mama geschossen! Heute Abend verspeisen wir ihn, ein Abschiedsessen mit den Amerikanern, denn die verlassen morgen die Gegend!"

Das waren alles erfreuliche Nachrichten für Wladimir und seinen Freund.

„Wladimir, ich schleich mich hinüber nach Sierning und übernachte dort. Ich kenne den Pfarrer!" sagte Willi Wolkerstorfer.

„Wenn du glaubst, dass du es wagen kannst? Ich übernachte noch einmal im Wald!"

„Das ist doch ein Wald voller Zecken und Ameisen. Warum übernachtest du nicht in der Scheune und im Stroh?" fragte Heinz.

„Dass mich im Bauernhaus noch im letzten Augenblick die Amerikaner erwischen und gefangen nehmen! Weißt du, ich habe genug vom Krieg und von Soldaten. Wenn es wahr ist, dass morgen die Amerikaner abziehen, dann warte ich lieber noch die eine Nacht ab!"

„Wenn es dunkel wird, dann hole ich dich, denn ich weiß, wie wir in die Scheune hineinkommen!"

Am Abend des 7. Juni kamen die beiden Amerikaner zum letzten Mal in die Wohnung der Dirisamer. Da saßen sie nun und ließen sich das, was Resi ihnen vorsetzte, sichtlich schmecken. Etwas von Normans Hasen, eine Linzer-Torte, die Gustl anstelle des Puddings fabriziert und die Walderdbeeren, die Heinz heimgebracht hatte. Noch vor einem Monat hatten sie alle nichts von der Existenz dieser beiden Männer gewusst, und nun waren sie vertraute Freunde, fast Mitglieder der Familie.

„Wann werden wir wieder so netten Menschen begegnen?" fragte Nadja und zeigte mit diesem Satz etwas von der Wehmut auf, die sie ergriffen hatte. Herzeleid schaute Lisl und Gustl aus den Augen, und der sonst so flegelhafte Othmar war zu einem sanften und leidenden Bürschchen zusammengeschrumpft.

Gitti schmiegte sich an Norman und wollte ihm zeigen, dass auch sie ihn gerne mochte. Sie hatte ja so oft Süßigkeiten und Schokolade von ihnen bekommen, und was ihr besonders gefiel, beide waren immer lustig und zu Späßen aufgelegt. Einzig Heinz benahm sich anders als sonst, er war unruhig, wollte sich nicht so recht an diesem letzten Beisammensein beteiligen und ließ sich auch nicht dazu überreden, ein Lied zu singen.

„Sonderbar benimmt er sich, hoffentlich wird er nicht krank!" meinte Resi, beruhigte sich aber, als Lisl sagte: „Wahrscheinlich denkt er an die kleine Mika!"

An diesem Abend mussten die beiden amerikanischen Soldaten Norman und Dick schon um acht Uhr im Lager sein, ein Befehl, der bereits den frühen Aufbruch am nächsten Tag beinhaltete. Denn es hieß: halb fünf Uhr früh aus dem Schlafsack, Verstauen des ganzen Gepäckes, Abbruch der Zelte und der Krankenstation, Beladen der Transportwagen und eine letzte Kontrolle des Geländes.

Mit Tränen in den Augen standen sie nun vor ihren Gastgebern und umarmten jeden einzelnen aus der Familie. Resi konnte nicht viel sagen, sie, die sonst beim Abschiednehmen so stark war, wurde diesmal schwach, es war ja auch ein Auseinandergehen für immer. Franz Dirisamer führte die beiden zur Tür.

„Ich nehme Abschied von euch wie von unseren Kindern, nach unserer Gewohnheit und unserem Glauben!" Dann tauchte er seinen Finger in das Weihwasserbecken und zeichnete Dick und Norman Kreuze auf Stirn, Mund und Brust.

„God bless you, don't forget us!" sprach er und drückte einem jeden die Hand. Tränen liefen auch ihm über die Wangen. Immer wieder umarmten sie sich. Dann riss sich Norman los. Gustl und Lisl begleiteten die beiden noch ein Stück auf ihrem Weg. Franz Dirisamer hatte nichts dagegen, er verstand, dass sich die beiden allein von ihren Freunden verabschieden wollten. Sie kamen bald wieder zurück, bedrückt und schweigsam.

Es war noch dämmrig hell, als sich Heinz mit einer Taschenlampe auf den Weg machte. Niemand achtete auf ihn, denn in der Wohnung war noch der volle Abschied im Gange. Er kannte das Gelände wie seine Hosentasche, hunderte Male war er hier bereits herumgelaufen, zuerst auf der Straße am Gasthaus Kuba vorbei, dann die erste Abzweigung links und geradeaus bis zu einem Jägerstand, von wo er nicht mehr weit bis zum Versteck von Wladimir hatte. Er wollte gerade einen Durchschlupf durch die ersten Büsche wählen, als sich unerwartet eine Gestalt vom Boden erhob.

„Ich bin's!" flüsterte Wladimir.

„Und wo ist dein Freund, der Priester?"

„Der hat sich bereits nach Sierning aufgemacht! Wir sind also allein! Es ist noch nicht ganz dunkel, wollen wir noch warten?"

„Wie du willst!"

Sie nahmen in der Wiese Platz. Junikäfer brummten in den niedrigen Zweigen, kamen näher und klammerten sich manchmal an ihrem Gewand fest. Heinz fing sich einige und hielt sie in der geschlossenen Hand.

„Sie kribbeln so herrlich!"

„Hast du jemandem erzählt, dass ich hier bin?"

„Nein, das habe ich nicht! Hätte ich es tun sollen?"

„Es ist schon gut so, morgen werden wir sie überraschen! Und jetzt komm!"

Wladimir trug einen Tornister bei sich, um den er außen eine Decke geschlungen hatte, ebenso pendelten an ihm ein Soldatengeschirr mit Essbesteck und eine Feldflasche.

In den Fenstern des Bauernhauses brannte überall noch Licht, Radiomusik war zu vernehmen, und natürlich plärrte die Bäuerin wieder einmal mit dem Vieh.

„Rosi, mach Platz!" hörte man sie gerade, und dann vernahm man auch, wie sie der Kuh mit der flachen Hand auf den Bauch klatschte.

Um nicht entdeckt zu werden, näherten sich die beiden dem Haus in einem weiten Bogen von der rückwärtigen Seite und gelangten genau zu der Stelle mit der verschiebbaren Latte. Hier krochen sie hinein. Mit Hilfe der Taschenlampen fanden sie ohne Problem bis zur großen Höhle. Dort breitete Wladimir seine Decke aus.

„Ja, das ist etwas anderes als der stachelige Waldboden, jetzt wären ein Schluck Wasser und ein Stück Brot etwas Großartiges!"

„Wasser kann ich dir besorgen, aber mit Brot schaut es schlecht aus, da müsste ich zu Mama gehen. Ich werd's versuchen!"

„Aber sei vorsichtig!"

Dass Heinz länger als eine halbe Stunde fort gewesen war, hatte niemand in der Familie registriert. Alle schienen nach dem Abschied wie mit Blei beladen, so schwerfüßig und lustlos schlichen sie in der Wohnung herum. Gustl war mit ihrem Vater in ein Gespräch verwickelt, in dem es um das Judenproblem ging, und sie erzählte ihm, wie sie vor ein paar Tagen wegen des Ariernachweises mit Dick gestritten hatte.

„‚Ich würde nie einen Juden heiraten', habe ich zu ihm gesagt, ‚denn ich möchte gesund bleiben und einmal einwandfreie Kinder bekommen'! Da hat mich Dick angeschrien: ‚Du bist mit Größenwahn und Rassenhass beladen, eben kein amerikanisches Mädchen. Diese Meinung ist dir ja doch nur von den Nazis aufgezwungen worden, und du merkst es nicht einmal'!"

Franz Dirisamer schüttelte bei dieser Aussage von Gustl verständnislos den Kopf. „Da hat er schon recht, dein Dick, denn solche Ansichten hast du im Elternhaus nie zu hören bekommen, die wurden dir wirklich von außen zugetragen!"

„Ach was!" beharrte Gustl auf ihren Ansichten. „Ich hasse einfach jede Form von Heuchelei. Ich möchte die Wirklichkeit von den amerikanischen Negern und Indianern kennen. Schwarz und Rot gilt drüben genau so viel wie bei uns der Judenstern!"

„Das kannst du nicht beurteilen, Amerika ist zu weit weg, niemand von uns war je dort, es spielt auch keine Rolle. Wichtig ist nur, dass sich kein Mensch über einen anderen erheben und ihn aus rassistischen Gründen verfolgen oder töten darf. Durch unseren Glauben sind wir alle Brüder und Schwestern geworden! Das allein zählt und das weißt du auch, aber leider haben wir uns da alle unendlich versündigt!“

Heinz war langsam an Resi näher herangerückt. „Mama, ich habe so entsetzlichen Hunger!“

„Aber du hast doch dasselbe bekommen wie alle anderen!“

„Aber ich habe riesigen Durchfall! Und jetzt plagen mich Durst und Hunger!“

„Soll ich dir einen Tee richten?“

„Vielleicht vorher ein ganz kleines Stückchen Brot!“

„Ich werde nachschauen, ob ich etwas finde!“

Tatsächlich kam sie nach wenigen Minuten hinter den Kästen, wo sie ihre Vorräte versteckt hatte, mit einem Scherzel Brot hervor. Heinz nahm es hastig an sich.

„Ich muss gleich wieder nach unten, ich habe solches Bauchschneiden, wahrscheinlich wieder Durchfall!“

„Aber komm bald zurück!“

„Ein wenig wird es dauern, Mama, denn ich setz' mich zum Gackimachen in die Wiese. Auf dem Klo laufen so viele Ratzen herum!“

„Heinz hat Durchfall“, sagte Resi, „hoffentlich war das Fleisch vom letzten Sonntag in Ordnung!“

„Ich hab' bei mir auch schon etwas bemerkt!“ meinte Nadja, Heinz aber sagte: „Ich muss fort, es wird schon dringend!“

Die Feldflasche von Wladimir hatte er im Hof hinter der Bank versteckt, er holte sie hervor, spülte sie aus und füllte sie dann mit kaltem Brunnenwasser an. Da er nicht wusste, ob er allein im Hof war, stellte er sich für eine Minute in die dunkle Nische der Kuhstalltür und beobachtete, ob sich etwas bewegte. Durch das hell erleuchtete, breite Küchenfenster der Bäuerin sah er, wie sich diese die Schürze abband und an einen Haken hängte. Sophie kam dazu und plauderte mit ihr, sie reichte ihr einige Zettel, dann verschwanden die beiden, das Licht erlosch.

Jetzt war sich Heinz seiner Sache sicher. Auf Zehenspitzen schlich er zum Scheunentor und verschwand dahinter. Der Weg in den Stadel hatte ihm in der Dunkelheit keine Schwierigkeiten gemacht. Weniger leicht war hingegen der Aufstieg bis zum Querbalken, der zum Hühnerstall hinüberführte. Dort angekommen leuchtete er den Boden ab. Tatsächlich lagen vier Eier verstreut herum. Noch ehe die Hühner unruhig zu werden begannen, hatte er sie eingesammelt, auf sein Taschentuch gelegt und dieses an den vier Ecken zusammengeknüpft.

Als Heinz bei Wladimir ankam, war dieser kurz eingenickt. Sein Körper war durch die Strapazen der letzten Wochen total ausgemergelt, überanstrengt und verbraucht. Das merkte man besonders an der Art, wie er sich über die mitgebrachten Sachen hermachte und auch die Eier hungrig austrank. Es verlangte ihm große Selbstdisziplin ab, dass er nicht sofort zu den Eltern und seinen Geschwistern hinüberging. Entsprechend fragte er ein wenig sehnsüchtig: „Wie sieht's denn drüben aus? Was machen denn alle?"

„Nicht viel! Gustl streitet mit Papa wegen Neger und Indianer, Nadja strickt einen Pullover, und Mama hat viel Arbeit!"

„Und die anderen? Lisl, Othmar, Gitti und Robert?"

„Robert darfst du gar nicht mehr trauen! Ich glaube, der ist noch immer hypnotisiert von Professor Wolf, er ist sogar hinter meinem Schatz her!"

„Das verstehe ich nicht! Ein Professor und ein Schatz! Was bedeutet das?"

Nichts bedrückte Heinz mehr als die Tatsache, dass er das Geheimnis seines Goldschatzes allein mit sich herumtragen musste. Aber jetzt war Wladimir da, und wenn es überhaupt eine Chance gab, den Schatz in die Wohnung zu bringen, dann nur mit Hilfe von Wladimir. Er rückte näher an seinen großen Bruder heran und flüsterte geheimnisvoll: „Ich habe einen Schatz mit vielen Goldmünzen und vielen Soldatenorden. Ich habe ihn gut versteckt. Kannst du dir denken, wo?"

Wladimir konnte ein liebevolles Lächeln nicht unterdrücken. „Du hast ihn auf ein Piratenschiff gebracht, bist übers Meer gefahren, hast eine Insel gefunden und dort hast du ihn dann in eine Höhle gelegt. Und zuletzt hast du eine Landkarte davon angefertigt, und die willst du mir jetzt zeigen!"

Ohne auf den leisen Spott zu achten, antwortete Heinz treuherzig: „Nein, so ist es nicht gewesen, ich war nämlich so schlau und habe ihn hier im Heu versteckt!“

Für einen Augenblick war Wladimir unsicher, ob der Kleine flunkerte oder die Wahrheit sprach, in seinem Gesicht glaubte er eine merkwürdige Mischung aus Ernst und Furcht und Ehrlichkeit erkannt zu haben.

„Heinz, hör zu, das können wir morgen besprechen. Aber jetzt geh schlafen! Auch ich bin müde!“

„Wladi, du verrätst doch niemandem ein Wort von dem, was ich dir gerade anvertraut habe?“

„Niemandem, ist doch klar!“

Am nächsten Morgen lief Othmar in aller Herrgottsfrüh noch einmal zu seinen Freunden ins Camp, aber die Zelte jenseits der Steyr waren schon abgebrochen, der Platz war leer, und die Wagen der amerikanischen Streitkräfte fuhren bereits westwärts. Er dachte an die Worte, mit denen Dick sich von ihm verabschiedet hatte.

„In ein, zwei Monaten sind wir wieder in den Vereinigten Staaten. Wenn du deine Schule gemacht hast, dann kommst du uns besuchen! Wir warten auf dich!“

Amerika musste ein prächtiges Land sein, riesig weit, reich und voller Möglichkeiten. Ein Lied fiel ihm ein. Tante Poldi hatte es oft gesungen, es begann mit dem Satz:

„In Amerika, da ist gut sein,
da schaut der Wein beim Fenster rein!“

Wein, Geld und Reichtum! Othmar war sich ganz sicher: Dort musste er hin, und dort wollte er einmal leben. Aber vorerst wollte er ein berühmter Bergsteiger werden.

Auch Franz Dirisamer war am frühen Morgen aufgebrochen, sein Ziel bezog sich aber nicht auf die Amerikaner, sondern es war das Gemeindeamt in Sierning, wo er sich als Kanzleikraft zur Verfügung gestellt hatte. Die Leute brauchten Ausweise, Identitätskarten, die viersprachig in Deutsch, Englisch, Französisch und Russisch ausgestellt werden mussten. Und wieder einmal war er wegen seiner Russischkenntnisse um Mitarbeit ersucht worden.

Er hatte bereits bis zehn Uhr an diesen einfachen, aber wichtigen Dokumenten geschrieben, als der sozialistische Bürgermeister Johann Breirather bei ihm eintrat.

„Möchten Sie nicht eine Pause machen? Ich hätte mit Ihnen ganz gern ein paar Sachen besprochen!"

Franz Dirisamer schob die Schreibunterlagen von sich. „Bitte, ich höre gerne zu!"

Breirather hatte sich das Amt des Bürgermeisters selber angemaßt, er hatte nach dem Einmarsch der Amerikaner nicht lange gezögert, und da in seinem Fall alle maßgeblichen Personen in der Gemeinde einverstanden waren, hatte er sich von den Besatzungssoldaten als ersten Mann des Ortes bestätigen lassen. Man wusste von ihm, dass er stark mit den Russen sympathisierte. Diese standen zwar jenseits der Enns, aber sie stärkten ihm mit ihrer Präsenz den Rücken. Es hieß ja immer noch: „Die Russen kommen auch nach Sierning!"

„Wir müssen wegen der Neubesetzung unserer Hauptschule etwas unternehmen! Ich weiß nicht, ob Sie bereits gehört haben, dass Wilke als Rektor abgesetzt wurde. Er war schwerer Nationalsozialist, deshalb war es nicht anders zu erwarten. Eine weitere Sache ist die, dass Fachlehrer Zimmermann bereits Anspruch auf die Wohnung des Rektors angemeldet hat. Er rechnet ganz fest damit, dass er der neue Direktor wird. Und da müssen wir etwas machen!"

„Etwas machen? Das hat der Landesschulrat zu entscheiden, da kann ich nichts dazu beitragen!"

„Da haben Sie mich falsch verstanden, Herr Fachlehrer. Wir wünschen uns nicht Zimmermann, sondern wir möchten, dass Sie der neue Hauptschuldirektor von Sierning werden!"

Das kam für Franz Dirisamer so überraschend, dass er sofort ablehnte.

„Nein, das geht nicht! Meine Schule ist die Hauptschule auf der Ennsleite in Steyr!"

„Entschuldigen Sie, Herr Fachlehrer, dass ich Sie da aufklären muss! Ich war gestern beim Stadtschulrat Azwanger in Steyr, und der hat mir Bescheid gegeben, dass auf die Ennsleite Direktor Trauner kommt. Sie aber können sich entscheiden und wählen zwischen Weyer und Sierning. Als gewöhnlicher Fachlehrer können Sie natürlich auch jederzeit an allen Hauptschulen von Steyr unterkommen!"

Franz Dirisamer war sprachlos. Nach den vielen Jahren Nationalsozialismus hatte er ein Recht auf Wiedergutmachung. Schon wollte er aufbrausen, als ihm Breirather wohlwollend die Hand auf die Schultern legte.

„Ich habe mir die Mühe gemacht und die Ennsleitenschule besichtigt. Ich bitte Sie, diese Schule kann doch nicht im Geringsten mit unserer Hauptschule mithalten. Fünf bescheidene Klassenräume und ein Konferenzzimmer habe ich gesehen, das ist doch kein Arbeitsfeld für Sie! Sie waren hier der Lehrer meines Sohnes, und alle haben Sie geliebt. Kommen Sie zu uns, Sie werden es nicht bereuen!"

„Das mag alles stimmen, aber ich kann doch meine Wohnung in Steyr nicht aufgeben, meine Kinder gehen ins Gymnasium, die würden einem Wohnortswechsel nie zustimmen!"

„Ihre Wohnung in Steyr könnten Sie behalten! Das ist bereits geregelt. Doch möchte ich bemerken, dass auch die Rektorswohnung an unserer Hauptschule allen Komfort aufweist. Wenn ich Ihnen einen Rat geben darf, schauen Sie sich diese einmal an!"

Das waren so viele Neuigkeiten auf einmal, dass Franz Dirisamer zu keinen konstruktiven Gedanken fähig war. Aber Breirather hatte recht, die Wohnung anschauen konnte er sich wirklich, und am besten war, wenn er es gleich tat.

Den Weg zur Schule war er seit der Strafversetzung unendlich oft gegangen, manchmal zornig, ängstlich, niedergeschlagen und hoffnungslos, aber noch nie so zwiespältig und verunsichert wie an diesem Tag und auch noch nie mit so offenen, kritischen und besitzergreifenden Augen. Die Schule war wirklich wesentlich schöner als die auf der Ennsleite, sie war ein

Musterbetrieb. Da hatte Breirather auf jeden Fall Recht, und sie war ihm auch ans Herz gewachsen, trotz der vielen Schikanen, Demütigungen und Querschüsse, die er von Wilke hinnehmen und erdulden hatte müssen. Nie hatte er sich zur Wehr setzen können, immer musste er kuschen! Was war an dieser Schule alles möglich, was konnte man nicht alles erreichen, wenn man bei der Besetzung des Lehrkörpers großzügig vorging und wenn man diesem, aber auch den Schülern die Gelegenheit bot, sich in ihren Fähigkeiten voll und frei zu entfalten!

Er sah sich in den Räumen um, in den Klassen und im Zeichensaal, nirgendwo merkte man Spuren von den Turbulenzen der letzten Monate. Überall herrschten bereits wieder Ordnung und Sauberkeit. Auch im Konferenzsaal gab es keine Mängel. Er setzte sich an die Stirnseite des langen Sitzungstisches, auf den Sessel, der für den Direktor bestimmt war, ließ alle Bitterkeit von sich fallen und dämmerte in den schönsten Phantasien dahin. Jetzt erst begriff er, welches Los ihm da in den Schoß gefallen war.

Bevor er die Tür in seinem Rücken gehen hörte, vernahm er das Schnauben und Grunzen, das ihn die ganze Zeit an dieser Schule verfolgt hatte. Es war das Markenzeichen von Markus Wilke, die Fanfare seiner Bösartigkeit, die ihn früher immer geschreckt und ihm Unbehagen bereitet hatte. Jetzt aber konnte es ihn nicht mehr quälen, jetzt war es nur mehr ein gewöhnliches Schnäuzen, Räuspern und scharfes Atmen, dem niemand mehr Beachtung schenkte und dessen Träger man höchstens bemitleiden konnte.

Gelassen drehte sich Franz Dirisamer um. Wilke, der in den letzten Tagen des Regimes nur mehr als Gespenst herumgewankt war, der abgenommen hatte und einen todkranken Eindruck machte, war jetzt wieder der Alte, gerade so wie in den Tagen, in denen er der einzige Mensch gewesen war, der in dieser Schule anschaffen und kommandieren konnte.

„Ja, so sieht man sich wieder!" begann er. „Ich hätte auf dieses Wiedersehen zwar keinen Wert gelegt, aber so kann ich Ihnen wenigstens sagen, was ich mir von Ihnen denke!"

Bevor er weitersprach, machte er eine kurze Pause. Seine Erregung merkte man daran, dass sein Röcheln jetzt in kurzen Abständen und stoßweise durch die Nase kam.

„Da musste ich also erfahren, dass Sie sich um meine Stelle hier beworben haben, ausgerechnet Sie mit Ihrem kleinen Geist und mittelmäßigen Verstand! Mein Nachfolger! Ja, das hätte Ihnen so gepasst! Aber ich halte nichts von solchen negativen Sensationen, und deshalb habe ich noch rechtzeitig Folgendes einfädeln können. Erstens bekommen Sie meinen Direktorsposten auf keinen Fall! Zweitens bekommen Sie auch nicht Ihre alte Stelle an der Hauptschule in Steyr! Und drittens sind Sie in Weyer, also im hintersten Ennstal vorgesehen, also dort, wo sich die Füchse und die Hasen gute Nacht sagen!"

Wilke wartete auf die Wirkung seiner Worte. Franz Dirisamer gab keine Antwort, im Gegenteil, er drehte sich um und zeigte ihm den Rücken. Fauchend schritt Wilke nach vor und konnte ihm jetzt wieder ins Gesicht blicken. Tatsächlich, dieser unsympathische Mensch lächelte in sich hinein. Um eins nachzulegen, fauchte er:

„Soll ich Ihnen den Namen des neuen Direktors sagen?"

Wieder keine Antwort und wieder dieses überlegene Lächeln seines Gegenübers.

„Zimmermann, ja, Heinrich Zimmermann bekommt diese Stelle und sonst niemand! Ein fähiger Mann, wie Sie ja wissen, also ganz das Gegenteil von Ihnen!"

Langsam erhob sich Franz Dirisamer. „Auf ein Gespräch mit Ihnen lege ich eigentlich keinen Wert! Ich möchte mir nur Ihre Wohnung ansehen und abwägen, ob sie für mich in Frage kommt oder nicht."

Wilkes Geifern verstummte augenblicklich. Er betrachtete jetzt sein Gegenüber von der Seite her, also schräg, so als wollte er erkunden, was sich hinter dem Gesicht von Franz Dirisamer wirklich verbarg.

„Sie machen doch einen Spaß! Oder? Und sollte es kein Spaß sein, dann wehre ich mich mit meiner ganzen Kraft gegen das Betreten meiner Wohnung!" Rot vor Wut stellte er sich mit gespreizten Beinen vor die Tür ins Rektorzimmer, die zugleich auch einer der Eingänge in die persönlichen Wohnräume war.

„Sie werden doch nicht erwarten, dass ich mich auf einen Ringkampf mit einem alten Mann einlasse! Wenn Sie mich nicht eintreten lassen wollen, auch gut. Dann halt nächste Woche mit einem Gendarmen. Aber eines rate ich Ihnen, suchen Sie sich so schnell wie nur möglich eine andere Wohnung!"

Ohne Wilke zu grüßen, ging er aus dem Konferenzzimmer. Röcheln, Hassworte, Geschrei, Fluchen, er hörte nicht hin. Er verließ die Schule und ging zur Straße in Richtung Pichlern. Ein kühler Wind hatte Wolken aufgehäuft, in der Mitte der Wegstrecke begann es zu regnen.

XXXV.

Regen hielt die Familie im Zimmer beisammen. Immer wieder wurde von Dick und Norman gesprochen. Die Erinnerung an die fernen Freunde machte alle friedlich, die Mädchen arbeiteten an Strickereien und Nähsachen, und die Kleineren waren in ihren Spielecken beschäftigt. Robert ordnete seine Briefmarkensammlung, und Brigitte hatte ihre Liebe zur Schule wiederentdeckt. Sie holte ihre Schiefertafel und ihren Griffel hervor und kritzelte Sätze, die ihnen die Lehrerin vor Schulschluss angesagt hatte. Othmar aber drehte ständig am Radio herum, einem schwarzen, unförmigen und einfachen Kasten, in dem man jetzt den neuen Sender Rot-Weiß-Rot mit vielen amerikanischen Melodien und Liedern hören konnte.

Es war wie verflixt, denn gerade an diesem Morgen hatte der Knecht begonnen, das Heu von der linken Seite der Scheune nach rechts umzuschichten, da man es von dieser Seite mit Hilfe eines Greifers besser und leichter zur Öffnung über dem Kuhstall bringen konnte. Und der Knecht duldete bei der Arbeit keine Kinder in seiner Nähe, er vertrieb sie ohne Ausnahme und sparte auch nicht mit Grobheiten und Schlägen, wenn sie auf seine Drohungen nicht hören wollten. Heinz blieb nichts anderes übrig, er musste zuwarten, schlich aber ständig herum und hoffte auf eine günstige Gelegenheit, um zu Wladimir zu kommen. Es ging aber auch wie mit dem Teufel zu, denn von der Rückseite konnte er auch nicht durch das lockere Holzbrett, da dort seit dem Morgen ein schwerer Leiterwagen stand, den der Bauer zu einer Ausfahrt gerichtet hatte. Endlich hörte er, wie Sophie den Knecht rief. Dieser schloss die Scheune und begab sich ins Haus. Kurze Zeit später erschien er mit Wetterfleck und Hut, holte ein Pferd, spannte es vor den Leiterwagen, wendete und fuhr dann in Richtung Aschach davon.

Der Weg für Heinz war also frei. Über eines der Seitentore begab er sich zur Rückseite des Hauses und war bereits kurze Zeit später bei Wladimir. Regen tropfte aus seinem Haar, und an seiner nassen Kleidung hatte sich Heu verfangen.

„Ich hab' schon gedacht, mein kleiner Bruder hat mich vergessen!"

„Auf gar keinen Fall, Wladimir, aber der Knecht hat mir den Weg versperrt!"

„Es wird Zeit, dass ich heimkomme und dass ich mich wieder einmal ordentlich rasieren kann", sagte Wladimir. „Ich muss die Uniform anbringen und brauche dringend Zivilkleidung. Komm, gehen wir!"

„Ja, willst du denn nicht vorher meinen Schatz sehen?"

„Deinen Schatz? Da musst du mir aber zuerst erzählen, was es damit auf sich hat!"

Nicht einmal jetzt, als Heinz ihm von seinen Abenteuern berichtete, konnte Wladimir an die Wahrheit des Gehörten glauben.

„Warum hast du das alles nicht Papa erzählt? Ich vermute etwas! Hast du dir da vielleicht eine besonders romantische Geschichte erdacht?"

„Papa hat doch bereits eine goldene Münze an Professor Wolf gegeben, obwohl diesem nichts gehört. Und wenn wir Papa davon erzählen, dann verschenkt er den Rest, und wir haben wieder nichts!"

„Liegt dein Schatz weit von hier?" fragte Wladimir, der jetzt neugierig geworden war. „Wenn es nicht zuviel Zeit kostet, sehe ich ihn mir an, und dann reden wir beide weiter!"

„Nein, gar nicht weit! Komm, ich zeig ihn dir!"

Heinz kroch bis zur Ziegelmauer. Er hörte, wie sich Wladimir bemühte, ihm zu folgen. Als er an die Stelle kam, wo die Jauche vom Saustall durchsickerte, begann Wladimir zu husten.

„Stopp, halt an, hier kann es nicht sein, hier stinkt es ja ärger als in einem Russenklo! Drehen wir um!"

Heinz ließ sich von dieser Aufforderung nicht abhalten, er holte seine Taschenlampe aus dem Hosensack. „Wladimir, pass auf, dass du mit den Fingern nicht in den Dreck kommst!" Dann leuchtete er kurz herum, griff in die Jauche und zog an den Lederträgern den Wehrmachtsrucksack aus dem Pfuhl.

„Das ist ja ekelhaft!"

Es war tatsächlich widerlich und stank furchtbar, aber Heinz war voller Eifer, er schnürte die Bänder auf, räumte einige Orden zur Seite, suchte etwas tiefer und brachte die ersten Goldmünzen zum Vorschein.

Wladimir verschlug es den Atem. „Das ist ja unglaublich! Und du sagst, dass noch mehr davon im Rucksack ist?"

Heinz zog, so gut er es vermochte, den schweren Rucksack näher an Wladimir heran und leuchtete mit der Taschenlampe hinein. „Da, schau selber nach!"

Es war unfassbar! Wladimir griff in den durch und durch von fäkalem Gestank getränkten Rucksack und fand immer mehr Münzen. Euphorisch jubelte er:

„Heinz, du bist ein Glückskind! Ich kann's gar nicht glauben. Wenn wir das Zeug behalten können, dann ist mir um die nächsten Jahre nicht bange. Heinz, jetzt heißt es schweigen, schweigen wie ein Grab, nichts preisgeben und keinem Menschen etwas erzählen! Versprich's mir und schwöre, dass du über deinen Schatz kein Wort mehr verlieren wirst. Bei deiner Seele!"

„Ja, ich schwöre, aber du darfst es auch niemandem sagen!"

„Natürlich nicht! Aber jetzt müssen wir die Münzen wegbringen. Ich weiß auch schon wie!"

„Du musst auch meinen Ordensschatz wegbringen. Du hast ja keine Ahnung, was man dafür bekommt. Für ein silbernes Verwundetenabzeichen habe ich Robert zehn Mark gegeben, und für das hier bekomme ich vielleicht eine Million Mark!"

„Für die Orden bekommst du keinen Pfennig, die sind gar nichts wert!"

„Die sollen nichts wert sein? Das kannst du mir nicht erzählen! Und überhaupt, es gehört alles zusammen, und wir nehmen alles mit uns!"

Wladimir wollte über dieses Thema nicht weiter diskutieren. Sollte der kleine Bruder seinen Willen haben. Er verschwand und brachte kurz darauf seinen Tornister. Er räumte ihn vollständig aus, nur ein blaues Soldatenleibchen behielt er, knotete die langen Ärmel daran zu, holte aus einem Geheimfach Nadel und starken Zwirn und nähte damit den Halsausschnitt zusammen. Und dann holte er Münze für Münze und Orden für Orden aus dem Rucksack, trocknete alle mit seiner Schmutzwäsche ab und warf sie in das Leibchen, das sich immer mehr füllte und nach dem Ende dieser Arbeit in den Tornister kam. Was Wladimir ausgeräumt hatte, kam mit dem Rucksack an die Stelle, wo der Schatz von Heinz gewesen war, dann wurde Heu darüber geworfen, und die letzten Spuren wurden beseitigt.

Zu diesem Zeitpunkt war Franz Dirisamer auf dem Weg von Sierning nach Pichlern vom Regen überrascht und nass geworden. Als er daheim ankam, brachte ihm Resi ein neues Hemd und eine trockene Hose.

„Es hat sich einiges an Neuigkeiten getan, ich könnte Hauptschuldirektor in Sierning werden."

Gustl schrie auf: „Aber ohne mich! In diesem Kaff bleibe ich keine Sekunde länger als notwendig. Ich bin sowieso froh, wenn ich wieder in Wien bin!"

Franz Dirisamer überhörte ihre Empörung, er blickte nur auf Resi, die etwas blass geworden war.

„Du weißt ja, dass ich dir überallhin folge. Geiersberg, Weißenkirchen, Innersee, Obernberg, wo sind wir nicht schon gewesen! Aber jetzt habe ich Sehnsucht nach unserer Wohnung in Steyr, ich möchte dorthin zurück!"

„Wir könnten diese Wohnung behalten, die Kinder bekommen ihr altes Zuhause, und ich fahre mit dem Bus nach Sierning. Ich bin's ja schon gewohnt!"

„Wie du glaubst, Franzl. Aber überleg's dir gut!"

„Schaut her, was ich euch mitgebracht habe!" Franz Dirisamer öffnete seine Aktentasche und zog eine Zeitung hervor. „Es sind die ‚Oberösterreichischen Nachrichten'! Zwar nur zwei Seiten, aber immerhin ein Zeichen, dass die Freiheit und die Demokratie einen weiteren Schritt in unser Land getan haben."

Die Zeitung kam auf den Tisch, und alle wollten einen Blick hinein tun. Da öffnete sich die Wohnungstür, und in ihrem Rahmen stand Wladimir mit Heinz.

„Mein Gott, der Wladimir!" stammelte Resi und lehnte sich an einen Kasten.

Ein Begrüßungswirbel folgte. Nicht nur im Leid, sondern auch aus Freude flossen in dieser Zeit unendlich viele Tränen. Langsam kehrten die Väter, die Söhne, die Onkel und die Brüder heim, und in einem Meer von Tränen entluden sich alle Ängste und Sorgen, die man ihretwegen in der Heimat herumgetragen hatte. Wladimir konnte sich der vielen Umarmungen und Küsse kaum erwehren. Bis es dann jemandem auffiel.

„Es ist ja herrlich, dass wir dich wiederhaben, aber stinken tust du schrecklich!"

„Ja, du gehörst gewaschen und geschrubbt!"

Gustl wollte ihm den Tornister vom Rücken nehmen. „Das mache ich schon selber!" wehrte sie Wladimir ab. „Ist mein Spind noch vorhanden? Da könnte ich das Zeug unterbringen."

Dieser Spind stand in der Ecke des Vorraumes neben der Mehltruhe, wo Heinz sein Versteck für Geheimnisse hatte. Da dieser Raum öffentlich zugänglich war, hatte Franz Dirisamer die Türen des Spinds mit einem Vorhangschloss versehen. Als er sie jetzt öffnete, fragte Wladimir verdutzt: „Wo sind denn meine schönen Sachen, mein Steireranzug und mein Lodenmantel, hingekommen?"

Nun kam für Gustl der Augenblick, in dem sie bekennen musste. Sie hatte ja in ihrem Übereifer, zusammen mit anderen Sachen, auch diese Kleidungsstücke zur Sicherung auf den Damberg gebracht. Dahin war aber jetzt kein Weg offen, weil die Russen die Ennsbrücken kontrollierten, nichts, was in Rucksäcken hinüber oder herüber wanderte, entging ihren Blicken und wurde nach Belieben und meist erbarmungslos konfisziert. Wladimir war einen Augenblick böse, aber eine Schachtel amerikanischer „Old Gold"-Zigaretten versöhnte ihn schnell. Und außerdem waren genug Hemden, Hosen und Pullover da, um ihn nach einer gründlichen Reinigung wieder in einen Zivilisten verwandeln zu können.

Robert, der seine Nase in alle Dinge steckte, hatte sich an den Tornister herangepirscht und wollte ihn spaßeshalber auf seinen Rücken nehmen. Diesmal kam die Reaktion von Wladimir so scharf, dass er zusammenzuckte.

„Lass das!" fuhr er ihn an.

„Was ist denn da drinnen? Der ist ja furchtbar schwer!"

Ohne auf die Frage zu antworten, nahm Wladimir Robert vorne beim Hemd. „Wenn ich dich auch nur einmal bei meinen Sachen erwische, dann haue ich dir die Fresse voll!" Er hatte es soldatisch-preußisch durch seine Zähne gepresst und dabei herausfordernd rundum geblickt.

„Aber Wladi, was ist mit dir, so kennen wir dich ja gar nicht!" entsetzte sich Franz Dirisamer.

„Ja, der Krieg hat uns eben zu Bestien gemacht!" Er schwieg einige Sekunden, klopfte dann Robert kameradschaftlich auf die Schultern und meinte versöhnlich: „War nicht so gemeint!" Dieser aber hatte Angst bekommen und schlich sich davon. In der folgenden Zeit machte er einen weiten Bogen um den Spind von Wladimir.

An diesem Tag war Resi überglücklich. Ihr Lieblingssohn Wladimir war aus dem Krieg gesund nach Hause gekommen. Nun suchte sie alle ihre Schätze und Reste zusammen, um ihm ein ordentliches Essen zur richten. Sie merkte ja, dass ihm der Hunger aus den Augen sah. Das einfachste Essen, das ihr in den Sinn kam, waren Palatschinken. Mehl, Eier, Milch und Butter hatte sie, und auf dem Kasten stand noch ein Glas mit Marillenmarmelade. Während sie alles zusammensuchte und richtete, ging Wladimir in den Hof hinunter, zog sich Hemd und Hose aus und begann sich beim Brunnen zu waschen. Als er gerade beim Abtrocknen war, kam die Bäuerin durch die Tür.

„Ah, der Wladimir ist wieder da!" Sie sah die lange, noch immer leuchtend rote Narbe auf seinem Rücken. „Und bis auf den kleinen Kratzer ist auch nicht viel passiert. Sind immer nur die Besten, die auf dem Feld bleiben. Unser Ernstl war so ein Kaliber, er hat halt sterben müssen, während Drückeberger heimkommen!"

Wladimir blickte der Bäuerin geringschätzig ins Gesicht, er setzte sich auf die Hofbank, rieb sich mit dem Handtuch das Nasse aus den Zehen und antwortete nur mit einem Satz:

„Oft waren es auch nur die Dümmsten, die größten Schreier und Nazis, die für ihren Führer Adolf Hitler den Heldentod suchten!"

Die Bäuerin lief rot an. „Soll das heißen, dass unser Ernstl ...!"

„Es war nur allgemein gesprochen, und ich will auch keinen Streit. Aber es hätte mich gefreut, wenn Sie mich freundlicher begrüßt hätten!" Er nahm sein Gewand, und ohne sich anzuziehen, ging er fort. Bei der Tür drehte er sich um. „Grüß Gott, Frau Schraberger, wünsche einen guten Tag!"

Das Beisammensitzen an diesem glücklichen Tag dauerte bis in die Nacht hinein. Bevor Wladimir die Erlebnisse seiner Gefangenschaft und seiner Flucht zu schildern begann, hatte Resi einige Weingläser aus dem Schrank geholt.

„Othmar, bring' uns eine Flasche vom Tokayer, heute haben wir einen Anlass, dass wir anstoßen!"

Franz Dirisamer blickte sie zuerst streng an, dann aber lenkte er lachend ein. „Ja! Heute haben wir wirklich einen Grund." Und als Resi auch den älteren Kindern einschenkte, nickte er zustimmend.

Und dann hörten sie, wie Wladimir mit seiner Truppe bei Zeltweg in Gefangenschaft geraten war. Mit dem Linzer Theologen Wilhelm Wolkerstorfer, der ein ausgezeichnetes Englisch sprach, hatte er flüchten können. Dieser hatte sich einem amerikanischen Posten als Priester zu erkennen gegeben und ihn so weit gebracht, dass er sie aus dem Lager schleuste. Er gab ihnen Konservendosen mit und riet ihnen, möglichst auf Land- und Waldwegen zu gehen, da noch immer SS-Leute herumfuhren und jeden flüchtigen Soldaten niederknallten. Aus diesem Grund kletterten sie über die Radstättertauern, wanderten nächtlich über Gebirgspässe bis ins Salzkammergut und von dort über Kirchdorf bis Pichlern.

„Wir haben uns gerade am Waldrand niedergesetzt und einige Waldbeeren genascht, da hat der Willi gesagt: ‚Es kommt jemand!' Schnell haben wir Fichtenzweige zusammengerafft und uns darunter versteckt. Ich hab' meinen Augen nicht getraut, aber da sehe ich durch die Lücken von ein paar Zweigen den Heinz mit einer kleinen Kanne daherkommen. Und direkt vor unserer Nase beginnt er, Erdbeeren zu pflücken. Ich habe seinen Namen gerufen, und da ist er vor Schreck auf den Hintern gefallen. Dann hat er gesagt: ‚Rü… !'"

Heinz stieß Wladimir heftig an. „Bitte, erzähl das nicht! Wenn du es erzählst, bin ich beleidigt!"

Wladimir zwinkerte ihm zu und schilderte weiter. „Da hat der Heinz gesagt: ‚Rü…rü…ckt sofort heraus aus eurem feindlichen Nest, sonst hole ich euch und schlage euch mit meiner Kanne die Schädel ein!' Wir sind natürlich herausgekrochen, auf dem Bauch, wie es sich gehört, Heinz hat mir den Fuß auf den Nacken gesetzt und mich gefangen genommen. Zum Willi hat er gesagt: ‚Verschwinde, räudiger Kaplan, und wasch dir dein schmutziges Gesicht!' und der Willi ist abgehauen und direkt bis zum Sierninger Pfarrer gerannt. Mich aber hat Heinz im Heustadel eingesperrt und erst heute mittag freigelassen!"

Heinz begann bei dieser Geschichte immer mehr zu strahlen und blickte voll Bewunderung auf seinen Bruder. Und dann fragte er zum Gelächter aller: „Ist das auch wirklich wahr, was du da von mir erzählt hast?"

„Natürlich, du bist doch unser tapferer Held!" Und dann nahm er Heinz und drückte ihn liebevoll an sich. Dabei flüsterte er ihm ins Ohr: „Du bist wirklich der größte kleine Held, den ich kenne!"

Seit der Heimkehr von Wladimir litt es Resi nicht mehr in Pichlern. Es gab Gerüchte, dass sich die russischen Besatzer aus Steyr zurückziehen würden, und deshalb wartete man jeden Tag auf eine positive Nachricht über das Freiwerden der Ennsleite. Schließlich schickte man Othmar auf Erkundigung aus, er kam ohne Probleme auf der Neutorbrücke über die Enns und brachte die Gewissheit, dass es mit August so weit sein würde. Da Wladimir bereits dringend seinen Sommeranzug brauchte, war Othmar auch beim Schusterbauern auf dem Damberg gewesen, aber dort war nichts mehr von dem vorhanden, was Gustl hingeschleppt hatte.

„Die Russen haben alles gefunden und fortgetragen!" meinte der Bauer leichthin. „Ihr hättet eure Sachen halt doch wo anders unterbringen müssen!"

Diese Nachricht traf besonders Gustl, denn sie war ja schuld an allem, in ihrem Eifer hatte sie die Sachen ausgerechnet am falschen Ort deponiert. Mit verweinten Augen saß sie am Schreibtisch des Vaters und blätterte in einem Buch über botanische Studien.

Wladimir versuchte sie zu trösten. „Ich glaub's nicht!" sagte er. „Wart' ab, wenn ich hinüber kann auf den Damberg, dann knöpfe ich mir die Leute vor!"

„Ich glaub's auch nicht!" stimmte ihm Resi bei. „Mir haben diese Waldhäusler nie gefallen. Immer waren sie so picksüß, und der Alte hat überhaupt nur blöd gegrinst! Wladimir, du musst mit diesen Leuten noch einmal ordentlich reden!"

„Darauf kannst du Gift nehmen!" meinte dieser nur.

Aber noch war es nicht so weit. Resi wagte sich trotz der Russen ebenfalls hinüber auf die Ennsleite, sie wollte einfach nachsehen, wie es mit der Wohnung stand, und sie wurde angenehm überrascht. Die Flüchtlinge, die im hinteren Teil, also in den letzten zwei Zimmern, einquartiert worden waren, hatten nichts beschädigt, und sie hatten beim Weggehen ordentlich aufgeräumt. Der vordere Teil war so geblieben, wie sie ihn verlassen hatten, es fehlten nur die Möbel, die in Pichlern standen. Durch die lange Zeit der Abwesenheit waren die Räume zwar verstaubt, aber sonst war alles wie früher.

Resi setzte sich an den Fensterplatz in der Küche und sah hinunter auf die Stadt. Welche Weite und Schönheit wurden ihr da vermittelt, und welcher Alptraum war Pichlern. Sie stellte in einem großen Gefäß Wasser auf den Gasofen, und als es heiß genug war, schüttete sie es in einen Kübel, gab Seifenpulver dazu und begann, das Ehezimmer, also das vorderste Zimmer der sechsräumigen Wohnung, zu putzen und zu schrubben. Als sie abends müde nach Pichlern zurückfuhr, waren die beiden ersten Zimmer sauber und soweit gerichtet, dass man wieder einziehen konnte.

Für die Übersiedlung waren aber noch einige weitere Säuberungsaktionen notwendig, und weil die Russen kaum noch Notiz von den Zivilisten nahmen, kamen beim nächsten Mal auch Gustl und Elisabeth mit, denn Nadja war mit Robert und Heinz wieder einmal nach Hofkirchen aufgebrochen.

Als sie im Vorhaus mit Herrn Freiberger zusammentrafen, freute sich dieser über das Wiedersehen derart, dass er alle drei umarmte und sie mit tränenerstickter Stimme willkommen hieß. Der ältere, noch immer rüstige Mann, der schon in jungen Jahren schneeweiße Haare bekommen hatte, war ihnen auch sogleich behilflich und bot sich an, die vorderen Zimmer der Wohnung auszumalen und zu walzen.

Alles passte wunderbar zusammen. In der ersten Augustwoche wurde der Frächter Ecker bestellt, der die Möbel und den verpackten Hausrat der Familie Franz Dirisamer wieder zurück nach Steyr brachte. Man verabschiedete sich von den Bauersleuten und vom Distelgut.

Franz Dirisamer ging mit schwerem Herzen weg, denn ihm hatte das Landjahr gefallen. Das Scharren der Pferde war mit den anderen Geräuschen vom Stall seine Nachtmusik gewesen, und die Leute, die jetzt in einem Häufchen vor ihnen standen, waren ihm ans Herz gewachsen, besonders die Kinder Sophie und Magda. Er hatte die Idylle des Bauernhauses Schraberger gerne gehabt. Der Weg nach Sierning war im Winter zwar hart gewesen, aber im Sommer ein Spaziergang, wie er ihn sich nicht besser wünschen konnte und den er in seiner Länge kaum noch spürte. Eigentlich war ihm das Dorf immer lieber gewesen als die Stadt, auch wenn es hier an so vielen Bequemlichkeiten gefehlt hatte.

Frau Schraberger wirkte etwas niedergeschlagen. „Es wird jetzt ruhig werden auf unserem Hof. Nach dem ganzen Wirbel mit den Soldaten und den Amerikanern!"

„Ja, es war eine turbulente Zeit!" ergänzte der Bauer die Worte seiner Frau.

„Das Singen der Kinder wird uns abgehen!" meinte Sophie. „Es gibt halt nichts Schöneres als Heimatlieder!"

„Auf jeden Fall viel Glück für euch!“ mischte sich der Schraberger nochmals ein.

„Auch für euch! Magda werde ich im Herbst ja wiedersehen. Aber diesmal als Hauptschuldirektor!“

„Ist es wahr? Ist es gewiß?“

Dirisamer nickte mit dem Kopf. „Ich glaub' schon!“

Resi und die Kinder gingen leicht, ja fast kühl und unfreundlich aus dem Bauernhaus. Ihnen hatte zu viel gefehlt. Und sie hatten auch zu den Besitzern, besonders zur Bäuerin, die hier ihr herrisches Regime aufgezogen hatte, nie eine richtige Beziehung gefunden. Schon als Kind hatte Resi auf dem Bauernhof ihrer Taufpatin in St. Valentin viel arbeiten müssen, und da hatte sie bald mitbekommen, dass man sich als Bäuerin nur durchsetzen konnte, wenn man streng und energisch war. Ja, die Schrabergerin hatte zwei Seiten, sie war gebieterisch und schroff, aber sie hatte beim Leidenszug der Sträflinge auch bewiesen, dass sie einen ehrenhaften Charakter hatte.

Die Rückkehr ging problemlos vor sich. Der Frächter, einer seiner Gehilfen und Wladimir brachten die Möbel schnell wieder auf die alten Plätze, und das Einräumen besorgten Resi und die Mädchen. Nur Wladimir ordnete sich alles allein, er achtete streng darauf, dass niemand an seinen Spind herankam.

XXXVI.

Der Schusterbauer staunte nicht schlecht, als um die Mittagszeit, ohne anzuklopfen, ein schlanker, junger Mann entschlossen in die Stube trat. Auch seine Frau blickte verärgert auf den Burschen, der sich ohne „Grüß Gott“ oder „Guten Tag“ einfach zum Bauern auf den nächstbesten Stuhl setzte.

„Was wollen Sie denn?“ fragte sie in einem Mittelton zwischen Angst und Empörung.

„Ja, das möchte ich auch gerne wissen!“ forschte der von diesem ungewohnten Eintreten überraschte Bauer.

„Ganz einfach!“ sagte der junge Mann. „Ich möchte die beiden Koffer abholen, die mein Vater und meine Schwester bei Ihnen versteckt haben!“

„Dann sind Sie ein Dirisamer Sohn? Ein schlechtes Benehmen haben Sie, das muss man schon sagen!“

„Mit Dieben und Leuten, die fremdes Eigentum unterschlagen, verkehre ich immer so! Also, wo sind die beiden Koffer?“

Jetzt brauste der Schusterbauer auf. „Unverschämt! Wir haben es doch schon dem jüngeren Bruder gesagt, dass die Russen da waren und alles mitgenommen haben!“

„Aha, ausgerechnet die Russen!“

„Ja, die Russen, und Sie wissen gar nicht, was wir uns alles mitgemacht haben. Fragen Sie nur die Bäuerin, die kann Ihnen Geschichten erzählen!“

Wladimir, der gekommen war, um seine Sachen, und vor allem seinen Sommeranzug, zu holen, zeigte sich völlig unbeeindruckt.

„Hören Sie mir gut zu! Ich habe nicht viel Zeit, und ich will auch gar nicht lange hier bleiben. Ich war drei Jahre lang Soldat, ich habe gegen die Russen gekämpft, Mann gegen Mann, und ich habe meine Gesundheit aufgeopfert für die Menschen in der Heimat, für meine Familie, meine Freunde und auch für Sie. Und nun komme ich nach vielen bitteren Monaten an der Front nach Hause, und da höre ich die dumm erlogene Geschichte, dass unser sorgfältig verstecktes Eigentum angeblich von den Russen gestohlen worden ist. Eine Geschichte, die so blöd ist, dass ich Sie schon deshalb umlegen müsste!"

Der Schusterbauer zuckte zusammen, wollte etwas einwenden, doch schnitt ihm Wladimir sofort das Wort ab.

„Halten Sie Ihr Maul! Kameradschaftsdiebstahl war an der Front eines der schwersten Vergehen und wurde mit Exekution bestraft!" Wladimir zog eine Pistole aus seiner Tasche und legte sie vor sich auf den Tisch.

„Ich gebe Ihnen jetzt fünf Minuten Zeit. Und wenn bis dahin nicht die Koffer vor mir stehen, dann erschieße ich Sie beide! Ich grabe Sie auf Ihrem Misthaufen ein, und wenn man Sie findet, wird es heißen, dass Sie von den Russen ermordet worden sind. So einfach ist das für mich!"

Die beiden Leute starrten jetzt mit angstgeweiteten Augen auf Wladimir. Dann blickte der Bauer ins Eck zu seinem Gewehrschrank. Wladimir sah es, sprang auf, nahm die doppelläufige Jagdbüchse und zerschlug sie über der Lehne eines schweren Sessels. Seine wilde Entschlossenheit entsetzte die Bauersleute noch mehr.

„Ich beginne jetzt zu zählen! Bei dreihundert lege ich euch beide um! Er erhob sich und stellte sich zur Tür. „Eins, zwei, ...!"

„Warten Sie!" bat der verängstigte Schusterbauer. „Vielleicht haben wir nur nicht richtig geschaut, und die Sachen sind noch da. Berta, geh doch einmal nach oben auf den Dachboden und such im Eck!"

Nichts war der Frau lieber, als aus der Stube zu kommen. Wladimir hatte noch nicht einmal die Hälfte der vorgegebenen Zeit abgezählt, als sie schon die beiden Koffer anschleppte.

„Gesindel!" entfuhr es Wladimir.

„Was hätten wir denn tun sollen, die Russen haben uns ja die eigenen Sachen geplündert!"

„Du tragst mir jetzt die beiden Koffer ins Freie und stellst sie dort nieder!" sagte Wladimir zur Frau. Er sah, dass der Türschlüssel steckte und nahm ihn an sich. „Ich bleib noch einige Zeit vor dem Haus sitzen, und wenn einer von euch herauskommt oder sich rührt, dann knallt es!" Er stieß die Alte vom Gang ins Wohnzimmer und sperrte die Tür von außen zu. Dann nahm er die beiden Koffer, ging damit ohne besondere Eile vom Schusterhäusl bis zum Ochsenwald und durch diesen hinab zum Weg, der nach Steyr hinunter führte.

Als er die beiden Koffer in der Wohnung abstellte und öffnete, waren alle erstaunt, denn das Verlorengeglaubte war vollständig vorhanden. Gustl kontrollierte den Inhalt, es fehlte nicht der kleinste Knopf, und Wladimir konnte endlich sein besseres Gewand anlegen. Othmar aber ärgerte sich, weil man ihn nicht ernst genommen und so angeschwindelt hatte.

„Ganz in Jammer aufgelöst waren sie, dabei war alles Trug! Solche Heuchler und Lügner! Sogar geweint haben die beiden: ‚Die Russen haben uns das Häusl umgedreht und alles gestohlen!' Und ich hab's geglaubt, ich Depp!"

„Bei solchen Leuten muss man halt ein bisserl nachhelfen!" lachte Wladimir und zog eine harmlose Gaspistole, die er schon vor dem Krieg von seinem Freund Günther Pils bekommen hatte, aus der Hosentasche.

„Mit dieser Gaspistole hast du gedroht? Das hätte aber ins Auge gehen können!" ängstigte sich Franz Dirisamer im Nachhinein. „Ich hätte mir das von diesen Menschen eigentlich nie gedacht, zu mir waren sie sonst immer anständig, aber der Krieg hat alles verdreht! Was ist, wenn dich die Schusterleute anzeigen gehen?"

„Da lege ich meine Hand ins Feuer, dass sie das bleiben lassen!"

Für Wladimir war von Anfang an klar, dass die Bauersleute schweigen und nichts mehr von sich hören lassen würden. Da war der Krieg für ihn ein harter Lehrmeister gewesen, oft und oft musste er sich mit Leuten herumschlagen, die auch nur mehr an sich und an niemand anderen mehr dachten. Aber innerlich lachte er über seinen gelungenen Streich, denn da war sein altes Draufgängertum wieder bei ihm durchgebrochen. Vom Heimgeholten passte noch das meiste, nur die Hosen schlotterten um seine Knie und zeigten ihm, dass er stark abgenommen hatte. Damit musste er sich abfinden, denn die Rationen auf der Lebensmittelkarte waren nicht kalorienreicher geworden, im Gegenteil, sie bekamen, seit sie Pichlern verlassen hatten, vom Kaufmann weniger Milch als von der Bäuerin Schraberger. Dafür hatten sie sich einen Fünfzigkilosack Polenta ergattert, und davon stand jetzt fast jeden Abend etwas auf dem Tisch.

Resi fuhr noch einige Male in Begleitung von Wladimir nach Pichlern. Sie wollte von ihrem Acker das heimbringen, was momentan zu ernten war, also Paradeiser, Kohlrabi, Karotten und Salat, und auch von den Erdäpfeln grub sie manchmal einige Knollen aus. Außerdem hatte sie bei der Umsiedlung auf den Schnaps vergessen, den sie dort versteckt hatte. Wladimir sah zu, wie sie mit einer kleinen Haue die Erde aufwühlte.

„Was machst du denn da?"

„Wart' ab, du wirst es gleich sehen!"

Wladimir beobachtete verwundert, wie sie die Flaschen aus der Grube holte. „Na, so was!" sagte er belustigt.

„Ja, man muss wissen, wo die Dinge am besten aufgehoben sind!"

„Und wenn du jetzt einen Schatz verstecken müsstest, wo würdest du das machen?"

„Auch wieder in der Erde!"

„Du meinst in unserem Garten in Steyr? Das ist doch zu unsicher, weil dich alle Familien aus den Häusern rundherum beobachten könnten!"

„Natürlich nicht im Garten. Wladi, du weißt ja, dass ich im Kohlenkeller eine Holzkiste mit Sanderde habe. Dort kommt im Herbst der Kren, der schwarze Rettich und der Endiviensalat hinein. In dieser Kiste habe ich früher auch immer ein bisschen Geld versteckt!"

„Mama, komm, setzen wir uns auf die Bank bei der Bienenhütte, ich muss mit dir etwas besprechen!"

Es war schattig an diesem Plätzchen, wo sich auch Lisl und Gustl gerne mit ihren amerikanischen Freunden aufgehalten hatten. Man hörte das Gesumme der Bienen und das „Gru

gru“ von Wildtauben, die auf den Ästen eines fernen Birnbaumes schaukelten.

„Mach dich auf eine spannende Geschichte gefasst!“ begann Wladimir, als sie sich niedergelassen hatten. Und dann erzählte er seiner Mutter alles über den Goldschatz, das, was er von Heinz gehört, und das, was er selber erlebt hatte.

Resi schüttelte den Kopf. „Wladi, ich kann's fast nicht glauben, aber, wenn ich nachdenke, Heinz hat einmal eine Goldmünze bei sich gehabt, die sehr viel wert gewesen ist. Zumindest hat das Papa gesagt! Aber sie hat dem Professor Wolf gehört, und wahrscheinlich gehören ihm alle diese Münzen. Papa wird wollen, dass er sie zurückbekommt!“

„Der Heinz ist ein pfiffiges Bürschchen, das kannst du mir glauben. Und er hat herausbekommen, dass dem Professor Wolf gar nichts gehört. Stell dir vor, der wollte Heinz sogar umbringen!“

„Herrgott, bin ich froh, dass ich nicht alles weiß, was die Buben angestellt haben. Aber, was sollen wir denn jetzt machen?“

„Mama, schau mich an, ich habe in Russland gekämpft und hunderte Male mein Leben gewagt, und meine Verwundung ist so schwer, dass ich auch heute noch nicht sagen kann, wie lange ich damit leben werde. Von Hugo haben wir noch immer nichts gehört! Nur Gott allein weiß, ob er noch lebt, wo er ist und was mit ihm geschehen ist. Mama, diese Münzen sind nicht zufällig in unsere Hände gekommen, sie sind ein Entgelt dafür, dass ich meine Gesundheit verloren habe und Hugo vielleicht sein Leben geopfert hat. Wir werden Papa nichts erzählen und den Schatz genau dort verstecken, wo du gesagt hast!“

Resi wischte sich die Tränen fort. Die Erwähnung von Hugo war ihr ans Herz gegangen.

„Wein nicht, Mama, es wird alles wieder gut, schau, ich bin ja auch heimgekommen!“ Er drückte die Mutter an sich und strich ihr zärtlich über das Haar.

Als sich Resi beruhigt hatte, fragte sie: „Und wo ist jetzt dieser Schatz?“

„Im Spind, in meinem Tornister!"

„Hab' mir doch gleich gedacht, dass da etwas nicht stimmt, wie du den Robert angeschnauzt hast!"

„Ja, Mama, wir müssen unglaublich vorsichtig sein. Die Goldmünzen sind ein wertvoller Schatz, aber auch eine noch größere Gefahr. Wir dürfen auf keinen Fall Papa in unser Geheimnis einweihen. Nur wir zwei wissen Bescheid! Und der Heinz, aber um den brauchen wir uns keine Sorgen machen, der plappert ja so viele Geschichten zusammen, bei dem kennt sich keiner aus, manchmal hält man ihn direkt für dumm!"

„Weißt du, dass er Priester werden soll?"

„Ja, ich hab's gehört. Gustl hält es für eine verrückte Idee!"

„Papa wünscht es sich aber so sehr! Wollen wir abwarten. Meist kommt es aber eh anders, als man es sich denkt! Momentan gibt ihm der Kaplan in Hofkirchen Nachhilfestunden in Latein."

Resi hätte es wirklich nicht punktgenauer sagen können, denn fast zur selben Zeit, als sie in Pichlern mit Wladimir die anstehenden Probleme besprach, saß Heinz im Studierzimmer von Benefiziat Lugmayr und übersetzte einige einfache Sätze aus dem Deutschen in die lateinische Sprache. Und daneben lag auch eine Liste mit Vokabeln, die er auswendig lernen und deklinieren musste. Es war hart für ihn, aber der Priester gab sich Mühe, und jedesmal, wenn Heinz sich bei der Befragung besonders auszeichnete, legte ihm Lugmayr einen Apfel auf seinen Platz, den er dann mit nach Hause nehmen durfte. So kam er oft auf drei, vier Äpfel, und dadurch wurden ihm die Stunden leicht gemacht, obwohl durch die halb mit Spalierobst verhängten Fenster die herrlichsten Sonnenreflexe in das Zimmer tanzten und die Vögel im Vorgarten wie verrückt pfiffen, sangen und trällerten.

Der Benefiziat Lugmayr war nicht nur ein beliebter Priester, sondern auch ein musikalischer Mensch, der sich nach dem Ende der Unterrichtsstunde an ein Wandklavier setzte und von Heinz, wie er sich ausdrückte, den Preis für seinen Unterricht forderte. „Das eine sage ich dir aber gleich", bemerkte er zu

Tante Poldi, „wenn der Bub nichts tut und faul ist, vergeude ich keine Zeit mit ihm!“ Er sprach auch ziemlich energisch mit Heinz über seinen Standpunkt. „Für jede Stunde schuldest du mir ein Lied!“ verlangte er und lauschte nach der Nachhilfe verzückt dem Gesang von Heinz, der jetzt auch nach Noten zu singen gelernt hatte und an sein „Unterrichtsgeld“ meist auch noch zwei oder drei andere Lieder anhängte. Oft sangen sie auch zusammen, der Priester und er, und manchmal schlug der Benefiziat ein Balladenbuch auf und lehrte ihn etwas Besonderes.

„Horch einmal, wie gefällt dir das?“

Heinz konnte es einfach nicht fassen, dass es so himmlischen Gesang gab, er las den Text einige Male laut vor, und nach Ablauf einer halben Stunde beherrschte er das Lied. Besonders liebte er die Stelle, wo es hieß: „… und hell an jeder Flechte hing ein silberblankes Glöckelein!“ Die Melodie dazu klang am Klavier wie seine eigene Stimme, rein und klar und wunderschön.

„Den ‚Reimer Thomas‘ hat der deutsche Komponist Carl Loewe geschrieben. Das kannst du dir merken, denn er war ein ganz berühmter Vertoner, dem wir herrliche Musik schulden.“

Mit dem Lateinunterricht hatte Hofkirchen für Heinz eine neue Facette bekommen, besonders deshalb, weil Robert Häuptling der Bande geworden war und ihn wie in Pichlern auch hier auszugliedern versuchte. Wenn es ihn auch kränkte, dass Robert, ohne ein Wort zu sagen, mit seinen Leuten davonlief, jetzt fand er dadurch Trost, dass er sich nach der ersten Enttäuschung darüber in den Hof setzte, in seinem Lateinbuch blätterte, Vokabeln lernte und so das Durchgenommene spielend leicht verstand. Tante Poldi beobachtete mit Freude die Fortschritte ihres Lieblings, und wenn er ihr die vielen Seiten zeigte, die er bereits studiert hatte, dann fragte sie voll Freude: „Burli ist das wahr? Das alles kannst du schon?“

Sie lobte ihn über den grünen Klee und überschüttete ihn mit kleinen Geschenken. Zuletzt bemerkte sie noch: „Da wird sich dein Papa aber freuen, wenn er kommt!“

„Kommt denn Papa auf Besuch nach Hofkirchen?"

„Ich glaube schon, zumindest hat er es in einem Brief geschrieben!"

„Das wird eine lange Reise werden, wenn er wie wir in Wels übernachten muss!"

„War es denn so schlimm?"

„Für mich schon! Du weißt ja, im Omnibus wird mir immer so viel schlecht. Dann haben wir in Wels keinen Zug mehr bekommen, wir haben in der Bahnhofshalle geschlafen, auf dem Boden, da waren hunderte Leute, sie hatten alle gar nicht Platz!"

„Das weiß ich ja, Burli, Nadja hat mir alles erzählt!"

„Hat sie dir auch erzählt, dass in der Halle alle Fenster kaputt waren? Die Glühwürmchen sind ein- und ausgeflogen. Nadja hat nicht eine Minute geschlafen, denn sie hat auf unsere Sachen aufpassen müssen, damit uns niemand etwas stiehlt!"

„Das muss man auf einer Reise immer befürchten! Aber du weißt ja, dass Stehlen eine schwere Sünde ist!"

„Ich fürchte, Tante Poldi, dass Robert schwere Sünden begeht."

Tante Poldi wurde hellhörig. „Es gibt viele schwere Sünden! Welche ist es denn bei Robert?"

„Ich darf es nicht erzählen, weil er der Bandenhäuptling ist und unsere Parole ‚Schweigen' heißt."

„Na ja, ich werd's schon noch erfahren! Aber nimm dir kein Beispiel an ihm!"

Das, was Heinz eine schwere Sünde Roberts nannte, das waren die vielen kleinen Diebstähle, die Robert beging. Er hatte außerordentlich flinke Hände, griff blitzschnell zu und ließ alles, was er fassen konnte, in seinem Hosensack verschwinden. Dabei stellte er sich so geschickt und raffiniert an, dass niemand von den Erwachsenen auf seine Schliche kam. Ging er für Poldi zum Bäcker, hatte er anschließend zwei geklaute Semmeln in seiner Hosentasche. Marschierte er mit Hans Thaler ins Kaufhaus Bugram, so erkundigten sie sich dort nur zum Schein nach Fischerzeug und was davon vorrätig war, in Wirklichkeit verwirrten sie dabei den alten Mann mit ihren vielen Fragen und Anliegen derart, dass er nicht bemerkte, wie Robert einen ganzen Angelhakensatz unters Leibchen steckte, in der Achsel einklemmte und aus dem Geschäft forttrug. Auf der Straße lachten sie dann über den Kaufmann Bugram und über ihren gelungenen Streich.

Robert wurde gar nicht mehr bewusst, dass er etwas Unrechtes tat, er nützte jeden kleinen Vorteil aus und steckte in seine Tasche, was er kriegen konnte. Das ging so weit, dass er sogar im Geschäft von Tante Poldi Naschereien mitgehen ließ. Wenn er sie zu einer Kundschaft in den Laden begleiten durfte, stellte er sich immer zur einkaufenden Person, also nie auf die Seite von Tante Poldi, wo die Waren lagerten. Schon aus diesem Grund vermutete niemand in ihm einen Dieb. Und doch hatte er jedes Mal, wenn er das Geschäft verließ, einige Zuckerl zwischen seinem Taschentuch im Hosensack. Wie er es machte? Niemand kam ihm je auf die Schliche. Meist fiel irgendwo etwas zu Boden, und wenn alle dorthin starrten, räumte Robert ab. Er war ein kleiner, aber begabter Krimineller.

War er mit der Thalerbande früher fast nur in der Schottergrube, im Wald oder an der Trattnach unterwegs gewesen, so verlegten die Buben jetzt das Schwergewicht ihrer Aktionen deutlich hinunter ins Lager, das die amerikanischen Soldaten nach dem Abtransport der deutschen Flüchtlinge bezogen hatten. Dieses Lager bestand aus Baracken, die in U-Form angelegt waren, wobei dieses U zum unteren Teil der Trattnach hin offen war und in der Mitte einen hohen Mast mit der Flagge der USA stehen hatte. Die obere Schleife der Trattnach zog aber am vorderen Mittelteil des Lagers vorbei und bildete mit einer Wehre und einigen langgestreckten Betonplatten einen idealen Badeplatz für die Kinder. Hierher hatten die Buben den größten Teil ihrer Aktivitäten verlagert, sie konnten schwimmen und tauchen, sich auf dem heißen Beton hinstrecken oder mit den Amerikanern gehen, wenn diese mit ihren Bambusruten zum Angeln aufbrachen. In der Trattnach wimmelte es von Fischen, in den großen Tümpeln waren es Karpfen und Hechte, in den schnelleren Bachstrecken aber vorwiegend Forellen, die sich die Soldaten mit viel Geschick herausholten. Sagenhafte Exemplare wurden gefangen, Hechte, die beinahe so lang wie die Buben groß waren, und Karpfen, die, sobald die Angel saß, wie wild gewordene Ungeheuer durch das Wasser schossen und sich nicht und nicht in ihr Schicksal ergeben wollten. Jede Fischjagd war spannend. Die Amerikaner genossen es und hatten nichts gegen die Begleitung, denn die Jungen holten ihnen Fischköder, Heuschrecken aus der Wiese und Koppen aus dem Bach. Und sie zeigten ihnen auch die schönsten und tiefsten Wasserstellen flussaufwärts, darunter Plätze, wo sich Raubfische aufhielten. Die meisten Erfolge hatten die Soldaten allerdings mit einem Blinkersystem, das hier völlig unbekannt war und mit dem noch niemand in der Trattnach gefischt hatte. Nach ein, zwei Angelstunden hatten sie bereits so viele Forellen gefangen, dass die Casher voll waren und sie zurück ins Lager gingen, um den Koch zu beliefern. Den Buben gaben sie manchmal eine Packung Kaugummi oder ein paar Zigaretten. Dann saßen diese wieder auf den heißen Betonsteinen, rauchten genussvoll und lauerten auf neue Abenteuer.

Es war nämlich so, dass junge Frauen aus dem Ort ins Lager kamen und mit den Soldaten in den Barackenzimmern verschwanden. Da wurden die Fenster zugemacht und die Rollos heruntergezogen. Es dauerte meist nicht lange, dann schnellten die Rollos wieder hoch, und die Fensterflügel öffneten sich. Kaum war das geschehen, schlich sich Robert mit Hans Thaler zur Baracke, sie blickten vorsichtig hinein, schwangen sich hoch, verschwanden und erschienen kurz darauf mit irgendeinem Beutestück. Sie klauten zusammen, was sie in aller Eile in die Finger bekamen, Lebensmitteldosen, Schreibstifte, Rasierzeug, Taschenmesser, Zigaretten, und einmal war sogar ein einfacher Photoapparat darunter. Mit ihrer Beute wateten sie auf die andere Bachseite.

Sie pfiffen die Bande zusammen. „Pfiff, pfiff, pfiff, pfaff, pfaff, pfaff, pfiff!“, darauf rannten sie ins Dorf zurück, direkt in die Wohnung von Hans Thaler, wo sie beim Admiral das Gestohlene ablieferten.

„Kennwort?"

„Piratenüberfall!"

Wenn der alte Thaler die gestohlenen Sachen im Gasthaus Pramendorfer an den Mann bringen konnte, bekamen die Buben ab und zu ein Paar Pfennige, meist ging das Geld aber in Raucherzeug auf, das er ebenfalls mit dem Häuptling teilte und mit diesem und seiner Bande verqualmte.

Die großen Abenteuer des vorigen Jahres blieben allerdings aus, das Abbrennen der Heustadel, der Motorradunfall des Hundsgendarmen und das Gämsenspringen, weil in der Schottergrube wieder gearbeitet wurde und der Zutritt für Kinder verboten war. Auch die Schwärmerei für Hitschi hielt sich in Grenzen, sie war größer geworden und überragte Heinz fast um einen ganzen Kopf. Er hatte sich so auf ein Wiedersehen mit ihr gefreut, und als sie dann vor ihm stand und auf ihn herabblickte, hatte er schlagartig erkannt, dass sie ihm im wahrsten Sinne des Wortes entwachsen war. Nur einmal waren sie sich näher gekommen. Hinter dem Schallböckhaus hatte die Gemeinde große Abflussrohre für einen neuen Kanal gelagert, und in eines dieser Rohre waren sie beim Versteckenspiel zusammen hineingekrochen.

„Heinz!" sagte sie geheimnisvoll. „Ich kann jetzt schon richtig küssen!" Sie zeigte es ihm auch sofort, legte ihren Mund auf den seinen, und dabei hatte er ihre kleine Zunge gespürt.

Bevor sie in ihrem Schlupfwinkel entdeckt wurden, hatte sie ihm noch ein Geheimnis anvertraut. „Robert kann auch schon richtig küssen!", und mit diesen Worten war eine riesige Wand zwischen ihnen gewachsen, höher als der Kirchturm von Hofkirchen, in dem sie beim Abendgebetläuten in den Seilen hingen und sich hinaufziehen und herabfallen ließen.

„Wenn ich einmal Priester werde, darf ich da eine Frau küssen?" hatte er kurz nach dem Hitschi-Kuss Benefiziat Lugmayr gefragt. Dieser hatte ihm kurz ins Gesicht gesehen.

„Willst du die Beichte bei mir ablegen?"

Heinz erschrak fürchterlich. Wenn er jetzt beichten musste, dass er mit der Bande plündernd und stehlend unterwegs gewesen war, dann würde ihm der Benefiziat keine Lateinstunden mehr geben. Mindestens dreimal hatten sie im Pfarrhof Äpfel gestohlen und in Kukuruzfeld hatten sie sich Kolben abgerissen. „Stehlen ist eine schwere Sünde!" hatte Tante Poldi gesagt.

„Ja!" hauchte Heinz und wurde rot.

„Sag' mir zuerst einmal, um was es sich ungefähr handelt."

Heinz sagte es. Seine Augen schwammen sofort in Tränen, und um seinen Mund zuckte es schmerzvoll.

„Beim Herrn Pfarrer? Äpfel und Birnen?"

„Ja, und Kukuruz!"

Benefiziat Lugmayr wandte sich zum Fenster, er lächelte in sich hinein, hustete einige Male verdächtig, schnäuzte sich und drehte sich dann wieder vollkommen ernst zu Heinz.

„Momentan ist es nur eine lässliche Sünde, die du nicht beichten musst. Wenn du das nächste Mal wieder Lust auf einen Apfel hast, dann hol' dir einen aus meinem Garten. Ich erlaub' es dir!"

Damit war die Sache erledigt, und der Lateinunterricht ging weiter.

Der Benefiziat fragte: „Jetzt sagst du mir noch einmal die Präpositionen mit Ablativ?"

„Ab, ex, de, cum, sine, pro, prae!"

„Und unser letztes Sprüchlein?"

„Masculina sind auf ex, polex, vertex, grex!"

„Das war brav! Hier hast du einen Apfel, und dieses Mal einen ehrlich verdienten!"

XXXVII.

Wenn Nadja in den Ort hinein musste, um irgend eine Kleinigkeit zu besorgen, kam es oft vor, dass ein Jeep neben ihr hielt, dass amerikanische Soldaten ausstiegen und sie ansprachen. Da blieb ihr nichts anderes übrig, als ebenfalls stehen zu bleiben. Sie verständigte und unterhielt sich, so weit es ihr Englisch zuließ, machte sich aber nie mit einem von diesen Männern ein Rendezvous aus oder ging gar ins Lager hinunter. Trotzdem munkelten die Burschen über sie, man sah es in Hofkirchen nicht gern, wenn österreichische Mädchen mit den Besatzern freundlich waren, länger mit ihnen sprachen oder gar mit ihnen spazieren gingen.

Einige von den SSlern waren heimgekehrt, ehemals Freiwillige, die sich mit achtzehn Jahren zur Sturmstandarte gemeldet hatten und nach dem Krieg mit vierundzwanzig ohne Arbeit daheim saßen. Tagsüber bemerkte man sie kaum, aber nachts bevölkerten sie betrunken die Wirtshäuser, wo man bereits wieder die ersten Nazilieder hören konnte.

Immer wieder kam es vor, dass man besatzungsfreundliche Mädchen in der Dunkelheit überfiel und ihnen die Haare kurz schnitt. Solche ‚Amigirls' waren dann eine Schande für ganze Familien, sie waren im Ort verschrien und verschwanden häufig in eine andere Gegend. Nadja fühlte sich darüber erhaben, ihr konnte das nicht passieren, denn abends und in der Nacht hielt sie sich grundsätzlich nur daheim auf. Um ihr aber eins auszuwischen, wurde die Schnalle der Eingangstür von Tante Poldis Haus mit menschlichem Kot beschmiert und ein Zettel mit bösartigen und gehässigen Notizen gab den Hinweis dafür, warum das getan wurde.

„Amihure fahr nach Haus,
sonst ziehen wir dich nackert aus!" war einer von den deftigen Versen.

Die Großmutter Anna regte sich über solche abscheuliche Vorkommnisse fürchterlich auf und wollte es nicht wahrhaben, dass über ihre brave Enkelin Nadja so böse gedacht und gesprochen wurde. Aber auch die resolutere Tante Poldi war völlig aus dem Häuschen und ganz verzweifelt: „So eine Schweinerei ist uns nicht einmal im Krieg passiert!" Dann tröstete sie Nadja. „Wir sind ja auf deiner Seite! Nur darfst du jetzt nicht mehr allein fortgehen, besonders in den Wald und zur Trattnach musst du immer Robert und Heinz bei dir haben!"

Nadja kränkte sich ebenfalls. Zuerst heulte sie, weil das ihre persönliche Methode war, um wieder ins Gleichgewicht zu kommen, und dann beschloss sie, zu ihrer Familie zurückzukehren. Den gefährlichen Idioten, die in Hofkirchen ihr Unwesen trieben, wollte sie sich nicht stellen, sie hatte in Steyr und Wien bei den Bombenangriffen Schreckliches durchgemacht, jetzt musste es genug sein, sie war mit ihren Nerven ohnedies am Ende. Sie zögerte auch keinen Augenblick, sie packte ihre wenigen Sachen zusammen und machte sich auf die Reise. Es gab jetzt wieder eine Omnibusverbindung von Hofkirchen nach Wels, diese benützte sie, um fortzukommen.

Entweder hatte es sich nicht herumgesprochen, dass sie abgereist war, oder die Gehässigkeit hatte sich selbständig gemacht und ging aus purer Bösartigkeit weiter. Tatsache war, dass man auch in der folgenden Nacht die Türe mit Kot bewarf, und nicht genug damit, auch die Fenster waren angeschmiert, die Pelargonien abgebrochen und die Blumenkistchen stanken nach Exkrementen. Mit einem Wort, das schöne Haus von Tante Poldi war Zielscheibe von politischem Hass, Nazirache und von Abartigkeit geworden.

Besonders um die Blumen tat es der Tante Leid. Durch ihre sorgsame Pflege brachte sie Jahr für Jahr diesen üppigen und vielbewunderten Fensterschmuck zustande, die Blüten rankten sich zwischen den Glasscheiben und weißen Gitterstäben ins Freie und waren eine Zierde für die ganze Vorderfront. Und jetzt lagen sie ausgerissen am Boden, unschuldige Opfer einer Ideologie, die bei unverbesserlichen Männern des Hausruck- und Innviertels auch nach diesem schrecklichen, verlorengegangenen Krieg nicht ausgerottet war.

Tante Poldi räumte mit wehem Herzen die Blumenkistchen fort, holte dann den Gartenschlauch und spritzte die Tür und die Fenster ab. Einige Kunden ihres Geschäftes warteten auf der Straße, bis sie mit dieser Arbeit fertig war, dann gingen sie alle mit der Tante in den Laden und besprachen in langen und breiten Vermutungen, wer der Urheber dieses neuerlichen Attentates auf ihr Haus gewesen sein könnte. Auf jeden Fall, und da waren sich alle einig, war er ein Nichtsnutz und ein perverser Gauner.

„Der Kaltenböck Franz könnte es sein!"

„Nein, der nicht, sondern der Lauber Loisl!"

„Der Lauber Loisl ist doch nie daheim, der ist ja in der Schneiderei Beham in Grieskirchen angestellt. Außerdem, der ist zu anständig!"

„Und der Hauser?"

Auch nicht! Jeder bekannte Heimkehrer, ehemalige Nazi oder Sonderling wurde beargwöhnt und mit den feinen Nasen, die vor allem Frauen auf den Weg ins Leben mitbekommen haben, berochen und beschnuppert. Zuletzt wurde auch der alte Thaler genannt, aber der hatte ein handfestes Alibi, der war wieder einmal stockbesoffen gewesen und hatte zwei Tage und Nächte durchgeschlafen. Dieses Alibi konnten alle Buben bestätigen, sie gingen ja in seiner Wohnung tagtäglich ein und aus, und da sah man vom alten Thaler lediglich seine Kappe, seine schmutzigen Füße und die von der Tuchent bedeckte, zusammengekrümmte Figur. Die Schnarchtöne aus seinem Bett verrieten den Rest seines Zustandes. Erst am dritten Tag erhob er sich, nahm ein Hemd und die lange, schwarze Hose unter den Arm, lief hinaus zur Trattnach, sprang in den nächstbesten Tümpel, schwamm einige Runden, legte sich dann in die Sonne und ließ sich trocknen.

Als er heimkam, saß die ganze Bubenbande in der Wohnung, alle warteten, ob er etwas sagen würde. Aber der Admiral war grantig, er ließ sich auf seinem Dreifußschemmel nieder, nahm widerwillig ein Schuhmodell, das er vor seiner Sauferei begonnen hatte, in Augenschein, dann schüttete er einige Holznägel auf und begann sie schnell und trotzdem bedächtig in das Leder zu klopfen, wobei er die Holznägel zuerst immer in einer Reihe zwischen die Lippen nahm, sie von dort wegzupfte und dann erst in die Schuhsohle schlug.

Robert kam näher, er wollte dem alten Thaler unbedingt erzählen, was man mit der Haustür von Tante Poldi angestellt hatte. Ohne aufzublicken, griff der Admiral hinter sich, hielt Robert einen leeren Mostkrug hin, fingerte in einem kleinen Blechschüsserl nach Geld und reichte Robert eine Mark.

„Anfüllen!"

„Das reicht nicht!"

Der alte Thaler stand auf, um besser in seine Hosentasche greifen zu können. Wieder kam eine Mark zum Vorschein.

„Verschwinde!"

Solche Auftragsgänge waren immer eine Angelegenheit für die ganze Bande, wie ein Rattenschwanz liefen die Buben hinter dem neuen Häuptling Robert und dem Exhäuptling Hans bis zum Gastwirt Pramendorfer.

„Es ist für den Vater!" sagte Hans Thaler zum Wirt.

„Lebt er denn noch?"

„Ja! Warum denn nicht?"

„Weil er Schnaps von den Fischköpfen gesoffen hat!"

Der Pramendorfer Wirt hatte in einem Nebenzimmer ein altes Aquarium stehen, es war für lebende Forellen gedacht, die man Gästen auf Verlangen richten und zubereiten konnte. Seit dem Krieg stand es leer. Dann aber waren eines Tages amerikanische Soldaten gekommen und hatten ihm zwei riesige Fischköpfe gebracht, der eine von einem schweren Hecht und der andere von einem Wels, der mindestens das Doppelte vom Hecht gewogen hatte. Noch nie war in der Trattnach ein so riesiger Fisch gefangen worden. Als Köder hatte eine Maulwurfsgrille, die einer von den Soldaten zufällig am Ufergelände gefunden hatte, gedient. Das Ausmaß des Räubers konnte man schon daran sehen, dass in seinem Magen eine ganze Ente gefunden wurde. Die beiden Köpfe sollten für eine Präparation vorbereitet werden. Aber wohin damit? Sie kamen in das

Aquarium und wurden dann mit soviel Alkohol überschüttet, dass sie zur Gänze in der Flüssigkeit lagen. Darauf wurden sie zugedeckt, und man wartete, bis sie wieder abgeholt werden würden. Aber die Soldaten vergaßen darauf und rührten sich nicht mehr.

Bei der letzten größeren Zusammenkunft im Gasthaus wurde dann der Thaler wieder einmal richtig angeschüttet. Zuerst hatte ihm ein „Gönner" einige Stamperl Zwetschkenschnaps spendiert. Dann kam der Scharinger Ewald, ein hinterfotziger Kerl, und stellte ihm ein Glas auf den Tisch, das der Wirt aus dem Aquarium geschöpft hatte.

„Amerikanischer Wodka!" sagten sie zum angeheiterten Thaler.

„Stinkt nach Fisch!" antwortete dieser, nachdem er argwöhnisch am Glas gerochen hatte. Aber seine Gier nach Alkohol war größer als seine Vorsicht. Er setzte es an und stürzte den Inhalt in einem Zug hinunter. Weitere Gläser folgten, die Gesellschaft wurde immer ausgelassener, der Thaler immer besoffener. Auf dem Heimweg erbrach er einige Male, vielleicht rettete ihm das sein Leben.

Als Robert dem Pramendorfer die zwei Mark hinhielt, rümpfte dieser die Nase. „Ein bisserl wenig Geld!" meinte er. „Aber ich mache heute eine Ausnahme, vielleicht hat der Vater …", sagte er lachend zum Hans Thaler, „nach soviel Fisch einen riesigen Durst gekriegt! Und sag ihm einen ‚schönen Gruß vom amerikanischen Wodka'!"

Kaum waren sie aus dem Wirtshaus und auf der Straße, da nahm ein jeder von den Buben einen größeren Schluck aus dem Mostkrug. Im Hof des Schallböckhauses füllten sie das Getrunkene beim Brunnen mit Wasser auf. Es war ein geschlagener Brunnen und hatte das kälteste und beste Wasser von ganz Hofkirchen.

„Wird dem Vater schmecken!" lachte Hans und wischte den nassen Krug mit seinem Leibchen ab.

Und diesem schmeckte es wirklich. Nachdem er mehr als die Hälfte ausgetrunken hatte, war er auch gleich besserer Laune.

„Der Tante Poldi hat man schon wieder auf die Tür gemacht und die Fensterstöcke angeschmiert!“ traute sich jetzt Robert an den Admiral heran.

„Was hat man?“

„Man hat der Poldi die Tür und die Fenster vollgeschissen!“ sagte der Thaler Hans.

Der Admiral brummte einige Male vor sich hin, überlegte aber nicht lange.

„Kennwort Kriegslist!“

„Kriegslist!“ tönte es rundum.

Kurz darauf waren die Buben im Schreibwarengeschäft Billinger einkaufen. Das war der erste Teil ihres Planes. Schwieriger war der zweite Teil, sie mussten nämlich Tante Poldi einweihen, und da war es unsicher, ob sie einverstanden war und ob sie die Vorgänge zuließ. Aber wider Erwarten begeisterte sie sich sofort dafür.

„Ja, das machen wir! Ich möchte das Luder kennen lernen, das mir die Blumen zugrunde gerichtet hat. Aber ihr müsst aufpassen, dass am Haus und Balkon nichts schmutzig wird, und in der Früh müsst ihr sauber machen!“

Bei Einbruch der Nacht saßen die vier stärksten Buben der Bande auf dem Holzbalkon, der über dem Hauseingang von Tante Poldi als besondere Zierde angebracht war. Dieses Mal mussten sie nicht so lange warten wie damals, als sie dem Hundsgendarmen bei der Schottergrube aufgelauert hatten. Denn schon beim ersten Dunkelwerden näherte sich auf der Gasse eine Gestalt, die zum Haustor von Tante Poldi abschwenkte und unter dem Balkon verschwand. Es war ein Mann, und dieser war sich seiner Sache so gewiss, dass er ganz unbekümmert daher kam, obwohl er nun schon die dritte Nacht hintereinander seine Schandtaten im Sinne hatte. In seiner Hand trug er einen Eimer.

Thaler Hans beugte sich über den Balkon und rief mit verstellter Stimme: „Hallo! Herr Pfarrer!“

Sofort trat der Mann unter dem Balkon hervor und blickte in die Höhe, wo das „Hallo! Herr Pfarrer“ hergekommen war.

Im selben Moment entleerten sich vier Jauchekübel über ihn, deren Ekel erregender Inhalt zusätzlich mit Tinte eingefärbt war. Der Mann hatte beim Emporschauen automatisch den Mund geöffnet und deshalb bekam er neben der Dusche auch gleich einige „Happen" serviert. Er hustete, spuckte, schrie und drohte mit seinen Fäusten, aber da erschien über ihm wie aus der rächenden Hölle ein weißes Gespenst mit aufgelösten Haaren auf dem Balkon.

„Ewald Scharinger, ich habe dich erkannt!" schrie Tante Poldi, die wach geworden war und sich nun wutentbrannt neben die Buben stellte. „Morgen wirst du etwas zu hören bekommen, nicht von mir, sondern von den Gendarmen!"

Dem Scharinger blieb nur die Flucht übrig. Sein ganzes gutes Gewand konnte er wegschmeißen! Verdammt! Aber am meisten kränkte er sich, weil er von den Fingernägeln bis zu den Haarspitzen blau eingefärbt war, und diese Farbe ging erst nach mehrmaligem, gründlichem Waschen ab. An Rache konnte er nicht denken, denn seine SS-Vergangenheit war im ganzen Ort bekannt, und da musste er zufrieden sein, wenn er nicht in das Nazilager nach Glasenbach verfrachtet wurde. Schon zweimal hatte man ihn in Grieskirchen aus diesem Grund einvernommen, und immer hatte er sich herausreden können. Wenn es darauf ankam, waren Männer wie er immer feige und reagierten auf Vorwürfe mit der ewigen Lüge: „Wir haben das nicht gewusst! Wir waren noch so jung! Wir waren nicht dabei!"

Die Nachricht von diesem Vorfall verbreitete sich im ganzen Ort. In der Wirtshausrunde wurde er verspottet und gehänselt, und einmal hing sogar ein Zettel an seiner Türschnalle.

„Der Scharinger, die Nazisau,
ist nicht mehr braun, jetzt ist er blau."

Wenn die Pläne vom alten Thaler umgesetzt und gut ausgegangen waren und ihm die Buben im Detail erzählten, was alles vorgefallen war, dann konnte er richtig vergnügt und ausgelassen werden. Als Zeichen seiner besonderen Zufriedenheit meckerte er wie ein Geißbock. Er holte eine einfache Zither aus dem Kasten, drehte sich eine Zigarette, stellte den Mostkrug neben sich und spielte dann den ganzen Nachmittag ländliche Lieder und Operettenmelodien. Sein Arbeitspensum aber war minimal, an manchen Tagen faktisch null. Das Geld, das die Familie fürs Leben notwendig hatte, brachte die Thalerin heim, die als Hilfskraft von einem Bauern zum anderen wanderte und überall als fleißig und verlässlich gerühmt wurde.

Das war die eine Seite des Admirals, die andere war, dass er die Erinnerung eines Elefanten hatte, der niemals vergaß, wenn ihm jemand Böses getan oder ihn ungerecht behandelt hatte. Das war beim Hundsgendarmen so und auch beim Scharinger Ewald. Dass er Schnaps aus dem Aquarium getrunken hatte, das war zu einem schadenfreudigen Gelächter im Gasthaus Pramendorfer geworden, wo bei seinem Erscheinen als unmissverständliche Andeutung gefragt wurde: „Na, Thaler, magst einen amerikanischen Wodka?"

Dass er sich mit dem giftigen Zeug zu Tode hätte trinken können, das interessierte die Männer nicht im geringsten, weil es in ihren Kreisen ja überhaupt als größte Gaudi galt, wenn ein anderer volltrunken war, sich zum Deppen machte und kaum noch auf den Beinen stehen konnte.

Der Thaler blieb äußerlich gelassen, er begrüßte die Gasthausbesucher, indem er die Hand hob, bestellte seinen Most und setzte sich abseits auf einen Stuhl, von wo aus er die ganze Gesellschaft überblicken konnte. Er verhielt sich so ruhig, still und bescheiden, dass die Leute oft auf ihn vergaßen und ihn nicht mehr als Anwesenden wahrnahmen. Nur wenn jemand nach einem verpatzten Kartenspiel seinen Ärger abreagieren wollte, war er als Ziel für Spott und persönliche Beleidigungen immer gut. Ein Lieblingssatz vom Scharinger war: „Sei froh, dass dich der Hitler übersehen hat, denn sonst wärst du heut Schwimmseife in der Poldi ihrem Geschäft!"

Andere wiederum spotteten: „Willst eine Gasdusche? In Dachau sind noch ein paar Kabinen frei!"

Der Thaler lachte dazu, aber das war kein Lachen, sondern das Meckern eines Geißbockes, eines diabolischen Zwitters, der es gewohnt war, hinter einer Maske zu leben und als harmloser Sonderling beurteilt zu werden.

„Es bringt Glück, wenn man ihm über den Kopf streicht!" behauptete der Scharinger beim Würfelspiel, bei dem es an diesem Abend bereits um viel Geld ging. Er näherte sich dem Thaler, nahm ihm die schwarze Kappe ab und platschte ihm die flache Hand so brutal auf die Glatze, dass der alte Thaler nach vorne fiel und mit dem Gesicht sein Mostglas umschüttete. Als er sich wieder aufrichtete, sah man, dass er aus einem Riss über der Nasenwurzel blutete. Für den Scharinger ein Grund zur Erheiterung. „Er hat die Menstruation!" brüllte er übermütig.

Der Thaler sagte nichts, er holte ein Dreiecktuch aus seiner Tasche und versuchte, die Blutung zu stillen. Schließlich brachte ihm die Kellnerin einen nassen Fetzen.

„Du versaust mir ja den ganzen Tisch!"

Inzwischen hatte der Scharinger Ewald wieder gewürfelt und verloren. Er drehte sich um, seine geröteten Augen suchten ein Ziel und fanden es beim Thaler, auf den er zuging und den er völlig unerwartet niederschlug.

„Du Trottel! Kann man sich auf deine Glatze auch nicht mehr verlassen?"

Der Admiral torkelte benommen zum Eingang, wurde aber vom Scharinger noch erreicht und bekam einen solchen Fußtritt, dass die Tür wie von selber aufsprang und er hinausstürzte. Hinter sich hörte er Gegröle und böses Lachen.

Dieser Vorfall wäre bald vergessen gewesen, hätte sich nicht der Scharinger am selben Abend eine wüste Schlägerei angefangen, bei der allerhand Gläser, Sessel und Möbel zu Bruch gingen. Er hatte immer weiter gewürfelt und immer weiter gespielt, bis er schließlich sein ganzes Geld verlor, nicht Geld im eigentlichen Sinn, sondern eins von zwei Grundstücken, die er im Ortsgebiet von Hofkirchen besaß.

Vor jedem Spiel musste er sich natürlich stärken.

„Schenk ein!" war eine ständige Forderung an die Kellnerin, und „Blödes Luder!" die logische Beleidigung, wenn ihm das ausgetrunkene Stamperl wieder kein Glück gebracht hatte. Zuletzt wurde er handgreiflich, er schlug zuerst auf seine Spielpartner ein, dann aber auf alles, was ihm entgegenkam. Wie rasend stürzte er sich auf einige Burschen, schleuderte sie an die Wand und zertrümmerte dabei einen Kasten. Auch anderes ging zu Bruch, besonders schmerzhaft für den Wirt ein alter Vitrinenschrank mit kostbaren Gläsern.

Zuletzt erging es dem Scharinger genau so wie dem alten Thaler, er wurde von einer Übermacht überwältigt, gepackt und auf die Straße geworfen. Mühsam erhob er sich, lieferte sich noch ein Schreiduell mit dem Wirt, der ihm wegen der ramponierten Gaststube eine hohe Rechnung ankündigte, und wankte dann in Richtung zum „Johannes", einer Heiligenfigur zwischen drei hohen Birken, die schon manchem Spätheimkehrer ein Wegweiser gewesen war.

Der Scharinger wohnte noch immer bei seinen Eltern in einem kleinen, aber sauberen Häuschen etwas außerhalb der Ortschaft, nicht weit vom Trattnachbach entfernt. Gefunden wurde er aber um die Mittagszeit des anderen Tages in einem entgegengesetzten, jungen Fichtenwald gleich neben einem meterhohen Ameisenhaufen. Man hatte ihn zwischen zwei stärkeren Bäumen angebunden. Er war splitternackt, geknebelt, und er war von oben bis unten mit Honig beschmiert.

Er lebte, sah aber fürchterlich aus. Tausende Insekten holten sich von seinem Körper, was für sie zu verarbeiten war und hinterließen Spuren, die auch nach einer Woche noch deutlich sichtbar waren. Wie er in diese verflixte Situation geraten war, konnte er nicht sagen, da ihn seine Erinnerung diesbezüglich vollkommen im Stich ließ. Und so erfuhren die Hofkirchner auch nicht, wer ihm das angetan hatte.

Der alte Thaler saß seit diesem Geschehen stundenlang an seiner Zither und jodelte mit seinem Instrument die schönsten Melodien in die Welt hinaus. Verschmitzt lächelte er, wenn ihm die Buben erzählten, dass der Ewald Scharinger nach seiner Genesung in Hofkirchen zu einer Spottfigur geworden war. Der Scharinger blieb deshalb auch nicht mehr lange im Ort, fuhr zuerst zu einem Schwager nach Passau, verließ aber auch diese Stadt und wurde zuletzt in der kleinen Ortschaft Ampfing bei Altötting gesehen.

XXXVIII.

Die Nasenverletzung des alten Thalers wollte nicht verheilen. Zuerst versuchte es seine Frau mit kalten Kamilleumschlägen, als aber die Wunde eitrig, rotfleckig und der Admiral immer unleidiger wurde, trieb sie ihn, weil er absolut nichts davon wissen wollte, im wahrsten Sinne des Wortes zum Arzt. Sie nahm einen Reisigbesen und drosch erbost auf seinen Rücken ein. Der Admiral war noch nie bei einem Doktor gewesen, Arztpraxis, Krankenhaus und Kirche waren etwas, um das er meist einen weiten Bogen machte. Und auch diesmal wollte er sich drücken, obwohl ihn die Wunde die letzten Nächte nicht schlafen ließ.

„Jetzt gehst du aber!" schrie ihn die Thalerin ergrimmt an. „Und komm mir ja nicht eher nach Haus, bevor du nicht beim Doktor gewesen bist!"

Das häusliche Kommando hatte der alte Thaler nur deshalb, weil ihn seine Frau walten und schalten ließ, aber sie war ein zähes, starkes Weibsbild, dem der alte Mann in seiner Faulheit nicht gewachsen war. Sein hündischer Blick zu ihr zeigte es an. Die anwesenden Buben sahen einmal auf ihn, dann auf sie und kannten sich nicht recht aus, wer denn der eigentliche Admiral in der Wohnung war.

„Soll ich mit dem Vater gehen?" fragte Hans, hörte aber sofort ein ablehnendes Knurren vom Admiral und wusste Bescheid.

„Ja, tu das!" meinte die Thalerin, die ihren Zorn wieder eingebremst hatte, rechthaberisch. „Geht alle mit ihm und passt auf, dass er nicht wieder im Wirtshaus verschwindet!"

Die Ursache für die schlechte Wundheilung war ein Glassplitter, der, im Nasenbein versteckt, schwer zu finden war und den der Gemeindearzt Schwarzgruber erst nach einer längeren Sitzung herausholte.

„Halt'st was aus?" hatte er zu Beginn der Behandlung gefragt. Der Thaler sah ihn blöd an und meckerte wie ein Ziegenbock.

„Dann rühr dich jetzt nicht!"

Dr. Schwarzgruber wusste selber nicht, warum er dem alten Mann keine Lokalanästhesie verabreicht hatte, und er bereute

auf gleicher Höhe mit ihnen gab es plötzlich einen scharfen Knall, laut wie ein Gewehrschuss. Die kriegsgeschulten Soldaten reagierten augenblicklich und warfen sich zu Boden. Als sich aber nichts Weiteres ereignete, standen sie vorsichtig auf, blickten um sich und klopften sich dann den Staub von den Hosen. Gleich gegenüber hing der Thaler in einem Maschenzaun, es hatte ihm einen Reifen des Fahrrades zerrissen. Bald standen neben Heinz und Robert auch einige Frauen herum und lachten über die erschrockenen Amerikaner und über das Meckern des in den Drahtzaun geratenen Admirals. Normalerweise wäre dieser Vorfall glimpflich abgelaufen, aber nichts hassten die Soldaten mehr, als wenn sie von der Bevölkerung, und da wieder ganz besonders von Frauen, ausgelacht wurden. Die Soldaten machten deshalb mit dem Thaler kurzen Prozess, sie jagten die Zuschauer fort, stießen dann den Thaler grob in den Jeep und brachten ihn weg.

Erst am Wochenende kam er wieder nach Hause, er hatte von der Früh bis abends die Baracken der Soldaten putzen müssen, vor allem aber die Latrinen, und wenn er nicht spurte, wurde er gestoßen und angebrüllt.

„Kennwort Mafia" war sein einziger Kommentar zu dieser Geschichte und über seine Beschäftigung im Lager. Er hatte die Zustände dort kennen gelernt, und er war heilfroh, als er wieder in seiner Wohnung war, auf dem Bett saß und seine Mostflasche neben sich hatte. Der Vorfall hatte einen bitteren Nachgeschmack für ihn, denn bisher hatte er die Amerikaner gemocht, er hatte seine Erzählungen für die Buben deshalb auch von England nach Amerika verlegt, und sein momentaner Held war Buffalo Bill, den er wie keinen anderen bisher mit großartigen Taten in seine vielfältigen Phantasien einflocht.

Als er von den Soldaten gefasst und darauf brutal in den Jeep gestoßen wurde, da war er richtig erschrocken, denn er verstand sehr wohl den Zusammenhang zwischen dem Knall seines geplatzten Reifens und dem In-Deckung-Gehen der Amerikaner. Er war sich auch sofort bewusst, dass der Reifenplatzer Folgen für ihn haben musste. Seit dem Abwurf der Atombombe redete man im Gasthaus nur mehr vom triumphalen Sieg der Westmächte, der Name von Präsident Truman war überall bekannt und wurde so oft wie noch nie genannt. Am Biertisch hieß es sogar, dass jetzt alle Nationalsozialisten gefangen und liquidiert werden würden. Mit nur zwei Bomben war ganz Japan zerstört worden. Der Thaler hatte eine vage Vorstellung von diesem Volk und seiner angeblich besonders tapferen Armee.

Und nun war ihm das Malheur mit dem geplatzten Reifen passiert. Er, der bedeutungslose Schuster aus Hofkirchen, war mit den mächtigsten Soldaten der ganzen Welt in einen Konflikt geraten. Es hatte einen Knall gegeben. In seinen Augen der geplatzte Schlauch, in ihren wahrscheinlich der Schuss aus einer Waffe. Ganz klar! Man würde ihn mit den Nazis zusammentun und liquidieren. Sein Schicksal war vorgezeichnet, und es hieß: Exekution! Einmal hatte er zu seinem Sohn Hans, der ihm vom erhängten Franz Huemer erzählt hatte, gesagt: „Parole: Furchtlos sterben!“ Das würde auch er tun, er nahm es sich ganz fest vor.

Was dann auf ihn zukam, war kein Heldenepos, sondern ein Sturz aus heroischer Höhe in die Nüchternheit einer primitiven, angekleckstten und stinkenden Toilettenanlage, die er von nun an, nur mit Seife und heißem Wasser, auf Hochglanz bringen musste. Schlafen musste er unter freiem Himmel in einem für Hunde gedachten, abgegrenzten Areal, nur mit Polster und Decke. Essen bekam er einmal am Tag, das war nicht schlimm, aber der Gedanke an ein Glas Most oder Wein machten ihm die Zeit im Lager zur Hölle. Am Wochenende schickte man ihn fort, einfach so. Ein Amimädchen aus dem Ort, die Gstöttner Hansi, war gekommen und hatte ihm gesagt: „Thaler, du kannst jetzt gehen, aber wasch dich in der Trattnach, du stinkst wie ein alter Saubär!“

Die Gstöttner Hansi war eine groblippige, junge Frau mit roten Haaren und einer Figur, die kein Mann übersah, wenn sie irgendwo daherkam. Meist ging sie am frühen Nachmittag mit einer Decke unter dem Arm ins Lager hinunter und legte sich dort mit einem Soldaten entweder an die Trattnach, oder sie verschwand mit ihm in einem Barackenzimmer. In ihrem Charakter war sie weder schlecht noch gut, sie war einfach oberflächlich, und sie nahm auch gerne Geschenke an. Wenn sie im Lager ankam, witterten die Buben auf den Zementplatten eine neuerliche Chance für einen Diebstahl. Bereits am Vormittag hatten sie Beute gemacht, Thaler Hans eine Dose mit Erdnussbutter und Robert ein Rasiermesser mit einem Lederriemen zum Schärfen der Klinge. Dieses wurde auch gleich an Ort und Stelle ausprobiert. Robert schabte und schnitzelte an seiner Fußsohle herum, und er zeigte seinen Freunden, dass man die vom Barfußlaufen dicke Hornhaut mit dem Messer wie eine Schwarte abziehen konnte. Das hatte er auch in Pichlern öfter gemacht, es tat nicht weh, war aber in seinen Augen eine phänomenale Mutprobe, und vor allem konnte es, wenn man sich nicht vorsichtig genug häutete, ein wenig bluten.

Immer, wenn er eine Mutprobe vorführte, verlangte er dieselbe auch von den übrigen Bandenmitgliedern. Alle folgten seinem Beispiel. Hans Thaler und Peperl Stammler hatten das Kunststück gerade fertig gebracht, als wieder einmal die Rollos am Barackenfenster heruntergezogen und das Fenster verschlossen wurde. Jetzt ließ man Mutprobe Mutprobe sein und konzentrierte sich ausnahmslos auf das Geschehen in der Baracke.

„Die Gstöttner Hansi ist drinnen!“ sagte Robert. Eigentlich überflüssig, es zu erwähnen, denn alle hatten ja gesehen, wie sie ins Zimmer hineingegangen war. Es dauerte diesmal länger als sonst, aber als das Fenster wieder offen war, schlich sich Robert sofort zur Baracke. Er blickte hinein, und als sich seine Augen an die Dunkelheit gewöhnt hatten, sah er etwas, was seine Gier ins Unermessliche steigerte. Auf dem Nachtkästchen des einen Bettes lagen einige Blinkersysteme, mit denen die Amerikaner so erfolgreich in der Trattnach fischten. Er überlegte nicht lange. Einen Blinker musste er unbedingt haben. Als er sich über den Fensterrahmen ins Zimmer schwang, da hörte er gerade noch, wie ihm der Thaler Hans „Da ist noch einer drinnen!“ zurief, aber da war es schon zu spät, eine kräftige Hand packte ihn am Arm und ließ ihn nicht mehr los.

Die amerikanischen Soldaten hatten schon immer bemerkt, dass dieser oder jener Gegenstand aus ihren Zimmern verschwand, und sie wussten auch genau, dass es die herumstreunenden Buben waren, die diese Sachen mitgehen ließen. Aber es war nichts Bedeutendes darunter, und deshalb nahmen sie die Sache nicht ernst. Als sie aber Robert jetzt auf frischer Tat ertappten, da inszenierten sie ein Schauspiel, über das sie noch Wochen später redeten und lachten, das aber für Robert das schrecklichste Erlebnis war, das er je gehabt hatte.

Man konnte den Sinn dieses Spektakels in vieler Hinsicht beurteilen und auch verurteilen, aber eines war sicher: Von diesem Augenblick an nahm Robert nie mehr wieder fremdes Eigentum an sich, er war von einer Stunde auf die andere von jedem Gedanken an Diebstahl geheilt.

Zunächst führte ihn der Soldat in die Baracke des Kommandanten, wo Robert in einem adaptierten Zimmer eine Fahne der USA, das Bild von Präsident Truman, einen Schreibtisch und den Lagerleiter dahinter erblickte. Die beiden Männer sprachen miteinander. Dann wurde er gefragt: „Do you understand english?"

„Jes, ei anderstend!"

Aber er verstand gar nichts. Unterwürfig spähte er herum, und sein ängstlicher Blick streifte beunruhigt die beiden Soldaten. Er wartete ja darauf, so schnell als nur möglich wieder abhauen zu können, doch die Miene der beiden war so ernst und steif, dass ihm bereits hier der erste Schauer über den Rücken lief. Der Kommandant rief einige Befehle aus dem Fenster und kurz darauf brachte man die Gstöttner Hansi herein.

„Ich muss übersetzen, was mit dir geschieht!" sagte sie.

„Bad boy!" donnerte der Kommandant Robert an.

„Das heißt ‚Rotzbub'!"

Weitere Donner folgten. „Du hast den Soldaten teure Sachen gestohlen, mindestens tausend Dollar wert! Darauf steht die Todesstrafe!"

„Was?" stotterte Robert ungläubig.

„Ja, du wirst erschossen!"

Jetzt erst erfasste Robert die fürchterliche Situation, in der er sich befand, und die Strafe, die man an ihm vollziehen wollte. Er fiel der Gstöttner Hansi vor die Füße, umfasste ihre Beine und bettelte: „Gnade!"

„Ich kann dich nicht begnadigen, das kann nur der Kommandant!"

Robert wollte sich dem Kommandanten zu Füßen werfen, war aber so sinnlos verwirrt, dass er den Kommandanten mit dem Soldaten verwechselte, der ihn gefangen hatte. Er klammerte sich an dessen Beine und winselte: „Gnade!" Der Soldat stieß ihn von sich. Nun nahm der Kommandant ein Schriftstück von seinem Schreibtisch und las etwas vor. Gstöttner Hansi übersetzte.

„Er hat dich begnadigt! Du wirst nicht erschossen, sondern nur aufgehängt!"

„Aber daran kann man ja auch sterben!" rief der entsetzte Robert.

Zwei Wachen mit Gewehr kamen, nahmen Robert in ihre Mitte und brachten ihn hinaus. Die kleine Szene in der Baracke war jetzt zu einem Spektakel geworden, denn von überall strömten die Soldaten zusammen, um zu sehen, was mit dem Jungen geschah.

„Ich will nicht sterben!" bettelte und flehte Robert und suchte rundherum nach einem mitleidigen Gesicht, aber die Männer, die ausschlaggebend waren, blieben ernst. Andere lachten und kauten an ihrem Gummi. Ein Jeep kam angefahren, und Robert wurde vorne auf die Motorhaube gesetzt. Der Jeep setzte sich in Bewegung und fuhr äußerst langsam eine Runde, eine zweite, und zuletzt eine dritte Runde im Lagergelände herum und blieb dann vor dem Fahnenmast stehen. Dort wartete bereits der Kommandant mit den beiden bewaffneten Soldaten. Wieder las der Kommandant aus einem Schriftstück.

„Man wird dich doch erschießen! Willst du eine Augenbinde oder keine?" fragte ihn Gstöttner Hansi.

„Gnade, Gnade! Sag ihnen doch, dass ich unschuldig bin!"

„Sie sagen, dass es keine Gnade gibt! Bist du bereit?"

Jetzt machte sich Robert in die Hose. Die Pische und alle möglichen Säfte rannen unter den Rändern seiner Lederhose hervor. Ein donnerndes Gelächter war die Folge. Robert blickte mit verweinten Augen um sich und sah, wie sich die Soldaten vor Lachen den Bauch hielten.

„Was ist denn los?“ fragte er in seiner Todesnot die Gstöttner Hansi.

„Man hat dich begnadigt! Vorerst aber musst du einen Eid schwören, dass du dich nie mehr wieder im Lager blicken lassen und nie mehr wieder einen Soldaten bestehlen wirst! Schwörst du das?“

„Ich schwöre es! Hundertprozentig, ich werde nie mehr wieder stehlen! Bin ich jetzt begnadigt?“

Gstöttner Hansi sprach mit dem Kommandanten noch einige Worte.

„Ja, du bist begnadigt!“

„Ich danke dir! Ich danke dir tausendmal!“ Dann umarmte er die Gstöttner Hansi und küsste sie an allen für ihn nur erreichbaren Stellen ab.

Es war ein Schauspiel geworden, wie es sich die Amerikaner gewünscht hatten, und als Robert die Kussphase beendet hatte, applaudierten sie ihm unter lebhaftem Gelächter.

Er aber wollte nichts wie weg, aber als er die ersten großen Laufschritte auf dem kiesbestreuten Paradehof hinlegte, zuckte er unter heftigen Schmerzen zusammen. Jetzt bereute er es, dass er sich die schützende Hornhaut von seinen Fußsohlen gezogen hatte. Vorsichtig, Fuß vor Fuß setzend und wie auf glühenden Kohlen gehend, schlich er wie ein geprügelter Hund davon.

Von seinen Freunden war niemand mehr da. Er ging zur Trattnach und reinigte seine Lederhose, und wie einst Napoleon aus Russland, so kehrte er geschlagen und gedemütigt nach Hofkirchen zurück. Tränen sprudelten aus seinen Augen, und fluchend schwor er sich, nie mehr wieder ins Lager zu gehen oder einen Amerikaner beim Fischen zu begleiten und ihm zu helfen.

Dieses Abenteuer im Lager hätte einen sensibleren Jungen, als Robert es war, in eine tiefe seelische Krise mit Folgen stürzen können. Er aber bewältigte diesen Schock bereits nach einigen Tagen. Wie der Teufel das Weihwasser, so scheute er zwar von nun an für den Rest der Ferien das Lager, aber viel wichtiger für ihn zählte, dass er als einziger von der Bande das Herz der Hitschi ganz für sich allein gewonnen hatte. Seit ihr der alte Thaler das Kennwort „Schuhpaste" gab, war sie, so wie alle anderen Buben, Mitglied der Bande und durfte überallhin mitkommen.

Heinz fand sich damit ab. Er dachte schmerzhaft darüber nach, wie viel Geld ihm das Silberne Verwundetenabzeichen gekostet hatte und wie wenig es ihm Hitschi dankte. Sie hatte es nur kurz angesehen und gleich fortgelegt. Später hatte er es bei Robert entdeckt. Sie hatte es ihm geschenkt. Das roch in seinen Augen nach Verrat, der unbedingt gerächt gehörte.

Aber dann kam sein Vater nach Hofkirchen, und mit ihm verbrachte er an der Trattnach und im Wald friedliche Tage und die letzte Ferienwoche bei Tante Poldi. Pilze zu suchen und Brombeeren zu sammeln war jetzt wieder an der Tagesordnung, dazu gemütliche Spaziergänge über die Birkenallee hinaus, und wenn sie dann auf einer Bank saßen und über den Hausruck weit hinüber ins Deutsche schauten, dann erzählte ihm sein Papa die schönsten Geschichten und die aufregendsten Sagen.

„Freust du dich schon auf Steyr?" fragte ihn Franz Dirisamer. „Es ist jetzt wieder so wie früher, und du hast mit Robert ein eigenes Zimmer!"

Heinz konnte sich etwas Besseres vorstellen, als ein gemeinsames Zimmer mit Robert zu haben. Als sie aber nach Steyr zurückkehrten und ein jeder von den zweien im Bubenzimmer ein eigenes Bett und einen eigenen Kasten bekam, da waren sie außerordentlich zufrieden. Aber das reichliche Essen wie in Hofkirchen gab es auch in Steyr nicht.

Papa hatte zwar gesagt, dass es jetzt wieder so wie früher wäre, aber ganz stimmte es doch nicht. Denn plötzlich vermisste Heinz die Enge des Wohnraumes in Pichlern und andererseits auch das Hausgefühl, das er in Hofkirchen hatte. Nur der Blick aus dem Fenster hinunter auf die schöne Altstadt von Steyr tröstete ihn. Bis auf die Lücken durch die Bombenschäden war alles gleich geblieben, vor allem aber stand die ehrwürdige, gotische Stadtpfarrkirche wie ein Pfeiler der Ewigkeit im Gewirr der kleinen Häuser.

In seiner seelischen Landschaft gab es ebenfalls einige Lücken. Hugo war immer noch nicht heimgekommen, von ihm gab es seit Monaten keine Nachricht und kein Lebenszeichen. Mika war aus seinem Leben verschwunden, und besonders vermisste er seinen Freund Maxi Nöbauer. Sie waren so schnell auseinander gerissen worden, dass er sich nicht einmal eine Adresse von ihm aufschreiben konnte. Es gab keine Hoffnung, ihn wiederzusehen. Ja, das schmerzte!

So war es fast ein Glück für ihn, dass er durch die Vorbereitungen für die Aufnahmeprüfung ins Gymnasium voll abgelenkt und beschäftigt war. Auch Robert gab Ruhe. Er musste sich Sachen und Unterlagen für die Handelsschule zusammentragen. Wenn sie aber vor dem Zubettgehen in ihren Spielsachen kramten, dann ließen sie manchen Seufzer von sich. „Pichlern? Ja, das war schön!“ oder „Hofkirchen? Ja, das war noch schöner!“

Am Tag der Aufnahmeprüfung begleitete Lisl Heinz ins Gymnasium. Mama hatte sie darum gebeten, weil Heinz sich ja in der Schule nicht auskannte und er immer noch ein wenig verträumt und weltfremd war. Vor einem Klassenzimmer ließ sie ihn stehen.

„Ich glaube, da musst du hinein! Wartest halt, bis jemand kommt!“ sagte Lisl und verabschiedete sich mit einem Kuss von ihm.

Das Klassenzimmer war leer, nur in einer vorderen Bank saß ein jüngerer Mann, der in einem Buch blätterte. Er drehte sich um und fragte: „Was willst du denn?“

„Ich mache die Aufnahmeprüfung! In Latein! Aber ich muss warten, bis jemand kommt!“

„Hast du denn etwas gelernt?“

„Ich habe beim Herrn Benefiziat Lugmayr in Hofkirchen Unterricht genommen, ein ganz lieber Priester, der konnte sogar Klavier spielen. Und Sprüchlein hat er mir gelernt, damit ich die lateinische Sprache besser behalte.“

„Welche denn?“

„Viele! Zum Beispiel ‚cadaver, iter, ver, sind Neutra auf er‘!“

„Soll ich dich vielleicht abfragen?“

„Wenn Sie so lieb sind! Schaden kann es auf keinen Fall!“

Der junge Mann, der ihn stark an Wladimir erinnerte, fragte ihn zuerst Vokabel, dann Grammatik, und zuletzt ließ er ihn einige deutsche Sätze ins Lateinische übersetzen.

„Sie können aber gut Latein!“ sagte Heinz anerkennend. „Müssen Sie vielleicht auch eine Aufnahmeprüfung machen?“

„Die habe ich schon gemacht und bestanden! Und du hast sie auch bestanden!“ Als er in die ungläubigen Augen von Heinz sah, gab er ihm lachend die Hand und sagte: „Ich heiße Stephan Radinger und bin dein Lateinprofessor!“

Dann blätterte er einige Listen durch und meinte: „Du brauchst die erste Klasse nicht wiederholen, du kommst in die 2.C Klasse, in der sind nur vierzig Schüler!“ Schmunzelnd blickte er auf Heinz, der es nicht fassen konnte, dass diese paar Minuten seine Aufnahmeprüfung gewesen waren und dass ihn ein so junger Lehrer unterrichten sollte. Gut gelaunt sagte der Professor: „Du kannst jetzt heimgehen, wir sehen uns ja bald wieder!“

In einer Gefühlsmischung aus Unsicherheit und Glück wankte er zur Tür. Als er sie öffnete, glaubte er, der Schlag müsse ihn treffen, denn vor ihm stand auf dem Schulgang in einem hübschen, blauen Knabenanzug Maxi Nöbauer.

„Was machst denn du hier?“ fragten beide fast gleichzeitig.

„Ich bin Gymnasiast und komme in die 2.C!“

„Hast du die Aufnahmeprüfung schon gemacht?“

„Ja, bei Professor Radinger! Das ist ein ganz lieber Lehrer!“

„Da sind wir ja dann in derselben Klasse! Das wird eine Gaudi!“ strahlte ihn Maxi an.

„Aber wir haben doch geschworen, dass wir nie mehr wieder in die Schule gehen! Weißt du das nicht mehr?"

„Ja!" sagte Maxi Nöbauer mit einem strahlenden Gesicht. „Da haben wir wieder einmal einen Meineid geschworen. Und die Strafe dafür teilen wir uns, du kommst in die Hölle und ich in den Himmel!"

„Nein, wir kommen beide in den Himmel, denn ich werde Priester, und ich habe noch nie gehört, dass ein Priester nicht in den Himmel kommt. Oder hast du schon einmal gehört, dass ein Priester ein Teufel wird?"

Nach dieser Feststellung hatten sie sich viel zu erzählen. Sie gingen gemeinsam in die Stadt und trennten sich erst bei der Neutorbrücke.

Auf der Ennsleite wurde die bestandene Prüfung von Heinz nicht besonders gewürdigt, nur die Eltern drückten ihn an sich und meinten glücklich: „Das hast du fein gemacht!" Franz Disamer bemerkte noch pädagogisch: „Du siehst, wenn man fleißig ist, wird man auch belohnt!"

Als Heinz in das Bubenzimmer kam, war Robert gerade dabei, die Schulhefte mit seinem Namen zu beschriften.

„Ich habe die Aufnahmeprüfung gemacht und bin jetzt Gymnasiast!"

Robert blickte nicht einmal von seiner Arbeit auf. „Das weiß ich bereits! Du schreist es ja so laut herum, dass man es bis zu mir ins Zimmer herein hört! Übrigens, was ist das schon, das Gymnasium? Ich gehe in die Handelsschule! Und wenn ich damit fertig bin, verdiene ich riesig viel Geld, und im Nu bin ich Millionär."

„Millionär bin ich schon lange, ich habe einen Schatz mit vielen Goldmünzen und deutschen Orden. Kannst ja Wladimir fragen!"

Als am Abend Wladimir von Linz heimkam, erinnerte sich Robert an die Behauptung von Heinz, weshalb er laut fragte: „Ist es wahr, dass Heinz Millionär ist, weil er einen Goldschatz besitzt?"

Wladimir sah zu Resi und dann zu Robert. „Ich kenne keinen Buben, der so viel herumflunkert wie Heinz. Glaubst du ihm denn solchen Unsinn?" Dann wandte er sich an Heinz: „Und du erzähl nicht solchen Quatsch herum! Wenn das jemand Unrechter hört, dann wird er bei uns einbrechen kommen und vielleicht die ganze Wohnung ausräumen. Also halt deinen Mund und erzähl nicht solche Märchen herum! Versprichst du mir das?"

Bei dem Wort „einbrechen" erschrak Heinz bis in die tiefste Seele. Auch Tante Poldi fürchtete sich vor Einbrechern, mehr als vor Blitz und Hagel. Und sie hatte ihn mit ihrer Angst angesteckt.

„Ja, Wladimir, ich schwöre es!"

„Schwören heißt schwören, und das braucht man nicht zwei- oder dreimal machen, das muss schon einmal genügen! Ich hoffe, du hast begriffen!" Mit diesem Hinweis war die Sache abgetan.

Wladimir hatte einen Posten bei der Landesregierung in Linz bekommen und war jetzt nur mehr am Wochenende zu Hause. Mit seiner und Gustls Hilfe war die Wohnung bald wieder so wie früher eingerichtet, alles stand an alter Stelle. Er hatte die Lampen montiert und die Elektroschalter gerichtet, auch alte Leitungen hatte er ausgebessert. Aber es gab noch immer eine Unmenge Arbeit, viele Sachen, vor allem eine riesige Anzahl von Büchern, mussten aus den Schachteln und Kisten herausgeholt und eingeordnet werden.

Am Sonntag, dem 16. September, konnte Resi ihren Mann nur schwer zum Aufstehen für die Frühmesse wecken. Als er in die Küche kam, machte er einen völlig abwesenden und deprimierten Eindruck.

„Papa, ist etwas? Bist du krank?"

Franz Dirisamer blickte seiner Frau traurig in die Augen. „Resi, Hugo kommt nicht mehr heim! Ich habe heute Nacht ganz deutlich sein Grab gesehen. Er ist in Norddeutschland gefallen!"

„Nein, das ist nicht wahr!" schrie sie in plötzlicher Angst. „Ich habe vor ein paar Tagen auch von ihm geträumt, und da war er gesund und wohlbehalten. Was du sagst, das stimmt nicht, das ist eine Täuschung, Hugo wird wiederkommen!" Schluchzend drückte sie sich an ihren Mann. „Franzl, du irrst dich!"

„Aber ich habe sogar sein Kreuz gesehen! Hugo Dirisamer, gefallen am ...!"

Resi presste ihm die Hand auf den Mund. „Sag jetzt nichts mehr, ich könnte es nicht ertragen!"

Die Erinnerung an dieses Gespräch beschäftigte ihn während des ganzen Gottesdienstes, und als er wieder zurück auf die Ennsleite ging, war es für ihn klar geworden. Hugo war tot! Er träumte viel, aber er vergaß alle diese Träume am Morgen sofort wieder. Nur diesen einen Traum hatte er behalten, Hugo hatte ihm ein Zeichen gegeben.

Zum Mittagessen setzte sich die ganze Familie im Wohnzimmer an den großen Tisch. An den Blicken von Resi merkte er, dass auch auf ihr eine gewisse Traurigkeit lastete, die mit ihren Morgengesprächen zusammenhing. Die Kinder schmiedeten Pläne. Gustl wollte noch immer, dass Wladimir an die Universität ging, um dort sein Studium fortzusetzen, er aber winkte ab, er wollte Geld verdienen, und so vermuteten alle, dass er wieder ein Mädchen kennen gelernt hatte und nun danach strebte, ein Einkommen zu haben, das ihm erlaubte, eine Familie gründen zu können.

Die Engpässe bei den Lebensmitteln hatten zugenommen, das belastete die Familie, und Wladimir betonte oft, dass er nur deshalb in Linz blieb, weil es dort eine Kantine gab und er den Kleinen, wie er sich ausdrückte, ihr Brot nicht wegessen wollte. Man bekam auch jetzt noch nichts ohne Lebensmittelkarten, und die vorgesehenen Rationen waren nicht größer geworden als jene in der Nazizeit. Die Vergleiche wurden deshalb auch ständig herangezogen.

„Beim Hitler war es auch nicht schlechter als jetzt, da bekam man wenigstens noch für jedes Kind 500 Gramm Zucker im Monat. Und Fleisch bekam man 300 Gramm!"

„Und jeden Tag sind tausende junge Männer für diesen Satan gefallen!" Franz Dirisamer merkte, wie der Zorn in ihm stärker wurde. „Solche Vergleiche wünsche ich nicht an diesem

Tisch! Und den Namen Hitler in einem positiven Zusammenhang schon gar nicht!" Er legte Gabel und Messer weg und verließ wütend das Wohnzimmer.

„Müsst ihr denn immer solche Gespräche führen?" jammerte Resi. „Wir haben es ja so und so schon schwer genug!"

Franz Dirisamer ging auf den Dachboden. Es dauerte immer etwas, bis sein Zorn verrauchte. Und es ärgerte ihn maßlos, dass er es nicht verstand, seine Kinder überlegter und erwachsener zu belehren. Aber beim Thema „Hitler" oder „Nationalsozialismus" stieg ihm einfach das Blut in den Kopf, und da wurde er so schrecklich wütend und hasserfüllt.

Auf dem Dachboden gab es für jede Hauspartei, genau so wie im Keller, abgetrennte Kammern, wo man Eigentum aufbewahren und dann mit einem Schloss versperren konnte. Dort standen noch viele Schachteln herum. Ihren Inhalt musste er zunächst einmal auspacken und dann sortieren. Die Arbeit dauerte, denn er wollte sich auch noch einiges für die Schule in Sierning mitnehmen, in der er in der kommenden Woche seinen Unterricht wieder aufnehmen musste.

Als er mit der gröbsten Umschichtung fertig war und er sich auch wieder beruhigt hatte, ging er zurück in die Wohnung. Resi saß am Küchentisch und weinte, dass ihr die Tränen nur so über die hohlen Wangen liefen.

„Um Gottes willen! Was ist denn jetzt schon wieder geschehen?" Er wollte zu ihr gehen und sie tröstend umarmen, doch da öffnete sich hinter ihm die Tür ins Wohnzimmer … und Hugo trat auf ihn zu. Ein einziger Schrei war seine Antwort.

„Hugo!"

Weit öffnete er seine Arme und drückte den geliebten Sohn an sein Herz. Beide schluchzten sie voll tiefer Freude und im Schmerz des durchgemachten Leides. Die Kinder kamen nun ebenfalls aus dem Wohnzimmer, alle weinten, ausnahmslos. Und als Franz Dirisamer seinen Sohn so umarmte, spürte er, wie mager und knöchern dieser war und wie ihm das Gewand nur so lotterig vom Leibe hing. Das Gesicht, das er küsste, war schmal und blass und gekennzeichnet von Entbehrung.

„Entschuldige Hugo, ich muss mich setzen, ich fühle, dass ich alt werde, mir schlottern die Knie!"

Auch Hugo setzte sich. „Hast du Hunger?" fragte Franz Dirisamer.

„Nein! Das hat mich schon Mama gefragt. Wir haben in Salzburg am Vormittag reichlich zu essen bekommen. Aber ich vertrag' nicht viel, mein Magen und mein Darm reagieren sofort. Eigentlich möchte ich nur ein Stündchen schlafen!"

„Aber nicht in diesen Klamotten!" lachte Wladimir.

„Die kommen in die Waschküche. Auch der grobe Sack mit deinen Habseligkeiten!"

„Entlaust sind wir schon worden!" bemerkte Hugo, der den etwas bangen Blick seiner Angehörigen auf seine Kleidung bemerkt hatte.

„Wir werden dich zunächst einmal gründlich waschen!" bestimmte Lisl. „In deinem Kasten hängt noch dein Trainingsanzug. Auch Leibchen und Unterhosen sind drinnen."

Hugo ließ alles über sich ergehen. Er genoss es, dass er verwöhnt wurde. Kaum war er sauber, verfrachtete man ihn auf den Diwan im Wohnzimmer und brachte ihm einen Polster samt Decke.

„Hast du gesehen, wie er aussieht?" wandte sich Lisl an Nadja. „Wie ein KZler, so abgemagert ist er! Auf der Waage hat er nur 51 Kilo."

Franz Dirisamer ermahnte seine Kinder. „Kommt, lassen wir ihn allein, dass er sich ausruhen kann!"

Aber jetzt, da er hätte schlafen können, war Hugo plötzlich wieder hellwach. Er kam in die Küche, wo ihm Othmar seinen Platz frei machte.

„Willst du uns erzählen, was du durchgemacht hast und wie du heimgekommen bist?"

„Wenn ihr wollt?"

„Ja, wir sind ganz neugierig!"

Nun erfuhren sie alle, was Hugo seit dem 1. April, an dem er die Ausbildungsstelle in Ried verlassen hatte, bis zu diesem Sonntag durchgemacht hatte. Über Prag und die Sächsische Schweiz kam er mit seiner Truppe nach Berlin-Döberitz. Dort meldete er sich freiwillig zu einem Infanterieeinsatz in Richtung Köthen und wurde an die Front nach Wünsdorf beordert. Und dann waren sie immer in Bewegung. Südlich von Magdeburg kamen sie in Feindberührung und wurden nach Dessau zurückgedrängt.

„Und in allen diesen Orten bist du wirklich gewesen? Und hast gekämpft?“

„Ja, das war eine schwere Zeit!“

„Und hast du auch gesiegt?“

„Heinz, lass Hugo reden!“ wies Franz Dirisamer den Jüngsten zurecht.

„Nein! Wir haben nicht gesiegt, wir sind in der kleinen Ortschaft Wörbitz von den Amerikanern eingekreist und gefangen genommen worden.“

Über verschiedene Gefangenenlager am Rhein, wo sie immer an Durst und Hunger litten, wurden sie in ein französisches Sammellager bei Neuwied gesteckt, wo sie Tag für Tag und Nacht für Nacht, bei Sonnenschein und bei Regen, ohne Zelte und minimaler Verpflegung im Freien lagerten. Mit den Händen gruben sie sich Höhlen, in die sie sich verkriechen konnten. Die Wächter waren voller Hass und schossen im Rausch immer wieder in das Lager, so dass es täglich Tote und Verwundete gab.

„Papa, den ersten Franzosen, der mir begegnet, lege ich um!“

„Aus Hass? Damit es vielleicht wieder einen vollkommen Unschuldigen trifft!“

„Ja, du hast recht! Aber die französischen Widerstandskämpfer waren solche Bestien, keine Menschen mehr. Ich lag nur mehr apathisch auf einem Rasenfleck, schleppte mich manchmal zur Latrine und hatte bereits mit dem Leben abgeschlossen. Nach einer Besichtigung des Lagers durch amerikanische Offiziere wurde die Verpflegung etwas besser. Da traf ich durch Zufall auf einen deiner ehemaligen Schüler, auf den Johann Walchshofer, und der setzte mir ordentlich zu.

‚Was‘, fragte er, ‚du willst ein Dirisamer sein? Dein Vater hat uns von Sibirien erzählt, da hatte er es viel härter als wir.‘ Seine

Worte haben mich aufgerüttelt und aus meinen Depressionen gerissen. Anfang September hieß es: ‚Die Österreicher werden entlassen!' Das war eine Aufregung! Am 12. September erreichten wir Bregenz, wo uns ein begeisterter Empfang bereitet wurde. Mit nassen Augen starrte ich in das Wehen der rot-weiß-roten Fahnen. Und mein Herz klopfte unentwegt zum Takt der Zugräder: Es geht heim ... es geht heim ... es geht heim!"

Resi stellte ihm eine Tasse Tee mit etwas Rum hin. Sie hatte den letzten Honig zusammengekratzt. Plötzlich sackte Hugo in sich zusammen und begann bitterlich zu weinen. Als er sich wieder aufrichtete und sich die Augen getrocknet hatte, sagte er mit bebender Stimme: „Die ganze Zeit im Lager, als es mir so schlecht ging und ich nur mehr an den Tod dachte, begleitete mich noch ein einziger Wunsch. ‚Noch einmal', dachte ich, ‚möchte ich mit meinen Lieben beisammen sitzen und mit ihnen singen'!"

Gerührt legte Franz Dirisamer seinem Sohn den Arm um die Schultern. „Hugo, dazu haben wir jetzt Zeit, das können wir machen!" Dann wandte er sich an Heinz: „Komm, stimm etwas Schönes an!"

Heinz blickte rundum, sah, wie alle auf ihn schauten, öffnete weit den Mund und atmete langsam aus.

„Kein schöner Land in dieser Zeit,
als hier das unsre weit und breit, ..."

In dieser Minute waren der Rauchfangkehrermeister Stremnitzer und der weißhaarige Herr Freiberger im Vorhaus zusammengetroffen. Sie hielten still und lauschten dem Gesang.

„Jetzt sind sie alle wieder daheim!" bemerkte Stremnitzer.

„Gott sei Dank!" sagte Freiberger. „Hören Sie nur, wie schön sie singen."

Ebenfalls zur selben Minute saß Franz Dirisamer Hand in Hand neben seiner Frau. Er war so gerührt, dass es lange dauerte, bis er wieder zu seiner Stimme fand und mitsingen konnte. Still betete er zu seinem Gott. Und alle seine Gebete begannen mit den Worten: „Guter Vater im Himmel, ich danke Dir!“ Und dann dachte er, dass heute die Taube mit dem Olivenzweig zurückgekommen war. Sie hatten wieder festen Boden unter den Füßen, alle waren gerettet. Die Arche Noah war gelandet, ein neues Leben konnte beginnen.

Anstelle eines Nachwortes

Nach dem Ende des Zweiten Weltkrieges lebte die Familie in Steyr.

Franz wurde Hauptschuldirektor und schließlich auch Bürgermeister in Sierning.

Seine Frau *Theresia* blieb der Mittelpunkt der Familie. Sie sorgte aufopfernd für die Ausbildung ihrer Kinder.

Auguste studierte Botanik, erhielt den Doktorgrad für Philosophie an der Universität in Graz. Sie wanderte nach Schweden aus.

Wladimir war Angestellter der Oberösterreichischen Landesregierung in Linz. Er wurde zu einem der besten Burgenvermesser von Österreich und erhielt für seine wissenschaftlichen Arbeiten den Titel Konsulent und Professor zuerkannt.

Nadja wurde erste Bürokraft eines Privatbetriebes in Garsten bei Steyr.

Hugo studierte Germanistik und promovierte in Wien zum Doktor der Philosophie. Zunächst war er Redakteur bei den verschiedensten Tageszeitungen Österreichs, wechselte dann zu einer bildungspolitischen Agentur, als deren Chefredakteur er es zu einem angesehenen und vielfach ausgezeichneten Wissenschaftsjournalisten brachte.

Elisabeth wurde Englischlehrerin in Steyr.

Othmar wandte sich dem Jusstudium zu, heiratete eine amerikanische Opernsängerin und wanderte nach Seattle in die Vereinigten Staaten aus.

Robert besuchte die Hochschule für Welthandel in Wien. Als Diplomkaufmann und Prokurist arbeitete er als leitende Kraft in den Steyrer-Werken.

Heinz inskribierte an der Wiener Universität Medizin, lebte als Spitalsarzt in Braunau am Inn und ließ sich später als freipraktizierender Zahnarzt in Steyr nieder.

Brigitte wurde Volksschuldirektorin in Steyr.